U0790325

东阳市政协志

《东阳市政协志》编纂委员会◎编

方志出版社
Publishing House of Local Records

图书在版编目(CIP)数据

东阳市政协志 / 《东阳市政协志》编纂委员会编.
— 北京 ：方志出版社，2016.12
ISBN 978-7-5144-2254-2

Ⅰ. ①东… Ⅱ. ①东… Ⅲ. ①中国人民政治协商会议—地方委员会—概况—东阳 Ⅳ. ①D628.554

中国版本图书馆CIP数据核字(2016)第302340号

东阳市政协志

编　　者：《东阳市政协志》编纂委员会
责任编辑：李志瑜

出 版 人：冀祥德
出 版 者：方志出版社
　　地址　北京市朝阳区潘家园东里9号(国家方志馆4层)
　　邮编　100021
　　网址　http://www.fzph.org
发　　行：方志出版社发行中心
　　(010) 67110500
经　　销：各地新华书店
印　　刷：杭州富春电子印务有限公司

开　　本：889×1194　1/16
印　　张：39.25
字　　数：1063千字
版　　次：2016年12月第1版　2016年12月第1次印刷
印　　数：0001～2000册

ISBN 978-7-5144-2254-2　定价：186.00元

· 版权所有 翻印必究 ·

肝膽相照 榮辱與共

團結奮鬥 振興中華

浙江省東陽縣政治協商委員會 惠存

嚴濟慈 題

一九八六年四月

1986年4月，全国人大常委会副委员长严济慈题词

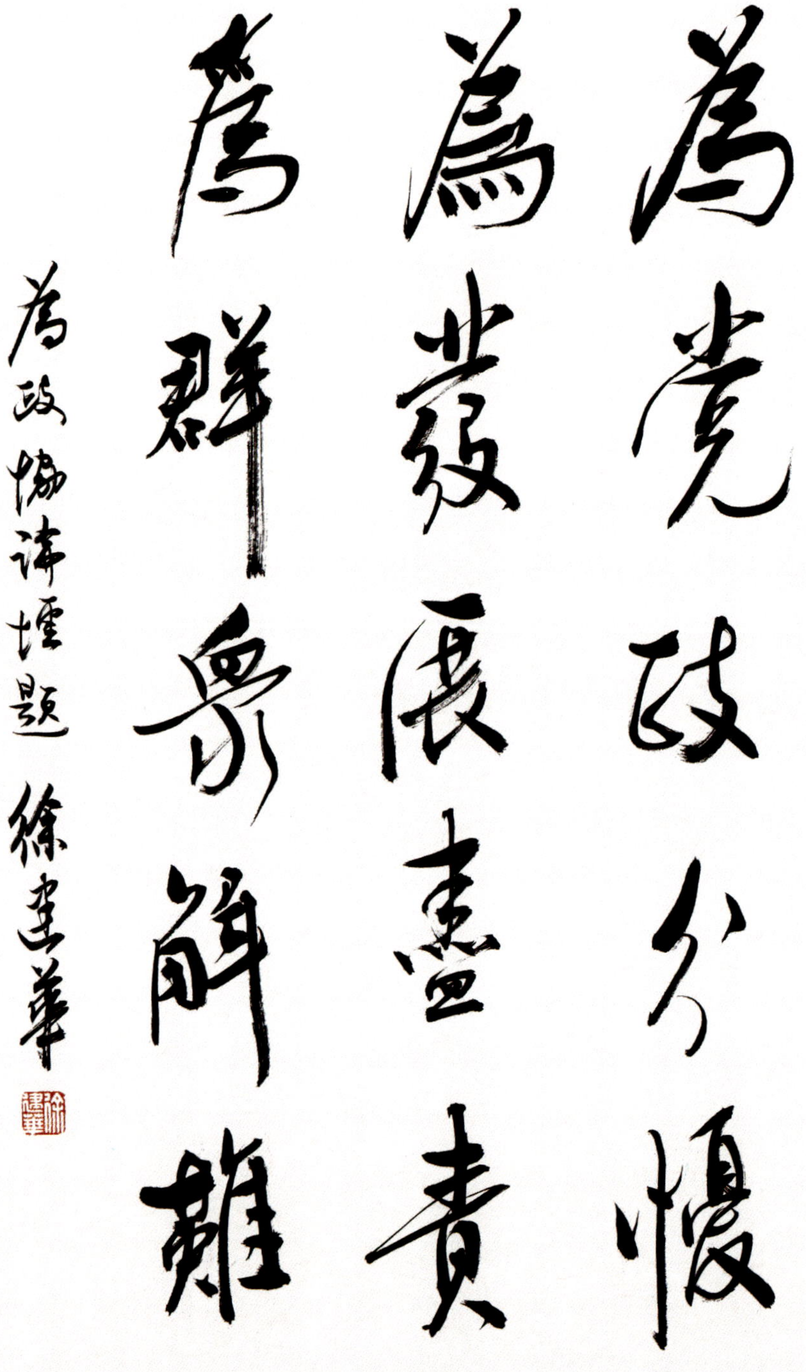

2013年7月，中共金华市委常委、东阳市委书记徐建华题词

发挥人民政协重要作用

推进东阳社会经济发展

黄敏

中共东阳市委书记黄敏题

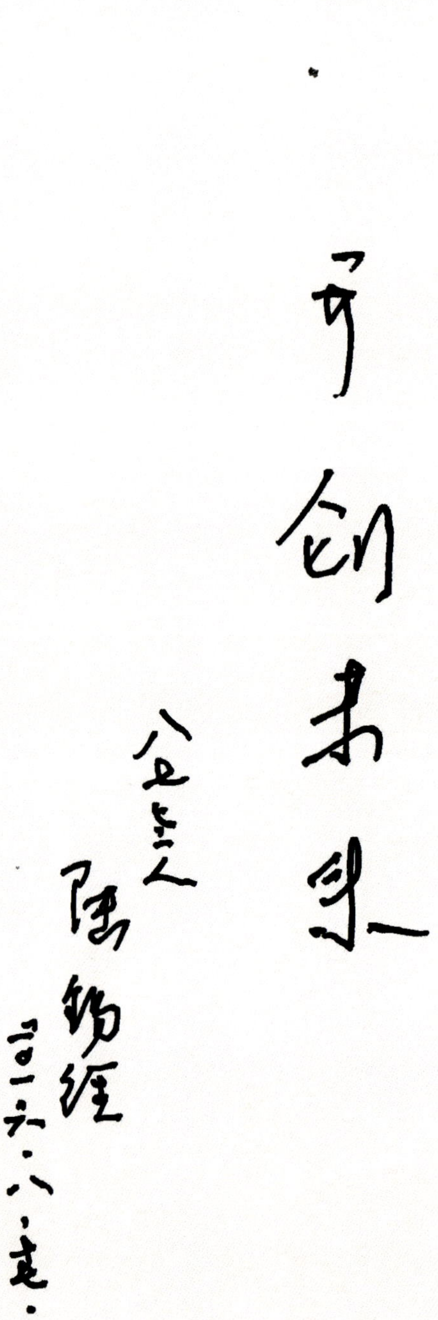

六、七、八届市(县)政协主席陆锡经题词

政治协商商大事
民主监督高层次
参政参到关键处

康益民

九、十、十一届市政协主席康益民题

△2009年10月4日，省政协主席周国富(左一)考察横店影视城

△2011年4月8日，省政协主席乔传秀(左)、金华市政协主席陈章凤(中)考察中国木雕城

△2002年9月20日，省政协副主席陈文韶(左二)在东阳中学考察文化教育工作

△2010年1月14日，省政协副主席盛昌黎(中)考察南马镇花园村

△2011年4月11日，省政协副主席徐辉（左一）在浙江广厦建设职业技术学院调研高校毕业生就业创业情况

△2011年9月29日，省政协副主席陈艳华（左一）视察中国木雕城

△2012年10月11日，省政协副主席、省委统战部部长汤黎路(中)在横店集团调研

△2014年9月3日，省政协副主席陈小平(中)率队到东阳开展“五水共治”民主监督活动

△2016年5月19日，省政协副主席孙文友（中）到东阳调研木雕红木家具产业发展情况

△2016年7月13日，省政协副主席陈加元（右三）到东阳调研重点提案办理情况

△2011年3月31日，金华市政协主席郑金平(中)考察中国木雕城

△2016年6月15日，金华市政协主席陶诚华(中)考察中国木雕博物馆

△1956年3月18日，参加县政协一届一次会议的委员合影

△1983年3月，五届县政协常委会组成人员合影

△1984年9月16日至20日，县政协六届一次会议在县城工人俱乐部举行

△1984年9月19日，县政协六届一次会议举行大会选举

◁1984年9月19日，六届县政协常委会组成人员合影

△1990年4月2日，七届市政协常委会组成人员考察义乌时合影

△1993年4月1日，参加市政协八届十三次常委会议人员合影

△1993年4月10日至14日，市政协召开九届一次会议

◁1993年4月10日，市政协九届一次会议预备会上，八届市政协主席陆锡经(左)与九届市政协主席康益民握手

◁1993年4月12日，参加九届一次会议的政协委员在讨论政府工作报告

▷1998年3月，九届政协常委会组成人员合影

▷1998年3月，十届政协常委会组成人员合影

▷2004年3月，十一届政协主席、副主席合影

△2007年2月5日，市政协十二届一次会议开幕会

▷2007年2月4日，市政协十二届一次会议预备会上，十一届市政协主席康益民(右)与十二届市政协主席王正明握手

◁2007年2月，十二届市政协常委会组成人员合影

△2012年3月，十三届市政协常委会组成人员合影

▷2016年1月28日，市政协十三届五次会议开幕会

▷2016年1月29日，政协委员联组讨论政府工作报告

◁1999年9月20日，举办人民政协成立50周年庆祝大会

◁2009年9月21日，全市政协工作会议暨人民政协成立60周年庆祝大会召开

◁2016年4月28日，全市政协工作会议召开

▷2011年3月16日，政协委员在市政协十二届五次会议上发言

▷2012年7月13日，市政协召开十三届二次常委会议暨“实现跨越追赶，建设强市名城”委员论坛

▷2015年12月16日，市政协召开“十三五”规划建设征求意见座谈会

◁2015 年 8 月 11 日，市政协召开十三届十九次常委会议暨第七届委员论坛

◁2016 年 3 月 10 日，市政协召开第八届委员论坛工作部署会暨查找“短板”专项工作座谈会

◁2016 年 7 月 29 日，市政协召开十三届二十四次常委会议暨第八届委员论坛

△2002年3月，参加市政协招商引资洽谈会人员合影

▷2012年10月，市政协主席王正明（右四）率申报“世界木雕之都”代表团赴印度金奈参加“2012世界手工艺峰会”

▷2013年9月26日，市政协主席王正明陪同“世界木雕之都”考评专家考察中国木雕城

◁1997年3月26日，参加市政协九届五次会议的委员视察白云文化城

▷2000年4月18日，市政协组织视察卫生工作

◁2001年3月17日，参加市政协十届四次会议的委员视察重点工程建设情况

▷2001 年 6 月 28 日，市政协常委视察开发中的江北新区

◁2004 年 7 月 8 日，市政协常委视察创建国家卫生城市情况

▷2006 年 3 月 16 日，市政协委员参观东阳市城市规划展

◁2007年11月13日，市政协组织视察交通重点工程

◁2008年10月17日，市政协组织视察东阳江江滨文化景观带建设

◁2010年11月4日，市政协委员视察横锦水库水源保护工作

▷2011年5月25日，市政协组织视察城北工业新区

▷2011年8月18日，市政协委员视察残疾人事业发展情况

▷2011年9月23日，市政协委员视察治安视频监控系统建设和运行情况

◁2012 年 6 月 6 日，市政协委员视察廉租房建设情况

◁2012 年 6 月 28 日，市政协调研山区生态休闲旅游开发

◁2013 年 11 月 20 日，市政协委员视察城区顺畅工程

▷2014 年 2 月 24 日，参加市政协十三届三次会议的委员视察泗渡溪改造工程

▷2015 年 5 月 20 日，市政协委员视察市体育中心建设工程

▷2016 年 4 月 27 日，市政协委员视察美丽乡村建设情况

◁2000年6月23日，市政协领导参加部门提案办理座谈会

◁2009年6月，市政协委员参加部门提案办理工作面商会

◁2010年3月4日，市政协提案委员会召开会议审查十二届四次会议提案

◁2004年11月，市政协开展“送医送药送健康”活动

▷2005年4月4日，市政协在东阳江镇八达工作片开展“送农资送科技送温暖”活动

◁2009年5月31日，第一届“界别活动月”启动仪式在黉门广场举行

▷2009年5月31日，第一届“界别活动月”活动现场

◁2010年6月18日，政协委员给春蕾学校赠送电脑书籍

▷2011年6月10日，政协委员在画水镇开展送医送药下乡活动

◁2012年6月28日，政协委员给佐村镇新立村中小学生赠送书包校服

▷2016年6月29日，政协委员向市农商银行红十字应急救援队捐赠救援装备

▷2012 年 6 月 28 日，市政协在黉门广场开展"法律咨询、法律服务、法律援助"活动

▷2015 年 5 月 29 日，政协委员在千祥镇开展"五水共治"民主监督活动

△2016 年 3 月 22 日，政协委员分组到乡镇、街道开展"五水共治"民主监督活动

◁1985年11月4日，县政协主席陆锡经宴请返乡探亲的全美亚太裔商会副会长、全美华人商会副会长韦振之先生(右)

▷1988年2月，县政协主席陆锡经等赴港参加香港东阳同乡会成立15周年纪念大会时与同乡会名誉会长王家祯(右三)、主席金志坚(左二)合影

◁2005年1月12日，市政协之友联谊会举行座谈会

▷2008 年 11 月 18 日，东阳人联谊总会成立大会暨加快东阳经济社会发展论坛在东阳剧院举行

◁2011 年 3 月 14 日，举行各地东阳人联谊会（商会）会长会议

▷2008 年 9 月 11 日，举办市政协中秋联谊晚会

◁2009 年 9 月 28 日，举办纪念人民政协成立六十周年庆祝晚会

◁2008年2月26日，市政协召开新闻宣传工作座谈会

▷2008年9月11日，市政协举办“爱我东阳，再创辉煌”政协委员演讲比赛

◁2014年10月31日，市政协举办政协委员培训讲座

▷2015年10月15日，市政协召开主席读书会

▷市政协征编出版的文史资料选辑

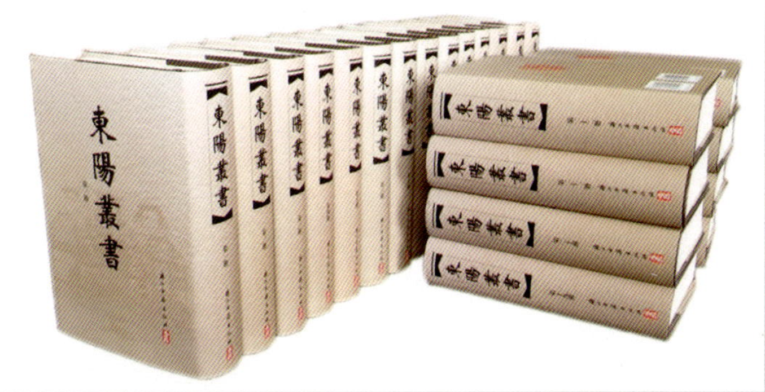

△大型文化典籍《东阳丛书》，全书22册

△严济慈为《东阳文史资料选辑》题词

△2000年1月3日，市政协召开文史通讯员会议

△2009年5月9日，市政协书画社组织中小学生书法比赛

△2011年1月26日，市政协书画社在卢宅古建筑群举办书画展

△市政协书画社编印的书画摄影集

△县政协委员全体下乡帮助安文公社抢收图(1960年，一、二届政协委员施晓湘创作)

《东阳市政协志》编纂委员会

顾　　问　陆锡经　康益民

主　　任　王正明

副 主 任　郭巧范　施侍良　韦国锋　蔡捷飞
　　　　　　华伟跃　张卫伟　楼伟龙

编　　委　郭志明　张　艳　李天明　厉锦文
　　　　　　董章奇　王文龙　徐卫东　曹永刚

《东阳市政协志》编辑部

主　　编　胡　心

执行主编　陈惠娟　徐锦心

编纂人员　蒋锦萌　厉明方　金承善　蔡锦涛
　　　　　　徐志林　华宏伟　徐洪法

审　　稿　郭志明　张　艳　李天明　厉锦文
　　　　　　董章奇　王文龙　徐卫东　曹永刚
　　　　　　葛德中　史南京　杜宝华　曹洪刚
　　　　　　吴朝红　傅蔚蔚　吴云光　王九成
　　　　　　吴立梅　陆　圣　张翠翠　张晓峰
　　　　　　徐志根

序　言

“治天下以史为鉴，治郡国以志为鉴”。2011年8月，政协第十三届东阳市委员会主席会议研究决定编纂《东阳市政协志》，将东阳政协的工作历程全面系统地编印成书，载入史册，存史资政，启迪后人。今年是东阳政协成立60周年，也是十三届政协的届末之年，《东阳市政协志》经过五年时间的收集、整理、编辑，终于脱稿成书，这是东阳政协史上一件值得庆贺的大事、喜事。

中国人民政治协商会议东阳县委员会成立于1956年3月，至今已历13届。其间，第四届因“文化大革命”中止活动，至1980年8月恢复。1988年，东阳撤县建市（县级），更名为中国人民政治协商会议东阳市委员会。东阳政协走过的60年，是贯彻落实中国共产党在各时期的基本路线、方针、政策，坚持中国共产党领导的多党合作和政治协商制度，切实履行政治协商、民主监督、参政议政职能的60年；是发挥政协优势，深入调查研究，为东阳的改革开放和经济社会发展出谋划策、献计出力的60年；是高举爱国主义和社会主义两面旗帜，突出团结和民主两大主题，协调关系，化解矛盾，凝心聚力，协助党委、政府维护社会政治稳定做出重要贡献的60年；是中共党委重视、政府支持、政协主动、各方配合，不断推进政协履行职能的制度化、规范化、程序化建设的60年；是历届政协委员和政协工作者加强政治理论和业务知识学习，提高自身素质，提升工作水平，创新工作局面，展现委员风采的60年。

《东阳市政协志》记史实之精要，载文章之精萃，收人物之精英，传政协之精神，客观记述了东阳政协自1956年成立以来的风雨历程，系统记录了东阳政协在促进东阳市经济、政治、文化、社会建设等方面所取得的光辉业绩，集中反映了东阳政协在各个时期围绕中心、服务大局履行职能的生动实践，充分展现了广大政协委员积极参政议政、建言献策、建功立业的风采魅力，真实再现了东阳政协事业不断创新发展的历史画卷。此志还记述了1949年10月至1956年3月各界人民代表会议情况。此志的出版，对于帮助社会各界人士全面系统地了解东阳政协的历史，正确认识人民政协的性质、地位和作用，进一步明确政协在改革开放和社会主义物质文明、政治文明、精神文明、和谐社会建设中的重要作用，更加卓有成效地推进政协事业的全面发展，具有深刻的现实意义和深远的历史意义。值此付梓之际，向关心和支持此志编辑出版的市委、市政府，向支持和参与此志编辑出版的有关单位和同志，表示诚挚的谢意！

以史为鉴，面向未来。在高水平全面建设小康社会，实现东阳走在前列、赶超发展的新形势下，政协工作大有可为。广大政协委员和政协工作者要进一步解放思想，振奋精神，履职尽责，开拓创新，为推进人民政协事业和经济社会的全面发展，谱写东阳人民美好生活的新篇章做出更大的贡献！

东阳市政协主席

2016年9月

凡　例

一、本志以马克思列宁主义、毛泽东思想、邓小平理论、“三个代表”重要思想和科学发展观为指导，深入贯彻习近平总书记系列重要讲话精神，坚持辩证唯物主义和历史唯物主义的立场、观点和方法，全面、系统地纪录东阳市政协的发展历程，力求思想性、科学性与资料性的统一。

二、本志主要记述1956年3月至2016年8月东阳市(县)政协的工作；简要介绍1949年10月至1956年3月东阳县各界人民代表会议有关工作。重大事项延伸至付梓前。

三、采用语体文、记述体，行文力求简练、准确、流畅。事以类从，横排纵述，不事修饰，述而不论。

四、体例采用“章”“节”“目”及“附录”结构。以文为主，辅以图表、照片。

五、所涉组织机构名称首次出现时用全称，之后或用简称。

六、计量单位、数字用法、标点符号按国家规定执行。

七、地域名称按事物发生时记述。古今地名有歧义者，随文加注。第一章第三节“代表名录”中，部分人名因原始档案无法辨识，故用“※”代替。

八、入志资料来自相关文件、文献、档案、文史专辑以及经鉴别的口述记录。引用的资料一般不注明出处。

目　录

概　述

中国人民政治协商会议是中国人民爱国统一战线的组织，是中国共产党领导的多党合作和政治协商的重要机构，是我国政治生活中发扬社会主义民主的重要形式。1949年9月，在北京举行的中国人民政治协商会议第一届全体会议代行全国人民代表大会的职权，制定了起临时宪法作用的《中国人民政治协商会议共同纲领》，决定了中华人民共和国的首都、国旗、国歌和纪年，组织了中央人民政府，代表全国人民的意志宣告中华人民共和国的成立。

中国人民政治协商会议东阳县委员会（1988年起改称中国人民政治协商会议东阳市委员会）是中国人民政治协商会议的地方组织，自1956年3月成立以来，坚持“长期共存、互相监督、肝胆相照、荣辱与共”的方针，牢牢把握团结和民主两大主题，认真履行政协职能，围绕中心，服务大局，协助党委、政府完成各个时期的中心任务，为促进东阳的经济社会发展做出了重要贡献。

一

东阳市地处浙江中部，位于北纬28°58′～29°30′、东经120°04′～120°44′之间。东与新昌为邻，西与义乌相接，南与磐安、永康毗连，北与诸暨、嵊州接壤。总面积1747平方千米。辖6个街道、11个镇、1个乡。2015年总人口83万人。东阳地形东高西低，境内北部为会稽山脉绵亘，东部为括苍山脉经磐安县境的大盘山延伸，把全境分隔成南北两大块。发源于大盘山而为东阳江上游的北江和南江，分别纳左右山谷涧溪西流入婺江。

东阳古为会稽地，东汉兴平二年（195）始置汉宁县，三国吴永安三年（260）改为吴宁县；隋开皇九年（589）废吴宁入诸暨，分五乡入乌伤；唐垂拱二年（686）析义乌东冲要地及废吴宁故地置县。袭旧郡名称东阳县。五代梁开平四年（910）改为东场县。宋咸平二年（999）复称东阳县。五代、宋、元均属婺州。明、清迄今，先后属金华府、道、专区、地区、金华市。县辖境析并屡变。1958年磐安县并入，1983年又析出。同时将玉山区大部分并入磐安。1988年5月26日撤县设市。

东阳历史悠久，人杰地灵，素有“婺之望县”“歌山画水”之美称，是著名的“教育之乡、建筑之乡、木雕竹编之乡、文化和影视名城”。1989年以来，以“百名博士汇一市、千位教授同故乡”享誉国内外，2015年年底，在国内外具有高级职称的东阳籍人士9000多人，博士和博士后1100余人，东阳籍院士12人。东阳建筑业发展迅猛，被命名为省首批“建筑强市”和“中国建筑之乡”。东阳木雕列全国四大木雕之首，享誉海内外，东阳先后被命名为“中国民间艺术之乡”“中国木雕之乡”“中国木雕之都”“世界木雕之都”。横店影视城是全球规模最大的影视拍摄基地，内有秦王宫、清明上河图、明清宫苑、圆明新园等大型实景基地，被誉为“东方好莱坞”。

改革开放以来，东阳经济社会持续快速发展，是浙江省首批小康县市、首批文明城市、首批旅游经济强市，全国县域经济百强县市、全国优秀旅游城市。2015年，地区生产总值464.72亿元，财政总收入81.19亿元，全市居民人均可支配收入33578元。

二

1949年5月，东阳解放。10月建立各界人民代表会议制度。作为各界人民政治协商的机构，各界人民代表会议在人民代表大会制度建立前，行使人民代表大会的职权。1949年10月至1953年10月，共召开东阳县各界人民代表会议8次。各界人民代表会议的主题是贯彻执行中国共产党的方针政策，听取、审议县长的人民政府工作报告、县委书记的工作总结及今后任务的报告，审议人民政府的重要决策，受理代表提案，决议或决定有关问题，为东阳的政治、经济、科教文卫等建设发挥积极作用。各界人民代表会议制度的建立，在加强政府与人民群众的联系，人民协助政府开展各项工作等方面起到很好的效果，对团结全县各阶层人士推进基层政权建设、稳定社会生活秩序、恢复和发展国民经济发挥了十分重要的作用，为以后人民代表大会和人民政协制度建立奠定了基础。

1956年3月15日至18日，召开政协第一届东阳县委员会全体会议，选举产生主席、副主席、秘书长和常务委员共21人组成的常务委员会。第四届县政协期间，因“文化大革命”被迫中止活动。1980年8月，恢复活动。1981年4月召开第五届委员会第一次会议，选举产生新一届常务委员会。此后每届任期3年。1993年后每届任期5年，其中第十一届因实行省市县换届同步进行，任期4年。至2016年，政协东阳市（县）委员会已历经13届。

三

政治协商、民主监督、参政议政是人民政协的主要职能。1949年，中国人民政治协商会议诞生时所制定的人民政协组织法将政治协商作为政协的主要职能。1982年,全国政协五届五次会议通过的政协章程,在主要职能中增加了民主监督。1994年全国政协八届二次会议修订的政协章程,在主要职能中增加了参政议政。1995年1月,全国政协八届九次常委会议将《政协全国委员会关于政治协商、民主监督的暂行规定》修改为《政协全国委员会关于政治协商、民主监督、参政议政的规定》。从此,政协的主要职能就以正式文件形式规范为政治协商、民主监督、参政议政。

东阳政协各项工作的顺利开展,得益于上级和本级党委的正确领导和大力支持。1986年,县政协党组向中共东阳县委递交《关于认真学习贯彻中央办公厅〔1986〕10号文件,进一步完善政治协商、民主监督制度的报告》,县委批转全县参照执行。1990年,中共东阳市委批转《政协东阳市委员会关于政治协商、民主监督的暂行规定》,要求全市各级党组织贯彻执行。1991年,市委批转市政协党组《关于保证市政协委员有一定时间参加政协活动的报告》。1996年,市委下发《关于坚持和完善中国共产党领导的多党合作和政治协商制度的通知》。2000年,市委下发《关于进一步加强人民政协工作的若干意见》。2007年,市委下发《关于贯彻〈中共中央关于加强人民政协工作的意见〉的实施意见》。2016年,市委下发《关于加强人民政协协商民主建设的实施意见》。这些文件的颁发和贯彻,有力地推进了政协履行职能的制度化、规范化和程序化。

四

政治协商是对国家和地方的大政以及政治、经济、文化和社会生活中的重要问题,在决策之前和执行过程中进行协商。东阳政协把围绕中心、服务大局作为协商建言的着力点,形成全体会议总体协商、常委会议重点协商、主席会议专题协商、专门委员会对口协商的议政格局,充分发挥政协委员的聪明才智和议政能力,利用会议平台畅所欲言,建言献策,促进市委、市政府决策的科学化、民主化。

全体会议、常委会议、主席会议等各种例会是政协履行政治协商的重要形式。一年一度的全体会议是政协履行职能的最高形式。常委会议和主席会议是政协全体会议闭幕期间政协履行职能的主要形式。自1956年第一届政协成立至2016年8月第十三届政协,共召开全体会议44次,常委会议222次,主席会议247次。

在政协全体会议上,委员们听取和审议政协常委会工作报告和提案工作报告,听取和讨论市政府工作报告及其他报告,围绕东阳各个时期的国民经济和社会发展五年计划以及年度中心工作、群众关心的热点难点问题,运用小组讨论、大会发言、联组讨论、专题协商会等多种形式进行协商讨论。历届政协全体会议,各民主党派、人民团体和委员共提交大会发言65份,许多有水平、有质量的意见和建议成为党政领导与有关部门的重要决策参考。如:一届一次会议通过《向毛主席致敬信》《致中国人民解放军慰问信》和《政治决议》。一届二次会议通过《致埃及人民书》和《政治决议》。五届二次会议学习讨论《中华人民共和国宪法修改草案》并联系实际提出修改意见。五届三次会议学习修改后的《中华人民共和国宪法》和全国政协五届五次会议通过的《中国人民政治协商会议章程》。七届三次会议就改革开放和群众生活的重大问题提出具体意见和建议。八届二次会议讨论《东阳市国民经济和社会发展十年规划》《“八五”计划纲要》和其他报告。九届四次会议听取并讨论市人民政府《关于东阳国民经济和社会发展“九五”计划和2010年远景目标纲要的报告》。十届三次会议围绕市委、市政府“创建经济强市，快建现代化中等城市”战略目标等重点问题建言献策。十二届三次会议就推进改革、维护稳定以及进一步开创政协工作新局面等重大问题提出意见和建议。十三届一次会议确定《关于扶持影视后期制作进一步巩固东阳影视龙头地位的建议》等12件提案为2012年重点提案。十三届三次会议发出《投身“五水共治”行动，建设“歌山画水”美景》倡议书。十三届五次会议就加快建设“影视旅游名城、经济文化强市、生态宜居东阳”开展协商议政。

政协常委会议围绕全市的中心工作，选择事关东阳长远发展的重大课题进行重点协商。如：三届四次常委（扩大）会议，座谈各界对贯彻《农村人民公社工作条例》（简称“农业60条”）后的反映以及市场问题、商业体制问题和干部作风问题。五届三次常委会议就“在搞好物质文明建设的同时，必须努力搞好精神文明的建设”等问题进行座谈。六届八次常委会议结合群众普遍关注的物价改革、环境污染和精神文明建设等问题提出许多建议和意见。七届五次常委会议讨论通过向县政府提交的关于乡镇企业、城区用水、养猪业等问题的议案。八届四次常委会议讨论政府工作报告（征求意见稿）和《东阳市国民经济和社会发展十年规划和“八五”计划纲要（草案）》。九届二次常委会议提出抓好《全民所有制工业企业转换经营机制条例》的贯彻落实等意见建议。十一届五次常委会议对加快城市化建设、抓好招商引资、解决当前能源紧张等问题提出对策措施。十二届、十三届的多次常委会议结合委员论坛召开，围绕当年市委、市政府中心工作，对经济发展和社会民生中的各项议题进行建言献策。

政协主席会议主要负责研究和处理常务委员会的重要日常工作，对提交市委、市政府的调研报告和建议案进行审议。如：九届十一次主席会议研究《关于政治协商、民主监督、参政议政实施细则（草案）》和其他草案。十届十五次主席会议审议通过《金甬高速公路东阳市境内走向问题》建议案。十一届七次主席会议协商讨论《东阳市行政区划调整方案》。十二届二十三次主席会议研究部署政协文化、文庙重修、东阳人经济回归、发展旅游经济等课题的调研工作。十三届三十二次主席会议讨论旅游业发展和中国木雕博物馆运营管理两个调研报告。

除全体会议、常委会议和主席会议以外，组织开展专题协商也是履行政治协商职能的方式。历届政协对党委、政府在政治、经济、社会、民生等重要领域的大政方针，按照议题对口的原则，以专题协商的形式，征求不同界别政协委员和特定邀请对象的意见。政协委员会经过认真梳理、集思广益，形成书面材料提交决策机关。如：1995年8月，召集经济组委员专题研讨“如何壮大企业，加快经济发展”。2000年9月，邀请部分专业市场负责人和工商、乡企部门负责人协商讨论市场发展问题。2008年5月，邀请千祥镇10多位企业主专题协商如何加快发展千祥工业经济。

五

民主监督是对国家宪法、法律和法规的实施，重大方针政策的贯彻执行，国家机关及其工作人员的工作，通过建议和批评进行监督。东阳政协利用调研视察、提案信息等形式开展经常性民主监督活动，探索和研究人民政协民主监督的有效途径，不断提高民主监督的针对性和实效性。

东阳政协开展视察工作始于1957年4月到县内5个高级农业生产合作社的视察。在整风运动中，县政协于5月28日至6月2日召开一届三次会议，委员们打消顾虑，向县委、县政府提出203条意见。会后，中共东阳县委将政协委员提出的意见梳理成11个方面，印发各有关单位负责同志酌情处理，并要求把解决情况及时报告。县委在给省委和金华地委的报告说：这次会议基本上体现了"百花齐放、百家争鸣""长期共存、互相监督"的方针和"知无不言，言无不尽"的精神。20世纪80年代，东阳政协针对农田抛荒、土地整理、农业科技、集体经济以及农业的规模化、集约化等诸多方面开展视察。东阳的乡镇工业、个体工业、合资工业和外资工业在改革开放后蓬勃发展，建筑业异军突起，随之而来的规划、土地、资金、供销渠道等问题也不断产生。为了破解制约东阳工业、建筑业发展的瓶颈，东阳政协多次组织开展视察，并形成调查报告或建议案提交县委、县政府。1983年县政协与县人大联合视察全县各部门单位和区、镇、公社的法制贯彻、体制改革和落实政策情况，此后，政协视察的范围开始扩大到社会、法制、民生等方面。自1984年视察5个区卫生院改革、1985年视察吴宁镇中小学和虎鹿镇分级管理办学后，文化、教育、卫生、旅游也开始成为政协视察活动的领域。东阳旅游业兴起后，政协给这个新兴产业以充分关注，组织多次视察，对横店影视城建设、农家乐的发展、东白山旅游区开发、古建筑旅游开发等工作提出意见和建议。鉴于生态环境不断恶化的严峻形势，东阳政协组织了多次规模较大的视察活动。随着经济社会的发展，政协视察的范围和内容不断拓展。如交通工程、场馆设施等基础建设领域，公检法等机关部门自身建设领域，残疾人事业、廉租住房建设等民生领域，商贸、财税、金融等经济领域，等等，都成为东阳政协重点关注的视察范围。

提案工作是发挥委员主体作用的有效渠道。东阳政协坚持以广泛征集为基础，以提高质量为目标，以督办落实为重点，在做好发动征集、审查交办、催办反馈、评选优秀提案的同时，修订和制订《提案工作条例》《评选和表彰优秀提案暂行办法》《提案办理考核办法》等若干规范性文件。1999年，十届常委会通过《中国人民政治协商会议东阳市委员会提案工作条例》，2005年，十一届常委会修订后再次发布施行，采取确定一号提案、提升督办层次、实施检查考评等措施，使提案工作日益规范有序，在东阳经济社会发展中的作用越来越显著。从第一届至第十三届，政协共审查立案7857件，其中被列为重点提案的231件，评为优秀提案的272件。大量意见和建议被党委、政府和有关部门采纳，部分难点热点问题得以解决。

反映社情民意是政协履行职能的重要基础和关键环节。东阳政协充分运用各种会议、调研视察、提案、约谈走访等方式，收集和反映社情民意，使政协的各项工作、各种活动都含有反映社情民意的意义和作用。至2016年8月，共编辑《东阳政协》335期，为党委、政府掌握社会各方面的情况，及时了解民情、体察民意、集中民智提供平台，发挥政协的桥梁和纽带作用。

2003年10月，市政协与《东阳日报》联合创办《社区传递》专栏，反映民生，关注民情，聚集民智。2007年8月更名为《政协视点》。至2016年8月共刊文100余篇。2007年9月市政协与东阳广播电视台合办《政协视线》电视栏目，至2016年8月共播出50多期。与新闻媒体的合作为政协的社情民意工作造就了宣传面更广、传播速度更快的载体。

六

参政议政是对政治、经济、文化和社会生活中的重要问题及人民群众普遍关心的问题，开展调查研究，反映社情民意，进行协商讨论，通过调研报告、提案、建议案或其他形式，向党委、政府提出意见和建议。东阳政协坚持在参与中议大事，支持中提建议，服务中求实效，努力做到调研出精品，献策高质量。

调查研究是增强政协参政议政实效的重要基础。历届东阳政协围绕党委、政府的中心工作，开展专题调研、重要视察考察，形成建议案或调查(考察)报告送党委、政府作决策参考。在调查研究中，东阳政协坚持围绕中心、服务大局，解放思想、实事求是，把握趋势、适度超前，突出重点、量力而行。如：第六届政协开展了对职业技术教育、职工教育、西营乡经济发展等情况的调查。第七届政协开展了对物价、养猪、城区用水、乡镇企业、老年人生活等的调研。第八届政协对政协委员任厂长(经理)的企业和玉米生产、山区林业、板栗生产发展、培养选拔妇女干部等情况进行调研。第九届政协开展了对建筑业、农村土地抛荒、庆祝撤县设市十周年、企业减负、林业承包、社情民意等的调研。第十届政协开展了对个体私营企业、城市化建设、创建国家园林城市、政法队伍建设、垄断土地一级市场、争创教育强市、企业改制、甬金高速公路走向、厂(校、院)务公开、人才支撑体系、投资环境、工业企业生产经营、农业产业化等的调研。第十一届政协开展了对村级区域调整、资金要素配置、能源与电力状况、外来员工生产生活状况、城市路名、土地闲置、古建筑保护、人防工程建设、食品卫生、特色农业、城市园林和企业经营管理等的调研。第十二届政协开展了对来料加工状况、发展块状经济、行政区域调整后续完善、重修文庙、古玩艺术品行业状况、校园安全、城市公共交通、消防建设、木雕传统工艺知识产权保护、职业教育、农房改造、江滨文化景观带建设、建筑业发展、农村饮用水安全、创业承诺、旧村改造、中国木雕博物馆建设等的调研。第十三届政协开展了对废塑产业整治、保障房建设、红椿巷重建、城乡养老体系建设、东阳江南江流域环境整治、经济开发区整合提升、东阳义乌区域经济合作、城区横店一体化发展、文化产业全域化、旅游业发展思路、民间借贷风险防控、破解农民私人建房难、城区教育资源优化配置、城区医疗资源布局调整、城乡养老体系建设等的调研。由于选题准确，调研深入，具有较强的针对性、可行性和前瞻性，许多意见和建议得到市委、市政府的高度重视并吸纳采用，体现在重要决策之中，为促进东阳经济社会发展发挥了积极的作用。

七

开展海内外联谊，促进祖国和平统一，是新世纪新阶段人民政协工作的重要任务。《政协章程》规定，政协全国委员会和地方委员会要“宣传和参与贯彻执行国家关于统一祖国的方针政策，积极开展同台湾同胞和各界人士的联系，促进祖国统一大业的实现。加强同香港特别行政区同胞、澳门特别行政区同胞的联系和团结，鼓励他们为保持港澳地区的繁荣和稳定，为建设祖国和统一祖国做出贡献”“宣传和协助贯彻执行国家的侨务政策，加强同归侨、侨眷和海外侨胞的联系和团结，鼓励他们为祖国的建设事业和统一祖国的大业做出贡献。”

历届东阳政协一直致力于加强与各民主党派、各人民团体的团结，加强与各界人士的团结，加强与拥护社会主义和拥护祖国统一的爱国者的团结，注重发挥好各民主党派和人民团体的作用；经常邀请各民主党派、人民团体和各界人士参加各种活动，联合开展调查研究，支持他们以党派、团体的名义参政议政，在合作共事中加强团结，增进友谊。政协各专委会与各民主党派、工商联建立分工联系制度，凝聚各方面的智慧和力量。发挥自身联络各界、协调各方的优势，关心群众疾苦，体察群众情绪，反映群众愿望，协助党委、政府做了大量化解矛盾、加强团结、增进共识、凝聚人心的工作，为构建社会主义和谐社会做出贡献。

东阳政协通过政协领导赴外地考察，接待港澳台同胞考察团组，召开旅居东阳的台湾籍同胞联谊座谈会，举办“两岸形势报告会”，邀请港澳台侨胞在东阳投资的部分实业家列席市政协全会等活动和方式，宣传“和平统一，一国两制”方针，加强与港澳台地区和海外侨胞的联系。做好到东阳视察、调研、交流工作的全国政协、省政协领导和兄弟县市政协团(组)的接待工作，增进与各级政协间的联谊和协作。2003年4月成立市政协之友联谊会，2006年11月成立市政协书画社。通过这些载体和传统节日茶话会、中秋联谊晚会等活动，密切了与各界人士和老委员的联系。

八

人民政协的文史资料工作是一项社会主义文化事业和文化遗产工程，是爱国统一战线发展的产物，是政协履行职能的一项基础性工作，是人民政协工作的重要组成部分。文史资料工作具有存史、资政、团结、育人的重要作用。

政协东阳县委员会于1981年成立文史资料工作组，1984年设政协文史资料工作委员会，后改称文史资料委员会。1985年4月印行《东阳文史资料》第一辑，至2016年8月，已印行出版以“三亲”（亲历、亲见、亲闻）为特色、反映东阳历史文化和民俗风情的《东阳文史资料》34辑，收录文稿2396篇（不含第29、33辑）、图片4587幅，计910万字。东阳政协文史委征编的文史资料专辑因史料丰富、内容真实性强、质量较高而广受好评，在浙江省和金华市的历次评选中均榜上有名，在社会上享有良好声誉，文稿常被媒体转载，内容被方志采用。至2016年8月，被省政协评为优秀文史图书的有《邵飘萍专辑》《严济慈专辑》《东阳木雕》《东阳水利史料》《东阳抗日战争史料》《支援边疆建设史料》《东阳十年大变革》《我与东阳政协》《红椿巷区域旧城改造实录》等。2005年年底，金华市政协首次组织文史图书的展出及评选活动，东阳的《东阳古树名木》被评为一等奖，另有3个荣誉奖。

1999年，东阳市启动国内县级单位罕见的大型文化典籍《东阳丛书》的编纂工作，以政协文史委为主，市志办、市文物办配合。《东阳丛书》收录自唐至清末东阳籍先贤著述82种，其中不少为国内仅见的孤本、珍本。《东阳丛书》的编纂出版不但挽救了行将亡佚的文献遗产，还向世人展示了东阳历史文化的博大精深和源远流长。2014年9月和2015年1月，《东阳丛书》分两期印行。全书22册、1515万字，由浙江古籍出版社出版。

九

加强人民政协的自身建设是人民政协事业巩固和发展的重要条件，也是充分发挥人民政协作用的重要基础。东阳政协每一届领导集体都十分重视政协的自身建设，为政协加强自身建设制订了一系列的规章制度。这些规章制度按照中共中央关于人民政协自身建设的要求，以促进党派合作、体现界别特点、突出委员主体作用和加强机关建设为重点，全面加强政协的思想建设、组织建设、制度建设和作风建设。1956年3月，政协东阳县第一届委员会制定并在第一次会议通过《选举办法》和《议事规则》。1987年，县政协七届一次会议通过《关于建立委员会和工作组的组织简则》。1998年，十届二次常委会议通过修订后的《常委会工作规则》《提案工作条例》《联络组工作简则》《专委会工作通则》。2003年，十一届一次常委会议通过《关于加强自身建设的决定》。2007年4月，十二届一次常委会议通过修订后的《关于加强自身建设的决定》《关于委员届中调整的若干规定》《专门委员会通则》《常务委员会工作细则》。2012年4月20日，十三届一次常委会议通过再次修订后的《关于加强自身建设的决定》《常委会工作规则》《专委会工作通则》《联络组工作简则》。东阳政协的一些创新做法取得了实际成效，并且产生了较好的社会影响。如：1999年根据政协章程有关规定，提出委员届中调整的有关规定，这一规范委员管理的做法后来被全国许多省市采纳和借鉴；市政协根据2003年制定的《关于加强"亲民政协"建设的若干意见》，积极开展"亲民政协"实践活动，推动了和谐社会的构建。

组织和推动政协委员和各界人士在自愿的基础上学习，是人民政协的一项重要任务，也是一项经常性工作。1956年5月，东阳县政协一届二次常委会议决定设立学习委员会，其后多届皆设学习委员会。东阳政协把加强学习作为一项重要而紧迫的战略任务，努力把人民政协建设成为适应时代需要的学习型组织，使之能更好地履行政治协商、民主监督、参政议政的职能，在全面建设小康社会、开创中国特色社会主义事业新局面的伟大进程中发挥应有的作用。除政协组织的学习外，政协委员的主要学习方式是自学。政协领导带头学习，政协机关为委员学习搞好服务，满足委员的求学欲望，经常向委员传送知识、通报信息，努力提供良好的学习条件，调动委员学习的积极性，并把学习与参观、考察相结合，与视察、调研、参政议政相结合。

十

因国内外政治、经济形势的变化，东阳政协工作在不同时期又有不同的特点。1980年8月县政协恢复活动后，积极为20世纪50年代中后期至70年代中期历次政治运动，特别是"文化大革命"中受到错误处理的干部、知识分子和普通群众平反昭雪、落实政策。县政协会同有关部门调查取证，查阅档案，澄清事实，撤销错误的处理决定(判决)，归还被查抄的房产和财物。随着海峡两岸人员交往的增多，加强联谊交友、做好统战工作显得尤为迫切和重要，东阳政协为此倾注了大量精力，与在台的东阳籍著名人士友情往来，加深感情。台胞回报桑梓的心情日趋强烈，台属们配合市政协与台湾的亲人加强沟通。至1999年，港澳台胞、侨胞先后捐资建成巍山医院、东阳急救中心、巍山镇中、东阳中学体育馆、东阳图书馆、王村光小学、下格小学、东阳人留学基金等数十个捐赠项目。当时，东阳籍港澳台胞、侨胞的捐赠金额、完成项目在全省乃至全国都是名列前茅。港澳台胞、侨胞为在东阳的亲属致富出资创办港澳台属、侨属企业数十家，外资企业十余家，其中一些成为骨干规模企业，促进了东阳经济社会发展。

世纪之交，随着社会深层次矛盾的凸现，市政协适时调整工作思路，针对社会反映的热点、难点、焦点问题开展调研。事关东阳经济社会发展的江北开发、甬金高速公路走向、城区公园免费开放、城市发展战略、百家扶百村、发展外向型经济、效益农业、兴工强市、改善投资环境等一批建议意见得到市委、市政府的重视和采纳。“东阳人经济”“亩产税收”等一些具有创造性、前瞻性的论点得到社会的广泛关注，并被多地引用。

东阳政协注重发挥界别优势和特点。改革开放以来，历届政协在完善界别设置、发挥界别作用方面，积累了不少经验，形成诸如界别联组讨论、界别联谊、界别发言、界别视察、界别调研等多种界别活动形式，建立界别小组活动制度、界别小组召集人制度等工作制度。自2009年十二届政协创立“界别活动月”制度以来，每年举办“界别活动月”活动，每次为期一个月，至2016年已举办8次。活动内容多、声势大、效果好、影响广，受到群众广泛欢迎，得到各级党政领导和社会各界的赞誉。每次活动省政协《联谊报》都专门派记者采访。

为了能在政协全会闭幕期间更好地发挥政协职能，深入贯彻落实市委、市政府工作目标，探索和创新政协委员参政议政、履职建言的新载体和新平台，从2007年开始，东阳市政协坚持举办委员论坛，到2016年已历8届。每届委员论坛，市委书记和市长参会，市政府各部门一把手列席会议，委员的参政议政积极性高涨。市委、市政府高度重视论坛提出的建议，相关部门主要领导挂帅抓好办理工作的落实，定期对办理结果进行反馈。论坛建议的办理形式更加丰富，办理成效不断提升，相关部门通过走访座谈、发动委员参与、邀请委员监督等多种形式开展办理，加强了部门、委员之间的沟通，也增强了办理实效。委员论坛的成果转化越来越明显，社会认可度越来越高，委员论坛已经成为东阳政协的品牌“栏目”。

在履职活动上，东阳市政协的创新之举还有“委员立体履职年”“党派调研周”“专委会视察日”等，都曾得到上级机关的肯定、兄弟县市政协的借鉴和新闻媒体的关注。

申报“中国木雕之都”和“世界木雕之都”是东阳经济建设具有里程碑意义的大事。从2009年年初开始，东阳市政协多次组织调研，将调研成果提交市委、市政府作为决策依据。在申报过程中，市政协作为中共东阳市委指定的牵头单位，会同相关部门先后完成“中国木雕之都”“世界木雕之都”“中国木雕博物馆”一系列申报材料。2009年7月，中国工艺美术协会授予东阳“中国木雕之都”称号。2012年10月，市政协主席王正明率团赴印度金奈参加“2012世界手工艺峰会——第十七届世界手工艺理事会大会”，向世界手工艺理事会递交东阳市“世界木雕之都”申请，并提出申办世界工艺文化节暨世界手工艺理事会成立50周年庆典的意愿。2013年9月，评审专家一致通过东阳为“世界木雕之都”的申报考评。2014年10月18日，世界工艺文化节暨世界手工艺理事会成立50周年庆典在东阳隆重开幕，同日举行“世界木雕之都”授牌和中国木雕博物馆开馆仪式。

60年来，东阳政协在中共东阳市(县)委的领导和上级政协的指导下，认真履行政协职能，切实加强自身建设，扎实工作，开拓创新，为中国共产党领导的多党合作和政治协商制度在东阳的实践和发展，为东阳市的经济建设、政治建设、文化建设、社会建设、生态文明建设做出了应有的贡献。

第一章　各界人民代表会议

新中国成立初期，召开普选的人民代表大会条件尚不具备，根据《中国人民政治协商会议共同纲领》精神，建立各界人民代表会议制度。这是团结各界人士，动员人民群众完成剿匪反霸、土改镇压反革命、减租征粮等工作，恢复发展生产和文化教育等社会事业的重要制度。按中央要求，每3个月召开一次，作为各界人民政治协商的机构，在人民代表大会制度建立前，代行人民代表大会的职权。

从1949年10月至1953年10月，东阳县各界人民代表会议共召开8次。(据档案记载：1949年10月和1950年4月、10月召开的第一、二、三届各界人民代表会议即第一、二、三次各界人民代表会议；1951年5月、11月召开的三届一次、三届二次各界人民代表会议即第四、五次各界人民代表会议；1952年6月、11月和1953年10月召开的第一届五次、六次、七次各界人民代表会议即第六、七、八次各界人民代表会议。)会议的主题是贯彻执行中国共产党的方针政策和中心工作任务，代行人民代表大会职权，听取、审议县人民政府工作报告和县委工作总结及工作任务的报告，审议县人民政府的重要决策，受理代表提案，决议或决定有关事项，为东阳的政治、经济、科教文卫等事业建设发挥积极作用。各界人民代表会议的代表名额第一次69名，后增加到二三百名，特别在工商、教育、开明士绅等界有较高比例，充分体现代表的广泛性。同时给英雄、劳模等先进人物及烈军属、转业军人安排一定数量的名额。1950年4月第二次各界人民代表会议始，选举产生各界人民代表会议常务委员会，并给民主人士留有一定数量的席位。1951年5月第四次各界人民代表会议始，增设一名民主人士任副主席(副主任委员)，激发了各界人士爱党、爱国的热情。

各界人民代表会议制度的建立，在加强政府与人民群众的联系，人民协助政府开展各项工作等方面起到了很好的效果，对于团结全县各阶层人士推进基层政权建设，稳定社会生活秩序，恢复和发展国民经济，发挥十分重要的作用，为以后的人民代表大会和人民政协制度的建立奠定了基础。

第一节 全体会议

第一次会议

1949年10月21日至24日召开，原定代表人数80名。代表的选拔方法：由于匪患严重，乡村政权尚未建立起来，农民代表（包括手工业和妇女代表）在吴宁镇、卢宅镇、白云乡等已成立农民协会村庄的会员中提名选举；教育界、学生界、较开明地主士绅代表，在事先调查的基础上决定人选，发给聘书邀请入会。由于筹备动员工作做得仓促，由县政府聘请党、政、军、工、农、商、学、士绅等9个方面的69名代表出席会议。

会议由县长霍俊作政府工作报告，主要分接管、剿匪、司法、财经、税收五部分；县委副书记戴光传达和布置剿匪、反霸、减租、征粮、发展生产和组织群众六大任务。代表们进行小组讨论和大会发言，对县政府工作，特别是减租减息、废除高利贷、征粮、剿匪反霸、宣传发动群众等方面提出意见和建议，表示拥护党和政府所提出的工作任务，并积极协助政府完成。县长霍俊对代表提出的问题做了解释，并表示虚心接受代表提出的意见。会议设主席团，霍俊任主席，戴光任副主席。

第二次会议

1950年4月21日至23日召开，原定代表250名，实际出席代表246名。会议通过霍俊、戴光、宋毅、吴云显、张希本、程知前、黄兴华、亓曜东、孙德裕、韩惠卿（女）、陈立芳（方）、吴品珍、徐崖松、陈世琴、卢秀桐等15人组成的大会主席团和张希本、潘廷鼎、程知前、许固之、俞朝堂5人组成的提案审查委员会，通过亓曜东为秘书长的大会秘书处。

会议的主题是生产度荒、肃清土匪、阐明党和人民政府的政策。会议听取县长霍俊作《六个月的施政工作》报告和县委副书记戴光作《东阳县六个月的工作概况及今后的方针与任务》报告。后分13个小组进行讨论，24人在大会上发言。共收到生产度荒、兴修水利、剿匪反霸、工商税收等方面的提案135件。

会议通过14人组成的常务委员会。霍俊任常务委员会主席，戴光任常务委员会副主席。通过黄兴华、陈绪增、吴裕恒、江沉、卢秀桐、王澄、许固之、任子南、赵阿保9人组成的县生产度荒委员会，一致通过县委提出的今后工作方针和任务的报告。

第三次会议

1950年10月5日至7日召开，原定代表292名，实际出席代表276名。会议通过霍俊、戴光、杨纪匝、张国标（彪）、卢秀桐、张淑功、韩慧卿（女）、徐崖松、沈逊斋、李念琨、孙德裕、陈立芳、马老大、吴品珍、蔡茶生（女）15人组成的大会主席团和张希本、程知前、潘廷鼎、许鹄志、虞朝琴、厉炳重、金宝琪(其)、王石希(玺)、吴裕恒9人组成的提案审查委员会。

会议主题是贯彻六大任务,迎接秋季征粮、土地改革。会议听取讨论由县长霍俊作《县人民政府五个月工作概况及今后工作任务》的报告和县委书记戴光作《各界人民团结起来,为完成减租征粮任务而奋斗》的报告。16名代表在大会上发言。共收到生产建设、民政司法、文教卫生、工商金融、农林、镇压反革命等方面提案144件。

会议选举产生25人组成的常务委员会,通过《东阳县各界人民代表会议决议》。霍俊任常务委员会主席,戴光任常务委员会副主席。

第四次会议

1951年5月23日至26日召开,原定代表340名,实际出席代表318名。会议通过霍俊、戴光、吕少庭、江平、张国标、韩惠卿(女)、陈人文、赵侑生、李念琨、孙德裕、马老大、亓曜东、陈世琴、卢秀桐、吴品珍等15人组成的主席团和程知前、曹洁民、潘廷鼎、厉炳重、许云、金宝琪、吴裕恒、程品文、杜菊妹(女)等9人组成的提案审查委员会及大会秘书长。

会议的主题是对土改、征粮、抗美援朝、镇压反革命、民主选举代表、建立乡村政权,在抗美援朝爱国主义教育下贯彻大生产运动进行总结。会议听取县长霍俊作《政府8个月工作概况和今后工作意见》的报告和县委书记戴光作《土地改革情况报告》及县公安局局长程知前作《关于镇压反革命分子情况及今后贯彻意见的报告》,后分20个小组讨论并进行大会发言。共收到生产建设、民政司法、农林、土改等方面提案293件。

会议选举产生27人组成的常务委员会;通过东阳县抗美援朝委员会分会组成人员名单;通过提案审查委员会报告;通过有关决议;决定以区和界为单位建立代表小组。霍俊任常务委员会主席,戴光、徐崖松任常务委员会副主席。常务委员会决定常务委员分工联系各代表小组和了解掌握各阶层人士的思想反映,建立半月汇报制度。

第五次会议

1951年11月3日至6日召开,原定代表340名,实际出席代表308名。会议通过戴光、王心斋、朱久胜、刘笃兴、韩惠卿(女)、孙德裕、李念琨、张国标、卢秀桐、陈人文、赵侑生、马老大、吴品珍、亓曜东、陈世琴、程知前、杜克松、张淑功、张少娜(女)等19人组成的主席团和程知前、吴裕恒、潘廷鼎、王德钰、厉炳重、肖俊峰、韩惠卿(女)、金凤沧、金宝琪、吴斐章10人组成的提案审查委员会。

会议的主题是在生产丰收和秋征中开展冬季生产。会议听取讨论县长王心斋作《关于一年来的工作情况和今后任务的报告》、县委书记戴光作《关于过去工作情况和今后任务的报告》及县妇联主任韩惠卿作《一年来关于执行婚姻法总结报告》,11名代表作大会发言,县机关各部门负责人作工作汇报。共收到生产建设、民政司法、文教卫生、工商金融、农林、镇压反革命等方面提案263件。全体代表向毛主席暨中央人民政府委员会发出致敬电。

会议选举产生25人组成的常务委员会。王心斋任常务委员会主席，戴光、吴品珍任常务委员会副主席。

第六次会议

1952年6月27日至29日召开，原定代表326名，实际出席代表303名。列席代表58名。会议通过戴光、王心斋、亓曜东、朱久胜、刘笃兴、宋铭赋、李念琨、冯玉文、蒋德顺、张国标、卢秀桐、夏祝安、赵侑生、马老大、吴品珍、陈世琴、徐采樵(女)、张少娜(女)、高秀珍(女)、张栋、虞立仁等21人组成的主席团和冯玉文、潘廷鼎、臧许之、王德钰、金理言、厉炳重、金凤沧、金宝其、吕济堂、方儒星等10人组成的提案审查委员会。

会议主题是研究农业生产、争取水稻丰收，活跃城乡经济，总结机关“三反”运动(1951年底到1952年10月，在党政机关工作人员中开展的“反贪污、反浪费、反官僚主义”斗争)，调整充实代表队伍。会议听取和讨论县长王心斋作《关于半年来工作情况和今后任务的报告》和县委书记戴光作《半年来工作情况和今后任务》的报告，水利、治虫、互助组、农业生产合作、封山造林、城乡物资交流、转业军人等7个典型在大会上发言，共收到生产建设、文教卫生、工商金融、农林、镇压反革命、“三反”“五反”(1951年底到1952年10月，在私营工商业者中开展的“反行贿、反偷税漏税、反盗骗国家财产、反偷工减料、反盗窃国家经济情报”的斗争)等方面提案358件。

会议选举产生25人组成的常务委员会。王心斋任常务委员会主任委员，戴光、吴品珍任常务委员会副主任委员。

第七次会议

1952年11月23日至25日召开，原定代表326名，实际出席代表306名。各区区长或区干部12名列席。会议通过戴光、胡晓民、王心斋、亓曜东、朱久胜、刘笃兴、李念琨、冯玉文、蒋德顺、张国标、卢秀桐、宋铭赋、岳启廷、夏祝安、赵侑生、马老大、吴品珍、陈世琴、徐采樵(女)、张少娜(女)、高秀珍(女)、虞立仁等22人组成的主席团和冯玉文、潘廷鼎、臧许之、王德钰、金理言、厉炳重、李念琨、杨芝兰、金凤沧、金宝其、吕济堂、方儒星等12人组成的提案审查委员会。

会议的主题是抓好农业生产，复查调产和民主建政。会议听取和讨论县长王心斋作《关于三个月来工作情况及今后任务》的报告和县委书记戴光作《关于当前工作情况和今后任务》的报告，共收到生产建设、文教卫生、工商金融、镇压反革命等方面提案302件。

会议选举产生27人组成的常务委员会，选举出席浙江省第二届各界人民代表会议代表6人。王心斋任常务委员会主任委员，胡晓民、吴品珍任常务委员会副主任委员。

第八次会议

1953年10月6日至8日召开，出席会议代表210名。列席代表22名。会议通过胡晓民、王心斋、朱久胜、亓曜东、李念琨、刘笃兴、冯玉文、蒋德顺、卢秀桐、宋铭赋、岳启廷、赵侑生、马老大、陈世琴、徐采樵(女)、高秀珍(女)、虞立仁17人组成的主席团和冯玉文、潘廷鼎、臧许之、王德钰、金理言、厉炳重、李念琨、金凤沧、吕济堂、方儒星等10人组成的提案审查委员会。

会议主题是响应中共中央号召,开展"增产节约,超额完成全国计划"运动。会议听取和讨论了县长王心斋作《关于县人民政府过去十个月工作情况及今后任务》的报告和县委第二书记胡晓民作《关于当前工作情况和今后工作任务的报告》,并进行大会发言。共收到提案256件。

会议选举产生24人组成的常务委员会。王心斋任常务委员会主任委员,胡晓民任常务委员会副主任委员。

第二节　常务委员会会议

1950年4月,第二次会议开始,选举产生常务委员会。

第二次会议闭会期间,共召开2次常务委员会会议。1950年4月23日召开的常务委员会会议,中心议题是学习常务委员会的性质、人民政府政策、常务委员应做的工作;1950年9月30日召开的常务委员会会议,主要内容是汇报情况,布置动员劝募寒衣支援皖北、苏北灾民等工作,研究第三次各界人民代表会议的中心议题。

第三次会议闭会期间,共召开3次常务委员会会议。其中,1950年12月21日召开的常务委员会会议听取讨论县委书记、县长的报告,研究征粮、土改、抗美援朝等问题,提出意见和建议,通过县土改委员会和人民法庭组成人员名单;1951年5月5日召开的常务委员会议,总结前阶段工作,研究第四次代表会议的筹备工作,决定采取普选和特邀相结合的办法产生代表,审查通过会议各项议程。

第四次会议闭会期间,共召开3次常务委员会会议。1951年9月6日召开的常务委员会会议,听取、讨论县长王心斋的综合性工作报告,通过王心斋、孙德裕、张娥英(女)、张国标、孙德升、潘廷鼎、俞荣高等7人为出席浙江省各界人民代表会议代表;1951年9月25日召开的常务委员会会议,听取县长王心斋关于生产情况及今后工作意见的报告,提出意见和建议,通过报省复核的省各界人民代表会议代表孙德裕、潘廷鼎、张娥英(女)、俞荣高、张国标,对省各界人民代表会议将研讨的重点问题进行讨论,提出意见;1951年11月2日召开的常务会员会会议,讨论审查通过第五次各界人民代表会议的中心议题及各项议程,审查通过工作报告,审查通过大会主席团、提案委员会、常务委员会组成人员调整、补充建议并决定建立常务委员会办公室。

第五次会议闭会期间,共召开2次常务委员会会议。其中,1952年6月26日召开的常务委员会会议讨论审议通过第六次各界人民代表会议上的工作报告,通过常务委员会、主席团、提案审查委员会成员名单，研究提案审查处理情况，通过会议各项议程。

第六次会议闭会期间，共召开2次常务委员会会议。1952年6月29日召开的常务委员会会议，决定建立委员联系汇报制度，并进行分工；1952年8月27日召开的常务委员会会议，听取副县长亓曜东城乡物资交流及秋收冬种工作的报告，提出对政府城乡物资交流、干部作风、农村社会治安等8个方面工作的意见，分析检查委员对会议制度的执行情况。

第七次会议闭会期间，共召开3次常务委员会会议。1953年1月5日召开的常务委员会会议，传达省二届一次各界人民代表会议精神，讨论研究在全县干部群众中传达贯彻方案；5月28日召开的常务委员会会议，听取讨论县委负责人关于全县工作情况和今后任务汇报，对县委工作提出意见和建议；6月8日召开的常务委员会会议，听取和讨论副县长朱久胜关于过去工作情况及今后任务的报告，提出意见和建议。

第八次会议闭会期间，召开1次常务委员会扩大会议。1956年3月10日召开，协商讨论根据浙江省政协委员会决定和中共东阳县委提议的成立东阳县政协委员会事项，县委副书记朱久胜作常委会六年来的工作总结和县委提名参加政协的方面和人员的意见，与会人员一致同意张利一为县政协主席，王德钰、程品文、虞立仁为副主席，黄樟松为秘书长，王武信等16人为常务委员人选，报告县政协一届一次会议主席团，提交大会选举。并于是日发出《关于召开东阳县政协第一届一次会议的通知》。

1956年3月15日，东阳县政协第一届一次会议召开，东阳县各界人民代表会议及常务委员会完成历史使命。

第三节　代表名录

第一次会议

代表构成

出席会议代表69名，其中农民和手工业者27名，占39.13%；妇女7名，占10.14%；教育界人士10名，占14.49%；学生12名，占17.39%；较开明士绅1名，占1.45%；党、政、军各3名，共9名，占13.04%；商人3名，占4.35%。

代表名录

党政军代表

亓曜东　　县大队王教导员等二人　　叶元初　　卢圣志　　吴云显
晏股长　　曹洁民　　霍　俊　　戴　光

农民和手工业代表

韦朱湘	王光奎	王廻龙	王世华	王香娟（女）	王继华
王雪珍（女）	王德鹏	卢义门	卢银寿	卢纯艮	卢望森
任世火	杜文星	杜福明	李尚土	李春福	李福康
严彩莲（女）	周伟其	金承裕	徐龙星	徐步谓	徐士昌
诸葛明洪	蒋小弟	蒋世洪	虞瑞森		

妇女代表

陈姣（女）　陈雪光（女）　杜润光（女）　张蔼翠（女）　蒋碧珍（女）

教育界代表

王正采	王达英	卢　芳	李福臻	陈季豪	吴葩荣
郑鸣雄	单嘉睦	施伯朱	徐崖松		

学生代表

王洋菊（女）	韦荣桂	杜如姣（女）	吴宏榆	陈士丹	陈公和
陈亨豪	张荣祥	陆炳考	赵冰眉（女）	赵思水	金行成
郝正江					

商会代表

许鹄志　陈立芳　陈雄铭　吴樟涵

第二次会议

代表构成

出席代表246名，其中，农民代表156名（包括劳动妇女16名，劳动青年团员16名），占63.41%；文教学生代表36名，占14.63%；开明地主11名，占4.47%；民主人士2名，占0.81%；工商代表16名，占6.50%；党、政、军代表25名（其中党委代表5名、政府代表11名、军队代表5名、团工委代表1名、妇联代表1名、农会代表1名、工会代表1名），占10.16%。

代表名录

资料缺佚。

第三次会议

代表构成

出席代表276名，其中，党委代表3名，占1.09%；政府代表8名，占2.90%；军队代表3名，占1.09%；工会代表1名，占0.36%；农会代表1名，占0.36%；学生代表9名，占3.26%；工人代表10名，占3.62%；团工委代表3名，占1.09%；妇联代表2名，占0.72%；特邀人士8名，占2.90%；县聘文教代表15名，占5.43%；县聘商界代表9名，占3.26%；各区代表204名，占73.91%。

代表名录

党代表

戴　光	吴熙孟	孙德裕

军代表

杨大队长	王德增	陈指导员

政府代表

霍　俊	程知前	亓曜东	李效孔	李念琨	曹洁民
吴裕恒	胡宪卿	胡晖白（女）	王　澄		

工会代表

陈丕善	卢秀桐	何展光

农会代表

黄兴华	陈钦甫	王瑞田

团工委代表

杜承尧	张淑功	江　平	许修文

民主妇联代表

韩惠卿（女）	颜承香（女）	方永圆（女）

特邀士绅代表

吴品珍	沈逊斋	赵侑生	郭咏梅	吴斐章

特邀文教代表

徐崖松	陈人文	倪宝文	吕　丹(女)	王继曾	王祖茂
蔡桂棠	郑光宏	顾德寿	吕韶岚	李　安	赵昭德

特邀商界代表

包焕达	潘廷鼎	卢　芳	赵希华	赵渭洛	陈立芳
陈雄铭	周明伦	许鹄志	韦在贤	蒋为田	徐道隆
方佩云					

各区士绅代表

李谷香	陈品文	王石玺	张雄铭	吴荣奎	王召棠
李承恕	楼德寿	徐国华	吕光华	王作新	

各区文教代表

华惜荪(女)	胡鼎三	潘锡经	蒋学耕	郭毅诚	胡鼎梅
金承喜	李闰华	吴钟铭	丁品圭	王维明	

学生代表

韦连城	张安棠	沈志新	朱秀朗(女)	卢树森	周八达
叶忠孝	何森木	贾樟信	张荣祥		

工人代表

王文龙	王珠秋(女)	胡承禄	陈士洋	徐震亨	包锡彬
周文潘	卢念朴	徐岩水	胡樟洪		

玉山区

周树彩	周喜明	张品权	胡林水	楼柄奎	单昌候
胡立瑶	周金莲(女)	周土祥	周国良		

李宅区

金毛雨	王志仁	吴　牛	陈大明	蒋子昂	杜永兰
李月泉	洪德荣	李立文	蒋觉民	胡林春	楼金川
俞银土	蒋彦祁	张　栋	吴锡茂	吴章林	郭彩迎(女)

巍山区

李※※	李升潮	周福三	金顺福	葛今法	吴祖德
何春法	蔡鼎滋	蔡式高	徐复孝	赵景林	葛何根
沈本义	裘恒岩	赵金山	赵土方	蔡宝华	吕林宝
胡鸿基	曹心启				

城关区

王修贤	陈中星	李朱星	徐步文	杜菊妹（女）	杜藕仙（女）
卢熙银	卢寿土	方彩凤（女）	卢梦华	孙兴土	王林清
杜凤林	王寿海	任双喜	张文惠	于长盛	陈世琴
李宣禄					

上卢区

金宝其	潘阿金	王锡泉	马彩棋	张士荣	王林华
任士金	李菊妹（女）	杜文星	杜茂根	许秀吐	韦思品
朱福星	李承统	王芝平	王福仙（女）	金行秋	卢文元
王广川	傅福喜	周恒达	韦小弟	石希法	马　中
肖俊峰	虞朝琴				

南马区

邵仰泉	任春海	张兆林	陈福清	余顺火	杜尚德
赵路棋	王廷华	包忠银	包新喜	申屠阿娜（女）	
朱天福	马载福	陈钦琴	张茂田	马华中	郭文斌
郭世琴	邵永丰	李法矩			

马宅区

朱品济	蒋士贵	卢世兴	徐银川	厉黄庆	马协华
陈隆相	杨纯芝	张龙云	申屠汝星	申屠玉兰（女）	
卢纯庆	丁宝玉（女）	徐景木	叶克桂	陈光禄	陈端琦
朱文卿	金钦盛				

湖溪区

沈立火	卢来兴	吴绍品	严星华	张昌林	叶炳奎
何月松	张志成	李朱荣	沈章清	楼德水	沈庆智
厉桂洪	金钦喜	金星田	金宝松	申屠仁火	胡绍元
王能祥	张国彪	张善昌			

象岗区

吕根文	胡星德	金成林	朱凑禄	张庆元	李文华
王文祥	吕品田	邢何思			

画水区

蒋洪良	许瑞宝	郭光德	张垂田	张满水	蒋起华
杜芳福	蒋德长	吴钟立	王开宝	吴雪儿	金理言
厉炳重	楼章明	吕章水	蒋翠娥（女）	厉玉光（女）	周锡银

林浦区

郭兴水	郭章寿	何义川	何志文	郭荣昌	周兴汉
郭炳福	王士贞	厉兰火			

第四次会议

代表构成

出席代表318名，其中，农民代表223名，占70.13%；文教代表22名，占6.92%；士绅6名，占1.89%；商业代表12名，占3.77%；学生代表10名，占3.14%；工人代表10名，占3.14%；党政机关团体代表35名，占11.01%［党委代表3名，占0.94%；政府代表（含区干）23名，占7.23%；农会代表2名，占0.63%；团工委代表2名，占0.63%；妇联代表1名，占0.31%；工会代表2名，占0.63%；军队代表2名，占0.63%］。

代表名录

马宅区

陈　科	王东兴	吴番高	楼正友	陈景礼	葛德星
张爱香（女）	张香娟（女）	张红玉（女）	申屠银水	郭炎松	卢联芳
郑小芳（女）	吴绍根	徐文敖	徐树昌	陈金兴	陈先木
丁宝玉（女）	郭章炉	徐振华	潘永福	顾树培	胡世良
徐景潭	丁金土	张尚喜	杨月火	马桂良	杨洪升
王时升	马东海	高文松	陈化美	吕明财	张招来
孔章丁	黄国庆	王新水	葛连福	黄春禄	史齐芬
卢世丁					

吴宁区

金寿其	韦和庆	吕恭书	楼任琴(女)	斯大昌	吴成中
吴生枢	陈好祥	斯以吉	楼兆堂	吴章德	张荣生
赵森林	张顺姣(女)	张朱福	李成龙		

县农场

庞石麟	单尉明

城关区

楼宗汉	楼良松	吕华田	陈荣法	卢德福	张根生
卢盛贤	张茂功	葛士奎	张尚尧	马继美	李志星
吕洪生	孙裕美	王清海	任宝泉	何春牛	潘顺荣
马章木	张春发	单蔚春	吴成锡	金祖潭	骆庭秀
孙文泉	孙云彩	徐生海	张志华	王理法	厉金星
厉朝寅	周锡银	厉良圭	方阿弟	方儒星	王大木
卢志钰	徐贤云	赵章森	厉桂大		

上卢区

杜福新	杜成喜	厉阿少	卢正良	卢永泉	吴章义
卢紫云	张尚升	华德福	金承木	应有成	周长生
徐余华	吴锡豪	张宝廷	卢淳奎	卢大明	周伯仁
石海德	孔养武	石喜相	马彩富	俞寿增	金锦木
许禄星	陈朝荣	卢秀敖	潘喜奎	傅岩木	卢夏善
韦志成	韦顺其	陈彩敖	许芝连	许寿金	李香迎(女)
虞章生	金宝其	韦品初	赵根宝	赵照文	韦寿畴
杜龙生	赵桂法	任世兰	王松法	王尚禄	李宝福
王章福	周永良	周永香	周岩生	杜英火	

巍山区

蒋鸣雷	林宝祥	沈良荣	赵子毅	刘辉元	张为法
刘小毛	蔡文生	斯养其	张子龙	徐鸣涛	陈正华
吴双林	吴三多	蔡锡高	程岩元	刘蒙周	胡吐新
徐陈昌	蔡惇元	陈天喜	胡章水	蔡海德	沈德生
沈老三	张恪昌	蔡宝华	应仁木	蔡荣水	张福兰
赵金山	虞保山	应桂木	张锡昌	李水木	吴加水
张致中	应茂其	赵金荣	周银水	林茂斌	

林浦区

郭忠品	蒋星满	夏光明	滕国满	楼正唐	王星法
郭德法	郭登荣	叶朝水	陈祖玉	李正行	金银山
李福高	李金华	徐福仁	徐子经	王启宇	吕祖才
徐理祥	金有兴	何哲文	何金火	汪锡仁	吕根喜
叶正火	李有生	虞守和	卢肯堂	厉兴来	张寿田
郭昌连	王永福	赵升祥	胡火法	胡汝朝	郑文法
郑喜才	郑本木				

象岗区

吕偶唐	吴恒岩	吕文中	王柳信	郭开金	郭月高
陈福林	王洪敖	楼铭富	金叶方	金品华	卜则孝
马文※	马章林	刘土敖	周新高	金※朝	葛冻明
应茂堂	王岩火	朱南生	吴新民	王清岩	王福俞

南马区

吴云祺	朱富益	张义灯	陈钦仁	陈修禄	胡章义
胡瑞芝	王芝宝	张福春	杜德荣	厉金生	吴天福
张银昌	赵洪钦	朱昌华	朱天福	葛世松	李志朝
张球伦	王光荣	王星月	王水六	包银宝	包※法
周大彪	金荣登	李成高	任圣贤	杜德文	孔庆才
包文彬	任加财	陈朝友	张开佃	马茂琴	陈尚林
陈章文	陈茂贤	张赞时	吴炉火	邵永涛	徐金星
吴寿涛	马中弟	金学辉	吴小桃		

湖溪区

戴光塾	吕星春	张国标	杨雪娥（女）	厉加才	金志兰
周天华	楼德水	胡大娜（女）	胡绍唐	张朱陈	张铜银
张海※	吕正洪	李渭期	吕继唐	李成文	郭忠友
方学贤	何文海	徐志良	李光寿	金楼典	吕荣堂
杜秋荣	董华法	董邦银	卢来兴	李楼荣	吕忠期
郭新堂	杨金水	沈桂芬（女）	何品贵	吴荣香	王日辉
翁洪星	张云集	叶锡宝	杜志金	葛德奎	张福德
吕根辉	张森唐	吴荣华	汤连海	张根寿	张天木

画水区

陆洪提	陆光有	陆新法	吴寿兰	吴荣星	朱法寿
蒋启华	蒋贤根	吴锡渭	杜聚信	许树桅	杜林森
蒋光喜	蒋正贵	许启荣	蒋载清	马忠土	冯洋生
胡福根	吴炎丁	郭朝奎	程新法	王人昌	蒋本秋
陆满水	贾樟森	陆润章	王瑞清	杜福堂	王瑞德

李宅区

施安富	蒋永高	金行成	单柏松	王桂槐	李清朝
吴美志	金天中	李竹生	李祖林	王仁火	潘　撮
吴福喜	吕金山	李满海	蒋金祥	李鹤三	吕天照
金有金	吴美松	倪日德	楼志棋	李锡文	金海棋
金良奎	蒋士致	潘凤飞	胡根德	陈有堂	吴根生
吴金松	斯岩春	期满德			

玉山区

郭雨春	楼长寿	张豪根	何兴土	张星余	潘土昌
潘仙桃	潘仙杏	周林敖	厉新荣	周云龙	周梦台
陈来福	张根法	张藕如	张行鹏	胡壬昌	胡生法
胡宝棠	张荣法	张卢福	周国尧	杨苗海	周许田
杜瑶其	金芝香	楼品荣	王丙火	李和民	楼彩法
曹朱生	曹金法	单何进	单金玉	单三土	单一祥

第五次会议

代表构成

出席代表308名，其中，党委、政府代表31名，占10.06%；农民代表215名，占69.81%；工人代表10人，占3.25%；文教代表22名，占7.14%；工商代表13人，占4.22%；学生代表10名，占3.25%；士绅代表7名，占2.27%。

代表名录

城关区

许海木	胡其品	卢少娜(女)	何之江	葛士(仕)奎	王正宅(宝)
骆章德	单尉土	单福兰(女)	赵章生	王金听	王文喜
张少娜(女)	方彩凤(女)	卢盛贤	吴世位	许和金	卢红水

徐炳麒	葛炉金	厉菊香（女）	周文禄	徐深海	许维达
楼元梁					

马宅区

陈秀宣	叶章助	马秀莲（女）	厉焕伦（女）	马汝海	朱泽君
胡照香（女）	张永琴	卢克昂	李仁才	王时银	马天富
马翠琴（女）	楼加照	楼加瑶	申屠正喜	张　侃	施承海
厉龙水	郭忠法	申屠登法	张银生	黄承新	

画水区

陆阿桂	蒋启华	陆龙华	陆深水	蒋鸿妹（女）	金满英（女）
王人才	蒋本秋	陆三富	周光金	蒋学谱	王仙球（女）
吴学德	吴荣森	朱章伦	许基登	冯洋生	郭裕洪
许裕木	胡克贺	郭　远			

吴宁镇

吴章德	吴美田	赵高元	斯以吉	张有田	陈世琴
史涤凡					

象岗区

马亦新	周加秀	葛礼明	王欣痒	金成林	卜祖仁
卜祖孝	蔡苏敖	金锡荣	卜寿林	金芝成	应茂棠
马芝唐	金品华	郭毅诚	何依志	郑程金	

李宅区

俞其忠	赵顺仙（女）	赵丁高	王其升	吕金香（女）	吴亦山
胡志求	单世禹	胡　少	陈法桂	金尧海	施安富
蒋芝岩	虞根堂	李世曾	倪德林	王有木	周正昌
厉云飞					

湖溪区

吴秀昌	陆章贤	申屠炳贤	方公升	汤元林	张民松
李锡全	金明法	何寿明	郭桂琴（女）	申屠麟	陈瑞恒
张荣光	张茂松	金承喜	金祖大	蔡月海	张爱娜（女）
张贤深	杜加行	葛庆尧	张锡阳	庄常贤	

上卢区

应长根	王松法	楼根水	张岳云	李尚德	陈小香(女)
许金棋	许满香(女)	徐满水	王舜华	杜成大	周宝金
周尚林	楼海敖	王德兴	应邦高	周荣兰	吴洵根
卢东妹(女)	金宝其	王寿春	蒋高升	韦钦华	金式林
华成秀	孔如成	王森火	王秉华		

南马区

楼嘉济	包焕达	吴钟铭	陈廷福	包德金	蔡茶生(女)
贾妙香(女)	吴樟禄	葛世松	陈瑞芝	王光元	包朝明
包中(种)法(发)		金庆潭	陈天洪	胡品山	吴玉香(女)
吴本昌	马中孟	邵章仁	张寿海	许身弟	张孝明
杜金祥	张立奎	马载福	金凤沧	包梅三	

玉山区

胡鼎之	李成恕	胡如意(女)	金行香(女)	胡忠福	王才云
周碧文	张深海	张蔡瑶	周梦才	华宝深	周朱根
楼桂林	单富塘	单昌鑫	徐明根		

巍山区

林锡英	刘德花	刘俊林	吴岩清	叶成尧	蔡作桂
吕智达(进)	孙德生	虞星高	马森森	李成中	徐成昌
斯本三	吴双林	吴撮来	孙品良	韦宝法	朱秀敖
林茂斌	顾德寿	程品文	胡金潮	徐林山	赵长春
胡仁福	赵绍大				

林浦区

贺寿昌	胡克伟	何金火	吴土根	邵柳生	楼加兴
叶福清	郭宗贻	陈元高	郭正喜	郭元林	王银川
王声敖	赵岩火	厉宝昌	徐秀娜(女)	黄银兴	金加品

特　邀

潘廷鼎	夏祝安	陈人文	卢　芳	何守愚	金标杰
洪彦庆	贾樟信	金越馨(女)	陈世琴	吴品珍	方忠文
张国标	赵侑生	吴斐章	华协熊	金伯勋	杜金翠(女)
吴兆祥	王加星	程(陈)富余	卢念朴	郭毕武	徐理纲

徐松琴	徐英培	王继曾	王祖茂	李庆福	王启(世)金
张茂根	蔡子刚(志钢)		赵惇华	赵渭洛	赵希华
赵大法	潘洪华	徐道隆	俞荣高	卢秀岐	陈士楼
任福儒	楼嘉济	施一青	包焕达	吴钟铭	赵　梁
金钦昌	刘笃兴	吴主任	王德钰	胡宪卿	高　秀
程知前	王瑞田	李念琨	戴　光	王心斋	吴熙孟
韩惠卿	张希本				

第六次会议

代表构成

出席代表303名，其中，党委代表7名，占2.31%；政府代表9名，占2.97%；团工委2名，占0.66%；妇联1名，占0.33%；工人代表11名，占3.63%；农民代表217名，占71.62%；文教代表14名，占4.62%；工商代表19名，占6.27%；学生代表7名，占2.31%；士绅代表7名，占2.31%；转业军人代表9名，占2.97%。列席代表58名。

代表名录

上卢区

方忠文	俞宝康	王贻孙	许金棋	张岳英(女)	徐家福
徐满水	韦哉兰(女)	王德新	杜英火	王炳根	卢东妹(女)
陈少香(女)	李党德	杜成火	周尚林	周宝金	楼海敖
周福山	金锡林	华承秀	卢德富	蔡章冬	周荣兰
王知松	陈士根	蒋高升	韦钦华		

南马区

包梅三	金凤沧	吴钟铭	包焕达	施一青	陈生水
陈天洪	包中发	包朝明	王光元	陈瑞芝	葛世松
杜金祥	张孝明	李天富	周武星	张锡荣	包德金
陈廷福	张立奎	马中孟	张寿海	许身弟	金钦潭

城关区

卢秀岐	赵章森	徐和星	金祥寿	王金听	虞少玉
葛炉金	周文乐	张其寿	葛士奎	卢盛贤	卢锡荣
楼良弟	许维达	单福兰(女)	吴茂桃	许和金	吴荣星
张少娜(女)	方彩凤(女)	蒋德顺	何之江	许荣林	

湖溪区

方公升	蔡月海	李锡全	金明法	杜加行	葛钦尧
张荣光	金加瑞	汤元林	吴秀昌	张爱娜（女）	张锡阳
金成喜	张香光（女）	张厅堂	郭桂琴（女）	吕纪唐	申屠群
何有金	葛德德	樊汝昕	金祖林	杜金山	申屠林水
金加洪	厉中彭	张茂松			

吴宁镇

韦和龙	陈世琴	吴美田	吴章德	张福春	斯以吉
吴品珍					

马宅区

马齐升	马天富	马翠琴（女）	马金云	张永琴	马文元
胡照香（女）	朱宅考	张银森	郭忠发	申屠广义	卢克昂
张章芝	李仁才	林水兰（女）	申屠正喜	楼加瑶	马最迩（女）
叶章助	王时银	楼光明	厉龙水	厉焕伦（女）	陈彦典
黄海水	赵品圭				

玉山区

胡奎连	胡中福	胡如意（女）	周朱根	周品莲	楼桂林
王财云	周秉文	张星海	周梦台	潘焕仁	曹根荣
华宝生	胡鼎三	张锡华	单昌鑫	单富堂	

画水区

陆三富	陆德虎	周光金	金满英（女）	蒋红妹（女）	王人才
王加星	冯祥生	许基登	许裕木	吴荣星	朱章伦
胡克贺	郭裕洪	陆龙华	陆深水	吴学德	王仙球（女）
吴广法	陆金山	陆阿桂			

象岗区

卜祖仁	蔡苏敖	吴恒水	应茂堂	葛礼明	王欣庠
杜林华	马芝唐	金品华	卜寿林	金式用	金成林
吕根全	王宝昌	马振成	吴柏香	潘炳新	

李宅区

吴土荣	吕爕高	周振昌	金世土	蒋志昂	施安富

俞尧海	陈法桂	王友木	倪德林	单世禹	胡　少
王棋理	赵丁高	吴教仁	吴金美	李望林	俞其忠
胡达友	胡满德	李世曾	李土仁	虞根棠	

林浦区

陈元高	郭忠贤	郭士友	何寿昌	何金火	吴土根
楼加兴	王祖林	潘正喜	郭园林	黄银兴	金加品
王生敖	王银川	厉宝昌	赵岩火	徐秀娜（女）	吕苞林
郭士荣	俞芝云				

特邀代表

王继增	王祖茂	吕韶声	顾德寿	楼嘉济	包焕达
吴钟铭	张茂根	赵大法	张章新	李庆福	陈士龙
徐希堂	王启金	潘洪华	杜志余	杜金翠	吴品珍
赵侑生	夏祝安	赵辉贤	赵希华	赵渭洛	华协雄
金伯勋	吴兆祥	徐英培	周光金	包梅三	吴斐章
徐道隆	金越鑋（女）	洪彦祖	徐理纲	徐松琴	施一青
赵惇华	贾樟信	任福儒	申屠麟	蔡志刚	潘廷鼎
陈人文	何守愚	金标杰			

第七次会议

代表构成

出席代表306名，其中，机关代表14名，占4.58%；农民代表205名，占66.99%；工人代表11名，占3.59%；文化代表22名，占7.19%；学生代表11名，占3.59%；工商代表7名，占2.29%；妇女代表22名，占7.19%；转业军人及荣军代表9名，占2.94%；民主人士5名，占1.63%。各区区长12名列席。

代表名录

工人特邀

张章秀	张有明	卢念朴	陈士楼	张茂根	杜金翠（女）
杜志余	潘洪华	徐希棠	赵大法		

文教特邀

吕韵声	卢锦山	王祖茂	楼加济	王舜华	王继曾

吴钟铭	胡鼎山	夏祝安	陈人文	赵辉贤	潘廷鼎
何守愚	金标杰	赵侑生	包焕达	王宝昌	金祖大
何之江	俞芝云	赵品圭	吕智进	贾樟信	郭成文
洪彦庆	何荼珠(女)	徐理纲	施一青	任福儒	王贻骏
金越轚(女)	李秀火	赵淳华			

工商特邀

吴斐章	黄志裘	周光金	包梅山	郭士荣	徐英培
陈定艮	赵希华	赵渭洛	张雪阳	虞立仁	金伯勋

妇女代表

胡如意(女)	金文皎(女)	马秀莲(女)	张惠姣(女)	金满英(女)	蒋红妹(女)
虞小玉(女)	厉秀翠(女)	陈金莲(女)	林水兰(女)	马春琴(女)	王三迎(女)
王世球(女)	陈小香(女)	张娥英(女)	韦栽兰(女)	方彩凤(女)	卢灯妹(女)
厉菊香(女)	李迎香(女)	张香光(女)			

转业军人

宋月朝	卢锡荣	胡广发	吴福星	韦和龙	郭士友
方中文	陈升水	蒋德顺			

民主人士

金凤沧	程养泉	吴品珍	卢秀棋	许金其

城关区

张少娜(女)	王正宝	骆章德	张其寿	葛土奎	周文※
厉炳唐	王金听	许维达	徐和生	金长寿	吴茂桃
方大考	吴荣生	赵章生	胡其品	许海木	葛炉金
许和金					

吴　宁

陈世琴	吴美田	斯以吉	张福春	吴章德	潘积德

上卢区

马非周	楼海敖	周宝金	杜英火	周祥林	周福双
周荣兰	蔡章冬	卢德富	吕品木	傅岩木	韦庆华
蒋高森	金宝其	杜成大	王福球(女)	华成秀	金锡林

吕圣春	陈士根	徐茂清	徐茂水	王智松	王德训
许金其	马新鹏	韦寿球	徐云法	王本(炳)根	王松法
李尚德	许家福				

巍山区

蔡作贵	程维铮	李成中	吴双林	徐陈(成)昌	斯本山
徐林山	蒋鸣雷	赵岩德	吴加水	赵金山	孙德星
吴仁福	蔡宝华	刘元哲	吴岩清	叶成尧	徐森法
朱秀敖	张凤琪	刘俊林			

李宅区

胡　少	单世禹	虞根棠	施安富	吕夔高	赵登高
张锦芳	倪德林	李士仁	俞其中	蒋家林	李祖林
俞世土	吴福喜	俞元海	王友木	吴金美	胡满德
金　雄					

象岗区

金生德	卜祖仁	郗永才	吴恒水	金成林	葛礼明
郑程金	金品华	应希元	马亦新	吕根全	金永仁
胡式金					

林浦区

徐和德	王祖林	郭龙奎	潘正喜	何金火	陈祖玉
陈元高	郭忠贤	吴(吕)胡水	厉宝(保)昌	徐秀娜(女)	王深敖
王银川	何景辉	楼兆金	楼茂火	黄银兴	金嘉品

南马区

吴金寿	张锡荣	陈清渭	包焕堂	包中发	包朝明
李子朝	陈瑞芝	张烈奎	马宝庆	张孝明	金家斌
任贻福	葛世松	吴本昌	邵章仁	陈锦栋	张寿海
任加才	马载福	胡品山	陈廷福	陈天洪	

画水区

陆德虎	陆金山	陆三富	马宗土	陆阿贵(桂)	陆※福
许子洪	王开水	王加星	卢明明	陆金局	蒋荣林
吴学德	吴学谱	王仁(人)才	吴荣生(星)	朱章伦	郭光德

胡克和　郭裕洪

湖溪区

张国标　吕继棠　周芝利　金林水　厉守敖　蔡月海
何友金　李锡全　申屠林水　张爱娜（女）　张茂松　徐熙玉
张厅堂　金加洪　金加瑞　方公生　应锡银　葛庆尧
杜加行　张荣光　马老大

玉山区

张星海　张锡华　张永堂　周梦台　周斌之　王才（财）云
厉生钱　潘焕顺　杜耀其　周新喜　胡奎连　胡中福
胡光标　何汝龙　单富堂（塘）　单昌鑫　厉福常（祥）　应顺高

马宅区

杜加毫　潘永福　马文元　楼光明　张银星　申屠正喜
楼加瑶　卢福星　李仁才　徐明喜　马天富　张章芝
朱泽考　施承海　黄承土　叶章助　郭中法　申屠志豪

机　关

张锦江　张建中　高秀珍（女）　亓曜东　金理言　李念琨
王心斋　石祯祥　臧许之　杨芝兰　王德钰　徐翠姣（女）
戴　光　胡晓民

第八次会议

代表构成

出席代表210名，其中区镇代表150名，占71.43%；工商界代表11名，占5.24%；工会界代表9名，占4.29%；文教界代表28名，占13.33%；党政机关代表12名，占5.71%。列席代表22名。

代表名录

城关区

葛士奎　胡其品　许海木　王金听　卢茂贤　骆尚仁
葛炉金　厉菊香（女）　虞少玉　方太考　吴荣生　卢章生
吴茂桃

象岗区

金永仁	金品华	包友富	卜祖仁	葛礼明	吴恒水
胡锡金	金文姣(女)	金成林	吕根全	金星德	马亦新
郑程金					

李宅区

张锦芳(女)	吕燮高	倪德林	蒋子昂	单世禹	俞其忠
吴金美	李士仁				

湖溪区

马老大	何有金	申屠林水	张香光(女)	金加瑞	张茂松
李加寿	杜加行				

玉山区

王才云	厉生钱	周新喜	杜耀其	周梦台	张永唐
张锡华	单富塘(堂)	何汝龙	楼根生	厉福祥	潘焕德
单昌鑫	胡中福				

马宅区

陈金兴	潘永福	王时银	申屠正喜	楼加瑶	郭忠法
马文元	朱泽考	楼光照	卢福星	李仁才	黄承土
马春琴(女)	卢秀开	马秀莲(女)	丁宝玉	包中毓	张章芝
包忠友					

南马区

张烈奎	包中法	包朝明	邵章仁	任贻福	葛世松
金凤沧	陈瑞芝	张寿海	陈天洪	张锡荣	吴荣※
马宝庆	胡品山	陈清渭	陈廷福		

画水区

王加星	马宗土	陆三富	陆德富	王世球	金满英(女)
蒋洪妹(女)	胡克贺	陆金山	陆金局	蒋荣林	吴学德
朱章伦	胡广发				

吴宁区

陈世琴	吴章德	韦和龙	张福春	吴福星	吴美田

单章楠(女)　斯以吉

上卢区

方忠文　华承秀　楼海敖　杜品华　周尚林　周宝金
蔡章冬　卢德富　徐满水　金式林　王智松　王芳廷
傅岩木　朱柏其　王林其　张岩英　许加福　王炳根
杜英火　周荣兰　王德新　蒋高升

巍山区

程养泉　程维铮　孙德星　吴仁福　赵金山　赵长春
蔡宝华　斯本山　徐成昌　吴双林　陈少香(女)　刘俊林
刘先哲　李成中　蔡作桂

工商界

吴斐章　张锡阳　包梅三　赵希华　赵炳辉　陈定银
徐英佩　周光金　虞立人　金伯勋

工　会

王承义　杜志余　卢德忠　张章寿　张茂根　赵大法
杜金翠(女)　张有明　徐希棠

文教界

潘廷鼎　赵侑生　吕韵声　洪彦庆　俞芝云　王舜华
金祖大　胡鼎三　何之江　赵品圭　王宝昌　卢锦山
王继曾　王祖茂　吴钟铭　宋文翰　包焕达　陈人文
任福儒　何茶珠(女)　孙品良　吕智进　金越犨(女)　徐理纲
郭成文　贾樟信　吴祥佐　李秀火

机　关

胡晓民　王心斋　朱久胜　亓曜东　吴熙孟　李念琨
宋铭赋　刘笃兴　岳启廷　徐采樵(女)　王德钰　卢肯堂
周云龙　戚　明　倪汝民　李之朝　何依志　彭志正
杨　植　潘召法　王定安(女)　吴文庆　范继喜　赵国芳
王大章　陈祖玉　郭士友　潘正喜　王银川　王声敖
徐秀娜(女)　楼茂火　王升法

列　席

吴　启	罗文亮	范明才	周兴汉	吴维松	金理言
严　刚	单际义				

第四节　常务委员会

1950年4月第二次各界人民代表会议始，选举产生各界人民代表会议常务委员会。

第二次会议

主　　席	霍　俊				
副 主 席	戴　光				
常务委员	黄兴华	张希本	亓曜东	韩惠卿（女）	吴品珍
	何展光	金希华	陈世琴	俞朝堂	王瑞喜
	吴云显	徐崖松			

第三次会议

主　　席	霍　俊				
副 主 席	戴　光				
常务委员	杨纪匝	张国标	张希本	孙德裕	李效孔
	杜菊妹（女）	黄兴华	亓曜东	张淑功	徐崖松
	蔡茶生（女）	韩惠卿（女）	马老大	何展光	沈逊斋
	陈立方	金希华	李念琨	吴品珍	陈世琴
	虞朝琴	王石希	潘廷鼎		

第四次会议

主　　席	霍　俊				
副 主 席	戴　光　徐崖松				
常务委员	曹洁民	刘鸿三	亓曜东	方忠文	李念琨
	孙德裕	黄兴华	张淑功	韩惠卿（女）	杜菊妹（女）
	马老大	陈丕善	潘廷鼎	吴品珍	陈世琴
	赵侑生	吴斐章	吕少庭	张国标	王家生

吴熙孟　韦在贤　金越犫（女）　许荣林

第五次会议

主　席	王心斋				
副主席	戴　光	吴品珍			
秘书长	李念琨	吴熙孟			
常务委员	朱久胜	孙德裕	亓曜东	张淑功	刘笃兴
	杜克松	韩惠卿（女）	刘鸿三	马老大	潘廷鼎
	陈世琴	赵侑生	张少娜（女）	许荣林	张国标
	王德钰	吴斐章	方忠文	金越犫（女）	王加星

第六次会议

主任委员	王心斋				
副主任委员	戴　光	吴品珍			
常务委员	朱久胜	孙德裕	亓曜东	张淑功	刘笃兴
	吴熙孟	李念琨	王瑞田	韩惠卿（女）	张建中
	马老大	潘廷鼎	陈世琴	赵侑生	张少娜（女）
	许荣林	张国标	王德钰	吴斐章	方忠文
	金越犫（女）	王加星			

第七次会议

主任委员	王心斋				
副主任委员	胡晓民	吴品珍			
秘书长	李念琨				
常务委员	朱久胜	亓曜东	刘笃兴	马老大	潘廷鼎
	陈世琴	赵侑生	张少娜（女）	许荣林	张国标
	王德钰	吴斐章	方忠文	金越犫（女）	王加星
	卢秀桐	虞立仁	高秀珍（女）	徐采樵（女）	岳启廷
	宋铭赋	夏祝安	蒋德顺		

第八次会议

主任委员　王心斋

副主任委员　胡晓民

常务委员	朱久胜	亓曜东	李念琨	刘笃兴	冯玉文
	蒋德顺	卢秀桐	宋铭赋	岳启廷	赵侑生
	马老大	陈世琴	徐采樵(女)	高秀珍(女)	虞立仁
	潘廷鼎	臧许之	王德钰	金理言	金凤沧
	吕济堂	方儒星			

第二章　政协机构

政协东阳市(县)委员会是中国人民政治协商会议的地方组织,是在中国共产党东阳市(县)委员会领导下,由全市(县)各民主党派、无党派人士、人民团体、各界代表人士组成的广泛的爱国统一战线组织。

东阳政协成立于1956年3月,第四届因“文化大革命”中止活动,1980年8月,恢复活动。1988年5月,国务院批准东阳撤县设市(县级),7月,“中国人民政治协商会议浙江省东阳县委员会”更名为“中国人民政治协商会议浙江省东阳市委员会”。至2016年,已历13届。

第一节　政协委员会

政协东阳市(县)委员会,由中国共产党、各民主党派、无党派人士、人民团体、各少数民族和各界的代表以及特别邀请的人士组成。首届县政协的参加单位、委员名额和人选,由各界人民代表会议常务委员会扩大会议讨论决定,以后各届均由上届市(县)政协常务委员会协商决定。在每届委员会任期内,如有增加或者变更参加单位、委员名额和人选,由本届市(县)政协常务委员会协商决定。

为贯彻中国共产党领导的多党合作和政治协商制度,东阳市(县)政协在每届委员的名额中,中共党员和民主党派、无党派人士保持一定的比例。

东阳县政协成立之初,每届任期按《政协章程》规定一般为3年;1993年后,按修订的《政协章程》规定为5年。第11届因实行省市县换届的同步进行,任期4年。

1956年政协第一届东阳县委员会第一次会议设置13个方面(界别),59名委员,至2016年政协第十三届东阳市委员会第五次会议,增加至22个界别,307名委员。

第一届委员会

委员构成

政协第一届东阳县委员会成立于1956年3月，第一次会议时有委员59名，其中女委员6名，占10.17%。设置13个方面（界别）：中国共产党6名，占10.17%；新民主主义青年团2名，占3.39%；工会联合会3名，占5.08%；农民界4名，占6.78%；民主妇女联合会2名，占3.39%；工商业联合会10名，占16.95%；卫生工作者协会7名，占11.86%；手工业者劳动协会3名，占5.08%；教育界12名，占20.34%；文化艺术界2名，占3.39%；供销合作社1名，占1.69%；和平友好团体2名，占3.39%；特别邀请人士5名，占8.47%。1956年11月24日，一届四次常委会议增设宗教界。1957年5月第三次会议时有委员92名。

委员名录

中国共产党

张利一　王德钰　周国亮　张成俊　黄樟松　何其梅

新民主主义青年团

黄荣森　柯位康

工会联合会

陈钦甫　卢春林　徐能仁

农民界

吴熙孟　周仙能　陈世琴　应友孝

民主妇女联合会

范彩霞（女）　单樟楠（女）

工商业联合会

包梅三　俞樟鸿　韦和茂　许朝满　陈雄铭　张岳楼
费潮森　赵炳辉　虞立仁　应顺高

卫生工作者协会

倪时民　韦汝曾　张锦江　王绍唐　马荣泰　郭志邦
韦雪林

手工业者劳动协会

金正生　　卢祝三　　郭维木

教育界

王亦民	王舜华	杜再菁(女)	宋文翰	吴月姣(女)	李春城
施伯朱	施晓湘	周德芳(女)	韦俊秀	曹心公	赵侑生

文化艺术界

周越芗(女)　黄紫金

供销合作社

刘兆启

和平友好团体

王武信　　吴维松

特别邀请人士

王鸿新　　邱镇庄　　李致祥　　斯望春　　程品文

1956年11月,一届四次常委会议增补委员24名

马恒春	冯健东	吴维禹	韦信妍(女)	韦　香(女)	周文奎
凌凤梧	马凤阳	金忠和	吴荣春	王延龙	韦声律
申屠光	杜志美	楼德中	卢本升	王大江	徐月仙(女)
朱一鹗	葛中林	厉植三	陈光升	陈朱宾	吴亦忱

1957年5月,一届八次常委会议增补委员9名

赵　梁	周光金	胡正炉	金加泉	卢连水	程藕娟(女)
杜钟彬	周以让	舒国华			

第二届委员会

委员构成

政协第二届东阳县委员会成立于1959年12月,第一次会议时有委员109名,其中女委员9名,占8.26%。设置13个界别:中国共产党8名,占7.34%;中国共产主义青年团2名,占1.83%;工会联合会9名,占8.26%;民主妇女联合会2名,占1.83%;农民界2名,占1.83%;工商业联合会20名，占18.35%；医药卫生界12名，占11.01%；教育界24名，占22.02%；科学技术界9名，占8.26%；文化艺术界9名，占8.26%；归侨侨眷3名，占2.75%；宗教界1名，占0.92%；特别邀请人士8名，占7.34%。

委员名录

中国共产党

张利一	周国亮	马恒春	曹心公	张芝田	牛文恩
杜秀高	杨　才				

中国共产主义青年团

陈英华	柯位康

工会联合会

耿树兰（女）	卢春林	杜达珍	宋仙娥（女）	陈瑞银	胡家兰
徐能仁	徐朝宾	蒋根运			

民主妇女联合会

任郁笙（女）	单樟楠（女）

农民界

陈茂贤	周世能

工商业联合会

徐英佩	陈雄铭	金盛源	费潮森	周求开	虞立仁
韦和茂	厉朝松	吴文唐	吕云芳	李立高	陈天开
陈定银	陈祖星	周光金	金加泉	胡正炉	俞樟鸿
张岳楼	单新法				

医药卫生界

王瑞湖	倪时民	郭志邦	袁杏新	杜志美	胡荣林
郭志贤	徐洞芳	程藕娟（女）	黄学龙	葛友仁	楼德中

教育界

王亦民	韦俊秀	王顺清	王贻荪	王舜华	卢锦山
陈人文	陆金满	陈定攀	李春城	杜再菁（女）	杜钟彬
施伯朱	施晓湘	胡克俊	赵侑生	赵惇宠	赵燮春

马凤阳　　郭新庭　　童佩球　　葛华表　　葛桂林　　蒋嘉满

科学技术界

王延龙　　刘乐善　　陆炳仁　　周历山　　胡锡余　　范凤生
许正棋　　张彦考　　斯望春

文化艺术界

王寿元　　厉金荣　　卢连水　　吴荣春　　金忠和　　俞雅珍（女）
马齐足　　张振亚　　黄紫金

归侨　侨眷界

金茂洪　　周德芳（女）　徐月仙（女）

宗教界

徐大伟

特别邀请人士

吴持柔　　吴颂雄　　邱镇庄　　陈中昆　　陈光升　　陈朱宾
舒国华　　程品文

第三届委员会

委员构成

政协第三届东阳县委员会成立于1961年3月，第一次会议时有委员114名，其中女委员10名，占8.77%。设置13个界别：中国共产党10名，占8.77%；中国共产主义青年团3名，占2.63%；工会联合会10名，占8.77%；农民界2名，占1.75%；妇女联合会3名，占2.63%；工商业联合会25名，占21.93%；文化艺术界7名，占6.14%；科学技术界9名，占7.89%；教育界21名，占18.42%；医药卫生界12名，占10.53%；归侨侨眷界5名，占4.39%；宗教界1名，占0.88%；特别邀请人士6名，占5.26%。

委员名录

中国共产党

于耐毅　　邵世勇　　周国亮　　赵　梁　　潘忠谟　　陆锡经
张芝田　　张桂元　　何其梅　　杨　才

中国共产主义青年团

金新义	陈德宝	郭启浩			

工会联合会

李兰生	卢春林	吴士元	吴维钧	杜达珍	陈瑞银
陆锡昌	徐朝宾	徐能仁	蒋根运		

农民界

周仙能	陈茂贤				

妇女联合会

张素青（女）	单樟楠（女）	陈七妹（女）			

工商业联合会

韦和茂	卢子昌	李祖银	李新登	汪振英	杜梅姑（女）
陈天开	陈化罗	陈祖星	陈荣林	金加泉	周光金
马苏娟（女）	单蔚庭	胡正炉	俞茂贤	俞樟鸿	赵渭棋
徐英佩	张岳楼	许　馥	许云生	许朝满	虞立仁
费潮森					

文化艺术界

王寿元	厉金荣	吴荣春	陈法生	俞雅珍（女）	黄紫金
蒋成俊					

科学技术界

刘乐善	陆炳仁	范凤生	许正棋	斯望春	余本禄
陈中昆	胡宝金	冯忠仁			

教育界

王亦民	卢锦山	余承裘	杜钟彬	陈人文	周历山
胡克俊	王贻荪	刘俊民	李春城	何建成	陈定攀
施伯朱	张荣生	胡宪卿	赵侑生	赵惇宠	张汝舟
童佩球	郭新庭	葛桂林			

医药卫生界

王瑞湖	韦汝曾	韦善夫	李从银	吴维卓	郭志邦

郭志贤　　徐洞芳　　黄学龙　　程藕娟（女）楼德中　　葛隆金

归侨　侨眷界

陈加洪　　金茂洪　　周德芳（女）徐月仙（女）马苏卿（女）

宗教界

徐大伟

特别邀请人士

吴持柔　　陈光升　　邱镇庄　　吴颂雄　　程品文　　舒国华

1963年12月，三届十五次常委会议增补委员3名（赵梁因工作岗位调整，委员任职曾中断，重新增补）

曹心公　　赵　梁　　张彦考

第四届委员会

委员构成

政协第四届东阳县委员会成立于1964年1月，第一次会议时有委员109名，其中女委员13名，占11.93%。设置13个界别：中国共产党9名，占8.26%；中国共产主义青年团4名，占3.67%；工会联合会9名，占8.26%；农民界3名，占2.75%；妇女联合会5名，占4.59%；工商业联合会25名，占22.94%；文化艺术界6名，占5.50%；科学技术界9名，占8.26%；教育界21名，占19.27%；医药卫生界10名，占9.17%；归侨侨眷界4名，占3.67%；宗教界1名，占0.92%；特别邀请人士3名，占2.75%。1967年12月，东阳县革命委员会成立，政协停止活动。1980年8月恢复活动。

委员名录

中国共产党

于耐毅　　刘维增　　何其梅　　潘忠谟　　周国亮　　曹心公
赵　梁　　赵国璜　　崔永时

中国共产主义青年团

丁品圭　　任友星　　陈瑞光（女）郭启浩

工会联合会

刘子仁	李兰生	吴士元	吴清受	陈中锡	徐能仁
徐朝宾	张志荣	蒋根运			

农民界

任立羽	周仙能	陈茂贤

妇女联合会

王宝香（女）	王珠娥（女）	吴芳姣（女）	周章奶（女）	蔡菊莲（女）

工商业联合会

韦和茂	卢志昌	李立高	李祖银	陈天开	陈中元
陈化罗	陈祖星	陈荣林	陈继福	金加泉	单蔚
胡正炉	施文虎	俞茂贤	俞樟鸿	赵渭棋	徐英佩
张荣华（女）	许　馥	许云生	黄永奎	虞立仁	费潮森
蔡椿法					

文化艺术界

尹湘娟（女）	王寿元	厉金荣	潘池海	黄紫金	董寒芬（女）

科学技术界

陈中昆	邱镇庄	高德培	张彦考	许正棋	黄荣森
冯忠仁	斯望春	韩润琦			

教育界

王亦民	王贻荪	韦俊秀	李春城	杜钟彬	吴美苏
周历山	周德芳（女）	金标杰	施伯朱	胡克俊	胡宪卿
赵侑生	赵惇宠	欧万珍（女）	郭新庭	郭毅诚	张汝舟
程肇宣	童佩球	葛桂林			

医药卫生界

于长盛	王瑞湖	韦汝曾	韦善夫	吴维卓	周春元
郭志邦	郭志贤	徐洞芳	葛隆金		

归侨　侨眷界

陈加洪	金茂洪	徐月仙（女）	马苏卿（女）

宗教界

徐大伟

特别邀请人士

王琪法　陈光升　舒国华

第五届委员会

委员构成

政协第五届东阳县委员会成立于1981年4月，第一次会议时有委员181名，其中女委员27名，占14.92%。设置15个界别：中国共产党14名，占7.73%；中国共产主义青年团6名，占3.31%；工会联合会13名，占7.18%；农民界7名，占3.87%；妇女联合会7名，占3.87%；科学技术界23名，占12.71%；教育界40名，占22.10%；文化艺术界6名，占3.31%；新闻界1名，占0.55%；体育界2名，占1.10%；医药卫生界19名，占10.50%；工商业联合会16名，占8.84%；归侨侨眷界10名，占5.52%；宗教界2名，占1.10%；特别邀请人士15名，占8.29%。1983年3月第三次会议时有委员187名。

委员名录

中国共产党

张建中　唐殿荣　王成美　陈泽明　韩明珍　郭寿贻
张世欣　赵依宏　邢余庆　崔学亭　夏岩贤　张梦兰
吴维寿　金智标

中国共产主义青年团

张尧昌　王祖龙　李文献　吕日升　金友光（女）　吴勤民（女）

工会联合会

李兰生　刘子仁　胡士元　陈中锡　蒋根运　蒋永棋
金正田　李章华　陆新民　王小妹（女）　马钦松　应毕正
俞生福

农民界

蒋土凑　郭启浩　李戊荣　包焕柳　倪先火　陈长福
虞生法

妇女联合会

吴良仙（女）　王宝香（女）　蔡菊莲（女）　王珠娥（女）　胡建萍（女）
陈宝仙（女）　张茶娥（女）

科学技术界

张彦考	杨桂希	吴颂雄	傅肃荭	陈维烈	朱松青
范敬臣	张光才	张尧榆	卢志豪	朱录生	李新聪
吴贻祥	薛临生	赵观曾	马海华	周巧生（女）	楼尚佩
胡　伟	杜金忠	许正棋	陈中昆	邱镇庄	

教育界

赵惇宠	童佩球	赵侑生	吴美苏	周历山	程人培
王贻荪	韦俊秀	金标杰	施伯朱	韦敬农	胡克俊
欧万珍（女）	郭新庭	张汝舟	程肇宣	葛桂林	郭毅诚
王和俭	吴奇良	王正浩	许秀堂	吴恭祥	曾凡恂（女）
郭武洪	申屠正	王　伟	陈涤新	章祖荣	蔡忠遗
胡方鹤	沈大成	张翊林	朱瑞芝	孔树梅	吴钟铭
虞樟浩	陈人文	潘延鼎	丁关心		

文化艺术界

楼水明	潘池海	赵寿兴	董寒芬（女）	王正洪	卢熙斌

新闻界

冯章才

体育界

贾冬菊（女）　蒋一真

医药卫生界

任友星	杨兰新（女）	王瑞湖	张荣乔	郭志贤	徐洞芳
葛隆金	林振利	管筱花（女）	楼齐正	高柏康	郭菊娥（女）
程藕娟（女）	詹四维	杜方云	马起沛	黄启亮	杨建屏
吴春香（女）					

工商业联合会

徐英佩	陈祖星	李祖银	陈中元	陈荣林	金加泉

赵寿荣　陈惠星　俞茂贤　许　馥　许云生　陈继福
韦和茂　陈定银　贾少弟　赵惠芳(女)

归侨　侨眷

周德芳(女)　赵绍英　李顺仙(女)　陈加洪　徐月仙(女)　沈锡龙
杜新宝(女)　王景法　郭必能　许菊仙(女)

宗教界

陈松林　吴美华

特别邀请人士

陈心发　杜锦堂　赵惠仁　陈彦产　朱光华　楼烈英
陈新喜　李云姣(女)　金启新　王德渠　赵品华　叶金玉
韦永生　许朝满　王琪法

1982年6月,五届五次常委会议增补委员6名

马就高　张荣义　杜华生　骆应龙　厉朝松　徐云深

第六届委员会

委员构成

政协第六届东阳县委员会成立于1984年9月,第一次会议时有委员203名,其中女委员33名,占16.26%;中共党员59名,占29.06%;高中以上文化程度113名,占55.7%。设置15个界别:中国共产党11名,占5.42%;中国共产主义青年团6名,占2.96%;总工会14名,占6.90%;农民界8名,占3.94%;妇女联合会10名,占4.93%;科学技术界26名,占12.81%;教育界43名,占21.18%;医药卫生界22名,占10.84%;文化艺术界7名,占3.45%;体育界4名,占1.97%;新闻出版界2名,占0.99%;工商业联合会14名,占6.90%;宗教界6名,占2.96%;归侨侨眷界12名,占5.91%;特别邀请人士18名,占8.87%。1986年3月第四次会议时有委员207名。

委员名录

中国共产党

陆锡经　季晓岚　华德韩　金智标　周益民　季树才
洪用明　徐二晋　赵文信　张梦兰　马就高

中国共产主义青年团

金立进　李文献　方尚龙　王锦平　马林斌　孙生明

总工会

胡义洪　周彦涛　徐金禄　吴志兴　吴冬娥（女）　李章华
陆金卿（女）　陆新民　马钦松　应毕正　俞生福　葛世刚
陈爱莲（女）　蒋南山

农民界

包焕柳　韦宝其　吴初伟　蒋财福　傅绍麟　王文昌
顾圣书　马齐信

妇女联合会

吴良仙（女）　王爱芳（女）　卢法苏（女）　王维姣（女）　吕菊花（女）　赵　英（女）
施荼光（女）　王宝香（女）　胡宝卿（女）　吕荼花（女）

科学技术界

陈维烈　许新乃　洪铁城　胡抗期　许根生　吴贻祥
李跃其　张荣义　徐福明　杨桂希　马海华　周巧生（女）
陈淑光（女）　张翼生　徐从华　吴汝才　朱录星　徐联芳
应海然　夏英伦　金德庆　朱阜歧　朱金龙　张尧榆
金芝元　薛临生

教育界

童佩球　章祖荣　韦和春　陈涤新　蔡乘湘　程又新（女）
申屠正　赵升尧　徐锦棠　吴奇良　徐冠玉　蒋世豪
王正浩　楼茂盛　许炳琳　马庆潭（女）　俞树良　李家乔
蒋嘉满　杜天斗　吴时恭　申屠萼　胡先林　韦敬农
韦俊秀　徐正法　何丽娟（女）　葛钦潭　张淑平　王振东
石方理　周一理　蔡忠遗　赵惠民　孙惠玉（女）　金义行
沈大成　杜承恩　胡晓声　朱秀姣（女）　丁关心　朱瑞芝
楼锦茂

医药卫生界

王东兴　杨兰新（女）　林振利　管筱花（女）　王瑞根　倪时民
潘章明　许龙福　姜加芬（女）　周淑媛（女）　傅朝政　陈象祖

张荣乔	包巧福	任庭琪	金祖喜	董树立	金鸿奇
王应林	孙天荣	王肯梁	陈月星		

文化艺术界

卢熙斌	王正洪	赵寿兴	王秋姣(女)	陈志兴	姚正华
陆光正					

体育界

林锡楣	贾冬菊(女)	王士辛	骆应龙

新闻出版界

檀玲卿(女)	王　引

工商业联合会

陈惠星	程崇安	许朝满	韦和茂	厉朝松	许云生
史奇东	俞茂贤	杜加赢	陈定银	蔡修仁	赵惠芳(女)
厉永良	卢跃文				

宗教界

陈松林	张益德	吴美华	胡恩慈	陈伯仁	蒋有田

归侨　侨眷

黄　兴	赵绍英	杜新宝(女)	郭必能	杜华生	贾铭理
张桂珍(女)	金子棋	马良夫	王福文	蒋维明	严锡照

特别邀请人士

陈心发	吴兆宁	杜锦堂	李少标	吴兆震	陈凤济
赵惠仁	朱光华	金启新	李云姣(女)	楼烈英	陈彦产
徐掌珠(女)	金秀芳(女)	赵福德	胡　梓	许维星	徐理孝

1985年8月,六届七次常委会议增补委员4名

俞鉴康	杜荣尧	金为周	吴复虞

1986年3月,六届十次常委会议增补委员3名

杜土木	孙忠伟	郭金仪

1986年12月，六届十二次常委会议增补委员1名

羊海龙

第七届委员会

委员构成

政协第七届东阳县委员会成立于1987年4月，第一次会议时有委员226名，其中女委员40名，占17.70%。设置16个界别：中国共产党12名，占5.31%；中国共产主义青年团6名，占2.65%；总工会14名，占6.19%；妇女联合会10名，占4.42%；农林界8名，占3.54%；教育界45名，占19.91%；医药卫生界24名，占10.62%；科学技术界31名，占13.72%；社会科学界3名，占1.33%；文化艺术界9名，占3.98%；体育界4名，占1.77%；新闻出版界2名，占0.88%；工商业联合会19名，占8.41%；宗教界7名，占3.10%；归侨侨眷界13名，占5.75%；特别邀请人士19名，占8.41%。1989年3月第三次会议时有委员227名。

委员名录

中国共产党

陆锡经　杜土木　金智标　羊海龙　华德韩　孙忠伟
黄加理　吴成宏　卢志信　叶佩锵　黄立松　张梦兰

中国共产主义青年团

熊颖俐（女）　王锦平　张望峰　马英伟　包玲亚（女）　蒋光明

总工会

胡忠富　宋雪芬（女）　蒋南山　王仲明　周彦涛　应毕正
金小迪　吴冬娥（女）　陆新民　徐金禄　马钦松　陈爱莲（女）
李金秀　康大利

妇女联合会

吴良仙（女）　赵　英（女）　吕菊花（女）　王爱芳（女）　卢法苏（女）　胡宝卿（女）
羊秀娟（女）　徐宝新（女）　卜亚男（女）　陈法英（女）

农林界

李加祥　傅绍麟　顾圣书　韦宝其　马　波　蒋财福
史天贵　徐大生

教育界

徐宏泰	孙立昌	韦和春	俞鉴康	蔡乘湘	赵升尧
申屠正	宋春兰（女）	胡斯德	徐冠玉	李家乔	蒋世豪
楼烈英	李世葵	俞树良	俞俊乡	郭文周	杜天斗
吴志刚	汪友根	许炳琳	楼茂盛	杜秀余	刘炎豪
申屠萼	王加春	徐正法	韦俊秀	郎亚芳（女）	楼荼仙（女）
李学民	许光华	俞寅祥	应人望	孙惠玉（女）	金义行
张九如	胡晓声	朱瑞芝	杜承恩	沈大成	郭立新
金秀芳（女）	蒋维明	楼锦茂			

医药卫生界

倪时民	王东兴	杨兰新（女）	王瑞根	管筱花（女）	赵藕瑄（女）
方铎悟	黄致余	张荣乔	王小园（女）	姜加芬（女）	蒋为能
杜文仙（女）	包继承	王　安	金祖喜	包巧福	俞俊宇
詹兆忠	宋栽明	张翌舜	蒋银花（女）	王肯梁	陈月星

科学技术界

苏醒人	杜华生	徐从华	张翼声	陈淑光（女）	徐良鸿
赵惇秀	沈显美	徐福明	李品中	施杰锋	张荣义
吴贻祥	张健君	金必红（女）	洪铁城	李跃其	周炳其
郭龙高	应海然	徐联芳	殷为汉	金德庆	卜卫良
曹宪尧	楼绍范	朱金龙	傅金土	胡抗期	顾希满
楼金声					

社会科学界

李成天	徐祖棠	厉章舜

文化艺术界

卢熙斌	王秋姣（女）	王正洪	陈志兴	王文俊	赵寿兴
陆光正	姚正华	杜荣尧			

体育界

陈　磊（女）	林锡楣	骆应龙	贾冬菊（女）

新闻出版界

王　引　　檀玲卿（女）

工商业联合会

吴初伟	吴　前	吴益群	陈惠星	朱仁林	吴关龙
厉朝松	许朝满	许云生	韦和茂	金友水	卢跃文
吴月仙（女）	陈定银	俞茂贤	蔡修仁	杜加赢	吴德月
韦志诚					

宗教界

陈松林	陈伯仁	丁桂林	金行华	吴汉良	朱慧伦（女）
王和光（女）					

归侨　侨眷界

黄　兴	赵绍英	金子棋	杜新宝（女）	金菊珍（女）	王福文
贾铭理	马良夫	杨定生	郭必能	张荣福	马金品
卢芳姣（女）					

特别邀请人士

杜锦堂	陈心发	许维星	吴兆震	吴洪森	金为周
吴复虞	陈凤济	吴兆宁	徐锡荣	李云姣（女）	周桂楼
马清惠	钟寿朋	许芝娥（女）	张荣铭	赵依英	蔡守志
胡　梓					

1988年3月，七届四次常委会议增补委员2名

蒋荣生　　吕开良

第八届委员会

委员构成

政协第八届东阳市委员会成立于1990年4月，第一次会议时有委员227名，其中中共党员74名，占32.60%；非中共人士153名，占67.40%；女委员35名，占15.42%。设置17个界别：中国共产党12名，占5.29%；中国农工民主党4名，占1.76%；中国共产主义青年团6名，占2.64%；总工会14名，占6.17%；妇女联合会10名，占4.41%；工商业联合会25名，占11.01%；农林界12名，占5.29%；教育界36名，占15.86%；医药卫生界20名，占8.81%；科学技术界29名，占12.78%；社会科学界5名，占2.20%；文化艺术界7名，占3.08%；体育界4名，占1.76%；新闻出版界3名，占1.32%；宗教界7名，占3.08%；归侨侨眷14名，占6.17%；特别邀请人士19名，占8.37%。1991年3月14日，八届四次常委会议改科学技术界为科学技术协会（简称科协），改归侨侨眷界为归国华侨联合会（简称侨联）。1992年4月第三次会议时有委员228名。

委员名录

中国共产党

陆锡经　斯江鸿　杜土木　黄加理　金智标　羊海龙
李加登　叶佩锵　黄立松　吴成宏　楼海芳　胡永福

中国农工民主党

吴兆震　杨兰新（女）　曹宪尧　吴洵中

中国共产主义共青团

骆　芳（女）　王　侃　张望峰　郭大新　王治平　卜雄伟

总工会

吕开良　厉世荣　王仲明　韦飞龙　周彦涛　应毕正
宋雪芬（女）　王卫国　康大利　李金秀　王松文　周生茂
严祖华　张忠信

妇女联合会

金菊新（女）　马香珍（女）　卢法苏（女）　胡宝卿（女）　楼福珍（女）　郭翠芳（女）
黄梅芳（女）　楼梅姣（女）　程巧萍（女）　赵　英（女）

工商业联合会

张锡堂　厉朝松　金友水　韦志诚　许朝满　卢跃文
朱仁林　吴关龙　吴初伟　吴　前　俞茂贤　陈定银
蔡修仁　吴德月　许云生　韦和茂　顾星康　楼齐明
张月丹（女）　赵惠珍（女）　俞国生　徐步高　张光瑞　信　真（女）
石成棣

农林界

史天贵　马　波　徐大生　傅绍麟　顾圣书　蒋财福
徐忠信　王国兴　施正堂　杜承秋　胡邦珩　许汝松

教育界

徐宏泰	孙立昌	申屠正	赵升尧	楼振荣	徐冠玉
李家乔	李世葵	颜海水	徐炳权	李郁华	徐从华
邱静龙	杜秀余	楼茂盛	俞俊乡	郭文周	胡加灯
王加春	邵宏仕	李学民	郭立新	葛德初	马菊兰
余慧琴（女）	张兆龙	周能保	张九如	俞寅祥	汪友根
应人望	卢双珠（女）	胡晓声	许光华	孙惠玉（女）	楼茶仙（女）

医药卫生界

倪时民	黄仲芳（女）	王瑞根	沈桂珍（女）	赵藕琯（女）	黄致余
姜加芬（女）	王小园（女）	蒋为能	杜文仙（女）	蓝菊英（女）	蒋银花（女）
张荣乔	包继承	王　安	俞俊宇	詹兆忠	宋栽明
杜安福	王肯梁				

科学技术界

苏醒人	杜华生	张荣义	沈显美	张翼声	徐良鸿
施杰锋	吴子其	赵兰英（女）	严德生	吴贻祥	张健君
洪铁城	金必红（女）	李跃其	周炳奇	郭龙高	李品中
应海然	郭朗蕉（女）	钱元葵	金加同	金德庆	朱锡龙
楼绍范	傅金土	陈致潭	金继生	顾希满	

社会科学界

张仲义	金希恒	厉章舜	孙忠伟	李成天

文化艺术界

卢熙斌	陆光正	杜荣尧	王文俊	王德荣	虞秀正
曹秀土					

体育界

赵才春	贾冬菊（女）	吴跃龙	包为群

新闻出版界

郭加深	陈艳艳（女）	许汝兴

宗教界

陈松林	陈伯仁	金行华	吴汉良	朱慧伦（女）	丁桂林
单荣圣					

归侨侨眷界

徐福明	杜新宝(女)	赵绍英	金子棋	王福文	贾铭理
杨定生	张荣福	马金品	马良夫	陈福寿	蒋维明
吕柏初	卢普登				

特别邀请人士

周桂楼	陈心发	许维星	吴永喜	金为周	吴洪森
张荣铭	蔡守志	胡　梓	吴兆龙	吴兆宁	俞　立
徐锡荣	马清惠	钟寿朋	楼烈英	王昌焕	黄国生
赵荣元					

1991年3月,八届四次常委会议增补委员4名

包晓华	卢梦开	陈同晓(女)	陈惠星

1992年3月,八届九次常委会议增补委员1名

施祖辉

第九届委员会

委员构成

政协第九届东阳市委员会成立于1993年4月,第一次会议时有委员219名,其中中共党员73名,占33.33%;非中共人士146名,占66.67%;女委员39名,占17.81%。设置19个界别:中国共产党7名,占3.20%;中国农工民主党4名,占1.83%;中国共产主义青年团5名,占2.28%;总工会14名,占6.39%;妇女联合会11名,占5.02%;工商业联合会14名,占6.39%;科学技术协会27名,占12.33%;归国华侨联合会13名,占5.94%;农林界11名,占5.02%;经济界11名,占5.02%;教育界33名,占15.07%;医药卫生界18名,占8.22%;文化艺术界7名,占3.20%;社会科学界5名,占2.28%;体育界4名,占1.83%;新闻出版界4名,占1.83%;宗教界7名,占3.20%;社会福利救济团体3名,占1.37%;特别邀请人士21名,占9.59%。1997年3月,第五次会议时有委员238名。

委员名录

中国共产党

康益民	斯江鸿	郭俊喜	吴有德	单锡成	施祖辉
程立仁					

中国农工民主党

吴兆震　　吴洵中　　顾方洪　　林勋杰

中国共产主义青年团

王　侃　　楼锦阳　　朱志杰　　吕玲萍（女）金永平

总工会

吕开良　　厉世荣　　李金秀　　王卫国　　应毕正　　韦飞龙
韦俊伊　　顾锡阳　　周美花（女）葛志成　　刘佐炎　　许顺才
张丰萍（女）赵家龙

妇女联合会

金菊新（女）马香珍（女）楼福珍（女）程巧萍（女）黄美芳（女）陈　英（女）
杜友芳（女）李桂珍（女）包兰珍（女）史园凤（女）王巧仙（女）

工商业联合会

顾星康　　吴初伟　　楼齐明　　厉朝松　　金友水　　许朝满
陈定银　　张黎云　　吕森林　　陆一丰　　厉伟群　　陈孝伟
黄朝奎　　吕玉文

科学技术协会

苏醒人　　吴子其　　楼绍范　　严德生　　张荣义　　李品中
洪铁城　　顾希满　　陈致潭　　傅金土　　郭朗蕉（女）应海然
朱锡龙　　金德庆　　李跃其　　赵兰英（女）金必红（女）金继生
王行奇　　程隆新　　李致中　　徐文豪　　贾和寿　　程立初
徐鸿良　　杜锡和　　何小禹

归国华侨联合会

杜新宝（女）杨定生　　卢普登　　贾铭理　　张荣福　　吕柏初
赵绍英　　吴关龙　　金子棋　　俞正泉　　吴顺南（女）任基夫
李梦寒（女）

农林界

史天贵　　徐忠信　　马　波　　王国兴　　顾圣书　　傅绍麟
吴汉民　　金立文　　陈梦桂　　龚淑娟（女）卢能善

经济界

信　真(女)　张月丹(女)　徐经彬　蒋锦铭　郑伯云　王生忠
韦晓声(女)　赵丹蓓(女)　张茂富　赵菊文　杜尚水

教育界

徐冠玉　孙立昌　赵升尧　李家乔　徐炳权　颜海水
徐从华　俞俊乡　郭文周　邱静龙　李郁华　周能保
张九如　俞寅祥　应人望　卢双珠(女)　许光华　楼荼仙(女)
金子微　蔡齐永　许国良　马中星　黄　飞　蔡国良
申屠流贵　楼金花(女)　吴梅娟(女)　吴月忠　朱光华　郭荣德
赵宗棠　张榕珍(女)　楼肖钢

医药卫生界

赵藕琯(女)　王瑞根　黄仲芳(女)　姜加芬(女)　王小园(女)　蓝菊英(女)
詹兆忠　杜文仙(女)　王　安　宋栽明　杜安福　王肯梁
应芝桂　王晓刚　何时祥　王爱民　郑土高　张龙福

文化艺术界

卢熙斌　陆光正　王文俊　王德荣　虞秀正　曹秀土
韦定民

社会科学界

金希恒　厉章舜　吴立贵　孔跃民　张景秋

体育界

吴跃龙　包为群　许一平　朱顺瑶

新闻出版界

赵志强　许汝兴　陈艳艳(女)　朱识芳

宗教界

陈伯仁　丁桂林　金行华　吴汉良　朱慧伦(女)　陈松林
释法道

社会福利救济团体

俞国生　韦　青　李光豪

特别邀请人士

陈心发	许维星	吴洪森	金为周	蔡守志	吴永喜
吴兆宁	俞　立	王昌焕	黄国生	吴兆龙	周桂楼
钟寿朋	赵惠仁	李和高	陈戬强	申屠孟君	吴勇前
杜加熙	杨兰新	孙忠伟			

1993年8月,九届二次常委会议增补委员8名

韦　参	包晓华	杜承鲁	张茂春	吴美荣	陈天宝
姚理珍	郭季良				

1994年3月,九届四次常委会议增补委员3名

申屠亚各	许宝鸿	杜志尧

1995年1月,九届八次常委会议增补委员1名

金立群

1995年3月,九届九次常委会议增补委员4名

严祖华	陈仙华	何玉良	张纯良

1996年2月,九届十四次常委会议增补委员9名

叶桂芳	刘宝剑	许宝星	许晓华	华知萍(女)	邵福贵
张阿龙	金立仁	蔡平义			

1997年3月,九届十九次常委会议增补委员1名

王光训

第十届委员会

委员构成

政协第十届东阳市委员会成立于1998年3月,第一次会议时有委员215名,其中中共党员79名,占36.74%;非中共人士136名,占63.26%;女委员40名,占18.60%。设置20个界别:中国共产党7名,占3.26%;中国农工民主党4名,占1.86%;总工会11名,占5.12%;中国共产主义青年团5名,占2.33%;妇女联合会9名,占4.19%;工商业联合会14名,占6.51%;科学技术协会24名,占11.16%;文化艺术界7名,占3.26%;社会科学界7名,占3.26%;经济界22名,占10.23%;农林界12名,占5.58%;教育界28名,占13.02%;新闻出版界3名，占1.40%；医学卫生界15名，占6.98%；体育界4名，占1.86%；社会救济福利团体3名，占1.40%；归国华侨联合会12名，占5.58%；民族宗教界8名，占3.72%；台胞台属联谊会13名，占6.05%；特别邀请人士7名，占3.26%。2002年3月，第五次会议时有委员253名。

委员名录

中国共产党

康益民	王光训	郭俊喜	吴有德	张庆兴	李洪尧
吴美荣					

中国农工民主党

吴洵中	林勋杰	吴香玲（女）	王惠仙（女）

总工会

葛志成	周梅芳（女）	王卫国	许顺才	徐智明	金钦龙
应小弋（女）	厉世荣	胡饶萍（女）	周明心	郑丽洁（女）	

中国共产主义青年团

杜新阳	沈伟新	贾　云	单俨彬	虞耀星

妇女联合会

楼福珍（女）	史园凤（女）	程巧萍（女）	李桂珍（女）	王秋艳（女）	王巧仙（女）
许庆梅（女）	骆卿菊（女）	郭巧华（女）			

工商业联合会

张茂春	楼忠福	吕玉文	楼齐明	金友水	厉朝松
张黎云	潘信群	程向阳	金益民	马德林	徐圣文
华协漂	张凌木				

科学技术协会

王行奇	陆海良	杜晓敏	李品中	赵兰英（女）	李跃其
程隆新	包纯伟	张中能	何玉良	许宝鸿	何小禹
杜锡和	张端誉	程立初	吴子其	朱锡龙	陈方华
顾星康	金继生	胡贤女（女）	楼绍范	金必红（女）	李郁华

文化艺术界

卢熙斌　胡共天　王德荣　虞秀正　张荣平　韦定民
舒士宁

社会科学界

孔跃民　李光林　张景秋　吴立贵　楼汝钊　马巧干
徐文考

经济界

金立群　卢茂尧　郭季良　胡锡忠　周益敏　厉世棠
包志刚　吕敏湘　信　真（女）　郭选席　张茂富　吕浩明
马樟云　许晓华　叶桂芳　虞乐生（女）　张锡堂　韦晓声（女）
许宝星　杜加强　楼永平　楼永良

农林界

马　波　张纯良　龚淑娟（女）　史天贵　李　强　金义权
周洪强　吴汉民　卢能善　王国兴　陈梦桂　顾圣书

教育界

包品芳　刘宝剑　徐贤刚　蔡国扬　楼满良　徐苏莲（女）
沈茂潮　廖承信　樊　潜　包正明　厉守明　胡三平
单培红　张其良　何仲达　赵庚新　陈皖东　李海燕（女）
邵仙玉（女）　楼肖钢　俞寅祥　赵宗棠　张九如　吕园花（女）
厉岗玲（女）　曹桂芬（女）　吴梅娟（女）　王永进

新闻出版界

许汝兴　赵志强　陈艳艳（女）

医学卫生界

王肯梁　王兰仙（女）　王小园（女）　赵藕琯（女）　金爱娟（女）　应芝桂
包淳浩　王晓刚　张龙福　王爱民　王　安　韦尤新
杜安福　蓝菊英（女）　詹兆忠

体育界

姚理珍　包为群　许一平　吴跃龙

社会救济福利团体

黄潮贵　俞国生　李光豪

归国华侨联合会

李和高　邵福贵　杨定生　任基夫　杜新宝(女)　吴顺南(女)
赵绍英　李梦寒(女)　卢大胜　李云康　赵春花(女)　陆红宾

民族宗教界

陈松林　丁桂林　吴汉良　陈伯仁　释法道　释光泉
金　昉　蔡德耀

台胞台属联谊会

吴兆宁　赵惠仁　韦宝弟　王昌焕　吴初伟　黄国生
俞　立　陈戡强　徐锡荣　周桂楼　黄胤盛　申屠孟君
钟寿朋

特别邀请人士

金立仁　陈天宝　陈心发　华知萍(女)　吴兆震　吴洪森
杜志尧

1998年9月，十届三次常委会议增补委员14名

何依禹　蒋宝仙(女)　顾在响　李新良　李金良　吕桂姣(女)
洪福照　陈孝伟　徐保成　曹金龙　金立进　马金法
陆锡柱　蒋锦萌(女)

1999年12月，十届十次常委会议增补委员11名

周淑英(女)　葛小康(女)　卢光华　杜国华　楼正文　施祖辉
陈正刚　陈友田　施维良　金寿昌　蒋有田

2000年12月，十届十六次常委会议增补委员13名

施根华　杜加云　杜志正　马光明　包焕正　蒋天耕
周国智　卢大根　陈业忠　杜承平　任建新　徐云妹(女)
葛敦理

2002年3月，十届二十二次常委会议增补委员8名

何飞龙　何月英(女)　张哲明　吴新祺　金洪驹　顾向彬

翁留女（女） 葛世贵

2002年3月，十届二十三次常委会议增补委员2名

朱国兴　　　陈　勇

第十一届委员会

委员构成

政协第十一届东阳市委员会成立于2003年3月，第一次会议时有委员277名，其中中共党员113名，占40.79%；非中共人士164名，占59.21%；女委员56名，占20.22%。设置22个界别：中国共产党9名，占3.25%；中国农工民主党5名，占1.81%；总工会11名，占3.97%；中国共产主义青年团8名，占2.89%；妇女联合会10名，占3.61%；工商业联合会26名，占9.39%；科学技术界13名，占4.69%；科学技术协会13名，占4.69%；文化艺术界9名，占3.25%；社会科学界10名，占3.61%；经济界30名，占10.83%；农业界16名，占5.78%；教育界28名，占10.11%；新闻出版界5名，占1.81%；医学卫生界17名，占6.14%；体育界4名，占1.44%；社会救济福利团体3名，占1.08%；归国华侨联合会15名，占5.42%；宗教界10名，占3.61%；台胞台属联谊会15名，占5.42%；无党派人士6名，占2.17%；特别邀请人士14名，占5.05%。2006年3月，第四次会议时有委员283名。

委员名录

中国共产党

康益民	杜恩深	陆益民	申屠青	郭志华	杜希庭
赵志强	杜继明	蒋锦萌（女）			

中国农工民主党

吴洵中	王惠仙（女）	钱　峰	胡村梅（女）	许小丰

总工会

李金良	陈美华	楼四良	胡饶萍（女）	吴华弟	陆锡潭
许兵辉	胡丽萍（女）	李国初	陈美姣（女）	韦俊寿	

中国共产主义青年团

周淑英（女）	楼　群	刘思蓝	楼健栋	黄小明	包闪闪
申屠康	陈鸿翔				

妇女联合会

张美珍（女） 许庆梅（女） 葛小康（女） 楼兰芳（女） 卢美君（女） 邵君芳（女）
卢彬兰（女） 斯亦萍（女） 陈　苏（女） 赵仙芳（女）

工商业联合会

徐强胜 吕天宝 胡朝洪 杜国华 吴为彬 徐小安
杜志正 张向阳 陈爱厂 潘国浩 华协漂 马德林
何月英（女） 张凌木 潘信群 孙德兴 卢建新 卢光华
张哲明 徐圣文 郭顺松 蔡越玮 韦跃刚 许飞良
沈鸣春（女） 张晓兰（女）

科学技术界

张元旦 胡永明 陆海良 胡二瑛 陈方华 胡贤女（女）
包纯伟 马焕政 葛敦钧 金克强 舒理建 何振宇
奚松明

科学技术协会

王海生 许宝鸿 包超明 陈江芬（女） 朱飞洪 韦俊洪
徐巧英（女） 孙黔阳 蒋宝荣 俞劭平 陆文献 吴振江
李益明

文化艺术界

韦定民 蒋天耕 陈金彪 马春芳（女） 韦金炎 张荣平
刘领红（女） 蓝　伟（女） 虞海燕（女）

社会科学界

马巧干 蒋余才 杜跃荣 张景秋 孔跃民 徐立刚
马国鑫 张大阳 何　钢 吴新祺

经济界

金立群 马樟云 许晓华 金洪驹 郭季良 许宝星
何飞龙 徐保成 包淳浩 杜加强 郭选席 吕浩明
陈　勇 徐　钢 赵向东 金国强 杜改生 何金堂
厉绍根 胡文林 胡其新 陆俊彪 姚江涛 吴妙潭
陈正刚 徐秀忠 张福娟（女） 韦跃强 丁玮岚（女） 俞为中

农业界

王进兴	史天贵	张黎云	龚淑娟（女）	陈业忠	陈梦桂
楼健良	李华龙	应敏飞	章永良	刘春山	陈华飞
潘姣英（女）	马中苏	吕荣刚	杜加云		

教育界

王端平	杜新阳	胡龙品	蔡国扬	姜鸣光	卢梁龙
徐苏莲（女）	韦俊生	廖承信	申屠继法	陆新成	吴益良
单培红	楼满良	周大刚	马中星	徐福民	李海燕（女）
杜召荣	翁　亮（女）	胡　晶（女）	王永进	耿大玉	沈　兵
陈皖东	赵晓珍（女）	何文浩	楼肖钢		

新闻出版界

斯武民	蒋宝仙（女）	叶晓凤（女）	汪文君（女）	胡剑文

医学卫生界

任建新	金爱娟（女）	王晓刚	王　安	顾　新	吴允华（女）
陈献跃	翁春芳（女）	程明尧	姚郁林	应争先	李更天
楼向红（女）	李天海	何一专	任国安	张旭明	

体育界

许一平	吴跃龙	斯洪伟	包为群

社会救济福利团体

施根华	董瑞苹（女）	李新良

归国华侨联合会

胡永明	丁雄鹰	蔡桂珍（女）	卢宇东	张正英	吴喜津
楼启旦	徐向前	任基夫	徐云妹（女）	邵福贵	李梦寒（女）
李云康	陆红宾	翁留女（女）			

宗教界

陆锡柱	蒋有田	吴汉良	蔡德耀	陈伯仁	韦鲁萍（女）
释光泉	释法道	释智行（女）	金永生		

台胞台属联谊会

葛世贵	吴初伟	俞　立	陈康强	王昌焕	申屠孟君
黄胤盛	周震明	赵允成	陈继生	陈庆金	金鸣军
吴葵花（女）	黄丽亚（女）	吴勇前			

无党派人士

蔡捷飞	朱　萍（女）	楼伟龙	王玉才	李中军	应　青

特邀界

虞乐生（女）	孙小瑾（女）	金立仁	朱国兴	周国文	王可法
杜加炎	张振亚	吴小丰	吴洪森	刘　浪	张宝仙（女）
徐文财	何玉良				

2003年7月，十一届三次常委会议增补委员9名

吴美荣	吴德船	刘世洪	张　艳（女）	张跃飞	吴翠萍（女）
张正望	韦益忠	厉世棠			

2005年2月，十一届十三次常委会议增补委员1名

葛德中

第十二届委员会

委员构成

政协第十二届东阳市委员会成立于2007年2月，第一次会议时有委员295名，其中中共党员117名，占39.66%；非中共人士178名，占60.34%；女委员69名，占23.39%。设置22个界别：中国共产党13名，占4.41%；中国农工民主党5名，占1.69%；总工会12名，占4.07%；中国共产主义青年团10名，占3.39%；妇女联合会12名，占4.07%；工商业联合会28名，占9.49%；科学技术界13名，占4.41%；科学技术协会14名，占4.75%；文化艺术界8名，占2.71%；社会科学界11名，占3.73%；经济界30名，占10.17%；农业界14名，占4.75%；教育界28名，占9.49%；新闻出版界5名，占1.69%；医药卫生界16名，占5.42%；体育界5名，占1.69%；社会救济福利团体5名，占1.69%；归国华侨联合会14名，占4.75%；宗教界10名，占3.39%；台胞台属联谊会15名，占5.08%；无党派人士12名，占4.07%；特别邀请人士15名，占5.08%。2011年3月，第五次会议时有委员298名。

委员名录

中国共产党

王正明	申屠青	吴美荣	郭志华	蒋银生	韦国锋
杜继明	赵志强	许克宁	蒋锦萌（女）	吴德船	许为富
史南京					

中国农工民主党

胡村梅（女）	许小丰	程云霄	金向英（女）	王正平

总工会

刘世洪	韦连生	华协漂	翁春芳（女）	楼四良	赵卡卡（女）
陈丽萍（女）	胡贤女（女）	楼甜甜（女）	吴振伟	陆锡潭	单　晖

中国共产主义青年团

徐妙芳（女）	包超明	楼　群	孙黔阳	申屠康	应金高
卢英俊	张德诚	陈玛珊（女）	李大中		

妇女联合会

王鹤群（女）	邵君芳（女）	许庆梅（女）	卢美君（女）	卢彬兰（女）	斯亦萍（女）
陈萍萍（女）	吴　吉（女）	周颖超（女）	吕桂香（女）	厉苏芳（女）	叶金凤（女）

工商业联合会

徐强胜	杜改生	杜国华	吴为彬	张向阳	潘国浩
马德林	何月英（女）	张凌木	卢建新	张哲明	郭顺松
蔡越玮	韦跃刚	沈鸣春（女）	张晓兰（女）	孙德兴	张黎云
俞为中	石正权	李向阳	周卫国	蒋武镁	吴章潭
吴正见	何旭辉	许晋晓	李文良		

科学技术界

陆文君	陆海良	金克强	胡永明	舒理建	戚小伟
楼金松	王向东	蒋盛阳	吴百庆	王梦展	李　刚
郭兰中					

科学技术协会

张正望	吴梦良	徐巧英（女）	俞劭平	吴振江	韦俊洪
李益明	陆文献	周淑英（女）	朱飞洪	黄小明	马贵生
陈国生	何颂伟				

文化艺术界

韦定民	张　艳（女）	蒋天耕	陈金彪	韦金炎	刘领红（女）
蓝　伟（女）	虞海燕（女）				

社会科学界

徐立刚	马巧干	孔跃民	马国鑫	何　钢	李中军
陈敏芳（女）	韦　靖（女）	马大放	吴群刚	麻银忠	

经济界

马樟云	吕天宝	许宝星	何飞龙	徐保成	郭选席
吕浩明	吕荣刚	徐　钢	赵向东	金国强	胡文林
陆俊彪	姚江涛	陈正刚	徐秀忠	丁玮岚（女）	卢光华
厉世棠	韦跃强	楼兰芳（女）	徐圣文	杜新龙	卢秀忠
陈丹红（女）	吕敏湘	胡震东	杜文康	张守平	张　剑

农业界

陈　俊	倪新火	杜加云	吴荣仁	龚淑娟（女）	李华龙
陈梦桂	潘姣英（女）	楼健良	马千里	方升潭	张军进
郭永明	马茂良				

新闻出版界

斯武民	蒋宝仙（女）	马敏蔚	黄俊成	张　明

教育界

赵耀杰	杜新阳	沈向阳	王英鸿	韦跃忠	沈旭阳
蔡国扬	卢梁龙	楼满良	吴益良	陈侃侃（女）	韦育军
胡新颖（女）	张丽萍（女）	叶为燕（女）	王宇燕（女）	卢淑媚（女）	胡锦峰
孔瑞华	朱德峰	申慧群（女）	麻彩虹（女）	卢晓华	申屠继法
杜召荣	沈　兵	陈皖东	蒋云飞		

医学卫生界

杜承华　厉伟民　何一专　王晓刚　姚郁林　张旭明
陆连三　徐跃进　金爱娟（女）　李更天　顾　新　楼向红（女）
吴允华（女）　蒋宝荣　吴飞跃　郭为仁

体育界

许一平　吴跃龙　包为群　斯洪伟　吕　航

社会救济福利团体

施根华　董瑞苹（女）　李新良　杜秀英（女）　金光锋

归国华侨联合会

吴　晓（女）　邵福贵　丁雄鹰　徐向前　李云康　张正英
李梦寒（女）　许晓华　徐小安　王敏君（女）　陈利民　何时天
许大庆　张永雷

宗教界

朱洪淼　释光泉　吴汉良　蔡德耀　韦鲁萍（女）　陈伯仁
释法道　释智行（女）　金永生　刘圆霖（女）

台胞台属联谊会

韦益忠　陈庆金　葛世贵　周震明　金鸣军　陈康强
赵允成　吴勇前　吴葵花（女）　马开富　马朝阳　杜　贫
申屠名航（女）　马志刚　王振华

无党派人士

蔡捷飞　应　青　楼红霞（女）　朱　萍（女）　吴美新　陈　勇
徐伟星　何凌音（女）　卢小丰　吴冠频　郭晟峰　来一鸣

特邀界

马中苏　徐晓民　王可法　周国文　孙小瑾（女）　张振亚
张宝仙（女）　葛会红　周晓晓（女）　陈宝良　徐云珍（女）　蒋红英（女）
金立仁　赵小仙（女）　刘　浪

2010年1月，十二届十三次常委会议增补委员14名

马青祥　任建平　吕康银　朱　勤（女）　何刚平　陆彤亚

单祖生　　金跃军　　俞俊良　　胡钢锋　　蒋　明　　蒋保龙
蒋晓鹏

2011年3月，十二届二十次常委会议增补委员1名
郭巧范（女）

第十三届委员会

委员构成

政协第十三届东阳市委员会成立于2012年2月，第一次会议有委员294名，其中中共党员126名，占42.86%；女委员72名，占24.49%。设22个界别：中国共产党16名，占5.44%；中国农工民主党5名，占1.70%；中国共产主义青年团8名，占2.72%；总工会9名，占3.06%；妇女联合会12名，占4.1%；工商业联合会30名，占10.20%；科学技术界13名，占4.42%；科学技术协会12名，占4.08%；文化艺术界8名，占2.72%；社会科学界9名，占3.06%；经济界29名，占9.86%；农业界21名，占7.14%；教育界20名，占6.80%；新闻出版界5名，占1.70%；医学卫生界15名，占5.10%；体育界5名，占1.70%；社会救济福利团体5名，占1.70%；归国华侨联合会13名，占4.42%；宗教界10名，占3.40%；台胞台属联谊会13名，占4.42%；无党派人士14名，占4.76%；特别邀请人士22名，占7.48%。2016年1月第五次会议时有委员307名。

委员名录

中国共产党
王正明　　王文龙　　王国虎　　韦国锋　　厉锦文　　史南京
华伟跃　　何钢锋　　宋虹峰　　张　艳（女）张卫伟　　张忠鸣
施侍良　　郭巧范（女）麻银忠　　葛一军

中国农工民主党
吴召干　　陈方华　　金向英（女）程云霄　　楼满良

工会界
吕希明　　华协漂　　吴振伟　　张　晓（女）胡立忠　　胡先民
翁春芳（女）葛会红　　楼甜甜（女）

中国共产主义青年团
韦　健　　申屠康　　孙黔阳　　李　强　　李益军　　陈彦溶
金晓亚（女）楼　群

妇女联合会

卢美君（女）　吕桂香（女）　杜　岚（女）　严　鹃（女）　陆菊花（女）　陈丹红（女）
周笑菲（女）　赵晓红（女）　俞　虹（女）　郭志鹃（女）　葛岸丽（女）　蒋　燕（女）

工商业联合会

王可法　王建华　石正权　任建平　刘炎强　杜　贫
杜国华　李文良　李向阳　严成效　吴为彬　吴章潭
何月英（女）　何刚平　何旭辉　张田芳（女）　张阿龙　张荣法
张凌木　张黎云　沈鸣春（女）　陈东海　周卫国　俞为中
施旭明　郭顺松　黄亚民　楼兰芳（女）　蔡捷飞　蔡越玮

科学技术界

马千里　马焕政　王向东　杜文康　吴江东　何飞龙
张新民　陆桂义　胡永明　胡震东　赵晓珍（女）　楼伟龙
楼向阳

科学技术协会

朱飞洪　任文园（女）　何　钢　李大中　张　攀　陈　焰
金银仙（女）　周淑英（女）　俞劭平　徐秀忠　黄小明　蔡孝屏

文化艺术界

韦金炎　卢光华　陈林旭　郭晓笛　舒旭霞（女）　蒋天耕
蒋红英（女）　楼召青（女）

社会科学界

韦　靖（女）　吴新祺　吴群刚　杜希庭　张　勤（女）　陈巧锦（女）
陈涛涛　陈敏芳（女）　周正跃

经济界

王　强　王显耀　王润英（女）　韦跃刚　孔剑锋　孔爱芬（女）
厉向军　卢芝煌　卢杨权　卢秀忠　卢海岩　吕荣刚
许宝星　杜新龙　吴玉霞（女）　张牡丹（女）　陈正刚　陈正弟
陈利民　邵宏宝　金　寒　金玲娟（女）　郑亮迪（女）　赵向东
俞俊良　骆寅福　徐圣文　郭选席　虞方振

农业界

卜为良	马顺淼	马朝阳	王志龙	王洪民	方升潭
杜加云	杜正刚	吴荣仁	陈丽珍（女）	陈志伟	金贵尧
周伟强	胡文林	徐元樟	龚淑娟（女）	斯佩华	蒋　泉
蒋正伟	楼品华	潘姣英（女）			

新闻出版界

马敏蔚	刘　浪	胡康莉（女）	蒋宝仙（女）	蓝　伟（女）

教育界

王宇燕（女）	王英鸿	韦跃忠	孔瑞华	叶为燕（女）	申慧群（女）
吕国兵	孙黎明	杜　芳（女）	杜生德	杜新阳	杨　林（女）
李杭珍（女）	吴海尧	沈旭阳	沈群英（女）	张丽青（女）	陈侃侃（女）
胡龙品	赵耀杰				

医学卫生界

王正平	王向勤（女）	王晓刚	王爱民	韦正红	厉伟民
吴允华（女）	李正良	杜方民	杜承华	张旭明	金巧珍（女）
徐跃进	顾　新	郭兰中			

体育界

包为群	吕　航	吴跃龙	曹新良	斯洪伟

社会救济福利团体

杜秀英（女）	李新良	金光锋	胡德良	楼玲丹（女）

归国华侨联合会

丁雄鹰	王敏君（女）	华　川	李云康	李荣跃	张正英
陈尚进	邵福贵	金跃军	徐向宏	徐小安	曹英姿（女）
蔡桂珍（女）					

宗教界

韦鲁萍（女）	朱洪森	刘圆霖（女）	吴汉良	金永生	金秀木
释光泉	释净藏	释智行（女）	蔡德耀		

台联界

马开富　马志刚　王振华　吕康银　吴勇前　张皓竣
陈俊健　周桂良　周震明　金鸣军　赵允成　徐丽卿（女）
葛世贵

无党派人士

韦定民　厉美芳（女）　叶肖东　卢力锋　许晋晓　许露升（女）
李中军　李云初　吴黎炜　张　捷　党俊良　徐爱民
郭晟峰　楼红霞（女）

特邀界

马龙华　马青祥　马鸿亮　韦东华　孙小瑾（女）　杜跃进
李咏梅（女）　吴振江　何时天　应益军　沈继红　张永雷
陆彤亚　陈　红（女）　邵福龙　林建国　周国文　单祖生
胡刚锋　徐云珍（女）　徐晓民　蒋晓鹏

2013年1月，十三届四次常委会议增补委员23名

邵文京　李天明　董章奇　赵　炜　李玉鹏（女）　方远帆（女）
张雪芳（女）　韦　晓　虞云新　张寿高　许卫泉　沈　巍
陈重进　陈宏良　赵志强　何凌音（女）　方　芳（女）　叶　军
汤加利　许树峰　杨竹山　吴　晓（女）
李鸣朝

2014年1月，十三届十次常委会议增补委员8名

郭志明　徐卫东　李爱忠　周秀平（女）　梁晓明　徐小宁
吴芝兰（女）　翁帅帅

2015年2月，十三届十五次常委会议增补委员7名

赵勤珠（女）　田高亮　吴伟强　楼万丈　韦红斌　张伟钢
厉建党

2015年12月，十三届二十次常委会议增补委员9名

戈金辉　陈远京　陈晓东　马世杰　陈国华　张军进
黄永军　何旭晖　陈展刚

第二节 常务委员会

政协东阳市(县)委员会的领导机构为政协东阳市(县)委员会常务委员会,常务委员会休会期间,由主席会议处理重要事务。常务委员会由政协主席、副主席、秘书长和常务委员组成。主席主持常务委员会的工作,副主席、秘书长协助主席工作。自1956年3月东阳县政协成立至2016年8月,共选举产生13届常务委员会,常务委员会人数由21人增至60人。

第一届常务委员会(1956.3—1959.12)

主　　席	张利一				
副 主 席	王德钰(1956.3—1958.10)		程品文	虞立仁	
秘 书 长	黄樟松				
常务委员	王武信	宋文翰	李致祥	周国亮	周越芗(女)
	范彩霞(女)	俞樟鸿	韦俊秀	韦雪林	陈钦甫
	陈雄铭	张锦江	斯望春	黄荣森	费潮森
	赵侑生				

1957年6月一届三次会议增选常务委员6名

赵　梁　马恒春　李春城　吴维禹　郭志邦　朱一鹗

第二届常务委员会(1959.12—1961.3)

主　　席	张利一(1959.12—1960.5)				
副 主 席	曹心公	徐英佩			
秘 书 长	曹心公(兼)				
常务委员	马恒春	周国亮	张芝田	杨　才	陈英华
	耿树兰(女)	陈茂贤	任郁笙(女)	卢锦山	童佩球
	李春城	韦俊秀	王顺清	赵侑生	袁杏新
	胡荣林	周德芳(女)	郭志邦	王瑞湖	俞樟鸿
	陈雄铭	费潮森	虞立仁	马齐足	金茂洪
	程品文				

第三届常务委员会（1961.3—1963.12）

主　　席	于耐毅				
副 主 席	周国亮	徐英佩			
秘 书 长	陆锡经（1961.3—1963.10）				
常务委员	王瑞湖	何其梅	李春城	邵世勇	金茂洪
	金新义	周德芳（女）	陈祖星	赵　梁	赵侑生
	俞樟鸿	俞雅珍（女）	张芝田	张素青（女）	郭志邦
	郭启浩	费潮森	程品文	童佩球	斯望春
	虞立仁				

第四届常务委员会（1963.12—1981.4）

因“文化大革命”政协组织中断活动，1980年8月，恢复活动。

主　　席	于耐毅（1963.12—1967.12）				
副 主 席	周国亮（1963.12—1967.12）	刘维增（1963.12—1967.12）			
	徐英佩（1963.12—1967.12）				
秘 书 长	刘维增（兼）				
常务委员	尹湘娟（女）	王瑞湖	何其梅	陈中昆	李春城
	吴美苏	吴维卓	陈祖星	金茂洪	周历山
	周春元	周德芳（女）	赵侑生	俞樟鸿	郭毅诚
	曹心公	张荣华（女）	童佩球	斯望春	费潮森
	虞立仁				

第五届常务委员会（1981.4—1984.9）

主　　席	张建中（1981.4—1983.11）				
副 主 席	唐殿荣（1981.4—1983.11）	赵惇宠（1981.4—1983.11）			
	徐英佩（1981.4—1982.1）	楼水明（1981.4—1983.12）			
秘 书 长	唐殿荣（兼）（1981.4—1983.11）				
常务委员	王成美	王瑞湖	倪先火	朱松青	李兰生
	杜锦堂	吴良仙（女）	吴美苏	吴颂雄	吴维寿
	陈心发	陈中昆	陈松林	陈祖星	陈维烈
	杨兰新（女）	杨桂希	周历山	周德芳（女）	金智标
	张尧昌	张荣乔	赵侑生	赵绍英	赵惠仁
	郭毅诚	程人培	韩明珍	童佩球	

1983年11月，因东阳、磐安分署办公，浙江省委、金华地委对东阳县领导班子进行调整。1983年11月10日县委〔1983〕172号文件转发省委干〔1983〕132号文件批准陆锡经任政协主席，金地干〔1983〕114号文件决定季晓岚、楼水明任政协副主席，按照政协会章的规定办理手续后，再对外公布。其他原任政协副主席职务免除，不再办理免职手续。

第六届常务委员会（1984.9—1987.4）

主　　席	陆锡经				
副 主 席	季晓岚（1984.9—1985.4）		吴兆宁	王东兴	
	陈维烈	俞鉴康（1985.8—1987.4）		杜土木（1986.3—1987.4）	
秘 书 长	季晓岚（兼）（1984.9—1985.4）				
常务委员	王秋姣（女）	韦宝其	华德韩	许朝满	许新乃
	杜锦堂	杨兰新（女）	吴兆震	吴良仙（女）	吴奇良
	陆光正	陈心发	陈松林	季树才	周益民
	金立进	金智标	张荣乔	张益德	胡义洪
	胡抗期	赵绍英	洪用明	洪铁城	骆应龙
	徐正法	徐掌珠（女）	黄　兴	程又新（女）	程崇安
	童佩球	蔡乘湘			

1986年3月，六届四次会议补选常务委员2名

孙忠伟　　郭金仪

第七届常务委员会（1987.4—1990.4）

主　　席	陆锡经				
副 主 席	杜土木	吴兆宁	王东兴	俞鉴康	陆光正
秘 书 长	黄加理				
常务委员	王瑞根	韦志诚	厉朝松	卢志信	卢熙斌
	史天贵	孙忠伟	华德韩	吴兆震	吴良仙（女）
	杜华生	杜锦堂（1987.4—1990.3）		陈　磊	陈心发
	陈松林	杨兰新（女）	金友水	金智标	洪铁城
	胡忠富	赵绍英	徐宏泰	徐冠玉	徐锡荣
	殷为汉	黄　兴	楼金声	熊颖俐（女）	蔡乘湘

1988年4月，七届二次会议增选常务委员2名

蒋荣生　　吕开良

第八届常务委员会（1990.4—1993.4）

主　　席	陆锡经				
副 主 席	斯江鸿	杜土木	吴兆宁	陆光正	徐冠玉
秘 书 长	黄加理				
常务委员	马　波	王　安	韦志诚	史天贵	卢熙斌
	申屠正	厉朝松	吕开良	李加登	李跃其
	吴兆震	杜华生	杜新宝（女）	陈松林	陈心发
	杨兰新（女）	金友水	金希恒	金智标	金菊新（女）
	俞　立	骆　芳（女）	胡永福	赵绍英	郭朗蕉（女）
	贾冬菊（女）	徐宏泰	黄仲芳（女）		

1991年4月，八届二次会议增选常务委员4名

包晓华　　孙忠伟　　陈惠星　　俞国生

第九届常务委员会（1993.4—1998.3）

主　　席	康益民				
副 主 席	斯江鸿（1993.4—1997.3）		王光训（1997.3—　）		
	郭俊喜	吴有德	吴兆宁	陆光正	徐冠玉
	赵惠仁	杜尚水			
秘 书 长	单锡成				
常务委员	马　波	王　安	史天贵	史园凤（女）	厉朝松
	卢熙斌	吕开良	孙立昌	吴子其	吴兆
	杜新宝（女）	李跃其	陈心发	陈松林	金友水
	金希恒	金菊新（女）	赵藕琯（女）	俞　立	俞国生
	郭朗蕉（女，1993.4—1996.10）			黄仲芳（女）	龚淑娟（女）
	蔡齐永				

1994年4月，九届二次会议增选常务委员6名

包晓华　　朱志杰　　孙忠伟　　张茂春　　杜承鲁　　楼齐明

1995年3月，九届三次会议增选常务委员2名

韦定民　　严祖华

1996年3月，九届四次会议增选常务委员1名

许宝星

第十届常务委员会（1998.3—2003.3）

主　　席　康益民

副 主 席　王光训　郭俊喜　吴有德　吴洵中

马金法（1999.4—　）

韦定民（1999.4—，1998.3—1999.4任常务委员）

秘 书 长　郭俊喜（兼）

常务委员　马　波　王　安　韦宝弟　史天贵　包为群

包淳浩　卢熙斌　许宝星　许宝鸿

张庆兴（1998.3—2002.3）　张茂春（1998.3—2000.3）

杜晓敏　李洪尧　李跃其　陆海良　陈心发

吴子其　吴兆宁　吴兆震　释光泉　金立群

杨定生　赵惠仁　赵藕琯（女）　俞国生　徐圣文

龚淑娟（女）　楼永良　楼忠福（1998.3—2000.3）　蔡国扬

1999年4月，十届二次会议增选常务委员10名

厉世荣　吕桂姣（女）　刘宝剑（1999.4—2000.12）　吴初伟

金立进　洪福照　顾在响　徐保成　曹金龙　蒋锦萌（女）

2000年3月，十届三次会议增选常务委员7名

卢光华　许晓华　张凌木　邵福贵　施祖辉　蒋有田

楼正文

第十一届常务委员会（2003.3—2007.2）

主　　席　康益民

副 主 席　杜恩深　陆益民　吴洵中　韦定民　申屠青

吴美荣（2004.3—　）　郭志华（2004.3—　）

秘 书 长　郭志华（兼）

常务委员　丁雄鹰　王可法　卢光华　卢建新　卢梁龙

许宝星　许宝鸿　杜加云　杜志正　杜希庭

杜继明　李天海　吴初伟　吴新祺　何飞龙

何月英（女）　沈鸣春（女）　张凌木　陆海良　陈　勇

陈正刚　邵福贵　金立群　金国强　金洪驹
金爱娟（女）　赵允成　赵志强　耿大玉　徐立刚
徐圣文　徐保成　徐强胜　龚淑娟（女）　葛世贵
蒋天耕　蒋有田　蒋锦萌（女）　释光泉　楼伟龙
蔡国扬　蔡捷飞

2004年3月，十一届二次会议增选常务委员4名

刘世洪　吴翠萍（女）　张正望　张　艳（女）

2005年3月，十一届三次会议增选常务委员1名

葛德中

第十二届常务委员会（2007.2—2012.2）

主　　席　王正明

副 主 席　郭巧范（女，2011.3—　）　申屠青　韦定民　吴美荣
郭志华（2007.2—2011.3）　蒋银生（2007.2—2011.3）
韦国锋　蔡捷飞

秘 书 长　杜继明

常务委员　丁雄鹰　王可法　王鹤群（女）　卢光华
卢建新（2007.2—2007.12）　卢梁龙　史南京
包超明（2007.2—2010.1）　刘世洪　许克宁　许宝星
吕荣刚　华协漂　沈向阳（2007.2—2008.2）
沈鸣春（女）　杜加云　吴为彬　吴汉良　吴荣仁
何飞龙　何月英（女）　邵君芳（女）　邵福贵　陈正刚
陈庆金　陈　勇　陆海良　金爱娟（女）　张正望
张军进　张凌木　张晓兰（女，2007.2—2008.2）
张黎云　胡村梅（女）　赵允成　赵志强　俞为中
郭选席　徐立刚　徐圣文　徐巧英（女）
徐妙芳（女，2007.2—2010.1）　徐保成
徐强胜　蒋天耕　蒋锦萌（女）　释光泉　蔡国扬

2010年3月，十二届四次会议增选常务委员6名

马中苏　任建平　周震明　麻银忠　蒋　明　程云霄

第十三届常务委员会（2012.2— ）

主　　席	王正明				
副 主 席	郭巧范（女）	施侍良	韦国锋	蔡捷飞	华伟跃
	张卫伟	楼伟龙			
秘 书 长	韦国锋（兼，2012.2—2014.2）			郭志明（2014.2— ）	
常务委员	王文龙	王正平	王可法	王向东	
	王国虎（2012.2—2015.12）		韦　健	厉锦文	卢光华
	卢杨权	卢海岩	叶肖东	史南京	吕荣刚
	任建平（2012.2—2015.2）		华协漂	许宝星	杜加云
	李大中	李中军	吴为彬	吴汉良	
	吴荣仁（2012.2—2015.12）		何　钢	何飞龙	何月英（女）
	何钢锋（2012.2—2014.1）		沈鸣春（女）	张　艳（女）	
	张忠鸣（2012.2—2014.1）		张凌木	陆菊花（女）	陈方华
	陈正刚	邵福贵	周震明	赵允成	赵晓珍（女）
	胡龙品	俞为中	徐圣文	郭选席	麻银忠
	蒋天耕	程云霄	释光泉	楼红霞（女）	蔡越玮

2013年3月，十三届二次会议选举常务委员9名

方远帆（女）　叶　军　许树峰　李天明　李荣跃

张雪芳（女，2013.3—2015.2）　赵　炜　赵耀杰（2013.3—2015.2）　董章奇

2014年2月，十三届三次会议选举常务委员3名

韦鲁萍（女）　李爱忠　徐卫东

2015年3月，十三届四次会议选举常务委员3名

杜新阳　杨竹山　张寿高

第三节　政协党组

政协党组是中国共产党在人民政协中的派出机构，肩负着实行党对人民政协领导的责任。中共政协东阳市（县）委员会党组成立于1981年8月政协第五届东阳县委员会期间。委员会换届时，党组随同调整，党组成员由中共东阳市（县）委任命。

第五届委员会党组

1981年4月,政协第五届东阳县委员会成立。8月8日,中共东阳县委决定建立中共政协东阳县委员会党组,任命组成人员3名。

书　记 张建中
成　员 唐殿荣　　王成美

第六届委员会党组

1984年9月,县政协换届。1985年1月23日,中共东阳县委任命中共政协第六届东阳县委员会党组组成人员3名。1985年4月和1986年3月,因人事变动,党组成员相应调整。

书　记 陆锡经
成　员 季晓岚(1985.1—4)　　金智标　　杜土木(1986.3—　)

第七届委员会党组

1987年4月9日至13日,县政协七届一次会议召开。28日,中共东阳县委任命中共政协第七届东阳县委员会党组组成人员5名。

书　记 陆锡经
副书记 杜土木
成　员 黄加理　　金智标　　羊海龙

第八届委员会党组

1990年4月16日至20日,市政协八届一次会议召开。28日,中共东阳市委任命中共政协第八届东阳市委员会党组组成人员5名。1990年6月,增加1名。

书　记 陆锡经
副书记 斯江鸿
成　员 杜土木　　黄加理　　金智标　　羊海龙(1990.6—　)

第九届委员会党组

1993年4月，市政协换届。5月14日，中共东阳市委任命中共政协第九届东阳市委员会党组组成人员5名。1997年，因人事变动，党组副书记相应调整。

书　记 康益民
副书记 斯江鸿（1993.5—1997.4）　王光训（1997.3—　）
成　员 郭俊喜　吴有德　单锡成

第十届委员会党组

1998年3月，市政协换届。5月14日，中共东阳市委任命中共政协第十届东阳市委员会党组组成人员5名。1998年7月和2002年3月，因人事变动，党组成员相应调整。2003年1月至2月，党组副书记、党组成员做了调整。

书　记 康益民
副书记 王光训　陆益民（2003.1—　）　杜恩深（2003.2—　）
成　员 郭俊喜　吴有德　张庆兴（1998.5—2002.3）
马金法（1998.7—　）　申屠青（2003.1—　）　郭志华（2003.2—　）

第十一届委员会党组

2003年3月，市政协换届，政协党组组成人员相应调整。2006年12月，因人事变动，党组书记做了调整。

书　记 康益民（2003.3—2006.12）王正明（2006.12—　）
副书记 杜恩深　陆益民
成　员 申屠青　郭志华　吴美荣（2003.5—　）　杜继明（2003.5—　）

第十二届委员会党组

2007年2月，市政协换届后，政协党组组成人员相应调整。2011年3月，因人事变动，党组成员相应调整。

书　记 王正明
副书记 申屠青
成　员 吴美荣　郭志华（2007.2—2011.3）　蒋银生（2007.2—2011.3）
韦国锋　杜继明　史南京　郭巧范（女，2011.3—　）

第十三届委员会党组

2012年2月18日至21日，市政协十三届一次会议召开。2月23日和4月6日，中共东阳市委对政协党组副书记和党组成员做了调整。2012年12月，2013年7月和8月，2014年4月，因人事变动，党组成员先后调整。

书　记　王正明
副书记　郭巧范（女）
成　员　施侍良　韦国锋　华伟跃　张卫伟
杜继明（2012.2—4）　史南京（2012.2—12）
张忠鸣（2012.4—2013.7）　张　艳（女，2013.8—　）
李天明（2012.12—　）　郭志明（2014.4—　）

第四节　工作机构

《政协章程》规定，地方政协按照当地实际情况和工作需要，每届设置若干专门委员会（工作组）。1986年7月，随着政协工作发展，县政协在区（镇）设立政协委员联络组。专门委员会（工作组）、基层联络组是在常务委员会和主席会议领导下组织政协委员进行经常性活动的工作机构，设主任（组长）1名、副主任（副组长）若干名，由常务委员会任命。主要任务是组织委员学习政治理论、国家方针政策和时事形势；听取委员和各界人士的意见和要求，反映社情民意；受理委员提案和督促推动办理提案；围绕经济建设、社会发展及统一战线内部重要问题，组织视察、调查，开展专题研讨，积极参政议政；加强与港、澳、台同胞和海外侨胞的联谊活动，促进祖国统一大业的实现；高举爱国主义旗帜，开展文史资料征集研究、编辑出版工作。

政协机关内设工作机构，担负参谋、组织、协调、联络、综合、服务等工作，为政协委员会和常务委员会常设办公机构。

专门委员会（工作组）

自1956年东阳县政协成立至2016年8月，专门委员会（工作组）的设置时有变更。县政协成立之初，设立学习委员会和若干工作组，随着政协工作不断拓展和加强，原有的工作组向专门委员会过渡。专门委员会（工作组）是东阳市（县）政协的工作机构，在常务委员会和主席会议的领导下履行政治协商、民主监督、参政议政职能，组织委员开展经常性活动。

第一届委员会

1956年5月11日至12日，召开的一届二次常委（扩大）会议决定设立学习委员会和工商、文化教育、医药卫生3个工作组。1956年9月18日至19日，一届三次常委会议调整工商、文教、医卫3个工作组成员。1956年12月11日，一届五次常委扩大会议决定增设社会联系组，并对文化教育组的成员进行调整。1959年9月，一届十七次常委会议决定设立侨务工作组。

学习委员会
主　任　王德钰（1956.5—1958.10）
副主任　程品文　　黄樟松

工商组
组　长　虞立仁
副组长　费潮森

文化教育组
组　长　赵侑生
副组长　张振亚（1956.9—　）　　施伯朱（1956.12—　）

医药卫生组
组　长　韦汝曾
副组长　金祖贤（1956.3—　）

社会联系组
组　长　程品文
副组长　朱一鹗

侨务工作组
组　长　王慈慧（1959.9—　）
副组长　周德芳（女，1959.9—　）　秦泽恩（1959.9—　）

第二届委员会

1959年12月19日，二届一次常委会议决定设立工商、教育、文化艺术、医务、侨务、科技、社会联系等7个工作组。

工商组
组　长　费潮森
副组长　周求开

教育组
组　长　卢锦山
副组长　童佩球

文化艺术组
组　长　马齐足
副组长　李春城

医务组
组　长　王瑞湖
副组长　袁杏新

侨务组
组　长　周德芳(女)
副组长　金茂洪

科技组
组　长　陆炳仁
副组长　周历山

社会联系组
组　长　程品文
副组长　赵侑生

第三届委员会

1961年3月20日至21日，召开的三届一次常委会议决定设立学习委员会和工商、教育、文艺、侨务和社会联系、科技、卫生等6个工作组。

学习委员会
主　任　陆锡经
副主任　徐英佩　　赵侑生　　何其梅

工商组
组　长　徐英佩
副组长　费潮森

教育组
组　长　卢锦山
副组长　赵侑生

文艺组
组　长　蒋成俊
副组长　李春城

侨务工作和社会人士联系组
组　长　周德芳(女)
副组长　程品文

科技组
组　长　陈中昆
副组长　周历山

卫生组
组　长　王瑞湖
副组长　袁杏新

第四届委员会

资料缺佚。

第五届委员会

1981年4月17日,五届一次常委会议决定设立宣传、教育、医药卫生、科技、对台侨务、工商经济、宗教民族、文史资料等8个工作组。文史资料工作组内分文物保护、工艺美术、党史、县志等4个小组,视工作需要聘请若干会外人士参加。1982年7月,五届六次常委会议决定在吴宁镇建立教育、卫生、科技、工商等4个政协学习组,在巍山、安文两镇建立政协学习组。

宣传组
组　长　韩明珍
副组长　吴良仙(女)

教育组
组　长　赵惇宠
副组长　童佩球

医药卫生组
组　长　任友星
副组长　杨兰新(女)

科技组
组　长　吴颂雄
副组长　张彦考

对台侨务组
组　长　周德芳(女)
副组长　赵绍英　　　赵惠仁

工商经济组
组　长　陈祖星

宗教民族组
组　长　陈松林

文史资料组(内设:文物保护组、工艺美术组、党史组、县志组)
组　长　赵侑生
副组长　楼水明　　　陈心发

文物保护组
组　长　王玉涛

工艺美术组
组　长　楼水明

党史组
组　长 陈心发

县志组
组　长 卢锦山

吴宁镇教育学习组
组　长 赵惇宠
副组长 童佩球

吴宁镇卫生学习组
组　长 任友星
副组长 王哲人

吴宁镇工商学习组
组　长 陈惠星
副组长 韦和茂　　许朝满

吴宁镇科技学习组
正副组长名单缺佚

巍山镇政协学习组
组　长 赵侑生
副组长 赵惠仁

安文镇政协学习组
组　长 夏岩贤
副组长 李新聪

第六届委员会

1984年9月21日，六届一次常委会议决定设立学习、文史资料2个工作委员会和工业科技、农业科技、中学教育、小学教育、医药卫生、文艺体育、工商经济、对台、侨务、宗教等10个工作组。1985年4月，六届五次常委会议决定设立提案工作委员会，调整学习、文史资料两委员会成员。

学习委员会

主　任　吴兆宁

副主任　金智标　　　季树才（1984.9—1985.4）

文史资料工作委员会

主　任　季晓岚（1984.9—1985.4）　　　王东兴（1985.4—　）

副主任　陈心发（1984.9—1985.4）　　　吴奇良

　　　　　吴兆震（1984.9—1985.4）　　　华德韩（1985.4—　）

提案工作委员会（1985年4月设立）

主　任　陈维烈（1985.4—　）

副主任　胡义洪（1985.4—　）　　　吴良仙（女，1985.4—　）

工业科技组

组　长　洪铁城

副组长　许新乃　　　马海华

农业科技组

组　长　陈维烈

副组长　胡抗期　　　朱金龙

中学教育组

组　长　童佩球

副组长　蔡乘湘　　　程又新（女）　蒋世豪

小学教育组

组　长　徐正法

副组长　章祖荣　　　蔡忠遗

医药卫生组

组　长　王东兴

副组长　张荣乔　　　杨兰新（女）　倪时民

文艺体育（新闻、出版）组

组　长　陆光正

副组长　王秋姣（女）　骆应龙

工商经济组

组　长　许朝满

副组长　厉朝松　　　卢跃文

对台工作组

组　长　吴兆宁

副组长　赵惠仁　　　徐掌珠(女)

侨务工作组

组　长　黄　兴

副组长　陈凤济　　　赵绍英

宗教工作组

组　长　张益德

副组长　陈松林　　　吴美华

第七届委员会

1987年4月13日,七届一次常委会议决定设立学习、文史资料、提案、祖国统一等4个工作委员会和法制、教育、医药卫生、科技、文艺、工商经济、宗教、侨务等8个工作组。

学习委员会

主　任　黄加理

副主任　羊海龙　　　吴兆震

文史资料委员会

主　任　华德韩

副主任　徐宏泰　　　王人茂

提案工作委员会

主　任　杜土木

副主任　金智标　　　叶佩锵

祖国统一委员会

主　任　吴兆宁

副主任　徐朱禄　　徐锡荣　　李和高

法制组
组　长　徐祖棠
副组长　厉章舜

教育组
组　长　俞鉴康
副组长　徐宏泰　　徐冠玉　　徐正法

医药卫生组
组　长　王东兴
副组长　张荣乔　　倪时民

科技组
组　长　苏醒人
副组长　黄立松　　徐联芳　　洪铁城

文艺组
组　长　陆光正
副组长　卢熙斌　　林锡楣

工商经济组
组　长　陈惠星
副组长　金友水　　厉朝松　　许朝满

宗教工作组
组　长　陈松林
副组长　赵立华　　金行华

侨务工作组
组　长　黄　兴
副组长　杜明品　　赵绍英　　徐福明

第八届委员会

1990年4月20日，八届一次常委会议决定设立学习、提案、文史资料、祖国统一等4个委员会，法制、教育、医卫、科技、文艺、体育、工商、宗教、侨务、工会、妇女、青年12个工作组。

学习委员会
主　任　斯江鸿
副主任　金智标　孙忠伟　吴兆震　吴洪森

提案委员会
主　任　杜土木
副主任　羊海龙　叶佩锵（1990.4—1991.3）　卢梦开（1991.3—　）

文史资料委员会
主　任　徐冠玉
副主任　华德韩　王人茂

祖国统一委员会
主　任　吴兆宁
副主任　李和高　吴兆龙　俞　立

法制工作组
组　长　张仲义
副组长　厉章舜　李成天

教育工作组
组　长　徐宏泰
副组长　孙立昌　申屠正　周能保

医卫工作组
组　长　倪时民
副组长　王东兴　黄仲芳（女）　张荣乔

科技工作组
组　长　苏醒人
副组长　郭朗蕉（女）　杜华生　李跃其

文艺工作组
组　长　卢熙斌
副组长　虞秀正　　　杜荣尧

体育工作组
组　长　赵才春
副组长　贾冬菊（女）包为群

工商工作组
组　长　张锡堂
副组长　厉朝松　　　金友水　　　韦志诚

宗教工作组
组　长　陈松林
副组长　金炳甫　　　金行华

侨务工作组
组　长　徐福明
副组长　杜新宝（女）赵绍英

工会工作组
组　长　吕开良
副组长　宋雪芬（女）厉世荣

妇女工作组
组　长　金菊新（女）
副组长　楼梅姣（女）程巧萍（女）

青年工作组
组　长　骆　芳（女）
副组长　胡永福　　　王　侃

第九届委员会

1993年4月14日，九届一次常委会议决定设立学习、提案、文史资料、祖国统一4个委员会，法制、工会、妇女、青年、工商、经济、教育、科技、医卫、文艺、体育、宗教、侨务13个工作组。1994年4月，九届五次常委会议决定祖国统一工作委员会改称“三胞”联谊工作委员会，撤销经济工作组，建立经济工作委员会。

学习委员会
主　任　斯江鸿
副主任　孔跃民　　吴兆震　　蔡齐永

提案委员会
主　任　郭俊喜
副主任　施祖辉　　吴美荣　　吴洵中

文史资料委员会
主　任　徐冠玉
副主任　华德韩　　施祖辉

祖国统一工作委员会（1994年4月更名为“三胞”联谊工作委员会）
主　任　吴兆宁
副主任　赵惠仁　　李和高　　吴兆龙　　杜志尧（1994.4—　）

经济工作委员会（1994年4月设立）
主　任　（无）
副主任　蒋锦铭（1994.4—　）

法制工作组
组　长　厉章舜
副组长　金希恒　　吴立贵

工会工作组
组　长　吕开良
副组长　刘佐炎　　许顺才

妇女工作组
组　长　金菊新（女）
副组长　马香珍（女）　陈　英（女）

青年工作组

组　长　朱志杰

副组长　王　侃

工商工作组

组　长　厉朝松

副组长　金友水　　吕森林

经济工作组（1994年4月撤销）

组　长　杜尚水（1993.4—1994.4）

副组长　张月丹（女，1993.4—1994.4）

教育工作组

组　长　蔡齐永

副组长　孙立昌　　徐冠玉　　周能保

科技工作组

组　长　苏醒人

副组长　王行奇　　吴子其　　洪铁城　　郭朗蕉（女）

医卫工作组

组　长　应芝桂

副组长　王东兴　　王　安　　黄仲芳（女）

文艺工作组

组　长　陆光正

副组长　卢熙斌　　虞秀正

体育工作组

组　长　姚理珍

副组长　吴跃龙

宗教工作组

组　长　陈松林

副组长　陈天宝　　金行华

侨务工作组

组　长　吴关龙

副组长　杜新宝(女)　任基夫

第十届委员会

1998年3月26日,十届一次常委会议决定设立经济科技、学习、提案、文史资料、祖国统一联谊、社会法制、教育文化卫生体育7个委员会。1999年6月29日十届八次常委会议、2001年3月1日十届十七次常委会议先后调整部分人员。

经济科技委员会

主　任　康益民

副主任　卢能善　许宝星　许晓华　张中能(1998.3—1999.6)
张茂春(1998.3—1999.6)　张端誉(1998.3—1999.6)
陆海良　吴初伟　金立群　楼忠福　洪福照(1999.6—　)

学习委员会

主　任　王光训(1998.3—1999.6)　吴有德(1999.6—　)

副主任　孔跃民　刘宝剑(1998.3—1999.6)
吴兆震　赵志强　楼永良　曹金龙(1999.6—　)
金立进(1999.6—　)　何依禹(1999.6—　)

提案委员会

主　任　郭俊喜

副主任　许宝鸿　吴美荣　金友水　李郁华(2001.3—　)

文史资料委员会

主　任　韦定民

副主任　华德韩　蒋锦萌(女,1999.6—　)

祖国统一联谊委员会

主　任　吴有德(1998.3—1999.6)　马金法(1999.6—　)

副主任　韦宝弟　杜志尧　李和高　吴兆宁　吴洪森
赵惠仁　楼正文(2001.3—　)

社会法制委员会

主　任　王光训

副主任　马巧干　李光林　俞国生　楼汝钊

教育文化卫生体育委员会

主　任　吴洵中

副主任　包品芳(1998.3—1999.6)　卢熙斌(1998.3—1999.6)
应芝桂(1998.3—1999.6)　姚理珍(1998.3—1999.6)
刘宝剑(1999.6—　)　包为群(1999.6—　)
王　安(1999.6—　)　王晓刚(1999.6—　)
杜承平(2001.3—　)　任建新(2001.3—　)

第十一届委员会

2003年3月10日，十一届一次常委会议决定设立经济科技、社会法制、提案、教育文化卫生体育、文史资料、祖国统一联谊6个委员会。

经济科技委员会

主　任　康益民

常务副主任　金立群

副主任　马樟云　许晓华　何飞龙　何月英(女)　沈鸣春(女)
张元旦　陆海良　金洪驹　徐强胜

社会法制委员会

主　任　杜恩深

常务副主任　马巧干

副主任　吕天宝　杜跃荣　许宝星　施根华　蒋余才

提案委员会

主　任　陆益民

常务副主任　蒋锦萌(女)

副主任　王进兴　许宝鸿　金国强　徐圣文　徐保成　赵向东

教育文化卫生体育委员会

主　任　吴洵中

常务副主任 赵志强
副主任 王端平　任建新　许一平　耿大玉　斯武民

文史资料委员会
主　任 韦定民
常务副主任 蒋锦萌（女）
副主任 卢建新　陈金彪　蒋天耕

祖国统一联谊委员会
主　任 申屠青
常务副主任 胡永明（侨联界）
副主任 吴洪森　赵允成　葛世贵

第十二届委员会

2007年4月17日，十二届一次常委会议决定设立经济科技、社会法制、提案、教育文化卫生体育、文史资料、祖国统一联谊、城乡建设、农业农村8个委员会。

经济科技委员会
主　任 王正明
副主任 杜继明　马樟云　徐强胜　韦连生　沈鸣春（女）
何飞龙　陆海良

社会法制委员会
主　任 申屠青
副主任 麻银忠　马巧干　徐立刚　吕天宝　施根华　许宝星

提案委员会
主　任 郭志华
副主任 蒋锦萌（女）　陆彤亚　金国强　吴梦良　何月英（女）
徐圣文　徐保成

教育文化卫生体育委员会
主　任 韦国锋
副主任 麻银忠　斯武民　杜承华　赵耀杰　许一平　沈向阳

文史资料委员会

主 任 韦定民

副主任 蒋锦萌(女) 陆彤亚 陈金彪 蒋天耕 卢建新 赵向东

祖国统一联谊委员会

主 任 吴美荣

副主任 韦益忠 吴 晓(女)陈庆金 许晓华

城乡建设委员会

主 任 蔡捷飞

副主任 史南京 俞劭平 马千里

农业农村委员会

主 任 蒋银生

副主任 史南京 陈 俊 戚小伟 马中苏

第十三届委员会

2012年5月3日,十三届一次常委会议决定设立文史资料、社会法制、祖国统一联谊、提案、经济科技、城乡建设、农业农村、教育文化卫生体育等8个专门委员会。2013年3月,十三届七次常委会议将祖国统一联谊委员会更名为港澳台侨委员会。

文史资料委员会

主 任 王正明

副主任 韦定民(常务) 张忠鸣(2012.5—2013.10)
郭志明(2015.4—) 蒋锦萌(女) 吴朝红(2015.4—)
陆菊花(女,2012.5—2013.3) 蒋天耕 赵向东

社会法制委员会

主 任 郭巧范(女)

副主任 厉锦文(2012.5—2013.3) 杜希庭 张 勤(女)
韦 靖(女) 陈敏芳(女) 徐卫东(2013.3—)

祖国统一联谊委员会(2013年3月更名为港澳台侨委员会)

主 任 施侍良

副主任 张　艳(女) 陈惠娟(女,2012.5—2013.3) 吕康银 李荣跃
朱洪淼(2012.5—2013.3) 杨竹山(2013.3—2015.4)
张伟钢(2015.4—)

提案委员会

主　任 韦国锋

副主任 王文龙 葛一军(2012.5—2013.3) 曹洪刚(2015.4—)
俞劭平(2012.5—2013.3) 楼红霞(女) 徐圣文 何月英(女)
邵文京(2013.3—) 蒋宝仙(女,2013.3—)

经济科技委员会

主　任 蔡捷飞

副主任 麻银忠(2012.5—2013.3) 王显耀(2012.5—2013.3)
赵晓珍(女) 何飞龙 陆彤亚 厉锦文(2013.3—)
陈惠娟(女,2013.3—) 张雪芳(女,2013.3—)
朱洪淼(2013.3—) 沈　巍(2013.3—)
杨竹山(2015.4—)

城乡建设委员会

主　任 华伟跃

副主任 史南京(2012.5—2013.3) 李爱忠(2015.4—)
何钢锋(2012.5—2015.4) 李中军 张　晓(女)
李天明(2013.3—)

农业农村委员会

主　任 张卫伟

副主任 董章奇 杜宝华(女,2015.4—) 胡文林(2012.5—2013.3)
韦　健(2012.5—2013.3) 楼玲丹(女) 金光锋(2012.5—2013.3)
许树峰(2013.3—) 陆菊花(女,2013.3—) 赵　炜(2013.3—)

教育文化卫生体育委员会

主　任 楼伟龙

副主任 吴云光(女,2012.5—2015.4) 曹永刚(2015.4—)
胡　心(2015.4—) 王国虎 赵耀杰 马敏蔚
吴朝红(2013.3—2015.4) 赵志强(2013.3—) 叶　军(2013.3—)
曹新良(2015.4—) 杜新阳(2015.4—)

基层联络组(工作委员会)

根据《政协章程》有关规定和政协工作需要,1986年7月,县政协六届十一次常委会议决定在区(镇)设立政协委员联络组。主要任务是学习国家方针政策和时事政治,参与当地重大事务的讨论与协商,反映群众的意见和要求。每年活动2次至4次。同年9月,先后在巍山区(含巍山镇)和湖溪区(含横店镇)试点,设立政协委员联络组,参加委员29名。1987年4月,七届一次常委会议决定设立吴宁、巍山、横店、黄田畈4个镇和上卢、巍山、湖溪、千祥、南马、佐村6个区的政协委员联络组,任命正副组长,参加委员122人,聘请非委员15人。之后的各届政协随着经济、社会的发展和行政建置的变更,联络组的数量和名称略有变动,九届政协在东阳中学与市人民医院两个单位设立联络组,十三届政协设机关部门、教育、医卫、吴宁、白云、江北、六石、城东、南市、横店、南马、巍山、千祥、湖溪、东阳江共15个基层联络组。八届政协起制订《联络组组织简则》。联络组设置及组成人员由常务委员会决定,十届政协起其组成人员由主席会议决定。一般聘请区(镇)宣传统战委员或分管领导任该区(镇)政协联络组组长。十二届政协积极探索政协机构向基层延伸,经市委同意,2008年3月、8月,先后在横店镇、南马镇设立政协工作委员会,机构级别为正科级,人员由市委提名,政协常委会议通过。2009年5月撤销。

横店镇政协工作委员会

主　任　杜志赛(2008.3—2009.5)

南马镇政协工作委员会

主　任　张　艳(女,2008.8—2009.5)

机关工作机构

第九届委员会之前,常务委员会设常设机构秘书处办理日常事务,任命副秘书长1名至2名,协助秘书长工作。1997年7月,因机构改革,市委〔1997〕41号文件批复市政协机关撤销秘书处,设立综合性办公室1个(下设秘书科和行政科)、专门委员会办事机构2个(专门委员会一办、专门委员会二办),级别为正科(局)级。专门委员会一办、专门委员会二办主要工作职责是负责组织、协调、管理专门委员会、工作组和联络组工作。但届内未调整运作。1998年6月,市政协专门委员会一办、专门委员会二办分别更名为经济科技工作委员会和提案文史工作委员会,原专委会一办、二办的部分职能作相应调整,机构级别不变。2002年6月,经济科技工作委员会、提案文史工作委员会分别更名为经济科技工作委员会办公室、提案文史工作委员会办公室。2007年10月,办公室增设综合科。2010年4月,增设农业农村工作委员会办公室和委员工作委员会办公室。2014年12月,根据金华市委办公室关于进一步规范县(市、区)政协工作机构设置的意见和11月24日市委书记办公会议精神，经济科技工作委员会办公室更名为经济科技工作委员会，农业农村工作委员会办公室更名为资源环境与农业农村工作委员会；提案文史工作委员会办公室与委员工作委员会办公室整合为提案与委员工作委员会；办公室增挂研究室牌子；增设教育文化卫生体育与文史资料工作委员会和社会法制民族宗教与港澳台侨工作委员会；提案与委员工作委员会下设提案工作科、委员管理科，提案工作科增挂信息中心牌子。办公室及工委为市政协常设办事机构，其领导职务，一般先由中共东阳市委研究后向政协东阳市委员会党组提名，再由市政协常委会议审议决定任免。

第一届委员会

秘书处

秘 书 长　黄樟松（兼职，县委统战部副部长）

副秘书长　赵侑生（兼职，东阳中学教员）　何其梅（兼职，县委统战部干部）

第二届委员会

秘书处

秘 书 长　曹心公（兼职，县委宣传部部长）

副秘书长　何其梅（兼职，县委统战部干部）　赵侑生（兼职，上卢中学）

第三届委员会

秘书处

秘 书 长　陆锡经（1961.3—1963.10，兼职，县委宣传部副部长）

副秘书长　何其梅（兼职，县委统战部干部）　赵侑生（兼职，上卢中学）

第四届委员会

秘书处

秘 书 长　刘维增（1963.12—1967.12，兼职，县委统战部副部长）

副秘书长　何其梅（兼职，县委统战部干部）　赵侑生（兼职，上卢初中副校长）

第五届委员会

秘书处

秘 书 长　唐殿荣（兼职，县委宣传部副部长）

副秘书长　金智标

第六届委员会

秘书处

秘　书　长　季晓岚（兼，1984.9—1985.4）

副秘书长　金智标　　羊海龙（1986.12—　）

第七届委员会

秘书处

秘　书　长　黄加理

副秘书长　金智标　　羊海龙

第八届委员会

秘书处

秘　书　长　黄加理

副秘书长　金智标　　羊海龙

楼振荣（1991.4—10，兼职，东阳中学教师）

施祖辉（1992.3—　）

第九届委员会

秘书处

秘　书　长　单锡成

副秘书长　施祖辉（1993.4—　）　　申屠亚各（1994.3—　）

第十届委员会

秘　书　长　郭俊喜（兼）

副秘书长　张庆兴（1998.3—2002.3）

办公室

主　任　张庆兴（1998.3—2002.3）

杜继明（2002.3—　，1998.6—2002.3任副主任）

副主任　葛德中（2002.3—　）

经济科技工作委员会（2002年6月更名为经济科技工作委员会办公室）
主　任　施祖辉（2000.2—2003.5，1998.12—2000.2任副主任）

提案文史工作委员会（2002年6月更名为提案文史工作委员会办公室）
主　任　蒋锦萌（女，1998.6—　）

第十一届委员会

秘 书 长　郭志华（兼）
副秘书长　杜继明（2003.5—　）

办公室
主　任　杜继明
副主任　葛德中（2003.3—2005.2）　史南京（2005.2—　）

经济科技工作委员会办公室
主　任　施祖辉（2003.3—5）　葛德中（2005.2—　）

提案文史工作委员会办公室
主　任　蒋锦萌（女）
副主任　麻银忠（2006.3—　）

第十二届委员会

秘 书 长　杜继明
副秘书长　史南京

办公室
主　任　史南京
副主任　俞　卫（2008.3—2010.4）　厉锦文（2010.12—　）

经济科技工作委员会办公室
主　任　麻银忠
副主任　厉锦文（2009.5—2010.12）　陈惠娟（女，2010.12—　）

提案文史工作委员会办公室

主　任　蒋锦萌（女）

副主任　陆彤亚（2007.4—2008.3）　董章奇（2008.8—2010.4）

　　　　　吴云光（女，2010.4—　）

农业农村工作委员会办公室（2010年4月增设）

主　任　董章奇

委员工作委员会办公室（2010年4月增设）

主　任　张　艳（女）

第十三届委员会

秘书长　韦国锋（兼，2012.2—2014.2）　郭志明（2014.2—　）

副秘书长　史南京（2012.4—2013.1）　张忠鸣（2012.4—2013.10）

　　　　　李天明（2013.1—　）　张　艳（女，2013.10—　）

办公室

主　任　张忠鸣（2012.4—2013.10）　张　艳（女，2013.10—　）

副主任　厉锦文（2012.4—2013.1）　徐卫东（2013.1—10）

　　　　　胡　心（2014.1—　）

经济科技工作委员会办公室（2014年12月更名为经济科技工作委员会）

主　任　麻银忠（2012.4—2013.1）　厉锦文（2013.1—　）

副主任　陈惠娟（女）

提案文史工作委员会办公室（2014年12月终止）

主　任　王文龙

副主任　吴云光（女，2012.4—2013.10）

农业农村工作委员会办公室（2014年12月更名为资源环境与农业农村工作委员会）

主　任　董章奇

副主任　吴朝红（2012.11—2014.12）　杜宝华（2014.12—　）

委员工作委员会办公室（2014年12月终止）

主　任　张　艳（女，2012.4—2013.10）　徐卫东（2013.10—　）

提案与委员工作委员会（2014年12月增设）
主　任　王文龙
副主任　曹洪刚

教育文化卫生体育与文史资料工作委员会（2014年12月增设）
主　任　曹永刚（2014.12—2016.7）
副主任　吴朝红

社会法制民族宗教与港澳台侨工作委员会（2014年12月增设）
主　任　徐卫东

政协机关党组织

1984年8月，建立中共东阳县政协机关支部。2016年8月，市委批准成立中共东阳市政协机关党组。

1984年8月，正式党员5名，金智标任支部书记。

1987年，正式党员7名，金智标任支部书记。

1989年，正式党员7名，羊海龙任支部书记。

1990年换届，正式党员7名，羊海龙任支部书记。

1993年6月换届，正式党员12名，预备党员1名，单锡成任支部书记。

1995年12月底，正式党员13名，单锡成任支部书记。

1998年7月换届，正式党员19名，张庆兴任党支部书记。

2000年12月换届，正式党员21名，张庆兴任党支部书记。

2004年8月，正式党员27名，杜继明任支部书记。

2007年12月换届，正式党员31名，杜继明任支部书记。

2010年4月换届，正式党员33名，史南京任支部书记，厉锦文任支部副书记。

2013年6月换届，正式党员38名，李天明任支部书记，徐卫东任支部副书记。

历届政协东阳市（县）委员会主席、副主席名录

表1

届别	职务	姓名	籍贯	任期	工作单位和职务
1	主　席	张利一	山东沂源	1956.3—1959.12	中共东阳县委书记
	副主席	王德钰	山东新泰	1956.3—1958.10	副县长
		程品文	浙江东阳	1956.3—1959.12	驻会　社会知名人士
		虞立仁	浙江东阳	1956.3—1959.12	县工商联主委

续表1

届别	职务	姓名	籍贯	任期	工作单位和职务
2	主　席	张利一	山东沂源	1959.12—1960.5	中共东阳县委书记
	副主席	曹心公	山东新泰	1959.12—1961.3	县委宣传部部长
		徐英佩	浙江东阳	1959.12—1961.3	驻会　县工商联主委
3	主　席	于耐毅	山东泰安	1961.3—1963.12	中共东阳县委书记
	副主席	周国亮	山东沂源	1961.3—1963.12	副县长
		徐英佩	浙江东阳	1961.3—1963.12	驻会　县工商联主委
4	主　席	于耐毅	山东泰安	1963.12—1967.12	中共东阳县委书记
	副主席	周国亮	山东沂源	1963.12—1967.12	副县长
		刘维增	山东沂水	1963.12—1967.12	县委统战部副部长
		徐英佩	浙江东阳	1963.12—1967.12	县工商联主委
5	主　席	张建中	山东新泰	1981.4—1983.11	中共东阳县委常委、统战部部长
	副主席	唐殿荣	山东乐陵	1981.4—1983.11	县委宣传部副部长
		赵惇宠	浙江东阳	1981.4—1983.11	县教师进修学校副校长
		徐英佩	浙江东阳	1981.4—1982.1	退休在家
		楼水明	浙江东阳	1981.4—1983.12	木雕厂　全国工艺美术家
6	主　席	陆锡经	浙江东阳	1984.9—1987.4	兼县委统战部部长
	副主席	季晓岚	浙江瑞安	1984.9—1985.4	
		吴兆宁	浙江东阳	1984.9—1987.4	
		王东兴	浙江东阳	1984.9—1987.4	县人民医院副院长
		陈维烈	浙江丽水	1984.9—1987.4	县农业局病虫观测站站长
		俞鉴康	浙江萧山	1985.8—1987.4	东阳中学校长
		杜土木	浙江东阳	1986.3—1987.4	
7	主　席	陆锡经	浙江东阳	1987.4—1990.4	兼统战部部长(1989.06止)
	副主席	杜土木	浙江东阳	1987.4—1990.4	
		吴兆宁	浙江东阳	1987.4—1990.4	
		王东兴	浙江东阳	1987.4—1990.4	县人民医院副院长
		俞鉴康	浙江萧山	1987.4—1990.4	东阳中学校长
		陆光正	浙江东阳	1987.4—1990.4	县木雕总厂厂长

续表1

届别	职务	姓名	籍贯	任期	工作单位和职务
8	主　席	陆锡经	浙江东阳	1990.4—1993.4	
	副主席	斯江鸿	浙江东阳	1990.4—1993.4	
		杜土木	浙江东阳	1990.4—1993.4	
		吴兆宁	浙江东阳	1990.4—1993.4	
		陆光正	浙江东阳	1990.4—1993.4	县木雕总厂厂长
		徐冠玉	上海黄浦	1990.4—1993.4	东阳二中教师，民盟主委
9	主　席	康益民	浙江东阳	1993.4—1998.3	市委副书记
	副主席	斯江鸿	浙江东阳	1993.4—1997.3	
		王光训	浙江东阳	1997.3—1998.3	
		郭俊喜	浙江东阳	1993.4—1998.3	
		吴有德	浙江东阳	1993.4—1998.3	市委统战部部长
		吴兆宁	浙江东阳	1993.4—1998.3	
		陆光正	浙江东阳	1993.4—1998.3	县木雕总厂厂长
		徐冠玉	上海黄浦	1993.4—1998.3	东阳二中教师，民盟主委
		赵惠仁	浙江东阳	1993.4—1998.3	退休在家
		杜尚水	浙江东阳	1993.4—1998.3	仪表电机有限公司董事长
10	主　席	康益民	浙江东阳	1998.3—2003.3	
	副主席	王光训	浙江东阳	1998.3—2003.3	
		郭俊喜	浙江东阳	1998.3—2003.3	
		吴有德	浙江东阳	1998.3—2003.3	
		吴洵中	浙江东阳	1998.3—2003.3	市人民医院医生，农工党主委
		马金法	浙江东阳	1999.4—2003.3	市委统战部部长
		韦定民	浙江东阳	1999.4—2003.3	市文联主席，市作家协会主席

续表1

届别	职务	姓名	籍贯	任期	工作单位和职务
11	主　席	康益民	浙江东阳	2003.3—2007.2	
	副主席	杜恩深	浙江东阳	2003.3—2007.2	
		陆益民	浙江东阳	2003.3—2007.2	
		吴洵中	浙江东阳	2003.3—2007.2	市人民医院医生，农工党主委
		韦定民	浙江东阳	2003.3—2007.2	市文联主席，市作家协会主席
		申屠青	浙江东阳	2003.3—2007.2	
		吴美荣	浙江东阳	2004.3—2007.2	市委统战部部长
		郭志华	浙江东阳	2004.3—2007.2	
12	主　席	王正明	浙江东阳	2007.2—2012.2	
	副主席	郭巧范	浙江东阳	2011.3—2012.2	
		申屠青	浙江东阳	2007.2—2012.2	
		韦定民	浙江东阳	2007.2—2012.2	市党外知识分子联谊会会长
		吴美荣	浙江东阳	2007.2—2012.2	市委统战部部长
		郭志华	浙江东阳	2007.2—2011.3	
		蒋银生	浙江东阳	2007.2—2011.3	
		韦国锋	浙江东阳	2007.2—2012.2	
		蔡捷飞	浙江东阳	2007.2—2012.2	
13	主　席	王正明	浙江东阳	2012.2—	
	副主席	郭巧范	浙江东阳	2012.2—	
		施侍良	浙江东阳	2012.2—	市委统战部部长
		韦国锋	浙江东阳	2012.2—	
		蔡捷飞	浙江东阳	2012.2—	
		华伟跃	浙江东阳	2012.2—	
		张卫伟	浙江东阳	2012.2—	
		楼伟龙	浙江东阳	2012.2—	

第三章　政协会议

1956年3月至2016年8月，政协东阳市(县)委员会共召开全体会议44次、常务委员会会议222次、主席会议247次。原则上全体会议每年召开一次，常务委员会会议每季度召开一次，主席会议每月召开一次，遇有特殊或重大事项需要议决时，可临时召集。

第一节　全体会议

《政协章程》规定:“中国人民政治协商会议各级地方委员会的全体会议每年至少举行一次。”按照惯例，一般在每年的第一季度召开。全体会议由常务委员会召集并主持。每届第一次全体会议正式开幕前召开全体委员参加的预备会议，选举第一次全体会议主席团，由主席团主持第一次全体会议。

政协全体会议行使的职权:选举政协委员会的主席、副主席、秘书长和常务委员;听取和审议常务委员会的工作报告;讨论并通过有关决议;参与对国家和地方重要事务的讨论，提出建议和批评。

从第二届起，东阳市(县)政协全体会议与本级人民代表大会同时召开。全体委员列席人大会议，协商政府领导人选;听取并讨论政府工作报告和其他报告，献计献策，提出批评、意见和建议。

历届全体会议在城区举行。

第一届委员会

一届一次会议　1956年3月15日至18日举行。来自中国共产党、新民主主义青年团、工会联合会、农民、民主妇女联合会、工商业联合会、卫生工作者协会、手工业者劳动协会、教育、文化艺术、供销合作社、和平友好团体、特别邀请人士等13个方面的59名委员出席会议。程品文致开幕词，中共东阳县委书记张利一作政治报告，县委宣传部部长王武信和财贸部部长周国亮分别作《关于知识分子问题》及《关于资本主义工商业的社会主义改造问题》的报告。会议对中国共产党的知识分子和资本主义工商业社会主义改造的方针政策表示热烈拥护，号召各界人士为巩固和扩大人民民主统一战线，调动知识分子致力于社会主义建设事业的积极性，为顺利进行资本主义工商业的社会主义改造，实现过渡时期的总路线做出贡献。会议通过《向毛主席致敬信》《致中国人民解放军慰问信》和政治决议。选举主席1名，副主席3名，秘书长1名，常务委员会委员16名。副主席虞立仁致闭幕词。

一届二次会议 1956年11月30日至12月3日举行。出席委员63名，列席人员60名。听取县委书记兼政协主席张利一《关于当前时局的分析与动员一切力量尽可能迅速地把我国建设成一个伟大的社会主义国家而奋斗》的报告。听取并审议通过副主席程品文作的常委会工作报告，通过《关于提案审查意见》《政治决议》和《致埃及人民书》。收到委员提案28件。会议的中心议题：统一对当前时局问题的认识，明确当前党和国家的重要方针政策和全县人民当前的重要任务。号召各界人民紧密地团结在中国共产党周围，为争取提前完成国家第一个五年计划，支援埃及人民反抗侵略，保卫世界和平而奋斗。讨论中提出31条意见，关于商业的5条、文教卫生的10条、文化艺术的4条、宗教工作的2条、农村工作的5条、交通建设的2条、粮食工作的3条。其中许多是批评和建议。如工商界反映的"改造高潮后利用多限制少，团结多斗争少""事业归口公司缺乏领导"，文教界反映的"学校缺乏政治领导，老年大学教员用非所学"等。此后，副县长兼政协副主席王德钰召开专门会议，对上述反映意见进行研究处理。这些批评和建议对改进政府工作和干部工作作风及正确执行政策具有重大作用。

一届三次会议 1957年5月28日至6月2日举行。出席委员66名，各界人士和党政机关负责人36名列席。预备会议上，县委书记兼政协主席张利一向到会的委员和列席人员对"放""鸣"进行解释和动员。会议学习毛泽东《关于正确处理人民内部矛盾问题》的报告、全国政协二届三次会议和省政协一届三次会议的政治决议。听取并审议通过常委会工作报告。收到提案32件和人民来信2件。增选常务委员6名。通过提案审查意见的报告、《声援台湾同胞爱国反美斗争电》和政治决议。会议号召各界人士深入学习毛主席关于正确处理人民内部矛盾问题的讲话，认真贯彻"百花齐放，百家争鸣""长期共存，互相监督"的方针，知无不言，言无不尽，加强政治协商，密切委员与群众的联系，齐心协力，为把各项工作向前推进一步而努力。

第二届委员会

二届一次会议 1959年12月15日至18日与东阳市第三届人民代表大会第二次会议同时举行。出席委员109名。副县长胡宪卿致开幕词。中共东阳县委第一书记张利一作《认清形势，继续跃进》的报告，程品文作《政协东阳县第一届委员会常务委员会工作报告》，会议听取《东阳县人民委员会工作报告》《东阳县人民法院工作报告》《1958年财政决算和1959年财政预算报告》等报告。委员赵侑生作《认真贯彻中国共产党的气象工作方针，积极为农业生产服务》、李春城作《今天谈谈我的心里话》、张彦考作《大搞试验研究，向农业科学技术进军》、任郁笙作《高举总路线的红旗，进一步发挥党的助手作用》的发言。会议选举张利一任县政协第二届委员会主席，曹心公、徐英佩任副主席、曹心公兼任秘书长，常务委员会委员26名。收到提案23件。通过政治决议。会议号召全体委员要广泛深入地贯彻中共八届八中全会决议，以“鼓足干劲，力争上游，多快好省地建设社会主义”的总路线为纲，进行社会主义教育；向工农群众学习，积极参加治山治水和改良土壤运动，保证实现1960年工农业生产和各项建设事业的更大跃进。

第三届委员会

三届一次会议 1961年3月15日至19日举行。该次会议与县四届人大一次会议同时举行。114名委员出席。会议听取县委第一书记于耐毅作的政治报告，审议通过副主席徐英佩的常委会工作报告。选举于耐毅任县政协第三届委员会主席，周国亮、徐英佩任副主席，陆锡经任秘书长，常务委员会委员21名。通过政治决议。会议号召调动一切可以调动的力量，坚决贯彻社会主义建设总路线和发展国民经济以农业为基础的方针，大办农业，大办粮食，团结一致，共渡难关，为实现1961年全县农业获得较好收成而奋斗。

第四届委员会

四届一次会议 1963年12月26日至1964年1月4日举行。出席委员109名。听取县委书记兼政协主席于耐毅作的关于《目前形势和任务》的报告，听取并审议通过副主席徐英佩作的常委会工作报告，列席县五届人大一次会议，听取朱久胜县长关于《东阳县人民委员会工作报告》、周国亮副县长《关于东阳县1961年财政决算、1962年财政预算和决算、1963年财政预算的报告》。选举于耐毅为县政协第四届委员会主席，周国亮、刘维增、徐英佩任副主席，刘维增兼任秘书长，常务委员会委员21名。通过政治决议。会议号召各界人士在县委的领导下，坚持以阶级教育为纲，开展爱国主义、国际主义和社会主义思想教育运动，积极参加社会主义革命和建设，为争取阶级斗争、生产斗争和科学实验三项伟大革命运动的新胜利贡献力量。

四届二次会议 1964年8月13日至16日举行。副主席周国亮作政治报告。听取并审议通过副主席徐英佩作的常委会工作报告。全体委员列席县五届人大二次会议，听取县长辛万峰关于《东阳县人民委员会工作报告》、副县长周国亮关于《东阳县1963年财政决算和1964年财政预算初步安排意见》的报告。通过政治决议。会议要求进一步组织和推动各界人士认真学习马列和毛泽东著作，继续进行爱国主义、国际主义和社会主义的思想教育，提高自我教育和自我改造的自觉性，激发为社会主义事业服务的积极性，为争取国民经济的新发展而奋斗。

1966年“文化大革命”开始，县政协停止活动，至1980年8月恢复。

第五届委员会

五届一次会议　1981年4月11日至16日举行。共有委员181名。听取县委书记郭懋阳作《实现新时期统一战线的方针任务和人民政协的历史使命,团结一致,同心同德,为实现四个现代化的社会主义强国而奋斗》报告。列席县六届人大一次会议,听取和讨论县长吕世棠作的政府工作报告等。该次会议的中心议题:根据1980年12月的中央工作会议精神,联系东阳实际,商讨如何落实中央工作会议决定的重大方针;加强政协建设,产生新的县政协常务委员会,发展革命的爱国统一战线;动员全县各界人士,认清形势,明确任务,树立信心,团结一致,同心同德,为四化建设和台湾回归祖国、统一祖国大业而奋斗。选举张建中任县政协第五届委员会主席,唐殿荣、赵惇宠、徐英佩、楼水明任副主席,唐殿荣兼任秘书长,常务委员会委员29名。收到委员提案149件。通过提案审查报告和政治决议。会议号召全体委员认真学习中共中央工作会议精神,坚决执行中共中央关于经济上实行进一步调整,政治上实现进一步安定的重大方针;充分认识新时期统一战线的重要性,努力做好人民政协工作,为实现四化和祖国统一大业做出新贡献。

五届二次会议　1982年6月25日至30日举行。出席委员161名,在县的省政协委员列席会议。会议学习讨论《中华人民共和国宪法修改草案》,联系实际提出修改意见。听取讨论中共东阳县委书记黄成侠作的政治报告。听取并审议通过唐殿荣作的常委会工作报告。收到委员提案132件,通过提案审查报告和政治决议。全体委员列席县六届人大二次会议,听取和讨论县长吕世棠作的政府工作报告,县人大常委会工作报告,财政预决算报告;法院、检察院工作报告及人口、土地、粮食等重大国策教育的发言。传达学习省五届人大四次会议和省政协四届四次会议精神。会议号召各界人士认真学习中共十二大方针政策,调动一切积极因素,团结一切可能团结的人,维护和发展安定团结的政治局面,坚持四项基本原则,以主人翁姿态积极参加社会主义物质文明和精神文明建设,为进一步巩固和扩大爱国统一战线,为振兴中华,实现祖国和平统一做出更大贡献。

五届三次会议　1983年3月11日至14日举行。到会委员166名。在县的省政协委员1名列席会议。学习修改后的《中华人民共和国宪法》和全国政协五届五次会议通过的《中国人民政治协商会议章程》。听取和讨论中共东阳县委书记黄成侠作的政治报告。听取并审议通过县政协副主席唐殿荣作的常委会工作报告。协商推荐本县参加省第五届政协的委员和第六届人大代表。全体委员列席县六届人大三次会议,听取和讨论县长吕世棠作的政府工作报告等。对东阳县的政治、经济、人民生活等大事和政协工作进行讨论协商。收到委员提案82件,通过提案审查报告和政治决议。会议号召全体委员和各界人士坚决执行中共十二大方针政策,宣传贯彻新宪法和政协新章程,促进社会主义民主和法制的建设,为开创社会主义现代化建设和人民政协工作新局面,实现新时期的总任务而奋斗。

第六届委员会

六届一次会议 1984年9月16日至20日举行。共有委员203名。主席团执行主席季晓岚致开幕词。中共东阳县委书记黄成侠作政治报告。陆锡经受政协第五届东阳县委员会常务委员会委托作工作报告。会议选举产生县政协第六届委员会主席1名、副主席4名、秘书长1名和常务委员会委员32名。收到委员提案128件,审议通过常委会工作报告、提案审查报告和政治决议。副主席吴兆宁致闭幕词。列席县七届人大一次会议,听取代县长宋云祥作的政府工作报告。会议号召全体委员和各界人士认真学习贯彻六届全国人大二次会议、全国政协六届二次会议和中共东阳县第七次代表大会精神,发扬统一战线和人民政协的优良传统和作风,为开创政协工作新局面,为实现东阳县1987年工农业总产值比1980年翻番的目标而奋斗。

六届二次会议 1985年4月26日至29日举行。主席陆锡经致开幕词。中共东阳县委书记梅峻作政治报告。副主席吴兆宁作县政协六届常委会工作报告。收到委员提案131件,审议六届一次会议以来提案工作情况,通过提案审查报告和政治决议。全体委员列席县七届人大二次会议,听取并审议县长宋云祥作的政府工作报告,听取全国人大代表陈维章关于六届全国人大三次会议精神的传达。委员们提出落实知识分子和各项统战政策,积极筹备、广泛宣传、过好第一个"教师节",进一步推进经济体制改革,加强对中等教育结构改革的领导,县城环境保护、丰富精神文化生活、坚决反对和纠正不正之风等意见。副主席王东兴致闭幕词。会议号召全体委员和各界人士认真学习和贯彻六届全国人大三次会议、全国政协六届三次会议精神和邓小平关于理想与纪律的重要讲话,树立崇高理想,遵守革命纪律,全面贯彻中共中央"坚定不移,慎重初战,务求必胜"的十二字方针,继续推进经济建设,促进经济体制改革,充分发挥政协整体功能作用,为实现东阳经济翻番的目标而努力。与会人员视察县公安局拘留所。

六届三次会议 1985年8月21日至22日举行。出席委员185名。县委书记梅峻作形势任务报告,听取吴兆宁对六届二次会议以来四个月的常委会工作回顾,讨论下半年工作计划。会议经过民主协商,推荐18人为政协金华市第一届委员会委员。增选六届县政协副主席1名。与会委员列席县七届人大三次会议,讨论协商县长人选,一致同意童德成为东阳县县长人选。

六届四次会议 1986年3月27日至30日举行。县委书记梅峻作政治形势报告。陆锡经致开幕词。吴兆宁作常委会工作报告。陈维烈作六届二次会议以来委员提案处理情况的报告。增选县政协六届委员会副主席1名,常务委员2名。审议通过提案审查报告和政治决议。列席县七届人大四次会议,听取和讨论童德成作的政府工作报告和其他报告,收到委员提案111件,针对农业生产、发展职业高中、落实党对知识分子和各项统战政策、加强精神文明建设、治理吴宁镇"乱、脏、差"等提出意见建议。参观县工人文化宫的书画展览,视察县公安局拘留所。会议号召全体委员和各界人士认真贯彻六届全国人大四次会议、全国政协六届四次会议精神,同心同德,群策群力,继续搞好改革开放,为振兴东阳经济,实现1986年全县工农业总产值8.5亿的目标而奋斗。

第七届委员会

七届一次会议　1987年4月9日至13日举行。主席团执行主席杜土木致开幕词。学习全国政协主席邓颖超在全国政协六届五次会议上的讲话和全省统战、政协工作会议精神；听取并讨论县委书记梅崚的讲话。选举产生县政协第七届委员会主席1名、副主席5名、秘书长1名和常务委员会委员29名。列席县八届人大一次会议，听取和讨论县长童德成作的政府工作报告和其他报告。收到委员提案134件。审议通过提案审查委员会关于提案审查情况的报告，审议通过县政协七届一次会议政治决议。会议通过《关于建立委员会和工作组的组织简则》，建立学习、文史资料工作、提案工作、祖国统一工作4个委员会和法制、教育、医卫、科技、经济、文艺体育、侨务、宗教8个工作组。陆锡经致闭幕词。会议号召全体委员和各界人士要全面正确地贯彻执行中共十一届三中全会以来的路线，以经济建设为中心，坚持四项基本原则，坚持改革开放，广泛开展增产节约，增收节支活动，为建设繁荣、富裕、文明的新东阳做出贡献。

七届二次会议　1988年4月3日至6日举行。出席委员217名。17名省市政协委员、15名各区镇和直属乡党委宣传委员列席。政协主席陆锡经致开幕词，县委书记梅崚作政治形势报告，政协副主席吴兆宁作常委会工作报告，政协副主席杜土木致闭幕词。与会委员列席县八届人大二次会议，听取并讨论童德成作的政府工作报告，听取并讨论东阳县1988年国民经济和社会发展计划（草案）报告以及县人大常委会、县法院、检察院等各项报告。围绕改革开放，两个精神文明建设和广大群众至为关注的问题，着重在农业、生猪生产、乡镇企业、物价、教育、文化、卫生、科技和法制等方面提出批评、建议和意见，收到委员提案134件，组（委）议案3件。政协委员与县人大代表一起，分农业、工交、文卫和财贸四个系统与县政府领导座谈。会议增补七届政协常委2名，审议通过提案审查报告和政治决议。传达学习省政协六届一次会议精神。会议号召全体委员和各界人士坚决贯彻执行中共十三大路线，坚持“一个中心，两个基本点”，发挥政协基本职能和综合人才库作用，为推进各项改革和建设事业而奋斗。

七届三次会议　1989年3月14日至18日举行。省、金华市政协委员、各区（镇）和直属乡党委宣传统战委员32名列席。会议听取和讨论东阳市委书记梅崚作的政治报告。听取并审议通过市政协副主席吴兆宁作的常委会工作报告。列席市八届人大三次会议，听取并讨论市长童德成作的政府工作报告与《东阳市1989年国民经济和社会发展计划（草案）》《1988年财政决算和1989年财政预算（草案）》以及其他各项报告。审议常委会工作报告和提案议案办理情况报告；通过委员提案审查报告和政治决议。围绕全市经济建设的中心任务，就工农业生产、城乡建设、教育科技、文化卫生、民主法制、为政清廉、环境保护等关系两个文明建设的问题提出意见和建议。11位委员和1位镇政协工作联络组组长围绕发展东阳个体私营经济、农业生产、教育、工会、共青团、对台工作等作大会发言。市委、市政府和有关部委办局的领导人出席会议，听取发言。收到委员提案119件。

第八届委员会

八届一次会议 1990年4月16日至20日举行。会议学习《中共中央关于坚持和完善中国共产党领导的多党合作和政治协商制度的意见》和七届全国人大三次会议、全国政协七届三次会议精神。听取市委书记李成昌作的形势任务报告。听取并审议通过吴兆宁作的市政协第七届常委会工作报告和杜土木作的市政协七届一次会议以来提案工作情况的报告。列席县九届人大一次会议,听取和讨论市长童德成作的政府工作报告及其他报告。收到提案159件。选举产生第八届委员会主席1名、副主席5名、秘书长1名和常务委员会委员28名。审议通过提案审查情况报告和政治决议。会议号召全体政协委员和各界人士,紧密地团结在中国共产党的周围,面对当前国际风云变幻剧烈,国外敌对势力加紧推行"和平演变"战略,国内还存在不少困难的情况,更要高举起爱国主义和社会主义旗帜,发扬民主精神,团结一切可以团结的力量,努力巩固和扩大爱国统一战线,振奋精神,增强信心,同心同德,艰苦奋斗,为胜利实现全市今后三年的奋斗目标和任务,为振兴中华、统一祖国的伟大事业做出新的贡献。

八届二次会议 1991年4月1日至4日举行。出席委员223名,会议听取市委书记童德成作形势与任务的报告,学习中共十三届七中全会精神、七届全国人大四次会议精神、全国政协七届四次会议精神和市委九届二次会议扩大会议精神。听取并审议通过吴兆宁作的常委会工作报告和杜土木作的市政协八届一次会议以来提案工作情况的报告。增选常务委员4名。通过政治决议提案审查情况的报告。列席市九届人大二次会议,听取和讨论政府工作报告、《东阳市国民经济和社会发展十年规划》和《"八五"计划纲要》报告和其他报告。收到提案145件。会议期间,各专门委员会、工作组与相应的对口单位进行民主协商,提出意见和建议,制订委(组)的活动计划。

八届三次会议 1992年4月6日至9日举行。出席委员216名,列席人员38人。学习邓小平关于进一步解放思想,加快改革开放步伐,建设有中国特色的社会主义的谈话精神。听取童德成作形势与任务的报告,听取并审议通过吴兆宁作的工作报告和杜土木代表市政协提案委员会作的八届二次会议以来提案工作情况的报告,通过政治决议和八届三次会议提案审查报告。列席市九届人大三次会议,听取和讨论代市长何文彬作的政府工作报告和《1991年国民经济与社会发展计划执行情况和1992年计划》等报告。收到委员提案137件。11位委员在大会上发言,分别就"转换经营机制,搞活国营企业""农业要快上,科技要跟上""正视问题,解决矛盾,力争乡镇企业再上新台阶"等主题献计献策。市委书记童德成,副书记、代市长何文彬,副市长李惠兰,市长助理楼振荣和部分政府部门的主要领导到会听取委员发言。会议期间,应市委邀请,召集部分政协委员就东阳如何进一步解放思想,扩大改革开放和撤区扩镇并乡工作座谈,提出意见建议。

第九届委员会

九届一次会议　1993年4月10日至14日举行。共有委员219名，出席214名，列席人员62名。童德成在开幕式上讲话；听取并审议通过斯江鸿作的市政协八届常委会工作报告和市政协八届委员会提案委员会关于八届一次会议以来提案工作情况的书面报告；选举产生政协第九届东阳市委员会主席1名、副主席8名、秘书长1名和常务委员24名；列席市十届人大一次会议，听取政府工作报告和其他报告；通过市政协九届一次会议政治决议和提案审查报告。收到委员提案99件。委员们提出，政府要尽快转变职能以适应市场经济发展的需要；进一步简政放权，还权企业；不断调动农民的种粮积极性，并采取有力措施引导农民发展“一优两高”农业；依靠科技，提高东阳产品和建筑业的市场竞争能力；引导东阳“三胞”回乡投资办厂经商；采取有力措施打击假冒伪劣产品；加强精神文明建设，增加对教育的投入，改善教、职工生活待遇，稳定教师队伍，建议教育经费附加由市政府统一收取后再分拨各镇乡等。

九届二次会议　1994年4月7日至10日举行。出席委员212名，列席人员50名。学习中共十四大、十四届三中全会和全国政协八届二次会议精神。听取童德成在开幕式上的讲话。听取并审议通过斯江鸿作的常委会工作报告和郭俊喜作的九届一次会议以来提案工作情况的报告。增选6名九届政协常务委员。列席市十届人大二次会议，听取和讨论市长楼国华作的政府工作报告和其他报告。与会委员提出切实抓好财税、金融、计划、外贸体制和产权制度改革，促进东阳经济体制顺利转轨；增加农业投入，重视粮食生产；增加教育投入，搞好“双基”验收；贯彻和实施《中华人民共和国教师法》；采取措施，稳定物价；搞好城市建设和基础设施，完善城市功能；加强精神文明和民主法治建设；继续抓好反腐败斗争，加强廉政建设；加强社会治安综合治理等意见和建议。会议通过政治决议、常委会工作报告的决议和提案审查报告。11位委员代表各界、各民主党派、各团体作大会发言，内容涉及东阳改革、发展、稳定大局和东阳经济、社会、科技、教育、文化卫生、城建、民主法制建设、社会治安等各个方面。市长楼国华、副市长张培根和有关部委办局的领导到会听取委员意见。会议收到委员提案139件，对群众普遍关心的热点问题，如农业、物价、反腐倡廉、社会治安等方面提出不少意见建议。

九届三次会议　1995年3月27日至30日举行。出席委员217名。金华市政协主席马际堂到会祝贺。会议学习全国政协八届三次会议精神和省政协七届三次会议及全省政协工作经验交流会精神，学习《政协东阳市委员会关于政治协商、民主监督、参政议政实施细则》《关于充分发挥市政协委员在所在单位履行基本职能作用的意见》。听取童德成在开幕式上的讲话；听取并审议通过斯江鸿作的常委会工作报告和郭俊喜作的市政协九届二次会议以来提案工作情况的报告。通过市政协九届三次会议决议和提案审查报告。增选常务委员2名。列席市十届人大三次会议，听取并讨论楼国华作的政府工作报告和其他报告。收到委员意见、建议168件，立为提案166件，其中党派团体提案11件。

九届四次会议　1996年3月17日至21日举行。出席委员226名，列席人员48名。会议学习全国政协八届四次会议精神和省政协七届四次会议精神，听取主持市委工作的副书记、市长楼国华在开幕式上的讲话。听取和审议斯江鸿作的常委会工作报告;听取和审议郭俊喜作的市政协九届三次会议以来提案工作情况的报告。增选常务委员1名。表彰市政协1995年度优秀提案和提案积极分子。列席市十届人大四次会议,听取并讨论市长楼国华作《关于东阳国民经济和社会发展“九五”计划和2010年远景目标纲要的报告》。通过市政协九届四次会议决议和提案审查报告。收到意见建议205件,立为提案的203件,其中党派团体提案16件。与会委员视察电视塔和儿童公园。

九届五次会议 1997年3月24日至27日举行。出席委员226名,列席人员51名。会议学习全国政协八届五次会议和省政协七届五次会议精神。听取并讨论市委书记杨守春在开幕式上的讲话;听取并审议通过斯江鸿作的市政协常委会工作报告;听取并审议通过郭俊喜作的市政协九届四次会议以来提案工作情况的报告。补选政协东阳市第九届委员会副主席1名。列席市十届人大五次会议,听取并讨论楼国华作的政府工作报告和其他报告;通过市政协九届五次会议决议和提案审查报告。会议对市政府一年来的工作表示满意,认为政府工作报告中提出的1997年工作的指导方针和主要任务是切实可行的。与会委员对经济发展中的问题和影响改革、发展、稳定的一些问题,如深化企业改革,加强社会主义精神文明建设,发挥教育之乡、建筑之乡、工艺美术之乡“三乡”优势,加强社会治安,深入开展反腐败斗争等提出意见、建议192件,立为提案的190件,作为来信处理的2件。其中党派团体、界别提案12件。会议表彰优秀提案、提案积极分子、提案承办先进单位、提案承办先进个人。视察白云文化城。

第十届委员会

十届一次会议 1998年3月21日至26日举行。共有委员215名,出席212名,列席人员68名。东阳市委书记杨守春在闭幕式上讲话。会议听取并审议市政协主席康益民代表政协第九届东阳市委员会常务委员会作的工作报告,审议政协第九届委员会提案委员会关于市政协九届一次会议以来提案工作情况的报告。与会人员列席市十一届人大一次会议,听取并讨论代市长汤勇作的政府工作报告和其他报告。选举产生政协东阳市第十届委员会主席1人、副主席4人、秘书长1人(兼)和常务委员31人。通过市政协十届一次会议政治决议和提案审查报告。会议共收到委员意见建议241件,立为提案240件,作为来信处理1件,其中民主党派、人民团体、界别提案23件。会议号召全体政协委员更加紧密地团结在以江泽民为核心的中共中央周围,始终不渝地高举邓小平理论伟大旗帜,以中共十五大精神为指导,充分发挥爱国统一战线组织的优势和作用,围绕中心,履行职能,勇于开拓,团结奋进,进一步开创人民政协工作新局面,为全市顺利实现跨世纪的宏伟目标,为振兴中华,共创未来,做出新的更大贡献。

十届二次会议 1999年4月5日至8日举行。出席委员217名,列席人员55名。会议听取和讨论杨守春在开幕会上的讲话。听取并审议康益民作的常委会工作报告和郭俊喜作的十届一次会议以来提案工作情况报告。列席市十一届人大二次会议,听取和讨论市长汤勇作的政府工作报告及其他报告。增选市十届政协副主席2名，常务委员10名。委员们围绕市委、市政府中心工作，就如何加快企业改制和经济结构调整步伐、加大新产品科技投入力度、发展效益农业、实施农村宅基地有偿使用、创建国家园林城市、办好旅游节等问题建言献策。9名政协委员代表专题调研组分别就“提高种粮效益是发展效益农业的重中之重”“搞好农村宅基地有偿使用”“办好旅游节”“优化投资环境”“找差距、定措施、创建国家园林城市”等9个专题进行大会发言。提出创建国家级园林化城市要正视问题、创出特色、科学规划、合理建设；投资环境再优化要加大宣传力度；加快企业改制要坚定信念，加强领导，因企制宜，加快进度；旅游节名称可从“中国农民旅游节”“东阳市影视文化节”和“东阳乡村文化旅游节”中选用。杨守春、汤勇和有关部委办局负责人到会听取委员发言。会议共收到以提案形式提出的意见建议222件，立为提案220件。表彰1998年度14件优秀提案、14名提案积极分子、9个提案承办先进单位、12名提案办理先进个人。预备会议上，为政协委员颁发纪念人民政协成立50周年纪念章。

十届三次会议　2000年3月11日至14日举行。出席委员232名，列席人员52名。金华市政协副主席陈炫亮到会祝贺。听取市委书记汤勇在开幕会上的讲话。听取并审议通过康益民作的常委会工作报告和郭俊喜作的十届二次会议以来提案工作情况报告。列席市十一届人大三次会议，听取和讨论代市长卢子跃作的政府工作报告及其他报告。增选市十届政协常务委员7名。通过市政协十届三次会议政治决议和提案审查报告。委员们围绕市委、市政府“创建经济强市，快建现代化中等城市”战略目标、“北进西延”、推进学校素质教育、加强农业社会化服务体系，重视外向型经济和企业改制工作等重要问题建言献策。共收到以提案形式提出的意见建议236件，立为提案234件，其中经济建设方面138件，科教文卫方面54件，政法、统计、劳动人事等方面42件。表彰2003年度优秀提案、提案积极分子、提案承办先进单位、提案承办先进个人、文史工作先进协作单位和文史工作先进个人。召开联络组负责人会议，交流联络组工作经验，研究安排2000年联络组工作。还召开部分政协委员座谈会。

十届四次会议　2001年3月17日至21日举行。出席委员239名。在东阳的省政协委员、金华市政协委员、市委统战系统和民主党派的负责人、各镇乡宣传统战委员、政协老领导等61名列席。汤勇在开幕式上讲话，代表市委充分肯定市政协在过去一年里为东阳经济社会各项事业发展所做的贡献，特别是在江北开发、加快城市化建设、编制“十五”计划等方面，做了卓有成效的工作。市长卢子跃、市委副书记徐跃进分别在预备会议和召集人会议上讲话。康益民致闭幕词。王光训作常委会工作报告。郭俊喜作十届三次会议以来提案工作情况的报告。与会委员列席市十一届人大四次会议，听取讨论卢子跃作的政府工作报告和其他报告。通过分组讨论、撰写提案等形式，就“城市发展战略”“加快江北新区建设”“农业产业结构调整”等问题提出意见建议。提案组收到意见、建议260件，经审查立为提案的257件，作为委员来信处理的3件，其中党派团体提案34件。对东阳城市发展战略的建议被确定为一号提案。大会秘书处摘要委员提案内容，编发5期《政务信息》，市委书记、市长作批示。表彰2000年度优秀提案、提案积极分子、提案办理先进单位、提案办理先进个人。传达学习全国统战工作会议精神和全省统战工作会议精神。视察南大门广场、经济开发区、江北新区等重点工程。召开联络组负责人会议,交流联络组工作,研究2001年工作。

十届五次会议　2002年3月16日至21日举行。出席委员249名,列席人员64名。汤勇在开幕会上讲话。康益民在预备会议上作题为《解放思想,与时俱进》的讲话,在闭幕会上致闭幕词。王光训作常委会工作报告,郭俊喜作十届四次会议以来提案工作情况报告。列席市十一届人大五次会议,听取和讨论代市长陈丰伟作的政府工作报告及其他报告。委员们围绕解放思想加快发展、优化投资环境、加大对外开放和招商引资力度、调整经济结构、继续推进城市化、完善社会保障体系、加强民主法制建设、转变政府职能、分析入世带来的新情况及寻求应对措施等问题建言献策。11位政协委员分别就"充分发挥地产效能,加快中等城市建设""优化投资环境,招商引资促发展""改善收入环境,推动经济发展""重视农业龙头企业,积极推进产业化进程""做好经营城市文章,加快中等城市建设""加快旧城改造步伐,推进城市化建设""实施下山脱贫,携手同奔富裕道路""加大改造力度,夯实基础教育""加快农业结构调整,促进农村经济发展""全面引入竞争机制,推进卫生事业单位人事分配制度改革""努力做好工会工作,服务我市经济建设"等课题作大会发言。会议表彰2002年度优秀提案、提案积极分子、提案办理先进单位、提案办理先进个人。委员视察西城工业园区、白云国际会展中心、小商品工业园区、江北新区、市博物馆等。大会秘书处成立招商引资组,召开招商引资洽谈会,与11家企业签订协议书,资金1.125亿元;与11家企业签订意向书,资金近2亿元。

第十一届委员会

十一届一次会议　2003年3月6日至11日举行。共有委员277名,出席277名,在东阳的省、金华市政协委员,离任的十届政协常委、市政协老领导和有关部门领导、各街道、镇乡宣传统战委员等83人列席会议。

康益民在预备会议上作题为《充分认识政协的地位,积极发挥政协的作用》的讲话。汤勇在开幕式上讲话。会议听取和审议王光训作的市政协十届常委会工作报告和郭俊喜作的十届政协提案委员会关于提案工作情况的报告;列席市十二届人大一次会议,听取和讨论市长陈丰伟作的政府工作报告和其他报告;选举产生政协第十一届东阳市委员会主席1名、副主席5名、秘书长1名、常务委员43名;通过市政协十一届一次会议决议;通过市政协十一届一次会议提案审查情况的报告。康益民在闭幕会上指出,政协要围绕发展主题履行职能,要坚持"一切为了东阳发展,一切围绕东阳发展,一切服务于东阳的发展"的工作思路履行职能。会议收到以提案形式提出的意见建议303件。主要内容有经济发展、城市建设、发展"东阳人经济"、加大招商引资力度、完善城乡一体化规划、做大做优旅游产业、打响东阳教育品牌、加强街道社区建设等。会议期间召开招商引资洽谈会。与2家外资企业签订投资意向书,意向投资额288万美元;与5家企业签订投资协议书,投资总额1.14亿元。表彰十届五次会议以来优秀提案、提案积极分子、提案承办先进单位、承办先进个人。召开市政协十届常委会离任同志座谈会。

十一届二次会议　2004年3月14日至18日举行。出席委员70名。汤勇在会上讲话。副主席杜恩深作政协第十一届东阳市委员会常务委员会工作报告。副主席陆益民作十一届一次会议以来提案工作情况的报告。与会人员列席市十二届人大二次会议，听取和讨论陈丰伟作的政府工作报告和其他报告。委员们就缓解能源供应困难、统筹城乡发展、加强区域合作、提高招商引资质量、提升城市规划与管理水平、建设先进制造业基地、发展特色农业、打响教育品牌、关注弱势群体等问题提出建设性的意见和建议。大会共收到以提案形式提出的意见建议316件，经提案委员会审查，立为提案的311件，来信处理的5件，其中团体提案40件。会议增选政协第十一届东阳市委员会副主席2名、常务委员4名。表彰2003年度优秀提案、提案积极分子、提案承办先进单位和提案承办先进个人。视察城市建设。

十一届三次会议　2005年3月26日至30日举行。出席委员285名，在东阳的省、金华市政协委员、市政协之友联谊会有关人员、市政协老领导和有关部门领导，各镇乡街道统战委员等61人列席。康益民在预备会议上作《做好政协工作，没有任何借口》讲话。中共金华市委常委、东阳市委书记汤勇在开幕大会上讲话。杜恩深作常委会工作报告。陆益民作十一届二次会议以来提案工作情况报告。列席市十二届人大三次会议，听取和讨论陈丰伟作的政府工作报告和其他报告；增选市十一届政协委员会常务委员1名；审议通过市政协十一届三次会议决议；审议通过市政协十一届三次会议提案审查情况的报告。申屠青致闭幕词。会议期间，委员们对落实科学发展观、构建和谐社会所涉及的合理利用资源，保护生态环境，确保经济快速可持续发展；重视“三农”，促进城乡协调发展，关注弱势群体，完善社会保障体系等方面建言献策。会议共收到以提案形式提出的意见建议303件，立案296件。其中有关经济建设和城乡建设方面的157件，教科文卫体方面79件，政协统战、劳动人事和民主法制等方面67件。会议表彰2004年度优秀提案、文史工作先进个人。

十一届四次会议　2006年3月16日至20举行。出席委员283名、列席人员68名。康益民在预备会议上作《立业要修身，做事先做人》讲话。中共东阳市委书记蒋永志在开幕大会上讲话。杜恩深作常委会工作报告。陆益民作十一届三次会议以来提案工作情况报告。申屠青致闭幕词。与会人员列席市十二届人大四次会议，听取和讨论代市长江跃进作《关于国民经济与社会发展第十一个五年规划纲要的报告》及其他报告。委员们围绕市委、市政府的中心工作、“十一五”规划的实施以及坚持“兴工强市”发展战略、社会主义新农村建设、加快江北建设步伐、环境治理等问题建言献策，反映社情民意，履行政协职能。大会共收到以提案形式提出的意见建议309件，立为提案306件，其中党派团体提案18件。会议表彰2005年度12件优秀提案。

第十二届委员会

十二届一次会议　2007年2月4日至8日举行。出席委员295名，在东阳的省、金华市政协委员，市政协之友联谊会、书画社、文史委有关人员，市政协老领导，各镇乡街道统战委员等100人列席。听取和讨论金华市委常委、东阳市委书记蒋永志的讲话；听取并审议通过十一届政协副主席申屠青作的政协第十一届东阳市委员会常务委员会工作报告和十一届政协副主席陆益民作的提案工作情况的报告。与会人员列席市十三届人大一次会议，听取和讨论江跃进作的政府工作报告及其他报告。围绕市委、市政府"一主多元"的发展战略和"工业强市、商贸新市、影视名市、建筑大市、文教优市"的建设目标以及人民群众关心的热点、难点问题，委员们以提案形式提出意见和建议255件，立案248件，其中党派团体提案17件。会议选举产生十二届市政协主席1名、副主席7名、秘书长1名和常务委员48名；审议通过市政协十二届一次会议决议。会议表彰15件优秀提案、2个文史工作先进协作单位，10个文史工作先进个人。召开离任的十一届常委会组成人员座谈会。康益民在预备会上作《用平和的心态对待进退去留》的讲话，十二届政协主席王正明作《心态平和是优秀的政治品格》的讲话，充分肯定以康益民为主席的十一届政协工作。

十二届二次会议 2008年1月26日至30日举行。出席委员294名、列席人员110名。中共金华市委常委、东阳市委书记张仲灿在开幕式上讲话。听取并审议王正明作的常委会工作报告及郭志华作的提案工作情况的报告。与会人员列席市十三届人大二次会议，听取并讨论江跃进作的政府工作报告及其他报告。会议期间，委员们对东阳实现"奋力追赶"，加快中等城市建设，新农村建设以及开创政协工作新局面等问题提出意见建议。收到以提案形式提出的意见建议211件，立案205件，其中党派团体提案19件。会议表彰2007年度16件优秀提案。与会委员视察世贸城、长松岗工业功能区。

十二届三次会议 2009年2月10日至14日举行。出席委员290名，在东阳的省、金华市政协委员，市政协之友联谊会和书画社有关人员，市有关部门领导和各镇乡街道宣传统战委员等124人列席。听取和讨论张仲灿在开幕大会上的讲话，听取并审议王正明作的常委会工作报告，郭志华作的提案工作情况的报告。列席市十三届人大三次会议，听取并讨论代市长陈晓作的政府工作报告及其他报告。各民主党派、工商联、人民团体以及各个界别的委员，就政治、经济、文化、社会建设，推进改革、维护稳定以及进一步开创政协工作新局面等问题提出意见建议。收到以提案形式提出的意见建议234件，经过提案委员会审查，立为提案的224件。提案中，委员们对"东阳人经济"回归、发展旅游经济、行政村（居）区域调整后续完善及改善民生等方面给予较多的关注。会议表彰2008年度优秀提案、文史工作先进单位和先进个人，优秀政协委员及功勋委员。视察恐龙馆。

十二届四次会议 2010年3月2日至5日举行。出席委员274名。在东阳的省、金华市政协委员，市有关部门领导，市政协之友联谊会、市政协书画社、市政协文史委的有关人员，各镇乡、街道宣传统战委员等126人应邀列席。听取张仲灿在开幕会上的讲话，审议通过王正明作的常委会工作报告和郭志华作的十二届三次会议以来提案工作情况的报告，列席市十三届人大四次会议，听取并讨论市长陈晓作的政府工作报告和其他报告。补选十二届委员会常务委员6名。收到以提案形式提出的意见、建议279件，立为提案262件，其中党派团体提案25件。此次会议首次试行电子提案，通过网络提交的提案超过总数的三分之一。会议表彰2009年度优秀提案、界别活动月先进界组及优秀政协委员。视察城北工业新区、东阳中国木雕城。

十二届五次会议　2011年3月13日至18日举行。出席委员298名，列席人员170名。听取张仲灿在开幕会上的讲话。审议通过王正明作的常委会工作报告和韦国锋作的提案工作情况的报告。增补政协第十二届东阳市委员会副主席1名。列席市十三届人大五次会议，听取并讨论陈晓作的政府工作报告和其他报告，协商讨论《东阳市国民经济和社会发展第十二个五年规划纲要（草案）》。收到以提案形式提出的意见建议294件，立为提案293件，其中团体提案31件。会议举行"加快东阳崛起、实现全面小康"为主题的大会发言。7位政协委员围绕大项目落地、医疗中心建设、特色文化打造、技能应用型人才培养等主题发言，8位政协委员书面发言。张仲灿、陈晓等市委、市政府领导到会听取委员意见。市经贸局、市教体局、等部门单位负责人应邀出席。会议做出在全体委员中开展"三创三争比贡献、立体履职促崛起"活动的决定，发出"争当崛起先锋、加快东阳发展"的倡议书。表彰2010年度优秀提案、文史工作先进个人、优秀政协委员及界别活动月先进界组。视察横店、南马工业区。

第十三届委员会

十三届一次会议　2012年2月18日至21日举行。共有委员294名，出席287名。金华市政协副主席朱恒钱在开幕会上讲话。王正明代表政协第十二届东阳市委员会常务委员会向大会作工作报告。韦国锋作市十二届政协五年来的提案工作情况报告。列席市十四届人大一次会议，听取并讨论代市长朱建军作的政府工作报告及其他报告。会议收到以提案形式提出的意见建议351件，立案346件，其中党派团体提案28件。选举产生政协第十三届东阳市委员会主席1名、副主席7名、秘书长1名和常务委员47名。金华市委常委、政法委书记、东阳市委书记徐建华在闭幕会上讲话。王正明作题为《倾力助推"强市名城"，真情服务人民群众》的讲话。会议表彰2011年度优秀提案。

十三届二次会议　2013年3月4日至7日举行。出席委员307名，列席人员216名。听取和审议王正明作的常委会工作报告和韦国锋作的提案工作情况报告。金华市委常委、东阳市委书记徐建华在开幕大会上讲话。与会人员列席市十四届人大二次会议，听取和讨论市长朱建军作的政府工作报告及其他报告。在广泛民主协商的基础上，增选政协第十三届东阳市委员会常务委员9名；审议通过市政协十三届二次会议决议和提案审查情况报告。大会收到以提案形式提出的意见建议344件，经审查立案342件，其中党派团体提案40件。列席人员提出意见建议29件。会议表彰2012年度先进界别、优秀政协委员、优秀提案、文史工作先进个人和获省级、金华市级荣誉称号的各民主党派、工商联集体和个人。视察卢宅保护利用项目、万花园项目、横店通用机场、城北工业新区等部分在建项目。

十三届三次会议　2014年2月24日至27日举行。出席委员307名，列席人员235名。徐建华在开幕会上讲话。会议听取和审议王正明作的常委会工作报告和韦国锋作的十三届二次会议以来提案工作情况的报告。选举产生市政协秘书长1名、常务委员3名。审议通过市政协十三届三次会议决议和提案审查情况报告，发出《投身“五水共治”行动，建设“歌山画水”美景》倡议书。与会人员列席市十四届人大三次会议，听取并讨论朱建军作的政府工作报告及其他报告。大会收到以提案形式提出的意见建议396件，列席人员意见建议22件。经提案委员会初步审查立案的387件，其中党派团体提案52件。会议表彰2013年度先进界别、优秀政协委员、优秀提案和获省级、金华市级荣誉称号的各民主党派、工商联集体和个人。视察建设中的歌山画水公园、东阳中国木雕文化博览城、顺畅工程兴平路改造项目、卢宅保护利用项目、泗渡溪改造项目及东阳经济开发区。

十三届四次会议 2015年3月8日至11日举行。出席委员307名，列席人员251名。徐建华在开幕会上讲话，充分肯定市政协过去一年的工作，期望全体委员和政协参加单位与市委同频共振、同轴运转、同向推进，全力推进强市名城“两美”东阳建设。王正明作常委会工作报告。韦国锋作十三届三次会议以来提案工作情况的报告。郭巧范致闭幕词。委员们列席东阳市第十四届人民代表大会第四次会议，听取并讨论朱建军作的政府工作报告及其他报告，围绕市委、市政府中心工作协商议政、建言献策，以提案形式提出的意见建议311件。补选3名常务委员。大会期间，召开东阳人联谊会（商会）会长、秘书长会议。预备会上表彰2014年度先进界别、优秀政协委员、优秀提案领衔委员（团体）和文史工作先进个人。

十三届五次会议 2016年1月27日至30日举行。出席委员307名，列席人员254名。市委书记黄敏在开幕会上讲话。听取和审议通过王正明作的常委会工作报告和韦国锋作的十三届四次会议以来提案工作情况的报告。列席市十四届人大五次会议，听取并讨论朱建军作的政府工作报告以及其他报告，讨论《东阳市国民经济和社会发展第十三个五年规划纲要（草案）》。与会委员围绕市委、市政府中心工作，为努力实现“十三五”发展良好开局，加快建设“影视旅游名城、经济文化强市、生态宜居东阳”协商议政、建言献策。大会收到以提案形式提出的意见建议252件，立为提案246件。会议表彰2015年度先进界别、优秀政协委员、优秀提案和十三届优秀政协委员。

第二节 常务委员会会议

《政协章程》规定，政协委员会设常务委员会，在委员会全体会议闭会期间主持会务。常务委员会会议是政协的主要协商形式。

常务委员会会议一般每季度举行一次，必要时可临时决定举行，由主席主持，也可由主席委托副主席主持。常务委员会会议闭会期间，由主席、副主席、秘书长组成的主席会议主持常务委员会的日常工作。

常务委员会会议的主要任务：审议本市（县）政协委员会及常务委员会会务和工作中的重大事项；协商讨论本市（县）重大方针政策及本市（县）社会生活中的重大问题，听取党委、政府以及有关部门的负责人对有关重要问题的报告或说明，提出建议和意见；审议重要的建议案、视察报告、调查报告和其他报告。

第一届委员会

一届一次常委会议　1956年3月18日召开。研究通过副秘书长任命名单。

一届二次常委（扩大）会议　1956年5月11日至12日召开。传达学习省政协一届二次会议精神和中共浙江省委《关于1956年到1957年知识分子工作纲要（草案）》；决定设立学习委员会和工商、文化教育、医药卫生3个工作组，并通过组成人员名单；通过《政协东阳县委员会1956年工作计划纲要》《关于加强联系工作的意见的决定》。

一届三次常委会议　1956年9月18日至19日召开。听取和讨论副主席王德钰关于常务委员会工作情况的报告；协商和讨论第二届人民委员会县长、副县长、委员拟选名单和部分县人民代表名单，东阳县1956年农业附加税和区乡建制方案（草案），主席张利一和王德钰分别就上述重要问题讲话；会议决定调整工商、文化教育、医药卫生3个工作组的成员。

一届四次常委会议　1956年11月23日召开。审议通过将在一届二次会议上作的常委会工作报告；研究讨论关于召开一届二次会议的各项准备工作；决定增补24名委员的名单。

一届五次常委（扩大）会议　1956年12月11日召开。张利一作“关于在新形势下扩大县人民委员会人员的意义”的发言，协商东阳县第二届人民委员会县长、副县长、委员和法院院长的候选人名单。决定增设社会联系组，对文化教育组的成员进行调整。

一届六次常委会议　1957年1月18日至19日召开。18日与县人民委员会联合举行，听取和讨论浙江省第一届第五次人民代表大会《关于全面地、持久地开展增产节约运动的决议》，就东阳县人民委员会《关于开展机关增产节约运动的初步意见（草案）》进行协商。19日，常务委员会单独举行会议，秘书长黄樟松作县政协1956年工作总结报告，审查通过《政协东阳县委员会1956年工作总结报告》和《县政协1957年1月至3月工作计划的意见（草案）》。

一届七次常委会议　1957年5月20日召开，传达学习毛泽东在最高国务会议上《关于正确处理人民内部矛盾的报告》精神和省政协一届三次会议情况；协商增补政协委员；讨论县政协一届三次会议有关事项。

一届八次常委会议　1957年5月27日召开。审议通过向一届三次会议作的常委会工作报告，协商决定增补委员9名，通过常务委员候选人名单，讨论召开一届三次会议的重要事项。

一届九次常委会议　1957年6月3日召开。漫谈对一届三次会议的看法和感想以及群众对会议的反映。讨论“大鸣大放”问题。

一届十次常委（扩大）会议　1957年7月17日至18日召开。进行反右斗争动员。张利一就开展反右斗争问题发言。会议为开展反右斗争作思想和组织准备。副主席程品文提出1957年下半年的工作计划（草案），与会人员进行讨论。通过《县政协1957年7至12月份工作计划》。

一届十一次常委(扩大)会议 1957年10月18日召开。回顾总结三个月来的工作情况,对开展工商界全面整风运动、庆祝苏联"十月革命"胜利40周年活动、组织部分委员下乡访问等工作进行讨论。

一届十二次常委会议 1958年5月23日召开。制订5至6月份工作计划。

一届十三次常委(扩大)会议 1958年7月24日召开。通过关于举行政协整风座谈会的计划;决定成立政协整风座谈会领导小组。

一届十四次常委会议 1958年12月17日召开。传达学习省政协二届一次会议精神,学习中共东阳县第二次代表大会决议。听取和讨论副主席王德钰关于《人民公社问题和大办钢铁问题》的报告,协商通过《关于决定在1959年1月初以前召开第二届第一次全体会议的决议》,决定撤销3名政协委员、常务委员职务,撤销12名政协委员职务。

一届十五次常委会议(因资料缺佚只列会议名称,下同)

一届十六次常委会议

一届十七次常委会议 1959年9月6日至8日召开。6日,通过《1959年下半年工作重点》,决定增设侨务工作组。7日至8日,与县人民委员会第七次会议联席举行。学习中共八届八中全会的公报和决议,听取县长贾守第《关于当前形势和任务》的讲话。去安文公社参观玉米生长情况和全国闻名的金钩公共食堂。

一届十八次常委会议 1959年12月1日召开。讨论和审查常务委员会向二届一次会议作的工作报告,协商决定政协第二届委员会委员名单,确定二届一次会议日期与议程及有关事项。

第二届委员会

二届一次常委会议 1959年12月19日召开。决定设立工商、教育、文艺、医务、侨务、科技和社会联系等7个工作组。通过副秘书长和各工作组组成人员名单。对1960年政协工作和贯彻县政协二届一次会议精神进行协商。

二届二次常委会议 1960年10月25日至27日,与县人民委员会第十四次会议联席召开。听取和讨论县长朱久胜关于国内外政治经济形势,开展大办农业、大办粮食和增产节约运动的形势任务报告;学习全国政协《关于组织和推动各界学习政治理论工作的报告和决议》;审查本会10个月工作,确定今后工作要点,审议通过向三届一次会议作的常委会工作报告。

二届三次常委会议 1961年1月17日至18日召开。学习中共中央12条指示,协商县四届人大部分代表名单,讨论制订1961年政协工作计划。

二届四次常委会议 1961年3月10日召开。协商县政协第三届委员会名单和会议议程,审议通过二届常委会工作报告。

第三届委员会

三届一次常委会议　1961年3月20日至21日召开。决定设立学习委员会和工商、教育、文艺、侨务工作和社会人士、联系、科技、卫生等6个工作组。通过第三届政协副秘书长和各组(委)组成人员名单,制订1961年政协工作计划。

三届二次常委会议　1961年4月20日至21日,与县人民委员会联席举行。学习《农村人民公社工作条例》(60条)。副县长李明亭作该次会议内容和关于农村人民公社条例的一些说明。

三届三次常委会议　1961年6月28日至29日召开。检查贯彻《农村人民公社工作条例》(60条)的情况,学习《红旗》杂志发表的《从实际出发,大兴调查研究之风》文章和毛泽东有关论述,总结公社化以来的经验教训。

三届四次常委(扩大)会议　1961年8月23日召开。在城常委座谈各界对贯彻《农村人民公社工作条例》(60条)的反映以及市场、商业体制和干部作风等问题。

三届五次常委会议　1961年10月3日至5日与县人民委员会联席召开。学习《农村人民公社工作条例》(60条)。

三届六次常委(扩大)会议　1962年4月召开。邀请各界人士20余人列席,学习讨论国务院总理周恩来的政府工作报告。县委书记于耐毅就国内外形势等讲话。

三届七次常委(扩大)会议　1962年7月召开。讨论时局。

三届八次常委会议　1962年11月召开。学习讨论省人大二届三次会议和省政协二届三次会议精神。

三届九次常委会议　1963年3月6日召开。研究1963年上半年工作和各界人士学习等问题,通过《关于各界人士学习组2至7月份的学习计划》。决定在吴宁、巍山、安文等地各界人士学习组外,成立湖溪、千祥、六石各界人士学习组。列席县人民委员会第十三次会议,听取和讨论县长朱久胜《关于东阳县1963年基层选举工作若干意见》的报告。

三届十次常委会议　1963年4月23日召开。协商县五届人大部分代表和四届县政协委员名单,各界人民代表、政协委员所占比例的调整等。

三届十一次常委会议　1963年5月29日召开。列席县人民委员会会议,听取县长朱久胜关于县五届人大一次会议议程安排的报告,听取副县长李明亭关于县五届人大代表基层选举工作的报告和协商县政协四届一次会议议程安排。

三届十二次常委会议　1963年7月8日至9日召开。学习讨论中共中央《关于共产主义运动总路线的建议》(给苏共中央3月30日来信的复信)和省人民委员会《关于1963年征收农业税的若干规定》。听取副县长李明亭关于县人大、政协会议延期举行的情况说明。县委统战部副部长刘维增关于暑假组织部分教师参加暑期休养等事项的讲话。通过各学习组1963年上半年学习情况和下半年学习的意见。

三届十三次、十四次常委会议　1963年8月、11月,县政协常委会与县人民委员会先后举行两次联席会议,学习中共中央《关于共产主义运动总路线的建议》(给苏共中央3月30

日来信的复信),并进行讨论,听取关于国内外形势和三大革命运动问题的报告。

三届十五次常委会议 1963年12月22日至23日召开。学习中共中央《关于目前农村工作若干问题的决定(草案)》和《关于农村社会主义教育运动中一些具体政策的规定(草案)》,审议通过向四届一次会议作的常委会工作报告和四届一次会议日程,协商本届委员调整名单。

第四届委员会

四届一次常委会议 1964年1月2日(四届一次会议期间)召开。通过副秘书长任命名单。

四届二次常委会议 1964年3月,常务委员会委员列席县人民委员会第二次会议,听取和讨论副县长周国亮《关于东阳县1963年国民经济计划执行情况和1964年国民经济计划安排意见》的报告。

四届三次常委会议

四届四次常委会议 1965年1月7日召开。学习讨论国内外形势和自我思想改造。

四届五次常委会议 1980年8月23日召开。学习全国政协主席邓小平在全国政协五届二次会议上的开幕词《新时期的统一战线和人民政协的任务》,学习全国政协五届二次会议精神和全国政协五届一次会议通过的《政协章程》,听取县委副书记刘金印就新时期政协的性质、任务、作用和政协工作的问题讲话,对恢复和开展县政协工作,做好召开县政协五届一次会议的筹备工作进行讨论。

四届六次常委(扩大)会议 1981年3月25日召开。协商决定政协第五届委员会组成界别、委员的名额和名单,通过五届一次会议议程、日程和会议主席团成员等事项。

第五届委员会

五届一次常委会议 1981年4月17日召开。学习中共中央有关政协问题的文件和邓小平在全国政协五届三次会议上的开幕词及政治决议;研究东阳县政协五届一次会议后的工作任务;根据人民政协在新的历史时期的方针任务,研究决定设立宣传、教育、医药卫生、科技、对台侨务、工商经济、宗教民族、文史资料等8个工作组,选举副秘书长1名,通过各工作组成员名单;制订各工作组工作计划和政协会议、工作、学习制度,研究提案处理意见。

五届二次常委会议 1981年9月13日至15日召开。学习中共十一届六中全会《关于建国以来党的若干历史问题的决议》,学习的重点内容:对毛泽东和毛泽东思想的历史地位的认识、建国32年来的成就和缺点错误的认识、对三中全会的伟大转折和历史意义的认识、对四项基本原则的认识。

五届三次常委会议 1981年12月28日至30日召开。学习贯彻五届全国人大四次会议、全国政协五届四次会议文件,就“必须正确认识我国当前的经济形势”“必须坚定不移地贯彻执行国务院总理提出的经济建设的十项方针”“在搞好物质文明建设的同时，必须努力搞好精神文明的建设”“必须进一步巩固和发展革命的爱国的统一战线”四个方面的问题进行座谈；报告县政协五届一次会议以来的工作，讨论1982年政协工作意见。

五届四次常委会议 1982年4月16日至18日召开。学习中共中央、国务院《关于打击经济领域中严重犯罪活动的决定》；学习中共中央〔1982〕12号、17号文件和全国统战工作会议精神以及中共中央主席胡耀邦在全国统战工作会议上的讲话精神，学习中共中央关于《我国社会主义时期党对宗教的基本观点和基本政策》；听取县委统战部负责人关于全县统战工作的情况及今后意见的讲话；讨论、研究县政协相关工作和常委、委员增补问题。

五届五次常委会议 1982年6月16日至17日召开。学习讨论《中华人民共和国宪法(修改草案)》；通过常委会工作报告和召开五届二次会议的事项，决定增补政协委员6名。

五届六次常委会议 1982年7月1日召开。研究县政协五届二次会议闭幕后的工作；决定在吴宁镇建立教育、卫生、科技、工商等4个政协学习组，在巍山、安文两镇分别建立政协学习组，组织更多的委员及社会知名人士参加学习和活动。

五届七次常委会议 1982年8月26日至27日召开。学习讨论《中国人民政治协商会议章程(修改草案)》，学习全国政协主席邓小平在政协章程修改委员会会议上的讲话及胡乔木、刘澜涛、刘宁一等领导人关于政协工作和章程修改草案的讲话，学习中共十一届七中全会公报和廖承志致蒋经国的信；听取省政协四届二十一次常委(扩大)会议精神传达；听取县政协副主席楼水明出席在北京举行的工艺品“百花奖”评奖活动情况报告。县委常委、宣传部部长赵毅通到会听取常委的意见和建议，就落实知识分子政策等问题讲话。

五届八次常委会议 1982年12月27日至30日召开，学习国家新宪法、政协新章程及国务院关于“六五”计划的报告；传达学习五届全国人大五次会议、全国政协五届五次会议和省政协四届二十二次常委(扩大)会议精神。

五届九次常委会议 1983年3月11日召开。通过常委会工作报告，协商通过五届三次会议议程、常委值日名单、编组名单等事项。

五届十次常委会议 1983年3月15日召开。研究县政协五届三次会议后的工作，学习中共中央统战部部长杨静仁《全面开创统战工作新局面》的讲话。

五届十一次常委会议 1983年7月3日至5日召开。学习六届全国人大一次会议、全国政协六届一次会议和省政协五届一次会议精神，听取县政府关于基本国策教育、政社分设工作和取缔反动组织“呼喊派”情况的通报，听取对法制、政策、商改视察情况的汇报，研究下半年工作。

五届十二次常委会议 1983年9月20日至21日召开，与县六届人大十三次常委会议同时举行。学习全国人大常委会《关于严惩严重危害社会治安的犯罪分子的决定》和《关于迅速审判严重危害社会治安的犯罪分子的程序的决定》，学习全国政协六届二次常委会议关于进一步认真学习《邓小平文选》的通知，听取县人大常委会副主任李明亭传达省人大常委(扩大)会议精神、县长吕世棠通报学习《邓小平文选》、县级机构改革和东阳磐安分县工作情况、县公安局局长胡英鹏作《关于我县执行全国人大常委会决定，严惩危害社会治安的犯罪分子的情况汇报》,研究落实县政协委员政策的情况。

五届十三次常委会议 1983年12月17日至18日召开。学习《中共中央关于整党的决定》和中共中央〔1983〕36号文件;县委副书记赵毅通就当前全国的经济形势、整党的意义任务、省政法会议精神、清除精神污染等内容讲话,提出对政协委员的希望要求;听取文化局关于清除精神污染情况的汇报并进行讨论;研究政协工作。

五届十四次常委会议 1984年9月5日至6日召开。审议通过五届政协常委会工作报告,协商确定县政协第六届委员会委员名单,决定六届一次会议的日程等重要事项。

第六届委员会

六届一次常委会议 1984年9月21日召开。听取和讨论县政协主席陆锡经就如何贯彻执行县政协六届一次会议通过的政治决议,开创政协工作新局面以及当前政协工作的意见讲话;研究文史资料的征集和整理工作;研究决定设立学习、文史2个委员会和工业科技、农业科技、中学教育、小学教育、医药卫生、文艺体育、工商经济、对台、侨务、宗教等10个工作组;通过副秘书长和组(委)负责人任命名单。

六届二次常委会议 1984年11月5日至7日召开。学习《中共十二届三中全会公报》和《中共中央关于经济体制改革的决定》,讨论审议东阳县城建设规划,研究工作组(委)工作,听取县委副书记赵毅通讲话。对全市的经济改革提出建议和意见:大力发展农业多种经营、食品加工业;打破商业系统职工吃企业大锅饭的局面;振兴东阳必须进一步把建筑业搞上去,要有一名副县长分管;加强对教育科技工作的领导,增加投资。

六届三次常委会议 1985年1月20日至22日召开。学习《中共中央、国务院关于进一步活跃农村经济的十项政策》;列席县人大常委会议,听取县长宋云祥的政府工作报告、人民法院工作报告和检察院工作汇报;听取县委书记梅峻关于全县经济形势和1985年的奋斗目标,计划、任务、措施和行动相互之间的关系的讲话。提出建议:县委、县政府应尽快落实对知识分子的政策,加强县科委力量,为振兴东阳出谋献策;加强对教育工作的领导,办好普通教育的同时,把办好中等职业教育摆到重要的位置来抓;加强法制宣传教育工作。总结1984年县政协的工作,研究今后工作设想。

六届四次常委会议 1985年3月16日召开。传达贯彻省政协工作会议精神、中共金华地委对台工作会议精神和县委农村工作会议精神,讨论研究1985年政协七项重点工作,通过关于召开县政协六届二次会议的决定。

六届五次常委会议 1985年4月18日召开。审议通过常委会工作报告,协商决定六届二次会议日程、议程等事项,决定设立提案工作委员会并通过成员名单,调整学习委员会、文史资料委员会成员。

六届六次常委会议 1985年6月15日召开。学习《中共中央关于教育体制改革的决定》、省政协五届三次会议精神、省六届人大三次会议精神和浙江省九年制义务教育条例。

六届七次常委会议 1985年8月12日召开。传达中共金华市委召开的金华市第一届人民代表大会和金华市政协第一届委员会筹备会议情况；协商决定召开县政协六届三次会议，通过大会议程和日程，增补县政协委员4名；听取县委统战部对提名推荐的金华市政协委员的情况介绍；听取县委书记梅峻介绍新任县长人选情况，进行民主协商；听取梅峻介绍全县当年经济建设的发展形势。

六届八次常委会议　1985年11月6日至8日召开。学习中国共产党全国代表会议文件和精神；听取金华市政协副主席赵云鹏传达全国政协六届十次常委会议和省政协五届十二次常委会议精神；听取物价局、文化局和城乡建设环境保护局工作情况通报后并进行讨论评议。县长童德成出席会议并讲话。

六届九次常委会议　1986年1月7日至8日召开。学习讨论《中共中央、国务院关于1986年农村工作的部署》；列席县人大常委会议，听取童德成关于县政府1985年工作总结和1986年工作意见的通报，听取县人民法院、检察院1985年工作情况的汇报；总结县政协1985年工作，讨论研究1986年工作意见。

六届十次常委（扩大）会议　1986年3月17日至18日召开。常委和各工作组正副组长40余人参加。学习全国政协学习工作会议精神，听取副主席吴兆宁传达金华市政协学习工作会议精神和工作组工作会议精神，审议通过常委会工作报告，决定六届四次会议日程、议程（草案），增补政协委员3名，研究讨论1986年工作组（委）工作的安排。

六届十一次常委会议　1986年7月14日至16日召开。学习中共中央办公厅〔1986〕10号文件和省委书记王芳在全省政协工作座谈会上的讲话以及县委〔1986〕42号文件，听取省政协五届四次会议和金华市政协一届二次会议精神传达；梅峻通报下半年农村进行整党的工作部署，听取县长童德成的政府工作报告，听取法院、检察院上半年工作情况和下半年工作部署的通报；回顾政协上半年工作情况，协商决定下半年工作要点，决定建立区政协联络组试点。

六届十二次常委会议　1986年12月8日至10日召开。学习贯彻《中共中央关于社会主义精神文明建设指导方针的决议》；梅峻传达中共金华市第一次代表大会精神，童德成介绍吴宁镇建设规划；商讨1986年各工作组（委）工作经验总结交流与评选先进集体和个人的有关事项，讨论1987年工作要点和第一季度工作安排，通过增补六届政协委员和任命政协副秘书长名单；参观县重点建设项目东阳农药厂和虎鹿乡厦程里村文化中心。会议对吴宁镇建设规划提出意见建议：西山公园附近或园内开辟儿童公园（游乐场）；建设露天游泳池；建设东阳图书馆，开设阅览室；建立东阳文物博览馆；恢复东阳报社，宣传党的路线方针政策，报道本地新闻；县城西北方向新建初级中学和小学；发展成人教育，建立规模适当、结构合理的成人教育体系，办好电视教育，尽快建立卫星转播地面接收站，将电大教育提上县政府议事日程；保护建筑业合理收入，清查整顿偷工减料等行为，维护东阳建筑业的良好声誉；城镇建设规划要法律化、有权威；城镇建设的地下设施（用水管道、排污管道、电缆等）应先于地面建设；粪便、垃圾的处理应有长远的设想规划；限期有关单位解决煤烟污染和排放污水的问题；通过各种渠道广泛宣传吴宁镇建设规划。

六届十三次常委（扩大）会议　1987年2月9日至10日召开。常务委员和各工作组组长出席。学习中共中央〔1987〕1、2、3、4、6号文件,一致表示要坚持四项基本原则,反对资产阶级自由化;梅崚通报全国省长会议的主要精神和东阳县1986年经济建设、改革的成绩及1987年奋斗目标;各工作组(委)总结交流经验,评选1986年政协工作先进集体和先进个人。

六届十四次常委会议 1987年3月21日至22日召开。协商决定七届政协委员名单和召开七届一次会议的重要事项,听取提案处理工作报告;梅崚到会通报县委班子人事安排,征询意见。

第七届委员会

七届一次常委会议 1987年4月13日召开。讨论协商如何贯彻执行县政协七届一次会议通过的政治决议,协商决定1987年工作要点,通过副秘书长、各组(委)负责人和区镇政协委员联络组正副组长的任命名单。

七届二次常委会议 1987年7月23日至24日召开。传达学习金华市政协七届一次常委会议精神,听取和审议常务副县长斯江鸿关于县政府上半年工作情况和下半年工作计划的通报,听取七届一次会议委员提案办理情况汇报;研究部署下半年政协工作。

七届三次常委会议 1987年11月16日至17日召开。学习讨论中共十三大文件精神,中央领导人关于政协工作的讲话精神。听取梅崚作的报告。

七届四次常委会议 1988年3月15日至16日召开。学习中共中央《关于经济形势和今年的经济工作》,听取和讨论政府工作报告(讨论稿),审议通过常委会工作报告,讨论审议提案工作委员会关于提案办理情况报告,协商决定召开县政协七届二次会议的重要事项;协商决定增补县政协委员名单。

七届五次常委会议 1988年4月6日召开。讨论通过向县政府提交《关于进一步提高乡镇企业经济效益的议案》《关于进一步改善县城吴宁镇居民生活用水的议案》《关于进一步稳定发展养猪业问题的议案》,通过增补学习委员会副主任名单。

七届六次常委会议 1988年7月10日至11日召开。梅崚传达中共中央政治局会议精神;童德成通报东阳撤县设市后的建设目标和工作方针,征求委员的意见和建议;主席陆锡经提出撤县设市后政协工作的意见。协商决定撤县设市后政协的称谓及干部任命事项;传达学习金华市政协一届十五次常委会议精神;听取县物价局介绍当前物价形势和国家对于价格、工资制度改革的决策和部署。向市委、市政府提出的建议:撤县设市后党政领导工作的着眼点和落脚点要放在发展生产力上,从以农立县转向工贸兴市,同时决不能放松农业特别是粮食生产;各级党政领导工作作风上要有更高的自我要求,尤其是市级领导应身体力行搞好党政机关的自身建设,克服官僚主义,提高工作效率,为政清廉;尽快抓好城市建设的总体规划,对水、电、路、通信等基础设施进行可行性论证。

七届七次常委会议 1988年11月14日至15日召开。学习中共十三届三中全会和省委七届九次(扩大)会议精神,听取市委书记梅崚的讲话,就全市的经济建设和治理、整顿、深化改革问题进行协商讨论，研究部署春节前后的政协工作。

七届八次常委会议　1989年2月20日至21日召开。学习全国政协《关于政治协商、民主监督的暂行规定》；听取并讨论政府工作报告（讨论稿），对市政府工作报告的工作评估、计划措施等方面提出意见和建议；审议常委会工作报告，协商召开政协七届三次会议的事项。

七届九次常委会议　1989年3月17日（七届三次会议期间）召开。任命侨务工作组副组长，聘任祖国统一委员会副主任。

七届十次常委会议　1989年6月26日至27日召开。学习中共十三届四中全会公报和邓小平6月9日接见首都戒严部队军以上干部时的讲话及李鹏等的讲话；听取梅崚关于当前形势的通报，童德成和副市长斯江鸿作全市1月至5月工作情况和下半年工作打算的通报；陆锡经提出政协下半年五项主要工作。

七届十一次常委会议　1989年11月14日至16日召开。学习中共十三届五中全会公报；听取市纪委书记吴高正关于廉政建设情况的通报、市检察院领导关于"最高两院通告"发布以来全市处理经济违法犯罪情况的通报、童德成就如何做好1990年工作征询意见和建议。对1990年市委、市政府经济工作的指导方针、工作重点、精神文明建设、党政机关作风建设等方面工作提出意见和建议：反思经济建设片面强调"上规模""上台阶"、比指标求速度、急于求成的思想，总结教训，端正指导思想；工业发展上要兼顾国营、二轻、乡镇、个体四个方面；农业是基础，要搞好农田水利基本建设，开好市委农村工作会议，掀起全党重视农业、支援农业、发展农业的热潮；克服一手硬、一手软的状态，狠抓精神文明建设；借学习贯彻中共十三届五中全会精神东风，整顿机关作风，市级领导应做出榜样。会后，参加市四百米田径场落成典礼暨东阳中学运动会开幕式。

七届十二次常委会议　1990年4月2日至4日召开。总结七届政协常委会三年来工作，审议通过常委会工作报告和提案处理情况报告，市委组织部部长吴高正到会协商决定市政协第八届委员会界别组成和各界委员名单，决定召开市政协八届一次会议时间。期间参观访问义乌小商品市场和海军航空兵义乌场站。

七届十三次常委会议　1989年12月23日召开。听取市委书记李成昌通报省委全会扩大会议情况。

七届十四次常委会议　1990年3月27日召开。讨论政府工作报告（草案）。

第八届委员会

八届一次常委会议　1990年4月20日召开。讨论制订《政协东阳市委员会关于政治协商、民主监督的暂行规定》，报请市委批准后实施；讨论通过《政协东阳市第八届委员会各委员会、工作组、联络组组织简则》，通过各委员会、工作组领导人名单；任命副秘书长2名。

八届二次常委会议　1990年7月4日至5日召开。学习全国统战工作会议精神和中共浙江省委《关于坚持和完善中国共产党领导的多党合作和政治协商制度的意见》，传达金华市政协二届一次会议精神。听取和讨论童德成关于东阳市上半年经济工作情况和下半年工作打算的通报，着重围绕全市经济建设中心，如何进一步深入贯彻治理整顿、深化改革方针提出意见：经济工作要进一步贯彻“治理整顿、深化改革”的指导方针；工业要上去，干部要下去；关心山区，扶持山区，发展山区经济；市级机构的设置、调整及归属要有利于经济的稳定发展。

八届三次常委会议 1990年10月8日至9日召开。学习《中共中央关于进一步加强统一战线工作的通知》、江泽民在全国统战工作会议上的重要讲话、省委副书记葛洪升在省委统战工作会议上“关于学习贯彻全国统战工作会议精神”的讲话和省政协主席商景才在省政协六届十二次常委会议上的讲话；听取市委对台办公室主任介绍当前台湾的政治经济情况和东阳市对台工作的大政方针、政策及进展情况；听取台胞王惕吾捐资建设项目的进行情况和市政协八届一次会议委员提案办理情况的通报；讨论市政协第四季度的工作安排。

八届四次常委会议 1991年3月13日至15日召开。学习中共十三届七中全会精神和《中共中央关于进一步加强统一战线工作的通知》；审议通过市政协八届二次会议的有关事项；讨论政府工作报告（征求意见稿）和《东阳市国民经济和社会发展十年规划和“八五”计划纲要（草案）》，提出重视提高国民经济整体素质、积极引导发挥乡镇企业和建筑业两个“拳头”作用、发扬东阳人勤劳进取、自强不息和奋发向上精神等10多条意见建议；增补4名政协委员。市委书记、市长童德成到会听取委员意见。

八届五次常委会议 1991年4月2日召开（八届二次会议期间）。推荐党外副市长人选，协商通过市政协常务委员增补建议名单，任命副秘书长1名。

八届六次常委（扩大）会议 1991年6月21日至22日召开。市政协常委、在东阳的省政协委员、农工市委会、民革支部、民盟支部、工商联领导成员等50人参加会议。听取和讨论副市长卢有贵关于东阳市上半年经济情况和下半年工作打算、东阳市首届工艺美术节筹备情况的通报；听取《科学社会主义与中国共产党》政治学习辅导报告；总结市政协上半年工作，研究部署下半年工作；学习中共金华市第二次代表大会精神，听取市政协工商组考察兰溪国营工业和建德工商联工作的情况汇报；对举办东阳市首届工艺美术节提出意见和建议。

八届七次常委（扩大）会议 1991年9月23日至25日召开。学习江泽民“七一”重要讲话精神；听取童德成有关政治形势的报告；听取市计委关于东阳市1991年经济形势的通报；讨论东阳市1992年工作思路；听取市政协八届二次会议委员提案办理情况的通报；研究部署市政协第四季度工作安排。

八届八次常委（扩大）会议 1991年12月16日至18日召开。学习中共十三届八中全会精神；听取市农经委关于东阳市1991年农业与农村工作情况及1992年工作思路的通报，视察南江水库加固扩建工程；听取市经委关于东阳1991年国营企业情况的通报；总结市政协1991年工作，提出1992年工作思路。

八届九次常委会议 1992年3月16日至18日召开。学习中共中央〔1992〕2号文件、中共中央政治局全体会议精神，学习讨论邓小平视察南方讲话精神；听取和审议政府工作报告(草案)和1992年计划报告(草案);决定市政协八届三次会议召开日期,研究大会主要议程,任命副秘书长1名。

八届十次常委会议　1992年6月16日至17日召开。学习中共中央〔1992〕2号文件,讨论东阳市加快改革开放和经济发展的若干政策措施;听取市委副书记楼国华关于本市"撤区扩镇并乡"工作执行情况的通报;听取市城建委负责人关于本市房改工作有关情况的通报;听取市土管局负责人关于东阳国有土地有偿使用工作开展情况的通报。与会常委指出,房改、国有土地有偿使用等,都是改革开放中的重大举措,是全市人民普遍关心的重大问题,应该深入实际,调查研究,使新出台的措施、办法能更切合客观实际,并提出公房出售价格、国有土地的有偿使用标准不能提得过高,"撤扩并"工作要做好善后工作等意见建议。会议还讨论部署市政协下半年工作。

八届十一次常委会议　1992年9月22日至23日召开。听取楼国华通报东阳中学80周年校庆暨东阳市"科技兴市"恳谈会筹备情况,副市长通报城镇建设"十大工程"情况,听取政协常委讨论意见;学习政协换届工作的有关文件;研究部署市政协第四季度工作。对城镇建设"十大工程"建设,提出要集中力量打歼灭战,确保关键性工程圆满竣工,对每一项工程进行切实的可行性科学论证,注意对工程质量的严格监督和验收等10多条意见建议。

八届十二次常委会议　1992年12月17日至18日召开。听取童德成传达中共浙江省委八届八次扩大会议精神和贯彻意见,通报东阳市1992年的经济工作及其他各项工作的执行情况;讨论东阳市1993年工作思路,提出意见建议。学习中共十四大精神;学习省委及组织部、统战部关于县级政协换届的有关文件精神,做出《政协东阳市八届常委会关于换届的决定》;安排1993年第一季度工作;考察东阳市经济开发区。

八届十三次常委会议　1993年4月1日召开。学习贯彻中共东阳市第十次代表大会精神;讨论政府工作报告(征求意见稿),提出要抓好《全民所有制工业企业转换经营机制条例》的贯彻落实,转变政府职能,整顿金融秩序与财经纪律、做好"三资"企业到位,加强干部队伍廉政勤政建设,抓好社会治安,为经济建设创造良好的社会环境等意见建议;讨论通过八届常委会在九届一次会议上的工作报告和提案委员会工作报告,协商决定市政协九届委员会委员人选,讨论决定市政协九届一次会议召开日期及有关事项等。市委副书记康益民、副市长楼振荣出席。

第九届委员会

九届一次常委会议　1993年4月13日(九届一次会议期间)召开。讨论通过市政协专门委员会、工作组、联络组组织简则;协商通过九届政协副秘书长名单;审议通过各专门委员会、工作组、联络组组成人员与负责人名单;讨论通过市政协1993年工作意见。金华市政协主席、中共金华市委副书记马际堂,童德成到会并讲话。

九届二次常委会议　1993年8月3日至4日召开。学习全国政协八届二次常委会精神;听取和讨论副市长张九如关于上半年经济形势和下半年工作打算的通报;听取和讨论广厦集团股份制规范化试点情况的通报；通过市政协第九届委员会委员增补名单；总结市政协上半年工作，部署下半年工作，围绕如何加快东阳发展的问题，从城市建设、市场建设、发展农业、发展个体经济、企业体制改革、引进外资等多个方面提出14条意见建议。童德成出席会议。

九届三次常委会议　1993年11月11日至12日召开。学习中共中央关于学习《邓小平文选》第三卷的决定、全国政协主席李瑞环在全国政协八届三次常委会议上的讲话精神和在全国统战工作会议上的讲话精神、国务院总理李鹏在中央农村工作会议上的讲话精神；听取和讨论市政府副市长张九如关于东阳市贯彻落实中共中央6号文件情况及东阳市经济形势的通报、副市长卢有贵关于全市农业农村工作情况的通报、市政协副主席郭俊喜关于考察东阳市在甬建筑业情况的汇报，市政协工会工作组关于考察东阳市贯彻落实《全民所有制工业企业转换经营机制条例》情况的汇报。会议提出要从实际出发压缩企业“三项资金”占用；继续抓好依法贷款，对造成国家巨大损失的人要追究责任、执行纪律；加强对农业指导，增加农业投入，积极发展“一优两高”农业等意见与建议。

九届四次常委会议　1994年3月15日至16日召开。学习全国政协八届二次会议精神和省政协七届二次会议精神；讨论《政府工作报告（送审稿）》，就东街拆建、转换企业经营机制、精神文明建设、社会治安综合治理等群众关注的问题提出意见建议；审议常委会工作报告和提案委员会关于市政协九届一次会议以来提案工作情况的报告；协商增补政协委员3名；讨论通过召开市政协九届二次会议的有关事项；任命副秘书长1名。副市长张培根到会听取意见。

九届五次常委会议　1994年4月10日（九届二次会议期间）召开。讨论通过准备提交大会表决的市政协九届二次会议政治决议（草案）、关于常委会工作报告的决议（草案）、提案审查报告（草案）和增选常务委员候选人名单；审议通过《政协东阳市委员会提案工作条例》。决定撤销“市政协经济工作组”，设立“市政协经济工作委员会”，任命副主任1名；“市政协祖国统一工作委员会”更名为“市政协‘三胞’联谊工作委员会”，任命副主任1名。

九届六次常委会议　1994年7月18日至20日召开。张九如通报东阳市上半年经济建设情况和下半年经济工作的打算、产权制度的改革情况，张培根通报东阳市经济开发区的情况；学习《政协章程》和全国政协八届七次常委会议精神；通过《关于发展农业生产的几点意见》等两个专题考察报告，经过修改后作为常委会建议向市委、市政府提出，供领导参考。考察东阳市工贸斧厂和市无线电元件厂。

九届七次常委会议　1994年11月22日至24日召开。学习中共十四届四中全会精神；听取童德成“关于全国农村基层组织建设工作会议精神”的传达；听取和讨论东阳市财政体制改革运行情况的通报、全市农村社会治安综合治理情况的通报；视察国家社会发展综合实验区——横店镇，听取横店集团总裁徐文荣关于横店集团发展史和横店社团经济建设的介绍；视察市公安局看守所。

九届八次常委会议　1995年1月14日召开。听取童德成通报1994年度全市经济工作情况和市委1995年工作思路；学习江泽民在全国政协新年茶话会上的讲话；讨论通过《政协东阳市委员会常务委员会工作规则》;讨论通过《政协东阳市委员会关于政治协商民主监督参政议政实施细则》《关于充分发挥市政协委员在所在单位认真履行基本职能作用的意见》,报市委批转;增补政协委员1名。

九届九次常委会议　1995年3月9日至10日召开。学习省政协七届三次会议精神;讨论政府工作报告(征求意见稿);审议通过常委会工作报告,审议通过提案委员会关于九届二次会议以来提案工作情况的报告,审议通过大会议程(草案)、大会分组及各组召集人名单、大会的常务主席、秘书长、副秘书长名单;通报市委关于人事调整的建议方案;讨论九届三次会议的选举办法(草案);决定九届三次会议召开时间。增补政协委员4名。

九届十次常委会议　1995年3月30日召开。讨论通过市政协九届三次会议决议(草案),市政协第九届委员会增选常务委员候选人名单,市政协九届三次会议提案审查报告(草案)等。

九届十一次常委会议　1995年5月10日召开。听取市委副书记吕观平传达金华市政协换届工作会议精神,市委统战部通报市委对金华市政协委员人事安排的意见,协商金华市第三届政协委员人选。

九届十二次常委会议　1995年7月13日至14日召开。学习李瑞环在全国政协八届十三次常委会议上《关于人民政协履行职能的若干问题》的讲话;学习金华市政协三届一次会议精神。听取市委常委、副市长徐荣恬通报东阳市上半年经济建设和社会发展情况,市委常委、"县庆"组委会办公室主任卢志信通报"县庆"筹备工作的进展情况,副市长、东阳经济开发区管理委员会主任张培根通报经济开发区的建设发展情况,并就上述通报进行讨论,提出意见建议。视察东溪改造工程、市自来水公司、南寺塔和经济开发区,总结市政协上半年工作,研究下半年工作思路。

九届十三次常委会议　1995年11月28日至29日召开。学习中共十四届五中全会精神;听取市政府领导关于《东阳市国民经济和社会发展"九五"计划和2010年规划纲要(草案)》制订情况的说明;协商讨论"九五"计划和2010年规划纲要;围绕实施"科教兴市"战略、优化产业结构、发挥人才优势、发展壮大基础产业、转变经济增长方式等方面进行讨论并提出意见建议;听取市政协提案委员会关于提案工作的汇报;讨论通过《关于加强农村合作基金会管理的建议》《关于加强对我市城区家犬管理的建议》《关于禁止在城区销售燃放烟花爆竹的建议》三项建议案。

九届十四次常委会议　1996年2月27日至28日召开。传达学习省政协七届四次会议精神;讨论政府工作报告(征求意见稿);通过常委会工作报告和提案工作情况的报告;协商决定增补九届政协委员9名;决定市政协九届四次会议的议程和日程(草案)等。

九届十五次常委会议　1996年3月21日(九届四次会议期间)召开。讨论通过政协常委候选人名单;通过九届四次会议决议(草案),九届四次会议提案审查报告(草案)、选举办法(草案)、监票人和计票人名单(草案)。

九届十六次常委会议　1996年7月2日至3日召开。学习《人民日报》社论《跨世纪大业与中国共产党——"七一"献辞》,江泽民在纪念中国共产党成立七十五周年座谈会上的讲话《努力建设高素质的干部队伍》和李瑞环在全国政协八届十七次常委会议上的讲话；听取和讨论常务副市长徐荣恬关于上半年经济与社会发展情况和市政法委负责人关于“严打”斗争情况的通报；听取市政协九届四次会议以来提案工作情况的汇报；讨论通过《关于在市区部分公共场所禁止吸烟》《关于加强市区绿化工作》两个建议案。考察淳安千岛湖。

九届十七次常委会议 1996年11月25日至27日召开。学习中共十四届六中全会的公报和决议；听取市委常委、宣传部部长卢志信关于学习中共十四届六中全会精神的辅导报告；听取市教委关于近年来学校进行思想道德教育的情况汇报、市司法局关于“二五”普法教育情况及“三五”普法教育打算的汇报、市公安局关于抓好行风建设的情况汇报、市工商局关于行风建设的情况汇报；视察东阳二中高举爱国主义旗帜，进行思想道德教育的情况和虎鹿镇精神文明建设的情况。会议就如何进一步学习、宣传、贯彻中共十四届六中全会精神，加强精神文明建设，充分发挥政协在精神文明建设中的作用进行讨论。

九届十八次常委会议 1997年2月27日至28日召开。学习中共中央经济工作会议精神和省政协七届五次会议精神；通过政协常委会工作报告和提案委员会关于九届四次会议以来提案工作情况报告，通过九届五次会议的议程(草案)；听取市府办主任金德胜作的政府工作报告起草情况的说明，讨论修改政府工作报告(征求意见稿)，就报告整体结构、1997年的市政府工作重点等方面提出意见建议。副市长吴元洪到会听取委员意见。

九届十九次常委会议 1997年3月23日召开。增补政协委员1名，协商增加九届五次会议列席人员。

九届二十次常委会议 1997年3月24日(九届五次会议期间)召开。协商同意斯江鸿辞去政协东阳市第九届委员会副主席职务。

九届二十一次常委会议 1997年3月27日(九届五次会议期间)召开。协商通过王光训为市政协九届委员会副主席候选人，审议通过大会决议(草案)、提案审查报告(草案)、选举办法(草案)、监票人和计票人名单(草案)。

九届二十二次常委会议 1997年6月19日召开。学习《香港特别行政区基本法》；听取市长楼国华上半年东阳市经济建设和社会发展情况通报；听取市政协提案委员会关于九届五次会议以来委员提案办理情况的汇报；审议通过向市政府提出的《关于兴建笔架山公园的建议案》。

九届二十三次常委会议 1997年10月16日至17日召开。学习江泽民在中共十五大上的报告，结合东阳实际，围绕集中精力抓经济这个中心开展讨论。提出要抓住当前有利时机筹建“二手”机械设备市场、库存物资大型市场；建立木雕行业协会；做好“三大”回归工程；充分利用东阳的人才优势、技术优势，到中西部地区谋求发展等意见和建议。康益民就如何贯彻中共十五大精神提出要求。

九届二十四次常委会议 1997年12月15日召开。学习省委《关于1998年县级政协换届人事安排有关事项的通知》，通报市委《关于市十届政协人事安排工作的意见》，讨论通过十届政协委员、常务委员会委员的安排方案。

九届二十五次常委会议 1998年3月3日至4日在召开。审议通过九届政协常委会工作报告和九届政协提案委员会关于提案工作情况的报告；通过市十届政协委员名单；审议通过关于召开市政协十届一次会议的决定；通过市政协十届一次会议议程（草案）及有关事项；讨论政府工作报告（征求意见稿）。市长汤勇到会听取委员意见。

第十届委员会

十届一次常委会议　1998年3月26日召开。通过关于设置专门委员会、联络组的决定和各专门委员会、联络组组成人员名单；任命第十届政协副秘书长和办公室主任；部署市政协1998年的工作，提出在新一年政协工作中“履行政协职能要有新作为，服务经济建设要上新水平，增强工作活力，要求新举措，加强自身建设要迈出新步伐”的工作目标。

十届二次常委会议　1998年6月29日至30日召开。学习邓小平关于人民政协的理论，听取市长汤勇、副市长王正明关于本市上半年农业、工业、建筑业及财贸等情况的通报，听取市委政法委负责人关于公、检、法、司纪律作风教育整顿情况的通报；对市政府、市委政法委的有关工作提出建议；通过《政协东阳市委员会常务委员会工作规则》《政协东阳市委员会提案工作条例》《政协东阳市第十届委员会联络组工作简则》《政协东阳市第十届委员会专门委员会通则》；任命市政协提案文史工作委员会主任和市政协办公室副主任各1名。

十届三次常委会议　1998年9月29日至30日召开。市委统战部、市工商联、黄埔军校同学会主要领导列席。视察市仪表电机有限公司、浙江莹光化工有限公司；听取横店集团、广厦集团、浙江荧光化工有限公司等企业发展情况的介绍；听取副市长郭巧范关于全市企业改制情况、市检察院检察长李克勤关于全市反腐败斗争情况的汇报；听取市政协十届一次会议提案办理情况的汇报；讨论通过《关于大力促进我市个体私营经济发展的建议案》；协商决定增补14名政协委员，对违法乱纪的1名委员做出除名决定。

十届四次常委会议　1998年12月22日召开。学习中共十五届三中全会公报；听取市土管局关于实施新《中华人民共和国土管法》有关情况的汇报；审议通过《政协东阳市第十届委员会常务委员会关于加强自身建设的若干规定》；任命市政协经济科技工作委员会副主任1名。听取市委副书记龚寿康通报市委1999年工作思路和市委常委、副市长卢子跃通报市政府1999年工作思路。与会人员对农业产业化、企业结构调整、发展旅游业以及加快东阳城市建设等方面提出建议意见。

十届五次常委会议　1999年3月26日在召开。听取十届政协常委会工作报告（草案）起草说明；审议通过常委会工作报告、十届一次会议以来提案工作情况报告和市政协十届二次会议有关事项；协商讨论政府工作报告（征求意见稿），就市政府1999年20件大事提出“推广案卢经验要重点突出、举办旅游节要注重定位、信息化进程步伐要加快、企业改制要因企制宜加快进度”等20余条意见和建议；会议增补提案工作委员会副主任1名。副市长王正明到会听取委员意见。

十届六次常委会议　1999年4月7日（十届二次会议期间）召开。市委副书记吕观平对增选市政协十届委员会副主席、常务委员的协商提名情况作说明；通过建议名单；通过“提高种粮效益是发展效益农业的重中之重”“找差距、定措施、创建国家园林城市”“兴一方旅游、活一方经济”“农村宅基地有偿使用势在必行”四个建议案。

十届七次常委会议 1999年4月8日(十届二次会议期间)召开。听取十届二次会议召集人关于讨论情况的汇报;确定增选市政协十届委员会副主席、常务委员候选人名单;通过选举办法(草案);通过总监票人、总计票人和监票人、计票人建议名单;审议通过十届二次会议决议(草案)、十届二次会议提案审查报告(草案)。

十届八次常委会议 1999年6月29日召开。听取市政府关于全市1月至5月经济运行情况的通报、市检察院关于开展争创“五好”检察院活动及反腐败斗争情况的通报,听取“百家扶百村”调查情况的汇报;讨论通过《关于政协委员届中调整的若干规定》和市政协专门委员会正、副主任调整意见。就市政府上半年的工作提出抓好行业协会、优化投资环境、加强“百家扶百村”工作的领导,检察院要加大法制宣传、提高办案质量等30余条建议意见。

十届九次常委会议 1999年9月21日召开。听取市政府和市建设局关于“南山风景区整体开发规划情况”“东阳江大桥设计方案及建设情况”的通报,听取市政府和市水利水电局关于“东阳江滨防洪综合整治开发规划情况”的通报。对南山公园、东阳江大桥及东阳江滨防洪综合整治等工程项目的建设提出“在具体实施中注重规划的超前性、合理性、适用性,做到‘富规划、穷建设’;规划要突出地方特色,与东阳的地理地貌、水文气象、风土人情相融合,与‘三乡’的称号相吻合;建设中要拓宽思路,搞活经营,多方筹资,调动全社会的力量”等20余条建议和意见。会议还听取提案委员会对十届二次会议以来提案办理情况的汇报。

十届十次常委会议 1999年12月29日召开。听取市委书记汤勇通报东阳市建设中等城市的战略构想和市委、市政府2000年工作思路。研究讨论市政协2000年工作思路,协商决定增补政协委员11名、同意退出政协组织委员1名、撤销政协委员资格2名。会议就市委、市政府的战略构想和思路,提出“加大城市宣传力度,统一思想,形成合力,推动城市化进程;根据中等城市建设要求,调整部分行政区划;兴办高科技、上规模企业,聚集城市人口,达到以工兴城、以城促工目的;加大工业园区规划和技改力度”等30余条意见建议。

十届十一次常委会议 2000年2月25日召开。审议通过《政协第十届东阳市委员会常务委员会工作报告》和《政协第十届东阳市委员会提案委员会关于十届二次会议以来提案工作情况的报告》;协商讨论政府工作报告(征求意见稿);通过关于召开市政协十届三次会议的决定;讨论通过大会日程、议程(草案);决定有关人事任免等。提出“实施北进西延战略、不能忽视旧城改造、建立专门蔬菜基地”等30余条意见和建议。

十届十二次常委会议 2000年3月13日(十届三次会议期间)召开。听取市委领导通报市政协十届委员会常务委员调整的建议名单;协商决定辞去市政协十届常务委员2名 ;协商讨论增选市政协十届委员会常务委员建议名单;讨论选举办法(草案);讨论总监票人、总计票人和监票人、计票人建议名单(草案)。

十届十三次常委会议 2000年3月14日(十届三次会议期间)召开。听取十届三次会议各召集人讨论情况汇报;通过增选市政协十届委员会常务委员候选人名单;通过选举办法(草案);通过总监票人、总计票人和监票人、计票人建议名单(草案);审议十届三次会议决议(草案);审议十届三次会议提案审查报告(草案)。

十届十四次常委会议 2000年6月13日召开。学习江泽民关于“三个代表”重要思想的论述;听取市长卢子跃通报全市社会和经济发展形势,市委副书记徐跃进、市政府副市长楼齐林通报江北开发情况。实地视察江北开发情况后,提出意见和建议:解放思想,激活机制,放开手脚大胆干;优惠政策不能停留在口头上,树立谁来投资谁就是上帝观念;规划要因地制宜,体现东阳建筑之乡的特色;土地一级市场必须由政府垄断,不能放松;江北开发不能丢了江南;工程施工必须防止腐败,要采取公开招投标制度。会议形成《江北开发情况协商讨论意见反馈》送市委、市政府。

十届十五次常委会议 2000年9月28日召开。协商讨论《东阳市国民经济和社会发展“十五”计划和2010年远景目标纲要(征求意见稿)》;听取提案委员会对十届三次会议以来提案办理情况的汇报;听取讨论市政协经济科技工委对东阳市外向型经济调查情况的汇报。对《规划》提出远景目标不够宏伟,有些数字与实际不符,某些条文定位不尽合理,提法不够科学,与国际经济及发展趋向接轨不够,制订计划纲要起点要高、眼光要远、要跳出东阳看东阳等意见建议80余条。市委副书记徐跃进、副市长王敏奇和市政府办公室、市计经委的负责人到会通报有关情况并听取常委发言。

十届十六次常委会议 2000年12月27日召开。听取徐跃进通报市委2001年工作思路;协商讨论市委2001年工作思路和市政协2001年工作思路;协商决定增补政协委员13名,同意因工作调动辞去常务委员1名、委员2名,撤销委员资格2名;视察横店城市建设,听取情况介绍。

十届十七次常委会议 2001年3月1日召开。听取市政府工作报告起草的有关情况说明,对报告进行协商讨论并提出意见建议;审议通过十届政协常委会工作报告、市政协十届三次会议以来提案工作情况的报告;通过关于召开市政协十届四次会议的决定;讨论通过大会议程(草案)和日程;审议通过大会邀请列席人员名单等;调整部分专门委员会副主任。

十届十八次常委会议 2001年3月20日(十届四次会议期间)召开。听取市政协十届四次会议各界、组召集人讨论情况的汇报;审议市政协十届四次会议决议(草案)和市政协十届四次会议提案审查报告(草案)。

十届十九次常委会议 2001年6月28日召开。听取徐跃进通报东阳市上半年经济运行情况及20项重点工作进展情况,市委常委、副市长郭巧范通报有关情况;视察江北新区建设情况;通过《关于创建中国优秀旅游城市有关问题的建议》《关于地处深山、高山贫困村下山脱贫的建议》《关于加强古树名木保护工作的建议》作为常委会建议案上报市委;通报“东阳人经济和东阳经济”“如何科技兴工,推进东阳经济发展”两个课题的调研情况并进行讨论。

十届二十次常委会议 2001年9月25日召开。听取市委常委、宣传部部长卢志信作题为《围绕“新”字,学好七一讲话》的辅导报告;各民主党派、工商联负责人就学好江泽民“七一”讲话作表态发言;市建设局负责人介绍东阳市城市化整体协调规划和旧城改造等方案。围绕城市功能布局的合理性、交通如何顺畅等问题提出拆迁要与安置相结合,改造要从东阳实际出发、分步实施,旧城改造要充分考虑绿化、停车场、重点文物保护等意见建议。听取市政协十届四次会议以来提案办理情况汇报。市委常委蔡志成应邀参加。

十届二十一次常委会议 2002年1月21日召开。协商讨论市委、市政府2002年工作思路和重点工作;研究讨论市政协2002年工作思路;讨论确定《关于优化投资环境的建议》《关于加快垄断我市土地一级市场的建议》《关于重视农业龙头企业,努力推进农业产业化进程的建议》《关于加快旧城改造步伐,推进城市化建设的建议》为常委会建议案。汤勇、徐跃进、蔡志成参加。

十届二十二次常委会议 2002年3月4日召开。协商讨论政府工作报告(征求意见稿),市委副书记、代市长陈丰伟到会通报情况并听取常委意见。决定市政协十届五次会议于3月16日至21日在城举行;审议通过《政协第十届东阳市委员会常务委员会工作报告》《政协第十届东阳市委员会常务委员会关于十届四次会议以来提案工作情况报告》;审议讨论市政协十届五次会议其他文件;通过有关人事任免和市政协委员调整名单。

十届二十三次常委会议 2002年3月17日(十届五次会议期间)召开。增补市十届政协委员2名。

十届二十四次常委会议 2002年3月20日(十届五次会议期间)召开。听取市政协十届五次会议各界、组召集人讨论情况的汇报;审议通过市政协十届五次会议决议(草案)和市政协十届五次会议提案审查情况报告(草案)。

十届二十五次常委会议 2002年6月27日召开。听取市委常委、副市长郭巧范通报东阳市2002年1月至5月经济运行情况和下半年工作思路;听取市经济开发区和江北新区负责人对"两区"建设发展情况的介绍,视察经济开发区的西城工业园、小商品工业园、服装工业园,江北新区的广福路、亭塘拆迁现场、山口村企业施工现场等。肯定全市工业经济和"两区"建设取得的成绩,就以后发展问题,提出要解放思想、与时俱进,卧薪尝胆,埋头搞经济建设;打造"信用东阳",继续做好农村合作基金会后续清理、预算外资金管理、拆迁指挥部清理、垄断土地一级市场等群众关注的工作;全市各工业园区的冠名用当地地名;适度"东扩"要早规划、超前规划、整体规划,尽快腾出企业发展空间。

十届二十六次常委会议 2002年9月25日召开。听取副市长卢启源关于东阳教育体制改革情况的通报,提出组建东中教育集团、培育"名师"、提高教师工资待遇等意见建议;听取有关部门对"完善医疗保险""加快东扩步伐""全面推行预算外资金'四统一'管理""加大合作基金会清欠力度"四个重点提案办理情况的汇报。副市长郭巧范、楼振荣、王正明、徐伟标分别就相关提案的办理情况作进一步说明。市委副书记龚寿康充分肯定市政协近几年来为东阳市经济和社会发展做出重大贡献。市委副书记杨人毅出席。

十届二十七次常委会议 2003年1月23日召开。学习省委关于政协换届工作意见;通报中共东阳市委《关于政协换届工作意见》;协商讨论市委、市政府2003年工作思路。徐跃进到会听取委员意见。

十届二十八次常委会议 2003年2月25日召开。通过十一届政协委员名单;通过召开市政协十一届一次会议的决定；通过市政协十一届一次会议议程和日程（草案）；通过十届政协常委会工作报告、提案工作报告；通过会议列席人员和邀请人员名单；通过大会主席团常务主席名单、副秘书长名单、提案审查委员会主任和副主任名单（草案）以及召集人名单和分组办法。市政府办公室主任介绍政府工作报告（征求意见稿）起草的情况。对政府工作报告（征求意见稿）进行协商讨论，提出意见建议。市委书记、市人大常委会主任汤勇，市委常委、副市长郭巧范出席。

第十一届委员会

十一届一次常委会议　2003年3月10日（十一届一次会议期间）召开。审议通过市政协2003年工作要点；研究决定各专门委员会、联络组的设置及组成人员名单；协商通过《政协第十一届东阳市委员会常务委员会工作规则》《政协第十一届东阳市委员会专门委员会通则》《政协第十一届东阳市委员会联络组工作简则》《政协第十一届东阳市委员会常务委员会关于加强自身建设的决定》《政协第十一届东阳市委员会关于政协委员届中调整的若干规定》。

十一届二次常委会议　2003年5月15日召开。通过市政协办公室、提案文史工委、经济科技工委人事任免名单，听取《现代思维学》讲座。

十一届三次常委会议　2003年7月8日召开。审议通过新增补十一届政协委员名单；听取和讨论市委常委、常务副市长郭巧范关于全市经济和社会发展情况的通报；通过《关于解决失地农民生活保障问题的建议》；听取广厦建设职业技术学院院长《演讲学》讲座。

十一届四次常委会议　2003年10月10日召开。学习中共中央总书记胡锦涛“七一”讲话精神；视察市公安局“30条便民利民措施”落实情况，听取市委常委、公安局局长黄宝坤作的工作情况汇报，实地察看市车管所办事大厅、吴宁派出所留置室；听取市府办关于市政协十一届一次会议提案办理情况的汇报；讨论通过《市政协关于加强“亲民政协”建设的若干意见》；康益民作题为《勇当群众利益代言人》的讲话。郭巧范应邀参加。

十一届五次常委会议　2004年1月5日召开。听取市委副书记、市长陈丰伟代表市委、市政府通报2003年全市工作情况和2004年工作思路。会议就城市化建设、招商引资、解决当前能源紧张等问题提出意见建议：解放思想，加强服务；调动一切积极因素，着力解决当前经济发展中的“瓶颈”问题；突出重点，加快建材装饰市场、影视文化产业建设和改造。市委副书记徐跃进出席。

十一届六次常委会议　2004年3月2日召开。通过关于召开市政协十一届二次会议的决定；讨论市政协十一届二次会议议程、日程（草案）；通过会议各界组召集人、联络员名单；审议通过会议邀请列席人员名单和编组名单；通过会议常务主席，正、副秘书长名单（草案）；讨论通过会议执行主席名单（草案）。审议通过《政协第十一届东阳市委员会常务委员会工作报告》《政协第十一届东阳市委员会常务委员会关于十一届一次会议以来提案工作情况的报告》；协商讨论政府工作报告（征求意见稿），对城市化建设、招商引资、解决当前能源紧张等问题提出意见建议。徐跃进通报情况并听取委员意见。

十一届七次常委会议 2004年3月16日(十一届二次会议期间)召开。听取市政协十一届二次会议各界组讨论情况汇报;协商增选政协东阳市第十一届委员会副主席、常务委员候选人名单(草案);协商选举办法(草案);协商总监票人、总计票人和监票人、计票人名单(草案)。

十一届八次常委会议 2004年3月17日(十一届二次会议期间)召开。听取市政协十一届二次会议各界组召集人汇报协商讨论情况;通过增选政协东阳市第十一届委员会副主席、常务委员候选人名单(草案);通过选举办法(草案)和总监票人、总计票人和监票人、计票人名单(草案)。

十一届九次常委会议 2004年3月18日(十一届二次会议期间)召开。审议通过市政协十一届二次会议大会决议(草案)和市政协十一届二次会议提案审查情况的报告(草案)。

十一届十次常委会议 2004年7月8日召开。听取市委书记汤勇讲话,市委副书记俞勇建关于东阳市2004年上半年经济和社会发展情况的通报,市委常委、副市长金福昌关于创建国家卫生城市工作情况的通报,视察河头农贸水果市场内卫生情况、南干渠整治情况、市博物馆周边及东门菜市场周边环境卫生情况。通过《关于进一步加强外来员工管理和服务,发展东阳经济的建议》《关于尽快推广彩色树木和特色花卉,美化绿化城市环境的建议》。

十一届十一次常委会议 2004年9月21日召开。学习《中共浙江省委关于加强和改善党对政协工作的领导,支持人民政协履行职能制度化、规范化和程序化的意见》;传达学习全省政协工作会议和全省政协主席读书班精神;学习中共十六届四中全会精神;听取市政府办公室关于提案办理情况的汇报,听取奥地利维也纳自然资源与生命科技大学教授沃尔夫冈作专题学术讲座。

十一届十二次常委会议 2004年12月29日召开。徐跃进通报市委、市政府2005年工作思路和重点工作。研究讨论市政协2005年工作思路和重点工作。视察市人民医院,听取情况介绍。

十一届十三次常委会议 2005年2月24日召开。协商通过市政协十一届三次会议议程、日程(草案);协商通过《政协第十一届东阳市委员会常务委员会工作报告》;通过《政协第十一届东阳市委员会常务委员会提案工作情况报告》;同意1名政协委员辞职,1名政协常务委员辞去常委、委员职务;增补1名政协委员;通过市政协办公室人事任免名单;协商讨论政府工作报告(征求意见稿),就全市经济社会发展、城市建设、劳动保险等方面提出意见建议。

十一届十四次常委会议 2005年3月28日(十一届三次会议期间)召开。听取市政协十一届三次会议各界组召集人关于政协常委会工作报告、提案工作情况报告的讨论情况;协调讨论补选十一届常务委员候选人名单;协商讨论选举办法(草案)及监票人、计票人名单。

十一届十五次常委会议 2005年3月29日(十一届三次会议期间)召开。协商通过补选十一届常务委员候选人名单；协商通过选举办法（草案）及监票人、计票人名单。

十一届十六次常委会议　2005年3月29日（十一届三次会议期间）召开。协商通过市政协十一届三次会议决议（草案）、市政协十一届三次会议提案审查情况报告（草案）。

十一届十七次常委会议　2005年7月14日召开。学习胡锦涛关于构建和谐社会的重要讲话精神；听取市政府关于全市上半年经济社会运行情况的通报，协商讨论加快东阳市经济社会发展等问题。会议提出：比较周边县市发展态势，正视东阳现状，增强经济发展的危机感、紧迫感和责任感；反思“画溪事件”，建设和谐东阳；主动接轨义乌，促进经济发展；抓紧做好行政村撤并的完善工作，促进农村的稳定和发展；重视市场的规划和建设，繁荣东阳经济；挖掘土地潜力，突破发展瓶颈；纵观东阳经济，坚定发展信心；正确估价东阳投资环境，采取积极措施改善投资环境。副市长申屠福华出席。

十一届十八次常委会议　2005年9月16日召开。听取市政府关于市政协十一届三次会议提案办理工作情况通报；审议通过《中国人民政治协商会议东阳市委员会提案工作条例》；视察东方卢浮宫和横店红军长征博览城，听取横店集团创始人徐文荣有关文化产业发展情况介绍，围绕文化设施建设、发展影视旅游业、加快文化产业发展进行讨论；审议通过《关于加快我市文化产业发展的建议》和《关于加快我市文化设施建设的建议》建议案。

十一届十九次常委会议　2005年12月14日召开，围绕《东阳市国民经济和社会发展第十一个五年规划纲要》的编制和实施进行专题协商讨论，就规划的定位、目标、主要经济指标等方面提出71条修改意见和建议，形成《关于对编制〈东阳市国民经济和社会发展第十一个五年规划纲要〉若干问题的建议意见》的会议纪要。

十一届二十次常委会议　2006年3月1日召开。协商讨论政府工作报告（征求意见稿）和“十一五”规划纲要（草案）；审议通过市政协十一届四次会议召开日期的决定，通过市政协十一届四次会议议程、日程（草案）；审议通过《政协第十一届东阳市委员会常务委员会工作报告》《政协第十一届东阳市委员会常务委员会提案工作情况报告》；通过市政协十一届四次会议各界组召集人、联络员名单，邀请列席人员名单和会议编组名单；通过市政协十一届四次会议主席团常务主席、秘书长、副秘书长名单（草案）和执行主席名单（草案）；通过市政协办公室人事任免名单。市委副书记、代市长江跃进出席。

十一届二十一次常委会议　2006年3月19日（十一届四次会议期间）召开，通过市政协十一届四次会议决议（草案）、市政协十一届四次会议提案审查情况报告（草案）。

十一届二十二次常委会议　2006年6月26日召开。传达学习中共中央关于社会主义新农村建设文件精神；视察南马镇社会主义新农村建设和机械功能区建设情况，围绕东阳市社会主义新农村建设开展协商讨论。

十一届二十三次常委会议　2007年1月19日召开。协商讨论政府工作报告（征求意见稿），通过市政协十二届一次会议议程、日程（草案），通过《政协第十一届东阳市委员会常务委员会工作报告》《政协第十一届东阳市委员会常务委员会提案工作情况报告》，通过政协第十二届东阳市委员会委员名单。

第十二届委员会

十二届一次常委会议 2007年4月17日召开。通过政协第十二届东阳市委员会常务委员会2007年度工作要点,通过《政协第十二届东阳市委员会常务委员会关于加强自身建设的决定》《政协第十二届东阳市委员会关于委员届中调整的若干规定》等工作制度,通过市政协办公室、各专门委员会人事任免名单,通过市十二届政协副秘书长名单。

十二届二次常委会议 2007年7月19日召开。学习胡锦涛中共十七大工作报告,市委常委、宣传部部长施侍伟应邀作辅导报告;听取并讨论金福昌关于全市上半年经济社会运行情况的通报;通过《关于加快我市中小学破旧校舍改造的建议》和《关于加快我市来料加工业发展的建议》。

十二届三次常委会议 2007年9月24日召开。听取市政府关于市政协十二届一次会议提案办理工作情况的通报;听取世贸城建设进展情况的通报;听取金融知识讲座。金福昌出席并讲话。

十二届四次常委会议 2007年12月20日召开。协商同意1名政协常委辞去委员、常委职务。

十二届五次常委会议暨委员论坛 2007年12月24日召开。审议通过市政协十二届二次会议议程、日程(草案);审议通过常委会工作报告、提案工作情况报告;通过邀请列席人员名单,各界组召集人、联络员名单,编组名单;通过大会常务主席、秘书长、副秘书长名单(草案)及大会执行主席名单(草案)。蒋银生等9位政协委员围绕加快东阳经济发展的主题,就"东阳人经济"的发展、废塑行业的培育提升、世贸城的培育发展、化工医药行业的持续发展、发展环境的改善和建设、中小企业的培育壮大、品牌建设的加强、科技创新的扎实推进等问题提出意见建议。金华市委常委、东阳市委书记张仲灿对委员发言给予肯定,市人大常委会副主任陆益民出席论坛。

十二届六次常委会议 2008年1月29日(十二届二次会议期间)召开。通过市政协十二届二次会议决议(草案)、市政协十二届二次会议提案审查情况报告(草案)。

十二届七次常委会议暨委员论坛 2008年3月18日召开。听取省金融办关于企业上市有关知识讲座;协商通过市政协办公室、横店镇政协工作委员会人事任免名单;总结市政协十二届二次会议。5名政协委员围绕企业自主创新、依法诚信经营、关爱员工、企业品牌建设、企业发展与环境保护等问题口头发言,提出意见建议。会议通过在全市政协委员中开展"爱东阳、爱事业、比奉献"活动的决定,通过致全市企业家"埋头苦干、携手共进,人人争当发展东阳的创业模范"倡议书,通过建立政协主席、副主席联系委员企业等制度的意见。张仲灿、金福昌出席论坛。

十二届八次常委会议 2008年8月6日召开。听取市委常委、常务副市长金福昌通报上半年全市经济和社会运行情况及下半年主要任务;通过市政协提案文史工委、南马镇政协工作委员会人事任免名单;传达学习全省政协主席读书会精神。

十二届九次常委会议 2008年12月18日召开。听取市政府领导通报全市1至11月经济社会运行情况、当前存在的困难和问题、下一步工作和打算，市政府办公室主任通报市政府及政府部门办理市政协十二届二次会议提案工作情况；通过市政协十二届三次会议议程、日程（草案），通过《政协第十二届东阳市委员会常务委员会工作报告》《政协第十二届东阳市委员会常务委员会提案工作情况报告》。

十二届十次常委会议 2009年2月13日（十二届三次会议期间）召开。听取十二届三次会议各界、组召集人关于小组讨论情况的汇报；通过市政协十二届三次会议决议（草案）和市政协十二届三次会议提案审查报告（草案）。

十二届十一次常委会议 2009年5月26日召开。通过市政协经济科技工作委员会和横店、南马镇政协工作委员会有关人事任免事项；听取市委党校教师关于东阳人文精神的辅导报告，座谈讨论东阳人文精神和政协文化；研究部署“访民情、解民忧、促和谐、谋发展”界别活动月工作和人民政协成立60周年纪念活动。

十二届十二次常委会议 2009年8月13日召开。听取市长陈晓关于上半年全市经济社会发展情况的通报，市建设局负责人关于红椿巷区域旧城改造工作进展情况的通报，市府办负责人关于市政协十二届三次会议提案办理情况的通报，并进行协商讨论；讨论通过《关于以实际行动支持红椿巷区域旧城改造的决议》，向全体政协委员发出倡议；传达学习全省政协工作会议精神和全省政协主席读书会精神。

十二届十三次常委会议 2010年1月19日召开。听取并讨论市政府关于本市工业经济转型升级情况的通报；审议通过常委会工作报告、十二届三次会议以来提案工作情况的报告；审议通过市政协十二届四次会议相关文件和事项；通过政协委员调整名单。副市长李宝春出席。

十二届十四次常委会议 2010年3月3日（十二届四次会议期间）召开。听取市政协十二届四次会议各界组讨论情况汇报，听取补选常务委员建议名单说明，协商补选常务委员候选人名单（草案）；协商选举办法（草案），协商总监票人和监票人名单（草案）。

十二届十五次常委会议 2010年3月4日（十二届四次会议期间）召开。听取市政协十二届四次会议各界组召集人汇报协商讨论情况，审议通过补选常务委员候选人名单（草案），通过选举办法（草案）、总监票人和监票人名单（草案）。

十二届十六次常委会议 2010年3月5日（十二届四次会议期间）召开。审议通过市政协十二届四次会议决议（草案）和市政协十二届四次会议提案审查情况报告（草案）。

十二届十七次常委会议 2010年4月12日召开。研究“全力加快经济发展、全面改善发展环境”委员论坛活动和“界别活动月”活动；通过有关人事任免事项；听取养生与健康知识讲座。

十二届十八次常委会议暨委员论坛 2010年8月13日召开。以“创先争优谋发展，攻坚克难优环境”为主题，组织8名政协委员从建设“中国木雕之都”、东阳经济发展的天地人和、城市公交建设、基层组织建设、中小企业发展、攻坚克难、现代农业发展和外来民工子女就学等方面进行交流发言，为推进市委、市政府中心工作建言献策。市委书记张仲灿讲话，市长陈晓通报全市上半年经济社会发展情况。

十二届十九次常委会议　2010年12月23日召开。听取市政府关于市政协十二届四次会议提案办理情况通报；对《加强红木家具市场管理，做大做强传统产业》《关于红椿巷区域科学规划、合理设计、精心建设的建议》和《关于进一步重视外来务工人员子女就学的建议》等三件重点提案办理情况进行民主评议，市经贸局、规划局、教体局分别汇报和表态发言；审议通过政协办公室、经济科技工委有关人事任免事项。市委常委、副市长施侍伟出席。

十二届二十次常委会议　2011年3月3日召开。听取市发展和改革局负责人关于《东阳市国民经济和社会发展第十二个五年规划纲要（草案）》编制说明，围绕规划纲要（草案）的完善和东阳未来五年的发展，提出意见建议；通过市政协十二届五次会议议程和日程（草案），审议通过常委会工作报告、十二届四次会议以来提案工作情况的报告，审议通过大会邀请列席人员名单、各界组召集人、联络员名单及讨论编组名单，审议通过大会常务主席、秘书长、副秘书长名单及其他会议文件；同意二人辞去十二届政协副主席职务，增补十二届政协委员1名；撤销1名政协委员资格。

十二届二十一次常委会议　2011年3月16日（十二届五次会议期间）召开。讨论市政协十二届五次会议选举办法（草案）；协商增补市政协副主席候选人建议名单，协商总监票人和总计票人名单（草案）；通过有关人事调整。

十二届二十二次常委会议　2011年3月17日（十二届五次会议期间）召开。听取市政协十二届五次会议各界组讨论情况汇报；通过市政协十二届五次会议选举办法（草案），通过增补市政协副主席候选人名单，通过总监票人和总计票人名单（草案）。

十二届二十三次常委会议　2011年3月18日（十二届五次会议期间）召开。审议通过市政协十二届五次会议决议（草案）、市政协十二届五次会议提案审查情况报告（草案）。

十二届二十四次常委会议　2011年8月11日召开。陈晓通报全市上半年经济社会运行情况并听取委员意见建议；市政府办公室主任通报市政协十二届五次会议提案办理情况；传达学习全省政协主席读书会精神。

十二届二十五次常委会议　2012年2月3日召开。审议通过政协第十三届东阳市委员会委员规模和界别设置、委员名单；审议通过关于召开市政协十三届一次会议的决定及会议议程（草案）和日程；审议通过市政协十二届常委会工作报告及报告人和提案工作情况报告及报告人；审议通过市政协十三届一次会议有关文件资料。

第十三届委员会

十三届一次常委会议　2012年4月20日召开。通过《政协东阳市委员会常务委员会工作规则》；《政协东阳市委员会专门委员会通则》《政协东阳市委员会联络组工作简则》《政协东阳市委员会关于进一步发挥委员主体作用的意见》《政协第十三届东阳市委员会常务委员会关于加强自身建设的决定》《政协第十三届东阳市委员会关于专门委员会主任、副主任的任命决定》，任命市政协副秘书长兼办公室主任1名、市政协提案文史工作委员会办公室主任1名。

十三届二次常委会议暨委员论坛 2012年7月13日召开。听取和讨论市长朱建军关于全市上半年经济社会运行情况的通报，并提出意见；通过《关于在政协委员中开展“解放思想建睿言，立体履职促跨越”活动的决定》；6位政协委员围绕“实现跨越追赶，建设强市名城”的主题作口头发言。金华市委常委、东阳市委书记徐建华出席，充分肯定十三届政协工作，并提出希望。

十三届三次常委会议 2012年11月20日召开。学习中共第十八次全国代表大会精神，市委常委、宣传部部长韦国潭应邀授课；市委常委、常务副市长郭慧强通报十件民生实事工程进展情况；市政协副主席华伟跃通报十三届一次会议提案办理情况；研究市政协2013年工作思路；审议通过有关人事任免。

十三届四次常委会议 2013年1月31日召开。审议通过常委会工作报告和十三届一次会议以来提案工作情况报告；通过关于召开市政协十三届二次会议的决定；通过大会议程（草案）、日程，会议列席人员范围，大会常务主席、秘书长、副秘书长名单（草案）；通过政协委员调整名单；通过市政协副秘书长、办公室、经技科技工作委员会办公室的有关人事任免事项。

十三届五次常委会议 2013年3月6日上午（十三届二次会议期间）召开。协商讨论市政协十三届二次会议选举办法（草案）；市委常委、组织部部长俞佩芬作增补政协第十三届东阳市委员会常务委员候选人建议名单说明；协商增补政协第十三届东阳市委员会常务委员候选人名单（草案）；协商市政协十三届二次会议总监票人名单（草案）和监票人名单（草案）。

十三届六次常委会议 2013年3月6日下午（十三届二次会议期间）召开。各界组召集人汇报分组讨论市委书记讲话和市政府工作报告情况，审议市政协常委会工作报告和提案工作报告的情况，协商讨论大会选举办法（草案）、总监票人和监票人名单（草案）、常务委员候选人名单（草案）的情况。审议通过市政协十三届二次会议选举办法（草案）、总监票人名单（草案）、监票人名单及增补常务委员候选人名单。

十三届七次常委会议 2013年3月7日（十三届二次会议期间）召开。审议通过市政协十三届二次会议提案审查情况报告（草案）；市政协十三届二次会议决议（草案）。会议决定将祖国统一联谊委员会更名为港澳台侨委员会，通过调整十三届市政协专门委员会主任、副主任名单。

十三届八次常委会议暨委员论坛 2013年7月30日召开。市长朱建军通报上半年全市经济社会运行情况；12名委员以“超越全省平均、实现四个翻番”为主题，围绕城市道路管理、交通治堵、公交优先、延伸江滨文化景观带、加快农房改造、城中村改造、美丽乡村建设、加快推进城区医疗资源布局调整、绿地景观规划建设、优化教育资源、银行业服务实体经济等内容进行交流发言，为推进党委、政府中心工作建言资政、出谋划策，提供决策参考。市委书记徐建华应邀参加并讲话。市委副书记申屠福华，相关街道、部门单位的主要负责人应邀出席。

十三届九次常委会议 2013年10月30日召开。听取市委常委、常务副市长郭慧强通报市政府十大民生实事工程进展情况，听取市政府关于市政协十三届二次会议提案办理情况的通报；修订提案工作条例，通过有关人事任免，通过各专门委员会组成人员调整名单。

十三届十次常委会议 2014年1月24日召开。审议通过常委会工作报告和十三届二次会议以来提案工作情况的报告，审议通过关于召开市政协十三届三次会议的决定，审议通过市政协十三届三次会议议程（草案），审议通过市政协十三届三次会议有关文件资料；审议通过十三届政协委员调整名单；任命市政协办公室副主任1名。

十三届十一次常委会议 2014年2月26日（十三届三次会议期间）召开。听取各界组讨论情况的综合汇报，协商选举办法（草案），听取有关人事事项说明，协商总监票人、监票人名单（草案）。

十三届十二次常委会议 2014年2月26日（十三届三次会议期间）召开。听取各界组召集人协商讨论情况的汇报，审议通过选举办法（草案）、总监票人名单（草案）、监票人名单、增补常务委员候选人名单。

十三届十三次常委会议 2014年2月27日（十三届三次会议期间）召开。审议通过市政协十三届三次会议提案审查情况报告（草案）和市政协十三届三次会议决议（草案）。

十三届十四次常委会议暨委员论坛 2014年8月1日召开。听取市长朱建军通报全市上半年经济社会运行基本情况；12位政协委员围绕“建设美丽东阳、创造美好生活”作主题发言。市委书记徐建华给予高度评价。

十三届十五次常委会议 2015年2月6日召开。副市长蒋银生出席。听取市政府关于市政协十三届三次会议提案办理情况的通报；审议通过政协委员调整名单，相关人事任命，关于召开市政协十三届三次会议的决定，常委会工作报告，十三届二次会议以来提案工作情况报告，市政协十三届三次会议议程（草案）和日程，市政协十三届三次会议秘书处负责人名单、会议分组和召集人、联络员名单。

十三届十六次常委会议 2015年3月10日（十三届四次会议期间）召开。协商市政协十三届四次会议选举办法（草案），听取增补政协第十三届东阳市委员会常务委员候选人建议名单的说明，协商市政协十三届四次会议总监票人名单（草案）和监票人名单（草案）。

十三届十七次常委会议 2015年3月10日下午（十三届四次会议期间）召开。审议通过市政协十三届四次会议选举办法（草案）、市政协十三届四次会议总监票人名单（草案）和监票人名单、增补政协第十三届东阳市委员会常务委员候选人名单。

十三届十八次常委会议 2015年3月11日（十三届四次会议期间）召开。审议通过政协第十三届东阳市委员会提案委员会关于十三届四次会议提案审查情况的报告（草案）；审议通过市政协十三届四次会议决议（草案），提交闭幕大会审议。

十三届十九次常委会议暨委员论坛 2015年8月11日召开。市长朱建军通报全市上半年经济社会运行情况；15位委员围绕“真心助推发展、真情关注民生”主题发言，提出“建设‘两美’东阳，必须先理顺行政村的管理体系”“要科学规划，提升等级，健全机制，全力推动我市学前教育持续健康快速发展”“加快启动城区医疗资源布局调整工作，满足人民群众日益增长的基本需求”等建议。市委书记黄敏，市委副书记姚激扬出席。

十三届二十次常委会议　2015年12月29日召开。听取市政府关于市政协十三届四次会议提案办理情况的通报；审议通过常委会工作报告及报告人、十三届四次会议以来提案工作情况报告及报告人、关于召开市政协十三届五次会议的决定和相关文件、政协第十三届东阳市委员会委员调整名单。副市长蒋令树应邀出席。

十三届二十一次常委会议　2016年1月29日（十三届五次会议期间）召开。听取各界组关于学习讨论市委书记讲话，审议市政协常委会工作报告和提案工作情况报告的情况汇报。

十三届二十二次常委会议　2016年1月29日下午（十三届五次会议期间）召开。听取各界组协商讨论市政府工作报告和“十三五”规划纲要（草案）的情况汇报。

十三届二十三次常委会议　2006年1月30日（十三届五次会议期间）召开。审议通过十三届五次会议提案审查情况的报告（草案）和十三届五次会议决议（草案）。

十三届二十四次常委会议暨委员论坛　2016年7月29日召开。15位委员围绕“走在前列，超越发展”主题作口头发言，市委常委、常务副市长李宝春通报全市上半年经济社会运行情况，市委书记黄敏到会讲话，市委副书记姚激扬出席。审议通过市政协教育文化卫生体育与文史资料工作委员会主任职务的任免。

第三节　主席会议

主席会议由主席、副主席、秘书长组成，负责处理常务委员会的重要日常工作。主席会议是常务委员会会议闭会期间的重要协商形式。

主席会议的主要任务：组织政协委员学习；审议本届委员会增加或者变更参加单位、委员名额和人选，提请常务委员会协商决定；审议下届委员会的参加单位、委员名额和人选及界别设置，提请常务委员会协商决定；根据《政协章程》和有关规定，安排协商活动，决定协商的形式和内容；对党委和政府的重大方针政策以及社会生活中的重大问题进行讨论，提出建议、意见或建议案；审查以委员会或常务委员会名义向党委、人大、政府提出的重要建议案；召集并主持常务委员会会议，拟订会议的议程（草案）和日程，审议提交会议审议的文件；受常务委员会的委托，主持下一届第一次全体会议预备会议；审议委员会及其常务委员会的工作计划、工作报告和重要活动方案；执行常务委员会会议的决议；处理常务委员会的其他重要日常工作。

第一届委员会

一届一次主席会议 1957年2月22日召开。决定本月26日组织各界人士赴杭州参观;决定第七次常委会议的内容与召开时间,内容确定为讨论关于社会主义经济特别是农业社会主义经济的优越性的认识问题,关于增产节约问题,关于推销1957年的国家经济建设公债问题。

一届二次主席会议

一届三次主席会议 1957年3月26日召开。副主席程品文谈下乡经过,赵侑生谈思想工作问题。决定于4月7日召开一次座谈会议,协商和讨论人民内部矛盾的认识问题。

一届四次主席会议 1957年4月26日召开。研究召开县政协全体会议的准备工作。决定下一阶段工作:通过组织学习和工作组活动,了解各界层的思想动态;召开一次学习组长、工作组长会议。

一届五次主席会议 1957年5月18日召开。决定5月20日召开常委会议,5月28日召开县政协一届三次会议。

一届六次主席会议 1957年6月26日召开。通过工商界学习班委员会名单,决定于7月1日召开学员会议。

一届七次主席会议 1957年7月6日召开。研究下半年工作计划;决定7月12日至13日举行一届十一次常委(扩大)会议。

一届八次主席会议 1957年10月13日召开。总结前一阶段工作情况,研究今后工作问题。决定于10月18日至19日召开常委会议。

一届九次主席会议 1958年1月2日召开。决定撤销两名政协委员资格。

第二至五届委员会

资料缺佚。

第六届委员会

第一次主席办公会议 1984年9月2日召开。研究如何贯彻执行县政协六届一次会议通过的政治决议,进一步开创政协工作新局面,部署当前政协工作。通过副秘书长名单,正、副主席分工意见,决定设立学习、文史资料两个委员会和10个工作组,通过正副主任、正副组长的名单,并将提交常委会议决定。

第二次主席办公会议 1984年11月3日召开。协商讨论第二次常委会议的主要内容:安排时间一天半,学习中共十二届三中全会的决定;听取吴宁镇建设规划的汇报;教育组、医药组进行交流;任命副秘书长2名;决定于11月中旬组织人大、政协的部分常委对物价进行检查。

第三次主席办公会议　1984年12月10日召开。传达金华地区主席会议精神。

第四次主席办公会议　1985年2月4日召开。传达省政协工作会议精神,部署1985年工作。

第五次主席办公会议　1985年3月15日召开。研究四次常委会议的内容和议程。

第六次主席办公会议　1985年8月12日召开。县政协主席陆锡经传达金华市政协筹备会议精神。

第七次主席办公会议　1986年1月2日召开。安排本月7日召开的常委会议内容;研究落实参加迎春茶话会的各界人士人选;安排春节前走访委员。

主席办公会议　1986年3月13日召开。传达省政协学习工作会议与政协工作组会议精神,决定于3月17日至18日举行常委会议。

主席办公会议　1986年7月10日召开。研究召开县政协六届十一次常委会议的议程安排。

主席办公会议　1986年12月5日召开。决定县政协六届十二次常委会议召开的时间和主要内容。

主席办公会议　1987年2月4日召开。学习中共中央〔1987〕3号文件《关于当前反对资产阶级自由化若干问题的通知》,研究工作。决定于本月9日至10日召开县政协六届十三次常委(扩大)会议;评选1986年政协先进工作者和先进工作组;讨论有关换届事宜。

主席办公会议　1987年3月20日召开。研究六届十四次常委会议主要议题:县委书记到会讲话,对全县人事安排征求意见,报告六届委员会委员提案的处理情况,协商讨论七届政协委员人选。

第七届委员会

主席办公会议　1987年7月11日召开。研究七届二次常委会议召开的时间、议程;研究近期工作。

主席办公会议　1987年11月7日召开。研究召开七届三次常委会议的时间、议程。

主席办公会议　1988年3月2日召开。学习中共中央〔1988〕1号文件《关于经济形势和今年的经济工作》,讨论常委会工作报告。

主席办公会议　1988年6月29日召开。传达金华市政协常委会议精神,决定东阳县政协七届六次常委会议召开时间为7月10日至11日,确定常委会议主要议题。

主席办公会议　1988年11月3日召开。学习传达中共十三届三中全会精神,春节前政协工作安排,决定市政协常委会议于本月14日至15日召开。

主席办公会议　1989年2月17日召开。决定七届八次常委会议召开的时间、会议内容和程序;原则同意常委会工作报告(草案)和提案工作报告(草案),提请常委审议通过。

主席办公会议　1989年6月16日召开。讨论研究常委扩大会主要内容、召开时间,研究下半年工作。

主席办公会议 1989年11月4日召开。决定召开一次常委会议,安排会议的内容和时间。

主席办公会议 1990年3月26日召开。讨论本届常委会的工作报告。为做好换届工作,决定召开一次常委会议,商定召开时间、议程等会议相关内容。

第八届委员会

主席办公会议 1990年5月29日召开。通报5月18日市委、市政府主要领导听取政协工作情况汇报后的讲话精神;研究八届二次常委会议召开的时间、会议内容;部署政协当前工作。

主席办公会议 1990年9月13日召开。商讨市政协八届三次常委会议有关事宜,确定主要议程和召开的时间;部署安排第四季度政协工作。

主席办公会议 1990年11月1日召开。传达金华市政协联谊会精神,交流如何开好政协全会和政协常委会议;研究市长童德成建议召开的座谈会筹备事项。

主席办公会议 1990年12月15日召开。研究文史资料工作;传达金华市政协文史资料工作会议精神,汇报赴云南西双版纳调查征集蔡希陶资料情况;讨论研究纪念蔡希陶活动。

主席办公会议 1990年12月17日。传达金华市政协常委会议精神,研讨组(委)工作会议有关情况(时间、要求),安排元旦后拜访政协委员事项。

主席办公会议 1991年2月23日召开。传达市委常委会议关于市政协八届二次会议日程、议程的决定,讨论研究八届四次常委会议时间、主要议题,安排八届四次常委会议、八届二次全体会议筹备工作。

主席办公会议 1991年6月5日召开。研究八届六次常委会议议程;决定参加宁波市北仑区市县级政协工作研讨会;决定在文史资料委员会下成立东阳历史人物组。

主席办公会议 1991年8月30日召开。研究八届七次常委会议主要内容:学习江泽民“七一”讲话精神,学习讨论市委书记童德成在市委常委会上的讲话。

主席办公会议 1991年12月5日召开。研究讨论八届八次常委会议召开的时间和主要内容:学习中共十三届八中全会公报精神,听取市经委通报工业情况;参观南江水库;做出岁末年初工作安排。传达在绍兴召开的全省文史工作会议精神。

主席办公会议 1992年2月19日召开。研究部署市政协八届三次会议的筹备工作及决定于3月中旬召开市政协八届九次常委会议,建议主要议题是学习中共东阳市委九届四次会议扩大会议精神、讨论决定市政协八届三次会议议程等事项;通过政协八届常委会工作报告(草案)和提案工作情况报告(草案),决定将报告(草案)提交八届九次常委审议通过;决定组织部分在东阳的浙江省政协委员、金华市政协委员就全市的木雕企业发展情况进行一次视察,探讨组建东阳市木雕企业集团公司。

主席办公会议 1992年3月14日召开。审议八届九次常委会议有关事项,确定召开时间和主要议题。

主席办公会议　1992年6月3日召开。商议常委会议安排。建议议程:市委领导通报"撤扩并"工作基本情况,协商讨论全市国有土地有偿使用有关政策意见(初稿讨论),协商讨论房改政策初稿,研究常委会第三季度主要工作内容。

主席办公会议　1992年9月12日召开。研究八届十一次常委会议筹备工作,确定召开时间,建议主要议题:市委副书记楼国华通报东阳中学八十周年校庆暨科技兴市恳谈会筹备工作情况,副市长或城建委通报城区建设(包括十大工程)情况,协商讨论市房改方案,安排第四季度工作。

主席办公会议　1992年12月9日召开。研究市政协八届十二次常委会议有关事项,确定召开时间、主要议题。部署1992年工作总结和1993年第一季度工作思路,组织金华市政协委员视察外资台资企业等工作。

第九届委员会

九届一次主席办公会议　1993年5月7日召开。根据中共金华市委和东阳市委的意见,进行主席、副主席的工作分工。

九届二次主席办公会议　1993年6月29日召开。研究市政协九届二次常委会议召开有关事项,通过市政协学习委员会下半年学习计划。

九届三次主席办公会议

九届四次主席办公会议

九届五次主席办公会议

九届六次主席办公会议　1994年1月6日召开。学习李瑞环在全国政协八届四次常委会议上的讲话,传达学习金华市政协二届十八次常委会议精神;部署一月份走访政协委员,组织金华市政协委员活动等工作;研究文史资料专辑第十二辑的征编事宜。

九届七次主席办公会议　1994年2月19日召开。研究市政协九届四次常委会议及市政协九届二次会议的筹备工作;讨论修改市政协九届常委会工作报告。

九届八次主席办公会议　1994年3月11日召开。讨论修改市政协九届常委会工作报告(草案),讨论市政协九届二次会议议程和日程等事项;通过九届政协委员增补名单(草案)、增选九届政协常委候选人名单(草案);决定撤销市政协经济工作组,设立市政协经济工作委员会,市政协祖国统一工作委员会更名为市政协"三胞"联谊工作委员会。

九届九次主席办公会议　1994年4月5日召开。学习新《政协章程》。研究市政协九届五次常委会议有关事项。

九届十次主席办公会议　1994年5月3日召开。研究承办金华市九县(市区)政协联谊会有关事项;研究市政协九届六次常委会议筹备工作。

主席办公会议　1994年11月1日召开。研究市政协九届七次常委会议有关事项;听取市政协提案委员会关于1994年提案办理有关情况的汇报,研究部署市政协下一步工作。

九届十一次主席办公会议 1994年12月27日召开。学习省政协主席刘枫在省政协七届九次常委会议上的讲话；研究市政协《关于政治协商、民主监督、参政议政实施细则（草案）》《政协东阳市委员会常务委员会工作规则（草案）》《关于充分发挥市政协委员在所在单位认真履行基本职能作用的意见（草案）》；研究讨论市政协九届八次常委会议有关事项；安排年终走访政协委员等工作。

九届十二次主席办公会议 1995年2月11日召开。讨论修改市政协常委会工作报告（草案）；研究市政协九届九次常委会议主要议题；安排市政协九届三次会议前工作。决定从当年起开展评选优秀提案、提案积极分子和提案办理先进的活动，对数量多、质量高、为全市两个文明建设做出积极贡献的提案委员，办理提案认真负责并有显著成绩的承办单位在全会上给予表彰。

九届十三次主席办公会议

九届十四次主席办公会议 1995年6月26日召开。学习讨论李瑞环在全国政协八届十三次常委会议上《关于人民政协履行职能的若干问题》的讲话；研究市政协九届十二次常委会议主要议题。

九届十五次主席办公会议 1995年7月19日召开。研究市政协下半年工作，确定调研课题和市政协九届十三次常委会议主要议题。

九届十六次主席办公会议 1995年10月24日召开。学习中共十四届五中全会精神，协商讨论东阳市"九五"计划和2010年远景规划的实施意见（草案），研究市政协九届十三次常委会议主要议题等事项，通过《政协东阳市委员会关于与民主党派、工商联建立定期联系的制度》。

九届十七次主席办公会议

九届十八次主席办公会议

九届十九次主席办公会议

九届二十次主席办公会议

九届二十一次主席办公会议

九届二十二次主席办公会议

九届二十三次主席办公会议

九届二十四次主席办公会议 1997年1月20日召开。讨论修改九届常委会工作报告（初稿）、九届四次会议以来提案工作情况的报告（初稿）；研究优秀提案等表彰工作；安排春节前走访委员工作；确定九届二十五次主席会议、九届十八次常委会议召开的时间。

九届二十五次主席办公会议 1997年2月26日召开。讨论修改常委会工作报告和提案工作报告；研究提案表彰工作；确定九届十八次常委会议的主要议题；研究讨论市政协九届五次会议的有关事项。

九届二十六次主席办公会议 1997年5月21日召开。研究召开市政协九届二十二次常委会议的有关事项；听取市政协九届五次会议委员提案交办情况的汇报；审议通过《提案承办先进单位评比条件》《提案承办先进个人的评比条件》，修改《优秀提案评比条件》《提案积极分子评比条件》;讨论修改《关于兴建笔架山公园的建议案》,决定提交市政协常委会议审议。

九届二十七次主席办公会议 1997年10月7日召开。研究九届二十三次常委会议有关事项,确定日程和主要议题。

九届二十八次主席办公会议

九届二十九次主席办公会议

第十届委员会

十届一次主席办公会议 1998年4月9日召开。研究如何加强政协机关的思想作风建设,部署政协机关近期工作;听取市政协十届一次会议经费开支情况的汇报;进行主席的分工;决定建立政协东阳市委员会委员接待日和约谈会制度。康益民就新一届政协工作提出“要勤于学习,勇于探索,努力工作,不断践行,以自身扎实有效的模范工作,率领委员积极履行政协职能,以全新姿态昂首阔步奔向二十一世纪”的总体要求;在市政协开展“五讲(即讲大局、讲团结、讲纪律、讲实效、讲奉献)”“五加强(即加强学习、加强制度建设、加强干部队伍管理、加强调查研究、加强服务功能的提高)”“五带头(即要求政协机关科长以上干部要带头学习、带头遵守制度、带头调查研究、带头廉洁自律、带头落实岗位责任制)”活动,在加强政协机关自身建设上迈出新步伐。

十届二次主席办公会议 1998年6月15日召开。研究市政协十届二次常委会议的日程、议程;审议通过政协东阳市常委会工作规则(草案)、政协东阳市委员会提案工作条例(草案)、政协东阳市第十届委员会专门委员会通则(草案)、政协东阳市第十届委员会联络组工作简则(草案);研究政协东阳市第十届委员会专门委员会对口联系部门;研究编辑出版文史资料第十五辑及1998年专项经费申请问题。

十届三次主席会议 1998年8月12日召开。听取文史资料委员会关于《东阳丛书》出版发行的可行性调研报告;听取提案文史工作委员会关于六个重点承办单位协商办理座谈会情况的汇报,对“关于发展旅游业问题”“关于发展我市个体私营经济问题”“关于绿色行动计划与扶贫计划相结合问题”“关于家犬管理问题”等重点提案办理情况做了详细说明。统战部领导通报新增政协委员的原则意见;会议通过向市政府提交的“关于发展旅游业”和“关于抢救东阳古文化遗产”等两个建议案;通过《关于加强市政协信息报道工作的实施意见》,制订《政协机关主要规章制度及工作细则》。

十届四次主席会议 1998年9月17日召开。确定市政协十届三次常委会议时间、地点、议题,听取提案办理情况和个体私营经济调查情况的汇报,通过十届政协信息员名单。

十届五次主席会议 1998年10月5日召开。研究金华市九县(市区)第十六次政协联谊会的筹备工作,决定举办政协新委员、联络组组长、乡镇宣传统战委员参加的政协统战理论培训班和组织有关人员赴山区义诊、扶贫的日期。

十届六次主席会议 1998年11月23日召开。研究金华九县(市区)政协联谊会第十六次会议(将于东阳召开)准备与安排情况,讨论修改经验交流材料;研究确定市政协十届四次常委会议议题、时间、地点;研究通过《东阳市政协办公室、各工委主要职责(试行)》;安排近期工作。

十届七次主席会议 1999年1月5日召开。研究春节前主要工作安排,听取《东阳丛书》编纂前期工作筹备情况汇报,部署十届二次会议筹备工作,研究讨论常务委员调整名单。

十届八次主席会议 1999年1月22日召开。讨论修改常委会工作报告、十届一次会议以来提案工作情况报告,研究确定1998年度优秀提案、提案积极分子、提案承办先进单位、提案承办先进个人名单。

十届九次主席会议 1999年3月3日召开。研究讨论市政协十届二次会议筹备工作,讨论修改政协常委会工作报告、提案工作情况报告;部署会前调研、联络组活动、大会发言等工作。

十届十次主席会议 1999年3月17日召开。确定市政协十届五次常委会议议程、日程;通过关于召开十届二次会议的决定(草案)、十届二次会议议程(草案)、邀请人员范围的决定(草案)、大会分组及召集人联络员等名单(草案)、大会选举办法(草案);增选常务委员推荐名单(草案);研究讨论十届二次会议筹备工作。

十届十一次主席会议 1999年4月召开。研究十届政协主席、副主席分工的调整;讨论修改《关于政协委员届中调整的意见》;讨论通过十届政协各专门委员会组成人员调整意见;研究安排近期主要工作;对市政协十届二次会议作总结。

十届十二次主席会议 1999年6月1日召开。确定市政协十届八次常委会议召开的时间、地点、议题,讨论部分专委会组成人员调整名单,讨论修改《关于政协委员届中调整的意见》,安排委员视察等工作,讨论确定文史资料专辑第十六辑的选题。

十届十三次主席会议 1999年8月3日召开。研究重点提案督办、联络组活动检查、举办经济知识讲座、走访部分政协委员等8月工作、研究纪念人民政协成立50周年系列活动安排。

十届十四次主席会议 1999年8月30日召开。决定庆祝人民政协成立50周年纪念大会于9月20日在东阳剧院举行,并对系列庆祝活动做了安排;决定市政协十届九次常委会议于9月21日在东阳大厦举行,拟订主要议题为:听取市政府领导对东阳江大桥设计方案和建设情况、东阳江滨防洪综合整治开发规划情况、南山风景区整体规划情况的通报,听取市政协对十届二次会议以来提案办理情况的汇报。

十届十五次主席会议 1999年10月10日。学习讨论江泽民在庆祝人民政协成立50周年纪念大会上的讲话,通过《金甬高速公路东阳市境内走向问题》建议案,提交市人民政府办理。

十届十六次主席会议 1999年11月17日召开。讨论确定全市政协工作会议的有关材料和金华市政协第十八次联谊会交流材料。

十届十七次主席会议 1999年12月14日召开。研究确定十届十次常委会议召开的时间、地点、议程，研究2000年工作思路，研究文史资料第十六辑编辑工作。

十届十八次主席会议　2000年1月4日召开。研究市政协十届三次会议工作报告内容和预备会议讲话内容；研究确定春节走访政协委员及其他有关事项。

十届十九次主席会议　2000年2月4日召开。讨论政协常委会工作报告、提案工作情况报告；讨论确定1999年度优秀提案、提案积极分子、提案承办先进单位、提案承办先进个人名单；确定十届十一次常委会议召开时间，拟订会议议程以及其他事项。

十届二十次主席会议　2000年2月24日召开。研究讨论十届三次会议议程（草案）、日程（草案）、列席人员范围等大会内容；研究确定十届十一次常委会议议程；协商讨论十届政协委员调整名单和金华市政协委员推荐名单。

十届二十一次主席会议　2000年4月4日召开。研究确定"要重视东阳外贸经济问题""建立职教中心，发挥主体专业优势""通盘规划治污治水""重视西部开发"等11个提案为市政协十届三次会议重点提案，"如何发展教育事业""如何做好农村合作基金会归并善后工作"为市政协上半年重点调研课题。

十届二十二次主席会议　2000年5月29日召开。讨论修改市政协"三讲"教育集体剖析材料，并就政协班子个人剖析材料进行互评、交换意见。决定市政协十届十四次常委会议主要议程是：学习江泽民"三个代表"重要思想的论述；听取和讨论市政府领导关于全市社会和经济发展形势的通报；听取和讨论市政府及有关部门领导关于江北开发情况的通报并实地视察。

十届二十三次主席会议　2000年8月3日召开，学习江泽民"三个代表"重要思想的论述；传达学习省政协提案工作会议精神及其他事项；研究讨论"梦多娜"胜诉后有关问题的处理，向市委提出把握既要维护企业的合法利益和民主党派的民主监督权力，又要支持政府部门依法行政的原则，实事求是，尽早解决问题，力争把企业的损失降至最低限度等建议。

十届二十四次主席会议　2000年8月30日召开，研究金华市政协"依托义乌小商品城、永康科技五金城，促进金华经济发展"为题的市场发展联动调研问题；确定市政协十届十五次常委会议时间、地点及议题。

十届二十五次主席会议　2000年10月8日召开。传达金华市政协市场调研汇总会议精神，部署联动调研工作，协商讨论"十五"规划。

十届二十六次主席会议　2000年11月20日召开。研究讨论市政协2001年工作思路和市政协十届四次会议常委会工作报告框架；研究确定市政协文史通信员名单。

十届二十七次主席会议　2000年12月12日召开。确定市政协十届十六次常委会议召开时间、地点、建议议题；协商讨论十届政协委员调整名单；讨论修改常委会工作报告（征求意见稿）。

十届二十八次主席会议　2001年1月9日召开。讨论通过"关于尽快解决市经济开发区财政和体制问题的建议"；讨论修改政协常委会工作报告和提案工作报告；安排民主党派新春茶话会的相关事宜。

十届二十九次主席会议 2001年2月19日召开。讨论决定市政协十届十七次常委会议召开的时间、地点，拟订主要议程；研究讨论市政协十届四次会议有关事项；协商讨论专门委员会成员调整；研究确定2000年度优秀提案、提案积极分子、提案办理先进单位和先进个人名单。

十届三十次主席会议 2001年4月16日召开。研究确定《对我市城市发展战略的建议》《关于江北新区建设的几点建议》《统一规划，规范公墓管理的建议》《关于农业产业结构调整的几点建议》《发展教育产业，推进城市化建设》等9个提案作为市政协十届四次会议的重点提案，确定市建设局、市交通局等8家单位为重点承办单位；会议还研究确定，把"效益优良、藏粮于田，发展特色农业问题""合理设置公厕，加强城市配套设施建设""关于创建优秀旅游城市问题"等8个专题列为市政协当年的调研课题并明确调研分工。

十届三十一次主席会议 2001年5月9日召开。研究讨论山区如何下山脱贫、东阳人经济、创建优秀旅游城市、古树名木、公厕建设等调研工作。

十届三十二次主席会议 2001年6月8日召开。研究确定十届十九次常委会议有关内容，讨论修改"兴建南山文化公园""公厕建设""保护古树名木""山区下山脱贫""创建中国旅游城市"等调研报告。

十届三十三次主席会议 2001年7月3日召开。学习中共中央庆祝中国共产党建党八十周年大会精神和江泽民重要讲话精神。

十届三十四次主席会议 2001年9月5日召开。讨论确定十届二十次常委会议有关事项；听取重点提案办理情况的汇报，确定需二次反馈的提案；讨论审定第十八辑文史资料目录；讨论修改"关于建立和完善人才支撑体系的建议"调研报告。

十届三十五次主席会议 2001年10月15日召开。专题协商讨论市行政区划调整方案。听取副市长王正明通报情况、民政局汇报关于扩大城区行政区划方案，会议原则同意行政区划调整方案；形成《市政协主席会议关于我市行政区划调整（扩大城区）协商情况纪要》上报市委、市政府，提出一些原则性意见：首先，行政区划调整要符合城市总体规划要求，行政区划调整要有利于推进城市化，加快东阳中等城市框架的形成，有利于加快推进城市化步伐，与城市总体规划相衔接，服从于城市总体规划，做到先确定城市总体规划，再确定行政区划调整方案；其次，行政区划的调整要确保中心城区的发展空间，区划空间要留有余地。

十届三十六次主席会议 2001年11月23日召开。研究讨论市政协2002年工作思路和主要工作；研究确定"进一步解放思想，营造良好的发展环境""如何尽快建立我市土地储备中心"等6个专题，作为市政协十届五次会议前的调研课题并进行调研分工。

十届三十七次主席会议 2001年12月18日召开。审议讨论《关于优化投资环境的调查》《关于加快垄断土地一级市场的调查》《关于经营城市战略的调查》《关于办节（会）活动的调查与建议》等5个调查报告；研究确定市政协2002年春节前的重点工作：召开市政协十届二十一次常委会议、新闻单位茶话会、老干部座谈会等各类会议；搞好年终总结评比；走访委员等。

十届三十八次主席会议　2001年12月31日召开。讨论修改市政协十届五次会议上的常委会工作报告和提案工作情况报告。

十届三十九次主席会议　2002年1月22日召开。传达市委书记办公会议关于"两会"筹备工作的精神，讨论修改十届五次会议上的常委会工作报告和提案工作情况报告，研究大会发言的人选和选题，研究安排2月主要工作。

十届四十次主席会议　2002年2月20日召开。讨论确定2001年度优秀提案、提案积极分子、提案承办先进单位、提案承办先进个人名单，听取十届五次会议大会发言筹备情况，确定十届二十二次常委会议召开的时间、议程，研究通过十届五次会议有关文件资料。

十届四十一次主席会议　2002年4月29日召开。研究确定市政协十届五次会议重点提案和提案重点承办单位，安排5月份主要工作。

十届四十二次主席会议　2002年6月3日召开。研究确定市政协十届二十五次常委会议的有关事项，研究当前招商引资工作。

十届四十三次主席会议　2002年9月10日召开。研究十届二十六次常委会议有关内容，审议通过《关于新建市档案馆的建议》建议案。

十届四十四次主席会议　2002年10月31日召开。讨论修改常委会工作报告和提案工作情况报告，安排政协换届、委员调整、十一届一次会议筹备等主要工作。

十届四十五次主席会议　2003年1月4日召开。研究确定市政协十届二十七次常委会议召开的时间、主要议题等，讨论修改市政协十届常委会工作报告(初稿)和提案工作情况报告(初稿)，研究确定春节前主要工作。

十届四十六次主席会议　2003年2月12日召开。研究确定市政协十届二十八次常委会议召开的时间、地点，拟订议程；研究确定优秀提案、提案积极分子和提案承办先进单位、先进个人名单；决定对近三年的文史资料工作先进个人予以表彰，确定名单；研究部署当前工作。

十届四十七次主席会议　2003年3月3日召开。研究讨论市政协十一届一次会议筹备工作，听取招商引资情况汇报，研究十一届政协专门委员会设置问题。

第十一届委员会

十一届一次主席会议　2003年3月10日召开。研究政协第十一届东阳市委员会主席、副主席分工；审议通过市政协十一届专门委员会、联络组设置及其组成人员名单(草案)；审议通过政协第十一届东阳市委员会常务委员会工作规则(草案)、政协第十一届东阳市委员会专门委员会通则(草案)、政协第十一届东阳市委员会联络组工作简则(草案)、政协第十一届东阳市委员会常务委员会关于加强自身建设的决定(草案)、关于东阳市政协委员届中调整的若干规定(草案)和市政协2003年工作要点(草案)。

十一届二次主席会议　2003年3月18日召开。专题讨论成立市政协之友联谊会筹备工作。

十一届三次主席会议　2003年4月24日召开。研究讨论"关于我市房地产业的调查"

“调整村级布局、提高农村经济发展后劲”“加快我市医药化工产业发展”“进一步优化投资环境”4个调研课题的调研方案，确定市政协十一届一次会议重点提案10件，研究市政协之友联谊会筹备、招商引资等工作。

十一届四次主席会议 2003年5月9日召开。通报市委关于市政协办公室、提案文史工委、经济科技工委人事任免的提名通知，决定市政协十一届二次常委会议召开的时间、地点和主要议题。

十一届五次主席会议 2003年6月3日召开。学习江山市政协主席《找准位置、有所贡献，围绕中心、做点实事》文章；研究近期主要工作：视察新委员企业、调研等。

十一届六次主席会议 2003年6月24日召开。确定市政协十一届三次常委会议召开的时间，拟订议程；讨论“关于进一步优化投资环境”“加快发展医药化工产业”“村级区域规模调整”等调研报告，决定以情况反映的形式提交市委、市政府；决定开展“以地换保，解决失地农民后顾之忧”课题的调研。

十一届七次主席会议 2003年9月1日召开。专题协商讨论《东阳市行政区划调整方案》，市委副书记蔡志成，部分市政协老领导和政协常委列席。听取市政府领导介绍此次行政区划调整的基本原则和《东阳市行政区划调整方案（草案）》。会议认为，对东阳市镇乡行政区划进行调整，是创建经济强市和快建中等城市发展目标的客观要求，是东阳经济发展的必然要求，也是全市一项事关全局、迫在眉睫的工作。会议原则同意镇乡行政区划调整方案，并就镇乡行政区划调整问题提出一些原则性意见：镇乡行政区划调整要符合城市规划和市域城镇体系规划要求，要注重原有规划的连续性，要有利于推进城乡一体化进程，加快东阳市中等城市框架的形成，行政区划调整后做到相对稳定；镇乡行政区划的调整要有利于形成块状经济特色和产业优势，推进区域经济发展；镇乡行政区划调整要尽快组织实施，注重调整区域干部任用的连续性，确保社会稳定，促进东阳经济社会各项事业快速发展。

十一届八次主席会议 2003年9月9日召开。学习讨论省政协主席李金明在全省政协主席读书班上的讲话；决定开展“亲民政协”工作，拟订具体措施；研究市政协年底前工作。

十一届九次主席会议 2003年9月22日召开。听取市政协9至12月份重点工作进展情况的汇报；研究部署当前工作：亲民政协专栏设置、送医送药送科技下乡活动、招商引资、办公室搬迁等；研究确定市政协十一届四次常委会议召开时间、主要议题。

十一届十次主席会议 2003年11月7日召开。研究讨论年底前调研工作，部署近期主要工作；决定开展“积极接轨义乌，加快东阳发展”“尽快制定东阳江沿江规划”“尽快建立东阳市公共财政”“加快村级区域调整步伐，促进城乡一体化进程”等课题调研。

十一届十一次主席会议 2003年12月4日召开。审议通过《关于严格控制城区沿江两侧建设用地的建议》《关于进一步增强政府调控能力，集聚财源，加快我市发展的调查与建议》，总结2003年工作，研究联络组分组调整。

十一届十二次主席会议 2003年12月22日召开。讨论修改市政协十一届二次会议常委会工作报告（初稿）和提案工作情况报告（初稿）。

十一届十三次主席会议　2003年12月30日召开。研究确定市政协十一届五次常委会议召开的时间、主要议题。

十一届十四次主席会议　2004年2月4日召开。审议通过《关于尽快建造城区热电厂的建议》。

十一届十五次主席会议　2004年2月16日召开。决定市政协十一届六次常委会议召开日期，拟订会议议程；研究讨论"建造热电厂"建议案落实情况和联同有关单位进一步开展"建热电厂"课题调研工作；讨论修改常委会工作报告和提案工作报告；研究确定市政协十一届二次会议有关事项。

十一届十六次主席会议　2004年4月1日召开。对市政协主席、副主席分工进行调整，研究亲民活动、提案交办等4月份的主要工作。

十一届十七次主席会议　2004年4月20日召开。研究确定《关于抓紧解决横店热电厂有关问题的建议》等11件提案为市政协十一届二次会议重点提案，重点提案由正、副主席分工督办；确定11家主办提案10件以上的单位为提案重点承办单位；研究讨论对贫困家庭学生的扶贫助学活动。

十一届十八次主席会议　2004年7月1日召开。研究决定市政协十一届十次常委会议召开的日期，拟订常委会议议程；讨论修改《关于推广彩色树木和特色花卉，美化城市环境的建议》《关于加强外来员工管理和服务，加快经济发展的建议》。

十一届十九次主席会议　2004年8月3日召开。讨论通过《关于我市与世界名城——萨尔兹堡建立友好城市的建议》建议案，讨论修改在全省政协主席读书班上的经验交流材料《与时俱进、积极探索，在实践中不断推进政协"三化"建设》。

十一届二十次主席会议　2004年9月7日召开。研究确定市政协十一届十一次常委会议召开的有关事项，审议通过《关于做好城市道路命名工作的建议》，传达学习全省政协工作会议精神和全省政协主席读书班精神。

十一届二十一次主席会议　2004年9月29日召开。部分政协常委列席，就行政村区域调整问题进行协商讨论。听取市委副书记蔡志成和市委常委、副市长王正明关于全市行政村区域调整方案情况的通报，原则同意该调整方案。就行政村区域调整问题提出一些原则性意见：开展行政村区域调整要科学性与灵活性相结合，不要搞一刀切，要在有利于经济发展和有利于团结稳定的基础上开展工作；行政村区域调整要注重科学规划，合理布局，要有利于推进城乡一体化进程，加快东阳市中等城市框架的形成；行政村区域调整，要有利于形成块状经济特色和产业优势，推进镇域、村域经济发展；调整工作在依法的前提下，要做到行动迅速，干脆果断，尽快组织实施。

十一届二十二次主席会议　2004年10月10日召开。研究讨论市政协10月份主要工作：开展秋季送科技、送农资下乡活动，视察财税工作，参与行政村区域调整工作，承办金华市文史工作会议以及进一步加强政协联络组工作等。会议还研究督促建议案答复、落实，部署全市政协工作会议筹备工作。

十一届二十三次主席会议　2004年11月10日召开。研究市政协年底前工作任务：做好市政协十一届三次会议准备工作，做好2014年度工作总结和2005年工作思路的调研工作，开展供电、资金、土地等要素资源配置课题的调研，编辑出版纪念人民政协成立55周年邮册，开展送医送药下乡活动以及春节前走访全体政协委员等，并将工作、任务做出分工，确定完成时间。

十一届二十四次主席会议 2004年12月17日召开。研究确定市政协十一届十二次常委会议的有关事项，确定会议召开时间，拟订议程。

十一届二十五次主席会议 2005年1月19日召开。讨论修改政协常委会工作报告和提案工作报告，研究确定优秀提案、文史工作先进个人，讨论2005年文史资料选题。

十一届二十六次主席会议 2005年2月18日召开。研究确定市政协十一届十三次常委会议的有关事宜和十一届三次会议议程、日程，讨论修改常委会工作报告、提案工作情况报告(草案)。

十一届二十七次主席会议 2005年4月21日召开。听取市政协十一届三次会议提案承办单位落实及交办准备工作的汇报；确定《关于主动接轨义乌、加强全方位合作与交流的建议》等10件提案为2005年度重点提案，确定建设局等13家单位为提案重点承办单位；研究下一步工作。

十一届二十八次主席会议 2005年7月4日召开。研究确定市政协十一届十七次常委会议召开的时间、地点，拟订议程，讨论下一步工作安排。

十一届二十九次主席会议 2005年8月15日召开。传达省政协主席读书班精神；讨论通过《关于免费开放城区主要公园的建议》《关于加快江北新区商业网点建设的建议》《关于加大对闲置土地处理力度、提高土地利用率的建议》等建议案，供市政府决策参考。

十一届三十次主席会议 2005年9月2日召开。研究确定市政协十一届十八次常委会议有关事项。

十一届三十一次主席会议 2005年10月9日召开。研究市政协年底前主要工作：亲民活动、起草常委会工作报告和提案工作情况报告、视察农业龙头企业、文史资料编辑出版等。

十一届三十二次主席会议 2005年11月2日召开。学习贯彻中共十六届五中全会精神，研究市政协近期工作。

十一届三十三次主席会议 2005年11月21日召开。讨论修改市政协十一届四次会议常委会工作报告及提案工作报告等材料，研究市政协当前工作及其他有关事项。

十一届三十四次主席会议 2005年12月7日召开。研究市政协十一届十九次常委会议筹备工作，决定十一届十九次常委会议于12月14日在东阳大厦举行，主要内容是协商讨论东阳市国民经济和社会发展第十一个五年计划。

十一届三十五次主席会议 2006年2月14日召开。研究市政协十一届二十次常委会议的有关事项。决定会议时间，拟订主要议程是讨论修改市政协常委会工作报告和提案工作报告及讨论确定2005年度优秀提案和优秀提案承办单位。

十一届三十六次主席会议 2006年3月8日召开。听取市民政局关于部分行政区划调整情况汇报，就巍山镇裘家岭行政村、南市街道马山前、富贤塘、五官塘、金马、联盟行政村区划调整方案进行协商讨论。原则同意调整方案。

十一届三十七次主席会议　2006年3月29日召开。研究确定市政协十一届四次会议重点提案和重点提案承办单位，研究讨论市政协上半年调研工作。

十一届三十八次主席会议　2006年5月19日召开。讨论通过《关于加快我市市场建设的调查和建议》和《关于加快我市工业经济发展的调查与建议》两个调研报告，决定报送市委供决策参考；讨论其他相关事项。

十一届三十九次主席会议　2006年6月13日召开。研究确定十一届二十二次常委会议召开的时间、主要议题，部署调研工作。

十一届四十次主席会议　2006年10月11日召开。研究近期政协工作：走访委员、编辑《建言献策集萃》、送医送药、筹备成立政协书画社等。

十一届四十一次主席会议　2006年11月8日召开。讨论修改市政协十二届一次会议上常委会工作报告（草案）、提案工作情况报告（草案）。

十一届四十二次主席会议　2007年1月15日召开。宣读金华市委关于东阳市级领导班子候选人名单，讨论修改市政协十二届一次会议有关材料。

第十二届委员会

十二届一次主席会议　2007年3月9日召开。讨论2007年度政协工作要点；研究讨论《政协第十二届东阳市委员会常务委员会关于加强自身建设的决定》等十二届政协常委会制度文件；部署送农资农技下乡活动。

十二届二次主席会议　2007年3月20日召开。确定市政协十二届一次会议重点提案、重点承办单位，督办领导分工；研究送农资下乡、走访新委员等政协当前工作。

十二届三次主席会议　2007年4月10日召开。研究确定市政协十二届一次常委会议召开的时间、主要议题等有关事项，研究市政协下一步工作。

十二届四次主席会议　2007年5月24日召开。研究市政协近期调研工作。

十二届五次主席会议　2007年7月4日召开，研究确定市政协十二届二次常委会议的主要议题、召开时间和地点等有关事项；讨论修改《关于加快我市中小学破旧校舍改造的建议》和《关于加快我市来料加工业发展的建议》，拟提交十二届二次常委会议审议。

十二届六次主席会议　2007年8月8日召开。传达全省政协主席读书班精神，讨论修改《关于加强人民政协工作实施意见》征求意见稿，研究讨论市政协十二届一次会议重点提案督办、催办和专门委员会活动工作，制定政协机关岗位职责。

十二届七次主席会议　2007年9月19日召开。研究确定市政协十二届三次常委会议的主要议题、召开时间和地点等有关事项；听取中秋联谊晚会筹备情况汇报，部署委员体检、联谊报征订等下一阶段工作。

十二届八次主席会议　2007年10月11日召开。研究在部分镇乡、街道设立政协工作委员会问题。

十二届九次主席会议 2007年11月27日召开。讨论修改"发展家庭工业经济"调研报告。

十二届十次主席会议 2007年12月12日召开。听取"发展和提升现代家庭工业"调研情况汇报,审议通过《关于加快我市现代家庭工业发展的调查和建议》,研究东阳经济发展论坛筹备事项和市政协十二届二次会议筹备工作。

十二届十一次主席会议 2008年1月21日召开。研究市政协十二届二次会议筹备工作。

十二届十二次主席会议 2008年2月26日召开。讨论修改《关于加快我市体育场馆建设的建议》;听取市委通报有关机构和人事的调整情况。

十二届十三次主席会议 2008年2月28日召开。研究确定十二届二次会议重点提案,讨论《加快体育场馆建设》建议案草案,确定市政协十二届七次常委会议有关事项。

十二届十四次主席会议 2008年4月2日召开。听取山区农民增收情况、发展节会经济和"东阳人经济"等的调研进展情况;讨论修改《山区经济发展和农民增收情况调查与建议》的调研初稿和《鼓励和促进在外东阳人回乡创业发展的若干意见》,讨论修改《在全市政协委员中开展"爱东阳、爱事业、比奉献"活动实施细则(草案)》;讨论市政协之友联谊会换届有关事宜,决定开展东阳木雕竹编产业发展情况的调研。

十二届十五次主席会议 2008年4月17日召开。讨论修改《破解工业"四大难题",推进东阳经济发展》调研报告,讨论4月份市领导下乡蹲点调研、木雕节调研、联谊会换届等问题。

十二届十六次主席会议 2008年5月4日召开。听取调研组的调研情况汇报,修改完善《促进东阳木雕、竹编产业良性发展的调查与建议》和《破解工业"四大难题"推进东阳经济发展》两个调研报告。

十二届十七次主席会议 2008年6月2日召开。研究政协之友联谊会换届事宜和东阳人联谊总会成立事宜。

十二届十八次主席会议 2008年8月1日召开。研究确定市政协十二届八次常委会议有关事项。传达全省政协主席读书会精神。

十二届十九次主席会议 2008年9月1日召开,听取北京、上海、乌鲁木齐、西安等地筹建东阳人联谊分会情况汇报,听取东阳人联谊总会筹建工作汇报,部署政协中秋联谊晚会筹备工作。

十二届二十次主席会议 2008年10月6日召开。研究旅游产业专题协商会筹备工作和东阳人联谊总会各地分会筹建工作。

十二届二十一次主席会议 2008年12月4日召开。研究确定市政协十二届九次常委会议时间、主要议题等事项;讨论修改常委会工作报告、提案工作情况报告,研究十二届三次会议有关事项;听取水利局负责人介绍市水务改革初步设想;安排行政村区域调整后续完善工作调研。

十二届二十二次主席会议　2009年1月5日召开。审议通过2008年度优秀提案、文史工作先进单位、文史工作先进个人推荐名单；协商讨论2008年度优秀政协委员、功勋委员初步推荐名单；研究部署“行政村区域调整后续完善工作”调研工作。

十二届二十三次主席会议　2009年3月6日召开。研究确定市政协十二届三次会议重点提案15件；部署政协文化、文庙重修、东阳人经济回归、发展旅游经济等课题调研；审议通过《关于加快做好我市行政村区域调整后续完善工作的建议》和《加快东阳木雕竹编传统产业发展，打造“世界木雕之都”》两份建议案，报送市委、市政府。

十二届二十四次主席会议　2009年5月13日召开。研究确定市政协十二届十一次常委会议召开的时间和主要议题，部署《我与东阳政协》文史资料征编工作和人民政协成立60周年系列庆祝活动。

十二届二十五次主席会议　2009年5月25日召开。专题研究部署市政协首届“界别活动月”工作。

十二届二十六次主席会议　2009年7月7日召开。学习贯彻全省政协工作会议精神，审议通过《市政协秘书长、办公室、各工委工作职责分工》，部署人民政协成立60周年系列庆祝活动。

十二届二十七次主席会议　2009年8月6日召开。学习贯彻全省政协主席读书会精神，研究确定市政协十二届十二次常委会议召开的时间和主要议题，审议通过首届“界别活动月”先进界别推荐名单和《市政协宣传报道奖励考核办法》。

十二届二十八次主席会议　2009年8月25日召开。专题研究部署人民政协成立60周年系列庆祝活动。

十二届二十九次主席会议　2009年9月4日召开。讨论修改《中共东阳市委关于进一步加强人民政协工作的意见》代拟稿，研究部署全市政协工作会议暨人民政协成立60周年庆祝大会筹备工作。

十二届三十次主席会议　2009年11月24日召开。听取市政协十二届四次会议筹备情况汇报，讨论修改市政协常委会工作报告（初稿）和提案工作报告（初稿），研究确定市政协十二届十三次常委会议召开的时间和主要议题。

十二届三十一次主席会议　2009年12月30日召开。研究市政协十二届四次会议议程、日程（草案）和邀请列席人员名单（草案），讨论修改市政协常委会工作报告（草案）和提案工作报告（草案），审议通过2009年度优秀提案推荐方案；协商讨论委员届中调整原则意见及其他有关事项。

十二届三十二次主席会议　2010年1月5日召开。研究政协第十二届东阳市委员会委员、常务委员产生和调整的原则意见，讨论政协第十二届东阳市委员会委员调整名单，研究决定市政协十二届十三次常委会议的议程（草案）、日程。

十二届三十三次主席会议　2010年2月26日召开。研究市政协十二届四次会议相关事项。

十二届三十四次主席会议　2010年4月2日召开。研究确定市政协十二届四次会议重点提案，部署2010年度政协调研课题。

十二届三十五次主席会议 2010年6月3日召开。研究部署市政协十二届十八次常委会议相关议程及近期政协工作。

十二届三十六次主席会议 2010年7月21日召开。专题研究"全力加快经济发展、全面改善发展环境"委员论坛相关工作。

十二届三十七次主席会议 2010年11月2日召开。审议通过东阳江江滨文化景观带建设的建议案，讨论修改建设南山生态文化园的调研报告，研究重点提案办理情况民主评议工作。

十二届三十八次主席会议 2010年12月8日召开。研究市政协十二届十九次常委会议议程（草案）、日程，审议通过建设南山生态文化园的建议案。

十二届三十九次主席会议 2011年2月10日召开。听取市政协十二届五次会议筹备情况汇报，讨论修改市政协常委会工作报告和提案情况报告及其他有关会议文件和材料；审议通过市政协十二届二十次常委会议议程（草案）和日程，审议通过市政协十二届四次会议优秀提案表彰决定及优秀提案名单、文史工作先进个人名单、第二届"界别活动月"先进界组名单和2010年度优秀政协委员名单。

十二届四十次主席会议 2011年3月2日召开。听取张仲灿、李雄伟通报市政协领导班子调整方案。审议通过关于召开市政协十二届五次会议的决定（草案），政协十二届五次会议秘书长、副秘书长名单（草案），委员讨论分组办法、界组召集人名单和邀请列席人员范围，市政协常委会工作报告（草案）及报告人建议名单，市政协常委会提案工作情况的报告（草案）及报告人建议名单。决定将上述有关草案提请市政协十二届二十次常委会议审议。

十二届四十一次主席会议 2011年3月29日召开。研究确定市政协领导联系机关部门、民主党派、专门委员会、联络组和界别等工作的分工调整，研究讨论提案交办、组织开展小水电视察、建筑业发展状况调研、组织参加金华市政协六届一次会议等近期工作。

十二届四十二主席会议 2011年4月7日召开。专题研究确定市政协十二届五次会议重点提案。

十二届四十三次主席会议 2011年5月6日召开。确定《市政协2011年主要工作实施意见》，讨论第三届"界别活动月"的活动方案、主题。

十二届四十四次主席会议 2011年6月21日召开。讨论《关于解决农村留用地问题的调研报告》。

十二届四十五次主席会议 2011年8月2日召开。传达全省政协主席读书会精神。研究市政协十二届二十四次常委会议主要议题、时间和地点；研究重修《东阳市政协志》工作，决定成立编纂领导小组，具体负责编纂工作；听取"界别活动月"活动情况汇报；协商讨论中秋联谊晚会筹办事宜。

十二届四十六次主席会议 2011年12月23日召开。研究十三届政协委员协商推荐工作，确定十二届五次会议优秀提案，安排政协委员走访等工作。

十二届四十七次主席会议 2012年2月2日召开。讨论修改市政协十三届一次会议常委会工作报告(草案)和提案工作情况的报告(草案)。

第十三届委员会

十三届一次主席会议　2012年4月19日召开。研究确定主席、副主席分工,讨论确定2012年度重点提案和十三届一次常委会议议程。

十三届二次主席会议　2012年5月18日召开。听取2012年“界别活动月”启动仪式方案及整体筹备情况的汇报,研究第四届委员论坛的主题和选题方向,部署专委会视察日活动等相关事项。

十三届三次主席会议　2012年7月4日召开。听取市政府通报半年来的工作情况;讨论确定市政协十三届二次常委会议日程和主要议题;确定委员论坛人员;调整委员名单;通过《关于在政协委员中开展解放思想建睿言,立体履职促跨越活动的决定》。

十三届四次主席会议　2012年8月28日召开。传达全省政协主席读书会精神,听取卢宅保护利用项目情况的汇报。

十三届五次主席会议　2012年10月31日召开。研究确定市政协十三届三次常委会议日程和议题,听取关于《推进东阳义乌同城化工作方案(初稿)》的汇报和相应说明。

十三届六次主席会议　2012年12月31日召开。推荐金华市优秀政协委员,部署近期工作。

十三届七次主席会议　2013年1月30日召开。市政协副主席、统战部部长施侍良作委员调整说明,听取常委会工作报告和提案工作报告起草说明,讨论修改工作报告,审议通过市政协十三届四次常委会议议程。

十三届八次主席会议　2013年2月22日召开。通过市政协十一届二次会议召集人调整名单(草案),祖国统一联谊委员会更名为港澳台侨委员会草案,总监票人和总计票人名单(草案),选举办法(草案);确定列席人员名单。

十三届九次主席会议　2013年3月20日召开。讨论市政协十三届二次会议提案办理工作、市政协2013年度调研课题、“委员论坛”方案和市政协2013年度工作要点;研究制定政协机关岗位职责、公务采购和财务管理制度。

十三届十次主席会议　2013年4月11日召开。研究确定市政协十三届二次会议重点提案10件,确定第五届“界别活动月”主题为“走进基层,服务群众”。

十三届十一次主席会议　2013年5月20日召开。研究市政协2013年“界别活动月”方案和近期工作。修改《关于推进“两江”流域环境大整治的建议》调研报告。

十三届十二次主席会议　2013年7月17日召开。讨论修改委员论坛发言材料,决定市政协十三届八次常委会议暨委员论坛举办的时间、地点,研究论坛议题(草案)、参加对象,会务分工。

十三届十三次主席会议　2013年8月13日召开。传达学习全省政协主席读书会精神,部署委员论坛成果的进一步深化工作,进行政协网站业务培训。

十三届十四次主席会议 2013年10月23日召开。研究市政协十三届九次常委会议日程和议程(草案),决定第五届"界别活动月"先进界别,讨论政协各专门委员会组成人员调整名单(草案),通过市政协各联络组组成人员调整名单,讨论关于加快推进东义区域经济合作的调研报告以及提案工作条例的修订草案。

十三届十五次主席会议 2013年11月20日召开。传达学习中共十八届三中全会精神、全省政协工作会议精神和华东六省一市提案工作会议精神,部署创卫工作和水环境整治视察工作。

十三届十六次主席会议 2014年1月10日召开。讨论常委会工作报告(征求意见稿)、提案工作情况报告(征求意见稿)、召开市政协十三届三次会议的决定(草案)和市政协十三届三次会议的议程(草案),部署下一步工作。

十三届十七次主席会议 2014年1月23日召开。讨论市政协十三届十次常委会议议程(草案)和市政协十三届三次会议相关文件资料,研究确定10名优秀政协委员、10个政协优秀提案和对先进表彰的奖励。

十三届十八次主席会议 2014年3月13日召开。研究2014年市政协工作要点和调研课题,确定主席、副主席领衔办理的提案和"五水共治"(治污水、防洪水、排涝水、保供水、抓节水)民主监督实施方案,讨论主席、副主席联系党派分工,决定调整专门委员会组成人员。

十三届十九次主席会议 2014年5月6日召开。通过建议案《关于城区"四溪一渠"污水治理及引水净化的调查报告》《关于第三次经普数据的分析与建议》《对"治污水"工作的建议》,讨论修改《城中村改造推行平面集聚安置的调研报告》,部署第六届"界别活动月"活动。

十三届二十次主席会议 2014年7月31日召开。研究市政协十三届十四次常委会议暨委员论坛的筹备工作,确定召开时间和主要议题。

十三届二十一次主席会议 2014年10月11日召开。研究市政协机关工作制度建设和文化产业全域化调研报告。

十三届二十二次主席会议 2014年11月27日召开。研究市政协之友联谊会换届工作和市政协十三届四次会议筹备工作,听取市委关于规范市政协机关机构设置意见的通报。

十三届二十三次主席会议 2014年12月18日召开。听取市政协机关机构设置和人事变动情况的通报,部署市政协之友联谊会换届工作。

十三届二十四次主席会议 2015年1月28日召开。部署市政协十三届四次会议筹备工作。

十三届二十五次主席会议 2015年2月6日召开。确定市政协十三届十五次常委会议主要议题、召开时间和地点,部署市政协十三届四次会议筹备工作。

十三届二十六次主席会议 2015年4月3日召开。通过市政协2015年工作任务及任务分解方案,通过市政协机关岗位分工职责,确定市政协十三届四次会议重点提案,通过市政协各专门委员会人员调整名单,研究"四张清单一张网"民主监督活动相关事项。

十三届二十七次主席会议　2015年5月21日召开。审议通过市政协第七届“界别活动月”方案和2015年重点提案的主席、副主席督办分工。

十三届二十八次主席会议　2015年6月26日召开。讨论民间借贷的风险防控、合理调整城区医疗资源布局、居家养老、留用地等调研课题，协商讨论全省“百名新乡贤”评选活动东阳市的推荐人员。

十三届二十九次主席会议　2015年8月5日召开。研究确定市政协十三届十九次常委会议暨第七届委员论坛主要议题、日程。

十三届三十次主席会议　2015年9月14日召开。研究近期市政协主要工作，讨论破解农民私人建房难、居家养老中心等调研报告。

十三届三十一次主席会议　2015年10月10日召开。安排近期市政协主要工作。

十三届三十二次主席会议　2015年11月23日召开。讨论《关于东阳市旅游业发展思路和对策的调研报告》《中国木雕博物馆运行一年来情况的调研报告》，通过市政协关于“全面深化改革具体项目”的建议和开展界别活动的实施办法、界别活动经费的规定。

十三届三十三次主席会议　2015年12月25日召开。审议市政协常委会工作报告征求意见稿和提案工作情况报告征求意见稿，审议通过市政协十三届二十次常委会议议程（草案）、日程，部署市政协十三届五次会议筹备工作，协商讨论十三届市政协委员调整名单。

十三届三十四次主席会议　2016年1月22日召开。研究确定2015年度先进界别名单、十三届优秀政协委员名单和2015年度优秀政协委员名单。

十三届三十五次主席会议　2016年3月4日召开。讨论修改中共东阳市委《关于加强人民政协协商民主的实施意见》（代拟稿初稿），确定市政协十三届五次会议重点提案12件，审议通过其他事项。

十三届三十六次主席会议　2016年5月17日召开。审议通过市政协十三届五次会议重点提案督办主席、副主席联系分工，通过市政协2016年“界别活动月”方案。

十三届三十七次主席会议　2016年6月21日召开。讨论修改第八届委员论坛发言材料，部署委员论坛筹备工作。

十三届三十八次主席会议　2016年8月1日召开。研究第八届委员论坛优秀论文表彰相关事项，安排近期工作。

第四章　调查研究

调查研究是人民政协的基本工作方法，是人民政协履行职能的重要基础和关键环节，也是委员提高参政议政质量和水平的重要途径。

历届东阳政协都把调查研究作为一项主要工作来抓。调研课题主要是社会进步、生产发展和与人民生活息息相关的重要问题。坚持扬长避短，注重选择那些党政部门一时无暇顾及，而政协又有条件做的课题，体现补缺性。组织调研队伍时，注重邀请政协委员中熟悉课题的专业人员参加，体现专业性。重要课题由政协领导挂帅，必要时邀请党政领导和有关职能部门的负责人参加。特别是1986年以后，东阳政协围绕党委、政府的重大决策，针对全市改革开放和现代化建设中的突出问题，结合政协自身优势，找准角度，选好题目，组织政协委员下基层、看实际、访群众，认真调查，掌握实情，集中民智，综合分析，形成有价值、有分量的调查报告。

1986年以后各届政协的主要调研课题：1986年9月至1987年4月，第六届政协开展对学校技术教育、电大工作站和商业、供销、经委、总工会等单位职工学校工作的调研。1987年4月至1990年6月，第七届政协开展对物价、养猪、老年人生活等调研。1990年6月至1993年4月，第八届政协对政协委员任厂长（经理）的企业和山区林业、板栗生产发展等进行调研。1993年4月至1998年3月，第九届政协开展对建筑业、农村土地抛荒、庆祝撤县设市十周年、企业减负、林业承包、社情民意等调研。1998年3月至2003年3月，第十届政协开展对城市化建设、创建国家园林城市、政法、档案、“百家扶百村”、垄断土地一级市场、争创教育强市、企业改制、发展个体私营经济、甬金高速公路走向、非公有制企业工会建设、厂（校、院）务公开、人才支撑体系、投资环境、工业企业生产经营状况、举办木雕节和农业产业化等调研。2003年3月至2007年2月，第十一届政协开展对村级行政区域调整、砂资源管理、资金要素配置、能源与电力状况、外来员工生产生活状况、城市路名、土地闲置、古建筑保护、人防工程建设、食品卫生、特色农业、城市园林和企业经营管理等调研。2007年2月至2012年2月，第十二届政协开展对来料加工状况、发展块状经济、行政区域调整后续完善、重修文庙、古玩艺术品行业状况、校园安全、城市公共交通、消防建设、木雕传统工艺知识产权保护、职业教育、农房改造、江滨文化景观带建设、建筑业发展、农村饮用水安全、创业承诺和旧村改造等调研。2012年2月至2016年8月，第十三届政协开展对废塑产业整治、保障房建设、红椿巷重建、城乡养老体系建设、两江流域环境整治、东义区域经济合作、城区横店一体化发展、文化产业全域化、旅游业发展思路、民间借贷风险防控、城乡养老体系建设等调研。

第一节　经济发展

农业　林业　畜牧业

对苎麻生产情况的调查　1986年10月，县政协组织部分委员赴六石乡东后里村，怀鲁乡八字墙村，红旗乡大里村，李宅乡徐店、王庭弄、李宅二村，塘西乡斯村，东阳麻纺厂等地，就苎麻生产情况进行调查，听取有关区、镇、乡干部和农户意见。经了解，全县苎麻种植已发展到近200公顷，经济效益较好。县麻纺厂即将建成，建成后每年需要苎麻1500吨至2000吨。县政府提出建立苎麻生产基地的规划可靠、可行。全县苎麻生产总的趋势是在发展，但种植户有忧虑：怕市场不稳定，育苗技术难掌握，上级号召时一阵风，平时具体指导少。为搞好农村产业结构调整，提高经济效益，帮助农民致富，调查组形成《关于我县苎麻生产情况的调查报告》，向县委提出5点建议：加强领导，抓好规划的落实工作；订好购销合同，采取保护措施，稳定价格政策；加强技术指导，搞好服务工作；县财政从贴农资金中提取部分扶持苎麻生产；适时召开一次苎麻生产会议，总结交流，推广经验，促进苎麻生产。

对稳定发展养猪业的调研　1988年4月，在县政协七届二次会议上，医药卫生工作组提出《关于进一步稳定发展养猪业问题的议案》。4月6日，经县政协七届五次常委会议审议通过，提请县人民政府办理。建议：(一)切实采取保护公母猪生产的政策；(二)必须多层次、多形式的发展生猪、禽蛋生产；(三)发展适度规模经营、重视扶持养猪专业户；(四)加强防疫灭病体系。首先应充实并加强基层畜牧兽医站建设，对部分入不敷出的乡畜牧兽医站适当增加补助；其次切实加强生猪交易、屠宰、运输、收购等环节上的检疫检验工作。9月8日，市政府函复办理情况：生猪发展基金已达56万元，发放补贴金、周转金、基建贷款等30多万元；已责成农业、商业部门按政策规定做好平价饲料供应的落实兑现；抓好各类副食品基地建设，从多层次、多形式上大力发展猪禽蛋生产；着手对东政办〔1988〕21号文件的执行情况进行全面检查，督促各有关部门兑现发展养猪生产的优惠政策；重视科学养猪，健全良种推广体系和防疫灭病体系；稳定基层畜牧兽医队伍。

对部分养猪专业户的调查　1988年5月，县政协帮助纺织厂和塘西农牧场签订1988年互助联营合同，将其作为工农联营办养猪场的试点。并先后组织人员赴杭州半山钢铁厂和杨家村养猪场、金华市肉类联合加工厂和金华县石门村养猪场学习联营合作的经验。6月21日，召集部分养猪专业户、部分政协委员和县农业局、外贸局负责人座谈，分析生猪生产严峻形势：一是生猪存栏数、收购数大幅度下降，市场鲜肉供应紧张，价格暴涨；二是公母猪存栏大幅度减少，使生猪的扩大再生产能力受到极大限制；三是给外贸创汇带来严重困难。会议向县政府建议：把各区、镇、乡的养猪实绩列入年度干部考核指标；发展养猪专业户，大力推广适度规模养猪；组织计划、农行、财税、外贸、农业、粮食、土地管理等部门制定出相应的规定和措施，从资金、物力、粮食、用地等各方面扶持养猪专业户；号召各厂矿企业及有财力实体的单位创办、扶持或联营养猪场；进一步贯彻落实优惠政策；年出口量5000头的瘦肉型良种猪基地任务，可落实到规模较大的养猪专业户或外贸、农业部门与专业大户搞联营。

对发展山区旱地玉米的调研 1990年10月，为促进山区旱粮生产，市政协组织部分委员先后到罗山、山店、八达、东门、三单、三单粮站、佐村农技站、玉米研究所等地考察。通过听取汇报、家庭访问和座谈讨论，调查组认为旱地种植春玉米好处很多：(一)有效避过夏秋高温干旱和台风暴雨所造成的危害；(二)春玉米营养生长期比秋玉米长半个月左右，有利于物质积累，因而取得稳产高产；(三)种植春玉米增加了粮食产量，既解决农民吃饭大事，又能大力发展生猪生产，增加收益，脱贫致富。调查组认为山区旱地春玉米应全面推广。要认真总结三单乡等地种植春玉米的经验并加以推广，同时层层落实任务，建好丰产示范片。农业部门要做好春玉米良种选育供应和技术培训等工作；粮食部门要及时做好茹粉收购和玉米调换大米工作；农资部门要做好农药、化肥特别是钾肥的采购、调运、供应工作；人武部和公安局要在不影响战备和治安前提下，支持、帮助和方便山区人民狩猎，消灭野猪，确保生产丰收。

对发展山区林业和板栗生产的调研 1990年12月，围绕市委1991年工作思路，市政协组织部分委员、市林业局工作人员、林场承包户等，走访山区乡村，研讨加快发展林业生产，使山区人民尽快脱贫致富等问题。在民主乡岭甘村访问考察时了解到发展板栗生产的经验。发现东阳不仅适宜发展板栗生产，而且大有可为：(一)板栗营养丰富可口，板栗树木质坚硬，是重要的工业用材，抗旱耐涝、肥力要求不高，抗病能力强，种植板栗见效快；(二)板栗市场潜力大，国内外市场供不应求；(三)板栗地可一地多用，提高土地效益。为此，向市政府提出3条建议：(一)领导重视，纳入规划。从市委、市政府到有关区、乡、村都要把发展板栗生产作为农民致富的门路、振兴山区经济的重要措施，纳入规划，重点发展。全市有荒山19166.5公顷，这些荒山绝大部分都适宜种植板栗。如果在“八五”期间能种植板栗3333公顷，每公顷可种450棵，每棵一般产栗7.5千克，按每千克4元计算，即可收入450万元。(二)抓好典型，以点带面。认真总结，积极推广民主乡岭甘村的经验，通过努力，逐步形成板栗批量生产基地。(三)有关部门要大力支持，切实搞好服务。农业、林业、科技、银行、财政、农资、供销、外贸和土特产等部门密切配合，搞好规划、苗木、技术、资金、化肥、农药与销售等综合服务，促进板栗生产正常发展。

对发展农业生产的调研 1994年6月，农林界委员及涉农部门的科协界委员对南马、北江、宅口和六石4个乡镇的农业生产进行专题调查。了解到一些支农政策没有到位，一些农技人员的待遇和后顾之忧没有得到合理解决等问题后，提出要重视农业，坚决制止弃耕抛荒，切实纠正口头农业、口号农业、口粮农业的意见。同时提出5条建议和意见。(一)确保政策到位，把各级制订的支农政策落到实处。调查发现，全市当年计划用于春耕生产的信贷资金100万元未到位，各种农业资金管理不善，且有挪用和外流，一些支农政策被截留或取消。(二)组织种植单季稻论证，允许农民扩种单季晚稻。(三)利用冬季土地调整良机，鼓励农民实行规模经营，把土地相对集中到种田能手手中，既解除外出经商人员的后顾之忧，又有利于减少土地抛荒。（四）切实解决农技人员的后顾之忧。建议市政府能尽快设法解决农技人员的退休金统筹，分配农转非指标。（五）督促乡镇尽快建立农业发展基金。7月18日，市政协九届六次常委会议专门研究，作为市政协常委会建议案，提交市委、市政府。

对发展效益农业的调研　1999年3月上旬，市政协就如何发展效益农业的问题开展调查研究，先后召开部分农民、农技干部座谈会，听取意见，形成《提高种粮效益是发展效益农业的重中之重》的调研材料。提出5点建议：（一）大力推广案卢经验，降低粮食生产成本，增加产出，提高效益；下大力气抓好1.33万公顷标准田的建设；加快实现农业机械化的步伐；重视科技。（二）坚持多熟制，充分发掘有限的土地资源。（三）加快现代生物技术、信息技术和核心技术等高新技术在农业领域的应用，改造传统农业。（四）注重粮食的加工增值，鼓励乡镇企业引进或开发以稻米、玉米、大豆等东阳大宗粮食作物为原料的食品或饲料产品。发展绿色食品，延长产业链，积极培育龙头企业，带动农民种粮效益的提高。（五）强化涉农人员的技术培训，把新技术、新成果转化为生产力。4月，经政协十届六次常委会议研究，形成《关于发展效益农业不能放松粮食生产的建议》的建议案报送市委、市政府。市委、市政府提出用5年时间把全市75%的水田全部建成吨粮田的工作目标，并成立以政协主席康益民为组长的“粮食生产领导小组”，具体抓好粮食生产。

对保护古树名木的调研　2001年5月，市政协组织林业局、绿化委、市政园林管理处等单位开展保护古树名木课题调研，经实地视察和去开化县取经，发现东阳存在古树名木挂牌保护少、管理办法缺乏、保护意识不强等问题。6月28日，经市政协十届十九次常委会议研究，形成《关于加强古树名木保护工作的建议》的建议案，提出：（一）依法管理，落实责任，及早制订古树名木管理办法。用规范化、法制化的办法来取代以往自发的保护办法。有关职能部门要对全市境内的古树名木进行一次全面调查登记，建立详尽的档案资料。对列入保护范围的古树名木，全部由市政府公布并挂牌。同时，实行分级负责的管护办法，落实责任人和管护措施。（二）切实处理好城市建设与古树名木保护的关系。对于古树名木所在土地已出让的，要责成有关部门妥善处理；对于已列入建设规划的地块涉及大树、古树的，必须在科学划定保护区范围后才能实施开发；对于现存树木较多的地方，可开辟为小公园。（三）想方设法培育一批古树名木。对现存树龄40年或30年以上、生长旺盛、有培养前途的大树列入保护范围；从外地购入、移植部分大树；鼓励有建设任务的单位和个人，在建筑物周围种植名树、大树。（四）扩大宣传，增强保护古树名木的意识。通过挖掘重点古树名木背后的历史故事和丰富的文化内涵进行宣传，开展评选命名活动，编写《东阳古树名木》一书。（五）设立古树名木管护专项基金。安排一定的资金用于古树名木调查摸底、科学鉴定及拍照建档、编辑成书。市政协的建议全部被市长办公会议采纳。有关部门强制拆除了损害古树名木的违章建筑，制订古树名木管理办法，同时开展普查建档工作和大树苗木认养活动。

对农业龙头企业的调研　2001年12月，市政协组织部分农林界委员和农办、农业、林业、水利、财政、外贸等部门负责人对全市农业龙头企业进行调查研究。对农业龙头企业的现状和存在的主要问题做了客观分析，就加快农业龙头企业的发展提出建议：（一）统一思想，提高认识，把发展农业龙头企业作为农业增效、农民增收的突破口来抓。（二）突出重点，扶优扶强，做大龙头。建议市级农业龙头企业的标准为每年加工（销售）800万元以上，联系农户500户以上。（三）落实扶持政策，加大投入力度。市政府应尽快制定扶持农业龙头企业的实施办法，在征地、供电、税收、信贷等方面予以优惠。（四）通过多种办法，提高农业龙头企业及其产品的知名度，提高市场竞争力。调查后形成《重视农业龙头企业，推进农业产业化进程》的报告，2002年1月21日，经市政协十届二十二次常委会议研究，形成建议案，提交市委、市政府，供制定2002年工作思路参考。

对推进农业产业化的调研 2002年5月，市政协调研组赴南马镇定午常村就农业产业化问题进行调研。从调查情况看，定午常村认真学习"寀卢经验"，从本村实际出发，积极探索，在维持联产承包责任制不变的前提下，将承包权和使用权分离。村里组织农业服务队统一经营，推进农业产业化。农业经营机制的转换，显示出许多优越性：一是土地由村集中经营后，有利于调整农业产业结构，加快转移农村劳动力，拓宽农民增收渠道，把劳动力从土地中解放出来，集中精力投身二、三产业，提高经济效益。二是有利于按照现代农业的要求统一规划，加快田园化建设。三是有利于发挥种田能手的一技之长，给全村7名种田行家用武之地。四是有利于企业的发展。企业扩大生产规模征用土地，不需直接与农户发生关系，可以减少许多麻烦。但也存在一些不足，需要进一步完善，如：农业服务队的责权利不明确，没有按市场化的要求操作；农业机械化、科技化和田园化建设方面有待加强。涉农部门要给予帮助指导和扶持。

对推广彩色树木和特色花卉的调研 2004年6月，市政协组织建设、林业、农办等部门，对东阳种植彩色树木和特色花卉的有关情况进行调研。东阳城市绿化中有几个问题显而易见：缺乏彩色树木和特色花卉的种植规划；树种单一，特色花卉少，缺乏多样性，不利于城市美化，同时也极易引发树木病虫害；高档树木少，品位不高；市树、市花品牌不响；城市绿化没有明显的特色，城市交通干线绿化不足，江滨绿地未充分利用，城市周围的南山等山体及水系、公园和城市绿地间块状和带状的有机联系不足；城区不少道路绿化基本空白。建议：（一）科学规划、合理布局，以点带面推广彩色树木和特色花卉。规划对近期、中期、长期彩色树木和特色花卉种植推广的时间、地点安排都要明确。（二）建立彩色树木和特色花卉基地，促进彩色树木和特色花卉种植产业化。南山景区紧连城市，已成为市民休闲健身的主要场所，在该景区选择合适的地点，建立一个彩色树木基地，不仅可直接起到美化城市环境、怡乐群众的效果，而且对推广彩色树木，辐射城区及全市起到示范载体作用。（三）多方努力，想方设法用市场机制，切实解决资金问题。（四）加强管理，明确责任，保证可持续发展。10月26日市政府给市政协发了办理情况的函，根据市政协的建议市政府提出3条办理意见：（一）科学确定绿化指标，严格规范实施行为。对道路、小区、村庄、单位绿化指标提出规范要求。（二）加强规划管理，装点彩色靓丽城市。对城市绿化做了近、中、远三期规划。（三）强化政策体制刚性，确保城市品位提升等。

对山区发展的调研 2008年3月，市政协围绕"发展山区经济、促进农民增收"主题组织调研。调研组分4个小组赴8个山区镇（乡），召开座谈会16次，走访镇（乡）村干部、专业户、企业界代表110人,山区群众代表86人。通过调研了解到全市现有山区村101个(按行政村调整后的统计口径),半数山区村的集体经济年收入在1万元以下,无收入的村(空壳村)5个,低收入农户近万户。造成低收入农户的主要原因:自然条件差,家庭成员由残疾或文盲组成,素质低,劳力缺,家庭成员因患病或遭受自然灾害致贫,缺少资金、技术、信息,孤立无援,致富无门等。山区经济发展和农民增收存在的主要困难和问题,主要有以下几个方面:农民整体素质偏低,观念落后;创业门路少,增收途径缺;部分镇(乡)村干部帮助农民增收的责任心欠强;经济林连片开发难,种植大户培养难;发展来料加工缺少门路和经纪人;村级集体经济薄弱,群众负担较重;一些政策中断或不到位,扶持力度不够大;有关执法部门对山区农户发展来料加工业管理过频过严;结对力度不够大。根据调查情况和群众的呼声,建议:(一)抓紧出台专门针对山区的扶持政策。调整完善一些支农政策,根据山区的实际情况和经济发展要求,优惠政策适度向山区倾斜。(二)积极营造“支援山区”氛围。建立“东阳市山区建设领导小组”;建立部门支持、援助、服务山区的长效机制。(三)加大结对帮扶力度,创新帮扶形式。(四)实行分类指导,理清增收路子。(五)大力发展山区资源型工业,拓宽农民增收渠道。(六)进一步建立和完善山区镇(乡)考核机制,主要考核发展山区产业、促进农民增收的工作实绩。(七)建立完善来料加工业扶持机制。(八)山区镇(乡)要建立专人负责制,抓好来料加工业和种养殖大户。市政协主席会议对课题进行讨论后提出对策和建议,供市委、市政府决策时参考。市委书记张仲灿作了批示。

对解决农村集体留用地问题的调研 2011年5月至6月,遵照市委主要领导意见,市政协开展关于妥善解决农村集体留用地问题的调研。调研组通过面上调研统计、走访街道社区、召开各层面座谈会等途径,着重调研吴宁、白云、江北等街道和城北新区的村留用地情况及存在问题。在摸清留用地面积、建设、利用收益以及村民享受待遇等基本情况后,形成《关于妥善解决农村集体留用地问题的调研报告》,经6月21日市政协十二届四十四次主席会议审议通过,以主席会议建议案形式上报市委、市政府。建议案指出,当前留用地建设主要存在留用比例不统一、指标不到位、报批费用高、性质及用途不明确、开发形式比较乱等五个方面的问题。针对基本情况与存在问题,报告提出八个方面的对策建议:(一)切实提高解决留用地问题的思想认识;(二)尽快制定完善农村留用地问题的有关政策;(三)合理确定适当的留用比例;(四)分期分批解决留用地指标;(五)切实降低留用地农转非中的报批费用;(六)必须明确留用地的性质;(七)鼓励多种形式加以开发;(八)建立办理留用地手续的“绿色通道”。这些意见建议在市政府出台的《关于加强和规范村级农村留用地规划建设管理工作的实施意见》中得到采纳。

工业 建筑业

对提高乡镇企业经济效益的调研 1988年4月,在县政协七届二次会议上,工商经济工作组提出《关于进一步提高乡镇企业经济效益的议案》。经4月6日市政协七届五次常委会议审议，向县政府提出建议案。建议案指出：全县乡镇企业已成为农村经济的重要支柱，也是财政收入的重要来源，其总产值占全县工业总产值的70%，为金华各县、市之首。但是经济效益不够理想。为此建议：(一)总结推广先进乡镇企业在提高经济效益方面的经验。(二)对刚起步或发展缓慢的乡镇，要动员多方面力量，上下结合，横向联系，千方百计予以支持。(三)根据资金紧缺、原料供应不足的情况，对投资50万元以上的新建企业，属于半拉子工程或建成后由于种种原因生产不正常，贷款又无能力偿还的企业，要进行一次调查，对症下药，治病复查，逐个研究，采取对策。(四)要求直接从事乡镇企业的委员们，带头学习和调查研究；带头发挥主观能动作用，千方百计提高产值、提高利润；带头重视社会效益，进一步搞好环保工作；自家、自企业、自村、自乡带头先富。同时要以工支农、以富带贫，共同致富。9月8日，市政府函复：市政府领导专门开会研究了议案，已要求有关部门根据议案中的意见和建议，制定相应的措施，改进工作。市政府将从抓经济效益入手，在发展集体企业的同时，因地制宜，大力发展个体工业，使乡镇工业在提高经济效益、保持持续稳定发展的道路上更快迈进。

对小棉纺厂、小毛纺厂的调研 1988年12月，市政协对红旗棉纺厂、东达棉纺厂等8家棉纺厂、毛纺厂进行考察调研，通过“听、谈、看、议”了解生产经营情况。存在的主要问题：一是原材料特别是棉花紧缺，二是资金不足，三是生产设备不配套；四是企业管理混乱，乡镇管理部门体制不顺等。为此提出4条建议：(一)根据中央治理、整顿的方针，对小棉纺厂、小毛纺厂，应坚决制止再铺新摊子或扩大企业规模。(二)狠抓企业管理，提高产品质量，同时试制新产品，开拓新市场。(三)走联合之路。(四)各级领导、各有关部门对现有的小棉纺厂、小毛纺厂要积极引导，适度支持，有重点地帮助解决一些生产经营中的难题。调查报告提交市委、市政府，引起领导的重视。

对政协委员任厂长、经理企业的调研 1990年7月23日，市政协领导带队走访政协委员办的企业，交流、研讨在治理整顿中企业如何进一步发展的问题，形成《关于当前治理整顿深化改革的几点具体建议》。向市政府提出当前企业治理整顿、深化改革的三条建议：(一)推行全员承包，延长承包期限。企业职工存在雇佣关系，缺乏主人翁精神；经营承包者存在短期行为，缺乏长远观点。这是影响企业持续、稳定发展的根本性问题。(二)要有一个较科学、合理的计税工资标准。(三)建立固定资产投资审批小组，以克服重复建设、无序竞争，减少浪费，提高效益。

对贯彻落实《全民所有制工业企业转换经营机制条例》的调研 1993年8月，市政协工会工作组同市总工会一起组成3个调查组，赴全市12家不同层次的国有、二轻工业企业，通过问卷调查、召开不同类型座谈会等形式进行调查。根据调查情况，提出以下建议：(一)从全局的角度看，市委、市政府要加强对贯彻落实《条例》的领导与宣传，提高各企业全体职工贯彻落实《条例》的紧迫感和自觉性。(二)各级政府部门要按《条例》规定的原则规范自己的行为，加快政府职能的转变，为企业充分发挥经营自主权创造良好的外部环境。(三)各经济职能主管部门要积极鼓励企业敢于用权和用好权。

对壮大企业、加快经济发展的调研 1995年8月4日，市政协经济组召开“如何壮大企业、加快经济发展”的专题研讨会。会议认为近年来，市委、市政府先后出台激励企业投入、鼓励企业发展的有关政策，这些政策对企业的发展确实起了很大作用，但是随着国家财政体制的改革和其他改革政策的出台，一些原来的政策已失去应有的效应。希望有关部门要加强政策研究。现在企业最大的问题是资金投入问题，一些项目苦于争取不到资金而影响发展。希望政府在资金的投向上要重视利税大户，不要光注重产值。每年抓几个重点企业和几个重点项目，要抓出成效。采取资金、人力、财力和行政手段多管齐下的方法，使企业上规模、上水平，使东阳财政有一个良性的循环。座谈会上相互交流了在当前经济发展的形势下如何搞好企业运转、加强企业管理的经验。

对减轻企业负担，扶持企业扭亏解困的调研　围绕东政〔1996〕19号文件《关于减轻企业负担，扶持企业扭亏解困若干政策的意见》的贯彻落实情况，1997年7月，市政协分组赴市计经委、二轻局、乡镇企业局、粮食局、物资局、商业局、交通局和供销总社等8个经济主管部门及23个亏困企业调研。用了近一个月时间，先后召开各系统亏困企业负责人座谈会，向企业征求意见；走访工商银行和财税、社保等有关政府部门。了解到贯彻文件中存在的问题及主要原因：条块政策不一致，职能部门难以执行；囿于部门利益，有的单位落实政策积极性不高；企业缺乏扭亏解困的内在动力；文件本身有些规定不明确，造成落实难。9月，市政协形成《东政〔1996〕19号文件贯彻落实情况的调查报告》报送市政府。建议：（一）加快企业改革步伐，进一步深化企业改革。在认真调查企业亏损原因的基础上，根据企业实际情况，制订改革方案，一厂一策，不搞一刀切，不搞拉郎配，帮助企业摆脱困境。不仅要国有、集体的优势企业收购、兼并、托管亏困企业，而且要鼓励善经营、会管理、有实力的乡镇企业、建筑企业收购、兼并、托管国有、集体企业。（二）内部挖潜，大有文章。要引导企业在继续搞好转让闲置、呆滞资产的同时，积极组织力量推销库存积存产品。运用多种方法催收应收款，最大限度地盘活资产存量，增强企业活力。（三）组织一次特困企业现场办公。对21家特困企业存在的问题，要求对口职能部门当场拍板解决。如审批权不在本市的，由对口部门负责向上报批。（四）选好“领头雁”，建设好企业领导班子。要责成经济主管部门，对管辖的亏困企业主要领导逐一进行分析，挑选有能力、善经营、乐于奉献的干部职工担任“领头雁”，建设好企业领导班子。（五）营造一个公平竞争的环境。不管是姓“公”，还是姓“私”的企业，在一条起跑线上开展竞争，共同发展。（六）减轻企业负担的政策要硬化。

对个体私营经济的调研　1998年8月，市政协组织工商联、工商局及个私企业协会等单位负责人组成调查组，先后走访南马新亚服装厂、横店制冷设备厂等8家私营企业，同时赴兰溪、浦江、温州鹿城、乐清等地考察部分知名私营企业，先后召开城区部分个体私营业主和有关职能部门领导参加的座谈会。通过调查，初步摸清了个体私营经济发展中存在的困难和问题，形成《积极改善软硬环境，大力发展个私经济》的调研报告。报告总结了外地的经验和做法：思路上“放胆”，切实为了个私企业发展；政策上“放宽”，尽最大努力给个私企业以优惠与扶持；领导上“放权”，给经营者以充分的自主权；机制上“放活”，鼓励个私企业发展。指出东阳个私经济发展中存在主要的问题：对个私企业经济认识定位不准确，企业税费负担重，管理体制不顺，企业家政治待遇不高，自身素质不高。提出发展个私经济的建议:(一)进一步解放思想,转变观念,增强加快发展个体私营经济的紧迫感;(二)优化政策、优化环境,促进个体私营经济快速发展;(三)理顺关系,完善服务,营造个体私营经济良好的发展环境;(四)加快同业工会(商会)等中介组织的建设,把个私经济纳入行业管理;(五)加强教育,积极引导,重视提高个私经营者的素质。该报告在十届三次常委会议通过后形成政协常委会建议案报市委,为市委、市政府出台促进个私经济发展的政策性文件发挥了积极的作用。次年,无锡市政协了解到东阳政协为发展个私经济建言献策的情况后,专程到东阳取经。

对提高工业产品科技含量的调研 1999年年初,市政协调研组就提高工业产品科技含量开展调研,在4月召开的十届二次会议上,作《加大扶持力度,提高我市工业品的科技含量》为题的大会发言。指出东阳在新产品开发和技改中存在的一些问题:中长期规划、产业政策宣传不够,上下未能形成共识;有的新产品市场前景把握不准,太超前,消费者不易接受;产品的先进性把握不准,技术未过关;开发建设周期过长,未能及时批量投放市场,市场被别人捷足先登,或者被更新的产品淘汰;个别项目责任人责任心不强。建议:(一)加强领导,要像抓技改一样抓重点新产品的开发;(二)努力引导,经过调研、认证,证明确实是科学合理、切实可行的规划、政策,各部门都要按规划办事;(三)加大宣传深度,使依靠开发新产品,采用新技术发展经济的思想深入人心;(四)加大扶持力度,建立市风险投资基金,与开发新产品的企业共担风险。可以用拨款、贴息、入股等形式介入。市科委在三项经费中拿出一部分投入新产品开发。尽快组建担保公司,以解决金融部门的难处,满足企业的需求。金融部门如对项目的技术可行性、市场前景把握不准的,可商请专业人员或中立机构分析评估,做出决策,支持开发新产品,采用新技术。

对经济结构调整的调研 1999年年初,市政协组织部分委员对东阳经济结构调整开展调研,4月市政协十届二次会议上,作《以经济结构调整为突破口,主攻二产,兴工强市》为题的大会发言。指出,今后50年东阳经济要不落后,唯一出路是经济结构调整。(一)精心培育特色经济和块状经济。如吴宁的服装,巍山、虎鹿的缝配,千祥、南马的皮革等。(二)再创东阳经济机制新优势。抓紧时间,继续按照“五个到位”的要求推进国有、城镇、乡镇企业的改制;打破所有制、部门、区域界限,推进企业资产重组;鼓励本地个私企业和外地客商来嫁接改造重组东阳的企业;要坚持企业改制、资产重组与结构调整相结合,在新的市场环境、市场竞争中保持机制优势。(三)优化投资环境。以创建国家园林城市为契机,规划建设几条现代化城镇走廊。各级各部门应转变作风,廉洁高效,依法行政。(四)争取金融支持,优化投融资结构。应加强协调,争取在东阳的金融机构加大对本市企业的支持力度。加快筹集地方重点项目资本金,向优势企业、优势产品、优势项目倾斜。(五)注重对中小企业的扶持。提高对中小企业作用的认识,纠正对中小企业价值认识不清、发展定位不明的倾向。(六)抓好调整,保证建筑业健康持续发展。着重专业调整、市场调整、企业机制调整和技术进步,改变东阳建筑业土建多,装饰、路桥少;集中于南方市场互相竞争多,市场发展空间少;包工头多,专业班组、专业技术人才、专业操作能手少;超前分配、过度分配、企业积累少等现象,保证企业健康持续发展。(七)加快科教兴市,保证东阳经济结构调整的高质量。

对企业改制的调研　1999年年初,市政协组织部分委员对加快企业改制步伐开展调研。4月市政协十届二次会议上,以《协力攻坚,加快企业改制步伐》为题作大会发言。指出,东阳企业改制虽然取得进展,但也存在一些问题。主要有改制进展缓慢,年内完成任务困难;改制成本高,筹资困难;企业"三买断",职工安置难。企业改制已到攻坚阶段,对如何顺利完成国有、集体企业改制任务,调研组提出三点建议:(一)坚定信念,加强指导,推进改制。首先,各级领导思想认识要统一再统一,对广大职工群众的思想工作要加强再加强,对企业改制的政策要宣传再宣传;其次,调整和充实企业改制指导小组,人员应少而精;第三,在具体改制工作指导上,领导要敢于挑担子,部门之间要多衔接、多沟通、多支持、多服务。(二)因地制宜,加快进度,完成改制。一是在前段时间调查摸底基础上,排列出企业改制的形式;二是落实责任,限定时间,加快改制进度;三是政府及各工业主管部门要千方百计筹措改制资金,加大企业产权转让和破产力度,推动存量资产的流动和重组;四是深化股份制企业改革,引导股权集中,建立法人治理结构,协调"新三会"正常运行。(三)严明纪律,公开操作,保证改制。一要严格按照市委有关政策法规,做到规范操作;二要明确各个环节责任,做到定期督查,定期通报;三是严格产权转让,实行公开招标,决不允许"黑箱"操作。四要加大督查力度。五要加强对改制企业审计,不能让国有、集体企业破产倒闭而个人发财致富。

对优化投资环境的调研　1999年年初,市政协开展"投资环境再优化"的调研,4月市政协十届二次会议上,以《增进共识,致力投资环境再优化》为题作大会发言。指出,东阳的投资环境仍然存在一些不容乐观的问题。优化投资软环境的重要性还没有形成全社会的共识;"门难进,脸难看,事难办"的现象依然存在;"三乱"现象形存影不散;损害投资环境的行为查处不力。为推动投资环境再优化,促进东阳经济和社会全面发展,建议:(一)加大宣传力度,营造一个人人都是投资环境的社会氛围。大力宣传改善投资环境的重要意义和市委、市政府为改善投资环境制订的政策规定,使之家喻户晓,人人皆知。(二)转变机关干部作风,提高服务质量。走出机关,深入厂矿,为企业排忧解难。(三)对自收自支的事业单位进行一次清理整顿。要对那些存在"三乱"问题的事业单位进行一次清查,该留的留、该撤的撤、该并的并,收费项目和标准重新审定,规范收费行为。(四)查漏补缺,均衡税负,减轻企业负担。应组织一次税源清查,把该收的收起来。在保持总量不变的前提下,减轻企业税负,对回归企业的税收优惠政策一定要落实,否则将会影响投资者的积极性。同时,要加快税费并轨征收的试点,推动税费征收的标准化、规范化。(五)加大对损害东阳投资环境行为的查处力度。对损害东阳投资环境的害群之马,不仅经济上要重罚,执法执纪部门还要查清事实,根据责任大小,情节轻重,分别给予党纪政纪和法纪处理。违法犯罪的,坚决依法打击,决不能心慈手软。并要查处一起曝光一起,以儆效尤。

对加快外向型经济发展的调研　2000年8月下旬,市政协分组对外贸、外资、外经及三资企业中的中外合资、外商独资、中外合作等不同类型的企业和医学化工、机械电子、服装等全市主要出口行业创汇大户进行重点调查。调查中发现存在一些问题,制约着东阳外向型经济的发展:外向度不高,出口创汇增幅居后;政策滞后,挫伤企业扩大出口的积极性;政府相关部门的服务质量亟待提高；人才短缺，制约东阳外向型经济发展。调查组建议：要抓住三个重点，培育新的出口创汇增长点，一是促进自营出口和三资企业的出口；二是发展外贸公司；三是发展对外经济技术合作。制定政策要超前，执行要到位，调动企业增加出口创汇的积极性；更新服务观念，提高服务质量；大力培养，为外贸企业输送合格的人才。

对东阳人经济的调查 2001年8月，市政协组织工商、建管、统计、协作办等8个部门的有关人员，就东阳人经济这一课题开展调研，摸清东阳人经济基本情况。东阳外出人口多，从事行业广；企业规模大，产业层次高；创造价值大，个人收入高。东阳人经济是东阳经济和社会发展的潜在优势，壮大东阳人经济，可以更好地促进东阳经济和社会发展。建议：采取有力措施，积极发展东阳人经济；实施东阳人经济优势发展战略，促进东阳经济的发展；用务实的态度，发挥在外科技人才优势；做好"回归"文章。

对垄断土地一级市场的调研 2001年12月，市政协调研组对垄断土地一级市场作专题调研。分析了土地多头出让，一级市场难以垄断；二级市场失管，非法买卖土地禁而不止；配套政策不完善，管理工作难度大等问题，提出建议：（一）统一认识，上下联动；（二）查清土地存量，储备土地资源；（三）撤销临时机构，切断土地出口；（四）完善有关政策，规范操作程序；（五）打击违法买卖土地，确保市场有序运行。调查组撰写了《充分发挥地产效能，加快中等城市建设》的调查报告，2002年1月21日，经市政协十届二十一次常委会议研究，形成建议案，供市委、市政府制定2002年工作思路参考。市委、市政府采纳意见，把垄断土地一级市场列为2002年全市20件重点工作之一。

对优化投资软环境的调研 2001年12月上旬，市政协组织委员对东阳市投资环境与经济发展的情况进行调查。结果表明东阳的经济发展形势不容乐观，与周边县市出现较大落差，究其原因是思想观念和投资环境出现了落差。主要表现：思想上安于现状，缺乏发展经济的强烈愿望；精力不集中，工作不投入；服务意识弱，投资软环境差；村企关系紧张。为此，向市委提出建议：（一）解放思想，转变观念。要把优化投资环境放在战略的高度，领导的精力要集中在抓服务、抓投资环境上。（二）找准载体，开展"投资软环境整治年"活动。开展解放思想，优化投资环境大讨论；建立制度和工作机构；解决好审批过多、收费过重、事业单位超编突出三个问题。（三）牢固宗旨观念，强化服务意识。管理上要"无为而治"，服务上要"大有作为"。市委、市政府采纳政协建议，把2002年确定为全市"投资环境整治年"，并把优化投资环境作为重中之重，通过优化投资环境促进东阳经济的发展。

对14家工业企业生产经营情况和市行政服务中心运行情况的调研 2002年5月中旬，为配合市委、市政府"转职能、优环境、促发展"学习教育和"工业经济服务月"活动，市政协机关干部用4天时间，对莹光化工、联宜电机、圣华工艺等14家企业的生产经营状况及行政服务中心的运作情况进行调研。发现：企业发展态势总体趋好，各工业企业对内挖潜，对外拓展市场，着力构造发展平台，体现出较强的实力。企业效益稳中有升，改制企业活力增强，技术改造成效初显。但投资环境依然堪忧，主要问题：（一）政企关系不顺，导致企业主思想不稳定；（二）政策本身的滞后及执行的随意性制约企业的发展；（三）部分企业税负不公，部门服务态度不佳；（四）企业改制遗留问题得不到及时解决。为此建议：（一）转变观念，优化投资环境，摆正“主”与“仆”的关系，热情为纳税人服务；（二）以“三个有利于”为标准，制定和完善政策。如制订有关检查审批制度，创新税收征管制度，新老企业同等待遇制度，完善行政服务中心办事制度，方便群众办事。调研组形成《关于我市14家工业企业调查情况的报告》报市政府。

对加快发展医药化工产业的调研　2003年5月，市政协组织药监、计划发展、环保、经贸等部门成立调研组，对东阳30多家医药化工企业进行调查研究，基本掌握了医药化工产业的现状，摸清发展的有利条件和存在的困难问题，结合椒江、新昌等地的先进经验，对加快发展东阳医药化工产业总结归纳了意见建议，形成《发挥优势、调整结构，加快发展医药化工产业》的调研报告，供市委决策参考。指出存在的问题和困难：环保容量不足，严重制约医药化工产业发展；医药化工企业规划滞后，布局不合理；企业规模相对较小；技术力量相对不足，研发新产品能力弱。建议：增加环保投入，尽快治理“三废”；以康裕等大企业为主体，调整规划，合理布局，建造新的医药化工基地；加快医药化工行业结构调整，促进医药中间体转为成品生产；加快技术创新和体制创新；制定明确的目标，做好群众思想工作。

对投资环境的调研　2003年6月，市政协组织人员到10多个部门、乡镇和20多家企业调研投资环境存在的问题和应该采取的措施。调查发现，全市的投资环境有了明显改善，但存在的问题也不容忽视。如，土地供求失衡，寅吃卯粮；规划滞后，基础设施跟不上；授权不到位，行政服务中心窗口审批手续不方便；办事承诺期制约行政效率的提高。提出三条建议：（一）多管齐下，缓解供地不足的矛盾。要选择规模大、科技含量高、占地少、无污染、经济效益好的企业。对引进企业进行一次检查，因主观原因，至今尚未动工的企业，要规定开工、竣工、投产时间。禁止圈用土地、变相非法买卖、从中谋利的行为。尽快出台乡镇区域调整方案，合并产业相同、土地接壤的乡镇工业园区，提高集约经营水平。（二）集中力量抓规划，加快基础设施建设步伐。（三）取消承诺制，实行即到即办制度。涉及部门多的审批事项，要实行首问责任制，采取联审联批等办法，简化手续、减少环节。把行政审批职能切实授权到窗口。印制所需资料清单。尽快推行网上审批。

对如何解决能源紧张问题的调研　2004年2月，市政协就如何解决能源紧张问题，组织部分委员前往横店集团家园化工有限公司热电厂、市化学工贸有限公司热电厂、市供电局，就能源用电工作进行调研，听取各方面的意见。经市政协十一届十四次主席会议研究，形成建造热电厂的调研报告，以主席会议建议案的形式提交市政府办理。建议提出：（一）尽快在城区建造一个规模适度的热电厂，这是近期解决用电紧张和长远城市发展的需要；（二）当务之急就是要尽快上马市化学工贸公司热电厂改造工程，投资省、见效快；（三）抓好落实，为热电厂建造大开绿灯，搞好规划和宣传教育，采取多种形式筹措资金。市政府采纳建议，印发《关于确保热电企业正常运行缓解电力瓶颈制约的有关意见》，对热电企业出台扶持政策，制定具体的操作办法。至8月，横店热电厂一期工程并网发电，化学工贸有限公司3000千瓦热电技改项目于7月底完工。10月29日市政府将前期如何解决能源紧张情况以文件形式致函市政协。

对电力资源的调查　2004年11月，市政协组织供电局、发展计划局、水利局等部门的相关工作人员到重点、难点企业调研。东阳电力供应以网供为主,其他方式为补充;指标少,缺口大;拉电多,损失大。影响和制约东阳电力资源的主要原因,一是变电所数量少,电网建设滞后;二是关系不顺、工作难度大;三是政策不到位、不落实;四是基础设施陈旧,电力隐患多。调研组认为,电力问题既是经济问题,也是社会问题、稳定问题。为此建议:(一)充分发挥电力先行,搞好规划,抓好电网建设;(二)科学安排,有序用电,充分发挥有限电力资源的作用;(三)政府重视,多方配合,确保电力建设可持续发展;(四)供电部门本身也要做到缺电不缺服务,限电不限真情。越是电力紧缺,越要做好优质服务工作,在困难中树形象。

对土地资源的调查 2004年11月,市政协针对国家宏观调控政策下东阳土地资源开发利用的现状及存在的问题与对策进行调研。近年来,东阳实施兴工强市和城市化战略,经济和社会事业快速发展,用地需求急剧攀升,用地的供需矛盾将日益严峻。从现实上看,东阳市土地后备资源越来越少。主观上看,前些年由于用地政策比较宽松,部分企业受经济利益驱动大量圈地,造成土地资源的浪费。主要表现:一是土地闲置;二是擅自改变土地用途;三是违反土地利用总体规划;四是部分业主和有的单位领导依法用地意识不强;五是在工业用地上存在暗箱操作,少数人说了算,缺乏透明度等,导致土地成为投机者和腐败行为的温床。对策与建议:(一)转变观念,抓住机遇,充分认识做好土地工作的重要性;(二)"开源节流",充分挖潜,使有限的土地资源发挥最佳效用;(三)建章立制,明确用地标准,依法严格管理土地资源。

对资金问题的调查 2004年11月,市政协调研组对资金要素存在的问题进行调查。从现状看,东阳金融运行存在存款增长难、企业贷款难、资金回笼难。调研组提出对策和措施:(一)树立信心,挖掘潜力,加大资金组织力度。一是要挖掘东阳人经济的潜力,使东阳人经济转化为东阳本土经济;二是借助在外上市公司多的优势,到资本市场融资;三是充分利用民间资本,聚散钱、闲钱为活钱;四是积极争取国债项目和基金投资。总之政府及相关部门要根据宏观经济政策调整情况和产业政策的指导,动员各方面力量,积极争取国债项目和政府性技改等项目补助资金投入。(二)理清思路,确保重点,发挥有限资金的最大效益。(三)积极主动,改善服务,优化金融工作环境。(四)简化手续,加强协作,努力为企业融资创造条件。

对闲置、浪费土地和土地利用率低等问题的专题调研 2005年8月,市政协针对闲置、浪费土地和土地利用率低等问题作专题调研。形成《关于加大对闲置土地处理力度,提高土地利用率的建议》。向市政府提出:(一)提高认识,树立抓土地就是讲政治,就是抓财路的观念,使有限的土地发挥最大的效益。(二)严把企业入园关,把"亩产税收"作为最主要条件,提高土地利用率。(三)严格执法,坚决查处企业闲置土地。(四)积极争取用地指标,尽快将预征土地落实到企业。建议得到市政府的重视和及时采纳。11月22日,市政府答复,在接到政协建议后,立即组织相关部门专题调研,并由土管局会同南马镇政府在南马工业功能区开展清理闲置土地的试点工作,在试点取得经验的基础上,起草《东阳市工业闲置土地处置实施方法(试行)》,后经党政联席会议审议,由市政府颁布实施。该办法的实施,有效规范了企业用地,推进工业经济的健康发展。

对加快工业经济发展的调查 2006年5月,市政协邀请涉工部门的领导到镇乡、街道、经济开发区的部分企业进行调研,了解实情。认为东阳工业经济发展还存在一些问题:企业总量不多,规模以上企业增速慢;人均投入严重不足,有减无增形势严峻;工业用电比重不大,经济发展缺乏后劲;企业在外投资成风,税收流失多;产值虚高,与税收增长比例严重失调。存在问题的原因:压力不大,动力不足;部门权力利益化,服务环境仍然不优;技改项目不到位,信贷困难,直接影响了工业投入。建议:(一)创新机制,深化改革,通过"建、联、促",力争在规模以上企业数量上有所突破;(二)以队伍建设为抓手、重点技改项目为载体,通过"抓、提、引",力争在人均投入上有所突破;(三)打破部门权力利益化,通过"学、改、扩",切实转变工作作风,力争在办难事上有所突破。金华市委常委、东阳市委书记蒋永志批示:"政协通过调研形成的《关于加快我市工业经济发展的调查和建议》,较有参考价值,请办公室印发给各乡镇、街道,市级机关部门参阅"。市委副书记、市长江跃进批示:"文中提出的问题是严重的,也是复杂的,但问题多、难、重并不可怕,办法总比困难多,关键是要各个部门、每个同志都积极主动地去想办法、去解决一个个问题,而不是只出题目不做答案,关键是一个'实'字,一个'干'字,希望各位干部都能多动脑筋、找出路、想办法、拿举措,切实把'兴工强市'当作分内事、自家事,那么东阳重振工业经济雄风才会更有希望。"6月20日,市政府给市政协发了办理情况的函,根据政协提出的建议制定了解决的办法和措施。6月26日,《东阳通讯》全文刊发此调研报告及两位领导的批示。

调研南马机械功能区建设情况 2006年6月,市政协对南马机械功能区建设情况开展调查研究。调查发现:启动资金困难,土地平整无法进行,成为制约功能区发展的重大瓶颈。为此,建议市政府切实解决南马机械功能区建设资金困难问题,加快功能区建设步伐,使之成为东阳工业经济的一个新的亮点。方案一:成立融资投资公司。以南马商会为依托,成立融资投资公司,可以通过向银行贷款的形式融资,也可以按股份制的形式融资,搞开发建设。但实际操作困难,没有成功经验可以借鉴,如果搞不好,会影响企业的可持续发展,造成社会的不稳定。方案二:由政府提供借款。可以采取政府借一部分资金、镇政府想方设法解决一部分资金,主要用于土地平整、基础设施建设。然后以公示、挂牌的形式,按产业方向、亩产税等条件"择优录取",提高功能区土地利用率和整体效益。同时,银行要加大对南马镇招商引资企业的支持力度,促使功能区内企业早开工、早生产、早出效益。南马镇政府在抓好功能区开发的同时,要积极探索小城镇建设新路子,用经营城镇的理念,广开财源,增收节支。9月13日,市政府给市政协发了办理情况的函,根据建议市除财政在土地出让金收入中安排1060多万元外,还从预算外调剂借给500万元用于南马机械工业功能区的基础建设。

对解决企业招工难问题的调查 2007年4月,在机关作风建设下基层开展"三推进、三走进"活动之际,市政协领导带队走访、调查不同行业的40余家企业,与乡镇、街道负责人,工贸办人员交流意见。东阳市招工形势比较严峻,缺工人数逐年上升。缺工涉及众多行业。劳动密集型企业成为缺工重灾户,员工流失较为严重,队伍不稳定。造成招工难的原因:从企业自身角度分析,工作岗位差,工资福利待遇低,生产生活环境差,企业文化弱化,员工得不到尊重;从政府及部门的管理和服务职能上分析,思想认识还不够到位,职能部门的作用尚未有效发挥,缺少公共产品。提出破解招工难的对策和建议:(一)与时俱进,转变观念,在全社会营造善待民工的氛围。(二)企业要以员工为核心,充分考虑员工的利益,体现员工的价值。制定合理的员工薪酬制度,创造舒适安定的生产生活环境,丰富企业的文化生活。(三)政府要主动介入,制定有利于吸引外来员工的政策措施。一是出台政策,建立机构;二是加快统一的劳动力市场建设,三是政府要多提供一些有利于吸引外来员工的公共产品;四是提高外来人员政治地位。

对发展来料加工业的调研 2007年4月,市政协办、农办、妇联、经贸、统计等部门组成的调研组对来料加工业开展调研。调研组到马宅、南马、湖溪等地农村和部分企业了解,并赴兰溪考察学习。调查发现,来料加工业具有投资少、成本低、风险小、易操作、劳动力密集等特点。发展来料加工业有利于缓解企业"招工难"问题,有利于增加农民收入,有利于维护社会稳定,促进新农村建设,有利于增加财政收入,是农村欠发达地区加快经济发展的有效选择。针对东阳发展来料加工业存在的经纪人素质有待提高、对处在成长期的经纪人扶持不力、来料加工点缺乏规范化运作、来料加工缺少硬件设施等问题。提出建议:(一)各级领导班子要统一认识,高度重视,加强领导,建立组织,形成服务网络。(二)出台政策,大力扶持,创造良好环境。充分发挥以经纪人为主体的龙头带动作用,组织参加各种展销会、交易会。(三)建立机制,优化服务,造就高素质的加工队伍。建立考核办法,列入年度考核内容。加大对加工人员技能的培训力度,提高加工人员的素质。7月,调研报告《关于我市来料加工业发展的调查与建议》经市政协十二届二次常委会议讨论,形成政协建议案报送市委、市政府。2008年3月市委建立来料加工工作领导小组,出台扶持政策,下发《关于扶持来料加工产业发展的若干意见》,把来料加工工作纳入全市镇乡、街道和有关部门年度工作目标责任制综合考核内容。

对加快东阳现代家庭工业发展的调查 2007年11月,市政协就"现代家庭工业发展,推动全民创业,增强经济发展后劲"课题开展调研。通过调研认为现代家庭工业对于地方经济的发展起着重要的基础性作用。分析东阳现代家庭工业现状,有起步较早,区域差异大;特色鲜明,产业层次低;愿望迫切,制约因素多等特点。存在的主要问题:一是发展观念陈旧,思想上不重视;二是总量不多,户均收入少;三是无序竞争,缺乏必要的引导和指导;四是部门权力利益化,服务环境令人担忧。调研认为,现代家庭工业的发展应坚持因地制宜原则、产业互补原则、集聚发展原则、环境相融原则、非禁即许原则。提出对策和建议:(一)统一思想,提高认识。把现代家庭工业作为社会主义市场经济的重要组成部分和发展东阳经济的重要板块来抓。(二)建立组织,制定规划。根据产业基础,结合产业发展趋势,制定出台全市现代家庭工业产业发展规划。(三)抓好乡镇,突出重点。积极建立乡镇(街道)现代家庭工业集聚点,建立"一镇一业""一村一品"的产业格局。(四)理顺关系,优化服务。各部门要在依法行政的前提下,履行简易程序,方便办事手续,主动靠前服务。

对破解工业"四大难题"的调研 2008年3月,市政协针对工业企业融资、土地、招工、环境容量四大难题进行专题调研，列举问题，剖析原因，提出对策。针对融资问题提出：大力引进股份制商业银行；由政府出资设立风险投资基金公司，为企业融资创造良好的环境；鼓励现有各金融机构壮大信贷规模；引导企业经营者进一步完善公司治理结构；鼓励社会力量创办非银行金融机构。针对土地问题提出：加强对土地资源规划、评价、保护和利用管理的领导；科学布局，抓紧做好新一轮土地利用总体规划的修改试点工作；统筹兼顾，合理安排用地指标，积极争取追加指标；大力开展土地整理、造田造地和建设用地复垦工作；细化节约集约用地政策，加大闲置土地清理力度，盘活存量土地；制定出台相关政策，鼓励部门、单位和企业向上包装项目争取用地指标。针对招工问题提出：积极营造全市上下善待民工的氛围；开展形式多样的劳务对接工作；加强职介市场管理，完善基层劳动保障信息平台建设；完善保障体系，解除民工后顾之忧；加强企业管理，规范企业用工行为；提高外来员工政治地位。针对环境容量问题提出：加强对医药化工企业的监管；加大对“五小”企业的整治力度；确保城区污水入厂处理；积极引导企业调整产品结构；完善水库生态调节功能。此外，建议建立市工业经济委员会，全面负责企业难题破解工作的领导、协调、落实和督查，国土、电力、发改、经贸、人劳、环保、银行等涉工部门为成员。建立每季难题破解工作例会制度，对企业的困难进行经常性的分析研究，有针对性地解决落实。

对加快木雕竹编产业发展的调研　2008年5月，市政协调研组根据市委领导意见，通过一个多月的时间，采取约谈专访、现场考察、召开工艺美术大师专题座谈会等形式进行调研，了解到木雕竹编产业存在地方立法滞后、专业技术人才紧缺、缺乏统一的规划和布局、行业协会作用没有很好发挥、内耗严重等问题。建议：(一)尽快出台与国家、省传统工艺美术保护法规和非物质文化遗产保护条例相配套的传统工艺美术保护细则和长效机制。(二)培养一支木雕竹编专业规划设计人才，出台一系列留人留技政策。(三)制定做好东阳木雕竹编产业发展规划。规划木雕竹编产业园区或专业市场，重视对工艺美术品的研究开发，提高工艺美术品的文化内涵和艺术价值，形成具有东阳特色和优势的系列工艺美术门类。(四)搭建一个平台。大力推进工艺美术产业群建设，加强对工艺精品馆的建设，发挥其收藏、保护、展示和资料整理、理论研究的作用。(五)举办一个节会。利用节会把东阳木雕、竹编产品推出去，提高东阳工艺美术水平的知名度。(六)强化一个组织。建立健全东阳木雕、竹编行业协会组织，积极做好指导和服务宣传工作。2008年6月《东阳通讯》刊发市委书记张仲灿的批示：“市政协对木雕竹编产业的专题调研给予高度重视，除明确领导深入调研外，主席会议还多次专题研究，调研报告具有较高质量，对加快传承、提升和发展木雕竹编行业提出及具针对性的对策、建议，为下一步开好相关会议打下了扎实的基础。建议市委办信息予以转发。”并全文刊发调研报告，供各镇乡、街道、各部门学习研究。

对组织发展块状经济的调研　2008年7月，市委决定对东阳的主导产业和块状经济进行一次全面的调研，为经济的发展制定相应的措施。7月中旬相继召开镇、乡、工贸办、土管所、农行、信用社、相关村主要领导以及企业家、经营户代表座谈会。下旬课题组成员分别走访重点村和重点企业，了解经营情况。走访工商、财税、发改、经贸等相关部门及社会有关人士，听取对产业的政策、发展等的建设性意见。部分课题组成员外出参观考察，借鉴外地的先进经验和好做法。8月上中旬召开两次课题组负责人和执笔人分析汇报会。8月底各块状经济课题组按“有利条件和优势”“存在问题及困难”“发展目标与重点”“应对措施”4个方面完成调研报告的撰写。

对南乡工业经济产业带建设的调研 2008年7月至8月，市政协调研组就南乡工业经济产业带建设和企业生产管理等情况开展调研。南乡工业经济产业带集马宅、千祥、南马、画水4镇的大小工业功能区、块状特色经济于一体。有千祥箱包功能区、南马五金机械功能区、画水塑料功能区和五金机械、皮具箱包、塑料塑胶、草竹席加工、中国结、木线、药材等块状特色经济。除此之外，还分布着东阳三大特色饮食经济：千祥羊肉（羊宴）、南马肉饼、黄田畈牛肉（牛宴）。这里的传统商业意识强，乡镇工业萌发较早。然而，一直以来缺乏整体规划和系统考虑。调研组通过召开座谈会、现场走访重点村，形成《统筹区域发展，建设南乡工业经济产业带》的专题调研报告。详尽分析南乡工业经济产业带的特点、优势和不利因素，提出将南乡工业经济产业带建设成为东阳“新的区域经济增长点，人与自然和谐发展区，新兴的特色制造业基地，特色饮食、中药材基地”的建设目标和“融合、开放、集聚、提升”的建设思路。此调研报告作为主席会议建议案上报市委后，金华市委常委、东阳市委书记张仲灿批示：“市政协对南乡工业经济产业带建设的问题，做了大量的调研工作，花了很多时间和精力，提出的对策思路对发展南乡经济有积极的借鉴指导作用。”依据该调研报告，9月，市政府组织专家及相关职能部门负责人对6大块状经济产业发展规划进行集体论证，后出台（2008—2010年）东阳市块状经济培育发展计划。

调研木雕竹编传统产业 为做大做强东阳木雕竹编传统产业、加快“商贸新市”建设步伐、促进世贸城业态调整，市政协组成调研组，多次赴北京、福建、杭州等地考察，走访工艺美术大师、木雕经营户，召开各类座谈会20多次。2009年3月，向市委提出《加快东阳木雕竹编传统产业发展，打响“世界木雕之都”品牌》的建议案。市委、市政府高度重视，召开书记办公会议进行专题研究，决定由市政协牵头，建立申报“中国木雕之都”筹备工作小组，做好申报工作。6月中旬，中国工艺美术协会派专家考评小组到东阳考察评审。7月1日，在首届中国·浙江工艺美术精品博览会开幕式上，中国工艺美术协会正式命名东阳市为“中国木雕之都”。

对建筑业发展状况的调研 2011年6月至7月，市政协组织部分政协委员和建管、发改、财税、国土等部门负责人，通过走访、视察、召开座谈会等形式，对建筑业发展现状进行调研，形成《关于促进我市建筑业发展的调查和建议》。调研指出，随着国家宏观调控力度的加大，东阳市建筑业一些问题和矛盾也明显地暴露出来，从根本上制约着建筑业的发展。主要表现：思想重视程度不够；团队合作精神不强；产业结构不合理，建筑业持续高速发展难度加大；关键性人才缺乏，与企业发展规模要求相距甚远；总体管理水平偏低，过度竞争现象明显；建筑企业用地相对困难，总部经济作用发挥难。报告建议：要高度重视建筑业发展，统一“做强”的认识；强化企业转型升级，加快“做专”步伐；加大企业管理力度，创新经营管理模式；加大人才培养力度，大力实施人才高地战略；加快建筑业总部基地建设，防止建筑企业外流。

对推进经济开发区整合提升的调研 2013年5月，市政协成立专题调研组就推进经济开发区整合提升课题开展调研，通过实地走访、召开座谈会等多种方式，吸纳了城北工业新区和白云、江北、六石、巍山等相关镇街，市国土局、市规划局、市环保局、市安监局等相关部门领导的意见建议，形成《拓展空间增潜力，创新体制激活力——关于推进经济开发区整合提升的调研报告》。提出当前经济开发区存在的主要问题：体制不够顺畅；发展空间有限；产业低小散弱；服务效率低下。为此建议：(一)理顺体制。一是实行开发区的实体化运行。建议明确市政府派出机关的性质，从源头上根本解决开发区权限与职能、职能与职责之间的矛盾。突出经济开发区"经济特区"的地位，给予在经济开发、资金管理、土地征用、招商引资等方面的特殊政策，适度剥离社会管理和城市建设职能，确保开发区能够集中精力抓经济开发。在开发区管委会分别设置国土、房管、规划、安全、环保等与开发区职能相配套的组织管理机构，具体行使经济管理、社会管理、规划管理、安全管理和环保管理等管理职权。二是理顺经济开发区管委会与各区块之间的关系。建议将开发区管辖范围内的工业经济发展所涉及的相关事项(含招商引资、开发、建设、管理)等事务全部纳入经济开发区的职能管理范围。其分管工业镇(街)领导实行双重管理，工业经济的考核实行双重考核；白云、江北街道除上述职能实行双重管理外，其他管理职能维持现状，保持不变；参照镇乡街道的标准配齐上卢管理处的机构和人员编制，享受镇乡街道的同等待遇，具体负责上卢区块的开发建设过程中的土地征用、政策处理和各项社会事务的管理工作。(二)拓展空间。一是东延方案。经济开发区城北工业新区与六怀工业功能区、城东街道接壤，两个开发区块都具有较好区位优势和开发空间，可以采取分步走的方式，先将六怀工业功能区巍山部分和城东街道李宅工业园区工业经济的部分数据对上(对外)纳入经济开发区统计考核范围(市内原有的管理考核体制保持不变)，待条件成熟时再选择合适的管理模式，有效缓解经济开发区经济总量不足问题。二是南拓方案。经济开发区白云商贸园区南面一山之隔就是画水镇北部的低丘缓坡，如果采取南拓方案，对该低丘缓坡进行开发利用，可有效解决经济开发区发展空间不足的难题。(三)产业集聚。建议加强对经济开发区引进项目的考察、论证和筛选，着力引进更多投资密度高、科技含量高、经济效益高的大项目、好项目，形成完善的产业链和创新链，为产业的集群发展和优化升级强筋壮骨。(四)提速增效。建议扩大经济开发区的职能授权范围和权限，实行"开发区内的事在开发区办"。真正实现"小政府、大服务"的工作格局。

调研市总部中心及配套设施建设 2015年4月，市政协经济科技委员会对市总部中心进行调研。观看总部中心规划展厅，参观总部建筑大楼，邀请江北街道、经信、国土、规划、商务、建管和供电等部门负责人座谈。调研结果表明：建设市总部中心定位正确，规划清晰，前一阶段工作进展顺利。但必须面对经济下行的新常态，关注房地产的新变化，正视问题，寻求对策，加快进度，将总部中心真正打造成为东阳经济的新亮点。存在的困难：经济下行导致企业入驻热情下降；"亮点"不亮导致中心招商困难，便民服务中心项目推进基本处于停滞状态，加大总部中心招商难度；宣传渠道少、面窄导致对总部中心了解不够；制约要素过多导致后续配套建设进展缓慢。人才公寓、便民服务中心、五星级酒店、猴塘城市文化公园等配套项目进展缓慢，艺海北路内一处民房和养猪场需尽快拆迁，猴塘城市文化公园与义济寺的矛盾需协调，电力外网需尽快到位，汽车总站需尽快启动建设，总部中心管理体制有待进一步理顺等。建议：(一)抓紧建造便民服务中心，改变“亮点”建设滞后的局面。使入驻企业既能尽早享受到舒适的办公环境、生活环境和商业环境。(二)聘请专业团队经营总部大楼，使总部大楼尽快运作并产生效益。(三)挖掘并利用义济寺历史文化资源，因地制宜建设猴塘城市文化公园。(四)主动适应房地产变化新形势，稳妥推进人才公寓项目建设。建议总部中心要密切关注房地产形势的发展变化，根据企业所需人才公寓的数量，慎重决定人才公寓建设规模，稳妥推进人才公寓项目建设。建议在人才公寓未建成、人才报名不多的情况下，采取政府发券补助的办法予以解决人才住房问题。(五)进一步加强部门协调，切实解决面临的实际困难与问题。(六)进一步加大宣传力度，增强与入驻企业的沟通和联系，提升总部中心的影响力。

金融　商贸　旅游业

对加强农村合作基金会管理的调研　1995年11月，市政协通过调查了解到，农村合作基金会起步晚，发展较快，管理工作跟不上，存在一些亟待解决的问题。如：以股金名义抬高利率，与金融机构争存款；资金投向偏离办会宗旨；存贷比例过高，支付能力先天不足。为此建议：(一)引导农村合作基金会坚持正确的办会方向，充分发挥农村合作基金会的作用。(二)坚决纠正违规经营金融业务的行为，保障全市金融秩序的稳定。(三)加强对农村合作基金会的领导。农经委和市人民银行要帮助基金会尽快制定和完善一套完整的管理、制约、监督机制，加强内部管理，使基金会真正成为自主经营、自负盈亏、自担风险的民间社区性经济互助合作组织。1996年3月13日市政府函复，市政协建议中所提的问题已得到初步解决，并在进一步规范完善中。

对发展旅游业的调研　1998年8月，市政协经过调查研究，针对旅游业存在投入多、产出少，宣传力度不足；静态景点多、互动项目少、缺乏东阳特色等问题，向市委、市政府提出建议：(一)加强对旅游业的领导，理顺旅游业管理体制；加强市旅游局的力量，强化旅游管理部门的职能。(二)加大宣传促销力度。为解决促销经费问题，有必要建立“东阳市旅游发展基金”。基金来源除政府安排适量的扶持资金外，通过旅游企业筹措解决。对外宣传要利用好有限的资金，有重点的地推出，并统一打“东阳牌”。(三)建设具有东阳特色的旅游文化。挖掘东阳民俗文化、乡土文化、工艺美术文化，并有机地揉合到旅游景点中。建议被市委、市政府采纳并付诸实施。市委决定市旅游局从建设局分离出来，单独设立，配备能力较强的专职局长。1998年11月6日，市政府召开十一届三次常务会议，专题研究出台加快旅游业发展的若干意见。一是建立以市长挂帅的东阳风景旅游工作领导小组；二是增加旅游局人员编制；三是加大旅游业发展基金征管力度；四是走民办公助相结合的发展路子，做到统一规划，分步有计划实施。

对举办首届旅游节的调研　1999年3月，市政协就如何办好首届旅游节开展专题调研。先后赴金华、武义等地学习取经，召开各民主党派、工商联、黄埔军校同学会及旅游景点、旅游宾馆饭店、旅行社负责人座谈会，走访白云文化城。调研后形成题为《兴一方旅游，活一方经济》的调研材料，在市政协十届二次会议作大会发言。后经十届六次常委会议研究，形成《关于我市举办旅游节的建议》的建议案，提交市委、市政府。市委、市政府及旅游节组委会领导充分吸收意见，于11月份举办"'99东阳横店·中国农民旅游节"。以重点突出、内涵丰富、特色鲜明的特点，得到各级领导和新闻媒体的充分肯定，提高了东阳旅游产业的知名度，确立了东阳旅游的主打品牌，加强了与华东地区旅行社的联系与合作。旅游节期间邀请来宾1500多人，接待旅行团队142个，团队游客12400人，散客8400多人，参与观看旅游节的人数超过10万人次。

对农村合作基金会归并后遗留问题的调研　2000年4月，为做好农村合作基金会归并后的善后工作，市政协调研组先后赴千祥、湖溪、怀鲁、黄田畈等乡镇，与乡镇领导和原农村合作基金会主任、信用社的负责人座谈，基本摸清农村合作基金会归并后存在的问题和产生这些问题的主要原因。主要问题：部分干部存在畏难情绪，积极性不高；换届工作困难重重，进展不快；清收工作不力，效果不尽人意。对策和建议：（一）提高认识，加强领导。（二）分工负责，各个击破。从调查中发现，千祥镇建立欠款户清册的做法值得借鉴。千祥镇将本镇基金会全部欠款人的姓名、住址、借款金额、应付利息及担保人等情况印制成册，方便了换据和清收工作。建议在做好这项工作的基础上，将贷款户逐一分类排队，设法弄清贷款人的行踪和家庭财产、资金动向，采取先易后难，先小后大，先干部后群众等有效方法，分工负责，各个击破，争取最大限度的做好换据和回收欠款。（三）协调各方，攻克难关。换据和清收欠款，光靠乡镇政府一家难以完成，需要有关职能部门的大力支持。建议市政府要协调土管、工商、房管、政法、信用联社等部门在补办房、地产权证和更换营业执照等问题上提供便利条件。政法部门要提供法律支持。信用联社在换据问题上，要能变通则变通，能方便则方便。在诸如共有财产必须人人签字、变更担保人等问题上给予变通解决。牵涉两个或数个乡镇的贷款抵押问题，市政府要会同信用联社，逐一协商解决。这样，可以大大加快换据进度。（四）物质激励，鼓励争先。（五）安置职工，减少开支。凡符合信用联社招工条件的，抓紧招考录用工作。其他参照市委〔1998〕16号文件规定的标准，一次性发放补助费，走向社会自谋职业。

对市场发展联动的调研　2000年8月下旬，金华市政协以"依托义乌小商品城、永康科技五金城，促进金华经济发展"为题，组织各县市政协开展联动调研。市政协抽调精干力量组成调研组，先后召开全市各主要市场负责人、部分乡镇工办主任、部分企业和村的负责人座谈会。印制"依托义乌小商品城、永康科技五金城，促进我市经济发展"的调查表，寄发全市26个乡镇。采取上下结合、点面结合，听取汇报和实地考察结合等方法开展调研，掌握大量的第一手资料。因永康科技五金城1000多个摊位中，难觅东阳人的踪影，故以义乌市场与东阳市经济的关联和影响，及东阳市场的情况为主线开展调研工作，形成《依托义乌小商品城，促进我市经济发展的调研报告》，分析了东阳市场的现状、特色和存在问题，义乌市场对东阳的经济影响。对义乌市场提出几点建议：公平税负，创造一个良好的经济发展环境;加大打假力度,提高市场声誉;严厉打击犯罪,保护经商人员的生命财产安全。

对办节(会)活动的调研 2001年年底,市政协就“要不要举办节庆活动”“怎样办节庆活动”问题开展调研。调研组先后召开4次座谈会,听取工艺美术界、经济企业界、宣传文化界及经济主管部门和部分市老领导、决咨委成员的意见。通过调研,认为“办节”“办会”对宣传东阳,促进东阳经济发展发挥了积极作用,应予肯定。同时提出存在的问题,主要表现在3个方面:一是节庆名称年年变,没有连续性,导致节庆品牌效应没有形成;二是投入人力、财力、物力过大,项目设计针对性不强;三是文艺演出成了办节、办会的重头戏,此项投资远超会展项目支出。调研组对节庆的名称定位及办节要注意的几个问题提出建议意见。名称定位要做到3点:一是要有个性和浓郁的地方特色;二是切入点宜小;三是节(会)的名称一旦确定,要有连续性。节庆名称以“中国·东阳(国际)木雕节”为宜,可采取以节带会方式举行,每年可带一个会或多个会。建议与国家部委全国性的行业协会联合举办,以提高规格。运作方式建议按市场化方法进行,如接待来宾的宾馆、饭店选择要通过招投标办法,中标者捐助资金用于办节。吸引国内外客商参展,收取展台出租费等,关键在于会展项目必须是企业要求办、愿意办的项目,可由会展经济机构具体操作。《关于办节(会)活动的调查与建议》上报后,市委、市政府采纳了政协提出的建议意见,于次年举办“2002中国·东阳(国际)木雕节”。

对创建中国优秀旅游城市有关问题的建议 为了如期实现创建中国优秀旅游城市,2001年4月,市政协组织旅游局、建设局、交通局、财政局、技监局、创建办、吴宁镇、横店镇及顺风集团的领导,到已经“创优”的常熟、昆山、临安等地考察。6月28日,市政协十届十九次常委会议研究,形成《关于创建中国优秀旅游城市有关问题的建议》的建议案,主要内容:(一)加强领导。年内实现“创优”目标,任务非常艰巨。市主要领导应引起高度重视,要有一定的时间抓“创优”,分管领导要集中精力抓“创优”,同时抽调精干人员,进一步加强工作班子。(二)狠抓落实。必须采取强有力的措施,促进各部门的“创优”工作迅速高效地运转起来。“创优办”下设的专业组要列出每月每周的工作目标,一家一家抓落实,一分一分抓落实。各部门要排出倒计时间表,逐条逐项定期保质完成。(三)加强监督。制定一周一汇报和一月一检查制度,市领导参加,便于发现问题及时协调,及时解决。“创优办”要每天督查,纠正差错。要发挥媒体的督查作用。(四)齐抓共管。各责任单位要不打折扣地完成所承担的任务,做到办法自己找,经费自己筹。其他单位有钱出钱,有力出力。做到谁失分谁负责,将实绩列入年终考核。(五)广造舆论。“创优办”和各新闻单位要抓紧制订“创优”宣传方案,推出“局长访谈”栏目;工、青、妇、教育、文化部门及各居委会要发挥各自优势,组织开展对全社会有重要影响的宣传活动。市委书记汤勇批示:“这一建议提得很好,结合‘创优’的部署,提高认识,强化责任,抓好落实。”8月27日下午,市委常委会对“创优”工作进行研究,决定把建议的内容吸收、采纳到对“创优”工作的部署中,体现到实实在在的工作中,促进“创优”工作扎实开展,圆满完成“创优”任务。

对接轨义乌、优势互补、共同发展的调查与建议 2003年11月,市政协正副主席前往义乌考察,就“为什么要学习义乌、接轨义乌”“学什么、接轨什么”等问题进行调研。11月

16日形成《关于接轨义乌、优势互补、共同发展的调查与建议》上交市委。建议：要转变思想观念；要开展接轨义乌，加快发展活动；要求真务实，加快接轨速度。

对进一步增强政府调控能力，积聚财源，加快发展的调查与建议　2003年12月4日，市政协向市政府提交《关于进一步增强政府调控能力，积聚财源，加快我市发展的调查与建议》。分析全市财政现状并提出建议：（一）加强对土地资产的管理。一是实施土地使用权出让计划管理。二是进一步规范土地市场。严格协议出让土地使用权，扩大招标、拍卖出让土地使用权范围。严格控制减免土地出让金，以避免土地收益的流失。（二）加强预算外资金和政府性基金的管理。（三）强化国有资产管理。建议市政府明确专门机构并对程序进行规范管理。（四）强化建设资金的监督管理。组织财政、审计、计划、监察等有关职能部门，成立专门的基本建设管理机构，对建设资金运行的全过程实施监督和管理，提高资金的使用效率。

对江北新区商业网点建设的调研　2005年8月，经调研，市政协就"加快江北新区商业网点建设"提出建议：（一）结合江北经济社会发展的现状和发展趋势，确定发展的重点和分行业的网点布局，制定一部前瞻性和可操作性相结合的10～15年的商业网点规划。（二）引导各种资源要素向江北集聚，把江北商业网点建设放在首位；市政府应切实加强领导，加强对这项工作的指导和协调。（三）积极鼓励和支持各居委会参与商业网点建设，在土地指标、项目审批等环节予以政策扶持。（四）加大对江北国有商业地块出让的管理和投放力度，加快江北商业基础设施建设步伐。（五）出台相应举措，聚集人气，带动江北商业繁荣：启动江北汽车站的规划论证工作，适时将汽车北站搬迁到江北；加快江北房地产开发，提高江北人口密度，聚集人气；尽快启动江北大卖场的规划、选址及招商工作，争取年内立项，以此带动江北商业网点建设。11月11日市政府以东政办提〔2005〕11号文件答复市政协，提出加快新区商业网点规划；商业网点建设；商业地块的管理、投放；整体人气等4个方面的步伐。争取早日把江北新区建成"城市新区、经济强区、商贸繁区"。

对市场建设的调研　2006年5月，市政协组织财税、工商、发改、经贸、经济开发区、江北新区的有关人员就如何加快办好市场进行调研。调研组认为，参与兴办市场的各方热情高涨，前期工作进展顺利，但在兴办市场过程中遇到一些问题。主要有社会各界对兴办市场的认识尚未完全统一；配套政策尚未最后敲定，投资业主心存疑虑；相关工作行动滞后。建议：（一）进一步统一思想，把早日兴市作为中心工作之一，加大市场扶持力度。要扩大宣传，形成合力；要像抓招商引资工作那样重视抓市场建设；扶持市场政策要优惠。（二）注重与义乌接轨的策略，在发展中求合作，在合作中求双赢。把握好东阳的市场定位，注重宣传策略；在政府层面之间的协调和沟通宜早不宜迟，宜快不宜慢。（三）在针织内衣城增设缝配功能区，形成集聚效应。金华市委常委、东阳市委书记蒋永志批示："政协通过调研形成的《关于加快我市市场建设的调查与建议》，较有参考价值，请办公室印发给各乡镇、街道、市级机关部门参阅。"市委副书记、市长江跃进批示："市政协就加快市场建设的调查与建议，在广泛听取方方面面意见建议的基础上，探索研究提出一些颇有针对性的意见与建议，值得市政府相关部门的领导认真研究吸取。就有关问题再做细化、深化，提出切实可行的办法或实施意见，以实际行动把东阳的'商贸新市'战略落到实处。"6月26日，《东阳通讯》全文刊发此调研报告及两位领导的批示。7月18日，市政府给市政协发答复函，提出积极推进“商贸新市”战略，努力加快接轨义乌的步伐，加强市场规划、管理、服务工作等三大举措。

对东白山生态旅游区建设的调研 2010年3月，市政协经调研，向市政府提出建议：一、成立东白山生态旅游区建设顾问委员会。聘请省内外政界、商界、科技界、文艺界、旅游界、宗教界等方面的领导和专家，包括在国内有较大影响的东阳籍人士为主要成员，通过顾问委员会这一平台，为东白山景区建设出谋划策。二、成立东白山建设发展有限公司。公司性质为股份制，政府控股，吸收民营资本入股。经营范围初定：旅游项目开发、投资策划、旅游服务等。公司前期的主要任务是融资、掌控资源、加快基础设施和重点景点建设。三、加快景区重点工程建设。建造一座高档次的寺庙，加快湿地公园建设，加快东白天池景观建设，加快酒店等服务设施建设，引进西垣至白溪漂流项目建设。

对整合市区旧市场，建立新商贸城（专业市场）的调查 2013年10月市政协城乡建设委员会就整合市区旧市场，建立新商贸城（专业市场）进行调研，了解东阳商城和位于卢宅社区卢三小区的石材、建材、陶瓷市场等老城区四个主要市场的基本情况、存在问题后，认为市场基础设施落后，周边道路交通拥堵十分严重；市场结构混乱，制约市场自身乃至东阳市区块的长期发展；不利于职能部门监管，长此以往会导致管理混乱；环境污染问题严重，不利于可持续发展。鉴于四家市场所面临的严峻形势和急需解决的问题，建议市政府对商城和卢三小区等旧市场加以整合建立新商贸城或专业市场。

对旅游产业的调研 2013年6月，市政协组织开展对旅游产业的调研。“十二五”期间，东阳旅游业发展机遇与挑战并存，既是推进旅游业发展的最佳机遇期，也是旅游业升级转型的关键期和攻坚期。有利条件主要有政策环境更为优越；旅游消费持续增长；发展空间不断扩大；产业地位更加突出；发展基础更为扎实。但也存在一些问题和困难：（一）政府主导机制不够健全。政府在旅游规划管理、资源整合、政策扶持、融合发展、资金扶持以及旅游项目和旅游目的地建设等方面还存在很多问题。（二）旅游管理体制有待创新。旅游产业管理分散，综合管理、合力兴旅有待强化。（三）旅游发展环境有待改善。城市旅游氛围要进一步营造。横店镇区环境亟待提升。善待客人方面需要进一步改进。（四）旅游产品结构尚需优化。人文景观资源虽多，但木雕、竹编、卢宅、恐龙、东白山还没形成规模化的特色旅游产品。（五）旅游产业链条有待延伸。观光产品为主，休闲、度假设施要进一步完善和提升，增强吸引力，延长游客逗留时间。（六）兄弟县市竞争日趋激烈。武义、磐安、浦江旅游资源丰富、投入加大，必将成为黑马。义乌购物旅游的发展对东阳既有利，也带来压力。建议：（一）理顺管理体制机制，实施政府主导发展。应按照“风景与旅游一体、资源与市场结合、开发与保护统一”的要求，创新旅游管理体制，建议适时成立“东阳市旅游业管理委员会”，协调解决旅游政策、项目建设、产业融合等重大问题，减少“综合产业单一管理，大产业小口径”的弊端。推动东阳旅游产业又好又快发展。（二）实施旅游综合改革，推进产业融合发展。要树立大旅游观念；寻找旅游业与相关产业的交叉点、融合点；探索建立旅游与文化、工、农、林、水、商等领域的合作机制；推动产业融合发展。（三）推进旅游项目建设，加快产业转型升级。要对涉旅项目的资金、土地、人才、政策等资源进行整合，对相关利益机制和长远发展的框架做出计划和安排。实施好卢宅、古生物、东白山和木雕旅游的项目建设，形成东阳城市旅游品牌。(四)强化旅游要素链接，努力构建大旅游格局。一方面加快城区旅游产品与影视旅游的链接，使横店旅游与东阳旅游形成一体。另一方面整合全市的旅游产品，围绕“木雕之都、影视名城”的旅游城市形象，精心设计旅游主题，联合营销，开拓市场。最终形成“南中北联动，文化旅游融合，商贸旅游共荣”的大旅游格局，把东阳市打造成为浙江中西部旅游区域接待中心、华东地区旅游目的地和全国影视旅游名城。

对民间借贷风险防控的调研　2015年7月，针对民间借贷纠纷多发的情况，市政协组织调研。分析民间借贷活跃的原因，指出民间借贷存在监管主体不明，基本情况不清；参与主体多元，利润回报畸高；行业潜规盛行，市场混乱无序；交易形式简易，证据效力不高等风险点。提出民间借贷风险防控的建议：明确监管主体；建立预警机制；加强宣传力度；整顿民间借贷市场；做好安抚引导；强化司法引领；差别处置风险；提升金融服务；拓宽投资渠道等。

对东阳市旅游业的调研　2015年11月，市政协组织部分委员对市旅游业开展调研。分析东阳市发展旅游业的优势和劣势，针对旅游业发展五年目标，提出发展旅游业的思路和对策：提升现有景点品质；加强旅游资源整合；创新机制形成合力；完善设施优化环境；创新营销打响品牌；抓好项目招商引资；构建政策保障体系等建议。

对进一步加强民间借贷风险管控的调研　2016年1月，市政协组织专题调研组，就“民间借贷”课题展开调研。走访市金融办、非法集资案件处置领导小组办公室、法院、检察院、公安局、市场监管局、银监办、建管局、人民银行等有关单位，召开座谈会。学习温州的先进经验，组织视察部分建筑房地产企业，重点了解建筑房地产企业的民间借贷情况。征求部分债权人的意见。调研组分析原因，提出建议：处理好三个关系，确保管控工作有一个正确导向；完善民间借贷风险管控的具体政策，确保管控工作有章可循；开展“民间借贷风险管控”的专项整治行动，确保管控工作取得阶段性成效；组织开展对企业“雪中送炭”活动，确保企业尤其是工业实体企业的良性借贷得到有效保护；分类严厉查处恶性借贷案件，确保管控工作有效维护债权人的利益；加大宣传教育力度，确保管控工作有一个良好的社会舆论环境。

第二节　城乡建设

交　通

对甬金高速公路东阳市境内走向的调研　1999年，在甬金高速公路走向面临走南线的关键时刻，市政协紧急开展甬金高速公路东阳市境内走向问题的调研。调研是在市交通局的大量摸底、测算、分析基础上进行的。通过综合各方材料，主要从合法、合理、合情三方面来说明走北线方案的重要性。合法，即指走北线方案符合省政府批准的东阳城市发展规划，规划具有法律效力；合理，是从工程占地、工程难度及造价以及沿北山山脚走方便群众生产生活等方面来进行科学论证，用数据说话；合情，即北线沿线群众已知情，有利工程建设。建议案经主席会议通过，报送市委、市政府。经过多方积极争取，甬金高速走向按北线方案实施。

对城市公共交通情况的调研 2010年4月，市政协组织部分委员对城市公共交通情况进行专题调研。调研中了解到城市公交存在准点率低、换乘不够方便、乘车环境不够舒适、企业发展面临困惑等困难和问题。调研组在听取市惠民公交公司负责人对公司运行情况汇报后认为公交体系作为城市交通“动脉”，优先发展城市公交不仅是提高交通资源利用率、缓解交通拥堵的重要手段，也是贴近民生、赢得民心的必要举措。建议：政府要确立“公交优先”的地位；增加对公共交通的投入，加大对优先发展城市公交的政策扶持力度，吸引更多的市民选择公交出行；加强司乘人员队伍建设，努力提高公交效率，改善服务质量，提升东阳公交的窗口形象；加大科技投入，建立交通指挥监控系统，提高交通管理水平，引入服务评核制度，保证市民享有便捷、舒适的公交服务。

对科学优化过境公路 改善城区交通环境的调研 2012年4月，市政协开展交通顺畅工程课题调研。向市委提交《关于科学优化过境公路，改善城区交通环境的调研报告》。报告分析了城区过境公路的状况及存在的突出问题，认为科学优化过境公路的意义在：(一)有利于增强与义乌、横店的同城效应，为融入金义都市新区打下良好基础；(二)有利于拓宽城区的未来发展框架，促进沿线地段的经济发展；(三)有利于实现过境车辆绕城区分流、缓解城区交通压力。科学谋划过境公路的总体设想，建议在城区南北两侧新建两条高标准的过境绕城公路，并提出3个绕城公路的预选方案。最后提出统一思想，形成共识；准确定位，科学规划；全面控制，加强保护等3条对策建议。

对城市道路交通安全管理工作的调研 2014年12月，市政协组织部分政协委员和有关部门对城市道路交通安全管理工作进行调研。据调查，城市规划面积50平方千米，建成区面积39.33平方千米。城区常住人口50万人，流动人口39.2万人。全市道路里程2425千米，其中城区道路里程415千米，由二纵三横共计63条主次干道路网构成。全市共有汽车15万辆、摩托车8万辆，电动车26万辆。日过境车辆2.6万车次，日均城区停留保有车辆9万车次。城市道路交通安全管理存在主要问题：一是规划设计先天不足。道路建设规划超前意识不强，城区路网结构不尽合理。二是循环路网尚未形成。城区道路“三横六纵”的主干路系统未全线贯通。三是基础设施不够完善。城区部分道路改造不到位，加上一些商家故意占道、违章停车等，导致非机动车道形同虚设。一些路口设施不规范，严重影响道路通行。四是公交滞后影响出行。城市公共交通基础设施的规划和建设“欠账”较多。五是指挥中心功能单一。交通指挥中心地方过小，功能设置单一，无法做大做强，发挥应有的警情处置、指挥调度、分析研判等功能。为此，提出5条建议：强化领导，健全长效机制；科学规划，专家听证前置；加大建设，改善交通环境；发展公交，方便快捷出行；重点整治，严格交通管理。

城市建设与管理

调研《东阳市城市总体规划修订纲要》 1989年7月，受市长委托，市政协组织部分政协委员，邀请计划、城建、环保、交通、土管、电力等部门的负责人和专业技术人员，就《东阳市城市总体规划修订纲要(1989—2010)(草案)》进行协商、研讨。与会人员对城市的性质、规模，水、电、路基础设施及对外交通等提出10条具体意见和建议，多数意见和建议被市政府及城建规划部门采纳。与会人员认为《修订纲要》把城市性质定为“具有传统特色的轻型工业城市”欠妥。东阳的传统工艺木雕、竹编在历史上有相当的声望，但对全市经济的振兴和发展上起不了决定性的作用。根据东阳的实际，应定为以化工、机械、纺织、电子等为主体的加工和制造相结合的轻型工业城市。对于城市规模，也拟订为“中小型”为宜。

对抓紧建设吴宁镇新南路的调研 1990年9月7日，市政协组织部分在城委员视察吴宁镇新南路路况和沿路各学校，并就新南路的建设问题邀请市政府、吴宁镇、吴宁镇南门、新南路沿路学校等单位领导座谈。随后，形成调研报告向市政府提出建议，报告指出：新南路沿路两边建有金华市城乡建设学校、市电大工作站、市预备役军官学校、吴宁三中、吴宁镇职业中学、东阳市聋哑学校等6所不同类型学校，共计师生两千余人，已经发展成为重要的文化教育区，然而，该区现有唯一的交通要道，尚属农村机耕路，路况极差，没有路灯，师生通行不便，危险事故时有发生。对此，广大师生和家长对建设新南路的呼声十分强烈。建议市政府把新南路的改造作为一件为民、为教育的重要实事、急事来办，及早安排。应该立即开展新南路改造的前期准备工作。在吴宁镇市区建设总体规划下，对新南路进行测量、设计和论证。鉴于财力有限，一次按规划实施有困难，建议从实际出发，分段、分期实施。在资金问题上，可采取市政府拨一点，地方政府拿一点，沿途单位出一点，群众自筹集一点的办法解决。在道路未得到改造以前，沿途各学校、单位要自己动手，清沟引水，尽可能地改善路况，以克服暂时的困难。收到建议后，市政府领导非常重视，将其列入1991年市政建设规划。第一期工程于1991年完工，路况得到明显改善。《人民政协报》刊登了这个调查报告，给予充分肯定。1993年7月9日，市政协领导就新南路二期工程建设，南街、解放路、西街排污排水设施问题，又专程与城建委领导协商，提出新南路二期工程不跟上，仍对行人、行车造成不便，特别是雨天，路面积水仍很严重。南街、解放路、西街排污、排水问题，是城建工作中的老大难问题，人民群众怨言甚多，反响强烈。通过协商，城建部门同意加快解决这两个问题的步伐。7月上旬，新南路的二期工程上马；中旬，南街、解放路、西街等地排污工程全面开工。

对加强城区家犬管理的调研 1995年11月，市政协九届十三次常委会议基于市区犬患严重的问题，向市政府建议：加强对城区家犬的管理，市区内严禁养犬，杜绝犬患；尽快制定家犬管理办法，规范市民行为，加强管理力度；把家犬管理作为创建文明卫生城市的重要内容，新闻宣传部门应加强对禁止饲养家犬意义、规定的宣传，公安、卫生等部门应切实做好家犬饲养的登记、防疫、挂牌等管理工作。1996年3月15日市政府给市政协发了答复件，并于1996年8月21日，发布《关于严禁在城区无证养犬的通告》，同时开展统一捕杀行动。

对加强市区绿化工作的调研 1996年7月，市政协根据调查发现，全市人均公共绿地仅占国家规定的五分之一，与全省相比，还存在较大差距。主要问题一是有些建设单位没有按照全国和省级有关规定规划绿化用地，见缝插房，乱占绿化用地比较严重；二是管理工作跟不上，绿化经费不落实；三是市民绿化意识淡薄等。为此建议：(一)按照规定留足绿化用地，搞好绿化规划；(二)积极筹集绿化资金，保障市区绿化顺利开展；(三)加强绿化管理，提高投资效益；(四)加强宣传教育，提高市民绿化意识。市委、市政府高度重视，制定“绿色行动计划”，提出争取在3年内做到城区黄土不见天。专门召开机关干部和企事业单位负责人动员大会。采取3条措施：一是拨巨款实施人民路等主要街道绿化工程；二是要求企事业单位自筹资金，落实绿化面积，组织力量搞好绿化；三是鼓励有实力的企业在市区征用土地，兴建公园、游乐场所，扩大绿化面积。

对兴建笔架山公园的调研 1997年6月，市政协在召开社会各界人士座谈会，广泛听取意见的基础上，又征求市建设局、吴宁镇和城中办事处的意见。一致认为兴建笔架山公园，占用耕地不多，自然条件具备；开辟一个供市区居民晨练、游乐、休闲的场所十分必要；这对增强居民身体素质，推进东阳精神文明建设，提高城市品位，将会产生积极作用。经市政协九届二十二次常委会议讨论，提出《关于兴建笔架山公园的建议案》，建议：搞好总体规划，分步组织实施。建议范围东起白鹤殿，西至南午岭公路一线的山地；拓宽筹资渠道，加快建设步伐；鼓励发展第三产业，建成开放性健身场所；突出东阳竹编、木雕、茶叶、教育等文化特色。

对创建国家园林城市的调研 1999年3月，市政协就如何创建国家园林城市进行调研，广泛听取社会各界的意见，形成《找差距，定措施，创建国家园林城市》的调研报告。报告中指出创建工作存在的5个方面问题，并建议创建工作要立足东阳，创出特色，做好3篇文章，即山水文章、“三乡”特色文章和与经济建设结合文章。山水文章指重点建好东阳江江滨公园，南山风景区，以保持自然绿色为主，少建人造景观，可进行林相改造或补种树苗，特别要杜绝山林火灾；“三乡”特色文章指园林化城市要与“三乡”有机结合进行规划、设计、建设，要保护好艺海公园、秀篁山庄等与工艺美术相结合、颇有特色的江南园林，不能一方面建园林，一方面又毁园林；与经济建设结合文章主要指与发展山区经济相结合，东阳山区和丘陵区域，气候土壤都能适应常规乔木和草木花卉培育，把园林绿化建设与山区扶贫工作有机结合起来，既可以更好发挥扶贫资金效益，还能解决生产绿地面积严重不足问题。调研报告还提出“科学规划，合理建设；加强宣传，严格管理；筹集资金，落实责任”等建议意见。报告形成后，市政协十届二次会议上作大会发言。4月，经市政协十届六次常委会议讨论研究，正式向市政府递交《关于创建国家园林城市的建议》。建议案中提出的管好用好城市维护建设税、建立“三包”园林绿化工作考核制、征收义务植树费等多条意见被党政部门采纳实施。1999年11月10日，《东阳市城市绿地系统规划大纲》通过论证，计划于2000年5月底前完成。1999年城区共增加公共绿地、居住区、单位庭院绿化面积8.6万平方米，栽植各种行道树3220棵。

对经营城市战略的现状、问题和对策的调研 2001年11月，根据市委、市政府的意见和市政协主席会议安排，抽调建设局、土管局、创建办、环保局等7个部门有关人员和部分政协委员，对全市经营城市战略的现状、问题和对策进行专题调研。建议：(一)垄断土地一级市场，筹集城市建设资金。依法加强对城镇国有土地的管理，实行统一规划、统一征用、统一出让、统一管理。(二)转让部分公用设施经营权，加快公用事业体制改革。对适宜推向市场的具体化业务，如市政设施建设维护、环卫保洁、园林绿化等有偿转让给专门的公司来经营。推行城市环卫保洁包干制、园林绿化管护责任制和绿地认养制。鼓励民间资金参与城市建设。(三)正确处理旧城改造与新区开发的关系。在建设江北新区和经济开发区的同时，加快旧城改造步伐。在新区中适当安排拆迁安置用地，合理定位旧城与新区的城市功能。(四)加强对经营城市的监督制约力度。严禁土地非法交易，对重大土地违法案件公开处理曝光；严格控制"三废"污染，按照"谁开发，谁保护，谁污染，谁治理"的原则，加大城市环境综合治理力度。以上述内容形成《做好经营城市文章，加快中等城市建设步伐》的调查报告，供市委、市政府制定2002年工作思路时参考。

对城区公厕建设的调研　2001年，东阳启动创建国家优秀旅游城市工作，对照标准，一个突出问题就是公厕太少。为破解这一难题，5月中旬，市政协部分委员和建设局、创建办、旅游局等部门负责人对城区公共厕所的规划、建设和管理等现状进行调研。调研发现，东阳近年来，城区面积扩展很快，但贯穿城区的主干道人民路、吴宁东西路、东西街等都只有一座公厕。新建的中山路、通江路、望江路和整个经济开发区都没有公厕，导致老城区宾馆及单位内部厕所成了居民如厕倒马桶的场所，新城区的马路和空地变成露天厕所。由于管理混乱，有的公厕则变成私人住房和废品回收站。为改变这一状况，提出：老城区公厕要查漏补缺，逐步改造；新城区公厕要优先规划，先行建设，避免先建房子再建公厕带来的选址难、建造难问题；为减轻财政压力，可在新区建设和旧城改造项目中，把公厕落实到房产开发商或业主单位，作为配套项目承建，列入考核验收；此外，还提出统一标准、规范管理等4条建议意见。市委、市政府非常重视市政协建议案的落实工作，至当年9月，市区公厕建设和改造工作取得突破性进展。市建设局、计经委、水电局、吴宁镇、开发区、江北新区等部门单位共新建公厕10座，重点改造14座，一般性改造9座。新建及重点改造公厕力求高标准、高档次，增设残疾人专用设施。市区共有公厕35座，已基本符合创优标准及市民需要。同时责成有关部门单位加强对公厕的管理，强化公厕管理人员的培训，使其发挥应有效用。

对开发"南山文化公园"的调研　2001年6月11日，市政协组织部分委员和建设、旅游、文化等有关部门对开发南山公园进行调研，座谈后，经市政协十届三十二次主席会议研究，提出如下建议：(一)要制定优惠政策，从发展城市、提高城市品位的战略高度来认识和研究此项工程，借鉴杭州市政府等外地关于建设文化公园用地优惠措施的做法；(二)要搞好总体规划，邀请国内一流的园林设计专家实地勘察，高起点规划，规划中要突出以"风景"为主要内容；(三)要理顺关系，尽快上马。建议被市委、市政府采纳。

对加快旧城改造步伐，推进城市化建设的调研　2002年1月，市政协组织有关部门，对城市建设进行视察和外出考察，并分别召开由建设局、土管局、计经局、物价局、吴宁街道办事处等部门领导和部分老干部参加的座谈会。了解旧城的现状和存在的问题，分析旧城改造缓慢的不利因素和原因，提出加快旧城改造的5条建议，在市政协十届五次会议上发言，后经市政协十届二十二次常委会议通过，形成《关于加快旧城改造步伐，推进城市化建设的建议》提交市政府。

对严格控制城区沿江两侧建设用地的调研 2003年12月，市政协就东阳江沿江两侧的土地开发利用情况进行调研，发现沿江两侧的土地开发利用没有控制规划，土地开发利用比较随意；工业用地布局不科学，部分黄金地带被挤占；大片的城市中心地块被用作别墅和村民拆迁安置，有的村居不久将成为二次拆迁的对象；违规用地，造成土地资源浪费等问题。为此向市政府提出3条建议：(一)尽快编制控制规划和景观规划，防止土地随意开发，用法律保障规划的实施；(二)控制部分用地，留有发展空间。要严格控制用地，留有余地，切莫急于求成，急功近利；(三)加强规划队伍力量，强化对规划实施的监督检查，杜绝以任何理由移用土地和不按规划开发利用的行为发生。

城市道路路名调研 2004年8月，市政协开展市区道路路名调研。调研组起草《征集城市道路命名的函》寄发给每位市政协文史委成员和通信员，征求路名创意。召集市内历史人文造诣较高的社会人士参加座谈会，听取意见建议。在广征博引、集思广益的基础上，形成市政协主席会议建议案。向市政府提出"传承历史文脉，彰显历史名人，体现三乡特色，展示名山秀水"的道路命名思路。提出可考虑县(市)名延续，如汉宁路、吴宁路、东阳路；以历史名人命名的路名几乎空白(现仅有一段短短的飘萍路)，兰溪有李渔路，义乌有宗泽路、雪峰路、丹溪路等等，而东阳的历史名人许谦、乔行简、冯宿、李品芳、严济慈、蔡希陶及木雕、竹编、火腿的代表人物杜云松、马富进、蒋雪舫等都可作为路名资源，既作永久纪念，又体现一个城市深厚的人文历史底蕴。以"三乡"命名，提出可在东阳中学附近命名博士路、学士路等，在建材市场附近命名鲁班路、百工路等。在用名山命名方面，提出可参照杭州的莫干山路、天目山路，在市区通往虎鹿、横店、画水方向的主干道上命名"东白山路""八面山路(禹山路)""八华山路"等。还提出可以用原村名、溪名、塔名等命名，以反映原有的人文、地理、历史状况。同时，建议建立"后备路名库"，以确保道路命名与城市规划同步进行，防止规划时的临时路名先入为主，及由此引起的路名混乱。市政府对建议案落实情况做了复函，指出在道路命名的具体方案中，较多地吸收和采纳建议意见。

对搬迁市畜牧中心的调研 2004年12月27日，市政协对市畜牧中心进行视察调研。发现畜牧中心的办公场地和动物疫病的检测室不安全、不卫生、不适应，与其所承担的防疫、检疫工作之间存在着一定的矛盾性和危险性。为此建议：加紧搬迁市畜牧中心的办公场所，完善动物疫病的检测室建设，防患于未然。按照农业部和省农业厅有关文件精神以及与省、金华市的防疫机构配套，借鉴义乌、永康等兄弟市的做法，尽快将市畜牧中心升格为东阳市畜牧兽医局，附设"东阳市动物防疫监督所"，整合现有的畜牧兽医力量，实行动物防疫、检疫、监督一体化管理。同时，要把动物无害化处理场所的建设列入计划，防止疫源扩散，做到"无疫防疫，有疫免疫"，确保人民群众身体健康。市政府采纳政协建议，2005年

12月，市畜牧兽医技术服务中心更名为畜牧兽医局，升格为东阳市农业局管理的副科（局）级全额拨款事业单位。负责全市畜牧产业、动物防疫、畜产品安全等工作。解放路84号原农业局办公楼调剂使用。

对免费开放城区主要公园的调研　2005年8月，市政协组织有关部门和委员，对全市城区公园的经营状况、群众的呼声和要求及发展的方向等情况开展调研。参照周边县市和一些大中城市的做法，结合东阳的具体情况就免费开放城市主要公园提出4条建议与对策。（一）更新观念，统一思想。在免费开放城市公园上不能只算"经济账"，要算"政治账"，算"社会效益账"；（二）采取政府补贴，企业经营的模式进行公园开放后的管理；（三）企业要根据开放后的实际情况转变经营思路，重在公园游乐项目和服务上做好文章，争取逐步赢利；（四）加强管理和宣传，采取多种形式引导群众文明游园、文明休闲娱乐，对不文明的游园现象，要采取舆论曝光等形式加以监督。该意见建议形成后，经市政协十一届二十九次主席会议讨论，作为建议案提交市委、市政府。收到建议后，市政府办公室即着手调研城区主要公园的建设、经营状况，借鉴兰溪、永康、义乌、湖州的有关做法，在与有关部门、业主协调的基础上，召开第二十六次市长办公会议，结合公园的建设规模、进程和游览客源、流量等情况，决定对城区儿童公园、西山公园、博大世纪公园实行免费开放（原定的经营管理权不变）；由市财政每年从城市维护费中拨出一定经费用于补助管理费用。2005年9月22日，市政府发布公告，决定儿童公园、西山公园自2005年10月1日起免费开放，博大世纪公园2006年1月1日起免费开放。

对东阳江江滨文化景观带建设的调研　2010年8月至11月，市政协领导率领由规划、建设、教育、建筑等有关部门和部分政协委员组成的调研组，开展东阳江江滨文化景观带——中国三乡文化园项目建设的专题调研。东阳江江滨文化景观带至义乌交界处，全长13.4千米，宽度在70米至200米之间，总规划面积5平方千米。根据规划，已基本完成绿化，成为东阳的良好生态环境。如何在自然生态景观中，通过展馆、雕塑、碑刻、长廊和视频、图片、文字介绍等，浓缩反映"教育之乡""建筑之乡""工艺美术之乡"的三乡文化底蕴，展现"崇文重教、精工善艺、大气包容、创新图强"的东阳人文精神，使外来游客了解东阳、"读懂"东阳，是政协组织这次调研的最主要目的。调研组先后召开4个专题座谈会。通过走访、座谈，征求50多位老领导和业内人士的意见。调研结束后，写成调研报告上报市委、市政府，供决策参考。12月1日，张仲灿对《关于东阳江江滨文化景观带项目建设的调研报告》批示："调研报告对市委、市政府规划启动江滨文化景观带建设具有很好的参考借鉴意义。建议政府组织力量进行认真的思考、分析、研究，初步理清对这一区域进行规划开发的思路，提交市委、市政府进行专题研究，以便及时推进对东阳城市建设具有重大而深远意义的这一项目。"

对建设南山生态文化园的调研　2010年11月，市政协通过召开座谈会、走访重点人士、实地考察、主席会议讨论等形式，就加快南山文化园建设开展专题调研并形成调研报告。调研组认为建设南山文化园具有必要性：是满足市民对城市环境需求日益提高的需要，是拓展市民休闲、娱乐、健身空间的需要，是打造城区山水文化旅游景观格局的需要，是创建国家园林城市的需要。具有可行性:政府已经编制了南山建设的长期规划,民间有建设南山的热情。存在的问题主要有缺乏管理制度,无序开发现象严重;没有形成统一的组织管理机构;生态、植被人为破坏严重。建议:准确定位,统筹规划;突出重点,适度推进;多方筹资,加大投入;建立机构,加强领导。

对加快横店小城市建设的调研 2012年3月,市政协组织专题调研组赴余姚、萧山等地考察学习,并通过走访、座谈等形式,对加快横店小城市发展课题进行调研,形成《关于加快横店小城市建设的建议》。提出3条建议:(一)科学合理定位,建立新颖横店镇行政管理体制。横店镇作为小城市培育试点镇,其管理体制的建立应该有所改革,有所突破,有所创新,要着力推进政企分开、政资分开、政事分开、政府与中介组织分开,做到不越位、不缺位、不错位,扩大政府的宏观决策职能,减少微观事务管理职能。一要体现"大行业、大系统"大部制设置的原则;二要体现"精简、高效、务实"的原则;三要体现"管得着、管得好"的层级管理原则;四要体现"小政府、大服务"的社会化原则。(二)深化扩权强镇改革,创新行政审批制度。扩权的目的,是为了强镇,是为了方便老百姓办事,凡是东阳能办的事,横店也能办。要按照赋予横店镇与县级政府基本相同的经济社会管理权限的要求,将发展决策、项目审批、社会管理、综合执法和检查特许等行政管理事项及权限通过交办、委托、延伸机构、开展综合执法试点等方式下放。(三)突出事权财权匹配,创新财政金融机制。要按照财权与事权相匹配的原则,建立完善财政管理体制,增强社会管理和提供公共服务能力。扩大镇级收入范围,将镇域内能独立计算的市级收入列入镇级财政。所提建议在市委、市政府出台的《关于扩大横店镇经济社会管理权限的若干意见》《横店镇扩权改革优化机构设置实施方案》和《关于进一步加快横店镇发展的若干意见》中得到吸收。

对保障房建设和红椿巷区域重建工作的调研 2012年6月,市政协领导带领部分委员前往建设局调研保障房建设和红椿巷区域重建工作。提出保障房建设要把好3个关:一是把好品质关:二是把好进入关;三是把好淘汰关。红椿巷建设是重点工程,也是民生工程,在建设过程中,要多研究、多探索、多讨论,形成科学的新思路。

对建设美丽县城的调研 2014年12月,市政协城乡建设委员会围绕"美丽县城"建设开展调研。调研发现,东阳建设美丽县城有地理优势、人文优势和经济发展优势,差距主要是经济发展、生态环境、人居生活、功能产业、城市规划建设和管理以及文化繁荣等方面有待进一步提升。思路及建议:(一)适应经济升级新常态。整体提升发展平台,加快产业转型升级,进一步强化要素支撑。(二)建设生态环境明秀美。全力推进"五水共治",推进绿色发展,加强城区环境卫生整治,加快城区绿化系统建设。(三)建设人居生活和乐美。强化惠民政策,强化社会管理,强化城市管理,完善中心城区功能形态,深入实施道路顺畅工程。(四)建设功能产业活力美。合理布局交通资源,尽快启动汽车东站东移,汽车北站北移项目,并启用新汽车西站;优化产业布局;提升城市承载能力,加快编制城区地下管网规划。(五)建设空间景观品质美。坚持规划引领,加快项目建设,提高土地节约集约利用率。(六)建设文化繁荣精致美。传承历史文化,塑造特质景观,创建城市品牌。

环境保护

对禁止在城区销售燃放烟花爆竹的调研 燃放烟花爆竹公害的日益严重引起社会的广泛关注，成为政协委员提案的热点，九届三次全会期间163件提案中，有5件是关于禁止燃放烟花爆竹的，(其中1件是民主党派的团体提案)。1995年11月，经市政协九届十三次常委会议讨论通过，把这个问题作为常委会建议案提交市政府，建议市政府从加强精神文明建设、关心人民群众生命财产安全的高度出发，采取有力措施，禁止在城区销售、燃放烟花爆竹。建议案得到市政府的重视，采取了相应的措施。1996年2月1日起在城区实行“双禁”(禁止销售、燃放烟花爆竹)。3月5日就前期工作和后期打算以东政发〔1996〕33号文件的形式做了答复。

对破解画水镇等地废塑污染问题的调研 2012年5月，市政协根据市委主要领导的指示和主席提议，为摸清废塑企业的基本现状，组织部分委员到画水、南市等地调查，通过走访废塑经营户、召开多个不同层次人员参加的座谈会、调阅《东阳市废塑行业环境污染现状评估报告》、分析对比2011年度全市总人口与死亡率及画水镇总人口与死亡率有关数据等方法，写出《关于破解画水镇等地废塑污染问题的调查和建议》，报送市委。画水镇等地废塑污染的主要问题及危害：一是污染严重，破坏生态环境；二是乱堆乱放，阻碍新农村建设；三是违章搭建，增加国土管理难度；四是矛盾突显，影响社会稳定。为此建议：(一)统一思想，提高认识。各有关部门要统一思想，形成推进废塑行业整治的共识，把废塑产业规范提升工作作为近期的重中之重的工作。(二)规范布局，整治污染。要加大对无证无照废塑经营户的清理取缔力度；对环境污染比较严重、群众反映强烈的废塑料加工户(包括废塑堆放、分拣、清洗、切片、粉碎、吹毛、造粒等)要限定时间、尽快完成整治；对虽然符合“三规”的废塑经营户实施规范提升，解决产业层次小、散、低问题。(三)控制源头，有效执法。依照法律法规，从源头上控制废塑污染。(四)引导转型，政策激励。加大废塑经营整治村的美丽乡村建设和整体规划建设的政策扶持力度。鼓励和引导废塑经营企业转型升级，并按照落实促进再就业的各项政策，在用地、用电、税收等方面给予相应的政策优惠，以促进经济持续稳定发展，确保废塑经营失业人员的就业增收，维护社会稳定。

对推进“四边三化”行动的调研 2013年4月，市政协组织部分委员对“四边三化”行动(指浙江省委、省人民政府提出的，在公路边、铁路边、河边、山边等区域开展洁化、绿化、美化行动)开展调研，发现宣传引导不够到位、规划工作不够科学、执行标准不够灵活、保障机制不够健全等问题。为此建议：一是宣传力度要加大。动员全社会共同参与，有钱出钱、有力出力，营造出全社会都关心、重视、支持“四边三化”工作的良好氛围。二是规划工作要跟进。相关业务技术部门必须根据地域、功能、地质等不同情况，既要考虑经济承受能力，又要考虑长远的生态、经济、社会等效益以及绿化、美化、洁化的观赏功能等需要，因地制宜，分类指导，科学规划。尤其要注重与土地利用规划、城乡建设规划及工业、旅游、交通等专项规划的衔接，注重与东阳的城市品位和文化底蕴的协调，注重与沿线有关区块的规划控制和道路改造的统筹，注重近、远期规划和建设时序的分配，充分体现规划设计的科学性、前瞻性和可行性。既体现“四边三化”行动的实际效果，又不造成资金和资源的人为浪费。三是执行标准要科学。全市各乡镇街道的地形、地貌起伏差异很大。要正确定位、科学把握，根据不同地质、不同情况制订不同的实施方案。如一些公路旁边本来就已经是非常好的田园风光，优质的农田或较好的生态环境，我们在开展“四边三化”行动时，就要对公路两侧“平均单侧绿化宽度达到15米”要求灵活把握，不要一刀切、一律化，否则会占用很多农田，造成许多浪费及重复建设，也不符合人多地少的东阳市情，不利于东阳经济社会的和谐发展。四是保障机制要健全。“四边三化”行动成果的巩固，效益的显现，必须种管结合，持之以恒，坚持不懈，做到“三分种，七分管”，否则将会劳民伤财，事倍功半，得不偿失，影响政府形象。所以要下大决心，花大力气，建立健全完善的投入机制、运行机制、管护机制，使东阳变得更加富饶、美丽。

对推进“两江”流域环境大整治的调研 2013年5月，市政协成立专题调研组就推进东阳江、南江“两江”流域环境大整治课题开展调研，形成调研报告。5月27日，市政协十三届十一次主席会议进行专题研讨，审议通过《关于推进“两江”流域环境大整治的建议》建议案，报送市委、市政府。

对城区“四溪一渠”污水治理及引水净化的调研 2014年2月至5月，为解决城区雅溪、东溪、西溪、巧溪和南干渠城区段的污水治理及污水净化问题。市政协农业农村委员会专门到市水务局、建设局、横锦水库二级电站、吴宁和白云街道等单位调研。召集有关社区小组、经济合作社负责人和熟悉东阳水利的专家座谈了解情况，提出截污纳管的5条建议意见及措施，拟订引水净化的3个方案，对每个方案的有利条件和不利因素进行详细的分析。市政协向市委、市政府提交《关于城区“四溪一渠”污水治理及引水净化的建设案》。6月11日，市委书记徐建华主持召开市委专题会议，听取市政协有关调研成果汇报。

对“两江”污水治理工作的调研 2014年3月，针对东阳江、南江“两江”流域环境污染的严峻现实，市政协开展加强污水治理的课题调研。历时2个多月，召开5次座谈会，走访多位相关部门专家、企业主和小区居民，在听取吸收各界民意基础上，向市委、市政府提交《关于“治污水”工作的调查和思考》的建议案，分工业污染、农业污染、城镇污水等8个方面，提出建立排污在线监控体系、建设生态堤坝、实行上下游一体化管理等多条建议，为开展“五水共治”提供依据参考。6月，市委召开专题会议，听取市政协调研课题成果汇报，认为选题准确、调研深入、分析透彻、建议可行，要求市政府和相关部门认真研究，抓紧出台具体措施，促使协商成果及时转化为党政决策。

第三节　社会民生

教育　卫生

对职业技术教育的调研 1986年4月22日至24日，县政协中学教育工作组会同在东阳的部分金华市政协委员和金华市人大代表共25人，分3个考察组，到东阳二中职业班、李宅中学职业班和歌山、凤山、甘溪、徐宅、黄田畈等5所农职业学校进行调查考察。通过现场考察、领导介绍、师生座谈，听取教育、劳动人事、经济建设等部门的意见，了解情况。发现一些问题：学校体制没落实；办学经费、教师待遇等许多问题没有落实；学校的专业方向没规划，课程设置没确定，教育质量没要求；教师、学生思想不稳定。针对问题提出建议：统一思想认识，加大宣传力度；尽快落实管理体制，明确责任；切实解决各学校存在的具体问题。随后提了两点具体建议：（一）请县委最近对发展职业技术教育问题作一次研究，对管理体制尽快做出决策。（二）建议县委组织区、乡负责人到徐宅职业中学参观学习，总绩推广他们的办学经验。县委、县政府采纳了建议，批准将徐宅乡农业中学更名为东阳县园艺学校，并拨款7000元，支持该校招收第二期新生；给凤山乡农业中学等学校解决实际困难，为发展职业技术教育创造有利条件。

对职工教育的调研　1986年9月22日至23日，县政协联合县人大会同县经委、总工会、劳动人事局、教育局、商业局、职工教育办公室等有关单位组成调查组，对县电大工作站、商业局、供销合作联社、粮食局、二轻局、经委、总工会的职工学校进行调查。调查组听取县职工教育办公室主任关于职工教育情况的汇报，并分别到各校（站）召集座谈，察看教室和其他教学设施。县政协和县人大向县委、县政府提交《关于我县职工教育情况的调查报告》。肯定了成绩，指出了存在的问题：一是各级领导对职工教育的重要性和迫切性认识不足，没有引起足够的重视；二是管理体制没有理顺；三是职校教师数无定员编制，工资从学员的学费收入中支付，经济和政治待遇没有保证；四是职工教育经费短缺，教育设备无法添置，许多课程无法开设；五是职工教育的某些措施不力，政策不落实。提出建议和意见：（一）进一步明确职工教育的指导思想，提高各级领导对职工教育的重要性和迫切性的认识，调动办好职工教育的积极性。（二）加强与改善领导，理顺关系，改进管理体制。撤销职工教育办公室由经委代管的决定，配备专职人员，切实发挥“统一规划，检查执行，协调各方面工作”的职能作用。（三）努力加强现有职工学校的建设，以职校为基地，建立培训中心。（四）争取在“七五”期间建立起一个结构协调、规模适当、布局合理、专业配套的政治文化教育、业务技术教育、电大函授相结合、能够适应东阳经济建设需要的职工教育体系。（五）建立正规的职工培训、考核制度。（六）各部门应按照国务院的要求，制定好“七五”期间职工教育的规划。县政府采纳调查报告的意见，为办好电大工作站拨款5万元，解决了教学楼工程欠款和修建厕所费用。

对重视幼儿教育的调研　1991年4月，经调研市政协向市政府提出《关于进一步重视幼儿教育的建议》。认为当前东阳市幼儿教育存在的主要问题：（一）不少山区乡村干部对幼儿教育的地位、作用认识不足，没有将学前教育提高到应有地位，往往把幼儿教育与小学、初中教育割裂开来；（二）幼儿教师师源不足，队伍不稳定，素质不高，农村幼儿教师大多是“保姆型”；（三）农村大部分幼儿园（班）教学设备简陋、陈旧，有的仍办在破旧祠堂里。建议：（一）加强对幼儿教育地位、作用、意义的宣传教育，提高广大干部和群众对幼儿教育的认识，把幼儿教育与全面实施九年制义务教育统一起来，提高办好幼儿教育的积极性；（二）理顺管理体制，把幼儿教育归口市教委统一管理；（三）稳定幼师队伍，提高幼师素质，改善办学条件；（四）市教育部门应制订幼儿教育发展规划，逐步增加幼儿园（班）数量，扩大幼儿受教育面，以适应广大群众的需要。

对在市区部分公共场所禁止吸烟的调研　1996年7月，为了做好市区部分公共场所的禁烟工作，市政协九届十六次常委会议通过《关于在市区部分公共场所禁止吸烟的建议》，向市政府提出3条建议：（一）禁止吸烟的范围包括医疗机构的候诊区、诊疗区和病房区；托儿所、幼儿园、青少年宫；市区各类学校的教学场所；影剧院、图书馆、档案馆、省级以上重点文物保护单位；市级机关、吴宁镇政府会议室。（二）禁烟工作应由市政府统一组织，各有关单位负责实施；制定禁止吸烟的有关规定，明确职能部门，加强管理力度；由禁烟场所所在单位设立禁烟标志，发现违规，按有关规定进行处罚；加强宣传力度，大力宣传禁止吸烟的意义、范围和规定。（三）领导干部要率先垂范。

对争创教育强市的调研　1999年4月，在市政协十届二次会议上，市政协“争创教育强市”专题调研组作《齐心协力，争创教育强市》大会发言，提出争创教育强市的关键是“确保投入”，难点是“办学条件”的改善，尤以实现“学校布局合理、办学效益高”这条更为困难。建议：（一）多渠道筹措教育经费，确保教育投入。全市教育经费虽然有了大幅度增加，但与争创教育强市的需要还远远不够。在多渠道筹集教育经费的同时，还要管好用好教育经费。（二）继续抓好中小学校布局调整。市政府制订了1999年全市学校布局调整方案。定点初中为41所，须撤并17所，难度很大。应该把它列为镇乡干部尤其是党政一把手岗位目标责任制考核内容。对规划撤并的学校不再鼓励经费投入；高中招生计划分解到定点初中等行之有效的办法仍应执行。（三）扶持重点，创建示范性名牌学校。东阳中学争创国家级示范性高中，仍面临着诸多不足和困难。首先，市政府应责成有关部门科学论证，制定东中的中长期发展规划，对办学目标、办学特色给予准确定位，对发展步骤加以明确、细化。其次，为争创“全国千所百强”学校，在校园占地、布局、功能配备等方面应高规格要求。东中校址搬迁与否，须早作定论。再次，要帮助学校实施好名师工程，支持学校引进知名老师和名牌高校毕业生。

对加快中小学破旧校舍改造的调研　2007年7月，市政协对全市中小学破旧校舍情况开展专题调研视察活动。调查发现，全市18个镇乡（街道）除吴宁、白云、江北、三单4个镇乡（街道）外，其他14个镇乡（街道）均不同程度地存在破旧校舍。其中急需进行整修或拆除的破旧校舍有69处，涉及26所学校的1.86万名学生，面积2.53万平方米。出现问题的主要原因：责任主体不明确，改造资金不充足，布局调整不到位。建议：（一）加强领导，明确镇乡（街道）的主体责任；（二）加大投入，多渠道筹措校舍改造资金；（三）严格管理，建立科学的校舍改造长效机制。该调查报告形成后，经市政协十二届二次常委会议讨论通过，向市委、市政府提出建议案。市政府12月17日函复，对政协提出的“明确主体、落实资金、合理布局”3条建议均落实解决，成立分管副市长为组长的领导小组，明确以镇乡为属地校舍修缮主体，市财政下拨第一批资金325万元到各学校，按照市人大通过的学校布局调整规划方案，加大撤并力度，避免重复建设。

对合理调整城区医疗资源布局的调研　2015年6月，市政协围绕“合理调整城区医疗资源布局”课题开展专题调研。走访城区各公立医院，召开市发改局、卫生局、规划局、国土局等相关部门参加的座谈会，吸纳社会各界人士尤其是相关医院负责人的多方面意见建议。市政协主席会议专门就此问题组织讨论，形成《关于合理调整城区医疗资源布局的调研报告》。12月1日，市长朱建军、市政协主席王正明带领相关部门单位负责人实地调研，并召开会议进行面商协调。会议认为，政协的建议方案切合城区医院布局调整要求和社会需求，具有较好的民意基础，方案基本可行。

对优化城区教育资源配置的调研　2015年7月，市政协提案委员会相关人员通过实地走访、座谈讨论，听取各方面意见。就部分校舍调整置换以及部分学校、幼儿园扩建等问题开展调研，形成《关于优化城区教育资源配置的调研报告》，提出建议方案。8月4日，市长朱建军、市政协主席王正明带领相关部门单位负责人实地调研，并召开会议进行面商协调。会议认为，政协的建设方案切合教育布局要求和社会需求，具有较好的民意基础，方案基本可行。

文化　体育

对东阳建成影视拍摄基地的调研　1996年3月，在市十届人大四次会议上，市长楼国华代表市政府提出“把东阳建设成为浙中现代化中等城市与文化名城”的奋斗目标。市政协经调研，形成《把东阳建成影视拍摄基地——为浙中历史文化名城增加点内涵的建议》，向市委、市政府提出建议：把东阳建成全国的、全天候、全场景的影视拍摄基地，继而成为富有影视场景风光特色的旅游城市，推动东阳的经济发展。东阳建成影视拍摄基地有三大有利条件：一是东阳秀美的自然景观，素有“歌山画水”之称。全市可作为电影电视拍摄景点的山、水、洞、瀑、岩众多，风景秀美。二是丰富的人文景观，有“邹鲁之乡”的美称。古迹、古居、风景点、农民旅游城、民间风俗、民间舞蹈、工艺美术、名优特产、文化名人等。三是良好的拍摄基础，全天候的拍摄环境。此前已有数十部电影电视在东阳拍摄。当前急需解决的几个问题：一是要建立一个强有力的组织机构，并赋予这个组织能够领导东阳市建成影视拍摄基地的权力，可同文化、旅游等机构结合起来。要像计划生育成为国策一样，将建立影视拍摄基地成为市策。二是要有长期的科学规划，制订好相应政策。三是制止人为的破坏，即制止建设性和非建设性的破坏。对现有的名胜古迹、明清古居要加强保护。四是动员组织全社会力量来建设。建成一个拍摄点，就是建成一个旅游点；拍摄一部影视片，就是制作一幅不花钱的广告；迎来一个拍摄组，就会给东阳带来大量的信息，为东阳作大量的宣传。7月下旬，建议报送市委、市政府后，市委书记杨守春、市长楼国华高度重视，分别做出批示，责成市建设局分管旅游的副局长于12月组织召开专题论证会。

对抢救东阳古代文化遗产的调研　1998年3月，全市唯一参与清理、整理文物古籍10多年的郭佐唐通过政协委员向大会提出提案，指出：东阳文物办馆藏有古籍先贤著述115种，宋元明清均有，经史子集齐全，其馆藏古籍之多，为全国县级单位少见。由于朝代更替，历经辗转迁徙，虫蛀霉变，侵蚀损坏严重。而珍藏已全部绝版，又无从购买，如再不抢救，将不复存在。市政协主席会议将此提案列为重点提案，责成政协文史委组织调研。为发掘馆藏的历史文化遗产，服务两个文明建设，8月20日，经市政协十届三次主席会议研究，以主席会议建议案的形式向市政府递交《关于抢救东阳古代文化遗产的建议》，建议市政府尽快组织力量，以编印《东阳丛书》这一载体来开展古文化的抢救工作，造福后代。建议：（一）加强领导，搞好协调。建立抢救东阳古代文化编委会，请市长兼任编委会主任，由政协文史委、文化局、市志办等有关部门领导任副主任，做好有关部门的协调工作。（二）聘用专业人员，加强编辑力量。聘请省古籍出版社退休的东阳籍资深编辑赵一生以及通过他组织数位专业人员担任编审。（三）多方筹措资金，保证如期完成。《东阳丛书》约500万字，估计需要出版经费120万元，市财政负担60万元，其余通过向社会筹措和书籍预订等办法解决。市政府回复采纳建议，并着手实施。1998年11月5日，市十一届政府第三次常务会议研究此建议案，决定（一）抢救古代文化遗产以整理编印出版《东阳丛书》的形式来完成，以政协文史委为主，市志办、文物办等单位配合，组织人员开展工作，力争三年内完成。经费以市财政拨款和向社会募捐等办法解决。（二）成立以市政府、市政协领导为正副组长的抢救东阳古文化遗产领导小组。《东阳丛书》全书22册、1515万字，于2014年9月和2015年1月分两期出版。

对新建市档案馆的调研 2002年8月，市政协视察调研市档案馆，发现市档案馆库容量不足，设施落后；房屋陈旧，安全隐患严重；地理位置不佳，出行不便。经市政协十届四十三次主席会议研究，向市政府提出建议：（一）抓住时机，尽快搬迁。（二）合理选址，科学规划。选择交通便利，水、电、消防等基础设施条件较好的地块，做到20年不落后；合理设计库容和配套设施，四周留有空间，高标准绿化。（三）统筹安排，落实经费。资金可从三个方面统筹：一是原档案馆在旧城改造中的拆迁补偿费；二是政府机关搬迁后旧办公楼拍卖款中补助一部分；三是缺口部分由市财政拨一点。市政府召开常务会议研究，责成市档案局和有关部门对市档案馆的规模、档次等进行科学合理规划，由江北新区管委会规划地块确定馆址。2011年10月，坐落于江北街道竹林路的市档案馆新馆建成启用。同时举行名人档案捐赠仪式，全国政协副主席厉无畏向档案馆捐赠了个人档案资料。新馆占地2公顷，一期建筑面积1.2259万平方米，总投资4671万元。新馆设有公共服务区、档案专用库区、局馆办公区等，具有档案安全保管基地、档案利用服务中心、政府信息公开中心、电子文件管理中心和爱国主义教育基地等“五位一体”的新型档案馆的功能。

加快文化产业发展、文化设施建设的调研 2005年9月，市政协通过召开座谈会、走访了解等形式对全市文化产业状况进行调查，经市政协十一届十八次常委会议研究，向市政府提出《关于加快我市文化产业发展、文化设施建设的建议》。分析全市文化产业和文化设施建设的现状、存在的问题，认为文化产业的发展问题处在四个不利的状态：对文化产业的认识处在不自觉的状态；文化产业的布局处在分散状态；文化产业的链条处在缺失的状态；文化产业的体制处于不配套的状态。建议：统一思想，以影视旅游作为东阳市文化产业的主攻方向；制定规划，丰富影视旅游业文化的内涵；优势互补，做大影视旅游业品牌；加强领导,打造影视旅游城;加快建设,发挥文化大项目的优势作用。11月22日,市政府向市政协复函,就近期所做的工作和以后的设想作了说明,承诺加强领导,加大投入,创新机制,力争文化设施面貌在近期有明显改观。

对加快市体育场馆建设的调研　2008年3月,市政协就如何加快体育场馆建设组织力量调查研究。通过走访座谈,调研组认为加快体育场馆建设势在必行,对场馆重新调整规划选址、功能定位、建设规模等提出建议。2008年3月《东阳通讯》全文刊发此建议及市委书记张仲灿的批示:"前段时间市政协组织力量对市体育场馆建设进行了专题调研,在多方征求意见的同时,内部还多次进行研究探讨。提出积极的意见建议和可供选择的方案,为市委、市政府民主决策、科学决策创造了条件,打下了基础。"

对重修文庙的调研　2009年3月,根据市委领导的批示,结合市委统一部署的东阳人文精神大讨论,市政协对重修文庙进行专题调研。召开座谈会6次,走访离退休干部和各界群众30余人,听取文化、建设、规划、档案、市志等部门领导的意见。调研组对文庙的渊源、群众对重修文庙的认同度、重修的必要性和现实性、文庙定址、重修的内容和功能、修建资金的落实等方面进行调查研究,提出建议:(一)加强组织领导,建立筹建领导小组;(二)建立顾问组,顾问组由资深的、有相当社会威望的、熟谙地域文化的社科、工艺、建筑界人士组成;(三)坚持尊重历史、适当发展的原则;(四)高度重视设计规划,充分体现"三乡"特色;(五)以"庙"促"文",进一步扩大东阳知名度;(六)一旦决定重修,宜敦促筹建组在顾问组的指导下,尽快会同有关部门制定重修方案及规划,及早征集有关史料和实物,为文庙的重修提前准备。市委书记张仲灿对调研报告作了批示。

对东阳市建设"中国木雕博物馆"的调研　2010年8月,市政协围绕东阳市建设"中国木雕博物馆"开展专题调研。召集木雕专业人士和相关部门负责人座谈,形成东阳市建设"中国木雕博物馆"的调研报告,提出建设"中国木雕博物馆"的必要性、可行性、基本设想和建议。

对创建浙江省横店文化产业综合新区,推进文化产业全域化发展的调研　2012年4月,市政协根据市委书记徐建华3月8日在横店镇委《关于加快推进横店小城市建设的建议》上的批示精神,抽调市政协办、市农办、旅游局、档案局、文化新闻出版局、影管办、法制办、东白山管委会、中国木雕城等单位负责人组成调研组,就"创建浙江省横店文化产业综合新区,推进全市文化产业全域化"课题展开调研。调研组先后赴余姚市泗门镇、萧山区瓜沥镇学习取经,走访横店镇委、镇政府负责人以及横店集团创始人徐文荣,召集市财政(地税)、工商、建设、土管、规划、编制、公安、金融等部门座谈。就创建浙江省横店文化产业综合新区、推进影视文化产业全域化发展问题做了探讨、研究。形成《关于创建浙江省横店文化产业综合新区、推进我市影视文化产业全域化发展的建议》。内容为5个方面:(一)东阳文化产业发展概况。主要集中体现为5个特点:影视文化独树一帜,教育文化源远流长,建筑文化异军突起,木雕文化独领风骚,旅游文化方兴未艾。(二)创建浙江省横店文化产业综合新区的重要意义。分析了创建浙江省横店文化产业综合新区的紧迫性、必要性和可行性。(三)创建浙江省横店文化产业综合新区的总体设想。分指导思想、新区名称、功能定位、新区范围、建设部门、建设规模、总体布局等7点设想。(四)创建浙江省横店文化产业综合新区的困难与问题。主要是管理体制问题、关系不顺问题、瓶颈制约问题、发展空间问题、统筹发展问题。(五)创建浙江省横店文化产业综合新区的对策建议:1.尽快要求省委、省政府批准设立"浙江省横店文化产业综合新区";2.建立浙江省横店文化产业综合新区建设联席会议制度;3.建立浙江省横店文化产业综合新区工作领导小组;4.成立浙江省横店文化产业综合新区管委会;5.理顺与横店和新区内镇(街道)之间的关系;6.建立浙江省横店文化产业综合新区工作机制;7.加大对用地政策的支持;8.进一步明确财政支持政策;9.加大金融支持力度;10.努力把横店镇打造成全市文化产业发展的重要引擎。市委相当重视,于5月8日出台《关于进一步加快横店发展的若干意见》,就政协提出的建议一一给予落实,明确了牵头单位、配合部门和具体政策措施。

对东阳文化体育中心建设存在的问题与对策的调研 2012年8月14日,市委建立文化体育中心领导小组。市政协召开相关会议,开展考察调研,对影响文化体育中心建设进程的规划设计、土地征用、建设资金3个方面主要问题,提出对策:(一)克服畏难情绪。对于文化体育中心建设项目"有条件要上、没有条件要创造条件上",要把它提升到提高城市品位、满足人民精神文化需求、促进经济社会发展的高度来认识。对于规划设计问题,在时间服从质量的前提下要环环相扣,做到能快则快,不因环节众多、程序复杂而拖延时间。对于土地征用问题,要组织精干力量,集中时间,突破土地征用的瓶颈。对于资金问题要多方筹措,一是向上争取,二是财政筹拨,三是自筹部分。(二)确立节俭办事的原则。建筑材料的选用倡导本土、实用、经济、高性价比的原则。防止在建筑材料的使用上、工程的建筑中以获取巨额利润为目的商业行为。财政、发改对项目的概算要精打细算、认真把关。(三)强化工程管理理念。文化体育中心的建设要加强各单位基建办的力量,建议抽调部分善管理、懂业务,曾经搞过基建的人到相关单位充实基建办力量。同时,也可以聘请社会上一些懂基建的人到基建办工作,充实力量。另外,市纪委、审计、质监等部门要加大对建筑管理的监督力度。

对文化产业全域化的调研 2014年10月,市政协就东阳市文化产业全域化工作开展调研。形成《东阳市文化产业全域化的思考》,报送市委、市政府,供决策参考。

对创建东阳文博中心、塑造东阳文化品牌的调研 2015年4月,根据市委书记徐建华的意见,市政协组织部分政协委员、有关专家开展对东阳江江滨文化景观带部分建筑使用功能进行重新定位,并以此为契机开展创建东阳文博中心、塑造东阳文化品牌的调研。提出通过调整歌山画水公园内建筑博物馆场馆使用功能,整合文化机构及各类功能,创建东阳文化博览中心的建议案。建议案阐述了东阳文博中心的功能和定位、目的和意义,提出建筑博物馆场馆调整使用功能的3个建议方案。同时,提出创建东阳文博中心的4条建议措施:(一)成立组织,明确职责。建立东阳文化博览中心领导机构、组织机构,赋予组织协调、研究策划、建设管理等工作职能,尽快开展工作。(二)统筹安排,科学布局。对3个文化机构进行详细的调查摸底,确定每个机构所需要的建筑场馆具体面积,综合考虑,系统安排,最大限度地利用好现有场馆设施。(三)合理改造,增加元素。在江滨公园绿化带上适当增加东阳人文因子、特色文化元素，让江滨文化景观带更具人文色彩、更有文化气息。（四）精心设计，严格管理。要特别注重加强管理，提防设计师、承包商、施工方以营利为目的，只求短平快，不肯下功夫。要用好的设计、好的理念、好的管理，把东阳文博中心做成文化精品工程。

对中国木雕博物馆运行一年来情况的调研　2015年11月，市政协组成调研组，就“中国木雕博物馆运行一年来情况”展开专题调研。听取中国木雕博物馆运行一年来情况的汇报；走访副市长陈军和市编办、经信局、文化局、旅游局、中国木雕城、东白山景区管委会、工艺美术协会等部门负责人；征求陆光正、冯文土、徐经彬、卢光华、黄小明等业内人士的意见。调研组认为，东阳市博物馆和中国木雕博物馆“两馆合并”的管理体制背离了建造中国木雕博物馆的初衷，不利于中国木雕博物馆专业性功能的发挥，有损于“世界木雕之都”的声誉与形象。存在的主要问题：机构被撤，地位矮化，功能弱化；隶属关系不当，管理体制不顺；运营模式单一，门票经济得不偿失。建议：（一）实行“两馆分设”，恢复“中国木雕博物馆”。撤销市编委东编〔2015〕11号文件，“中国木雕博物馆”与东阳市博物馆分设。两馆分设后，实行两块牌子两套班子管理，恢复“中国木雕博物馆”。（二）恢复木雕博物馆的功能定位，重新明确其指导思想和发展目标。必须明确中国木雕博物馆的性质定位是全国木雕专业性博物馆，必须坚持服务于木雕文化的传承、木雕市场的繁荣、东阳影响力的扩大、东阳工艺美术事业的发展壮大这一根本指导思想。将中国木雕博物馆的发展目标定为世界手工艺组织活动的新平台、“中国木雕之都”的新载体、木雕市场及工艺美术行业繁荣发展的新动力、提升城市形象和文化旅游的新名片、全市经济社会发展的新引擎、创建“世界工艺博物馆”的新条件。（三）理顺隶属关系，健全管理体制，明确机构职能。隶属关系：明确中国木雕博物馆为市政府的直属机构，隶属于市政府。管理体制：一是管理机构。建立中国木雕博物馆管委会。中国木雕博物馆为管委会的日常工作机构。明确中国木雕博物馆为公益二类全额事业单位，核定事业编制15人左右。二是开发机构。建立中国木雕博物馆文化旅游开发公司，为企业化运营单位。三是智囊机构。恢复中国木雕研究院，系木雕文化和木雕产业研究与咨询机构。（四）取消门票，走“商旅文”发展路线。一是取消门票，强化管理。二是确保木雕博物馆的培育经费。建议划拨一定数额的经费作为木雕博物馆的培育经费，其经费由市政府与浙商建业共同承担。三是发挥优势，走“商旅文”实业发展路线。通过“商旅文”实业开发，以馆养馆，发展馆业。（五）整合木雕文化旅游资源，打造中国木雕文化旅游区。一是中国木雕博物馆要做大做强。二是中国木雕城、木雕市场（二期）和中国木雕文化主题公园、江滨景观带等处作为木雕文化旅游区的主要景观和活动场地。三是做好该区域的基础设施配套完善工作。

民　生

调查西营乡经济发展的现状　1986年10月16日至19日，县政协组织农林水、畜牧兽医、养殖业、药材种植等方面的专业技术人员赴西营乡调查经济发展，脱贫致富的情况。调查发现，西营乡基本上解决了山区人民的温饱问题，但经济远远落后于全县平均水平。除了历史原因和客观条件外，一是党委、政府为脱贫致富服务不够。二是有的党员满足现状，无所作为，得过且过，听天由命。三是文化科学水平低，经济信息闭塞。调查认为“种植畜牧为主，良田种好粮食，工业尽力开路，山林封养并举”是该乡加快脱贫致富的路子。具体要抓好以下工作：一是种植业。坚持决不放松粮食生产，力争粮食稳定增产。要推广良种，调整农业产业结构，发展经济作物。做好病虫害防治，重视水利设施建设。二是畜牧业。首要问题是改良畜种。要求县政府尽快落实省山羊基地会议精神，建议在西营乡开辟山羊基地，计划到户、落实到人，并帮助解决资金。三是落实山林政策，制定乡规民约，加强山林管理，发展经济林。四是保持现有茶园规模，着重抓好管理，取得更大效益。五是乡村工业要真正起步。开采境内的石灰石矿，推动乡村工业起步。考察组形成《关于西营乡脱贫致富情况考察报告》将西营乡经济发展的现状、脱贫致富的对策，干部群众的要求向县委作了报告。同时，一方面给干部农民提供农业技术知识的咨询服务，一方面与县政府有关部门联系，帮助西营乡解决一些急需解决的问题，如水电局拨款1.22万元，支持兴修水利；农业局帮助建立了百亩猕猴桃种植基地，给他们引进良种温岭高峰公牛等。

对物价执行情况的调研 1987年7月，县政协工商经济工作组与县人大、政府有关部门领导共64人，分3个大组，到农资公司，农机公司，蔬菜公司，供电局，自来水厂，吴宁、南马菜市场，横店、黄田畈供销社以及3所县属中学、2所医院等国营、集体单位和一些个体商店，就生产资料、蔬菜、副食品的价格和事业单位收费情况进行调查考察。将少数单位违反物价政策，乱涨价、乱收费，损害消费者利益等情况向县长作了汇报，并提出5项建议供县政府和有关部门参考。同年11月，又会同商业、工商、计量、物价、卫生等政府部门领导共17人，对县城吴宁镇的86家商店、商场进行考察，考察情况向县政府领导作了汇报，并与部分商店、商场的经理做了对接交流。

对改善吴宁镇居民生活用水的调研 1988年4月，县政协七届二次会议上，科技工作组提出《关于进一步改善县城吴宁镇居民生活用水的议案》。建议更换二泵房至东阳中学段1300米的输水总管，建造无阀滤池，提高水质，解决吴宁镇群众的后顾之忧。4月6日县政协七届五次常委会议审议通过，提请县人民政府办理。9月8日市政府函复：撤县设市后，吴宁镇的总体规划需重新修订，报省人民政府批准后实施。对城区的用水问题，将作全面和长远的考虑，与撤县设市后的城市建设总体规划结合起来，根据城市发展的需要，在修改总体规划时予以重点考虑，按建设规划要求，根据财力逐步实施。

对老年人生活状况的调查 1988年7月中旬至8月上旬，市政协妇女界委员及市妇联干部共7人，对吴宁、巍山、虎鹿、宅口、防军、湖溪等地的老年人生活状况进行调查。通过座谈和走访，了解到有相当一部分老年人生活状态不佳：一是生活水平低。子女给付的生活费极少，根本无法维持必要的生活。二是住房简陋。多数老人住的是老房、旧房、破房、甚至危房，吃住拉撒在一起。三是农活繁重。中青年外出打工、经商，全家的农活都落在了老人身上。四是精神上痛苦。有的老人丧偶后生活孤单，加上子女遗弃、虐待，只好自寻短见。政协妇女界委员认为，尊老爱幼是中华民族的美德，也是社会主义精神文明建设的内容之一。为了开展好第一个敬老节(农历九月九日重阳节)活动,建议:(一)各级政府和宣传部门要宣传尊老爱幼的社会主义风尚,贯彻《浙江省保护老年人合法权益的若干规定》,保障老年人的权益。(二)各级妇联、工会、共青团组织,要齐心协力,开展评比五好家庭活动,把敬老、养老、爱老列入评比五好家庭的条件。(三)各地老年协会继续组织开展好老年人"老有所为、老有所乐"工作。

社情民意调查　1997年8月,市政协发出要求政协委员反映社情民意的通知,政协委员围绕全市的中心工作和人民群众反映强烈或普遍关心的问题,开展社会调查。有49位委员提出77条建议意见。汇总归类后,整理成《近期市政协委员反映的社情民意》,送副市级以上领导参阅。主要意见建议:(一)在思想道德、精神文明建设方面:严肃会风,工作会议不应摆设水果、副食品;在黉门广场、革命烈士陵园树立国旗旗杆,重要节假日升挂国旗;吴宁东西路、南街禁鸣汽车喇叭;加强对图书市场的管理力度,查处非法出版物和盗印书。(二)在党风廉政建设方面:抓好干部的勤政、廉政、俭朴工作,清算招待费;清理党政干部专用的小轿车、移动电话、住宅电话,尽快出台有关政策规定,防止公车私用;建立干部财产申报制度;建造超标准办公大楼,要清查经费来源。(三)在城市建设方面:清理青春路、振兴路上的铁棚;及时清除东街、双岘路、吴宁中路等处杂草,修整吴宁东西路的绿化带;尽早建好东街,落实拆迁户地基;继续做好灭鼠、灭蟑工作,加强家犬饲养管理。(四)在工业方面:选好企业领导班子,适应市场经济;液化气站重复建设,造成大量土地、资金、人力的浪费;强化企业验资工作监督力度,提高验资质量;清理整顿各行业的集资款和押金,建立账册,杜绝公款私存;加快新化工区建设;抓好道路等工程质量的验收关;在解决下岗职工再就业问题上实行税收、管理等方面的优惠减免,落实最低生活费标准,利用原汽车中心站为下岗职工提供经营场地。(五)在农村、农业方面:山区加快通公路;制止剧毒农药在蔬菜上使用;禁止电鱼;禁止销售"六六粉";科技信息送到农家;抓好早中稻种植面积;村镇建设要重视旧房改造,节约耕地。(六)其他方面:加强社会治安,清查外来人口;清除公路上的晒物和堆积物;整顿法律服务市场;建立人才市场等。9月23日,市委书记杨守春阅后批示:"政协委员关心大局,坦陈己见,精神可嘉。请各主管、分管领导及相关部门注意吸收,以不断改进工作。"

对加快农村宅基地有偿使用步伐的调研　1999年3月,市政协就农村宅基地有偿使用,组成专题调研组,到部分乡镇和政府职能部门调查研究,并到兄弟县市学习取经,形成《农村宅基地有偿使用势在必行》的报告。调研组在市政协十届二次会议上作了大会发言。4月7日,经市政协十届六次常委会议研究,形成《关于加快农村宅基地有偿使用步伐的建议》上报市委、市政府。建议案指出,全市要实施农村宅基地有偿使用,还存在一些亟待解决的问题,主要是"三个难":基础工作滞后,处理违章难;情况千差万别,标准制订难;传统观念根深蒂固,有偿使用群众接受难。为此建议,要做好"五个抓":(一)抓查验土地使用证,摸清农村宅基地底数;(二)抓收费标准制订,规范收费行为;(三)抓准时机,稳步推进农村宅基地有偿使用;(四)抓经费管理,确保合理使用;(五)抓宣传教育,提高农户认识。市委、市政府积极采纳建议,将如何因地制宜开展农村宅基地有偿使用列为年内市委、市政府的重点工作，并着手实施。政协建议案经市委综合整理后上报省委，得到省委领导的重视，并指示省土地管理部门到东阳开展农村宅基地有偿使用课题的调研和试点工作。

对“百家扶百村”的调研 1999年5月，市政协组织市农办、林业局等部门负责人到贫困村比较集中的三单、佐村、上村、马宅4个乡镇的51个贫困村调研。印发“百家扶百村”情况调查表；先后召开联村干部、贫困村干部及部分结对扶贫单位等9个座谈会；实地踏勘扶贫项目。据调查，自1997年9月市委、市政府开展扶贫结对活动以来，101家结对单位为山区开发改造优质早产茶园、板栗、食用笋、香榧、猕猴桃等基地以及修路、架桥、安装电话和自来水等项目，投资已达358万元，实施经济项目102个，基础设施项目113个。开发山区资源，改造基础设施，使贫困山村农民的生活水平有了普遍提高。开展“百家扶百村”活动，是加快山区脱贫，提高贫困山区“造血”功能，提高农民生活水平的好路子。但认识参差不齐，工作进展不一，重基础轻开发，贫困村的发展后劲仍然不足，依赖思想作祟，扶贫效益不佳，经费管理不善，挫伤扶贫单位积极性等问题不同程度地存在，必须认真解决。为此建议：表彰先进，鞭策后进，来一次“回头看”，进行总结评比；抓住重点，对有经济实力的单位、村庄相对较大又有经济开发空间的村进行一次梳理，适当调整帮扶对子，以便发挥更好的效益；加强资金管理，提高使用效益，将扶贫单位支持的资金由乡镇负责管理，监督使用；针对担负结对扶贫任务的企业在扶贫资金税前列支、小村移民建房地基、结对村与邻村的矛盾难以解决等问题，政府部门应主动提供服务，积极帮助解决。市委书记杨守春批示：“市政协围绕中心务实调查，精神很好，所反映的情况和建议也很有价值。”市委书记办公会议听取市政协的调研汇报，采纳有关建议，召开全市扶贫工作会议，改进扶贫工作。

对地处深山、高山贫困村下山脱贫的调研 2001年5月，市政协组织经济科技工委、市农办、建设、财政、土管、林业等部门的有关人员，对地处深山、高山贫困村下山脱贫工作开展调研。经6月28日市政协十届十九次常委会议研究，形成《关于地处深山、高山贫困村下山脱贫的建议》。建议：(一)制定计划，分步实施。第一步，把贫困村中条件相对较好、经济承受能力较强的搬迁下来；第二步，把全市条件最差、最贫困的村搬迁下山。坚持自愿原则，不下指标，成熟一个搬迁一个。(二)拓宽思路，落实安置。可采取“四个结合”的办法：整体搬迁与农户自主下山结合，政府安排和自找对象相结合，下山脱贫与推进城市化结合，下山脱贫与农场转制相结合。(三)积极筹集资金，支持下山脱贫。资金筹集可从3条渠道考虑：从政府农发基金中切出一块，发动原来参加“百家扶百村”的政府部门和企业捐一块，乡镇政府贴一块。(四)加大宣传力度，营造一个良好的下山脱贫的社会氛围。(五)建立组织，加强领导。7月12日，在市委中心组学习会上，对下山脱贫问题作了研究。一致认为，政协的建议是在广泛研究调查的基础上提出的，符合东阳的实际，具有很强的针对性。会议决定把下山脱贫工作列入市委的重要议事日程，进一步调查论证，把下山脱贫与山区综合开发结合起来，与“百家扶百村”活动结合起来。着手制定规划，研究有关政策，分步实施。下山脱贫工作被列为2002年全市20项重点工作之一。

关于建立失地农民基本生活保障制度的调研 2003年7月8日，市政协调研组到吴宁、白云、江北、横店4个办事处对失地农民的现状及出路进行调研。通过座谈、走访，了解到当前农村干部群众呼吁解决的问题:一是征地补偿低;二是失地农民就业难;三是后顾之忧多;四是政策不到位;五是集体资产面临瓜分的危险。对此向市委提出《关于建立失地农民生活保障制度的建议》:(一)高度重视,建立解决失地农民问题的保障制度和专门机构;(二)制定政策,切实维护失地农民的合法权益;(三)用好留用地,发展壮大村集体经济;(四)多种途径,切实解决失地农民的后顾之忧。重视做好失地农民基本生活保障,做好就业培训、保护性就业,加强对失地农民中"老弱病残"者的保护和救助。市委对该建议高度重视,采取有效措施解决了有关问题。

对外来员工生产生活环境现状的调研 2004年6月,针对企业招工难的现象,市政协组织部分政协委员和市人事劳动社会保障局、总工会等单位负责人对企业外来员工生产生活环境现状进行调研,并到外地县市借鉴先进经验。7月,形成《关于进一步加强外来员工管理和服务,促进经济发展》的书面建议。向市政府提出:提高认识,加强领导,建立健全外来员工管理和服务组织;多方努力,优化就业、教育、居住、精神文化等服务,为外来员工创造理想环境;采取措施,加强管理,维护外来员工合法权益等建议。10月29日市政府向市政协函复,以建立健全维权机构、组织劳动法执法检查、开通"追薪绿色通道"为抓手,加强对外来人员的管理和服务工作。

对破解农民私人建房难的调研 2015年10月,为破解农民私人建房难问题,市政协组织调研,写出《关于破解农民私人建房难的调研报告》。报告提出:全市在2009年就着手开展农村住房改造工作并列出2009年至2012年改造计划和目标任务。由于农民私人建房受多种因素的影响,问题依然十分突出。根据市国土局提供的数据,全市符合条件要求建房的农户有17433户。有的村由于受土地指标、本村规划或者甬金铁路等重大项目规划红线控制等影响,已经四五年未批农民私人建房,有的甚至有十多年未审批。有许多急需建房的农户无法得到审批,导致许多镇乡农民私人建房的来信来访越来越多,农民私人建房难问题已成为社会稳定的一个重大隐患,必须引起高度重视。报告指出存在问题主要有土地指标紧缺,供需矛盾十分突出;村庄规划和土地利用总体规划不协调,缺乏操作性;有限的规划建设用地难以得到有效利用,规划建设用地无法得到充分利用;原拆原建审批手续繁琐,影响部分建房户的报批。报告提出4条建议:(一)统筹协调、因村制宜,搞好"两规"修编完善。一是统筹抓好"两规"修编,确保一致性;二是规划修编要因村制宜,确保可行性;三是村庄规划一经批准必须严格执行,确保严肃性。(二)改造挖潜、多措并举,增加农民建房用地。(三)加强引导、转变观念,逐步向垂直式和平面式"双轨"制住房模式推进。一是要搞好农房集聚区总体布局规划;二是要鼓励有条件的村,用"双轨"制的办法解决农民建房问题。(四)摸清情况、分类处置,严格把好农民建房审批关。

社会发展与管理

对培养选拔妇女干部的调研 1990年12月3日,市政协组织部分妇女界委员召开培养、选拔女干部调研座谈会。会议认为当前东阳女干部在各级领导班子中的比例仍然偏低,任正职少,落选多,基层女党员比例偏少。建议:(一)各级党委要把培养选拔女干部工作列入重要议事日程,每年不定期研究几次,并确定专人分管。舆论上对女干部给予支持,多宣传妇女干部的政绩,消除重男轻女的世俗偏见,逐步形成一个男女之间平等竞争的环境。(二)对现有的乡、镇、村妇联主任的政治经济待遇应与男干部一视同仁。逐步提高女干部进党委班子的比例。在选举有困难的情况下,可以采取先委任的办法,以提高下届女干部的当选率。(三)要重视女干部队伍的基础建设,尽快改变乡镇女干部来源匮乏状况。一是今后每年要继续从大中专毕业生中,分配一定数量的女生到乡镇工作;二是每年从市机关和企事业单位中动员一批素质好、有培养前途而没有经过基层锻炼的女干部到乡镇任职,并采取相应的鼓励措施;三是重视发展女党员,特别是要在基层发展女党员,把发展女党员工作列入基层党组织的考核内容。(四)抓好现有女干部的培训,提高女干部的整体素质。

对如何迎接“撤县建市十周年”的调研 围绕东阳“撤县建市十周年庆祝活动要不要搞,如何搞”的问题,市政协于1997年7月21日开始专题调研。先后召开由各民主党派负责人、部分政协常委和市教委、建设局、工商局、计经委、财政局、总工会、妇联、创建办、爱卫会等有关职能部门参加的两个专题座谈会,赴义乌市政协学习取经。随后,综合各方面意见,写出《关于如何迎接撤县建市十周年庆祝活动调研情况的汇报》,向市委、市政府提出建议:(一)撤县建市十周年庆祝活动一是要搞,二是要少花钱。(二)庆祝活动的着重点在于:用显著的业绩,向撤县建市十周年献礼,促进经济发展,推动两个文明建设。1.抓契机、提口号、定目标、促工作;2.以“市委领导、政府协调、群众自愿、社会办节”为方针;3.操作方法上,要力求3个相结合:经济建设和思想道德建设相结合、庆祝活动和经贸活动物资交流相结合、动的活动和静的活动相结合。具体活动建议:组织一次庆祝和献礼集会;拍摄一部以撤县建市十周年成就为内容的电视纪录片;抓紧博物馆的建设,举办以图片文字为主体的展览;制定政策,鼓励向全国各地的报纸杂志投稿,宣传介绍东阳;组织丰富多彩的民间音乐舞蹈为内容的活动、播放电影等;组织各种知识竞赛和征文比赛。

对政法工作现状及存在问题的调研 1998年4月20日始,市政协开展以“政法工作的现状及存在着哪些不足之处”为内容的调查。先后召开各民主党派负责人,部分在城政协常委,部、委、办、局中的部分政协委员,横店镇联络组和市政法委、公安局、法院、检察院、司法局等8个座谈会。在广泛听取各界群众对政法系统的意见与建议后,形成《搞好政法队伍建设,为东阳发展保驾护航》的调研报告。根据政法机关存在的执法水平和政法队伍的整体素质与推进依法治市的要求还不相适应,人民群众反映强烈的一些问题,提出急需解决的3个问题:(一)受利益驱动,乱收费、乱罚款现象很大程度损害了政法队伍的形象。建议学习义乌等县市的做法,在保证工作经费的前提下,政法部门的一些政策性收费上交市政法委掌管,实行收支两条线。(二)队伍中的诸多弊端,致使政法队伍的整体素质弱化。要重视对政法干警的思想政治教育,把好政法队伍的“进口关”,畅通“出口关”。切实落实各种责任制,明确分工、明确职责,避免权力过于集中。要制定一整套行之有效的纪律与制度来规范政法干警的一言一行,倡导文明用语,杜绝不文明的行为和语言出现。(三)滥用职权、随意使用警械、刑讯逼供问题亟待解决。这种情况虽然出现在少数干警身上,但严重损害了党和政府、政法队伍的形象,必须引起领导重视,采取有力措施加以制止。该调研报告引起省政府领导的重视。

对编制《东阳市国民经济和社会发展“十五”计划和2010年远景目标纲要》的若干建议意见 编制《东阳市国民经济和社会发展“十五”计划和2010年远景目标纲要》(以下简称《规划》),是事关东阳较长一个时期经济和社会发展的重要工作。市政协把围绕《规划》编制进行协商,提出意见建议,作为2000年度的一项重要工作。专门发出通知,要求每位政协常委结合本职工作做好调查研究。并召集部分常委就《规划》座谈讨论。2000年9月28日,市政协十届十五次常委会议把协商讨论《规划(征求意见稿)》作为重要议程之一。会议对《规划》编制指出了5个方面的不足:(一)宏观把握不够,发展目标也不够宏伟;(二)与国际经济发展趋势接轨不够;(三)对全市发展的某些定位不尽合理,提法不够科学;(四)布局谋篇不科学,思路欠清晰;(五)某些口号响亮,内容空泛,具体措施少。会议就经济建设、城乡建设、基础建设、群众生活、科教文卫等方面提出具体修编意见,并对《规划》编制提出3点建议:(一)郑重其事,科学编制;(二)纵横比较,合理借鉴;(三)删繁就简,规划做精。

对东阳经济开发区财政和体制问题的调研 2001年1月,市政协组织部分常委调研视察东阳经济开发区,提出尽快解决经济开发区财政和体制问题的建议:(一)设立经济开发区财政,增强滚动发展能力。与乡镇一样实行财政包干,超收分成的政策。(二)明确范围,理顺体制,充分发挥管委会的管理职能。从3个方面进行:一是明确开发区管辖范围,纳入城市总体规划,作为城市建设的组成部分进行规划、开发;二是理顺开发区管委会与政府职能部门的关系,政府部门能授权的都要授权给开发区管委会,明确职责,及早委托;三是理顺开发区管委会与吴宁镇的关系。城西和西郊两个办事处划归开发区托管后,吴宁镇要及早办好委托手续,除法律有明文规定外,其他管理职能全部授权开发区管委会施行。(三)明确目标,限期完成任务。解决开发区设立财政和理顺体制的问题,市委、市政府要规定时间,限期完成任务。

对建立和完善人才支撑体系的调研 2001年8月,市政协组织部分委员及科委、计经委、工经办,就“如何构筑人才支撑体系,推动地方经济持续、快速发展”开展调研。调查发现主要问题:起点不高,结构欠合理;用人环境不佳,人才难留;引人办法不多,渠道单一。经十届三十四次主席会议研究,市政协向市政府提出以下建议:(一)简化人才调动程序,畅通人才引进渠道。(二)规范合同版本,纠正侵权的条款和做法,坚决杜绝过河拆桥,损害引进人才合法权益的不法行为,提高引进人才的签约率。(三)采取有力措施,解除引进人才的后顾之忧。一是按照市政府的规定落实引进人才的养老保险和医疗保险;二是解决好子女入学问题;三是为引进人才解决住房。(四)理顺关系,解决引进人才的职称代评问题。(五)拓宽渠道,加大人才引进力度。办法:由政府牵头,组织龙头企业、小巨人企业、朝阳企业赴中西部和三北地区的大专院校广纳良才;提供优厚条件,诚邀高级人才到东阳创业;利用春节等时机,召开回乡过节的本科生、研究生等专业人才座谈会,动员他们回乡谋求发展;定期举办人才集市，吸收外地人才到东阳献计；建立人才网站，与大专院校联网，广募各方人才；利用国家优惠政策引进国外智力。

对加强领导、理顺关系，搞好经济开发区建设的调研 2003年4月，市政协对市经济开发区在运作中存在的管理体制和运行机制、规划和基础设施建设滞后、工业用地缺口额较大、部门服务意识弱和园区优惠政策不能落实到位及入园企业“数量多、规模小、科技含量低”等问题进行调研，撰写了《关于进一步加强领导、理顺关系，搞好经济开发区建设的建议》。向市委建议：(一)改革管理体系，理顺各种关系。本着“小机构、全功能、精人员、强能力”的原则对原机构进行撤并。实行带编定员，职能部门派驻开发区的人员要带编就职。开发区对所辖街道实行直管。理顺与政府职能部门的关系，理顺财政体制关系，理顺与失地农民的关系。(二)统筹安排招商引资，科学规划城市建设。成立市招商引资领导小组，对全市招商引资工作进行统一领导、统一政策、统一协商。经济开发区的城市建设应融入全市城市总体建设之中，实行统一规划，科学布局，全市一盘棋。(三)严格筛选入园企业，发挥园区“孵化”功能。

对村级区域调整的调查 2003年4月，由市政协牵头，会同组织部、农办、民政局、国土局和建设局等部门组成联合调查组。先后到画溪、城东、巍山、佐村、千祥、南马等地调研，广泛征求乡镇领导的意见，深入农村听取村干部、群众的反映和要求，并到天台、平湖、长兴等地考察学习。摸清全市行政村的布局现状及农村经济社会事业发展的制约因素。主要表现为“五难”：一是小城镇规划、建设难；二是重复建设多，资源共享难；三是矛盾纠纷多，处理难；四是力量弱，办事难；五是人才少，组织建设难。调研组认为村级区域规模调整直接面对的是千家万户的农民，涉及面广，政策性强，各种利益关系错综复杂。提出调整工作措施：(一)必须充分认识村级区域规模调整的重要意义：有利于提高村级综合经济实力；有利于优化村级班子，提高干部素质；有利于村庄的合理规划布局，推进中心村建设；有利于乡镇党委、政府对农村工作的管理；有利于减少非生产性开支，减轻农民负担；有利于化解民间纠纷，增强村民自治能力。(二)村级区域调整必须把握几个原则：规模效益，有利于发展的原则；便于管理，整撤整并的原则；依法操作，尊重民意的原则；因地制宜，确保稳定的原则。(三)充分发挥镇乡街道的主体作用，深入调研，制订科学合理的撤并方案，打好主动仗。(四)抓住关键，把握重点：统一各方面的思想；制定政策，妥善处理集体资产；切实加强村级班子建设；积极稳妥安排好富余人员。(五)加强领导，形成合力。市里要成立由市委、市政府领导挂帅的领导小组，各部门要通力合作，各司其职。6月，形成调研报告。11月，经主席会议研究讨论，形成建议案《关于搞好村级区域调整的建议》报送市委、市政府。2004年10月，全市开展了大幅度的行政村区域调整工作。

关于东阳与世界名城—萨尔兹堡建立友好城市关系的建议 2004年7月，市政协向市委提出东阳市与奥地利共和国萨尔兹堡市结成友好城市的建议。建议分析了建立友好城市的意义与可行性。市政协常委、广厦建设职业技术学院院长耿大玉教授曾在奥地利留学工作多年，受聘为维也纳理工大学和维也纳自然资源与生命技术大学的客座教授。建立友好关系的意向，耿大玉酝酿已久，并与对方教育界知名人士多次商磋，对方表示出浓厚兴趣,并提出一些实质性的操作意见。国际量子力学权威、中国科技大学教授、东阳人潘建伟在奥地利具有很大影响,在维也纳大学获得博士学位,并获奥地利科学院大奖。市政协原委员,已故奥地利籍、在东阳湖沧村生活60多年的华知萍,其一生被拍成电影、戏剧、电视剧等,在奥地利广为传播,并被奥地利总统授予荣誉勋章。所有上述有利条件,都为东阳与萨尔兹堡建立友好城市奠定良好的基础。可利用9月奥方教授到广厦学院授课的契机,促进双方互访、加强交流、增进了解,开发和设立一些共同感兴趣的合作项目,最终正式签订条约建立友好城市关系。市政府对此建议非常重视,4月18日,市长陈丰伟批示,要求市外事办公室做好工作。市外事办与奥中友协、省外事办、省友协联系请示。根据外交部《友好城市工作管理规定》的有关精神,按照外交惯例,由于萨尔兹堡市是奥地利萨尔兹堡州的首府,而东阳是一个县级市,若由双方政府出面,签署建立友好城市关系协议有一定困难。后经沟通联络,2011年11月,东阳市与奥地利另一城市纽多夫市签署建立友好交流关系意向书。

对行政村区域调整后续完善工作的调研　2008年年底,根据市委主要领导意见,市政协开展行政村区域调整后续完善工作调研。调研组去乡镇街道、社区、村居,调查和了解2004年行政村区域调整后全市农村的基本情况和存在的问题。3月6日,经十二届二十四次主席会议研究讨论,形成《关于加快做好我市行政村区域调整后续完善工作的建议》的建议案报市委。提出坚持村级组织总体框架不变,逐步促其融合;坚持有利于健全基层组织,提高效率,方便群众;坚持因地制宜,分类指导;坚持有人管事,有钱办事;坚持有利于维护稳定,促进农村发展等6条原则意见和20多条具体做法和措施。市委书记张仲灿批示:“市政协形成的调研报告简单明了、主题鲜明、重点突出,所提出的意见建议具有十分重要的参考借鉴作用,为市委、市政府对这项工作做出科学安排和实施部署打下了很好的基础。”市委、市政府相关部门采纳市政协提出的意见建议,有序开展行政村区域调整后续完善工作。

对加强社区组织建设的调研　2013年5月,市政协会同市委组织部、市农办、民政局,去江北、城东、六石(上卢管理处)、吴宁街道和巍山、横店镇等6个单位就关于加强社区组织建设的问题开展调研。了解到全市现有43个社区居委会,其中14个城市社区,29个农村社区,常住人口25.8万人。在管理和运行中存在的主要问题:(一)社区体制机制和管理运行不顺畅。社区在法律上虽是群众自治组织,但从人员组成和日常运行情况来看,却相当于一个工作片;农村社区在政策挂靠上存在“盲区”,履行着城市社区一样的“义务”,却不能享受城市社区同等的“权力”。(二)社区办公服务条件有待完善。大部分社区工作服务用房紧凑、简单,社区服务设施短缺、设备落后,已跟不上社区建设的新需要。(三)社区经费有待增加,社区力量有待加强。(四)社区服务有待深入,社区共驻共建、资源共享的工作机制不健全。(五)社区党建工作水平有待提升。对加强社区组织建设提出5点建议:(一)进一步理顺社区体制机制。(二)加快完善社区配套服务用房建设。建议市政府对社区办公用房和公益性服务用房在政策方面有刚性的规定。(三)健全激励保障制度,提升社区服务效能。加大投入,保障社区工作经费;配齐配强社区工作人员;理顺社区工作职能;加强激励,对优秀的社区工作人员,在表彰奖励的同时,要加大选拔任用力度,择优考录、选拔一批优秀社区工作人员进入乡镇党政干部队伍。(四)推进共建共创活动,进一步提升社区的服务水平。建立完善规章制度,健全完善考核体系,建立健全社区服务体系。顺应城市管理重心下移的要求,社区要把工作重心从管理转到服务上来。(五)进一步提升社区党建工作水平。进一步健全社区党建保障机制,健全社区党建共建机制,健全在职党员作用发挥机制。

对加快推进东阳义乌区域经济合作的调查 2013年6月,市政协对加快推进东阳义乌区域经济合作问题展开调查后向市委、市政府提交《关于加快推进东义区域经济合作的调查和思考》,提出东阳和义乌地域相连、人缘相亲、文化相通、产业互补,同处浙中城市群核心区域,经济社会发展都走在金华各县(市区)前列,彼此同样面临着严峻的转型挑战。如何加快推进东阳义乌区域经济合作,提升东义区域综合竞争力已成为两市领导共同关注的重大课题。加快推进东阳义乌区域经济合作的有利因素是愿望一致,区位一体,资源互补。制约因素是观念存在束缚,体制存在壁垒,经济实力存在差距。提出推进东阳义乌区域经济合作的路径选择和合作重点:(一)加强东义社会各层面的交流沟通,建立东阳义乌两市日常对接机制;(二)加强发展规划对接;(三)加强基础设施建设对接;(四)加强水环境治理对接;(五)加强产业发展对接;(六)加强区域市场对接。

对城区横店一体化发展的调研 2015年12月,市政协针对城区横店一体化发展问题开展调研。通过召开多个座谈会,听取横店影视文化产业实验区管委会、横店镇党委、政府及发改、国土、交通、文化、规划、旅游等部门领导的意见。就城区横店一体化发展问题,写出调研报告,提出建议。

第四节 调研报告

调研报告是政协组织围绕党政中心工作建言献策的重要载体,其质量直接体现了政协的履职水平。通过对调查资料进行分析研究,撰写出肯定成绩客观、分析问题准确、提出对策可行的调研视察报告,做到既能引起党委、政府的重视,又表达了调研对象及社会各界的意愿和诉求。一些重点调研课题,经政协主席会议多次协商讨论,数易其稿后,形成调研报告提交市委、市政府。本节选编调研报告8篇。

发挥东阳人经济优势 促进东阳经济和社会发展

——关于东阳人经济的调查

一个地区经济的发展因自然资源、地理环境、文化背景、传统观念等的不同,有各自的特点和优势。自改革开放以来,我们东阳常年有十几万人走南闯北在外创业赚钱,创造了很大的物质财富,但这些经济价值在本市的GDP、财政总收入等主要经济指标中却没有完全的体现,这是东阳经济的一个显著特点。摸清东阳人经济情况,发挥东阳经济优势,促进东阳经济发展,是当前一个值得研究的问题。根据市委领导的意见,我们组织了工商、建管、统计、协作办等8个部门的有关人员,就东阳人经济这一课题开展了调研,这次调研不给“东阳人经济和东阳经济”下定义,旨在说明东阳的这种经济现象。因此,本文所说的“东阳经济”特指在东阳境内创造的经济,“东阳人经济”特指东阳人在外地创造的经济。本次调研在各乡镇党委、政府和有关部门的鼎力支持下,在全体调研组成员的共同努力下,摸清了东阳人经济基本情况。

一、东阳人经济基本特点

(一)外出人口多,从事行业广

据不完全统计,东阳人外出经商的31000人,在外地办企业的2200人,承包建筑工程的大小老板2600人,建筑工人约100000人,其他外出打工的14000人,大专院校毕业生未回东阳就业及部队军官转业在外地供职的13600人,合计在外人口共163400人。因受条件限制,在海外创业东阳人的有关情况无法统计,未列入本次调查范围。外出创业的东阳人,经过多年的努力,逐步形成了一些集聚地。如在西安市区经商、搞建筑及科技人才达6000多人;在昆明螺蛳湾、云南家电批发等市场经营的东阳人达5000多人;在乌鲁木齐从事边贸的月明楼专业市场,80%经营者是东阳人。同时,根据不同区域的特点选择自己力所能及的行业,并在激烈的市场竞争中驻足扎根,形成规模。如在上海从事高科技产业多;在广东从事家具装潢业多;在昆明、兰州等地从事商贸业多;在重庆、西安等地从事建筑业多;在美国等发达国家形成留学生集聚地(目前,在美国的东阳籍留学生240人,其中博士后12名,博士120名)等。从业范围广泛,工、农、商、贸、学等无所不包,什么赚钱干什么,哪里赚钱到哪里。

(二)企业规模大,产业层次高

20世纪80年代初期,东阳人外出创业大都从小工匠、小商贩等低层次产业起步,经过十几年的跌打滚爬,渐渐完成了原始积累,以自己的知识、技术、品牌、资金去占领市场,规模逐步扩大,层次不断提高。如吴宁镇的斯养武出去时是小泥水匠,现成为拥有7亿元净资产的甘肃兰东房地产开发有限公司董事长。虎鹿镇的张国芳,出去时是小木匠,到1999年,投资4亿元,建起了兰州国际博览中心,名噪西部商界。许多外出的东阳人都是走这样的创业之路。市内一些有实力的企业,也纷纷外出创业,通过收购、兼并等途径整合资产要素,做大做强企业。横店集团近十年来在上海、广东、吉林、四川、河南、安徽、湖北等地投资数十亿元,创办和兼并了一些企业,并从单纯的工业向农业开发拓展,在山东的东营、滨州等地就投入7亿元,承包了4万公顷土地发展草业,建成了亚洲最大的现代化饲草生产基地。广厦集团实施资本扩张战略,连续购并了老牌国有企业重庆第一建筑公司、南京总承包公司、杭州华侨饭店等数十家企业。目前,在重庆就有建筑项目70个。中天集团在上海、广东和西部等地稳扎稳打,仅在西安市区承揽的上千万元建设项目就有30个。

年轻一代外出创业者,更是出手不凡,以知识、技术为载体,大手笔开创宏业。如郭广昌在上海创办的复星高科技(集团)有限公司,坚持走知识经济发展之路,从一家只有3.8万元的小型科技咨询公司起步，如今已发展成为拥有资产20多亿元的大型控股企业集团，成了知识经济的成功典范。赵允良博士在上海创办伟恒通等8家控股公司和十几家子公司，净资产也在数十亿元。

一批规模较大的企业，如野风集团、东磁集团、花园集团等，它们在完成了一定的资本积累和具备了比较丰富的经营、管理经验后，纷纷把触角伸向房地产开发。据了解，现东阳在外地创办的房地产开发公司20余家。其中广厦集团就办了4家，今年，广厦杭州天都城地产项目计划投资80亿元，成为我省大型房地产开发项目之一。一些在外创业企业还成功地实现了股票上市。如郭广昌的“复星实业”，何玉良的“北生药业”等，不但提高了企业的层次，更增强了企业发展后劲。

（三）创造价值大，个人收入高

东阳人凭借勤劳和智慧，在创造了巨大的社会价值的同时，自己也获得了丰厚的收入，造就了一个先富群体。保守地统计，在外创业东阳人合计年收入57.3亿元。据调查分析，通过外出创业，个人资产在亿元以上的有10余人，千万以上的有200人左右，百万以上的人数以千计。虽然我们这次没有把东阳籍海外人士的创业情况纳入调查范围，但可以肯定，他们所积累的个人财富数量更多。

二、东阳人经济是东阳经济和社会发展的潜在优势（略）

三、壮大东阳人经济，更好地促进东阳经济和社会发展

东阳人经济是东阳人民用自己的智慧创造出来的特色经济。它既有很深的历史渊源，又具有旺盛的生命力。深入研究和开发东阳人经济，对于促进东阳经济发展，增强综合实力，具有非常重要的意义。

（一）采取有力措施，积极发展东阳人经济

东阳人经济是市场经济的产物。推进东阳人经济发展：第一，要把东阳人经济纳入全市经济工作范畴，统一领导，统一规划，统一管理。第二，要加强对外出人员的服务和管理。应成立一个外出人员的服务管理机构，建立外出创业情况资料库，设立网站；采取各种方式对外出人员实施经济、科技、法律等知识培训，拓宽创业思路，提高市场驾驭能力。第三，要加强外出人员的团结，避免内部无序竞争，消除内耗，形成合力，提高外出创业的综合竞争能力。第四，要继续加强外出人员队伍中党组织和协会建设，发挥作用；在不增加外出人员负担的情况下，市领导每年应到外出人员创业集聚地走访，联络感情，激励外出人员的创业热情。

（二）实施东阳人经济优势发展战略，促进东阳经济的发展

第一，利用东阳外出人员市场意识强、经营方式灵活和业已形成销售网络优势，在扩大外地产品销售的同时，把东阳企业的产品销往外地。把帮助市内企业发展与自己获取利润结合起来，使东阳产品占领更大的市场。

第二，利用东阳的人才、技术、资金优势，合理引导更多的人或优势企业到外地兴办企业或兼并外地企业，参与外地开发，拓展东阳经济发展空间，使更多有实力的市内企业成为“跨市公司”“跨省公司”甚至“跨国公司”。

第三，将东阳人经济优势与外地、特别是西部地区丰富的自然资源优势和较廉价的劳动力优势实施对接，借树结果，借鸡生蛋，增加市内经济总量。

第四，利用东阳人经济扩大就业渠道，分流市内富余劳动力，减轻市内就业压力，特别是要在下岗工人和大中专学生中宣传、推介东阳人经济，使他们能成为东阳人经济的一部分，从而给东阳经济和社会的发展营造更好环境。

（三）用务实的态度，发挥在外科技人才优势

东阳籍在外高级知识分子3100人，博士生600人，在国外留学生420人，量多面广，可以说遍及全球，他们当中不乏从事科技前沿研究的仁人志士，掌握着国内外领先技术和信息，是东阳发展经济取之不尽用之不竭的宝贵财富。要实实在在地把引进人才、资金、项目、技术作为科技洽谈会或教授、博士故乡行的主要内容，以免流于形式，真正发挥科技人才的作用。

（四）做好“回归”文章

调查中发现，在外地创业赚了钱的人大多有很深的家乡情结，希望能为振兴家乡做贡献。近年来，外出创业者积极响应市委、市政府的号召，已回家乡兴办回归企业478家，促进了家乡经济的繁荣。我们要在继续做好企业回归的同时抓紧做好资金回归工作。市委、市政府要因势利导做好利用文章。特别要花精力物色包装一些公益项目，吸引投资者。对那些捐助者要给予冠名、颁发荣誉证书等相应的政治、社会待遇，并制订吸引资金意见，使之规范化、制度化，激活他们的捐助热情。历年我们在这方面已取得了一些成绩。如王惕吾出资1.5亿元、黄立三出资500万元、陈和贵出资400万元、张国芳出资50万元建设家乡医院、学校、公路、大桥等公益事业；横店集团出巨资搞城镇建设；广厦集团、南方涂料公司、圣华公司出资认养江北新区、市政广场、南大门等地的绿化树苗之举，就是政府包装好项目，企业家出资建设的成功范例，是一条很有推广价值的好路子。所以，抓“回归工程”应拓展思路，发掘优势，多头发展。

（2001年8月）

关于搞好村级区域调整的建议

改革开放以来，我市农村发生了巨大的变化，经济和社会各项事业得到了较快发展，农民的生活水平有了明显提高。但随着改革的深入，农村中综合经济实力不强、村集体经济薄弱、基层组织建设不尽人意等问题也一定程度影响了农村各项工作的开展和进一步发展。特别是这次乡镇行政区划调整后，村级布局散、数量多、密度大、管理难等问题越来越明显地暴露出来，成为制约我市农村经济和社会事业发展的一大障碍。因此，搞好村级区域调整势在必行。

一、基本情况

我市现有人口近79万人，1191个村，平均人口只有500多人，是我省农村行政村数量最多、村均人口比较少的（县）市之一，与平湖市相比，我市的村均人口只有他们的六分之一。全市最大的村是虎鹿镇的蔡宅村，1216户，3592人；最小的村是佐村镇的皮坑村，只有11

户,23人。根据调查,我市行政村有以下特点:

(一)从户数人口看,小村数量大

全市500户以下的小村有1094个,占91.86%,其中100户以下的村249个,占20.91%。500人口以下的小村742个,占62.3%。其中,100人口以下的小村49个,占4.14%。这些小村大部分分布在山区,其中尤以佐村镇最为突出。该镇现有行政村70个,全部不足500户,其中100户以下的村33个,占47.14%。

(二)从区域面积看,村均面积小

根据测算,全市村均区域面积为1.44平方千米,平原农村区域相对较小,而山区农村区域相对较大,主要是山林面积占有相当比例。

(三)从村集体经济看,穷村数量多

据农经总站统计,去年村级集体经济年收入10万元以下的村有964个,占全市行政村总数的五分之四。其中集体经济"空壳村"有289个。有的干部反映,连买张红纸写选民名单都要自己掏腰包,怎么有心思去办公益事业。

(四)从村级组织建设看,还存在不少问题

据组织部门调查,我市平均每100人,就有一名村干部。如果按每人每年误工补贴1000元计算,一年光干部误工支出就是近800万元,其他非生产性开支随之增加,管理成本也就高。除此之外,还突出表现在村干部整体素质不高、后继乏人、入党难等方面。有的村选来选去就这么几个干部,思想守旧,致富无门。有的地方由于受宗派、家族的影响,"天高皇帝远",长期以来存在着"家族制"。如某镇有一个村80个选民,由于近年来人口变动因素不大,在选举中选来选去选同一个人担任村民委员会主任,而且都是46票。相当部分村中党员年龄老化,意志衰退,党支部软弱涣散,战斗力、凝聚力普遍不强已成为基层组织建设的突出问题。

二、必要性

我市行政村数量多,规模小,布局散,经济弱,在一定程度上影响了农村经济社会的进一步发展。因此,根据我市农村实际,搞好村级区域调整,具有重要的现实意义和深远的历史意义。

(一)有利于增强村级综合实力,加快农村经济发展(略)

(二)有利与优化资源配置,集中优势发展公益事业(略)

(三)有利于配好配强村级领导,加强农村基层组织建设(略)

(四)有利于精简村干部队伍,减轻农民负担(略)

(五)有利于乡镇党委、政府加强对农村工作的领导和管理(略)

三、可行性

(一)交通通信发达,基础设施齐全

通过历年的投入与发展,奠定了较好的物质基础。目前,农村道路、通信、水利、电力、教育、医疗卫生等基础设施建设大有改善,基本实现了村村通公路的目标,这些都为搞好村级区域调整及调整后的进一步发展提供了有利的客观条件。

（二）大气候形成，时机基本成熟

从大气候分析，随着我国社会主义市场经济体制的逐步建立，人的流动性越来越大，使得行政村区域观念逐渐淡化。再加上近年来，从中央到地方的机构改革和精简，干部和群众对减员增效已形成共识，搞好村级区域调整有着较好的外部环境。从小气候看，一是我市先后两次对乡镇行政区划进行了成功调整，并取得了显著成效，积累了区域调整的经验；二是周边一些县市已实施了村级区域调整工作，有成功的经验可借鉴。这些都有力地增强了广大干部群众对村级区域调整成功的信心；三是在农村城乡一体化建设的实践中，许多有识之士对村级区域调整提出要求，这是适应农村经济发展的历史趋势；四是明年村级组织要进行换届，先调整后换届，时机也比较好。

（三）村庄自然扩大，管理职能缩小

目前我市农村新房子多，且村与村已经贴得很近，许多地方根本分不出哪是我村，哪是你村，这样自然而然地“并”到了一起。另外，当前村级主要管理职能已逐步转变到做好各种产前、产中、产后服务和日常管理上来，这样行政管理范围逐步缩小，职能发生了明显变化，从而也使村级区域扩大成为可能。

四、几点建议

村级区域调整直接面对的是千家万户的农民，涉及面广，政策性强，各种利益关系错综复杂。从一定意义上讲，要比乡镇区划调整矛盾更多、难度更大。搞好村级区域调整工作，既要正视困难、加大力度、积极推进，也要迎难而上、扎实细致、稳妥实施。为此，我们建议：

（一）统一思想，提高认识

市委、市政府必须充分认识村级区域调整的重要性、必要性，克服求稳怕乱的思想，把思想统一到党的十六届三中全会上提出的“五个统筹发展”上来，统一到贯彻落实上级党委、政府的决策上来，统一到减少行政村数量，促进农村经济发展上来。在统一思想的同时，要充分发挥乡镇的主体作用，做好广大群众的思想工作，形成上下齐心，步调一致的工作氛围，保证调整工作的顺利进行。

（二）科学规划，周密部署

为了确保并村工作的平稳过渡，必须制定一整套科学合理的政策和强有力的方法措施，坚持好几条原则。一是坚持以乡镇为主体、整撤整并的原则。乡镇必须深入研究，充分准备，做出积极稳妥的决策，制定切实可行的方案，反复推敲，周密筹划，整撤整并，使调整中的资产处理、干部配备、人口规模、资源配置、新村名称等更趋科学合理。二是坚持依法调整的原则。根据组织法的有关规定，自下而上严格按程序进行，最后将调整方案报市政府审批。三是坚持村集体资产“不分掉、不平调”的原则。即“资产不平调、资金不平分、债务不平摊”，要从不同村的实际出发，尊重群众意愿妥善处置集体资产。四是坚持规模效益、有利发展的原则。针对我市实际，行政村规模在100人以下的村原则上应予以撤并；居住在同一自然村的几个村可并为1个村；居住相邻的几个村，人口在2000左右的村也可以合成1个村；集镇所在地及紧邻的几个村可并成1个村；根据各镇、村实际，因其他情况需要合并的村，可合并为1个村。有条件的乡镇，如各办事处和横店镇可向农村社区化发展；条件不成熟的村，也可以在形式上先合并，允许通过一定的磨合期，然后逐步平稳过渡。参考天台、平湖、长兴等地的做法，全市压缩行政村规模可考虑在45%～50%左右，也就是说，整合后全市行政村数量可以控制在500～600个村之间。

（三）加强领导，形成合力

村级区域规模调整是一项重大的农村改革举措，是带有全局性、历史性的重要工作，也是面广量大、工作难度大的工作，其政策性、法律性都很强。为保证做好村级行政区域规模调整工作，必须加强领导。市里要成立由市委、市政府领导亲自挂帅的村级行政区域规模调整领导小组，统一领导和指导全市村级行政区域规模调整工作。领导小组下设办公室，抽调纪委、组织、民政、农办、建设、国土等职能部门组成。同时，每个市级领导和机关部门都要至少联系一个村，每个镇乡市里都要派出指导组，具体指导和督促此项工作。乡镇也要成立相应的组织，领导和实施这项工作，确保把矛盾解决在乡镇。总之，为了搞好这项工作，全市上下必须高度重视，通力合作，集中力量，集中精力，全力以赴，一气呵成。

（2003年11月）

接轨义乌　优势互补　共同发展

——关于接轨义乌的调查

由“鸡毛换糖”演变成中国小商品城，由中国小商品城迈向国际性商贸城市，义乌的发展，的确是个奇迹。东阳与义乌，江水相连，两地的发展各有特点和优势，在省内外都有较好的声誉。但毋庸置疑，近几年，义乌以超常规的发展速度走在了东阳的前头。今年1—9月，义乌全市实现财政收入17.5亿元。在2003年中国义乌国际小商品博览会上，有分别来自126个国家和地区的境外客商10212人，24个国家驻华使馆官员参会，40余个国家组成商务团参会，10余家跨国零售采购商到会洽谈采购。义乌已是实至名归的国际商贸城，融入了全球经济圈之中。义乌人正豪情满怀地提出“三步走，翻三番，争十强，建设国际性商贸城市”的宏伟目标。争取在20年内，使义乌社会经济综合发展指数进入全国县（市）前十位。为了实现这一目标，义乌正在掀起两大运动。一是“造城”运动。以城乡一体化为载体，把全市所有农村都作为城区进行统一规划和管理。规划一步到位，分期实施。二是“造厂”运动。以小商品城为依托，打造相关产业链，实现生产销售一条龙。现在的义乌，处处都是工地厂房，处处都是车水马龙，一片繁荣景象。佛堂镇的经济社会发展水平在义乌居中游。但他的工业园区在企业规模、效益等方面丝毫不亚于我市的经济开发区，截至今年10月，佛堂镇的税收收入达到6000万，全年实际可超1个亿。义乌的北苑工业园区兴建于1999年3月，2002年完成工业总产值37.7亿元，外贸出口交货值4个亿，财政收入6356万元。

向能者学习，拜能者为师，这是中华民族的文化传统；发展是硬道理，谁发展就学习谁，这是新时期经济建设的必然。定好位置，学习义乌，接轨义乌，这是许许多多有责任感，有事业心，有忧患意识的东阳人的共同心声，也是全市上下，干部群众正在和必将达成的共识。基于这种认识，我们政协正副主席、调研员，共同前往义乌考察，就为什么要学习义乌、接轨义乌，学什么、接轨什么等问题进行了调研。

一、接轨义乌的必要性和可行性

东阳与义乌土地相邻，人缘相亲，文化相通，历史上曾同属一个郡府。两地之间存在许多优势互补，资源共享，互通有无的方面。义乌的市场与交通，东阳的土地与水利等等，都有很大的互补性。在东阳、义乌接轨的问题上，义乌也有这方面的共识和需求。如果东阳、义乌在区域经济发展上统筹规划，科学安排，在经济上则可形成义乌是前方销售市场，东阳是后方生产基地的紧密型产业链。在城镇建设上，东阳与义乌构成10分钟交通圈。东阳依山傍水，利用建筑之乡优势及相对低廉的土地价格营造一个宜人的居住环境，形成人与自然和谐共处的妙境，吸引八方来宾，集聚人气。所以，东阳义乌接轨，利国、利民、利东阳、利义乌，是共享共富，是“双赢”。东阳义乌联手发展，齐头并进，将如同两颗璀璨的明珠，闪耀在浙中大地并吸引全球人的眼光。我们要打破一切陈规陋习，冲破一切困难障碍，以全球化的眼光认识宏观形势，用战略思维谋划东阳发展，把全局利益作为最高利益，促使东阳义乌早日接轨，接轨要早主动，早接轨早发展。

二、学习义乌接轨义乌的几个主要方面

东阳与义乌接轨可以落实在经济、城建、社会事业等方方面面。

一是学习义乌的城市规划。义乌在全市撤镇设立街道，规划一盘棋。他们把全市划分为“主城区、副城区、城郊区、远郊区”四个区，计划用20年时间，使所有农村称为社区。全市生活居住区与产业区科学布局，合理分开，充分体现以人为本的可持续发展原则。我市也应参考义乌做法，彻底摒弃以前以镇为域，甚至以村为域的落后规划，控制新的建设项目。村居撤并工作一步到位规划为社区，分步实施。在城市总体规划上要考虑到同义乌一体化发展的总体性。特别是与义乌接壤的白云、江北街道和画水镇，要主动接轨。

二是学习义乌的工业园区建设。义乌在全市实现统筹规划后，关停并撤了不合理、不科学的原乡镇工业园区，不搞“处处开花，户户冒烟”。凡是因工业园区建设而需要拆迁的村庄，不管何种情况全村一律异地拆迁，政府统一把几个拆迁村移建在一起，成为一个规划整齐，贫富差距不大的新社区。义乌人称“第二次土改”。以工业园区促进城市化，以城市化促进城乡一体化。我市要重新审视原工业园区布局的合理性、可行性，该缓的缓，该撤的撤，该并的并，把工业园区建设与城市建设看成一个有机的整体。经济开发区、江北新区在村庄拆迁中，应学习义乌做法，一步到位成新社区，避免“城中村”的出现。

三是企业与市场接轨。东阳部分企业的生产应以义乌市场的销售为重要依据。全市各有关行业协会应发挥调查研究、提供信息的作用，引导企业生产对路的产品。义乌许多工业园区的形成就是由行业协会从中引导的。

四是与义博会接轨。东阳有的大型活动费时费力费财，而且效果很难说。今后，应由政府出面组团，在义博会开设东阳展馆，省钱省时省力，而且交易效果会更好。今年，浦江县就取消了自己的“水晶节”，在义博会开设了展馆，效果很好。

另外在土地资源、水资源、房地产资源、旅游资源、交通资源等的开发利用上都可以接轨。

三、开展接轨义乌活动的几点建议。

东阳与义乌接轨上符合党中央、国务院关于统筹区域经济的战略，下切合东阳、义乌两地的发展实际，应合老百姓的心声，是一项明智之举，高明之举，必将给东阳发展产生巨大的现实意义和深远的历史意义。

第一，要转变思想观念。思想是行动的先导，有思想才能有思路，有思路才能有财路，有财路才能有出路。在发展经济问题上，要敢于承认差距、正视差距，“知耻而后勇”。要充分认识义乌市场的经济价值，实际上义乌的市场不仅仅是义乌人的市场，是大家的市场，是共同的市场，不主动去接轨，不积极去利用，是对自己经济发展的一种放弃，与发达的地区去交流不是无能的表现，更不是低声下气，而是一种积极进取的精神风貌，是一种发展经济、壮大自己、赶超先进的强烈责任，是为官一任、造福一方的真实表现。现在，我们主动提出接轨义乌，实质上是一次思想解放运动，接轨义乌的过程就是解放思想的过程。敢不敢于主动和义乌接轨是判断一个人敢不敢于、善不善于解放思想的试金石。

第二，开展接轨义乌、加快发展活动。市各套班子领导、机关各部门要对义乌进行实地考察，全面了解义乌经济与社会发展情况，全面了解义乌机关部门的办事作风和精神风貌。义乌政府部门的定位是人民的勤务员，是企业办事的陪同、跟帮。用了纳税人的钱，就要对得起纳税人。义乌北苑街道一天办理了22个企业的用地问题，东阳能不能做到？这也是考验部门协调能力强不强、办事作风硬不硬、工作精力集不集中、中心意识强不强的关键时候，也是显示干部办事水平的时候。建议市委、市政府组织各机关、部门开展接轨义乌大讨论，不宜舍近求远，多学身边的典型。常学习，常对照，常比较，以便取得“真经”，学得深透。

第三，求真务实，加快接轨速度。天下大事必作于细，古今事业必成于实。几年前，我们已提出过与义乌资源共享共有共富的思路，但行动上少见真章。这次提出接轨义乌特别强调“实”字，态度要实实在在的态度，措施要实实在在的措施，数字要实实在在的数字，使群众感到接轨义乌有实效，有收获。在接轨问题上要强调一个“快”字。市委、市政府要下决心，尽快拿出与义乌接轨的具体实施方案，在明年“两会”期间征求代表和委员的意见，形成一套比较稳定的接轨政策，促进东阳经济与社会更快发展。

（2003年11月）

东阳市建设“中国木雕博物馆”的调研报告

为进一步巩固申报“中国木雕之都”成果，壮大木雕产业，促进全市经济社会的发展，今年来，市政协围绕东阳市建设“中国木雕博物馆”开展了专题调研。8月12日，市政协主席王正明又召集了木雕专业人才和相关部门负责人就这一课题进行座谈。调研结果表明，我市建设“中国木雕博物馆”不仅非常必要，而且完全可行。

一、建设“中国木雕博物馆”的必要性

1. 是确立“中国木雕之都”在全国工艺木雕界行业地位的需要。(略)

2. 是传统工艺美术传承保护的需要。(略)

3. 是保护非物质文化遗产的需要。(略)

4. 是东阳木雕自身发展的需要。(略)

5. 是加快东阳经济发展的需要。(略)

二、建设“中国木雕博物馆”的可行性

1. 东阳市具有建设中国木雕博物馆的最大的行业影响力。东阳市已经是中国木雕最有影响力的区域中心之一,是中国木雕博物馆的首选之地。“中国木雕看浙江,浙江木雕看东阳”,东阳木雕技艺纯熟,饮誉全国。改革开放以来,特别是近10年,东阳木雕掀起了一个以大师评审、职称晋升为动力,以工艺美术展会为竞技平台,以参展获奖出精品为目标,以精雕细刻和艺术创新为特色的创作高潮。东阳木雕不仅在全国各级工艺美术大展、大赛或博览会上摘金夺银(到2009年年底获各类奖项925个),独领风骚,而且进入了北京人民大会堂、中南海紫光阁等高端场所,极大地提升了东阳木雕的知名度和享誉度。东阳市先后获“中国工艺美术之乡”和“中国木雕之都”“全球木雕产业合作基地”称号。因此,将中国木雕博物馆建设在具有深厚的木雕文化积淀和行业影响力最大、自身发展动力和生命力强劲的东阳,无疑是一种最佳选择。

2. 东阳市具有建设中国木雕博物馆较好的基础条件。东阳市不仅有比较完善的木雕产业生产体系、市场营销流通体系、人才教育培养体系等优良的博物馆外部环境条件,而且东阳已经具备了以东阳市工艺精品馆为核心的中国木雕博物馆的建馆基础条件:东阳市工艺精品馆是全国唯一的一家政府主办的木雕精品馆,前身为市二轻局创办于1998年的东阳市工艺精品展览馆,2002年升格为全额拨款的事业单位,更名为“东阳市工艺精品馆”。经过前后12年的建设发展,已经成为全国一流的地方性专业展馆。精品馆现有展馆面积近6000平方米,除了藏有东阳木雕藏品近300件外,还拥有包括黄杨木雕、福建木雕、台湾木雕在内的全国各地各流派的木雕精品81件。现有正式编制员工6人,是一支全职从事东阳木雕精品征集、保护、展示和史料理论研究的专职力量,8年来已经发掘整理了东阳木雕史料50余万字,出版专著三本,发表专业论文数十余篇。除了工艺精品馆丰富的藏品和现有的一支专职力量、史料理论等建馆“软件”外,东阳市还有以全国重点文保单位卢宅古民居群为代表的200多处东阳木雕古民居,横店明清居博览城内120余处来自全国各地的木雕古民居,东阳市博物馆和横店木雕博物馆内的东阳木雕陈设等木雕文化资源可以整合利用。可以说东阳市现有的相当全面的中国木雕文化史料实物,称得上半部中国木雕史。因此,充分发挥在东阳市工艺精品馆的基础优势建设中国木雕博物馆,可谓事半功倍。

3. 东阳市历届党委、政府高度重视木雕产业的发展。建设中国木雕博物馆是政府落实经济社会发展战略的重要举措,也是符合东阳人民心声的民心工程。以东阳木雕为核心的工艺美术行业,历来是东阳市的主导产业之一。这不仅仅因为东阳木雕在东阳工业经济中占有相当比重,更因为东阳木雕的产业辐射能力(如对原材料业、制作工具业、木线业、建筑营造和室内外装潢业、家具行业等)、对东阳工艺美术行业的品牌效应、对东阳文化产业和旅游产业的促进带动能力。因此,历届政府都高度重视,重点扶植。市委、市政府制定了《东阳市木雕竹编文化产业发展计划(2008—2015年)》《东阳市工艺美术产业发展计划(2008—2010年)》和《关于加快建设文化大市的意见》等一系列规划和政策措施。2005年投入巨资兴建了中国木雕的专业市场——中国木雕城。建设中国木雕博物馆,是市委、市政府落实其发展战略的又一项举措。建设中国木雕博物馆近年来业内人士呼声日高,2010年"两会"期间,几十位人大代表和政协委员再次联名提出议案,要求建设中国木雕博物馆。因此,党委、政府的高度重视,业内人士空前高涨的积极性以及不断发展的木雕产业,为建设中国木雕博物馆创造了得天独厚的条件。

三、中国木雕博物馆建设的基本设想

(一)关于定位:中国木雕博物馆。

(二)关于选址:在选址问题上,目前有两种观点比较集中:(1)在卢宅建设。有利条件是这里有肃雍堂在内的卢宅古建筑群、东阳木雕集团等企业,也有吴宁东路、艺海路木雕市场,还有电视台发射塔存留的地块。但存在三大问题:受场地制约需拆除大部分卢宅民宅,建设成本太高;因空间太小,难以适应车辆停放和交通往来;随着木雕产品向中国木雕城集聚,吴宁东路、艺海路的木雕市场影响力将逐步缩小。(2)在中国木雕城的二期开发地块建设。有利条件有二:可依托中国木雕城的市场效应;尚有近46.67公顷土地可利用。不利条件是木雕文化底蕴比卢宅差,可利用土地较少。综合上述情况,我们倾向性的意见是:中国木雕博物馆可在江北山口大桥至中国木雕城之间的区域内建设。主要理由是:1. 这里毗邻中国木雕城,与木雕城形成一个整体,互相依存,互为促进,还可以与中国木雕城的二期开发结合起来;2. 这里发展空间较大,可以在博物馆周围留足够的空间,满足停车和交通所需。假若在卢宅肃雍堂附近建设博物馆,就不可能具备这样的条件;3. 这里紧靠东阳江,使木雕博物馆成为江边木雕景观带的一个亮点,为中国木雕城和全市的旅游增加资源。

(三)关于建设部门:

主管单位:工信部、东阳市人民政府

建设单位:东阳市人民政府

协办单位:中国工艺美术协会、中国工艺美术学会、浙江省工艺美术协会

(四)关于建设规模:中国木雕博物馆设想规模为占地66.67公顷,建筑面积8万~10万平方米。

(五)关于布局:中国木雕博物馆主要包括"四馆"和四个附属设施。"四馆"为:

1. 中国木雕历史馆。按照木雕发展的朝代设置馆舍,分设唐前馆、唐朝馆、宋朝馆、元朝馆、明朝馆、清朝馆、中华民国馆、新中国木雕馆,等等,馆内既有文字、图片说明,更多的则要有作品展示,而这些作品除了木雕精品馆现存的作品外,还要从大师、民间中收集。

2. 国家级木雕大师馆(当代木雕名人馆)。目前,全国国家级木雕大师22名,其中东阳6名。要通过国家有关部门制定相应的政策,吸引全国木雕大师到东阳置馆兴业,可给每一位大师划0.2~0.33公顷土地建设,这里既是大师作品的展示区、也是大师们的生产区、

科研区和销售区，这里的作品必须要体现大师的真正水平，同时也要有大师不同的风格。

3. 各种木雕流派馆。首先是中国木雕流派分馆，包括东阳木雕、黄杨木雕、福建木雕、潮州木雕、云南木雕、嵊州根艺、海南根艺、红木家具等；第二是中国台湾、香港、澳门三个地区木雕分馆。反映港澳台地区的木雕艺人的技术水平和风格；第三是少数民族分馆。反映国内如西藏、新疆等地区少数民族特色的木雕作品风貌。

4. 中国大师的成名作品馆。主要用于收藏和展示过去、现在和将来国家级大师在评审国家级大师时的成名作品或参加评定职称时代表作品。

四个附属设施为：

1. 中国木雕标志物。能设计一个由现有22位国家级大师共同完成的作品，能成为博物馆核心作品、惊世之作。

2. 木雕产品创作销售区。

3. 中国木雕文化景观带（娱乐休闲区）。

4. 综合服务区。

四、几点建议

1. 建立筹建工作班子。建议组建中国木雕博物馆筹建委员会，下设申报组、筹建组、专家组。负责中国博物馆的申报、筹备、建设等具体工作。尽快确定工作方案，做到一边申报、一边建设。

2. 抓紧向上面申报。在近期内抓紧向省、国家有关部门递交“关于建设中国木雕博物馆的报告”，并派专人赴省、国家有关部门进行工作接洽，获得省、国家和有关部门的同意支持，换言之，要尽快拿到“中国木雕博物馆”的牌子。

3. 理顺管理体制。建议成立东阳市工艺美术行业管理办公室（“中国木雕博物馆”筹委会），充实配足工作人员。要提高这一机构的权威，使之成为能协调中国木雕城、木雕行业协会、全市木雕企业以及未来木雕产业园的管理机构。管委会可下设中国木雕研究所、中国根雕研究所、中国竹编工艺研究所等“国家号”的科研机构。

4. 组织规划论证。抓紧组织相关部门对这一项目进行规划论证，将中国木雕博物馆建设项目列入“十二五”规划。要从保护非物质文化遗产的角度进行申报，争取在土地指标、项目资金等方面获得省、国家有关部门的支持。

5. 争取政策支持。要建设好中国木雕博物馆，必须取得国家有关部门的政策支持，其中最重要的一条是“能否准其作品进入中国木雕博物馆要作为评选国家级大师的资格的必备条件”。

（2010年8月）

关于优化城区教育资源配置的调研报告

近年来，随着我市经济社会的快速发展，城区教育资源配置越来越不能适应形势发展和群众需求。如何抓住东阳二中迁建这一契机，进一步优化城区教育资源配置，成为社会各界高度关注的问题。近期,市政协王正明主席、韦国锋副主席及提案委相关人员开展了专题调研,通过实地走访、座谈讨论,听取了各方面意见,并就部分校舍调整置换以及部分学校、幼儿园扩建提出建议方案。现将调研情况报告如下:

一、基本情况

目前,吴宁城区有人口8.95万人,义务教育阶段适龄人口约2万人,在校生2.1万人。共有义务教育阶段中小学校13所,班级366个,其中大班额288个。目前城区教育资源配置滞后,这与我市"教育之乡"的称号极不相符。一方面,存在不断增加的入学需求与现有教育资源短缺的矛盾。近年来,我市城市建成面积、城市人口急剧增加,而与之相配套的学校建设却没有跟上,现有的城区教育资源已经越来越不能满足适龄人口的入学需求。按照《浙江省义务教育标准化学校基准标准》规定,小学每班不超过45人,初中每班不超过50人,城区78%的中小学班额人数超标,最高达59人以上。学前教育存在"入园难、入园贵"问题,公办幼儿园数量明显不足,全市幼儿园248所,公办的只有18所,占7.2%,远低于全省平均水平26%。城区(吴宁、白云街道)共有幼儿园59所,其中公办的仅3所(实验幼儿园、机关幼儿园、妇联幼儿园),占5%;城区在园幼儿13105人,公办的在园幼儿1716人,占13%。另一方面,存在人们对优质教育资源需求日益增长与优质教育资源稀缺的矛盾。随着社会经济的发展,人们对优质教育的需求越来越迫切和强烈,要求优质教育资源惠及更多孩子的呼声越来越大。但是,一些拥有优质教育资源的学校、幼儿园,如实验小学、实验幼儿园等,本来占地面积就偏小,由于空间局限,很难获得进一步的扩大发展。

涉及本方案调整范围的有关学校、地块的基本情况:

1. 东阳二中(高中):环城北路161号,占地3.13公顷;
2. 吴宁三中(初中):新南路79号,占地1.33公顷;
3. 市实验小学(小学):建设路83号,占地1.53公顷;
4. 市实验幼儿园(学前):艺海路5-1号,占地0.87公顷;
5. 吴宁二校(小学):镇圣巷42号,占地0.73公顷;
6. 吴宁二校以北区域(闲置地块):占地0.53公顷;
7. 原金华市城乡建设学校(闲置校舍):新南路72号,占地2公顷;
8. 市实验幼儿园以南原广播电视台地块(闲置地块):占地1.67公顷;
9. 市实验小学以西的吴宁派出所(建议搬迁):占地0.27公顷。

二、配置原则

我们认为城区教育资源优化配置须遵循以下几条原则:

1. 长远规划的原则。(略)
2. 高效利用的原则。(略)
3. 公平普惠的原则。(略)
4. 平稳运作的原则。(略)

三、建议方案

1. 将吴宁三中迁至原东阳二中校址;

2. 现吴宁三中改建为市实验小学教育集团新南路校区；

3. 原城乡建设学校改建为市实验幼儿园教育集团新南路园区，临街新南路一侧拓宽道路或建停车场；

4. 实验幼儿园南面原广播电视台地块划拨一块给实验幼儿园，以拓宽实验幼儿园南边道路，解决交通拥堵问题；

5. 吴宁二校实行原址扩建，将二校以北区域的0.53公顷闲置地块划入；

6. 对市实验小学西面的吴宁派出所进行搬迁，市实验小学西面增加出口，缓解建设路出口交通拥堵问题。

四、方案分析

（一）有利于城区教育的长远发展

1. 可为城区小学和幼儿园的发展提供或预留更多的发展空间。吴宁三中迁址东阳二中后，从占地1.33公顷扩大到3.13公顷；市实验小学以西的吴宁派出所搬迁划入后，从占地1.53公顷扩大到1.8公顷，另设立新南路校区，占地1.33公顷；原广播电视台地块划拨一块给市实验幼儿园后，可大大改善实验幼儿园的办学条件，另设立新南路园区，占地2公顷；吴宁二校扩建后，从占地0.73公顷扩大到近1.33公顷。有了发展空间，才有可能为我市下一步创建"教育现代化县"创造条件。

2. 可彻底破解吴宁三中和吴宁二校基本建设上台阶的难题，打破制约学校实现标准化的瓶颈。这二所学校一直以来受发展空间限制，基础建设和设施设备难以提高，实施搬迁和扩建后，两者均能基本达到《浙江省义务教育标准化学校Ⅰ类标准》。根据《浙江省教育现代化县（市、区）评估操作标准》中要求，初中班额应控制在45人，而现吴宁三中平均班额为54人，迁校完成后，学校可通过扩班等形式减少班额，从而进一步提高教学质量。

3. 可进一步优化城区学校、幼儿园的合理布局，更好地实现优质教育资源的扩大和普惠。目前城区西南部没有小学，这片区域的孩子就读小学极为不便。现城区公办幼儿园只有3所，而划定某一区域招生的只有实验幼儿园，公办学前教育资源稀缺，亟须新建、扩建公办幼儿园，以满足群众日益增长的对公办学前教育的需求。市实验小学教育集团新南路校区和市实验幼儿园教育集团新南路园区的建成，一方面可使城区公办幼儿园的布局和小学段的布局更趋合理，更好地体现初中、小学及学前教育等各学段的综合办学效益，更好地满足群众就近入学的需求，另一方面，更能充分发挥实验小学、实验幼儿园的辐射、示范和带动作用，实现优质教育效率的最大化。

（二）有利于教育资源的充分利用

1. 东阳二中、吴宁三中、吴宁二校原有的基础建设和教学设施可最大限度得到利用。吴宁三中迁入东阳二中、吴宁三中改建为实验小学新南路校区后，由于迁入和改建的学校之间，学段相对接近，原有基础建设及设施设备基本能重新利用，可实现"拎包入住"，最大限度地减少资源浪费。现东阳二中有学生宿舍，可满足吴宁三中部分学生的寄宿需求，三中迁入后，城区初中全部具备了寄宿条件。现吴宁三中占地1.33公顷，可规划18～24个教学班，教学设施齐全，改建为实验小学新南路校区后，现有的基础建设和教学设施均能得到充分利用。吴宁二校现占地0.73公顷，如果实施搬迁，现在的基础建设和设施设备将出现较大浪费，实施原址扩建后，现有教学资产可继续发挥作用。

2. 可充分利用现有的闲置空地资源，实现教育资源的扩大和提升。增设实验幼儿园新南路园区后，可将原城乡建校闲置校舍利用起来，彻底解决城区西南部无公办幼儿园的窘境（经市人大通过的《东阳市城区教育设施布点专项规划（2011—2020）》，明确第二实验幼儿园设于教师进修学校内，占地0.47公顷；第三实验幼儿园设于原城乡建设学校，占地1.67公顷）。改善城区幼儿园的办学条件，扩大办学规模，提升城区学前教育优质资源，可满足更多群众让孩子上实验幼儿园的渴望，同时一并解决实验幼儿园门口接送时的交通拥堵问题。将吴宁二校以北区域的约0.53公顷闲置土地作为扩建范围，可为吴宁二校的发展创造更好的空间。

（三）有利于工作推进和社会平稳

1. 学校、幼儿园的布局调整和改造扩建，使绝大多数学生就学更加方便。吴宁三中迁至现东阳二中后，学校位置刚好处于现招生区域的中心，使沿东阳江畔初中学生就读更加方便。吴宁二校招生区域人口密集，实现原址扩建，可保证这一区域学生就学方便。如果实施搬迁，会使该区域内的小学生就读路途遥远，加之小学生自理能力较弱，将大大增加交通上的不安全因素。城南西路以南区域的孩子就读小学极为不便，如果市实验小学教育集团新南路校区建成后，可使这一区域学生就读更加方便，并能有效缓解实验小学、吴宁二校、第二实验小学的招生压力。

2. 多为公办教育事业让地让路，体现政府对教育公益事业的高度重视。原金华市城乡建设学校和市实验幼儿园以南原广播电视台空地地处繁华，闲置多年，若转为商业开发，固然可以获取较高的经济效益，但如果用于公办学前教育的发展和优质教育资源的扩大，将体现更多的公益性、普惠性，产生巨大的社会效益，必然可以赢得广大群众更多的点赞。市实验小学门前的建设路较为狭窄，每天上下学时间经常引发交通堵塞，群众反映强烈，如能对吴宁派出所进行搬迁，在学校西面增加出口，可有效缓解建设路的交通拥堵问题。

3. 吴宁二校的原址扩建符合更多老百姓的意愿，且时机已经成熟。一是有扩建的必要性和紧迫性。吴宁二校现有30个教学班，学生1500余人。招生范围主要是红椿巷区域与商场区域，面积虽不大，但两个区域人口密集，学生数充裕，特别是实施红椿巷拆迁后，高层住宅增多，学生数也相应增加，实施扩建迫在眉睫。二是已经具备扩建的条件。吴宁二校以北区域有临时闲置土地约0.53公顷（目前有两户钉子户未拆），目前是扩建学校的最佳时机，扩建后学校占地近1.33公顷，能基本满足周边区域孩子的就读需求。三是扩建符合周边群众的意愿。吴宁二校具有近七十年的办学历史，周边居民对学校有深厚的感情，社区、学校、家庭之间关系较为和谐，部分市人大代表、政协委员曾多次向市人大、市政协提交议案提案，要求进行原址扩建。如果实施搬迁，附近居民意见较大，将会增加不稳定因素。

综上所述，我们认为该方案能结合城市发展的长远规划，符合城区教育的发展要求，契合广大群众的民生意愿，充分利用现有资源，有效节约政府投资，扩大优质教育资源，促进办学效益的最优化，推进城区中小学、幼儿园的现代化教育步伐。建议：

1. 尽快组织研究讨论，确定调整配置方案；

2. 吴宁二校扩建工程的前期规划、设计等工作应尽快启动；

3. 原城乡建设学校地块、原广播电视台闲置地块划出部分拓宽实验幼儿园南边道路的规划也应尽早启动，以利于方案的整体有序推进。

（2015年7月）

关于合理调整城区医疗资源布局的调研报告

近年来，随着医药卫生体制改革的不断推进，医保、农保等惠民制度的不断完善，我市的医疗事业进入快速发展期，但医疗事业的超常规发展也凸显了城区医疗机构上的一些矛盾和问题，如布局不合理、医疗用房不足、停车困难等，不仅影响群众的正常就医需求，而且严重制约了我市医疗卫生事业的长远发展，社会各界对此呼声强烈。最近，市政协围绕"合理调整城区医疗资源布局"课题开展了专题调研，实地走访了城区各公立医院，召开了市发改局、卫生局、规划局、国土局等相关部门参加的座谈会，听取吸纳社会各界人士尤其是相关医院负责人的多方面意见建议，市政协主席会议又专门就此问题组织讨论，现将有关情况报告如下：

一、基本情况

我市城区现有公立综合医院3家，公立专科医院2家，社区卫生服务中心（中心卫生院和乡镇卫生院）3家。主要分三个层面：第一个层面为已经省厅等级评审通过的市级综合性医院，即市人民医院（三乙综合性医院）、市红十字会医院（二乙综合性医院）、市中医院（三乙中医特色医院，按中医标准经中医药管理局审批）；第二个层面为以某个专科为特色的专科医院，医院功能定位偏向某一人群和某一学科：即市妇保院（二甲专科医院）、皮肤病医院（未上等级）；第三个层面为江北卫生院、吴宁中心卫生院（现托管于红十字会医院）、白云卫生院（现托管于皮肤病医院）。

从总体上看，东阳城区医疗卫生事业得到较快发展。但城区医疗资源布局问题突显，表现为过于集中，分布不均，过分拥挤而导致陷入发展瓶颈。如东阳城区面积已从1989年的4.14平方千米扩展至现在的44.26平方千米，面积逾10倍之多，但市中医院、妇保院、红十字会医院等三家公立医院总占地只有3.33多公顷，医院周边均为民房，无拓展空间，再加上消防、交通、医疗废弃物处置等问题存在诸多安全隐患。而且与义乌、永康等兄弟县市相比，我市城区医疗资源布局调整的进度明显滞后。如义乌市政府将卫生基建工程列入年度十大民生实事，并于2009年开始先后实施了浙大附属义乌医院建设、中医医院迁建、妇保院迁建等省市重点工程，总概算投资约18亿元。并明确新建、合建、异地迁建项目，财政投资100%，其他项目90%；永康在项目建设中财政投入为100%。

二、存在问题

我市城区医疗资源配置是根据上世纪九十年代的城区发展规划进行布局，数十年未曾调整，已不适应当前经济社会的发展变化。主要表现在以下四个方面：

一是布局明显不合理。市人民医院、中医院、红十字会医院等三家公立综合医院均位于老城区，从我市的城区人口居住区域实际来看，江北和城东都缺乏公立综合医院，已凸显医疗资源区域分布的不合理性，况且我市城区医院布局从未做出调整。

二是医疗用房严重不足。目前，市中医院、妇保院、红十字会医院等三家公立医院总占地只有3.33多公顷（市中医院2.55公顷，妇保院0.78公顷，红十字会医院0.41公顷），这与综合性医院的要求不相匹配，与现代化医院的要求相距甚远，与广大群众对医疗资源的需求差距很大，我市公立医院的建设调整已明显落后于省内许多县市。

三是医疗安全隐患凸显。目前中医院的医疗用房仅1万多平方米，与就诊人数严重不相适应。艺海路院区仅能设4个病区，经改造加床后也仅能开放床位250张，在病人不断被劝退的情况下，最多时仍住进了330多人。病区的严重超负荷运转，给医疗管理带来了严重的安全隐患。妇保院门诊大厅面积过小，急诊室、观察室无处安排；收费窗口无处增加，每天发生病人排长队等挂号收费的现象；辅助用房严重不足，供应室设置、医疗废弃物存放都存在不规范情况，安全隐患时现。红十字会医院医疗用房和辅助用房也同样十分紧张，急诊室和留观室因无场地无法开设，内镜中心、病理科等医技科室至今没有合适场地落实，住院收费处无处设置只能与门诊收费合用，导致病人天天排长队挂号交费，给医疗安全管理带来严重的安全隐患。

四是停车难问题突出。如妇保院地处黄金段和邻近东门菜场，车流人流量很大。由于院内区域狭小停车位只有60个，而医院门口路段更是成了吴宁东路交通拥堵的一个瓶颈，群众反响强烈。同时交通拥挤同样也妨碍了救护车的进出，甚至发生了因孕产妇未能及时进入医院产房待产，而在车上和电梯上生产的事件。因此，停车难，已成为群众看病难的一个瓶颈。

三、总体设想

根据调研过程中收集的各方面意见建议，我们认为城区医疗资源布局调整已迫在眉睫，不是需不需要调整的问题，而是应抓紧调整、尽快调整的问题，建议市委、市政府尽快启动城区医疗资源布局调整相关工作，满足人民群众日益增长的医疗保障服务的需要。

（一）调整原则

1. 城区医疗资源布局调整要充分体现规划的前瞻性和科学性。

2. 城区医疗资源布局调整必须坚持把方便群众作为第一考量。

3. 城区医疗资源布局调整要有利于形成良性的区域卫生发展格局。

4. 城区医疗资源布局调整要最大限度地防止和减少资源浪费。

5. 城区医疗资源布局调整要重视规模适当和功能完善。

（二）建议调整方案

城区医疗资源布局调整关键要解决两个问题，一是解决现有公立综合医院区域分布问题，体现科学性，满足人民群众的基本医疗需求；二是解决现有公立专科医院空间狭小，发展困难，看病难、行车难、停车难等问题。为此，可考虑将老城区三家综合医院按现城市规划框架的东西北三个维度布局，妇保院原址扩建或妇幼分设。原红十字会医院院区留为吴宁街道社区卫生服务中心用房。城区西面新建白云街道社区卫生服务中心，建议在白云街道世贸大道周边合适区块内安排不少于1公顷的土地用于建设新的白云街道社区卫生服务中心，以解决白云街道所有常住人口的公共卫生需要。

具体建议如下：

1. 目前在城区的三家综合医院都集中在老城区，除保留人民医院原地不变外，另两家（中医院、红十字会医院）分别向城东和江北异地搬迁，使综合医院的布局与北延东扩的城区发展格局相一致，这样既方便群众就医，也可缓解城区交通压力等。

2. 妇保院作为公立专科医院，重点要解决空间狭小、就医难、行车难、停车难等发展空间问题，因此我们建议采取两种解决办法：一是将东阳影城等闲置国有资源通过置换方式划拨给妇保院作为新的拓展用地，用建造地下通道方式与妇保院原院区连接，确保妇保院拥有2公顷以上的医疗用地，满足停车、就诊、床位等需求；二是将现妇幼保健院一分为二，新设立市妇保医院，拟仍放在现妇幼保健院，另外新设立的市儿童医院拟放在搬迁以后的现中医院艺海路院区。

该建议调整方案的优势一是顺应了人大代表、政协委员的心声。每届人大、政协会议均有提出在江北建立一家公立综合医院的建议或提案。二是符合东阳城区建设规划布局和城市发展方向，满足群众就医需求。三是市区公立医院区域分布格局更加科学合理，形成市人民医院（江南城西）、江北综合性医院（江北城北）、城市东区综合医院（江南城东）和城市南区专科医院（江南城南）的东西南北空间布局相对合理的医疗格局，既可相互促进医院良性发展，又方便百姓就医。同时也能有效解决目前几家公立医院占地面积过少，住院难、停车难等问题。四是与前届政府的建议思路相一致（前一届政府曾决定将红十字会医院搬迁到江北），体现了政府工作的延续性。五是可充分体现规划的前瞻性和科学性，防止和减少资源浪费，有利于形成东阳卫生事业的良性发展格局，社会认可度相对较高。

四、几点建议

城区医疗资源布局调整是一个系统工程，若不及时做好土地预留、规划调整等先期工作，届时城区医疗资源布局调整将因国土、规划、财政等方面的原因无法顺利实施，建议市委、市政府未雨绸缪，先期做好以下六方面工作。

一是成立城区医疗资源布局调整领导小组。由市级领导任组长，市发改局、财政局、卫生局、规划局、国土局等相关部门为成员单位，办公室设在市卫生局，具体负责城区医疗资源布局调整工作的实施。

二是抓紧启动城区医院迁建和社区卫生服务中心新建项目的申报工作。建议发改局将该项目列入政府投资重大前期项目或一般项目，并指导相关医疗单位做好前期项目的开展。

三是做好城区医疗资源布局的规划调整。建议规划局在城区重要区块控规编制时要与城区医院布局调整衔接，特别是江北街道甘溪路以南、学士路以东、迎宾大道以西、江滨北街以北地块控规编制时能优先安排医院用地，白云街道江滨南街以南、平川路以北、南田路以东区块控规编制时能优先安排白云社区卫生服务中心用地。

四是做好城区医疗资源布局调整用地的预留。建议国土局:一是在相关区块医院用地规划布点确定后,及时做好规划指标的调整工作,以便列入市委、市政府重大前期项目的立项和实施。当前兴平花园区块已列入医院迁建的用地9.31公顷,其中4.35公顷为有条件建设区,建议抓紧给予做好规划指标的调整。另外,江北医院按不少于6.67公顷,白云社区卫生服务中心按不少于1公顷留足规划指标。二是协助配合作好项目用地的征地等相关工作。

五是做好城区医疗资源布局调整相关资金的调度。建议财政局根据城区医院布局调整和建设项目实施的需要,及时拼好资金盘子,同时把城区医疗资源布局调整资金列入每年的财政预算,确保项目建设的实施。

六是及时做好城区医疗资源布局用地的征地工作。建议(一)吴宁、江北、白云等相关街道在本轮土地规划指标调整时要与城区医院搬迁布点相衔接,留足相应的调整指标,特别是吴宁街道兴平花园区块的4.35公顷空间指标,请务须给予列入这次规划指标调整方案。江北街道应按6.67公顷医院用地规模、白云街道应按1公顷社区卫生服务中心用地规模给予纳入规划调整指标。(二)请涉及医院建设项目的街道办事处协助做好项目用地的征地拆迁等相关工作。

(2015年7月)

关于东阳市旅游业发展思路和对策的调研报告

近期,遵照市委主要领导的指示,市政协王正明主席、楼伟龙副主席及教育文化卫生体育委员会相关人员,就我市旅游业发展思路和对策开展了专题调研。调研组先后组织召开了旅游企业、涉旅机关部门、镇乡街道三个座谈会,参加了"十三五"规划旅游发展座谈会、东阳旅游工作座谈会等,实地考察了淳安、桐庐旅游业发展情况,听取了众多领导、专家和业内人士的意见,形成调研报告如下。

一、我市旅游业发展现状

我市是"中国优秀旅游城市""浙江省首批旅游经济强市",拥有国家AAAAA级旅游景区1家,AAAA级5家,AAA级1家,省工业旅游示范基地1家,全国重点文物保护单位3个,省级风景名胜区2家。旅游业是我市第三产业中发展最快的产业。2010年共接待游客724.03万人次,实现旅游总收入44.78亿元。2014年共接待游客1560.61万人次,实现旅游总收入113.16亿元,占全市GDP的比重达25.64%,旅游总收入列全省各县(市、区)前茅。2015年1月至10月全市共接待游客1569.46万人次,同比增长12.83%;旅游收入118.42亿元,同比增长17.47%。我市在全国46个大中城市设立了旅游营销分公司,客源市场已由省内、华东地区扩大到广东、湖南、湖北、天津、北京等地。

二、发展旅游业的优势和劣势分析

(一)优势分析(略)

1. 文化资源——底蕴深厚,要素丰富。

2. 自然资源——生态良好，景色优美。

3. 影视旅游——发展迅猛，前景广阔。

4. 旅游业态——多元培育，风生水起。

5. 旅游服务——逐步提升，日臻完善。

（二）劣势和存在问题分析（略）

1. 横店影视旅游产业链较短，对全域带动不够强。

2. 其他旅游资源未能实现向旅游产品的有效转化。

3. 产业发展要素整合不够，旅游品牌定位不清晰。

4. 行政管理方面体制不顺，机制不活，形不成合力。

三、旅游业发展五年目标

制定出台《东阳市旅游业发展5年行动计划》。通过5年左右时间的努力，使全市旅游产业结构更加优化，旅游综合实力明显增强，旅游整体形象全面提升，旅游业战略性支柱地位初步确立。到2020年，把我市建设成为全球影视旅游名城、全国知名旅游大市。

四、发展旅游业的思路和对策

（一）发展思路：紧紧围绕“强市名城”和“两美东阳”建设目标，坚持“开放、联通、共享”的发展理念，遵循“大旅游、大产业、大市场”的发展思路，大力实施“旅游兴市”发展战略，切实把旅游业作为加快经济转型升级、推进赶超发展的战略性支柱产业加以培育，整合优势旅游资源，推进旅游业态创新，加快旅游全域化、生态化、特色化、智慧化发展，使旅游业成为美丽东阳的生态产业、美好生活的民生产业、转型升级的支柱产业。

（二）业态定位：根据我市旅游的资源现状和发展特点，宜将影视文化旅游、木雕文化旅游、休闲度假旅游作为我市旅游产业发展的三大重点业态。

（三）对策措施：

1. 提升现有景点品质。针对我市目前存在的旅游产品同质化、游客体验碎片化、景区管理封闭化、产业链条单一化、旅游形象低端化的情况，要进一步加强现有景区的内涵提升、品质提炼、品牌推广，促进转型升级和融合创新，强化配套建设，延伸旅游产业链。影视文化旅游要深入挖掘影视文化资源，增加影视旅游内涵，丰富旅游产品种类，拉长旅游产业链，推进我市影视旅游向高端化、特色化、多样化发展。木雕文化旅游要充分利用中国木雕博物馆、中国木雕城的品牌优势，在现有的基础上，以旅游体验为核心，以文化创意为重点，做好品质提升。休闲度假旅游要加大东白山、三都·屏岩、落鹤·社姆山等景点的建设开发力度，推进乡村休闲游、体育休闲游、明清古宅游等旅游项目的提升，着力解决好交通、住宿、游览、餐饮、购物、娱乐这旅游六大要素不匹配的突出问题，全面提高景点品位、服务品质和整体形象。

2. 加强旅游资源整合。一是做强做大影视文化游。进一步推进影视文化产业全域化，把影视开发的触角延伸到全市各个镇乡街道，把“横店影视旅游”的品牌做得更大。发挥影视旅游的带动作用，依托横店影视旅游，在马宅、湖溪、东阳江等周边镇村开发更多更好的影视拍摄基地和特色民宿、民俗文化体验等项目。二是做精做优木雕文化游。可把中国木雕城、木雕文化博览城、中国木雕博物馆、国际会展中心、木雕主题公园(待建)、江滨景观带、卢宅古建筑、木雕小镇、大师创作室等精品资源进行有机结合,统筹谋划,串成一线,连成一片,打造全国最大的木雕文化创意产业园和全国第一的木雕文化旅游高地。三是做特做细休闲度假游。城区南山、北山一带山坡地较多,森林覆盖率高,山水资源丰富,并且有城市近郊优势,休闲度假开发极具潜力,要以绕城环线公路建设为契机,加快南山省级森林公园和北山休闲度假养生基地的开发建设,并结合东阳江江滨景观带的旅游开发,打造东阳城市"两山一江"的休闲旅游网络体系。东白山旅游资源特色鲜明,可建设集休闲、度假、运动、养生、观光、探险等功能于一体的旅游度假区。三都·屏岩、落鹤·社姆山两个省级风景名胜区应由市里统筹规划,统一开发,整合资源,集中管理。

3. 创新机制形成合力。建立统一协调、多部门参与的综合管理机制,要解决旅游业管理条块分割、职能交叉、权责脱节等突出问题。一是成立东阳市旅游工作委员会,下设办公室。旅委的机构运作方式可参照"五水共治"领导小组。由市委、市政府主要领导任主任,市政府分管副市长任常务副主任,并结合人大、政协等市级领导参加。相关涉旅部门及镇乡街道为旅委成员单位。旅委办公室主任由市政府分管副市长兼任,旅游局局长任常务副主任。旅委办下设项目部、招商部、营销部等。二是三大旅游业态分别设立专门的工作机构。影视文化旅游:政府层面由浙江省横店影视文化产业实验区管委会负责,企业层面由横店集团负责;木雕文化游:成立东阳市木雕文化旅游管理委员会,统一协调中国木雕博物馆、卢宅管委会、江滨景观带、文化博览中心、木雕小镇、大师工作室等相关机构,开展整合包装、营销推广;山水景观和休闲度假游:成立东阳市山水景观和休闲度假游管理委员会,统一协调东白山管委会、两个省级风景名胜区、南山省级森林公园、北山休闲度假养生基地等机构,组织指导各景点的开发建设和经营管理。三是发挥好协调联动的放大作用。强化上下联动、左右联动、政企联动,形成全社会"合力兴旅"氛围。如大景区的整体打造、大交通的快速构建、大声势的宣传推介等,单靠一方面力量难以解决,需要上级统筹协调与下级具体实施的共同发力。各镇乡街道之间、机关各部门单位之间要就关联事项开展积极的协调、配合与攻坚,把各自的工作任务承担好。围绕旅游业发展目标,做到各行各业围绕旅游转:一产围绕旅游调结构、二产围绕旅游出产品、三产围绕旅游上档次、宣传围绕旅游造声势、交通围绕旅游建绿道、城建围绕旅游布设施、林业围绕旅游搞绿化、水利围绕旅游造水景、环保围绕旅游促生态、文化围绕旅游传佳话、乡镇围绕旅游忆乡愁、国土围绕旅游调土地、财政围绕旅游引资金、规划围绕旅游谋精准、公安围绕旅游保平安。

4. 完善设施优化环境。实施旅游基础设施建设和旅游环境综合整治计划,提升景区基本公共服务能力,不断改善旅游发展环境和人居环境,为营造文明、有序、安全旅游环境奠定良好的基础。一是完善旅游配套设施和公共服务。加强交通、网络、旅游服务中心等基础设施建设,推进旅游交通便捷化,在轻轨建设、杭温高铁过境、义乌火车站旅游专线等方面加强协调和争取,建设骑行、自驾游交通服务体系;实施"智慧旅游"工程,推进"旅游+互联网"行动,构建智慧旅游中央管理平台和公共服务平台;对旅游服务中心和旅游咨询服务点进行科学规划,合理布局。二是改善旅游景区整体环境面貌。开展景区内外环境整治，依法拆除景区及周边违法建筑及有碍观瞻的构筑物，提升旅游景区和经营单位餐饮、住宿、游览、娱乐、购物、厕所、停车场所的环境卫生水平。三是加强景区及周边市场管理。完善行业自律功能，强化旅游诚信体系建设，构建面向景区、饭店、旅行社、导游以及社会接待场所的监管平台。规范景区商业、餐饮、娱乐经营摊点，整治无照经营、流动摊贩等损害旅游者利益、扰乱景区秩序、影响景区形象的行为。四是抓好旅游安全工作。加强对旅游景区游步道、娱乐设施、警示牌和护栏的维修保养，消除安全隐患，确保旅客人身安全。

5. 创新营销打响品牌。一是强化形象宣传。通过加强城市旅游形象建设，提升旅游业竞争力。在央视、地方卫视等投放城市旅游形象广告；在主城、高速、商圈、轻轨和车辆等广告载体上进行静态与动态宣传；通过主流报纸杂志、电视广播等媒介进行系统宣传。二是打造活动品牌。做好"体育+旅游"的文章，策划开展好一系列体育赛事，促进体育休闲游的培育和增长；打响东白山"七夕游""香榧节""禅茶道"等系列活动品牌；继续开展好中国（东阳）木雕竹编工艺美术博览会、中国（东阳）木雕·红木家具交易博览会等。三是创新营销模式。加大推广力度，拓宽营销渠道，实行网络宣传、旅游节庆、媒体促销、景区直销并举，进一步完善"顾问式营销""旅游产品直销""影视辐射、景区联合""一城一策"等旅游营销推介模式，不断扩大客源市场。针对团队游客量下降，散客、自驾游数量不断增长的趋势，要特别注重在网络、微信、微博等方面的宣传，推进与同程网、途家网之类旅游电商的合作。

6. 抓好项目招商引资。深化投融资体制改革，发挥市场机制作用，精心策划项目包装，推进项目落地建设。一是成立东阳市文化旅游投资集团有限公司。整合现有的东阳市文旅投资发展有限公司、东阳市东白山旅游投资有限公司、浙江东阳影视文化投资有限公司、两个省级风景名胜区、中国木雕博物馆等实体，成立东阳市文化旅游投资集团有限公司。二是鼓励旅游项目开发和招引知名旅游企业入驻。挖掘、包装一批旅游招商引资项目，建立招商项目库。制定出台《东阳市旅游项目招商引资管理办法》，在土地指标、项目审批等方面给予政策优惠，鼓励市内外社会资本投资旅游业。争取每年都有重大项目成功招商引资。鼓励国内外知名旅游管理公司和上市旅游公司参与我市主要旅游景区经营管理，并制定相应的优惠奖励政策。三是强化招商引资考核激励机制。把旅游项目招商列入部委办局机关和镇乡街道重要工作，并进行考核。要充分利用驻外地办事机构和30多个联谊会的力量，大力开展招商引资。对旅游项目招商工作有突破的予以奖励，对通过社会力量引进的重大旅游投资项目要给予重奖。

7. 构建政策保障体系。进一步完善政策，强化要素保障，在资金投入、用地供给、税收优惠、考核奖补等方面给予保障和支持，大力实施旅游投资促进和政策保障计划。一是设立旅游产业发展促进基金。吸引民间资本，拉动社会投资。积极探索旅游投资项目资产证券化产品和推进旅游项目产权与经营权交易平台建设，以引导资金、资源、技术、市场等各利益相关方建立分工明晰、联动互补的专业化协作机制，解决我市旅游景点主体多元、管理多头、投资不足、后劲不强等问题，以提升我市旅游产业发展质量和可持续性。二是增加旅游发展专项资金。进一步提升财政资金效益，整合全市涉旅奖补资金，每年由市旅委会统筹考虑和安排使用旅游发展专项资金。三是保障旅游用地供给。每年安排不少于三分之一的用地指标用于旅游项目建设。四是出台旅游业扶持政策。在旅游开发、市场培育、形象宣传、业态融合、配套设施建设、从业队伍建设、税收优惠等方面出台力度更大、针对性与操作性更强的扶持政策。五是加大差异化考核力度。修订完善《镇乡街道旅游工作年度考核细则》,对佐村、三单等生态型乡镇,取消或减少工业考核分值,相应增加乡村旅游工作的考核分值。参照工业、农业、商贸服务业竞赛办法,在镇乡街道中开展乡村旅游发展竞赛活动。六是加大对乡村旅游规划建设的奖补力度。对发展乡村旅游成效明显的重点村(点),创建为省级农业、文化、养生、运动、采摘等旅游示范基地和乡村旅游示范点的,给予相应的资金奖励。

(2015年11月)

关于城区横店一体化发展的调研报告

近日,市政协主席王正明、副主席华伟跃及相关人员,就城区横店一体化发展课题开展了专题调研。调研组组织召开了多个座谈会,听取了横店影视文化产业实验区管委会、横店镇党委、政府及发改、国土、交通、文化、规划、旅游等部门领导的意见,现形成调研报告如下。

一、城区横店一体化发展的必要性

(一)城区横店一体化是贯彻五大发展理念的新要求。党的十八届五中全会强调,实现“十三五”时期发展目标,必须牢固树立并切实贯彻创新、协调、绿色、开放、共享的发展理念。我们要在五大发展理念的引导下,科学规划、协调推进东阳城区和横店镇区经济社会发展,把城区横店一体化作为我市谋长远、促发展的重大战略举措,助推城市发展,实现双城共赢。

(二)城区横店一体化是加快经济社会发展的新引擎。我市经济社会发展中存在一些矛盾和问题,比如城市总体品位不高,高端要素集聚能力不足,各种优势资源缺少整合,市域之间发展联动性不强,城市的辐射带动力不足等,城区横店一体化发展是破解这些问题迈出的重要一步。我们要把城区横店一体化作为我市经济社会发展的“主引擎”和“增长极”,强化双城一体的引擎带动和产业优势的提升发展,在“一核两翼”发展中真正发挥“强核”作用。

(三)城区横店一体化是推进体制机制创新的新举措。在新常态下,面对日益激烈的区域竞争,转变当前的传统发展模式,再创东阳体制机制新优势迫在眉睫。我们要以创新的理念来谋划经济社会发展思路和路径,打破体制壁垒,加快体制调整,通过城区横店一体化发展,进一步促进市域内资源优化整合、要素自由流动、产业合理布局,加快县域经济向城市经济转型,不断增强城市综合竞争力,走出东阳经济发展新路子。

(四)城区横店一体化是广大人民共建共享的新期盼。横店是东阳的横店,理应在教育、文化、医疗、卫生等方面尽可能地享受到东阳城区的优质公共服务,这是横店人民的期盼,也是横店人民应有的民生福祉。同时,东阳城区也应尽其可能为横店的影视产业发展提供更多的配套服务和要素保障。通过城区横店一体化的实施,能够真正实现东阳城区与横店镇区的互利共赢和联动发展。

二、城区横店一体化发展的指导思想和基本原则

(一)指导思想

认真贯彻中国共产党的十八届五中全会精神,以科学发展观为指导,紧紧围绕“强市名城”和“两美东阳”建设目标,牢固树立创新、协调、绿色、开放、共享的发展理念,深化体制机制改革,着力构筑东阳城区与横店镇区之间布局科学合理、要素自由流动、产业协调发展、公共服务共享的一体化发展新格局,加快实现东阳城区与横店镇区的统筹发展、融合发展、协调发展,打造最佳人居环境城市、最佳创业环境城市、最佳投资环境城市、最佳旅游环境城市。

(二)基本原则

1. 坚持开放包容,共谋发展。要秉持开放精神,推进区域合作,形成双城发展良性互动、齐头并进的良好态势,为促进共同发展提供广阔空间。

2. 坚持系统谋划,协同发展。打破行政区划界限和城镇体制分割,统筹兼顾,科学规划,共同构筑发展新高地,形成利益共同体,带动区域协调推进、整体发展。

3. 坚持优势互补,错位发展。发挥两城比较优势,充分整合各类资源和生产要素,合理确定空间布局和功能分区,推动两城协作融合,形成各具特色、错位互补、产城融合、协调发展的一体化格局。

4. 坚持共建共享,和谐发展。把保障和改善民生放在优先位置,不断提高基本公共服务均等化水平,在改善民生和创新管理中加强社会建设,促进两城共建共享。

5. 坚持环境保护,绿色发展。建立健全生态建设和环境保护共管共建机制,推动区域生态环境质量明显改善,实现经济发展与生态改善的双赢。

三、城区横店一体化发展当前需要推进的工作

(一)抓好规划融合衔接

要强化规划引领,全方位推进城区横店一体化发展。目前许多“十三五”专项规划的初稿都没有考虑到城区横店一体化的发展要求,因此,要尽快明确城区横店一体化的思路、原则及阶段性目标,在编制“十三五”各类专项规划时,做好与城区横店一体化工作的有机融合和紧密衔接,特别是在基础设施、产业平台、交通路网、景点建设、景观氛围、品牌打造、营销网络、环境保护、公共服务等方面,要做到通盘考虑,统筹兼顾。

(二)实施行政区划调整

通过行政区划的部分调整,实现横店“扩容”,不仅可以给横店镇的发展腾出更大的空间,还可以拉近横店镇区与东阳城区之间的空间距离,更好地实现资源共享、优势互补、联动发展、协同推进。为此建议:扩大横店镇域管辖范围,将城东街道原罗屏办事处、南市街道原槐堂办事处划归横店镇管辖,实现东阳城区和横店镇区的“无缝”接壤,为横店镇区发展提供更多的资源要素保障和更大的发展空间。

（三）加强交通路网连接

交通路网连接是城区横店一体化发展的支撑。要做好交通设施的合理布局和科学规划，实现两城交通的快捷、便利，缩短交通时间，拉近心理距离。一是完善交通主干网络。进一步拓展两地连接通道，完善南北之间特别是两城之间的交通主干网络。目前我市南北通道主要有四条线：诸永高速、39省道、40省道、里歌线。“十三五”期间要达到9个口子：“一轴”，40省道已通过批准为国道，这是南北向的主轴，原40省道从冯高楼到明清宫苑14千米，屏岩山隧道打通后可缩短5千米；“两高”，已建成的诸永高速、准备建设的义东永高速；“两铁”：正在谋划当中的杭温高铁和城际轨道；“两快”，39省道在南山打隧道通过官清岭与横店的西片连接，环城东路通过歌山打隧道过南上湖与横店的东片连接；“两路”，对里歌线适当改造，把南午岭建设得更加通畅。在建设交通主干网络中，要充分考虑城区横店一体化的需求，做到统一规划，相互衔接，合理设置站点。二是优先发展公共交通。进一步完善两城之间的公交设施和运行系统，为市民提供安全、方便、舒适、快捷、经济的出行方式。在现有基础上，增设公交线路，增加公交班次，增开夜间公交。加大科技投入，健全公交查询系统、线路运行显示系统、站点管理系统等，为市民提供方便服务。要打破目前出租车两地独立运营的壁垒，实行统一管理运营。三是着力打造城市绿道。沿迎宾大道（40省道）精心规划和着力打造城市绿道慢行系统，进一步改善城市形象和品质。建设布局合理、设施先进的适应我市自然生态与具有地方人文特色的城市绿道网体系，促进城市优质绿色生活圈建设，推动双城连接交融、和谐发展。一方面要把它作为低碳行动、休闲运动的绿道文化来打造，另一方面也要把它作为一种能在一定程度上解决通勤问题的出行方式来综合考虑。四是合理规划杭温高铁。在规划杭温高铁线路走向和站点布设时，要充分考虑城区横店一体化的因素，满足城区横店一体化的发展要求。

（四）协同发展影视产业

发挥东阳城区和横店镇区的资源互补性，实现资源要素的互动流通和影视产业的协同发展。在巩固传统产业优势的基础上，推动产业链向价值高端延伸。要充分发挥横店影视产业资源相对丰富的优势，进一步做强做优，不断提高影视产业的文化内涵，推进横店影视产业向更高水平发展，同时要充分利用东阳市内的优势资源，扩大影视产业发展空间，推进影视文化全域化发展，以产兴城、依城促产，形成产城融合发展的良好新格局。一是加速影视产业集聚。在主城区江滨景观带两侧、主城区到横店的迎宾大道两侧节点区块规划建设影视文化产业创意创新中心、高科技后期制作中心、影视文化产业博览传播中心、衍生品创意设计中心等。调整建筑企业总部中心功能，以优惠政策吸引影视企业入驻。二是营造全城影视景观氛围。在各高速东阳出口设立以影视为主题的大型广告牌、雕塑、建筑塔、城市标志等，在迎宾大道两侧及城区合适场所增设以影视元素为内容的宣传品，增强主城区的影视文化氛围。三是提供影视活动场所。主城区可以为横店举办相关影视活动提供更好的场所。在举办影视节、影视作品发布会、“横漂”才艺比赛等影视活动时，无偿或低偿提供体育馆、剧院、国际会展中心等设施。四是吸引影视人士留驻。利用主城区娱乐、休闲、购物、餐饮、住宿等基础设施和公共服务的优势，吸引影视明星或影视从业人员长住或暂住，为其提供安全、舒适、快捷、便利的生活服务。五是扩大外景基地建设。鼓励其他镇乡街道发挥当地优势，规划建设影视外景拍摄基地，为横店影视产业发展提供更多配套，进一步提升横店影视产业的规模水平。

（五）共同打造旅游城市

在发挥各自优势、错位发展的同时，通过互相借力，互相渗透，整合优势资源，推进旅游创新，实现旅游业的共同发展。坚持“开放、联通、共享”的发展理念，实施“城区景区化、景区全域化”战略举措，打造全球影视旅游之都、全国知名旅游城市。一是促进特色旅游发展。利用各自的资源优势，发展各具特色的文化旅游，横店以影视文化旅游为主要业态，东阳城区以木雕（红木家具）文化游、休闲度假游为主要业态。在此基础上，相互开展旅游宣传推广，共同做大旅游市场，做强旅游产业。二是加快休闲度假游开发。把“三都·屏岩”和南山、北山建设成城市的森林公园和休闲公园。加强“三都·屏岩”景区的整体开发，完善配套设施建设，充分发挥南山、北山的城市近郊优势，开发森林生态休闲游和休闲观光度假游，并结合东阳江江滨景观带，打造主城区“一江两山”和横店“三都·屏岩”的山水休闲旅游网络体系。三是共同培育体育旅游。目前体育休闲旅游在我市风生水起，方兴未艾，需要加大培育力度，把它发展成我市旅游业态的一极。横店继续做好“影视+体育”的文章，引进和组织国内、国际的各类赛事活动。要整合主城区的体育设施和场所，充分利用主城区的体育馆、两城间的绿道设施等，发展我市的体育休闲旅游。四是精心打造江滨景观带。在加快“木雕主题公园”建设的同时，在迎宾大道与江滨南路交汇处，体育馆的对面，规划建设“影视文化主题公园”，开展影视制作科普教育，让游客参与体验影视拍摄和制作过程，实现影视深度游。在江滨景观带设立以现代木雕、影视题材的各种雕塑，增添江滨景观带的文化内涵。开辟若干艺术表演区，组织引导有表演才艺特长的“横漂”，以个人或组团方式，到江滨景观带从事艺术表演，既能增加“横漂”的经济收入，又能为江滨景观带增添一道独特的风景，更能提高城市的人文艺术品位，这无疑是留住客人、增加游客在东阳游玩时间的一着妙棋。在可能的情况下，把江滨景观带靠近迎宾大道两侧打造成城市休闲娱乐的“不夜城”，将目前商品超市的理念引入“不夜城”。五是完善旅游配套设施。加强交通、网络、游客服务中心等基础设施建设，完善公共服务。在东阳高速入口附近建设游客服务中心。加快旅游快速通道、横店旅游环线建设，促进双城游客双向流动。做好公路两侧特别是迎宾大道两侧的环境与景观设计，把沿线建成亮丽的风景线。

（2015年12月）

调研报告目录

第六届政协

关于职业技术教育的调查报告（1986年4月）

关于我县职工教育情况的调查报告（1986年10月）

关于我县苎麻生产情况的调查报告(1986年10月)
关于西营乡脱贫致富情况考察报告(1986年10月)

第七届政协

关于进一步改善县城吴宁镇居民生活用水的议案(1988年4月)
关于进一步提高乡镇企业经济效益的议案(1988年4月)
关于进一步稳定发展养猪业问题的议案(1988年4月)
对小棉纺、小毛纺厂的调查报告(1988年12月)

第八届政协

关于当前治理整顿深化改革的几点具体建议(1990年7月)
关于抓紧建设吴宁镇新南路的建议(1990年9月)
关于大力发展山区旱地玉米的建议(1990年10月)
建议培养选拔更多的女干部(1990年12月)
建议发展板栗生产(1990年12月)
关于进一步重视幼儿教育的建议(1991年4月)

第九届政协

关于贯彻落实《全民所有制工业企业转换经营机制条例》的几点建议(1993年11月)
关于发展农业生产的几点意见(1994年8月)
关于加强农村合作基金会管理的建议(1995年11月)
关于加强对我市城区家犬管理的建议(1995年11月)
关于禁止在城区销售燃放烟花爆竹的建议(1995年11月)
关于在市区部分公共场所禁止吸烟的建议(1996年7月)
关于加强市区绿化工作的建议(1996年7月)
关于兴建笔架山公园的建议案(1997年6月)
关于如何迎接撤县建市十周年活动调研情况的汇报(1997年7月)
减轻企业负担,扶持企业扭亏解困若干政策贯彻落实情况的调查报告(1997年9月)

第十届政协

搞好政法队伍建设,为东阳的发展保驾护航——当前政法队伍急需解决的几个问题(1998年6月)
关于发展旅游业的建议(1998年8月)
关于抢救我市古代文化遗产的建议(1998年8月)
积极改善软硬环境,大力发展个私经济——关于个体私营经济情况的调查(1998年9月)
关于发展效益农业不能放松粮食生产的建议(1999年4月)
关于加快农村宅基地有偿使用步伐的建议(1999年4月)

关于我市举办旅游节的建议(1999年4月)

关于创建国家园林城市的建议(1999年4月)

同心合力挖穷根,携手迈向新世纪——我市“百家扶百村”情况的调查(1999年5月)

关于甬金高速公路我市境内走向的建议(1999年10月)

各个击破攻克难关,积极做好善后工作——农村合作基金会归并后遗留问题的调查(2000年4月)

对编制《东阳市国民经济和社会发展“十五”计划和2010年远景目标纲要》的若干建议意见(2000年9月)

关于加快我市外向型经济发展的建议(2000年9月)

关于尽快解决市经济开发区财政和体制问题的建议(2001年1月)

关于创建中国优秀旅游城市有关问题的建议(2001年6月)

关于重视城区公厕建设的建议(2001年6月)

关于加强古树名木保护工作的建议(2001年6月)

关于地处深山、高山贫困村下山脱贫的建议(2001年6月)

关于开发“南山文化公园”的建议(2001年6月)

发挥东阳人经济优势,促进东阳经济和社会发展——关于东阳人经济的调查(2001年8月)

关于建立和完善人才支撑体系的建议(2001年9月)

做好经营城市文章,加快中等城市建设步伐——关于采取经营城市战略的调查(2001年12月)

关于办节(会)活动的调查与建议(2001年12月)

关于优化投资软环境的建议(2002年1月)

关于加快垄断我市土地一级市场的建议(2002年1月)

关于重视农业龙头企业,努力推进农业产业化进程的建议(2002年1月)

关于加快旧城改造步伐,推进城市化建设的建议(2002年1月)

关于我市14家工业企业调查情况的报告(2002年5月)

关于新建市档案馆的建议(2002年9月)

第十一届政协

关于进一步加强领导、理顺关系,搞好经济开发区建设的建议(2003年4月)

发挥优势,调整结构,加快发展医药化工产业——关于我市医药化工产业的调查报告(2003年6月)

我市投资环境存在的问题与对策(2003年6月)

关于建立失地农民基本生活保障制度的建议(2003年7月)

关于搞好村级区域调整的建议(2003年11月)

关于接轨义乌、优势互补、共同发展的调查与建议(2003年11月)

关于进一步增强政府调控能力,集聚财源,加快我市发展的调查与建议(2003年12月)

关于严格控制城区沿江两侧建设用地的建议(2003年12月)

关于尽快建造城区热电厂的建议(2004年2月)

关于尽快推广彩色树木和特色花卉,美化绿化城市环境的建议(2004年7月)

关于进一步加强外来员工的管理和服务,促进经济发展的建议(2004年7月)

关于我市与世界名城——萨尔兹堡建立友好城市的建议(2004年8月)

关于做好城市道路命名工作的建议(2004年9月)

关于我市电力资源的调查和建议(2004年12月)

关于我市土地资源的调查和建议(2004年12月)

关于我市资金问题的调查和建议(2004年12月)

关于加紧搬迁市畜牧中心的建议(2005年1月)

关于加大对闲置土地处理力度,提高土地利用率的建议(2005年8月)

关于免费开放城区主要公园的建议(2005年8月)

关于加快江北新区商业网点建设的建议(2005年8月)

关于加快我市文化产业发展的建议(2005年9月)

关于加快我市文化设施建设的建议(2005年9月)

关于对编制《东阳市国民经济和社会发展第十一个五年规划纲要》若干问题的建议意见(2005年12月)

关于加快我市工业经济发展的调查和建议(2006年5月)

关于加快我市市场建设的调查与建议(2006年5月)

关于解决南马机械功能区建设资金问题,使之成为我市工业经济新的增长点的建议(2006年6月)

第十二届政协

关于加快我市中小学破旧校舍改造的建议(2007年7月)

关于加快我市农村来料加工业发展的建议(2007年7月)

关于加快我市现代家庭工业发展的调查和建议(2007年12月)

关于解决企业招工难问题的调查和思考(2007年4月)

破解工业"四大难题",推进东阳经济发展(2008年3月)

关于加快我市体育馆建设的建议(2008年3月)

关于出台专门扶持政策,力促山区发展的建议(2008年4月)

关于加快东阳木雕竹编产业发展的建议(2008年6月)

关于加快东阳木雕竹编传统产业发展,打响"世界木雕之都"品牌的建议(2009年3月)

关于重修文庙的调研报告 (2009年3月)

关于加快做好我市行政村区域调整后续完善工作的建议(2009年3月)

东阳市建设"中国木雕博物馆"的调研报告(2010年8月)

关于东阳江江滨文化景观带项目建设的调研报告(2010年11月)

统筹区域发展,建设南乡工业经济带(2010年12月)

关于建设南山生态文化园的建议(2010年11月)

关于妥善解决农村集体留用地问题的调研报告(2011年6月)

第十三届政协

关于创建浙江省横店文化产业综合新区、推进我市文化产业全域化发展的建议(2012年4月)

关于加快横店小城市建设的建议(2012年4月)

关于破解画水镇等地废塑污染问题的调查和建议(2012年5月)

关于科学优化过境公路、改善城区交通环境的调研报告(2012年6月)

东阳文化体育中心建设存在的问题与对策(2012年12月)

推进"四边三化"行动的若干建议(2013年4月)

关于加强社区组织建设的调研报告(2013年5月)

关于推进"两江"流域环境大整治的建议(2013年5月)

拓展空间增潜力,创新体制激活力——关于推进经济开发区整合提升的调研报告(2013年6月)

关于加快推进东义区域经济合作的调查和思考(2013年6月)

关于整合市区旧市场建立新商贸城(专业市场)的调查报告(2013年10月)

旅游产业调研报告(2013年7月)

关于城区"四溪一渠"污水治理及引水净化的建议案(2014年5月)

对"治污水"工作的建议(2014年6月)

东阳市文化产业全域化的建议(2014年10月)

城市道路交通安全管理工作调研(2014年12月)

创建东阳文博中心,塑造东阳文化品牌(2015年4月)

关于进一步加快市总部中心及配套设施建设的建议(2015年4月)

关于合理调整城区医疗资源布局的调研报告(2015年7月)

民间借贷的风险防控(2015年7月)

关于优化城区教育资源配置的调研报告(2015年7月)

关于破解农民私人建房难的调研报告(2015年10月)

关于东阳市旅游业发展思路和对策的调研报告(2015年11月)

中国木雕博物馆运行一年来情况的调研报告(2015年11月)

关于城区横店一体化发展的调研报告(2015年12月)

关于进一步加强民间借贷风险管控的建议(2016年1月)

第五章　建言参政

为有效地履行政治协商、民主监督和参政议政的职能，历届东阳政协运用大会发言、委员论坛和建议案等形式，围绕党委、政府各个时期的中心工作，针对东阳政治、经济、社会发展的重大问题及人民群众普遍关注的热点问题，发挥政协组织包容各界、联系广泛、人才聚集的优势，在深入实际调查研究的基础上，反映社会不同阶层、不同群体的愿望和要求，立足全局，面向未来，聚众智，建睿言，献良策，为党委、政府科学决策，攻坚克难，解决前进道路上的困难和问题，提出对策和建议，体现了政协组织为党政分忧、为发展尽责、为群众解难的作用和能力。许多意见建议得到党委、政府的高度重视并吸纳采用，体现在重大决策之内，应用到具体措施之中。政协围绕党委、政府中心工作，树立一线意识，保持一线状态，追求一线作为，在协调关系、汇聚力量、建言献策、服务大局方面发挥作用，推动了各项中心工作的开展。

第一节　大会发言

政协全体会议的大会发言是政协委员履行职能的重要形式，也是各党派、团体参政议政的重要体现。东阳市(县)政协组织大会发言始于1959年12月的二届一次会议，至2016年共7次，计65篇。由于选题准、调研深，大会发言材料的质量较高，许多意见和建议得到党政领导和有关部门的肯定和重视，并被采纳。本节选编发言材料4篇。

教育的忧虑

（1989年3月在市政协七届三次会议上）

对我市的教育，提几点看法和建议：

一、不能躺在过去的成绩上

多年来，东阳人民常常引以为自豪的是两个“拳头”：一个是教育，一个是建筑。但是，全省基础教育的先进县，却是临安、诸暨、岱山等县，轮不到我们东阳这个“文化之邦”。最近召开的全省教育工作会议上，省人民政府、省教委分别表彰了23位教育工作成绩显著的县市党政主要领导和分管教育工作的领导，也没有我们东阳的份。而我们东南面的磐安，西面的义乌，却榜上有名。我市普及初中的乡寥寥无几，中小学危房面积还有近2%。许多村镇，新楼林立，学校显得分外低矮、破旧、寒酸。教师队伍中，想走的人不少。如果说，农业是我们东阳的“近忧”，那么，教育就是“远虑”。教育的周期很长，我们再也不能吃老本，自吹自擂，故步自封了。

二、“重视”要有刚性标准

教育的重要性，人们讲了很多，可是“重视”的弹性太大。“考核干部要把重不重视教育作为其中一条主要内容”，这个话也讲了多年。但是，实际上，一百分中占七分，而且这七分是稳拿的。谁能说我不重视？闭着眼睛就可以摆出七条八条“重视”的事实，甚至“一个小孩子，不及一只小鸭子”的一些地方，也不例外。我认为，“重视”与否，要根据教育的特点，列出几条，可以衡量，并且像经济效益指标那样，与干部的提拔、奖金挂起钩来。否则，我们又将在一片“重视”声中，错过时机。

三、保证经费渠道

人们常说，要尊重知识、尊重人才，而教育系统是知识和人才密集的地方。教师队伍六千多人，全市大专毕业以上的知识分子，一半左右在教育。人们还常说，一切为了孩子，而孩子们大部分时间生活在学校里。可是，就在这些知识和人才密集的、“小皇帝”们生活的地方，却穷得要命，老是求乞，低声下气。人穷志短，马瘦毛长，这是教师流向经济部门的根本原因。我认为，要根据实施义务教育的需要，从实际出发，建立正常的经费渠道。学校收费的标准应当提高（少数困难的学生可给予减免），以保证教学所需要的日常开支。校舍、设备的维修和更新，教师生活待遇的逐步改善，则应根据分级办学的原则，由各级政府来保证，包括地方财政支出，教育事业费附加以及社会集资等，不要老让校长、教师去四处叩头，做“化缘和尚”。他们应当把精力集中在搞好教学，提高教育质量上。教育是大块，各种指标克一点，其他就都照顾好了，这是教育常常分不到应有份额的一个原因。是不是可以少一点楼堂馆所，多一点像样的学校呢？

四、不要老在要不要升学率上争论不休

教育工作的重点是实施九年义务教育，这是国民教育，而不是升学教育。在小学、初中、高中不断分流的情况下，存在升学竞争。我们当然要力争多送一些人上大学。但是办中小学的目的，不能只为了升大学（近几年，我市上大学的人数约占同龄人的5%）；教育的职能是培养新一代公民，而不是层层筛选；教育产品竞争不能像商品竞争那样，优胜劣汰，更新换代。“农业看产量，工业看产值，学校看升学率”的讲法，理论上是不科学的，实践上是有害的。教育改革的任务，就是要从单一升学教育转到提高全民族素质教育的轨道上来。东阳教育要成为真正的“拳头”，就要在实施义务教育上下大决心，花大力气，走出一条自己的路子，走到全省、全国的前列去。

兴一方旅游　活一方经济

——对我市举办旅游节的几点建议

（1999年4月在市政协十届二次会议上）

日前，市政协根据市委领导意见就办好我市今年的首届旅游节开展专题调研。我们在市政协领导带领下，先后赴金华、武义等地考察学习取经。在本市召开各民主党派、工商联、黄埔军校同学会及旅游景点、旅游宾馆、饭店、旅行社负责人座谈会，并参观白云文化城。通过调研，开阔了视野，拓宽了思路。现就办好旅游节提几点意见建议。

一、旅游节名称

在征求意见中，大家提出多个名称。大致有以下三类：

一是"东阳市首届影视文化旅游节"。这个名称，好处是重点突出，符合东阳实际，符合市委提出的"以影视文化和建筑文化为主题，举办一年一度旅游节"的思路，而横店影视城已具相当规模，被誉为"东方好莱坞"，成了一大旅游景点。但是，也有的认为这个名字具有一定的局限性，因为它没有全面反映我市的其他一些主要景区景点。

二是"中国农民旅游节"。这个名称好在国家旅游局局长何光暐在1996年曾给横店题过"中国农民旅游城"的词，有依据。但"中国农民"是一个十分广泛的概念，一个县级市甚或一个横店镇涵盖不了全国农民。再者，横店影视城硬件是可观了，但软件——文化内涵，特别是农民文化，还不完全具备，很难操作。

三是"东阳乡村文化旅游节"的名称。此名称可以包容以下六个方面的内容：

1. 横店影视城游。横店影视城建在乡村，不在都市。横店影视城尽管"洋得到顶"，但它是乡村里的"都市"，还是属于乡村的范畴。

2. 中国南方古民居游。卢宅肃雍堂，人称"北有故宫，南有肃雍"，在南方古民居中是数一数二的。卢宅在城区的外围，讲它是乡村，也不为过。何况前些年本也属乡村的。

3. 中国观音神像游。中国的观音神像之集大成，荟萃于西郊白云文化城，为全国第一。目前城内已拥有观音神像90余尊，大的千手千眼观音有29.9米高，小的不盈尺，有木雕、玉雕、根雕，材质多种多样，千姿百态，雕刻家有全国知名的雕塑专家、美院教授、佛教协会秘书长等。观音神像集聚乡间，蔚为大观。正如四川美院教授王官乙所言："看观音，到东阳"，此口号，应当喊响。

4. 东阳木雕、东阳竹编精品展览馆游。东阳乡村民间艺匠精于木雕、竹编已有千年以上，创造了闻名中外的工艺精品，东阳的木雕、竹编工艺在全国屈指可数。1997年，省政府送香港回归礼物《航归》木雕精品，竹编《九龙壁》获全国四大工艺美术精品之一，是我市的荣誉和骄傲。木雕、竹编精品展览馆陈列物品，精雅别致，品位极高，定会使游客美不胜收，大饱眼福。

5. 东阳传统的乡村文化艺术表演欣赏。东阳乡间的“四大”：大龙身、大纸马、大蜡烛、大旗以及秋车、台阁等等，代表了我市的民间风情，在前几次的节庆演出中都引起了轰动效应，这次旅游节中，也必将妙趣横生，使游客增添乐趣。也可发扬东阳民间宗教文化“拜斗”等，在节日期间展演。

6. 中国古建筑艺术游。东阳乡间的能工巧匠，创造了东阳辉煌灿烂的古建筑文化，如李宅、马上桥等地的民居，横店文化村中的两幢古建筑以及散居各乡镇村的古宅如“千柱落地”等都是与兰溪诸葛村、武义俞源村民居可相媲美的。问题是我们需要好好地整理挖掘，异地拆建，建成一座古建筑博览城，并搜集整理史籍记载、民间传说汇编古建筑文化资料，印成图书，广泛宣传。同时要发动我市的文人学士发掘一些历史制造一些“谜团”，以增加文化内涵，引起轰动效应，吸引人们前来参观游览。今年可以先利用现有的一些古建筑供人参观。

以上三个名称，各有所长，提供给市领导决策时参考。

考虑到今年是我市首次举办旅游节，我们认为，尚不宜办大而全的节，人力物力财力的因素必须考虑在内，先可以依托横店。所以不管什么名称，都拟加“横店影视旅游周”这一副标题。

二、旅游节的时间拟放在10月中下旬

在讨论中，有的人提出今年国家盛事很多，有建国五十周年大庆、迎澳门回归等，十月份又逢旅游旺季，本市办旅游节，到时吸引游客可能不多，这种担忧虽然不无道理，但只要我们加强宣传力度，形势也是可以转变的。

选在10月中下旬，国庆已过，迎回归尚有两个月，时机是适宜的。从现时开始筹备，还有近7个月的时间，准备工作比较充分。

三、今年旅游节的主会场以放在横店秦皇宫为宜。

主会场放在横店，需要给横店提供必需的人力、物力、财力上的支持，我们考虑应该做好如下几项工作：

1. 充实文化内涵。横店影视城的各景点内，应有具代表性的东阳民间风情表演，将“四大”，秋车、台阁、拜斗等充实进去，在旅游周期间供游人观赏，费用可市里拨一点，乡镇支持一点，横店门票收入中回拨一点来解决。（同时建议横店可在办节期间降低门票，以吸引更多的人参观）。

2. 秦皇宫主会场要安排电视现场直播，同时争取中央、省电视台派人前来制作宣传片，以扩大影响，吸引游客。

3. 营造从城区到横店线路的节庆气氛。可以发动企业制作一些灯箱广告，利用横店自身已控股的神马汽车公司，组织100辆汽车，每辆车10人的车队游行队伍，将气氛搞得热烈一些。

4. 节前要开通东阳城区到横店，最理想的是开通义乌至横店的公交车线路，吸引城区、周边县市特别是义乌游客到横店旅游。请市里抓紧与义乌沟通联系，市交通局要抓好落实。

5. 做好安全保卫工作。横店影视城的建筑木结构居多，要做好防火工作。特别是要做好现场保卫工作，切实保证人身安全，谨防金华元宵灯会那样的事件发生。

主会场放在横店，卢宅肃雍堂、艺海公园、木雕精品馆、竹编陈列馆、秀篁山庄、白云文化城也同样要投入人力物力财力，挖掘文化内涵，并进行必要的整个装饰。同时，各涉外旅游宾馆、饭店以及其他餐饮住宿点，也需及早做好准备。

四、做好旅游节前的宣传促销工作。

在座谈中，大家认为，办好今年的旅游节，仅仅是发展我市旅游业的一种手段，不是目的。关键是要做好节前的宣传促销工作。在这方面，应该做好如下几项工作：

1. 要增加广告意识，舍得花本钱，在有影响的报纸、刊物、电视中发广告，也要多发新闻稿。象武义县那样，发挥通信队伍的力量，多写、写好旅游文章，介绍东阳的乡村文化、横店影视城、古民居、民俗风情，扩大东阳旅游知名度。

2. 向各地100家旅行社发出邀请书，扩大东阳旅游景区景点及项目的知名度，通过他们组织，吸引更多游客到东阳游玩。

3. 向有关专家发出邀请书，请他们前来参加我市旅游节，同时可以举办各种研讨会，如“观音文化”“古建筑文化”研讨会等。

4. 要充分发挥已编印的“歌山画水东阳游”画册的作用，在此基础上编印旅游线路地图，摄制宣传乡村文化的电视专题片和碟片。同时各旅游宾馆、饭店客房、总台都要摆放宣传图册，在醒目位置上张贴旅游景点介绍图片，营造浓厚的旅游气氛。

五、关于旅游节的组织领导问题。

鉴于市里已有一个初步意见，我们表示赞同。关键的问题是要分块分线各负其责，切实办好，不要像以前有“首届工艺美术节”那样，有了“首届”，就没有下届了。“筹委会”也是相对稳定。今年仅仅是第一次，第一炮一定要打响。

六、关于与旅游、旅游节相配套的其他一些问题。（略）

金华市以及所辖的几个县市，也都举办过各种节，名目繁多，经常更换。我们东阳也是如此，已办过多次节了，但影响力不大。所以，我们建议东阳旅游节，今年先重点办好系列中的横店影视周，推出东阳民间六大游，按市场经济的说法，也可以叫作打出一个旅游品牌，拿出六大旅游系列产品。当然，每年旅游节的主题可以有所侧重，今年以影视文化为主，明年也可以古建筑文化为主，后年以其他为主等等，旅游内容也可以逐年不断充实完善，还可以将三都胜景、屏岩洞府等省级风景区自然景观列入其中。而旅游节的名字固定不变，年复一年，连年举办，经过若干年的努力，就能办成一个颇具特色的有名气的旅游节。

市委、市政府已把发展我市的旅游业列入重要的议事日程，已把我市建设成为浙中的旅游城市作为工作目标。我们相信，只要大家统一思想，齐心协力，就一定能使我市丰富的旅游资源转化为经济资源，进而产生可观的经济效益，市委、市政府提出的“以旅游兴商贸，旺餐饮，助交通运输等其他产业的繁荣”，搞活一方经济的目标一定能够实现。

加快旧城改造步伐　推进城市化建设

（2002年1月在市政协十届五次会议上）

实施旧城改造，是推进城市化进程，加快中等城市建设的重要举措。历届市委、市政府领导都十分重视旧城改造工作。1998年以前，我市共拆除房屋总面积35.5万平方米，旧城改造起步较早，力度较大。旧城改造后，先后建成了黉门广场、南门广场等市民休闲场所以及朝阳、南岘、东岘等居民新村，丰富了城市居民的业余生活，提高了市民的生活质量，受到了广大市民的称赞。但是在随后旧城改造中出现了一些不可忽视的问题。随着社会和经济的飞速发展，中等城市框架的拉开，我们已不能光局限于拆一条街、通一条路，必须要进行区域性的旧城分片改造，这样才可能盘活土地存量，更重要的可以改善旧城区域的环境，与新区同步，整体提高城市品位。

一、目前我市旧城现状与存在的问题

1. 旧城区公共共享空间少，基础设施条件差，生态环境差，市政配套设施不完善，造成了排水、排污、绿化、通风、采光等方面问题，给广大市民的生活和工作带来了诸多不便。

2. 由于旧城区建成时间较长，建筑物低矮、破旧，间隔距离短，道路狭窄曲折，市政配套设施落后，其环境严重影响了我市的整体形象和城市品位的提高。

3. 老城区危旧房屋增多，有的已危及人们的生命安全，想拆的不能拆，想建的不能建，群众反映强烈。

二、影响我市旧城改造的因素

旧城改造关键是做好城市房屋拆迁工作，而房屋拆迁又是一项十分复杂且很难操作的工作。1998年以来，旧城改造步伐十分缓慢，与邻近县市相比存在着明显的差距。为何我市步伐如此缓慢？其原因为：

1. 有的领导思想认识不足，决心不大。旧城改造必须搬迁大批居民户，这些世居在此的居民，要离家别井，工作难做，加上宅基安排、补偿费发放等工作困难重重，个别领导干部对旧城改造积极性不高，怕搞不好就会吃力不讨好。也有人认为，前些年拆了的至今尚未按规划建回去，“半拉子工程”还是不搞好。还有人认为，加快旧城区的改造会影响新区的发展，会影响经济建设。

2. 拆迁有关政策未能及时落实。为了调动居民搬迁积极性，市政府制定了一些政策，鼓励居民早日动迁。但由于有的拆迁指挥部对拆迁承诺没有兑现，至今还有20%补偿费未付，严重挫伤了搬迁居民的积极性，有的对拆迁政策比较随意，致使不少拆迁户的安置很长时间得不到解决。

3. 启动资金缺乏。居民动迁，首先要发放补偿费。由于我市财政紧张，市政府拨不出改造旧城的启动资金。因此，客观上也制约了旧城改造的步伐。

为了加快旧城改造步伐，推动城市化建设，我们建议：

（一）统一思想，形成共识。旧城改造工作错综复杂，工作面广量大。我们认为，要加快旧城改造步伐，推进中等城市建设，必须统一干部和拆迁户的思想认识，特别是市委、市政府领导班子的思想认识。他山之石，可以攻玉。外地最根本的一条经验就是领导和群众的思想统一。五套班子领导可到金华市或外地先进县市学习考察，在城区干部群众中开展一次以“加快旧城改造，推进城市化建设”为主题的思想大讨论。以此来进一步统一思想，下定决心，形成合力。

（二）要确定旧城改造的原则和目标任务。旧城改造的原则是统一规划、成片改造、逐步推进、分步实施。目标定三至五年内基本完成旧城的中心区的拆迁改造。年年有目标任务，并把具体任务、目标列为本年度重点工作和重点工程。

（三）要抓紧制定切实可行的旧城改造规划和拆迁安置政策。根据调查，目前旧城中应改造的区域面积为80公顷左右，应拆房屋建筑总面积60万平方米。涉及的拆迁户2200多户，单位100家左右，因此，要切实制订好拆迁安置政策。旧城改造的拆迁安置政策要依据新颁布的国家、省有关法规和政策规定，要充分顾及广大拆迁单位和拆迁户的切身利益。出台的政策要有利于调动拆迁单位和拆迁户的拆迁积极性。要按照高起点、高标准、适度超前的要求，搞好旧城区的控制性规划及修建性的详细规划。

（四）要严格依法办事。在旧城改造中，要正确处理好旧城改造与文物保护的关系。要编制好文物保护规划，可以采取修缮、异地搬迁等手段，把东阳一些真正具有深厚历史渊源和文化内涵的文物保护好；要严格执行统一的拆迁安置标准，严格按拆迁程序办事及规划建设；要坚决贯彻“公开、公平、公正”的原则，引进竞争机制，接受群众监督。对徇私舞弊，弄虚作假以及囿于私利阻碍工程建设的人和事要依照党纪国法严肃查处。

（五）要加强领导，通力协作。为了加强领导，市人民政府应成立专门的旧城改造领导小组，统一指挥，统一协调，并尽快解决好以前拆迁中的遗留问题，给拆迁户一个满意的答复。

培育城市个性　建设新型城市

（2011年3月在市政协十二届五次会议上）

今年初，市委书记张仲灿在市委十三届十次全体（扩大）会议上提出“特色城市”的概念，将“特色城市”的最大特点概括为“魅力”，即通过培育城市个性，从而在浙中城市群一体化进程中凸显优势，从而实现科学经营城市资源，打造城市发展潜力。

可以说，对于“城市个性”的内涵，许多地方都认识不足，这导致了在轰轰烈烈的工业化和城市建设热潮中，不少地方城市个性缺失，城市建设趋于同质化。当前，东阳的城市文化特色还不明显，文化产业相对滞后，文化软实力亟待提升，特别是文化硬件设施欠账太多。因此，培育城市个性，应该统筹各个发展要素，构建独特的城市气质。

一、尊重城市的历史文化特性，构筑城市的内在品格。

一提到东阳，人们马上就会想起鬼斧神工的木雕文化、钩心斗角的建筑文化、神秘壮观的恐龙文化、斑斓绚丽的影视文化。这是宝贵的城市财富，也是构筑城市内在品格的重要

"基因"。我们应该在尊重、保护这些地方文化的基础上，创新思路，科学谋划，发展文化事业，壮大文化产业，使东阳的"木雕文化、建筑文化、影视文化、恐龙文化"在全国拥有重大影响。同时，在城市的建筑与景观建设上，要充分考虑城市历史文化特性，使外观与内涵实现和谐统一。

二、立足城市的发展资源优势，打造城市的产业特征。

一个城市具有的先天优势和后天优势，是一个城市的专有资源，在城市产业定位上，必须以历史最悠久、地域性最强的木雕产业为核心，并融合卢宅、中国古生化主题公园等资源带动建筑、影视与恐龙旅游，使东阳成为全国闻名的木雕城、影视城、恐龙文化城。

三、结合城市的精神文明背景，塑造城市的价值体系。

城市的核心价值与精神是城市个性的灵魂。从2009年以来，通过"东阳人文精神"大讨论与"文明在东阳"道德建设，构建了东阳城市核心价值体系。未来，我们还要着眼于"提升城市内涵"，把东阳打造为一座兼具古典意识与现代意识的城市。

四、依托城市的地理自然环境，做好城市的生态维护。

每一座城市的个性，必将体现在城市的规划与外观上，这种规划与建设，必须立足于城市的自然地理环境与功能定位，并充分考虑生态承载力。只有做好环境保护和生态维护，提高城市发展质量，才能使东阳朝着浙中宜居宜商宜业宜旅的生态城市迈进。

当前，东阳的发展正站在一个新的起点。我们期待着东阳越来越眉目清晰、个性鲜明，这不仅是提高城市竞争力所在，更是为东阳人民建造一个心驰神往的精神家园。

大会发言目录

1959年二届一次会议大会发言目录

认真贯彻中国共产党的气象工作方针，积极为农业生产服务

今天谈谈我的心里话

大搞试验研究，向农业科学技术进军

高举总路线的红旗，进一步发挥党的助手作用

1989年七届三次会议大会发言目录

切实安排好1989年农业生产，迅速扭转粮食生产连续滑坡的局面

发展个体工业，振兴农村经济

健全工作制度，开展多种形式活动

关于进一步发展东阳个体、私营经济的几点意见

教育的忧虑

理顺关系，加强领导进一步做好工会工作

进一步做好对台工作为振兴东阳经济服务
全社会都来关心老年人
谈谈我对多党合作制度的一点认识
坚持和完善共产党领导的多党合作制度
优化共青团工作外部环境
脚踏实地的干

1992年八届三次会议大会发言目录

转换经营机制,搞活国营企业
农业要快上,科技要跟上
正视问题,解决矛盾,力争乡镇企业再上新台阶
加强科协建设,加快科技兴市步伐
建议三则
认真贯彻落实中央文件,做好工商联工作
正确引导,加强管理,促进我市个体经济健康发展
解放思想,进一步搞好我市对台经济工作
学好2号文件,共谋振兴东阳大计
建议党政领导进一步重视支持青年工作
抓住机遇,深化改革,加快建筑业发展

1994年九届二次会议大会发言目录

积极采取措施,发展山区经济
加强政协的政治协商、民主监督
加强联谊活动,促进我市经济发展的几条建议
宣传教师法,贯彻教师法
落实"全心全意依靠工人阶级"、调动积极性,为推进企业改革服务
城镇建设的几条建议
充分发挥科技人员作用
注:九届二次会议有11名委员作大会发言,辑录7篇,另有4篇发言内容缺佚。

1999年十届二次会议大会发言目录

提高种粮效益是发展效益农业的重中之重
找差距、定措施、创建国家园林城市
以经济结构调整为突破口,主攻二产,兴工强市
兴一方旅游,活一方经济

加大扶持力度，提高我市工业品的科技含量
协力攻坚、加快企业改制步伐
齐心协力，争创教育强市
增进共识，致力我市投资环境再优化
农村宅基地有偿使用势在必行

2002年十届五次会议大会发言目录

充分发挥地产效能，加快中等城市建设
优化投资软环境，招商引资促发展
改善投资环境，推动经济发展
重视农业龙头企业，积极推进产业化进程
做好经营城市文章，加快中等城市建设
加快旧城改造步伐，推进城市化建设
实施下山脱贫，携手同奔富裕道路
加大改革力度，夯实基础教育
加快农业结构调整，促进农村经济发展
全面引入竞争机制，推进卫生事业单位人事分配制度改革
努力做好工会工作，服务我市经济建设

2011年十二届五次会议大会发言目录

突出大项目落地，实现“十二五”崛起
做好“回归”工程，掀起建筑业界精英回乡创业潮
建设高水平的医疗中心，为东阳经济社会发展服务
培育城市个性，建设新型城市
乘势而上，大力打造东阳特色文化
发挥人才资源优势，加快东阳崛起步伐
加快职业教育发展，重视培养技能应用型人才

第二节　委员论坛

十二届和十三届政协以举办“委员论坛”的形式，围绕市委、市政府的决策部署、重点工作和民生重大问题，组织各民主党派、团体、专门委员会和界别从不同角度、不同层面深入调研，建言献计。2007年12月举办第一届，至2016年共举办8届。历届论坛，市委、市政府

主要领导及有关部门负责人到会听取意见建议，与委员面对面协商交流，大量意见建议得到市委、市政府的重视与采纳。

东阳经济发展论坛 2007年12月24日，市政协举办东阳经济发展论坛，9名政协委员围绕加快东阳经济发展的主题，就"东阳人经济"的发展、废塑行业的整合提升、世贸城的培育发展、化工医药行业的持续发展、发展环境的改善和建设、中小企业的培育壮大、品牌建设的加强、科技创新的扎实推进等问题建言献策，提出58条意见建议。金华市委常委、东阳市委书记张仲灿对委员发言给予肯定。省政协《联谊报》《金华日报》《东阳日报》、东阳电视台、东阳广播电视台等媒体作重点报道。

"百名政协委员谈科学发展"论坛 2008年3月18日，市政协举办"百名政协委员谈科学发展"论坛，其中5名委员围绕"科学发展观"主题，分别就企业自主创新、依法诚信经营、关爱员工、企业品牌建设、企业发展与环境保护等专题发言。做出在全市政协委员中开展"爱东阳、爱事业、比奉献活动"的决定，向全市企业家发出"埋头苦干、携手共进，人人争当发展东阳的创业模范"倡议书，通过建立政协主席、副主席联系委员企业等制度，配合市委、市政府中心工作。张仲灿等领导应邀出席。9月11日，举办以"爱我东阳、再创辉煌"为主题的"建行杯"市政协委员演讲比赛，来自工会、经济、教育等界别的11名政协委员就热爱东阳、爱岗敬业、奉献社会、履行委员职能、促进发展等方面作演讲。

"全力加快经济发展，全面改善发展环境"委员论坛 2010年，围绕市委工作主题，市政协以党派、界别、专委会为单位，形成30多篇调研文章。8月13日，在东阳大厦举办"全力加快经济发展，全面改善发展环境"为主题的委员论坛。8名委员分别在建设中国木雕之都、东阳经济发展的天地人和、城市公交建设、基层组织建设、中小企业发展、现代农业发展和外来民工子女就学等方面作交流，得到市委、市政府主要领导和与会人员的肯定。张仲灿到会并讲话："论坛及其发言选题准、准备充分，调研实、分析深刻，建议措施针对性强。建议市委常委、副市长及部门镇乡负责人认真学习，并根据委员们的意见建议，分管领导及相关部门主动与政协相关界别委员对接，提出改进工作、深化改革、解决问题的具体办法措施，把政协'参政议政'的成果落实到党政的各项工作中。"

"实现跨越追赶，建设强市名城"委员论坛 2012年7月13日举办。金华市委常委、东阳市委书记徐建华，市委副书记、市长朱建军，副市长赵志强应邀参加。6名政协委员口头发言，另有20多位委员以书面材料的方式，围绕企业用电、用地、资金等问题，城市交通、红椿巷拆迁、南山文化园建设，文化产业全域化，东义同城化发展，教育公平，红木市场、木雕产业规范提升，医疗、卫生、体育、社会保障体系建设，人才、科技、信息化发展，新农村建设等领域作交流。徐建华对市政协以举办委员论坛的形式，为市委、市政府中心工作建言献策表示充分肯定。审议通过市政协《关于在政协委员中开展"解放思想建睿言，立体履职促跨越"活动的决定》，要求广大政协委员围绕建设"强市名城"目标，建睿言，出实招；聚人心，汇合力；树形象，求实效，充分发挥优势，认真履行职能，以主人翁的姿态，积极投身"强市名城"建设。

"超越全省平均、实现四个翻番"委员论坛 2013年7月30日，市政协举办以"超越全省平均、实现四个翻番"为主题的委员论坛。33篇发言材料涉及经济、文化、农业农村、道路交通、生态环保等方面，其中反映经济建设的7篇、文化发展的5篇、新农村建设的4篇、生态和道路方面的各3篇。12名委员上台发言。徐建华、朱建军以及相关部门负责人到会听取意见。徐建华为论坛题词"为党政分忧、为发展尽责、为群众解难"，并指出："这次委员论坛又一次发出了政协资政建言的'好声音'，委员们视野开阔、思路清晰、见解独到，不乏亮点、实招和高招。"对委员们的发言材料，徐建华一一作出批示，要求分管领导和相关部门主动对接政协相关界别委员，提出具体措施。会后常委会组织各专委会和相关界别委员与有关部门密切跟踪，反复协商，促进协商成果有效转化。

"建设美丽东阳，创造美好生活"委员论坛　2014年8月1日，市政协举办"建设美丽东阳、创造美好生活"为主题的论坛，提交34篇交流材料，其中12名委员上台交流，内容涉及面广，针对性强。徐建华给予高度评价并指出：对于委员们提的意见和建议，市委、市政府分管领导和相关部门要进行认真梳理、归类，结合实际消化吸收，改进工作。徐建华还对市政协和政协委员如何在"两美"东阳建设中做出新的更大的贡献提出明确的要求。市政协主席王正明要求广大政协委员强化责任意识，增强对"两美"建设的自觉自信；强化一线意识，发挥助推"两美"建设的独特优势；强化表率意识，发挥助推"两美"建设的主体作用，为早日实现"两美"东阳建设目标建新功、立新业。

"真心助推发展，真情关注民生"委员论坛　2015年8月11日，举办以"真心助推发展，真情关注民生"为主题的第七届委员论坛。15名委员代表各自的党派团体和界别，围绕加强学前教育、建设特色小镇、防范民间借贷风险等事关发展和民生的热点、难题问题作了口头发言，另有17名委员提交书面材料。市委书记黄敏，市委副书记、市长朱建军，市委副书记姚激扬参加。朱建军通报全市上半年经济社会运行情况，并对本届论坛给予充分肯定：本届论坛紧扣发展和民生两大关键问题，主题鲜明，内涵丰富，准备充分，成效显著。对于委员们提出的意见和建议，市委、市政府进行认真梳理、归类，并结合实际消化吸收、改进工作，充分体现党委、政府对政协工作的支持和委员们的尊重。论坛后，委员提出的意见建议在《东阳市小微企业三年成长计划实施方案》《城区生活垃圾分类收集处理试点工作实施意见》《东阳市企业信用联合奖惩实施办法》《关于进一步推进行政村区域调整后续完善工作的意见》等全市文件中得到采纳吸收。

"走在前列、赶超发展"委员论坛　2016年7月29日举办第八届委员论坛。15名委员围绕"走在前列、赶超发展"主题，从推进城区横店一体化、促进旅游产业发展、打造木雕旅游精品线、加强廉租房管理、加快文化中心建设、推进养老事业发展等方面作口头发言，提出"精心谋划建设交通路网，打造城区横店之间的'美丽通道'是一个重要抓手。""打造木雕旅游精品线，既是顺势而为，更是当务之急。""非常有必要在我市建立具有一定规模和影响力的'创客园'"等建议意见。另外20名政协委员的书面材料在会上交流。市委常委、常务副市长李宝春通报全市上半年经济运行情况。市委书记黄敏在讲话时指出，本次论坛主题明确、选题精准、启发性大，充分体现了政协的大局意识、中心意识和责任意识，也体现了广大政协委员参政议政的积极性和主动性。对于委员们提的意见建议，市委、市政府将认真研究，在下一步工作中予以吸收。同时强调，市政协和广大政协委员要紧紧围绕实现赶超发展这一大局，讲政治，讲团结，讲实干，汇聚赶超发展正能量；要充分发挥政协“人才库”“智囊团”优势，在“十三五”谋划、推动改革落地、推动经济发展等方面，多提赶超发展金点子，为党委、政府科学决策提供重要依据和参考；带头创业创新，主动参与招商，积极投身重点工作，奏响赶超发展大合唱。市委副书记姚激扬和各党派、团体负责人，在东阳的省、金华市政协委员，界别召集人、联络员，部分政协委员，相关部门主要负责人等200多人参加。

本节选编委员论坛交流材料5篇。

坚定信心　真抓实干　促进东阳经济发展

（经济界，在2007年第一届委员论坛上）

当前，摆在东阳人面前的任务是“实干”两个字。领导要实干，企业家要实干，全市人民要实干。实干，东阳才有出路，实干，东阳才有希望！世贸城的繁荣同样离不开实干。那么，干什么？怎么干？在世贸城问题上，我认为要做到以下几点：

一、实现与义乌错位发展。目前，东阳有两项国家级非文化遗产，有五位中国工艺美术大师，九位省级工艺大师，有几万人的工艺美术工作者的生产、加工能力，东阳具备了一定的人才优势，为实现错位发展奠定了基础。同时，进一步治理和完善市场外部环境和配套设施建设，解决好目前“孤岛市场”的影响，营造错位发展的市场氛围。

二、加强领导班子建设。要建立专门的市场管理领导机构，分管各专业市场。但在管理上又要实现企业化运作模式。要打破原有体制机制，建立特定的商贸区管理委员会，聘请商贸发展顾问。要大胆调整内部管理人员，不懂行、不称职的一律调离，用市场经济的招贤手法公开选拔人才，发挥人才优势，进一步推动市场的有序发展。

三、调整市场内部布局。市场内部要“划行归市”，以利经营和方便客户。专业市场必须专业，商品要专业、经营要专业、服务要专业。同时，要加快市场二期的规划和开发，合理设计、合理布局，达到兴旺市场的目的。

四、开辟东阳特色旅游。要开通横店影视基地→东阳卢宅古民居→东阳工艺精品馆（东阳世贸城）三者结合的旅游专线。把东阳的旅游资源有效整合，实现旅游、观光、购物的有机结合。

五、提高市场知名度。加强市场宣传力度，扩大知名度，形成轰动效应，体现东阳世贸城工艺品专业市场的魅力。

我市外来务工人员子女教育现状及对策

（中共界，在2010年第三届委员论坛上）

外来务工人员子女教育是城市化进程加快后出现的新问题，也是每个家庭考虑的重大问题，更是我市经济社会发展环境的重要构成要素之一。随着我市经济社会的发展，一批批外来务工人员拖家带口举家来到我市务工。由此带来的外来务工人员子女就学问题尽管得到了政府和教育主管部门的重视,但仍然存在着一些不容忽视的问题。通过一段时间的专题调研,我就外来务工人员子女教育的现状、存在问题和对策,谈谈自己的粗浅看法。

一、我市外来务工人员子女的基本现状

经调查,近年来,我市在公安部门登记的外来务工人员总数约13万(2009年度劳动人事部门统计的外来务工人员总数达13.8万),我市一线从业岗位的70%由外来务工人员担负,可见,人员之多,队伍庞大。不可否认,外来务工人员对我市的经济发展起到了重要的人力保障作用。但随之而来的外来务工人员子女就学总数也逐年递增。据教育部门统计,从2007年上学期9189人,到2008年下学期13341人,两年时间增加4152人,增幅高达45.2%。2009年上学期,由于受金融危机影响,总数减少986人,减幅7.4%,总数12355人。但是,随着经济形势的好转,入学总数随之回升,2010年上学期就达到14740人,较2009年上学期增加19.3%。

分析发现,外来务工人员子女学段分布,小学明显多于初中,低年级明显多于高年级,呈阶梯状递增(2009年春季初三年级191人,六年级1127人,一年级2295人)。随着这些学生就读年级的递增以及我市经济社会发展的增速,外来务工人员子女入学总数还将不断攀升。

二、外来务工人员子女教育存在的主要问题(略)

(一)就近进入公办学校就读比较困难。

(二)入学后产生一系列新问题亟须加强研究并解决。

(三)民办外来务工人员子女学校尚需进一步规范管理提高质量。

三、主要对策

(一)尽快制定出台《东阳市关于进一步完善外来务工人员子女接受义务教育的若干意见》

充分认识做好外来务工人员子女入学工作,事关为企业留住骨干人才,稳定就业人员队伍,为企业用工奠定良好的基础,直接影响建设良好的投资环境,与经济社会发展休戚相关。建议贯彻《省政府关于进一步加强和改进进城务工人员子女教育工作的意见》,尽快制定出台全市外来民工人员子女接受义务教育的指导意见,为妥善解决外来务工人员子女入学提供政策保障。

(二)切实将外来务工人员子女入学纳入全市经济社会发展规划

一是制定全市经济社会发展规划时要充分考虑外来务工人员子女入学。尤其是功能区、块状经济区以及大型市场建设,必须科学预测企业外来务工人员、市场经营户子女入学需求,配套学校建设。二是工业功能区和6个块状经济区要更充分考虑到当地人口增减、城市发展、产业升级和外来务工人员子女流动趋势,以常住人口为主要依据,科学预测今后一段时期外来务工人员子女入学人数,合理调整《学校布局调整规划》,科学配置资源。若无法准确预测,可考虑暂时保留若干个“教学点”。

(三)进一步保障外来务工人员子女受到更好的教育

一是教育行政部门、中心学校(校办)要继续加强统筹力度,最大限度挖潜接收外来务工人员子女入学。二是分层次、有重点的解决外来务工人员子女就学问题。针对目前要全部解决所有外来务工人员子女就学既不现实、也无更好办法的情况，要分层实施，突出重点，对企业引进的高中级管理人才、技术人才以及普工中贡献大、工龄长、被企业重用的外来务工人员子女入学给予优先保证。三是加强对外来务工人员子女入学的动态管理。深入开展外来务工人员子女教育专题研究活动，加强对外来务工人员子女家庭教育的有效引导，促进其健康成长、全面发展。

（四）加强对民办外来务工人员子女学校的扶持力度

一是制定《东阳市外来务工人员子女学校设置和管理办法》，从源头上规范审批程序，促进现有外来务工人员子女学校改善办学条件。二是合理布局，增加财政支持力度。与相邻的诸暨比，东阳师生比例大，教师队伍比较可观。主要原因是农村学校布局不合理，没能形成规模，而教育资源使用的不充分，导致资源的浪费。如果整合农村学校布局，一定有富余的教师。同时，要进一步增加财政支持力度，建议按公办学校一定比例核拨民办外来务工人员子女学校生均公用经费，用于改善办学条件。三是规范民办外来务工人员子女学校管理，加强对民办外来务工人员子女学校财务监管，确保各项免费政策惠及每一个外来务工人员子女。加强安全监管，重点排查校舍、食品卫生和学生接送车等方面可能存在的安全隐患。继续由政府买单投保校方责任险，转移学校责任风险，维护正常教育教学秩序。四是加强师资队伍建设，确保外来务工人员子女学校老师基本生活条件和待遇，加大培训力度，在教研活动、职称评定、评优评先等方面与本地公办教师同等对待。建立公办学校老师到外来务工人员子女学校支教制度，或公派一名教学校长。

关于加快农房改造的建议

（农业界，在2013年第五届委员论坛上）

农房改造，一头连着发展，一头连着民生，是一项事关农民切身利益、改善农民生活环境、建设美丽乡村的民心工程。2009年以来，南马的花园、东江的横锦等村以及城郊的一些村居，均在整村连片改造及平面式安置方面，为农房改造提供了好的经验，做出了榜样。

随着农房改造的不断推进，也暴露出用地指标紧缺，高层平面式安置推进难，中心村集聚建房不快等问题，这些都制约着农房改造的进度。为此，建议：

一、增加农民建房用地指标。在不能马上改变农民建房观念的现实情况下，必须做好农民拆旧建新的宅基地安排。据有关部门测算，拆除一个平方旧房，需要新增至少一个平方的用地，要完成年初提出改造4000户的目标，需安排新增用地指标40多公顷，而实际上，上半年，我市从农办这个口子安排农房改造用地指标仅4公顷，远远不能满足农房改造的需要。政府在安排用地指标时，应树立民生优先的原则，增加农房建设新增用地指标，以加快农房改造的步伐。

二、完善高层平面式安置的有关政策。在用地指标紧缺的情况下，高层平面式安置无疑是农房改造的一种较好方式，尤其适合地价较高的城郊。由于高层平面式安置建设受资金筹集难度大，老百姓思想统一难，开展高层平面式安置村所处地域不同、村情各异，高层安置方案也不能一概而论等多方面因素的制约，推进这项工作难度非常大。建议各相关部门对高层平面式安置建设以“不破法规破常规”的决心，通力合作，大力支持。土地指标优先向高层安置倾斜，及时做好高层规模复核工作。在制订具体方案过程中，各镇乡街道应加强前期把关，相关部门应及时做好指导和服务，为推进高层平面式安置创造条件。

三、出台政策鼓励向中心村、中心镇集聚建房。城镇化发展，人口向中心村集聚是今后发展的大方向，有利于提升农村基础设施和公共服务的水平。城郊村开展整村连片改造，偏远村向中心镇集聚建房，一般村向中心村建房靠拢，偏远山区村实施异地奔小康，这是农房改造的趋势。推进集聚建房工作，需要政策引导。我市行政村撤并工作，从理论上为跨自然村建房创造了有利条件，但实际上大多数村还是以自然村为单位编制规划。对于基础设施，虽然政府每年都有不少的投入，由于居住点分散，投入效果并不明显，“只见新房不见新村”的现象仍较普遍。政府应制定政策，对向中心村集聚建房的项目，优先安排用地指标，符合新农村建设规划的项目优先立项，允许行政村在安排宅基地时收取地级差费用。

四、创新农房改造的思维理念和操作方式。鼓励在城定居或已建有新房的农民放弃旧房宅基地，允许村里对其进行有偿收购，市财政给予资金补助。对拆除旧房后，在较长一段时间内不需建新房的农户，以村委会的名义，发给建房指标凭证，报镇政府备案，待有条件时候再安排。允许建房指标凭证在本行政村内缺房户或凑间不足的农户中有偿转让。

五、坚持公开、公平、公正的原则。各行政村必须在农房改造的整个过程中，确立阶段公示制度；镇乡街道、相关部门根据各自职责，及时做好监督指导，确保农房改造顺利推进。

农村生活污水治理存在问题和建议

（农业界，在2015年第七届委员论坛上）

2014年我市全面启动农村生活污水治理工作，当年全市363个行政村（含部分农村社区）有222个行政村中的297个自然村开工建设，其中有143个自然村完成治理任务，整个工作走在全省前列，并被评为省农村生活污水治理优胜县市。今年又自我加压，590个自然村陆续开展生活污水治理工作，达到行政村全覆盖，自然村覆盖率75%以上，工作力度空前。

但在全面加速推进农村生活污水治理工作的同时，也出现了一些问题。一是规划编制和图纸设计不科学，缺乏因地制宜的设计理念；二是设计费用与工程量挂钩，无形中增加了工程成本；三是将管道工程和终端工程分成两个独立的项目，设计上没有实现无缝衔接，有的地方甚至出现集污池接入口高于污水总管、处理池高于集污池等问题；四是施工质量不达标，按设计直径在20厘米以上的HDPE管道铺设应有15厘米的碎石垫层和20厘米的C30混凝土面层，许多地方没有达到要求，甚至在管道铺设后随即用原土覆盖完事，未实现全程质量监管；五是治理资金不到位，按平均每户6000元的治理资金，大多数自然村工程预算要超过该数字，平原地区政府补贴80%即平均每户4800元，许多自然村因自筹资金未落实而仅利用政府补贴资金先完成管网工程，造成终端工程建设暂停。

以上问题将会影响我市农村生活污水的治理效果。为使农村污水治理这一投资巨大的政府民生工程能最大化地惠及百姓。为此建议：

一、要科学规划，生态治污。我市农村地理环境条件千差万别，治污方法不能过于单一、千篇一律。政府应发挥主体作用，因地制宜，分类指导。一是坚持因地制宜做规划，应根据自然村的大小和所处城镇、平原或山区位置的实际，科学规划处理方式。分别采用集中纳管进厂处理、村域自建集中处理和分散型生态化处理等不同方式。如第二污水处理厂周边和上游的村庄，应与第二污水处理厂的污水管网相配套对接。二是重视规划的设计程序，设计人员应现场踏勘联系村每户的一体式化粪池、检查井的位置和所有管网的走向、高差。所有设计文本，必须经过初勘、中勘、终勘三大步骤，设计图纸完成后，应进行图纸会审，并向村民公示。三是坚持管网和终端统一规划，一体设计，科学选择工艺。终端应尽量采用地埋式无动力厌氧处理+人工湿地技术，实现生态循环处理。

二、要严格标准，狠抓质量。坚持质量第一、时间服从质量的原则。一是严把材料质量关。严格执行干线管材、终端设施等实行市级统一招投标，支线管材、一体式化粪池、检查井及管网工程建设等由镇乡街道组织公开招投标程序；严格执行接货、验货的相关标准和程序。二是严把施工监管关。严格执行六维度监管网络，进一步明确工程质量要求和工作职责，市里应指派熟悉业务的专业人员巡视督查，同时要强化村级组织的监督作用，建立全程工作档案和责任倒查追责机制。对隐蔽工程照片留档，中间验收环节签字确认，对供材、施工方实行质量承诺，做到责任到人，追责有据。三是时间必须服从质量。污水治理工程大多为地下隐蔽工程，出了问题后检查、翻修难度大、成本高、后果严重，因此，切忌为赶时间而忽视质量，确保优质保量一步到位。

三、要落实资金，重视终端。积极发动和引导广大群众支持治污、参与治污和监督治污，积极拓展集资渠道，千方百计落实工程资金，有钱出钱，有力出力，实行管网工程和终端工程整体施工，将污水归集和消纳处理同步进行。建立终端运行管护的长效机制，以避免集中污染的发生。

倾力打造城区横店的“美丽通道”

（经济界，在2016年第八届委员论坛上）

在东阳传统意义上，城区属于“北乡”，横店属于“南乡”。城区横店如何打通“高山之隔”，缩短空间距离，特别是消除“文化隔阂”，拉近心理距离，是推进城区横店一体化进程的重要一环。我们认为，精心谋划建设交通路网，打造城区横店之间的“美丽通道”是一个重要的抓手。我们提出“美丽通道”的概念，主要包括“畅通之美”“文化之美”“生态之美”

“运动之美”四大内涵。

一、完善城区横店路网结构，确保“畅通之美”

便捷畅通的交通联系是实现城区横店一体化的首要基础，要通过完善的交通路网将城区横店连接成一体。从轨道交通看，目前规划的金甬铁路只经过东阳，杭温高铁只在横店设站，只有金义东城际轨道对连接城区横店意义最大；从高速路网看，现有甬金、诸永、东永三条高速，接下来要做好义东永高速的建设工作，通过这四条高速公路形成一个“绕城高速圈”；从普通公路看，目前主要有迎宾大道、39省道和泗雅线等通道，接下来要实施好39省道改建工程，打通西岘峰隧道，改善南午岭交通压力。另外，假如能实施行政区划调整，将城东罗屏、南市槐堂划归横店镇管辖，那么，打通南山隧道、实施人民路南延，就具有十分重要的意义，它将真正为东阳城区和横店镇区实现“亲密携手”“无缝接壤”。

二、打造木雕影视风情大道，彰显“文化之美”

给交通路网注入文化内涵，是促进城区横店文化交融的重要措施，重点是把迎宾大道打造成木雕影视大道、“三乡”文化长廊。一是对应“星梦山”，建设“神雕楼”。应用现代时尚设计元素和传统木雕工艺装饰相结合的手法，把东阳高速出口收费站改造成“全省最美收费站”，迎宾大道增设“三乡”文化雕塑，让远道而来的游客一下高速就能感受到浓郁的“三乡”风情和“世界木雕之都”的文化气息。二是融合影视文化，打造“星光大道”。将迎宾大道冯高楼至屏岩山隧道进口段建设成为“星光大道”，设置以影视文化为主题的标志性雕塑和大型广告牌，大道两侧节点区块引进植入各类影视企业，形成影视文化创意产业园区。三是引用“穿越”概念，塑造“时光隧道”。屏岩山隧道按照“穿越”的概念进行装修改造，隧道这边是活生生的现实，而出了隧道就“穿越”到了梦幻般的影视天地。被誉为“中国十大最美公路”之一的陕西秦岭终南山隧道，就是通过不同的灯光、图案变化，缓解驾驶人的视觉疲劳，提供独特的行车快乐享受。

三、用生态理念指导道路建设，展示“生态之美”

提高公路的生态建设标准，建设绿量充沛、生态良好、环境优美、景色迷人的生态通道。泗雅线从南山汽校到雅溪段，全长3.5千米，公路等级较低，只有双向二车道，但道路两侧山势秀美，植被良好，树木参天蔽日，旁边还有南山水库。建议把这段路建设成“全省最美生态公路”。一是加大绿化密度，种植各类花卉，做到“一年常绿，四季有花”；二是利用路边的水库、水塘、山势、边坡进行造景，打造“一程一景”的美丽风景线；三是利用现有树木和藤蔓植物延伸公路上空的绿化，建成由植物立体空间形成的“绿色隧道”；四是利用新材料新技术新工艺改造路面，并且最大限度保留原公路的弯道和坡度，提高行车的舒适程度和驾驶乐趣。

四、建设城市绿道慢行系统，实现“运动之美”

随着“绿色出行，低碳生活”的理念逐渐被人们所接受，越来越多的人把自行车作为代步工具，骑行运动开始盛行。我们建议，在城区横店区域范围内，包括所有可供行人和骑车者进入的自然景观线路和人工景观线路，建设布局合理、设施先进的具有地方人文特色的城市绿道网体系，以此促进城市优质绿色生活圈建设，推动城区横店的连接交融、和谐发展。一方面把它作为低碳行动、休闲运动的绿道文化来打造，另一方面把它作为一种能在一定程度上解决通勤问题的出行方式来综合考虑。淳安千岛湖的环湖骑行绿道被称为浙江“最美公路”，可以借鉴学习。

委员论坛发言材料目录

2007年第一届委员论坛

做好“东阳人”经济文章，破解东阳经济发展难题（中共界）
废塑产业，东阳经济的新增长点（社科界）
坚定信心、真抓实干，促进东阳经济发展（经济界）
加大支持力度，促进化工制药行业健康有序发展（经济界）
改善东阳软环境，促进经济发展（民革）
抓大扶小，再创东阳工业经济新辉煌（经济界）
重视品牌建设、实施品牌战略，促进东阳持续快速发展（侨联界）
开放、包容、创新（侨联界）
发挥东阳人才优势，实施“东阳人经济”与东阳经济的转化（市政协之友联谊会）

2008年第二届委员论坛

创新是企业的生命（特邀界）
品牌为企业插上腾飞的翅膀（农业界）
诚信是事业常青的基石（妇联界）
关爱员工就是爱惜企业本身（工商联界）
优化结构，重视环保，促进企业和谐发展（工商联界）

2010年第三届委员论坛

强化农业科技支撑，引领现代农业发展（侨联界）
我市外来务工人员子女教育现状及对策（中共界）
打造东阳的城市金名片——“中国木雕之都”（科协界）
大力扶持中小企业，加快发展东阳经济（经济界）
东阳经济发展需要“天地人和”（科技界）
攻坚克难是加快东阳发展的永恒主题（中共界）
加强基层组织建设是加快经济发展的重要保障——画水镇竹溪工业功能区善后处置工作的启示（妇联界）
我市城市公交现状及发展对策（农工党）

2012年第四届委员论坛

破解人力资源瓶颈，加快发展实体经济（经济界）
东阳“金三角”的蜕变之梦（科技界）
舒缓城市交通压力，推动强市名城建设（民革）
共同营造小微企业健康发展的春天（民建）
实施教育三大工程，推动强市名城建设（教育界）
发挥走南闯北东阳人资源优势，肩负建设强市名城的历史使命（中共界）

2013年第五届委员论坛

加强城市道路管理，提升城市形象（民盟）
优化东阳教育资源，培育更美东阳学子（教育界）
东阳城区道路交通治堵保畅建议（社科界）
整合市场资源，强化政府主导（工商联界）
加快推进“城中村”改造的建议（民建）
延伸江滨文化景观带建设，敲开东阳义乌同城化大门（科协界）
关于加快农房改造的建议（农业界）
加快推进我市城区医疗资源布局调整的几点思考（医卫界）
优先发展公交事业，改善城市交通环境（农工党）
山水其表，人文其里——关于建设东阳美丽乡村的思考（新闻出版界）
对我市绿地景观规划建设的几点建议（无党派界）
东阳市银行业服务实体经济的亮点、难点和建议（经济界）

2014年第六届委员论坛

对我市机关办事窗口建设的几点建议（科技界）
加强政策引导，促进“草根”创业（经济界）
关于启动石马潭水库建设的建议（中共界）
“五水共治”的关键在“科学治水”（民建）
对我市环卫工作的几点建议（共青团界）
对我市“多规融合”问题的探讨（知联会）
发展与环保并行，实现绿色GDP（新联会）
促进义务教育均衡发展的几点建议（教育界）
我市城市地下管网建设的问题与建议（工会界）
改革农村集体产权制度，促进城乡一体化发展（民革）
严格择商标准，提高招商质量（工商联界）

加强整顿规范，让东阳红木家具“红”下去（新闻出版界）

2015年第七届委员论坛

行政村管理体制存在的问题及对策（中共界）
我市学前教育发展期待再加速（教育界）
加快主城区医疗资源布局调整的建议（科技界）
围捕“五水共治”的漏网之鱼——餐厨垃圾（民盟）
打造房产超市，破解房地产业发展困境（无党派界）
加快推进我市乡村旅游发展的几点建议（民建）
为什么东阳工业在金华占比会越来越低（工商联界）
关于积极推进“空心村”改造的建议（社科界）
将特色小镇打造成我市新一轮发展平台（工商联界）
加大我市民间投融资管理力度的建议（工会界）
农村生活污水治理存在问题和建议（农业界）
关于提升我市镇级污水处理站运行效能的建议（台联界）
建议利用大数据助力我市旅游业发展（经济界）
治水，需要有长效机制来保驾护航（文艺界）
关于防范处置“两链”风险的建议（经济界）

2016年第八届委员论坛

倾力打造城区横店的“美丽通道”（经济界）
做好“补短、融合、提升”文章，促进我市旅游产业更快发展（中共界）
东阳木雕旅游下一站在哪儿（民建）
“大奔户”岂能占住廉租房（工商联界）
东阳是时候该有自己的文化活动中心了（文艺界）
养老事业形势严峻，任重道远（特邀界）
把东阳打造成全国渔具集散中心的建议（九三学社）
“补齐工业短板”的出路何在（工商联界）
开展全民阅读，建设书香东阳（新闻出版界）
建立“创客园”，培育新经济（工商联界）
关于进一步推进美丽乡村建设的建议（农工党）
尽快让农村缺房户“居者有其屋”（农业界）
推进科学清淤，探索“东阳标准”（民盟）
关于做优做强东阳中学的若干建议（教育界）
加快推进东阳木雕红木小镇建设的建议（妇联界）

第三节　建议案

建议案是以政协组织的名义和正式文件的形式,向同级党委、政府提出的意见和建议,是人民政协履行职能的重要载体。善于运用建议案有利于发挥人民政协的整体功能,有利于发挥人民政协作为协商民主重要渠道和专门协商机构的作用。东阳政协充分利用这一有效载体,围绕东阳经济社会发展的重要问题、人民群众关注的热点问题,在调查研究的基础上,形成建议案提交党委、政府参考。本节选编建议案12件。

关于甬金高速公路我市境内走向的建议

(1999年10月10日市政协十届十五次主席会议通过)

甬金高速公路建设是东阳经济发展、城市格局定位及社会各项事业进步的大事,是关系到78万东阳人民世世代代生产、生活和可持续发展的大事。我市政协委员对此十分关注,他们在吸纳群众意见的基础上提出"甬金高速公路东阳市境内走向问题"的提案。为使甬金高速公路东阳市境内走向更科学、更合民意,市政协进行了多方调查了解,并在第九次常委会议和第十五次主席会议上进行了研究,一致认为甬金高速公路在东阳境内的北线方案是最佳方案。主要理由是:

一、合法

(一)北线方案已成为我市城市发展规划的组成部分。《东阳市城市总体规划》是经省人民政府浙政发〔1998〕63号文件批复的,具有法律效力。

(二)北线方案已列入我省、市交通发展规划。1998年4月省交通厅制的《浙江省公路规划图(1997—2020)》、1999年7月29日《金华日报》公布的《金华市高速公路建设规划示意图(1996—2010)》,都十分明确甬金高速东阳市境内走北线。

规划的形成是十分严肃的事情,凝结着众多领导和专家的心血和智慧。依法办事、按规划实施是各级政府、每届领导都应遵循的基本原则。否则,朝令夕改,一任领导一个思路、一个规划,法律的严肃性就无从谈起,政府在百姓心目中也就无信誉可言。

二、科学

北线方案经专家多方论证,特别是1995年省交通厅已组织各县市及专家作过肯定性的论证,符合东阳实际,是一个科学的合理的方案。表现:

(一)路线短。甬金高速公路走北线全程建设里程172千米,南线则为190千米;在东阳境内,北线长度34千米,南线长度50千米。

(二)投资省。走北线,只需建白溪江1处跨江工程,南线则复杂得多,不仅需建4处跨江工程,而且要建约1.8千米长的隧道。

（三）用地少且合理。走北线占地约166.67公顷，与南线占地266.67公顷相比能节省100公顷；而且北线方案沿北山南侧坡脚丘陵地带，南线方案则穿越画溪、李宅、六石等良田区，省内外闻名的寀卢农业示范园区及近年来投入较大资金、劳力建设起来的大量标准田、吨粮田将被毁掉。对于历史上就以“七山二水一分田”和“人多地少难糊口，外出打工找活路”的东阳人来说，现在人均仅0.03公顷耕地，这样，北线方案无疑是既利交通建设又节省土地的最佳选择。

（四）省道交叉口少。走北线与干线公路只有诸东、嵊义两处交叉，沿线村落单向分布，下跨通道少。而走南线与干线公路交叉口有6处，沿线村落两侧均匀分布，下跨通道多。这样，从建设投资、交通安全及沿线群众的生产生活等方面看，北线方案明显优于南线方案。

（五）符合我市城市总体规划和建设发展现状。为与甬金高速公路相衔接，我市的城市建设以规划为依据，已开始实施跨东阳江向北发展，有关工程已开工建设。如经省批准投资4000多万元的东阳江大桥及人民路北延工程，其立项开工主要依据就是连接甬金高速公路。而南线方案一旦采纳，则整个城市发展规划和建设步骤被全部打乱，后果不堪设想。

三、合情合理

北线方案提出始于90年代初，其合理性已被沿线老百姓所了解、所接受，有较好的群众基础。同时，我市的城市规划形成期间曾多次征求市民意见，规划形成后又经广泛宣传，早已在市民中达成了共识。东阳人民盼星星、盼月亮，盼来个甬金高速公路，期望无铁路、无高速公路的状况能有所改变，如其结果是以否决合法、科学、合情合理的北线方案及改变城市规划、打乱整体城市建设布局为代价的话，那么，无论是市民还是沿线百姓，都是不能接受的。

为此，我们建议市政府要以《东阳市城市总体规划》为依据，尊重专家论证意见，合乎78万东阳人民意愿，把甬金高速公路这一好事办好，使它成为合法工程、科学工程、合情合理工程。

关于优化投资软环境的建议

（2002年1月21日市政协十届二十一次常委会议通过）

现代经济的竞争主要是投资环境的竞争，哪里投资环境好，哪里就有客商来投资，资金、技术就会带进来，哪里的经济就发展。根据市委的意见，我们组织力量对我市投资环境与经济发展的情况进行了调查。

一、我市经济发展形势不容乐观

改革开放以来，我市的各项事业得到了长足的发展，农业生产稳步推进，工业经济迅猛发展，建筑行业做强做大，城市建设日新月异，寀卢经验全省推广，横店模式全国闻名；1999年，领到了中等城市入场券，2000年是“大稳定、大发展、大振兴”的一年，财政收入增幅创解放以来最高水平，并跻身全国百强县行列，成就是巨大的。但是，在成绩面前要保持清醒的头脑，特别是横向比较，我市的发展形势非常严峻。据《2001年浙江省统计年鉴》公布，2000年，我市财政收入5.41亿元，在全省74个县市区中列第28位，人均财政收入687元，仅列第43位；而义乌、永康2000年的人均财政收入在全省分别列第13位和第23位。2001年的形势更加严峻。据市统计局2001年12月份编发的《东阳市国民经济主要统计指标》，截至12月底，义乌地方财政收入7.5亿，同比增49.7%，永康4.4亿，同比增52.1%，东阳是3.3亿，同比增38%，增幅在金华市倒数第一，而兰溪、浦江分别增97.3%和83.8%，气势逼人。两年前，我们还说，前有义乌排头兵，后有永康这个追兵，现在已发展到，前有义乌、永康排头兵，后有兰溪等追兵。前些年东阳要与义乌比高低，现在有的人希望与义乌早日合并，可以提高干部待遇，增加工人工资。这种思想不是振兴东阳的好兆头。东阳的发展已到了“最关键的时候”。

二、我市经济发展出现落差的原因

（一）思想上安于现状，缺乏发展经济的强烈愿望。有的同志自我感觉良好，常沉湎于过去的、甚至虚假的成绩而沾沾自喜。只看到某几项指标在金华连续获得第一等表面成绩，没有看到财政收入增幅金华倒数第一、干部待遇低于义乌、改制企业职工安置费低于磐安等实质性问题。面对严峻的形势，缺乏对策研究，能过则过，缺少干劲。

（二）精力不集中，工作不投入。现在，有的镇乡、部门干部，作风不扎实，一碰到具体问题不但不积极谋求解决方法，而是绕道走，不犯错误，也不出实绩，敷衍了事；跑官要官有所抬头，把精力集中在谋取个人升迁和私利上。

（三）服务意识弱，投资软环境差。有的部门不顾全大局，把部门利益、小团体利益看成高于一切。第一、审批、收费项目既多又乱，机构臃肿。据统计，全市共有收费部门、单位120余个，各类审批项目达600多项，而且执行的弹性很大，每一次审批和收费都是一道关卡；许多事业单位，“寄生”在行政主体下，靠名目繁多的收费养着一批“闲人”，成为滋生腐败的温床。第二、执行优惠政策不到位。只讲条条的规定，不讲市委、市政府优惠政策。对企业的信贷政策、改制企业的税费减免等优惠政策没有落实到位。第三、衙门作风影存形不散。机关“三难”现象严重存在，不给好处不办事成了惯例，你去办事说不符合政策，礼一送即刻变得符合政策了；有的检查、收费人员到企业，若业主稍有怠慢，立刻叫你“吃不了兜着走”；承诺制由部门自己制定、自己执行、自己监督，形同虚设。有的单位承诺：“在手续完备、资料齐全的情况下，要在七个工作日办复”，这是很不负责任的衙门作风，如果每个公章都要七个工作日，审批一个项目要多久？虽设立了“环境投诉台”“一个口子收费”等服务窗口，但具体实施效果也不大。

（四）村企关系紧张。村里没有把企业当“财神”供奉，反而当成敲竹杠的对象，如：康裕生化、东农化工、市化工二厂等就是因为村里干部群众闹事，严重影响企业的生产发展。

有位在外地办企业的东阳人说：“到东阳投资企业，那是傻子才干的”；有位部门负责人说：“要是我有亲戚朋友想到东阳办企业，我第一个劝他不要来。”话虽刺耳，却很值得我们深思。俗话说，栽下梧桐树，引得凤凰来。但我市的现状是，不但外地“凤凰”难飞来，而且本地“凤凰”留不住。虽然我们加大了招商引资力度，但实际效果不理想，通过比较，可以看出问题。

东阳、义乌、永康的人口分别是78.79万人、66.84万人、53.06万人，但1998年以来新办工商企业分别是3740家、5487家、4786家，注册资金分别是54.3亿元、76.2亿元、66.4亿元。东阳人口比别人多，但新办工商企业家数和注册资金都比人家少。相反，1998年以来，东阳外迁和注销的工商企业倒有767家，资金8.6亿。若再按这个势头发展下去，东阳必定越来越落后。现在，已到了非痛下决心整顿好投资环境、发展经济不可的时候了。鉴于以上实际，经市政协十届二十一次常委会议研究，特提出如下建议。

一、进一步解放思想，转变观念。我们东阳离义乌火车站只有18千米，离义乌飞机场25千米，离宁波港也只有2小时左右车程，从城市布局的层面看，是非常合理和有利的；城区水电供应充足，通信、信息网络建设又走在全省前列。我们的投资硬环境并不算差。差是差在软环境上。软环境优与不优，关键在领导，关键在市委、市政府。萧山区提出，抓投资环境是党政中心工作，是一把手工程。市委、市政府要把优化投资环境放在战略的高度，领导的精力要集中在抓服务、抓投资环境上。要把为优化投资环境做了多少工作，作为乡镇、机关部门的主要考核内容。建议市委对各机关、部门任期满6年以上的中层干部，下决心进行跨系统跨部门跨单位的交流，增强服务意识和工作责任心。万众千方，集中精力，优化投资环境。变以前的“靠政策决定发展，凭区位创造优势”为“靠环境决定发展，凭政府创造优势”。

二、找准载体，扎实开展“投资软环境整治年”活动。在该活动中，要着重抓好以下几项工作。

第一，开展解放思想，优化投资环境大讨论。像搞“三讲”和“三个代表”重要思想学习教育活动一样，领导要重视，精力要集中。通过大讨论，使各部门、单位解放思想，转变观念，找准投资软环境不佳的原因，制定整改措施；要敢于动真格，树几个正反面典型，力戒形式主义和走过场。

第二，建立制度和工作机构。建立行政效能评估监督制度。把办事机构的管理权限，审批收费项目标准及依据、工作纪律、服务承诺等以上网或其他形式进行公布，接受群众监督；完善城市综合执法管理体系，实施集中统一的行政处罚权；设立“经济110”，提高办事效率；建立政府办事中心，减少环节，方便群众。

第三，解决好三个问题。即解决好审批过多、收费过重、事业单位超编三个问题。市委、市政府要痛下决心，用“零审批”“零收费”“零编制”的理念进行大刀阔斧的改革。即对所有的审批、收费项目和事业单位编制，逐项逐条从“零”开始重新核定。凡是不符合江总书记“七一”讲话精神和“WTO”规则的，不管是哪一级的“政策”或“规定”，都可持怀疑态度，甚至予以否定。凡是不符合“三个有利于”以及东阳本地实际的审批、收费项目全部取消，撤并机构中属自收自支的富余人员，象企业职工一样一次性买断工龄。

三、牢固宗旨观念，强化服务意识。在新形势下，政府职能定位主要是两句话。

第一句话，在管理上要“无为而治”。政府的管理职能要弱化、弱化、再弱化。对到东阳投资兴业的客商在申请登记、批准时，只要政策法律没有明文规定禁止的，只要符合“三个有利于”就给以放行，不做顶门杠。事实说明，哪里政府管理职能越强，哪里越落后，哪里政府越放手，哪里越发展；一个地方经济的发展是放出来的，而不是管出来的。

第二句话，在服务上要“大有作为”。政府的服务职能要强化、强化、再强化。企业到部门办事时，企业是老师，机关办事人员是学生，对企业要求办的事，就像学生接受老师的考试，要认认真真，仔仔细细，办得越快，水平越高。在服务过程中不能简单地说不行，不能按部就班地办理涉及企业、群众切身利益的事项。就像粮管所收公粮，好的谷要收，不够好的谷就地晒一晒，吹一吹也要收，白天收不了，晚上加班收，还要免费送水送药递毛巾。凡有利于东阳发展的事，即使政策没有规定可以干，但只要政策没有规定不可以干，我们就可以干。

关于加快垄断我市土地一级市场的建议

（2002年1月21日市政协十届二十一次常委会议通过）

垄断土地一级市场，实行国有土地使用权有期、有偿出让制度，是推动地方经济发展和城市建设的动力源泉。义乌和温岭等先进县市的做法和经验，充分证明了这一点。我市市委、市政府十分重视土地管理工作，认真贯彻《中华人民共和国土地管理法》《中华人民共和国城镇国有土地使用权出让和转让试行办法》等法律，切实加强对土地资产的管理，积极发挥土地资产的效能。主要成绩有：国有土地使用权出让起步较早，范围逐步拓宽；二级市场管理得到改善，市场秩序有了改观；制订规章制度，管理工作有了规范，有力促进了我市的经济发展，加快了城市建设的步伐。

我市的土地市场管理虽然做了大量的工作，也取得了一些成绩，但与建立社会主义市场经济体制的要求、贯彻执行国家有关土地市场管理的法律法规和先进的兄弟县市相比，还有较大差距。

一、主要问题

（一）土地多头出让，一级市场难以垄断

近年来，市政府为加快城市建设步伐，又苦于建设资金不足，先后出台了“以土地换路”“以土地换园”“征五留一”等优惠政策，以土地出让金抵拆迁费用或新建重点项目的建设资金“自求平衡”的办法搞建设，出现了政出多门、政策不一、程序不规范等问题。据了解，市政府先后下文成立的拆迁指挥部、办公室等临时机构24个，其中19个有权出让土地使用权。土地出让，暗箱操作，竞相压价，造成土地资产大量流失。义乌市2000年土地出让金收入超10亿元，2001年又收入7多亿元，温岭市2000年和2001年的土地出让金10多亿元，大部分均用于城市建设。而我市从1992年6月至2000年6月的8年中，其有偿出让土地36.6公顷，出让金收入3.6亿元（包括镇乡有偿出让）。在1998年至2000年5月间，这19个临时机构出让土地面积14.47公顷，出让金仅为1.96亿元（不包括开发区出让）。而在这两年中，经土管局按程序出让的面积占城区土地出让总面积的1%还不到。

由于多头出让，不仅造成出让程序、出让金管理不规范，非法出让时有发生，而且市场供需失衡，供大于求，地价大幅度下跌，我市的地价大大低于相邻的义乌市。

（二）二级市场失管，非法买卖土地禁而不止

国家法律法规明文规定，各县市要对土地隐形市场进行清理，但我市至今尚未进行，导致土地二级市场处于失管状态。一是非法转让土地使用权禁而不止。国家法律规定，划拨土地使用权（指出让以外其他任何方式取得的土地使用权）转让、出租、抵押，必须补交土地出让金，依法办理出让手续后，方可转让、出租、抵押。但我市这项工作基本没有到位，造成非法买卖土地的泛滥。其根本原因是抄告单比较多。一些单位虽办了转让手续，但出让金又分文不交，将依法批准的转让土地转手倒卖，从中渔利，国有资产流入个人腰包。二是随意改变土地用途未得到纠正，行政划拨土地用作商业牟利的问题比较突出。三是部门各自为政，利益至上，管理形不成合力。

（三）配套政策不完善，管理工作难度大

国家对土地市场管理先后出台了一系列法律，但我市至今只出台了一个《关于进一步规范土地市场管理的通知》，土管部门曾起草《土地使用权转让若干规定》，土地隐形市场清理也制订过一些配套政策，由于考虑涉及部门多，工作难度大，历史遗留问题复杂等因素，迟迟出不了台，致使土地市场管理配套政策不完善，无形中给管理工作增加了难度。

二、几点建议

垄断土地一级市场，严格控制土地供应总量是规范土地市场的基本前提，规范我市的土地必须从源头抓起。为此，经市政协十届二十一次常委会议研究，特提出以下建议：

（一）统一认识，上下联动

依法垄断土地一级市场，政策性强，牵涉面广，必须统一思想，协调各方，才能有序进行。从我市的情况看，统一思想要从三个层面展开。一是五大班子领导；二是有关部门领导；三是有土地开发利用、街道拆迁、房地产开发项目的部门领导及临时机构负责人。要把各级领导的思想引导到落实市政府《通知》的精神上来，以实际行动支持市政府垄断土地一级市场。统一认识，形成合力，上下联动，迎难而上，加快我市垄断土地一级市场的步伐。

（二）查清土地存量，储备土地资源

查清土地存量，储备土地资源，是确保市政府垄断土地一级市场，做到一个水池储水、一个龙头放水的重要前提。根据我市土地多头出让的实际情况，要组织力量清查土地存量。清查要从三个方面入手：一是查清14个拆迁指挥部（两个已清理并入市建设局）和其他有出让土地行为的临时机构，经市政府批准的用地面积、实际用地面积和未用土地面积，并要进行财务审计。拆迁指挥部未用土地由市政府收回储备；二是查清市区居委会的土地存量。居委会的土地总面积、已征用土地面积、未征用土地面积。未征用的地块要逐块登记，以备后用。三是查清企业土地存量。企业近年中受让土地面积、实际开发利用面积、未按合同规定的期限和条件开发、利用的面积，由土地管理部门给予纠违纳轨或收回土地使用权；因迁移、解散、撤销、破产或者其他原因停止使用土地的，无偿取得划拨土地使用权

的，由政府无偿收回储备；通过出让或转让取得土地使用权的，由政府收购。要加强部门、企业（包括房地产业）存量土地的管理工作，坚决刹住未经开发土地的转让行为。房地产开发公司只能进行房产开发，不得出让或变相买卖土地，企业未经开发的存量土地由政府收回储备，有计划、有步骤地进行出让。

（三）撤销临时机构，切断土地出口

土地多头出让，是我市土地一级市场难以垄断的症结所在。为此，市政府要在查清土地存量，并进行财务审计的基础上，快刀斩乱麻，果断地撤销14个拆迁指挥部和有权出让土地使用权的临时机构，切断土地出口。只有这样，切断土地使用权出让的出口，才能保证市政府土地一级市场的启动。

（四）完善有关政策，规范操作程序

市政府要在《通知》的基础上，完善和修订更规范、更严肃，并可操作的垄断土地一级市场有关政策；要建立垄断土地一级市场和城镇国有土地出让的领导小组，对国有土地的垄断和出让进行指导和协调，规范操作程序。要严格按照《通知》规定，涉及出让地块的规划、用途、年限、地价等由市土管局会同建设局等有关部门拟订方案，报市人民政府分管城建和土地的领导审定、市长审批。同时，成立国有土地使用权出让协调领导小组，根据市场行情，供求情况，地理位置等因素，确定每宗土地的最低限价，参加土地使用权出让的议标、竞标、决标，防止国有资产的流失。

（五）打击违法买卖土地，确保市场有序运行

土地是所有权属于国家的国有资产，不允许任何人侵占、变卖。土管部门要依法对土地使用权的出让、转让、出租、抵押、终止进行监督检查，发现有违法行为，及时进行处理。对未经批准擅自转让、出租、抵押划拨土地使用权的单位和个人，政府职能部门应当没收其非法收入，并根据情节处以罚款，情节严重的，要移交司法部门追究法律责任。严厉打击违法买卖土地，确保土地一级市场有序运行。

关于建立失地农民基本生活保障制度的建议

（2003年7月8日市政协十一届三次常委会议通过）

随着工业化和城市化的推进，越来越多的土地被征用，出现了大批农民失地、失业又失保的现象。很多农村干部和农民群众要求解决失地农民后顾之忧的呼声日益高涨。最近，我们到吴宁、江北、白云、横店等四个办事处（镇）进行座谈、走访，就我市失地农民的现状及出路问题进行了调研，有关情况综述如下。

一、基本情况

我市土地总面积2.92万公顷。其中，耕地面积2.41万公顷。目前，从吴宁、白云、江北三个办事处看，已征用土地0.17万公顷，失地农民达4.2万人。据测算，到2010年，我市尚需建设用地0.47万公顷，失地农民总数将达18.2万人，约占农民总人口的25.32%。

二、主要问题

农民失去土地，从总体看是好事，可以让他们走出一产，走进二产、三产，变农民为居民。但从另一方面看，失去土地，就意味着农民丧失了赖以生存的最基本的生产生活资料，出现了新的生存危机，引发新的社会矛盾，影响社会稳定。因此，失地农民问题已成为事关发展全局和社会稳定的重大问题。当前，农村干部群众呼吁解决的问题：

（一）征地补偿低

现行征地补偿标准的规定不尽科学合理，特别是能源、交通、水利、水电、通信等基础设施项目，普遍由权力部门确定征地补偿费标准，普遍低于正常标准，农民难以接受。如，高速公路征地补偿费，水田每亩10000元，旱地6000元，山地只有2000元。而且，公路两侧50米为红线控制范围，既不征用，也没法利用，农民朋友失去了一定范围内的正常权益，很不合理。

（二）失地农民就业难

农民失去了土地就等于失去了就业岗位，在其他工作岗位上的竞争又处于弱势。缺乏知识，缺乏技能，打工没人要，经营无门路，就业难度大。农村五六十岁的老人还能干点农活，维持生计，但没有了土地，自己还能做什么？现在，农村中游手好闲的人多了。有的只能躺在征地安置费上“吃老本”，或者打点短工，做点苦力活，勉强维持生活，如果遇到生病，生活就更艰难。

（三）后顾之忧多

农民失地后，变成了种田无地、上班无岗、低保无份的“三无”游民，过几年有限的土地征用费、安置补助费用完，将变成新的贫困户。群众埋怨：“政府总是动员农民支持征地工作，但很少听取农民的意见和建议，解决失地农民的后顾之忧”。如，早先的粮票补偿不能当“票”用，已安置的农民工“下岗”回到了村里，商业保险又不“保险”，集体经济变得越来越“亏空”，失地农民如何生存，怎能不忧?!

（四）政策不到位

其一，征地补偿费不到位。由于种种原因，政府和一些用地单位对有限的征地补偿费也不能及时兑现，农村干部和群众意见很大。

其二，留用地办理手续难。留用地，是政策规定留给村集体的一部分土地。但是，规划、审批手续难办，费用高，落实难。征地时“好说，好说”，征了地就难说、难办。

其三，征地不公平。现行的做法是用计划经济模式征地，用市场经济的手段出让土地。征地追求廉价化，出让追求高价化，农民的利益被权力部门无端侵害，谁为农民利益说句公道话。

（五）集体资产面临瓜分的危险

许多村干部对农民失地后怎么办心中无底、胸中无谋、手中无策，在谈及今后的农民出路时，有的一脸茫然，有的牢骚满腹，有的村干部甚至不负责任地鼓动农民分钱，倾向于村经济合作社“自生自灭”，抱着“船到桥头自然直”“过一天算一天”的态度和“钱分光了干部也不当了”的思想。去年，在社区组建时，已出现突击分钱的不正之风，一些村将土地补偿款大部分分配到户。现在有的村又在拟订集体资产分配方案，变着法子分钱，必将使那些有责任心的干部和管理得较好的集体经济组织受到冲击，任其发展，后患无穷。

三、几点建议

失地农民问题是在推进工业化、城市化过程中必然产生的一个社会问题，他们不仅是城市化建设的支持者、参与者，更应该是受益者。因此，政府不能亏待失地农民，必须尽快制定有关政策和措施，解决失地农民生活保障问题。统筹兼顾，综合考虑。既要推进工业化、城市化，又要正视现实，既要从保障眼前农民的生活需要出发，研究解决征地费用偏低、就业困难等问题，又要从保障农民长远利益出发，研究制订社会保障政策，抓好落实，解除失地农民的后顾之忧。

（一）高度重视，建立解决失地农民问题的保障制度和专门机构

解决失地农民问题，说到底就是落实"三个代表"重要思想，维护最广大人民群众根本利益问题，必须引起市委、市政府的高度重视。当前，无论是从农民呼声来看，还是从解决失地农民问题的主客观条件来看，正是时候，错过这个有利时机就会增加解决的难度，引发新的矛盾，甚至会引起社会的不安和动荡。市委、市政府领导要亲自抓这项工作，按照省政府的规定，抓紧研究制定失地农民的基本生活保障制度，落实人事劳动社会保障局为责任单位，并抽调国土、财政、民政、农业等单位部门的同志，建立一个专门的办事机构，落实人员、办公经费，确保失地农民基本生活保障工作的顺利进行。同时，要搞好宣传，形成合力。建立失地农民基本生活保障制度，对我市来说是一项新的工作，也是一项老百姓非常关注的工作。要通过新闻媒体的正确引导，让社会特别是失地农民了解情况，支持政府决策和职能部门的工作，使失地农民保障制度得以稳步推进。

（二）制定政策，切实维护失地农民的合法权益

根据有关规定和效益农业发展、农民收入增加的实际情况，适当提高征地标准，对不同地段、地类、人均耕地和经济发展水平等情况，划定区片，进行评估，在充分听取有关方面特别是农民意见的基础上，统一制定分片的"征地综合补偿标准"，并随着经济的发展及时进行调整。有关部门要尽快把近年来我市征地情况进行一次认真全面的清理，算清台账，兑付征地款，履行政府的诺言，保护失地农民的合法权益。为了防止类似事情的发生，必须建立征地调节资金，用于统一垫付征地补偿费用，确保征地补偿费及时足额到位，保证失地农民的利益不受侵害。对一些特殊问题要研究制订特殊政策，解决征地中的不合理现象。如高速公路沿线村，由于建高速公路被征用土地与我们自己开发建设征用相比较，差距较大，对于这样的实际情况，可采取一些特殊的政策，让那些顾全大局做出牺牲的农民少吃亏。

切实加强集体土地征用补偿费的分配和使用管理。对市府办〔2002〕114号通知的贯彻执行情况进行一次回头看，坚决制止擅自处置集体土地、集体资产，擅自分配土地征用补偿费，以确保集体资产的保值、增值，确保有足够的资金用于失地农民的基本生活保障。

（三）用好留用地，发展壮大村集体经济

留地安置，用好留用地，壮大村集体经济，是解决农民保障问题的有效办法。我市许多村都做得比较好。如原潼塘村有人口1080人，全村土地已全部被征光。但是，他们充分利

用村留用地部分，建造营业性用房，集体资产达6000多万元。房屋出租收入一年不下260万元。他们用这笔钱补贴每人每月的口粮款100元，过年时每人发500元过节费，对60岁以上的老人则给予每人每月130～160的生活费补助，基本保障了失地农民的最低生活。

因此，对适宜采用留用地办法来保障失地农民的仍应积极提倡。按一定比例留地安置的，留用地部分要按政策规定留足留好；城建、国土等相关部门应及时搞好土地被征用村留用地的规划，落实用地，简化手续，减免费用，提高办理效率。在规划许可范围内，积极支持村集体组织在留用地上建造标准厂房、写字楼、商业用房、市场等建设项目；对留用地所有权转为国有的，收益全额归集体经济组织所有，政府应该免收出让收入和配套费用。

（四）多种途径，切实解决失地农民的后顾之忧

1. 重视做好失地农民基本生活保障。采取政府、村集体、个人"三个一点"的办法筹集资金，建立失地农民基本生活保障金。按照省政府规定其比例为3∶4∶3。其中，政府出资部分从土地出让金中列支，集体承担部分从土地补偿费中列支，个人承担部分则从征地安置费补助中抵交。同时，还应在土地出让金中提取建立失地农民基本生活保障风险准备金，以应付未来的支付风险。

2. 重视做好就业培训。采取积极有效的办法，有计划、有步骤地组织失地农民进行就业前的职业技能培训，提高劳动技能和就业能力，所需资金从征地调节资金中列支。

3. 重视做好保护性就业。采取就地消化、就地解决的办法帮助失地农民提供就业机会。比如，建立企业用地与用工挂钩制度，优先安排当地失地农民；设立"企业创造就业岗位奖"，鼓励企业吸纳失地农民。

4. 重视加强对失地农民中"老弱病残"者的保护和救助。他们是真正意义上的弱势群体，也是失地农民的重点保障对象，要动员社会各界和部门，帮助他们解决生产生活问题。

关于严格控制城区沿江两侧建设用地的建议

（2003年12月4日市政协十一届十一次主席会议通过）

东阳江是养育人民的母亲河，沿江布局现代化中等城市，社会各界已形成共识。一个使山景、水景与城景相互交融，有机结合，构成生态宜人，环境优美，景观独特的城市雏形初步展现。随着"创建经济强市，快建中等城市"的战略目标的实施和西延、北进步伐的加快，尤其是行政中心的北迁，城区沿江两岸成为城市中心的地位更加凸现。控制土地，搞好沿江两侧的规划和建设，事关一个城市的品位、形象和竞争力。

一、现状

最近，我们组织力量就沿江两岸的土地开发利用情况进行了调研。从调研情况看，山口至新东中校区，沿江两岸绿化均控制在100～200米，江滨南路南侧和江滨北路北侧未出让的地块均预留建设用地50米以上。在预留的土地中，除少数几处有建筑物外，大多还是一片未开垦的处女地，这为描绘市区"心脏"的蓝图创造了条件。但也存在一些问题，主要

是至今为止，城市沿江两岸还没有一个控制规划，给土地开发利用带来随意性；工业用地布局不够科学，部分黄金地带已被工业挤占；大片的城市中心地块被用作别墅和村民拆迁安置用地，造成土地资源的浪费，有的村居不久的将来，很有可能成为二次拆迁的对象；规划力量不足，监督检查乏力，仍存有违规用地现象。

二、几点建议

（一）尽快编制控制规划和景观规划，防止土地随意开发

编制控制和景观规划，既是控制沿江两岸建设的依据，也是控制土地合理有序开发的措施。政府有关部门要组织力量，尽快编制沿江两岸的控制规划和景观规划，严格按照规划控制安排建设用地，防止土地随意开发。同时，规划要经过人大讨论，接受人大的监督，用法律来保障规划的实施。

（二）控制部分用地，留有发展空间

现代城市发展日新月异，受主客观因素的制约，规划不可能对城市发展过程中诸多新生事物作全面的预测，如不留一定的空间，今后城市建设将会十分被动。尤其是经济开发区和江北新区的沿江地块，从长远看，必将成为黄金地段。现存空间已经不大，应严格控制用地，切莫急于求成，急功近利，不留余地。

（三）加强规划队伍力量，强化对规划实施的监督检查

尽早改变我市规划力量严重不足，疲于应付的状况，配足配齐规划力量，担负起规划和管理的双重任务，加强对规划实施的监督管理，做到不符合规划的不批地，不发证，防止土地挪作他用和不按规划开发的不法行为。

关于免费开放城区主要公园的建议

（2005年8月15日市政协十一届二十九次主席会议通过）

随着人们物质生活水平的提高，公园在丰富人们的精神生活方面的作用越来越突出。为适应群众需求，国内一些大中城市纷纷免费开放公园，这一亲民举措受到广大群众的热烈欢迎。上海市共有公园133个，目前免费开放的达120多个，杭州除几个具有文物保护等性质的公园外，其余全部免费开放；还有南京、长沙等市也陆续向市民免费开放公园，可以说，免费开放城区公园已成为一种趋势和潮流。那么我市公园的现状如何？免费开放的必要性和可行性究竟如何？存在哪些问题？该如何解决？带着这些问题，我们组织有关部门和委员，对我市城区公园的经营状况、群众的呼声和要求及今后的出路等情况开展调研，并参照周边县市和一些大中城市的做法，形成一些意见建议，经市政协十一届二十九次主席会议讨论通过，供市政府决策参考。

一、现状和问题

我市城区上规模公园有儿童公园、西山公园、白云文化城、世纪公园和艺海公园5个，这些公园均以政府给政策、企业投资的形式建设而成，企业为取得回报，均收取数额不等的

公园门票。正是这张小小的门票把众多的市民和游客挡在了门外，从而削弱了公园作为休闲、健身、游览的“公众之园”的作用。一方面，由于入园游客数量少造成公园经营业绩不佳。西山公园票价5元/人次，去年游客量为6万多人次，门票总收入30万元；儿童公园去年门票收入15万元；世纪公园去年门票收入15万元，公园经营收入产出率较低。另一方面，群众对休闲健身场所的迫切需求尚不能得到充分满足。南大门草坪、行政大楼江滨广场、黉门广场、南街口小广场等人满为患，其中夏秋两季城区早晚参加健身锻炼的人员大约有2万多人，而且这支队伍在不断扩大。主要活动地点在东岘峰、西岘峰及几个规模较小的开放广场，而进入公园的很少。公园内许多花巨资投入的设施闲置浪费，群众要求免费开放城区主要公园的呼声越来越强烈。

我们的周边县市，已纷纷采取行动，免费开放城区公园。金华市本级城区公园除了茶花公园因为有名贵的茶花品种资源存放而未开放外，已全部免费开放。兰溪中洲公园和清湖公园两大公园均已免费开放。永康农村公园免费开放后，由受益单位承担费用。义乌共有休闲公园30多个，除儿童公园和稠州公园外，其余均已免费开放。

二、建议与对策

（一）更新观念，统一思想，免费开放城区主要公园

免费开放城区公园是一项民心工程，是构建和谐社会的一项具体措施，安谧的园林环境是闹中取静，为人们提供小憩、健身、交往的重要场所。免费开放城区公园或许会给财政和管理带来一定压力，但从打造“亲民政府”形象、维护社会和谐稳定角度来看，显得十分必要，也是经营城市的举措之一。公园文化是城市文化的重要内涵，是争创旅游优市的必备条件。公园的免费开放是城市文明的重要标志，我们不能只算“经济账”，更要算“政治账”，算“社会效益账”。

（二）采取政府补贴、企业经营的模式进行公园开放后的管理

政府财政根据前几年公园的门票收入总额、水电、人工工资等经营管理成本，在一定时期内，给予一定比例的补贴，以弥补企业免收门票后的损失。公园的管理应从所有权以及管理机制、管理经验等实际情况出发，仍由原企业负责。

（三）转变思路，在游乐和服务上做文章，争取逐步赢利

免收门票后，游人的增加无疑会给公园的配套经营带来巨大的商机，企业要抓住机遇，转变经营思路，花大力气搞好、搞活餐饮、游乐、茶点等休闲娱乐项目，让游客免费进门后，自愿掏钱消费，争取经过几年的经营，做到“以园养园”。免收门票表面上似乎损失不少，但公园的综合收入却会逐步增加，最终走上自主经营，逐步赢利的新路子。

（四）加强管理和宣传

公园免费开放势必给管理增加难度，在一定时期内管理成本肯定要增加，包括治安、清洁工作等任务加重，而且由于游客素质的参差不齐，许多游客包括一些外来务工人员和无业人员、文明素质总体还比较低，设施的人为损坏会增加，要有这方面的充分准备，政府有关部门包括城管、公安在开放后一定时期内要给予支持和配合。同时，要加大宣传力度，采取多种形式引导群众文明游园、文明休闲娱乐，如张贴文明标语、设置爱护花草树木标牌、

组建志愿者参与维护、举办公益文明宣传活动等。对一些不文明的游园现象，可采取舆论曝光等形式加以监督、引导。

关于加快东阳木雕竹编传统产业发展 打响“世界木雕之都”品牌的建议

——兼对世贸城的调查与建议

（2009年3月6日市政协十二届二十四次主席会议通过）

充分利用和依托东阳木雕优势，打响“世界木雕之都”的品牌，是做大做强东阳木雕竹编传统产业、加快“商贸新市”建设步伐、促进世贸城走出困境的有效途径。最近，我们通过调研与座谈，就这一问题与木雕竹编生产企业和业内人士达成共识，并提出一些意见和建议，供市委、市政府决策参考。

一、打造、打响“世界木雕之都”的条件和时机已成熟

我们提出打造、打响“世界木雕之都”是由东阳木雕其历史地位、条件和产业优势所决定的。着重体现在以下几个方面：

（一）东阳木雕具有深厚的历史底蕴。东阳木雕源远流长，大约始于唐而盛于明清，迄今已有1000多年历史，至清代乾隆年间，东阳木雕就闻名全国，当时约有400余名能工巧匠进京修缮宫殿。辛亥革命后，形成东阳木雕的鼎盛期。东阳木雕是中华民族最优秀的民间工艺之一，居中国四大木雕之首。

（二）东阳木雕在全世界的影响与日俱增。东阳木雕，因地得名。东阳，也因东阳木雕闻名。东阳木雕享誉世界，而且影响不断扩大。1995年，东阳市被文化部命名为“中国民间艺术之乡”。1997年荣获全国“文化先进市”称号。2000年，东阳木雕被列为浙江省首批传统工艺美术品种。2002年，东阳市被中国轻工业联合会、中国工艺美术学会命名为“中国木雕之乡”。2005年，东阳竹编先后被列为浙江省传统工艺美术品种和浙江省首批非物质文化遗产代表作。2006年，东阳木雕被列入国家首批非物质文化遗产代表作。东阳木雕不仅在全国各届工艺美术大展、大赛或博览会上斩金夺银，独领风骚（至2007年，共有676件东阳木雕和东阳竹编作品获奖，其中特等奖37个、金奖219个、银奖207个），而且占领了一些政府大楼、庙宇宫殿。世界上一大批嵌有“东阳木雕”的鸿篇巨制，极大地提升了东阳的知名度。去年中国工艺美术大师陆光正承接的无锡灵山装潢工程，成为东阳木雕有史以来最大的单体工程。

（三）东阳木雕人才数量之多、技艺之高全国罕见。全市现有从业人员13万余人，其中工艺美术专业技术人员31109名（高级工艺美术师1024名、工艺美术师3019名、助理工艺美术师6331名、工艺美术员10289名）。有国家级工艺美术大师6人、省级工艺美术大师16人，省级民族民间艺术家21人，非物质文化遗产代表作传承人国家级2人、省级5人。陆光正最近又被评为浙江唯一的“亚太地区手工艺大师”。从业人员、技术人才和大师之多，在浙江名列前茅,在全国也不多见。由这些技术人才创办或技术指导的企业规模不断发展壮大。全市现有工艺美术企业2000余家,家庭作坊(专业户)20000余家。还有一大批东阳木雕艺人在上海、广东、福建、四川、山东、江苏、重庆、河南等地创业发展,扩大了东阳木雕的影响力、知名度。目前,东阳木雕已被确定为国家和浙江省鼓励发展和优先扶持的产业集群之一。

(四)东阳木雕文化在全市是其他行业不可取代的。东阳木雕被称为"天下第一雕",其文化内涵远远超过木雕产业本身。尤其是近几年来,木雕艺人不仅在继承传统上下功夫,而且在题材、品类、技法等各方面进行了全方位的探索和创新,出现了诸如多层叠雕、火烧板工艺、树皮雕、仿古木雕等创新技法,不仅使东阳木雕整体水平达到一个新的历史高度,而且不断丰富了东阳木雕的文化内涵,东阳木雕文化已深深地根植于东阳大地。

(五)东阳木雕产业的承载平台已初具规模。目前东阳的各个木雕产地和经营街区,已形成较具规模、运作较为规范的市场体系,特别是现有的世贸城为木雕产业开辟了一个难得的平台,如果能开发建设二期木雕竹编专业市场,必将为打造"世界木雕之都"提供有力支持。

二、东阳木雕产业如何发展

(一)建立领导机构,尽快出台木雕竹编产业的中长期振兴规划。建立打造"世界木雕之都"工作领导小组,下设外宣组、联络组等,利用各种载体开展宣传、组织活动。建议市委、市政府尽快出台针对这一产业的振兴规划,辅以具体的政策措施,对木雕竹编等凡属"竹木"类制品进行全面的调查分析,对其人才培养、品牌创建与管理、资金投入、特色创新、市场培育、政策支持等方面提出相应的对策。近期可在长松岗或怀鲁工业功能区划出一块地用于建立高品位、规模较大的木雕竹编生产基地或工业园区,这一基地必须以木雕竹编生产为主,规模以上企业为主,在地价、配套设施建设等方面给予优惠,使园区内企业形成相互学习、相互促进、良性竞争的氛围。

(二)调整世贸城业态,抓紧规划建设二期专业市场。通过调研,我们认为,要做大做强东阳木雕竹编产业,必须充分发挥其品牌优势和世贸城这一平台的作用。但目前,世贸城还不适宜,主要是其内部设计和业态存在一定的缺陷。而从世贸城一年来运行情况看,三楼工艺品市场经营状况还是好的,因此结合世贸城的业态调整,尽快建设一个能适应和满足木雕竹编工艺品经营需要的工艺品市场显得尤为重要。为此,在世贸城旁边,要抓紧规划开发第二期市场,新的市场必须集木雕竹编产品设计、展示、销售、仓储、演示、业务洽谈等为一体,以市场化的运作方式,吸引有实力的企业家、木雕大师来参与设计、规划和建设,与世贸城相配套,真正把它建设成为功能最全、设施最先进、规模最大的全国唯一的木雕竹编工艺品大市场。政府从政策层面予以扶持,鼓励和吸引市内外相应人才和客商前来经营销售。这样,不仅为我市的木雕产业进一步创造承载平台,而且在一定程度上可以带动整个世贸城的人气。

(三)办好与市场相配套的原木市场,为木雕竹编产业提供保障。浙江华东木材市场是华东地区最大木材市场。"中国木材网"商标由我们东阳人注册,是我们东阳最大的无形资产和宝贵财富，是全球原木经营者经常光顾和注目的，也是我们东阳办好原木市场十分有利的条件。要加强原木市场的管理，巩固和扩大浙江华东木材市场等原材料市场，为木雕竹编产品生产企业提供优质木材，以满足产业的需求。

（四）进一步发挥“东阳木雕”证明商标作用。2008年11月，“东阳木雕”证明商标注册成功。要积极发挥这一商标的作用，重点做好两篇文章，一是品牌与企业的结合。即允许企业参与品牌的使用，使企业拥有“东阳木雕”品牌股份，品牌中也有企业的股份；二是制定冠名“东阳木雕”的准入条件，鼓励福建、广东等外地企业的合格产品挂“东阳木雕”牌子，打“东阳木雕”品牌，把这些外地产品通过若干年的潜移默化以后成为真正的东阳产品，不断做大做强东阳木雕这一产业。

（五）对东阳木雕进行广泛的宣传。“世界木雕之都——东阳”“天下第一雕——东阳木雕”要成为全市上下的共识，要在中央电视台、香港凤凰台等媒体上做广告，把它作为一种口号打响世界。也可仿效拍摄电视剧《雕花王》、编印画册等形式开展宣传。要传承第三届中国东阳木雕竹编工艺美术博览会成功举办的有效形式，精心筹划、创新载体，经常性地组织各种节会，如博览会、展会、洽谈会、木雕创作艺术交流会、演示会等。通过广告、宣传、节会等形式，不断扩大“东阳木雕”的影响面，提高“东阳木雕”的知名度。

（六）鼓励木雕企业创新。“东阳木雕”品牌要注重科研、注重创新。要鼓励生产企业技术改造和产品升级。组织各类木雕技能大奖赛，通过比赛发现精品，发现人才。采取教育部门与企业联合办学，企业定向代培等途径培养工艺人才。结合西方文化，融入木雕作品图案，打进美国、欧洲、东南亚等国际市场。

总之，加快建设“世界木雕之都——东阳”，使之成为全国乃至世界著名的木雕工艺品集散地，与义乌中国小商品市场，永康小五金市场形成各自特色明显、三足鼎立的局面，其前途无量，前景光明。

关于加快做好行政村区域调整后续完善工作的建议

（2009年3月6日市政协十二届二十四次主席会议通过）

2004年10月，我市行政村区域进行了大幅度的调整，对整合农村资源，推进城乡一体化进程，促进农村经济和社会事业的发展起到了积极的作用。涌现了如花园村、林头村等一批新农村建设的示范村和省、金华市级魅力村庄。但是，在实际运行过程中，许多地方也暴露出一些撤并不科学、不合理、不成熟的问题，制约和影响了农村一些工作的开展。因此，加快做好行政村区域调整后续完善工作是当前农村迫在眉睫的一项重要工作，必须引起各级领导的高度重视。最近，市政协根据市委的意见，对行政村区域调整后续完善工作进行了一些调查和了解，有关情况综述如下：

一、基本情况

从行政村数量看，全市原有行政村1270个，撤并后为392个，减幅达70%。其中，社区

43个（城市社区14个，农村社区29个），行政村349个。从区域面积、人口看，行政村平均区域面积由原来的1.36平方千米扩大到4.44平方千米，平均人口由原来的390人增加到1275人。从组织设置看，城市社区设立党委9个、党总支5个、小区党支部73个；农村社区设立党委2个、党总支27个、小区支部231个；行政村设立党委2个、党总支32个、党支部315个、村委会349个。从事例情况看，349个行政村当中，除未曾撤并的75个行政村以外，资产、土地、规划基本融合的8个，仅占2.3%，部分融合的14个，仅占4%，未融合的252个，高达72.2%。

二、主要问题

一是有人难办事，有事无人办，出现了"空档"。（略）

二是群众办事不方便，出现了"脱节"。（略）

三是村干部缺乏积极性，出现了"肠阻"。（略）

四是财务管理监督缺失，出现了"漏洞"。（略）

五是村级规模大，出现了"断层"。（略）

六是政策不公，出现了"死角"。（略）

三、几点建议

根据省委《关于推进农村社区建设的意见》和省政府办公厅《关于切实加强村级经济合作社组织建设的若干意见》的精神，针对我市行政区域调整后存在的问题和各镇乡（街道）干部普遍反映的情况，提出以下建议：

第一，基本原则

一是必须坚持村级组织总体框架不变，逐步促其融合的原则。（略）

二是必须坚持有利于健全基层组织，提高效率，方便群众的原则。（略）

三是必须坚持因地制宜，分类指导的原则。（略）

四是必须坚持有人办事，有钱管事的原则。（略）

五是必须坚持有利于维护稳定，促进农村发展的原则。（略）

第二，具体做法

城市社区。原则上维护原状不变，社区设党委、居委会，小区设党支部、经济合作社。但在运行过程中三个方面要强化：一是增加政府投入。在城市社区人口15元/人的经费划拨到位的基础上，适当增加投入，以切实解决城市社区经费紧张的问题；二是要配齐配足社区工作人员，基本达到500户配一名工作者的目标；三是健全社区服务机构。设立社区服务中心，完善社区医疗室、图书阅览室、健身室、室外文体场所、棋牌室、计生服务室等，在公共卫生、文体活动等方面为社区居民提供便捷服务。

农村社区。组织设置基本上与城市社区差不多，社区设党委、居委会，原行政村设党支部、经济合作社。但在运行中，要做到：一是要科学合理编制农村社区建设规划，打破原行政村的界限；二是要加强农村社区基础设施和公共服务设施建设，并享受旧村改造和新农村建设等一切优惠政策；三是要构建农村社区服务体系。基本公共服务，探索建立公益性服务和经营性服务相结合、专项服务和综合服务相协调的新型农村社区社会化服务体系，加大农村社区信息化投入，加快推进农村社区信息化建设；四是繁荣发展农村社区文化。完善农村社区公共文化服务体系，加强农村社区文化设施建设，加快推进多功能、综合性社区文化活动室建设，培育各具特色的农村社区文化，结合农村社区区域特色，注重保护农村社区文化的多样性；五是要明确工作职责。社区的主要功能就是服务。行政、具体事务及小区经济管理要统一归口小区党支部和经济合作社。要提倡社区和小区干部交叉兼职，小区党支部书记要由党委委员兼任，经济合作社班子要由居委会兼任。要充分调动社区干部的工作激情，提高工作创新力，挖掘城市社区闲散资源，加以开发利用，增加社区收入。

行政村。按四种类型，区别对待，分类实施：

一是土地、资产、规划已经融合或基本融合的行政村，保持现行管理体制不变，并进一步做好巩固、融合工作。

二是班子较强、区域规模适中、各方条件较好的行政村要出台政策，鼓励融合，促其融合，并作为基础性的工作，列入市委对乡镇街道的考核，原则上各乡镇（街道）每年要帮助融合2～3个（掌握在行政村总数的10%）。

三是工作确实不顺，矛盾较多，问题较大或区域范围较广、较散，目前不具备土地、资产、规划融合条件的行政村，原则上在行政村设党总支，下设若干党支部，党组织设置的调整以利于理顺关系，有利于农村党员教育管理为原则。自然村层面，设立自然村理事或协理组，作为行政村融合前的临时性工作机构。建立自然村村务理事组或协理工作规则，理顺理事组或协理组与行政村的关系。镇乡（街道）在部署落实重大、重点工作任务时，相关动员、推进会要开到自然村理事组或协理组以上干部，避免组织“断层”，工作“脱节”，确保工作任务分解到位、人员到位、责任到位。

四是行政村区域调整中未曾撤并的村，要加强组织建设及配套组织的建立健全工作，促进发展。

此外，市委、市政府要出台相关政策。如小区、自然村干部政治（评先）、经济待遇政策；社区财政投入、人员配备政策；城市社区、农村社区，行政村、自然村新农村建设财政补助政策等。同时，根据我市的实际情况，市委、市政府要重新明确各个“层级”的职能，强化对村级的管理。对农村文书、报账员实行专职化管理，人员由镇乡（街道）统一聘任，统一管理和考核，进一步规范农村印章管理使用，方便群众盖章、办事，进一步加强监督，规范农村财务管理。

第三，保障机制

1. 加强领导，提高认识。市委要成立专门的行政区域调整后续工作领导小组，建立以市委组织部、市民政局、市农业局等相关部门牵头的业务指导组，同时建立行政村区域调整后续完善工作督查组，各镇乡（街道）要相应建立行政村调整后续工作领导小组，具体负责行政村调整后续工作的实施，切实加强领导。

2. 分工协作，密切配合。行政村调整完善工作是一项政策性强、涉及面广的系统工作，各级党委、政府要深入基层，摸清情况，认真研究，科学分析，特别是要正确把握各镇乡（街道）行政村调整后续完善工作的具体情况，对可能碰到的问题和困难做出预判，提前准备应对措施，做到有的放矢，及时解决工作中碰到的具体问题。市级各机关部门要充分发挥职能，密切配合各镇乡（街道）开展行政村调整后续工作，营造全市上下齐心协力、步调一致的工作氛围。

3. 严肃纪律，确保稳定。各镇乡（街道）和市机关各部门要充分认识行政村区域调整后续完善工作的重要性，把思想统一到市委、市政府的重大决策上来，不动摇、不懈怠、不折腾，严肃政治纪律、工作纪律，对因违反纪律给行政村区域调整后续完善工作造成不利影响和被动局面的，一律从严查处。

4. 全力以赴，狠抓落实。各镇乡（街道）要把行政村区域调整后续完善工作作为农村重中之中的一项基础性工作，认真谋划，统筹安排，在试点的基础上，切实抓紧抓好，抓出成效。

关于东阳江江滨文化景观带项目建设的建议

（2010年11月2日市政协十二届三十七次主席会议通过）

近一个多月来，遵照市委主要领导的指示，市政协牵头组织相关单位和人员开展了“东阳江江滨文化景观带项目建设”的课题调研。其间，先后召开了“教育之乡”“建筑之乡”“工艺美术之乡（木雕之都）”为主题的四个座谈会，并走访征求了50余位老领导、业内人士和相关部门的意见，就江滨景观带建设的指导思想、原则、总体布局、表现内容和表现形式等问题形成较为一致的意见。11月2日，又召开市政协主席会议，专门就调研报告进行了讨论。现将有关情况汇报如下：

一、指导思想

东阳江自迎宾大桥至义乌东阳交界处，东西长约10千米，南北宽约200米。以这一区域的东阳江两岸资源为依托，以建馆、雕塑、碑刻、长廊、视频、图片、文字介绍等为主要表现方法，建设东阳江江滨文化景观带，浓缩反映我市“教育之乡”“建筑之乡”“工艺美术之乡”的“三乡文化”底蕴和历史名城风貌，使之成为东阳旅游的胜地，推介东阳、“读懂东阳”的主要窗口，城市居民舒适休闲的生活场所，我市城市建设的一个新亮点和“三乡文化”的教育基地。

二、原则

1. 要坚持自然景观为主的原则。（略）

2. 要坚持以人为本的原则。（略）

3. 要坚持政府主导为主的原则。（略）

4. 要坚持统一规划的原则。（略）

三、公园名称（待定）

1. “中国三乡文化园”。意为反映东阳市是全国著名的“教育之乡”“建筑之乡”和“工艺美术之乡”。

2. “歌山画水”。“歌山画水”为东阳市的代名词。

3. “读懂东阳”。根据市委书记张仲灿的讲话精神而取名。

4. “锦绣东阳”。参照深圳市“锦绣中华”公园而取名。

5. “东阳明珠”。参照上海“东方明珠”和“渤海明珠”而取名，并寓意着东阳江犹如一条项链将江滨景观带的各景点如珍珠一样串联起来。

东阳江江滨文化景观带的名称，可在东阳日报、东阳电视台等媒体上征求社会各界的意见，通过社会征集、筛选、讨论，最终由市政府审定。名称既可在上述5个候选名称中选取，也可另外取名。

四、总体布局

东阳江江滨文化景观带由“教育之乡”“建筑之乡”和“工艺美术之乡”三大部分组成。其中，“教育之乡”部分是以东阳中学、外国语学校为轴心，结合孔庙、恐龙展馆、教育名人馆、教育名人雕塑等景点，反映我市教育的发展历史和文化底蕴。“建筑之乡”部分是以建筑总部为轴心，结合建筑博物馆、卢宅古建筑群、古建筑长廊、各种奖杯雕塑、各建筑集团本部等景点，反映我市“建筑之乡”的发展历史和建筑成果。“工艺美术之乡”部分是以中国木雕城为轴心，结合中国木雕博物馆、中国竹编艺术馆、木雕(竹编)艺人长廊、木雕(竹编)作品模型、全国22位木雕(竹编)大师创作室等景点，反映我市“工艺美术之乡”的发展历史和木雕(竹编)工艺成果。在具体布局上自东向西大体为建筑之乡、教育之乡和工艺美术之乡，其中各景点可交叉布点。

五、江滨文化景观带项目的主要内容

(一)“教育之乡”部分(略)

(二)“建筑之乡”部分(略)

(三)“木雕之都”部分(略)

六、几点建议

1. 建立东阳江江滨文化景观带建设委员会。下设规划组、建设组、专家组、监督组，具体负责该项目的指导、实施和监督。

2. 抓紧制定该项目的总体规划和分期实施的具体计划。政府有关部门要组织对这一项目进行规划论证，并形成统一的规划和操作性意见，再提出分阶段实施的具体计划。

3. 启动中国木雕博物馆项目的申报工作。据悉福建等省也在争取建设“中国木雕博物馆”，10月中旬，我市已与中国工艺美术协会进行了初步接触，要按照申报条件抓紧启动各项前期准备工作，尽快拿到国家有关部门同意在我市建设中国木雕博物馆的文本。

4. 组织专业人员进行设计制作。江滨文化景观带建设的规划、设计、制作专业性很强，涉及内容很多。各景点建设必须在专家组指导下进行。

5. 完善现有的江滨景观带的布局设施。较为突出的有二条：一是人民路隐形雕塑问题。根据人民路道路交通、圆盘改造和“三乡文化园”的布局情况，市民对隐形雕塑的搬迁呼声很高，宜将这隐形雕塑搬迁至其他合适的地方；二是节庆广场中的飞马雕塑与“三乡文化园”风韵不相协调，且与城市整体规划不相符合，也建议予以搬迁。

6. 对东阳江(迎宾大道——中国木雕城段)实施改造和治理。一是借鉴杭州东河改造的做法,做足水的利用文章;二是增设排污管道,解决城区生活污水的排放问题,使此段的东阳江真正成为旅游休闲观光的“黄金水道”。

7. 实施江滨景观带的亮化工程。这一区域的亮化不仅要有现代感,也要有与“三乡文化”风韵相一致;不仅要明亮,更要有观赏价值,要满足城区居民及游客“夜游”的需求。

关于推进“两江”流域环境大整治的建议

(2013年5月20日市政协十三届十一次主席会议通过)

根据市委领导的指示,市政协成立由王正明主席牵头,市农办、市发改局、市建设局、市环保局、市财政局等相关部门参与的课题调研组,通过实地走访、召开座谈会等方式,对东阳江、南江流域生态环境的基本情况、存在问题、整治措施等进行深入调研,现将调研情况报告如下:

一、基本情况

在市委、市政府的重拳整治下,两江流域生态环境与前些年相比有所好转,但环境污染情况还是触目惊心,具体表现在以下四个方面:

一是污水横流。目前我市两江流域内共有主要污染企业102家,其中医药化工22家、印染洗衣34家、电镀21家、酸洗磷化23家;规模以上养殖场所30家,其中存栏100头以上规模养猪场20家,存栏2000羽以上的蛋鸡场10家。部分规模养殖场所产生的畜禽粪便没有经过处理就直接排入东阳江、南江及其支流。同时城区每天都要排放污水约8万吨,其中约有3万吨通过东阳江南北两岸的25个排污口直排入江。农村生活污水整体收集处理率偏低,农村部分地区的农药污染、农膜污染和农业废弃物污染等农业面源污染也相当严重。许多残留物随着地表径流进入水体,加剧了两江流域污染严重程度。另外,虽然我市各镇都建设了污水处理厂,但由于工艺以及污水管网建设滞后,污水处理厂很多都没有有效运营,特别是集镇所在地的污水,也没有得到有效处理,往往都是直排两江。

二是垃圾遍地。各种生产生活垃圾是造成两江流域“脏乱差”的主要症结,由于市垃圾填埋场的垃圾处理能力有限,再加上广大农村地区的垃圾收集处理系统还不够完善,部分镇村垃圾收集处理的资金和人员都相当缺乏,部分群众垃圾收集处理主动意识不强,导致许多垃圾尤其是废电池、节能灯泡等具有很强环境破坏力的强污染垃圾都被随意倾倒在河道边、村镇边和公路边,积累形成规模惊人、臭气熏人的垃圾山,严重影响居民生活环境,影响东阳整体形象。

三是山河破损。我市每天都有许多项目开工建设,需要大量的石块和河砂等建筑材料。由于受利益驱使,非法采石、过度挖砂、无序开矿等现象在我市相当严重,采石者、挖砂者、开矿者把原本结构完整的山体、平整的河床制造成人为的裸山、洼地,加剧了对山体结构自然环境的破坏，加剧了河水对河岸和河床的冲刷，对山林和江河的生态循环系统造成严重破坏，是导致两江流域青山白化和水生物消失的罪魁之一。另外，公路沿线坟墓分布众多，严重影响生态环境，需要进一步加大公路沿线坟墓治理力度。

四是生态破坏。由于广大群众对两江流域环境保护的重要性认识不足，乱砍滥伐、违章建筑、污染水源、私采山石、擅自捕捞等人为破坏原始生态环境的行为相当普遍，尤其是横锦水库、南江水库等源头保护区随着农家乐开发、居民破坏等原因，对我市饮用水造成威胁，导致两江流域植被稀疏，土壤结构松散，水土流失现象相当严重，自我调节能力变差，对原始生态造成了不可逆的严重破坏。

二、工作重点

国际经验表明，当人均GDP达到10000美元后，重视生态环境建设，促进人与自然和谐发展就将成为时代需求。当前我市正处于经济社会的高速发展时期，市委、市政府把握时代发展潮流，提出加强两江流域环境整治上符中央要求，下合群众愿景，是建设美丽东阳，推进“强市名城”现代化东阳建设的必由之路。根据两江流域生态环境的实际情况，结合建设美丽东阳的具体要求，对两江流域环境整治提出以下六大工程：

一是环境整治工程。首先，根据省政府统一部署，按照“提升一批、搬迁一批、淘汰一批”的原则，积极开展化工印染电镀造纸等行业污染整治提升工作，从源头控制工业污水排放。其次，对偷排污水、倾倒畜禽粪便、无序开矿等环境违法行为实行全方位执法监管，做到发现一起、查处一起，警诫一批，建立健全事前防范、事中查处、事后整改的执法监管体系。强化多种手段综合运用，坚持出重拳、打组合拳，通过限期治理、行政约谈、媒体曝光以及追究行政、民事、刑事责任等多种手段，提高环境执法的威慑力。完善行政执法监督检查和稽查制度，构建电子处罚平台，进一步规范环境行政处罚自由裁量权，提高环保队伍依法行政水平。

二是污水处理工程。治污必先做好截污，首先，大力加强城区污水管网建设，启动建设东阳江迎宾大桥至江滨电站段的沿江截污工程，尽快启动市污水处理有限公司三期和市第二污水处理厂建设，完成城区湿地公园建设，逐步提高城区污水截污率和污水达标率；加快横店镇区污水管网建设，使横店污水处理厂达到设计处理能力。其次，进一步加强完善镇级污水处理厂及镇级污水处理设施配套管网建设，尤其是完成南马、巍山、画水三个工业区大型污水处理厂建设。第三，对两江河道、渠道等及时采取清淤、放养等生态保护措施，最大限度地保持河流自然生态风貌及洁净程度。

三是垃圾清理工程。在全市掀起一场“垃圾革命”和人民群众的“观念革命”，通过建立健全全市农村生活垃圾处理清运机制，真正做到户集村收镇中转市处理，重点解决东阳江、南江沿岸垃圾堆放、焚烧等问题，使农村生活垃圾无害化处理率和集中收集率分别达到90%以上，确保垃圾收集处理真正落实到位，改善居民生活环境。对废电池、节能灯等强污染生活用品，通过以旧换新、低价收购等方式予以回收，集中处理。利用网络、电视、报纸、宣传栏等多种媒介，通过发送环保短信、开展环保活动、散发环保手册等多种方式，用广大群众喜闻乐见的形式开展“观念革命”，使少制造垃圾、不乱扔垃圾、多回收垃圾成为全市上下的自觉行动，真正实现垃圾“零落地”。

四是环保提升工程。加强宏观指导，制定有利于污染控制的产业发展和产业园区规划。切实加强两江流域内的规划环评和项目环评工作，对造成严重污染的企业、农家乐、养殖场所等实行整改、关停或搬迁。对新引进企业实行环保准入制度，禁绝引进高污染、低效能企业，严格执行环境保护设施必须与主体工程同步设计、同时施工、同时投产使用的“三同时”制度，实施全过程环境监理。

五是生态保护工程。以保障流域生态功能为目标，推进水土流失治理、生态林保护、规范河砂开采等生态保护工程，对两江流域内山体破坏和水土流失重点区域制定生态恢复建设规划，房屋建设、山林开发、农家乐项目等要通过环保评估，减少对生态环境格局的人为破坏。加强两江流域源头保护，对横锦水库、南江水库的库区人口实行萎缩化管理，对源头实行生态公益林保护，严禁各种破坏库区生态环境的建设与开发行为。

六是城乡“三化”工程。结合当前正在开展的“四边三化”“三改一拆”“清洁河道、清洁乡村”等美丽东阳建设工作，抓住时机做好公路边、集镇边的洁化、绿化、美化工作，打好垃圾清理攻坚战。对全市河道和农村进行集中整治，完成对病死动物、河面废弃漂浮物、河岸垃圾、河道障碍物、农村垃圾、农村污水坑臭水沟的清理。

三、保障措施

一是健全组织，明确责任。(略)

二是加大宣传，形成合力。(略)

三是整合资源，加大投入。(略)

四是建立机制，注重实效。(略)

五是多管齐下，严格执法。(略)

六是强化考核，确保成效。(略)

七是打破常规，及早修复。(略)

对“治污水”工作的建议

(2014年5月6日市政协十三届十九次主席会议通过)

三十年来，由于工业、农业、生产、生活等方面的水污染交织叠加，使东阳江、南江流域的环境污染问题日益突出，水质明显恶化。“两江”干流上游都属磐安县，南江、东阳江入境水质分别是Ⅲ类和Ⅱ类，说明南江上游安文镇的污染还是相对较重；所幸南江水库和横锦水库出水口都是Ⅱ类，但是到了水库下游，则污染渐重，水质每况愈下。2013年，我市“两江”流域Ⅲ类水质断面占86.1%，Ⅳ类水断面占6.9%，Ⅴ类水质断面占1.4%，劣Ⅴ类水质断面占5.6%。治理好水环境，变回三十年前的俏模样，既是对自己负责，也是对下游群众的一个交代，东阳人民责无旁贷。当下，从省委、省政府到各级地方党委、政府都已痛下决心狠抓“五水共治”，各项工作已强势推开，可谓万事俱备，东风劲吹，拯救“两江”，正当其时。

一、提升认识，全民发动

我市在加强领导、全民治水，宣传督查、舆论引导等方面已做了大量工作，形成了良好的工作氛围，取得较为明显的成效。但“干部在抓、群众没动，上面在抓、下面没动，点上在抓、面上没动”“鞋紧袜不紧”“说得多、做得少，说别人多、说自己少”的现象仍然存在。要切实改变当前各地工作推进不平衡的状况，必须“手臂、榔头、钢钎”层层传递正能量，形成“领导、干部、群众思想同频、行动共振”的局面，以更实的作风、更大的力度、更强的韧劲，坚决打赢这场攻坚战。

二、统筹规划，分头实施

要坚持目标导向、市镇联动，抓紧编制“五水共治”规划体系。一是明确治水远近目标，结合东阳实际，提出“三步走”的工作目标，即2013年水质明显改善，“看上去不脏”，目前已基本做到；力争2014年水质巩固提升，“闻起来不臭”；到2015年治理工作基本完成，“游泳后不痒”，彻底消灭劣Ⅴ类水；争取到2016年底全流域稳定达到Ⅲ类水质。二是按照省“三五七、三步走”的时间表和“五水共治、治污先行”的路线图，抓紧编制“五水共治”总体规划和五个子规划。三是紧扣“治污先行、重点突破”和“清三河、两覆盖、两转型”的要求，严格按照《东阳市水环境治理三年行动方案》《东阳市水环境治理2014年工作计划》组织实施。

三、对症下药，标本兼治

1. 工业污染

建议措施：高标准，严要求，加快对制药、化工、印染、电镀等重污染行业的整治和转型升级，加强兼管，严厉打击偷排直排、超标排放行为，控制污染总量。一是分类指导，分类处理：对偷排的，依法追责；对漏排的，停业整治；对不能达标排放的，限期整改；对已达标排放的，规范提升；对整治后不能达标排放的，坚决关闭；对选址不合理的，搬迁整合。二是以系统思维方式来看待企业排污问题，把排污企业的生产和排污全过程纳入监管范围，全面把握水资源在企业循环途径，避免污水处理厂受来水水质冲击的被动局面。三是对现有排污企业实施环境污染综合整治，确保企业排放的污水达到行业排放标准，环保、建设、经信、水务等多部门联合参与，多管齐下，实行上下游一体化管理。四是采用高新技术对排污企业排放口进行统一管理，建立在线监测监控、刷卡排污系统，提高企业排污成本，鼓励企业控制排污、减少排污。

2. 农业污染

建议措施：一是严格执行畜禽养殖禁养区、限养区规定，在目前已经关停养猪场176家，建成治污设施57家，完善提升治污设施47家，建成病死动物无害化处理池66个基础上，下一步要根据市政府的实施方案，尽快关停应该关停的猪场。二是对自身没有足够的种植业面积可供就地消纳利用的养猪场，采取因地制宜、分类指导办法：首先考虑异地消纳利用，变废为宝；其次是有条件的可就近纳管接入污水处理厂统一处理，义乌、萧山已经这样做；再次是在养猪场内建设相应的废液处理设施。三是在养猪场整治中，牵涉泔水养猪问题，如何从源头消除泔水养猪，需要对我市餐饮业餐厨垃圾进行集中处理，目前只有初步方案，还未实质性进展，宜尽早落实。四是要大力推广测土配方施肥和商品有机肥，大力推进病虫绿色防控和统防统治，加大两高农药替代力度，实现农药、化肥减量。坚持政府主导、市场主体和社会共同参与的原则，采用农药经营单位折价回收、有资质的环保单位规范化处置方式，加快构建废弃农药包装物处理的政策支撑、回收处置和组织监管体系。五是要强化农业生产经营者在农业面源污染防治工作中的主体责任，自觉落实防治措施，相关部门要依法加强监管。

3. 城镇污水

建议措施：一是截污纳管，实现雨污分流。前几年，在城市高速扩张过程中对管网建设重视不够，雨水污水同管合流，现应全面改造，大幅度提高污水收集处理率。二是通过整治，解决管网堵塞和渗漏问题，提升污水收集的效率和效果。三是切实做好江北新区和白云商贸园区污水处理工作。四是对现有乡镇污水处理厂进行技术改造，发挥已有污水处理设施的功能，并挖掘潜力、提升效果。五是在市污水处理有限公司实行第三方运营综合评价效果基础上，对乡镇污水处理厂委托专业公司实行第三方运营管理，提升管理水平和运营效果。六是尽快推进市第二污水处理厂、巍山六怀、南马镇西、画水竹溪污水处理厂建设。七是在新建、改建、扩建城镇道路以及住宅小区时，应同步建设相应的接纳、输送城镇污水的管网等设施；招商引资新办企业必须通过环保治理设施“三同时”验收后，方能办理土地证、房产证、采矿证等相关证件。八是强化污水处理设施后续维护运行经费保障，避免出现“买得起车，用不起油”“付不起电费，空调成为摆设”的窘境。

4. 农村污水

建议措施：一是从整体布局层面看，农村生活污水收集处理设施建设应抓住重点，提高“性价比”。建议在城镇周边和人口集中地，采取污水集中处理办法；居民分散的地方可以采取厌氧加湿地等简易方法处理。二是从村庄内污水收集处理设施建设规划层面看，全市财政配套资金达12亿的规模，那么从长远出发，宜按新农村规划作排污设施的规划，而不是按现状规划，已改造和正在改造的区域入户率达到100%是应该的，下步要改造的区域可暂不入户或先用简易方法处理，尽量避免重复投资。三是从设计层面看，要做到：布局有讲究，雨污有分开，防渗有措施。四是从实施的层面看，招投标、施工、监管、监理、验收、资金管理等各个环节，要严格按照省、市相关规范要求操作。各类管网、检查井、井盖等选材采用国家认可的标准产品，杜绝“三无”产品。五是从管理的层面看，要有专门的工作机构，有专人分工负责项目实施，有专门的工程监督人员。六是从目标的层面看，要确保水质有明显改善。通过必要的预处理设施，确保终端设施进水水质符合要求。

5. 生态破坏

建议措施：一是山上、岸上不乱砍树、不乱采石。保护植被，保持水土，保持原生态。二是禁止江中取砂。泥沙对水质起净化作用，对堰坝有保护作用。

6. 河道治理

建议措施：一是河道改造不截弯取直、不覆盖，避免河道渠化。弯曲的水流更有利生物多样性保护，有利于消减洪水的灾害性和突发性，并且尽显自然形态之美。二是建设生态堤坝。在满足行洪排涝要求的基础上，保证岸坡的稳定，防止水土流失；进行水文分析，确定水位变幅范围，营造一个适合陆生植物、水陆两生植物、水生动植物生长的生命环境；尽量减少刚性结构，增强护坡在视觉中"软效果"，美化工程环境；尽量采用天然材料，避免二次环境污染；考虑人们的亲水要求。三是低堰多级。堰坝的建设应以低堰为主，最大水深宜控制在1米左右。一方面，能满足两岸的用水需求，形成的地下水位也与两岸相适应；另一方面，适宜水生植物的生长，有利于形成湿地效应，水质的净化效果好。通过堰坝的建设，一级一级相衔接，使河底不出露，可以最大程度的改善水环境，形成河道风景线。

7. 城市建成区污水处理能力不足

建议措施：一是加快市污水处理厂一、二期提升改造和三期工程扩容，并重视污泥处理、处置这道终端环节。一方面是通过深化处理达到减量，另一方面能否通过焚烧做好最终处置，避免二次污染。二是建立完善对第三方营运单位的考核奖罚机制，充分调动其积极性。三是加快江滨湿地公园建设。市委、市政府早在"五水共治"前的2013年年初就已提出，可谓有先见之明；但实施迟缓，进展并不顺利；技术层面分析，在火山岩过滤环节，存在若干年后吸附饱和问题，若不更换，则影响处理效果，若更换，则大型施工设备无法进入，手工更换难度大，主管部门需研究改进。四是"两江"上游横锦水库和南江水库的运营，宜兼顾经济效益和社会效益，综合平衡生产、生活、发电、环境生态等方面的用水需要，适时补给生态用水。

8. 保护饮用水水源问题

建议措施：对横锦水库及其他饮用水水源，严格按《浙江省饮用水水源保护条例》实施保护，不留余地和死角。一是保护区范围内限制开发，避免水土流失以及产生新的污染源。二是禁止钓鱼，鱼类减少会造成水体富营养化污染。三是除经审批属正常航运、管理、捕捞船舶外，严格控制游船、快艇、橡皮艇。四是加强库区生活污水收集处理，规范对"农家乐"管理。五是保护植被，并对已被破坏的区域进行修复。

四、近远兼顾，长效管理

一是责任落实要到位。治污是一项硬任务，是一项牵涉多个部门的综合性工作，必须要有坚强的领导，形成严密的组织，建立严格的责任制度才能切实抓好这项工作。二是督查考核要到位。我们应把治水工作作为磨砺选拔干部的考场，实行最严格的责任制、最严厉的监管制、最严肃的问责制。三是监管执法要到位。严格执法监管，各部门要充分履行各自职能，加大对相关违法行为的查处力度，做到标准不降、力度不减，严厉打击各类环境违法行为，坚决遏制偷排、漏排现象。四是高效运行要到位。程序上不破法规破常规，各审批部门要简化审批手续，加快审批流程，确保工程早开工；要在用人上打破常规，要敢于使用会攻坚克难、能办好事情的干部，让这些干部在环境治理中发挥作用。五是考虑成立长期专业管理机构。"五水共治"领导小组及其办公室现在的职能以及一些待拓展的职能，是否可考虑把它固化到一个固定的机构，通过解决体制机制、人员编制、工作经费、专业培训、聘请专家等方式，打造一支更专业、更高效的队伍，提升管理水平和绩效，实现长效管理，防范可能出现的反弹。

关于东阳市文化产业全域化的建议

（2014年10月11日市政协十三届二十一次主席会议通过）

一、基本现状

1. 文化产业总量增大速度加快

影视文化、工艺美术、文化旅游三大核心产业为代表的文化产业率先发展，抢占了产业制高点，文化产业发展水平位居全省乃至全国的前列。“十一五”以来，全市文化产业总产值年均增长15%以上；2012年文化产业增加值占GDP比重高达7%，高于全省和全国文化产业增加值占GDP比重和一般意义上支柱性产业的标准。

2. 全域产业体系初步形成

从总体上看，全市文化产业具有较高的发展水平，产业结构较为完整，产业平台建设已形成规模，具备了现代城市发展文化产业所需的基本方面。初步形成了影视文化、工艺美术、文化旅游三大核心产业发展迅速，歌舞娱乐、网吧游戏、茶聊足浴等休闲娱乐文化产业健康发展，新闻出版、广电传媒、图书发行等国有文化服务产业势头良好，音像书刊、文化用品、书画装裱、广告印刷、教育培训等民营文化服务产业有序发展的市场格局。全市形成了依托横店影视文化产业实验区、东阳中国木雕城，以卢宅、蔡宅、李宅“三宅”为代表的大型古民居建筑群，以东白山、横锦水库为代表的自然山水等区域文化资源和发展优势所形成的产业空间。

3. 文化产业品牌成效卓著

影视文化产业独树一帜，傲视全国。横店国家级影视产业实验区享有“东方好莱坞”的美誉，规划面积365平方千米，是全球拍摄场景最多、规模最大、设施最全的实景拍摄基地。横店院线是全国第二条跨省民营院线，在全国各大中城市建设有五星级影城70多家。传承历史，工艺美术产业再创辉煌。东阳木雕和竹编被列入首批国家级非遗代表作名录，木雕产业被国家和省列为鼓励发展和优先扶持的产业集群之一，已建成两大专业市场，形成三大产业基地。获“全球木雕产业合作基地”“中国木雕之都”等荣誉称号。

4. 文化发展环境不断优化

市委、市政府出台了一系列政策文件，从土地、财政、税收、投融资、人才等方面为文化产业发展提供优惠政策。如按规定认定为高新技术企业的文化企业，均按照国际惯例15%税率征收所得税；对在省、市内具有一定知名度的文化人才独资或与他人共同开办工作室、博物（览）馆等文化企业的，可以个人名字作为企业字号办理登记注册；进一步整合文化产业发展专项资金，逐步增加资金规模，完善使用管理办法用于支持重点产业园区和基地建设、重点文化企业培育、演艺市场培育等；在编制土地利用总体规划时明确保障文化产业发展用地等。

二、存在问题

1. 认识不到位。虽然着手制订《东阳文化产业全域化发展规划（2014—2020）》，但在文化产业及其发展问题上仍然存在一些模糊认识：一是对于文化产业的认识停留在休闲娱乐低级阶段，认为发展文化产业只是文化部门的职责，而没有认识到文化产业是全社会的事，是社会化大产业；二是因为体制的原因难以调动文化事业单位发展文化产业的积极性。有的单位虽然拥有大量的固定资产，还埋怨政府投入少，而不是利用现有的资源去创办产业，惧怕市场，没有开拓创新精神，丧失了许多机遇。三是忽视文化的经济内涵和产业因素，认为文化产业追求收益、利润的最大化，讲求效率、效益，是文化的沦丧和堕落。

2. 体改不彻底。虽然出台《关于加快文化产业全域化发展的实施意见》，但有利于文化产业发展的体制机制尚未有效建立起来。主要表现：一是由横店影视文化产业实验区管委会承担市文化产业全域化发展工作领导小组办公室的日常工作，负责文化广电新闻出版局、旅游局及其下属单位市管干部以外的干部管理工作，负责影视文化产业人才的引进培养等工作。二是文化市场管理政出多门、多头执法，各部门之间条块分割、交叉管理，结果是都管却都管不到位。三是文化事业单位吃大锅饭，平均主义仍然十分严重，缺乏生机和活力。

3. 结构不合理。以影视文化、工艺美术、文化旅游三大核心产业为代表的文化产业率先发展，抢占了产业制高点，发展水平位居全省乃至全国的前列。但其他文化产业发展相对滞后，相关业态分布较散，点多面广，形成不了合力，难以产生集聚效应。咨询、会展、金融、文化经纪人、教育培训等相关服务配套行业形不成规模。文化新产品开发和文化创意几乎是空白，产业单一，缺乏后劲和活力。

4. 同质化竞争。从影视业看，目前全国已形成北京都市圈、长三角城市群、珠三角城市群北、东、南三大基地，仅浙江省就建有6家基地。横店模式被竞相仿制，对横店的文化产业形成了巨大的竞争压力。同时这些基地也出台了一系列的优惠政策，加大财政投入，致使我市发展文化产业的先发优势逐渐减弱，外来企业根植性动力不足。从工艺美术业看，木雕、竹编、红木家具等生产企业众多，规模相当、产品类同，没有叫得响的品牌，为了追求利润，竞相削价在所难免。从文化旅游业看，东阳城市文脉源远流长，以东白山、东阳江、卢宅肃雍堂、“中国东阳龙”为代表的山水文化、爱情文化、古建文化、古生物文化等特色文化资源别具一格，但因各自为政单打独斗，各景点低层次模仿，重复建设，形不成统一的大市场。

三、意见建议

1. 创新体制。文化产业要有个总抓手，建议政府将“市文化产业全域化发展工作领导小组”办公室与“横店影视文化产业实验区管理委员会的领导小组办公室”分署办公。“市文化产业全域化发展工作领导小组”设在市委宣传部，以利于全盘考虑，统筹兼顾。文化产业全域化要进一步形成合力、做大做强，体制要创新。领导小组要加大文化体制改革的力度，把经营性的文化企事业单位进行合并，形成集团，把文化产业和文化事业切实剥离开来，进行不同的管理和投入，政府要转变职能，实行管办分离，由直接办文化转到只管文化，集中精力抓好政治导向、宏观控制、发展规划和法制建设，把经营发展职责交给实体，把具体管理职能交给行业组织，把资源配置交给市场。整合文化资源，加大对文化公益事业的投入。

2. 宣传推广。对内是宣传发动,统一认识。我们要抢抓当前发展文化产业的大好机遇,乘势而上,兴起创建文化强市新高潮,努力推动文化产业跨越式发展。要使发展规划深入人心,不断增强干部群众文化自觉和自信,以更加昂扬的斗志更加创新的精神,把得天独厚的文化资源优势成功转化为文化产业发展优势。对外是整合包装,宣传促销。文化产业是一个需要精心策划和适度宣传的特殊产业。在信息时代,任何产品和资源离开了宣传就会被人冷落,失去应有的价值。我们虽然有以"三宅"为代表的大型古建筑群落,多处西周和战国时期遗址,首个以地域标志命名的"中国东阳龙"恐龙种类化石,以东白山、东阳江为代表的生态文化、爱情文化、养生文化、乡村文化等特色文化资源,但因宣传促销包装不够,难以找到开发商或合作伙伴,难以吸引文化产业的人才到东阳创业。

3. 人才建设。一是引进人才,制定与产业发展相适应的人才公开招聘计划。着重引进我市文化产业急需的影视后期制作、会展博览、养生保健、旅游设计、环境色彩等门类优秀人才。二是培养人才,依托横店影视职业学院和广厦职业技术学院,加强工学互动,着力培养行业高素质技能型专业人才。三是管理人才,由市文联牵头,对各类企事业单位高级职称以上的文化人才进行普查造册,实行动态管理,营造发挥他们积极性、创造性的优良环境。四是完善准入,严格执行从业人员资格认定、考核录用、持证上岗等制度。五是人才激励,要进一步推进以分配机制和用人机制为重点的人事制度改革,促进岗位竞争和人才流动,建立广纳社会贤才、激励人才进取的用人制度。

4. 多元拓展。要按照"大产业、大市场"的全域化发展理念,借助横店影视文化旅游和工艺美术核心产业的规模效应和联动效应,深入发掘东阳文化资源,激发特色文化活力。要加强对历史文化村落和古建筑群的保护利用,开发古民居文化游。要突出"爱情圣山、养生天堂"和七夕文化特色,打造东白山度假胜地。要以东阳江美漫城、中国水文化城为龙头,着力打造东阳江生态线。要以首个以地域标志命名的"中国东阳龙"恐龙种类化石遗址保护点为契机,稳步开发古生物文化游。要因地制宜,有机融合特色民俗,推进现代化农村建设,积极发展乡村休闲游。要加快现代化文体设施建设,加快建设与东阳文化产业发展相适应的综合培训基地,完善公共文化服务体系。致使文化业态多点辐射、互补融合,以各项文化事业的繁荣发展为文化产业全域化发展奠定坚实的基础。

5. 文旅融合。充分发掘我市独特的文化生态旅游资源,并使其相互融合,相互促进,实现社会效应与经济效益的共同发展。要高度重视文化旅游产业的结合,从深度和广度上促进文化旅游相互融合,整合地方特色文化资源和区域自然禀赋资源,通过建设文化产业园区、旅游产业集聚区等,大力推动文化生态与旅游一体化发展。充分发挥文化的灵魂作用和旅游的载体作用,建立完善文化要素和旅游要素有机结合的发展模式,实现文化旅游业的良性互动共赢发展,以厚重文化为支撑,整合特色文化自然风光人文景观等文化旅游资源,推动旅游业由资源依赖型向文化创意型转变,加快文化旅游融合发展,有力提升文化旅游业的综合实力和市场竞争力。

6. 引领创新。建立以企业为主体、市场为导向的产学研相结合的文化科技创新体系:一是将传统文化优势充分挖掘出来,特别是提升和拓展木雕、竹编、红木家具等传统文化产业在手工、半手工生产创造上的独特价值和高端化发展能力。二是与科技新媒体结合起来实现科技媒体与文化产业的有机对接，做到满足需求有的放矢务求实效。三是将文化产业的无形资产进行量化和固化，在形成产权版权的条件下进入金融评估体系，使之成为可运作的有形资本。四是搭建完整系统的文化资源资本评估、交易租赁等平台，推动文化创新，促使文化成果产业化。

7. 促进消费。文化消费作为文化产业链的终端，既是文化产业发展的现实基础和动力，又是文化事业文化产业发展的最终目的，要进一步提升和改善市场服务水平，让更多的民众更加方便快捷地接受文化产品，推进连锁经营电子商务物流配送体系建设，创造舒适的文化休闲与消费平台，有效增强文化产品的市场竞争力，引导民众多层次文化需求的有效增加，提高文化消费水平，使文化产业在创新中为民众提供更多更好的文化服务。

第四节　参与中心工作

围绕中心、参与中心、助推中心是人民政协价值追求的重要体现。东阳市政协在招商引资、红椿巷拆迁、申报"世界木雕之都"、建设中国木雕博物馆等全市中心工作中，针对热点、难点问题开展调查研究，取得第一手资料后形成调研报告，向市委、市政府提出建议，供决策参考。在中心工作的实施过程中，亲力亲为，干在一线，得到市委、市政府领导的充分肯定。

招商引资

2001年年底，结合市委、市政府2002年工作思路，市政协经过调研，向市委提交《关于优化我市投资软环境的建议》，提出大力整治投资环境，积极招商引资的建议，得到市委的肯定与采纳，把2002年确定为东阳"投资环境整治年"和"招商引资年"。市政协主动回应，并积极参与。

2002年年初，向全市250多名政协委员发出全市第一份关于招商引资的《倡议书》，号召广大委员发挥优势，积极参与到招商引资工作中去。引进了全市自开展"招商引资"活动以来的第一家企业。3月，十届五次会议秘书处成立招商引资组，召开招商引资洽谈会。与11家企业签订协议书，计资金1.125亿元；与15家企业签订意向书，计资金近2亿元。市委、市政府主要领导出席洽谈会，确定一名副主席和相关科室。负责招商引资工作，对企业开工、建设、投产情况跟进了解，在土地安排、工商办理、银行开户、电力供应等方面跟踪服务。2002年度，市政协共引进企业23家，总投资4.37亿元。其中一家企业7月动工建设，当年上缴税收109万元。

2003年3月，十一届一次会议期间，召开招商引资洽谈会，与2家外资签订投资意向书，意向投资额288万美元，与5家企业达成投资协议，协议投资总额1.14亿元。6月，与南马镇联合召开招商引资恳谈会，有13家永康企业到东阳投资兴业，实际投资金额约1.39亿元。2003年度引进企业9家，计划投资3.2亿元，签订意向企业5家，意向投资1.3亿元，其中开工建设6家，竣工1家，实际投入资金1.5亿元。东阳政协招商引资工作的经验交流材料在省政协主席读书班上获得好评。全国政协在北戴河举办政协系统领导干部培训班时，东阳政协作为浙江省的唯一代表，在会上作题为《投身经济建设主战场，积极做好招商引资工作》的交流发言。

红椿巷拆迁

2000年，政协委员在“两会”上提出红椿巷区域旧城改造的提案。市政协多次利用全体会议、常委会议、主席会议协商讨论，对红椿巷区域旧城改造提出建议和意见。2009年7月，市委、市政府做出启动红椿巷区域旧城改造的决策，市政协全力配合，全身投入，全程参与。主席、副主席和机关干部不仅直接参与动迁工作，而且发挥政协优势，做了大量维稳和史料实录等工作。

2009年7月内屋拆迁，全市共设8个动迁大组，若干专业组。市政协主席王正明任第二大组组长，副主席申屠青、郭志华、蒋银生、韦国锋分别任第三、四、五、六大组的副组长，副主席韦定民、吴美荣、蔡捷飞任应急处置组成员，6名政协机关干部分别担任小组组长和组员。

8月13日，市政协召开十二届十二次常委会议，听取市政府关于红椿巷区域旧城改造工作进展情况的通报，对拆迁工作提出意见建议，促进拆迁政策的进一步完善。会议认为，启动红椿巷区域旧城改造工作，是市委、市政府本着对历史负责、对人民负责、对东阳长远发展负责的态度而做出的一项重大决策，对完善城市功能、提高政府公信力等方面有着十分重要的意义。参加会议的全体政协常委、各民主党派、人民团体和各界人士代表表示：坚决拥护市委、市政府对红椿巷区域实施旧城改造的重大决策；坚决拥护市委、市政府对红椿巷区域实施旧城改造的总体安排和工作步骤；坚决拥护市委、市政府对红椿巷区域实施旧城改造出台的各项政策和规定。会议认为红椿巷区域旧城改造工作是一项复杂的社会系统工程，面临的困难不少，全市上下必须从大局出发，统一认识，精心组织，迎难而上，合力攻坚，确保拆迁工作目标的实现。会议讨论通过《关于以实际行动支持红椿巷区域旧城改造的决议》，向市政协各参加单位和全体政协委员发出号召。号召广大政协委员，不但要做红椿巷区域拆迁的历史见证者和工作亲历者，还要做红椿巷区域拆迁的积极参与者和带头实践者。在红椿巷区域旧城改造这一重大事件中，市政协的各参加单位和全体委员要带头执行市委、市政府的工作部署，自觉与市委、市政府保持高度一致。有房屋拆迁的委员，要识大体、顾大局、讲奉献，带头拆迁；参与拆迁工作的委员，要依法依规，公平公正，有理有节，不怕受苦受累受委屈，耐心细致地做好工作；其他委员也要本着围绕拆迁、为了拆迁、服务拆迁的态度，千方百计做好亲朋好友的思想工作，为拆迁工作创造良好的舆论氛围和社会环境。9月21日,借庆祝人民政协成立60周年之机,市政协在东阳电影院和东阳剧院举办电影招待会,邀请红椿巷区域旧城改造工作人员观看电影《建国大业》,向全体动迁工作人员表示敬意。

2010年6月,启动南街主要街道拆迁工作,全市共设6个动迁组。王正明任组长的第二组,率先完成动迁任务。韦国锋任第五组组长,2名机关干部任组员。

市政协文史资料委员会收集整理红椿巷旧城改造相关的文字资料和旧貌照片等图片资料,向相关领导、工作人员、被拆迁户和社会各界人士征稿约稿,2010年12月编辑出版《红椿巷区域旧城改造实录》。全书包括筹划决策、动迁安置、综合协调和历史留痕四个部分,真实记录红椿巷区域旧城改造这一重要历史事件,较完整地反映全市上下齐心协力、共同打造美好家园的一段难忘的历史。王正明为《实录》作序,并撰写《东阳城建史上的动迁》一文,记述参与动迁过程。郭志华、韦国锋也分别撰写《我的动迁工作日记》《南门动迁组记事》文章。

2010年3月,市政协十二届四次会议上,委员们就红椿巷区域重建提出13件提案,对规划、建设及运作程序等多个方面阐述建议意见,如:在总体规划未进一步修改完善之前,不要匆忙进行土地出让;在规划设计理念上,要认识重要性,注意超前性,体现先进性,重视可靠性,确保科学性,考虑实用性;黉门广场周边建筑高度要予以控制,要同步规划地上商业街、大型超市、地下停车场等项目,道路建设中融入东阳木雕文化;在重建操作过程中,既要体现大气包容,又要确保公平公正等。市政协归纳整理后形成《精心规划、精心操作,做好红椿巷区域重建工作》的提案综述,以文件形式,报送市委、市政府。中共金华市委常委、东阳市委书记张仲灿批示:提出的意见建议集中了政协委员的心血和智慧,我们应当高度重视,认真研究,积极采纳,体现在红椿巷的重建工作中。市委常委、常务副市长施侍伟将文件批转规划局,要求规划局认真阅处,将意见建议体现在修改方案中。12月,市政协组织部分常委、提案委成员、提案领衔委员对重点提案《关于红椿巷区域科学规划、合理设计、精心建设的建议》的办理情况进行视察,在十二届十九次常委会议上进行评议。

2010年,市政协办公室被市委评为"红椿巷区域旧城改造房屋拆迁工作先进集体",2名机关工作人员被评为先进个人。

筹建东阳人联谊总会

2007年底,根据中共金华市委常委、东阳市委书记张仲灿关于做好东阳人联谊总会筹备工作、充分发挥东阳人经济优势推动东阳经济社会发展的指示精神,市政协、市委统战部在充分调研的基础上,撰写并提交《充分发挥"东阳人经济"作用,推动东阳经济又好又快发展》的调研报告,报告分析了东阳人经济情况和特点,提出建立东阳人联谊总会、出台鼓励在外东阳人反哺家乡建设的优惠政策、做好重点人工作、设立东阳人经济创业园等6条建议。

2008年3月15日,市委常委会议专题听取市政协、市委统战部关于筹建东阳人联谊总会和制定出台鼓励在外东阳人回乡投资创业的指导性意见的汇报，提出下一步工作的明确要求。

市政协、市委统战部与相关部门研究后提出筹备方案，报市委批准成立“东阳人联谊总会”筹备领导小组，加强与在外东阳籍代表人士的沟通和交流，筹备在昆明、郑州、西安、兰州等城市成立东阳人联谊会或东阳商会。研究起草关于鼓励在外东阳人回乡投资创业的指导性意见，召集市财政局、国土局、城北经济开发区、江北高新技术园区等部门负责人征求意见，经市政协主席会议讨论研究，形成《关于鼓励和促进在外东阳人回东创业发展的若干意见》，并报市委、市政府。6月12日，市委、市政府以市委〔2008〕62号文件形式下发。

成立东阳人联谊总会，目的是搭建一个崭新的联谊和交流平台，有效整合东阳籍在外人才资源，发挥东阳人在外人士的作用，共同促进东阳发展。

2008年11月17日，东阳人联谊总会第一届一次理事会在东阳大厦举行。市政协主席王正明，市委副书记吴国平，市政协副主席蒋银生出席会议，市政协副主席、市委统战部部长吴美荣主持会议，东阳人联谊总会全体理事参加。会议审议并通过《东阳人联谊总会章程》《东阳人联谊总会第一届理事大会选举办法》以及东阳人联谊总会第一届理事会顾问名单，选举产生东阳人联谊总会第一届理事会领导班子。王正明当选东阳人联谊总会首届理事会会长，吴美荣当选常务副会长，蒋银生当选副会长。会议还听取东阳人联谊总会筹备工作及理事安排的情况说明，市民政局负责人宣读《东阳市民政局关于同意筹备设立东阳人联谊总会的批复》，王正明、吴国平分别讲话。

2008年11月18日，东阳人联谊总会成立大会暨加快东阳经济社会发展论坛在东阳剧院隆重举行。100多位来自国内外的乡贤和嘉宾欢聚在东城故里，畅叙乡情亲情，共商发展大计。成立大会由市委副书记、市长江跃进主持。市委副书记吴国平宣读东阳人联谊总会第一届理事会顾问和主要组成人员名单，张仲灿、王正明分别在会上讲话。会上还进行“东阳人联谊总会”授牌授印仪式。

2013年11月8日，东阳人联谊总会换届大会在东阳市行政中心举行。受东阳人联谊总会第一届理事会委托，王正明作工作报告。大会选举产生东阳人联谊总会第二届理事会理事、副会长、常务副会长、会长，决定聘任东阳人联谊总会顾问、秘书长、副秘书长。王正明、施侍良分别当选为东阳人联谊总会第二届理事会会长、常务副会长。

至2016年8月，成立杭州、上海、广东等30个东阳人联谊会或商会。

申报“世界木雕之都”

2008年5月，市政协在调研基础上，向市委、市政府报送《关于加快东阳木雕竹编产业发展的建议》，提出出台细则、培育队伍、制定规划、搭建平台、举办节会、强化组织等建议，引起市委主要领导的重视，并在市委内刊《东阳通讯》全文转发。

2009年3月，市政协向市委递交《关于加快东阳木雕竹编传统产业发展，打响“世界木雕之都”品牌的建议》，提出建立领导机构，尽快出台木雕竹编产业的中长期振兴规划；调整世贸城业态，抓紧规划建设二期专业市场；办好与市场配套的原木市场，为木雕竹编产业提供保障；进一步发挥“东阳木雕”证明商标作用；对东阳木雕进行广泛的宣传；鼓励木雕企业创新等建议。4月，向市委提出尽快落实东阳申报“世界木雕之都”相关工作的6条建议。市委召开书记办公会议专题研究，决定由市政协牵头，建立申报“中国木雕之都”筹备工作小组，做好申报工作。

5月，市委、市政府决定成立申报“世界木雕之都”领导小组，确定王正明专门负责，市政协办公室为牵头单位，负责申报的一系列工作。

同月，筹备组开始报告起草，画册、宣传光盘撰写、制作等准备工作。多次邀请中国工艺美术家协会的专家进行方案的设计和论证。

6月初，市政协主席王正明、副主席蒋银生带队前往北京，向中国工艺美术协会提交申请“世界木雕之都”的报告，阐明东阳申报“世界木雕之都”的意向。得到中国工艺美术协会的支持与指导，决定分“两步走”的战略，先申报“中国木雕之都”，再申报“世界木雕之都”。

第一步：成立“中国木雕之都”申报工作小组。市委于5月4日下发《关于建立申报“中国木雕之都”筹备工作小组的通知》。市政协主席王正明任组长，市政府副市长陈军、政协副主席蒋银生任副组长，市委办、市府办、市政协办等单位领导为组员。

第二步：明确分工。申报小组成立后，市委、市政府对各单位做了分工。王正明负总责，政协办、经贸局负责材料收集整理，宣传部、广播电视台、东阳日报社负责光盘和画册的制作，市工艺美术行业协会负责与国内外领导、专家的联系沟通考察等。

申报资料收集、整理和编写是一项非常繁杂、庞大的系统工程，一是各种原始资料包括业绩、评论、数据、图片等必须一应俱全、缺一不可；二是对材料的归类、版面设计甚至制版等都有着严格的规范和要求。为收集到更多的原始资料，市政协办对东阳木雕的相关业绩、评论、图片、荣誉证书、奖杯、各项数据等资料进行地毯式的搜索。资料收集后，依照中国工艺美术协会的要求规范整理，所有文字资料经过逐字逐句反复推敲。王正明多次召集主持讨论会，征求各方意见，对申报资料进行严格审查，提出许多建设性的意见，使材料的收集更为科学规范。最终形成含《关于上报东阳市人民政府关于申报“中国木雕之都”的请示》（浙艺协〔2009〕013号）、《关于要求授予浙江省东阳市“中国木雕之都”荣誉称号的请示》（东政〔2009〕17号）、《中国工艺美术行业特色区域申报表》《东阳市创建“中国木雕之都”筹备工作小组的通知》（市委〔2009〕38号）、《关于申报“中国木雕之都”筹备工作会议纪要》《东阳市木雕产业发展规划》《东阳市世界木雕产业园控制性详细规划说明书》《东阳市世界木雕产业园控制性详细规划图》《东阳市世贸城木雕工艺品市场概况及二期市场规划》等为一体的合计80页4万余字的《东阳：中国木雕之都申报材料》。

6月20日，市人民政府以文件形式向浙江省经济和信息化委员会、浙江省工艺美术协会传送《关于申报“中国木雕之都”的请示》，由浙江省经济和信息化委员会签字同意后，又以浙江省工艺美术协会名义向中国工艺美术协会递交报告。

6月25日，由中国工艺美术协会秘书长王山任组长，中国工艺美术协会副理事长顾正、吴祖熙等10多名专家组成的“中国工艺美术行业特色区域荣誉称号考评组”对东阳申报

“中国木雕之都”进行考评。在评审会上，张仲灿致欢迎辞，王正明向考评组成员汇报了东阳木雕产业发展现状和申报“中国木雕之都”的工作情况。

考评组专家经过集体讨论，一致通过对东阳“中国木雕之都”的评审，并同意向中国工艺美术协会推荐授予东阳“中国木雕之都”荣誉称号。

6月底，中国工艺美术协会向东阳市人民政府下发中美协会〔2009〕第058号《关于授予浙江省东阳市中国工艺美术行业特色区域荣誉称号的决定》。

7月，首届中国·浙江工艺美术精品博览会在杭州举行，中国工艺美术协会授予东阳市“中国木雕之都”称号。同时，在全球中小企业合作大会上，东阳市又被授予“全球木雕产业合作基地”称号。

2012年8月底，中国工艺美术协会发来邀请。10月初，第十七届世界手工艺理事会全体大会将在印度召开，中国工艺美术协会要组织代表团参加，希望东阳也能派代表参加。

市委、市政府、市政协领导先后10余次召开相关会议专题研究申报“世界木雕之都”工作。成立以市委书记徐建华为组长，市委副书记、市长朱建军，市政协主席王正明（常务）为副组长的工作领导小组，下设办公室。

市委、市政府、市政协一方面部署各项工作的落实（人员确定、中英文报告以及宣传册的制作等）；另一方面，奔波于北京、杭州等地，展开签证、与世界工艺理事会对接等工作。同时，发动全市上下和各级媒体加大宣传力度，全力以赴做好申报工作。

10月，王正明率东阳代表团赴印度金奈参加“2012世界手工艺峰会”。王正明代表东阳市委、市政府和东阳市工艺美术行业协会向世界手工艺理事会主席乌莎正式递交《关于申请授予东阳市“世界木雕之都”荣誉的请示》并表达东阳申报“世界木雕之都”荣誉称号的强烈愿望。向世界工艺理事会成员国单位、五大洲工艺理事会主席逐一宣传推介。会议期间，得知2014年将召开世界工艺文化节暨世界手工艺理事会成立50周年庆典的消息。当即，王正明向中国工艺美术协会提出争取在东阳举办这一庆典。回国后经向市委、市政府汇报，向世界工艺理事会递交《要求2014世界工艺文化节暨世界手工艺理事会成立50周年庆典在东阳举办的请示》。

此次印度之行，收获颇丰，一是中国第一次成为世界手工艺理事会新一届的主席国；二是世界手工艺新一届理事会第一次会议，正式将东阳作为“世界木雕之都”评选的试点城市；三是东阳向组委会递交了“世界工艺文化节暨世界手工艺理事会成立50周年庆典活动”要求在东阳召开的请示，并开展大量的宣传攻关活动。

12月，世界手工艺理事会亚太地区副主席王良民到东阳考察。

2013年4月14日至16日，亚太地区手工艺理事会主席嘎达博士、世界手工艺理事会执行主席王山、中国工艺美术协会副秘书长陈敬一行就东阳市申办世界手工艺理事会成立50周年庆典暨申报“世界木雕之都”相关事项到东阳考察。

5月15日，东阳市政府与世界手工艺理事会秘书处在杭州签署《关于主办2014年世界工艺文化节暨世界手工艺理事会成立50周年庆典的协议》。协议商定，2014世界工艺文化节暨世界手工艺理事会成立50周年庆典于2014年10月18日至25日在东阳举行。庆典以

“振兴世界工艺美术、传承人类手工技艺、发展文化创艺产业、共创‘手工劳作’辉煌”为主题。由世界手工艺理事会、浙江省人民政府、中国工艺(集团)公司主办;由世界手工艺理事会秘书处、中国工艺美术协会、东阳市人民政府世界木雕城承办;并请多个国家和各省、自治区、直辖市的工艺美术协会、专业委员会协办。邀请联合国教科文组织,各国文化部门主管领导,世界手工艺理事会各洲地区分会主要负责人、成员代表及知名手工艺人和企业家等外宾500余人;工信部、外交部、文化部、国资委等相关部委和浙江省领导,各省市协会名誉理事长,各级工艺美术大师代表和媒体等中方来宾500余人参加。

6月17日,2014世界工艺文化节筹委会第一次会议在东阳市大酒店举行。该次会议,表明2014世界工艺文化节筹备工作正式启动,同时也达成“2014世界工艺文化节由东阳主办”的协议。

7月中旬,成立2014世界工艺文化节组委会。组委会由世界手工艺理事会秘书处、中国工艺美术协会、浙江省人民政府、浙江省工艺美术协会、东阳市人民政府等相关单位组成。李铁映担任组委会名誉主任,国家相关部委、省市领导、各省名誉理事长、协会顾问担任顾问。组委会下设执委会,辖综合协调部、展览部、会议部、宣传部、后勤保障部、参观考察活动部8个工作部门。东阳建立相对应的工作领导机构。

着手中国木雕博物馆馆藏作品征集工作。2013年7月开始,成立作品征集小组,出台《中国木雕博物馆馆藏作品征集意见》,《意见》的主要内容包括征集原则、征集要求、征集途径和办法、征集政策等。

大幅度地开展特殊人才的选拔工作。为更好地保障2014世界工艺文化节的顺利进行,东阳市委、市政府特别选拔了大量包括外文翻译、志愿者、导游等人才,为国内外来宾的交流、餐饮、出行等方面提供服务。

提早做好2014世界工艺文化节的宣传工作。5月,由世界手工艺理事会秘书处牵头,国内著名广告企业负责拍摄完成的以中国木雕为主题的宣传片,国内外媒体的外宣工作也陆续展开。

8月19日至20日,“中国工艺美术学会木雕艺术专业委员会2013年下半年工作会议暨第八届中国(东阳)木雕竹编工艺美术博览会预备会”在东阳宾馆召开。王正明作现场动员邀请。

9月24日至28日,“世界木雕之都”评审会议召开。世界手工艺理事会主席王山、世界手工艺理事会亚太地区主席嘎达、世界手工艺理事会拉丁美洲主席阿尔贝托·德伯特拉扎、世界手工艺理事会北美洲主席辛迪·鲍登、联合国教科文组织前任文化官员因德森、世界手工艺理事会亚太地区副主席王良民、世界手工艺理事会秘书长陈敬、联合国教科文组织驻华代表处文化项目助理黄华等来自各洲的9位国际评审专家等参加。

9月25日,在东阳海天大酒店召开“世界手工艺理事会理事长工作会议”。26日,在东阳海天大酒店召开“世界木雕之都”评审工作汇报会。会后,考评组成员由王正明陪同实地考察中国木雕城、工艺精品馆、广厦学院、紫檀博物馆、卢宅肃雍堂、明堂红木、横店古民居等地。

27日，在海天大酒店召开“世界木雕之都”工作评审结果反馈会。王山代表世界手工艺理事会宣布评审结果，各位评审专家一致通过东阳为“世界木雕之都”的申报考评，并确定将考评结果上报世界手工艺理事会。而后世界手工艺理事会研究同意授予东阳市“世界木雕之都”称号。

2014年10月18日，2014世界工艺文化节开幕式上，全国人大常委会原副委员长、中国工艺美术协会名誉理事长李铁映代表世界手工艺理事会向东阳授予“世界木雕之都”牌匾。

建设中国木雕博物馆

2009年3月，市委、市政府根据市政协政东〔2009〕5号文件提出的将世贸城转型为工艺品专业市场的建议，做出决策：将东阳世界贸易城转型为中国木雕城，调整经营业态。这一决策得到省和国家工商部门的支持，在最短时间内审批了国字号市场的相关手续。

8月，第四届中国（东阳）木雕竹编工艺美术博览会前夕，东阳世贸城转型东阳中国木雕城。

2010年8月12日，市政协邀请中国工艺美术大师陆光正、冯文土、卢光华、吴初伟等人和有关部门举行建设“中国木雕博物馆”工作座谈会。探讨建设一座能全面反映东阳木雕的深远历史、地域文化、技艺特色、传承发展脉络和传世作品于一体的“中国木雕博物馆”的可行性。

2011年6月9日至11日，由中国工艺美术协会副理事长兼秘书长王山，浙江省工艺美术协会理事长吴祖熙，福建省工艺美术协会理事长陆开锦，广东省工艺美术协会理事长舒海波，清华大学美术学院副教授李鹤等14人组成的专家评审组就“中国木雕博物馆落户东阳”在东阳市木雕城举行评审活动。评审组认为，东阳已有全国唯一的、由政府办的市工艺精品馆，由此升格建设中国木雕博物馆是完全可行的，东阳已具备创建中国木雕博物馆的条件，专家们一致同意向中国工艺美术协会推荐。

6月16日，市人民政府与复星集团、阿里巴巴、富春控股、美特斯邦威、杉杉控股、新光控股、横店集团东磁股份等7家浙商企业在浙江省人民大会堂签署合作协议，政企双方联手打造全国最大的木雕文化博览城和中国木雕博物馆。省委常委、常务副省长陈敏尔、省人大常委会副主任厉志海等领导参加签约仪式。

2013年3月29日，中国木雕文化博览城开工。金华市委书记陈一新到场祝贺并宣布开工。

新建的中国木雕文化博览城属于东阳中国木雕城的二期项目，位于东阳江以南、世贸大道以北、昌盛路以东、麻车路以西区域。建成后的木雕文化博览城将是一个以中国木雕博物馆为核心，以木雕艺术文化为主题，以木雕作品创作、展示、交流、商贸等活动为载体，集特色建筑、文化、经济、商业、旅游、居住、会展等功能于一体的大型木雕、木文化产业综合体，最终形成集贸易会展、交易平台、产业投资、创意研发、休闲娱乐、观光旅游等为一体的东阳城市建筑新亮点。

6月18日，中国木雕博物馆展陈方案评审会在东阳市行政中心召开。

10月18日，中国木雕博物馆设计方案征求意见座谈会在市政府二楼中型会议室召开。深圳建筑设计研究总院有限公司介绍木雕博物馆室内装饰设计情况。杭州正野装饰设计有限公司介绍博物馆展陈空间设计情况。随后，与会代表提出具体的修改建议。

11月13日，中国木雕博物馆内部设计方案评审会在东阳市行政中心举行，原则通过评审。评审会上，深圳建筑设计研究总院有限公司设计师介绍中国木雕博物馆室内装饰设计情况，杭州典尚建筑装饰设计有限公司提交补充方案。与会人员一致通过深圳建筑设计研究总院有限公司提交的中国木雕博物馆内部设计方案。在确保中国木雕博物馆内部装饰所需资金的情况下，要建立中国木雕博物馆内部装饰大宗物品采购实行公开招投标制度和成立相应的工作班子和组织机构。

12月1日至30日期间，先后成立中国木雕博物馆建设工作领导小组，徐建华任组长，朱建军、王正明、郭慧强任副组长，下设办公室和土建工作组、装饰工作组、展陈工作组等"一办三组"。

11月至12月中旬，相继出台《中国木雕博物馆内部装饰工作总体要求》《中国木雕博物馆木雕创作实施方案》《中国木雕博物馆馆藏作品征集意见》《关于建立中国木雕博物馆内部装饰工程指挥部的通知》等文件，启动中国木雕博物馆内部装饰工作。

12月13日，中国木雕博物馆内部装饰工作动员大会在二楼中型会议室召开。

2014年1月10日，中国木雕博物馆内部装饰设计图稿初审在东阳宾馆6楼会议室举行。

3月6日，徐建华、王正明、李宝春、赵志强等市领导到东阳宾馆查看中国木雕博物馆内部装饰设计图稿。

3月7日，中国木雕博物馆内部装饰设计图稿第二次评审会在东阳宾馆举行，要求于3月15日之前完成修改并定稿。

8月28日，中国木雕博物馆馆藏作品捐赠仪式在中国木雕城一楼文化长廊举行，来自上海、云南、广东、江西、福建、台湾等全国各地的28位著名工艺大师和2名浙江广厦建设职业技术学院的学生向中国木雕博物馆捐赠工艺美术作品30件。

10月18日，2014世界工艺文化节、第十五届中国工艺美术大师作品暨国际艺术精品博览会、第九届中国（东阳）木雕竹编工艺美术博览会在东阳中国木雕城二期广场开幕。中国木雕博物馆正式开馆。李铁映宣布2014世界工艺文化节开幕。联合国教科文组织官员、世界手工艺理事会各洲地区分会负责人、各国工艺美术政府主管部门领导、国家有关部委领导、中国工艺美术协会名誉理事长及顾问、各省市区工艺美术协会名誉理事长、中国工艺美术协会相关领导、全国工艺美术大师、国外业内人士和外商、国内工艺美术企业和经销商代表等2000余位嘉宾参加工艺文化节和庆典活动。

第六章　提案工作

提案是政协委员和参加政协的各党派、人民团体以及政协专门委员会，向政协全体会议或者常务委员会会议提出的、经提案审查委员会或者提案委员会审查立案后，交承办单位办理的书面意见和建议。提案是履行人民政协职能的一个重要方式，是坚持和完善中国共产党领导的多党合作和政治协商制度的一种重要载体，是协助中国共产党和国家机关实现决策民主化、科学化的一条重要渠道。提案工作既是人民政协发挥政治协商、民主监督和参政议政"三大职能"最传统、最常见和最有制度保障的形式，也是政协委员参与度最广泛、运用最经常和最方便的形式。

政协提案工作分为处理和办理两个环节。提案的处理是指提案的审查情况和交办情况，即把提案作为立案处理还是来信处理；立案处理的是否已交付有关单位办理，来信处理的是否已转交有关单位参考。提案的办理是指承办单位对提案的研究、答复和落实情况，这项工作由承办单位完成。对提案做出认真的书面答复，对采纳的建议、意见予以落实。政协提案办理的原则是：认真负责，积极主动，实事求是，注重实效。具体要求：(1)凡应该而又有条件解决的，要集中力量迅速解决。(2)因条件所限，一时不能解决的，要订出规划，创造条件，逐步解决。(3)确实不可行的，要说明情由，解释清楚。(4)涉及几个部门或地区的，要会同有关单位协商解决。政协提案办理可采取多种方式，主要有书面答复、专题调查、协商座谈、通报情况、现场办理、"三见面"办案等。

东阳政协按照规定程序，组织征集提案，进行提案审查立案，确定承办单位，对提案办理情况开展检查和监督，推动承办单位办理落实提案，并逐步完善提案工作制度，在增加提案数量、提高提案质量和提高提案办理质量等方面，采取了多种措施。1956年11月县政协一届二次会议始有收到提案，并有提案审查意见的记载。后来，提案工作因形势变化出现过几次起落。1981年4月，五届一次会议恢复提案工作。1984年9月，六届一次会议发布委员提案注意事项，明确提案规范。1985年4月，六届二次会议首次作提案工作情况报告。1987年4月，七届一次会议大会秘书处发布关于提案填写的说明，明确提案填写的要求和注意事项，并提供提案参考提纲。

1995年开始优秀提案、提案积极分子评选活动（其中积极分子评选2004年终止）；1996年开始提案办理先进单位、先进个人评选活动。十届政协起，实施主席、副主席牵头督办重点提案。2001年3月召开的十届四次会议始，原由提案委员会作提案工作情况报告升级为由常委会作提案工作情况报告。2010年11月，首次对重点提案开展民主评议，建立由政协常委、提案委成员、提案领衔委员和相关专委会参加的若干评议小组，分类考核提出评议意见。2015年，开展“提案质量年”活动，强化对提案的引导和服务。

1994年4月，九届五次常委会议通过《政协东阳市委员会提案工作条例》，对提案委员会的产生、组成、职责等做出规定，对提案提出的资格、要求以及提案的审查和处理、办理等进行规范。1998年6月、2005年9月和2013年10月，先后对条例进行修订完善。

市政协十届期间，市政府办公室与市政协提案文史工委联合制订《委员提案办理须知》，明确系列提案办理的一系列工作程序，要求承办单位办复提案时必须坚持“二定三把关”（即确定专人负责，限定办理时间，答复初稿由领导把关，文字由办公室把关，答复文件审定由市分管领导把关），以保证办理工作质量。实施“二次反馈”制度，完善反馈督办机制。

2003年11月，市委、市政府转发市政协办公室《关于办理政协提案的意见》，在加强对提案办理工作的领导、明确提案办理工作程序、督促重点提案和集体提案的办理、推荐优秀提案及办理工作的总结考核等方面做出规定，促进政协提案办理工作的规范化、制度化、程序化，提高提案办理工作质量。

2004年12月，中共东阳市委印发《关于加强和改善党的领导支持人民政协履行职能制度化、规范化和程序化建设的若干意见》，对提案办理工作提出要求：“对委员提案要认真办理，重抓落实，在三个月内做出书面答复，并加强督查，纳入考核。对政协确定的重点提案，应由市委、市政府分管领导牵头办理。政府领导每年要向政协常委会议通报提案办理落实情况。”当年，提案办理工作被列为市委、市政府机关效能建设考核内容之一。

十二届政协建立和完善“两会五定”工作制度，即提案审查会、提案交办会，定分管领导、定承办单位、定办理标准、定办结期限、定工作责任，增强提案工作的科学性、有序性。

东阳市（县）政协落实提案办理的新思维、新途径：开展“三见面”提案办理协商座谈会，架设委员与党政部门联系的桥梁；提案工作与评比表彰结合，提高提案工作的积极性；提案工作与撰写建议案结合，强化参政议政力度。建立市委、市政府领导领办，市政协主席、副主席督办的重点提案高层运作机制；推行办前、办中、办后“三走访”办理提案模式，使承办单位与委员之间“文来文往”变为“人来人往”；改变市政协单独督办为与市人大办、市府办联合督办，联合走访检查，联合评先表彰；在报纸、电视等主流媒体上开辟提案专栏，变提案内部办理为公开办理，接受社会监督。

东阳市（县）政协多次在金华市政协提案工作会议上交流经验。2009年11月24日，在宁波召开的全省政协提案工作经验交流会上，东阳市政协作题为《多方互动，实现提案办理的共赢》的交流发言。

通过编辑出版《大会专刊》《优秀提案选编》和提供学习资料等方式，做好内部宣传工作；注重提案价值开发利用，编印《提案综述》送市级领导及相关部门作决策施政参考。在省政协《提案通信》《金华政协》《东阳政协》等刊物上刊登重要提案及提案有关工作的报道，在市政府门户网站、《东阳日报》、东阳电视台开设“政协提案”专栏和《政协视点》《政协视线》专栏，宣传提案形成过程和办理成效，扩大提案工作的社会影响力。

自1956年第一届政协至2016年第十三届政协，共收到以提案形式提出的意见和建议

7999件，其中立案7857件。大部分提案被党政有关部门采纳或基本采纳，收到明显的社会效益和经济效益。

第一节　组织机构

提案审查委员会

县政协一届三次会议设立提案审查委员会，对提案进行审查，作《提案审查情况报告》。经审议通过后，形成《提案审查报告的决议》。提案交由常务委员会研究处理。

第二至五届县政协各次全体会议和六届一次全体会议的预备会议上，通过提案审查委员会成员名单。会议期间，提案审查委员会对提案进行审查，形成《提案审查报告（草案）》。委员分组讨论《提案审查报告（草案）》，闭幕式上审议通过《提案审查委员会关于提案的审查报告》。

第七届政协始，每届政协第一次全体会议成立提案审查委员会，由主任、副主任和委员若干人组成。提案审查委员会负责第一次全体会议期间提案审查立案工作，并向全体会议报告提案审查情况。其他各次会议的提案审查等相关工作由提案（工作）委员会负责。

提案（工作）委员会

1985年4月，县政协六届五次常委会议决定设立提案工作委员会，作为本届政协提案工作的常设机构，办理提案工作的日常事务。第七届政协设立提案工作委员会。1990年4月，县政协八届一次常委会议决定设立提案委员会。此后，每届政协均设立提案委员会。提案委员会组成人员的调整，依据《组织简则》有关规定办理。提案委员会在常务委员会和主席会议领导下，负责提案工作。提案委员会由主任、副主任和委员若干人组成，主任由市政协副主席兼任。

提案委员会初期的工作职责与提案审查委员会相同。1994年4月，九届五次常委会议通过《提案工作条例》。

1998年、2005年和2013年先后对《提案工作条例》进行修订，明确提案委员会的主要职责：(1)起草常务委员会关于提案工作情况的报告，向政协全体会议报告提案审查情况，向政协常务委员会会议、主席会议报告工作；(2)制订全体会议期间提案工作方案和提案委员会年度工作计划；(3)依照本条例的规定，组织征集提案；(4)对收到的意见和建议审查立案，协商确定承办单位；(5)对提案办理工作进行检查和督促，对办理不符合要求的，及时商请承办单位重新办理；(6)对提案进行综合分析，采取多种形式反映重要意见、建议；(7)组织重点提案的遴选与督办；(8)组织提案工作的宣传报道，逐步推动提案工作公开化；

(9)加强与市委办公室、市人大常委会办公室、市人民政府办公室以及各承办单位的联系；(10)加强与市政协委员和各民主党派、有关人民团体以及市政协其他专门委员会、界别和界别活动组的联系与协作；(11)接受上级政协提案委员会的工作指导，加强与各县(市、区)政协提案委员会的联系，互通情况，交流经验，指导工作。

提案委员会一般每季度召开一次会议，研究提案的立案审查、交办、督办、评比等各项工作，推动提案工作顺利开展。

提案与委员工作委员会(提案文史工作委员会)

1998年6月，市政协机关内设提案文史工作委员会，为正科级机构，具体负责提案日常工作。2002年6月，提案文史工作委员会更名为提案文史工作委员会办公室。2014年12月，按照金华市政协的要求，东阳市政协机关内设机构与职能进行调整整合，提案文史工作委员会办公室调整为提案与委员工作委员会(下设提案工作科、委员管理科)，同时设立教育文化体育与文史资料工作委员会。

提案与委员工作委员会〔提案文史工作委员会(办公室)〕有关提案工作的职能：(1)研究制订每年政协全会期间和全年的提案工作方案，做好会前提案准备工作和会后的提案归类整理、宣传和总结工作。(2)为委员知情出力，撰写提案和意见建议，做好考察、调研等活动的组织实施工作。(3)对委员提案进行初审，确定承办单位，做好提案交办工作。并对提案办理情况进行检查督促，抓好落实。(4)根据常委会、主席会议及提案委员会确定的重点提案组织专题调研，负责撰写建议案或调查报告。(5)负责起草向常委会和全体会议提出的提案工作报告和提案审查报告。(6)负责本委的工作计划、总结、报告等的起草及文书档案的归档工作。归纳起来，日常工作主要围绕提高提案质量和提高提案办理质量，做好各项服务工作。

一是组织高质量的提案。提案与委员工作委员会(提案文史工作委员会)设立后，每年将党委、政府工作的重点、党政部门工作的难点、社会群众关注的热点进行综合归纳，形成《提案参考目录》，随同提案准备通知和优秀提案范例一起寄送给委员，便于委员有针对性地提出提案。同时，通过政情通报、专题调研、实地视察、对口联系和界别活动，帮助委员知情参政，将有价值的调研课题、视察成果和社情民意转化为政协提案。为引导委员多提提案、提好提案，1995年起，开展优秀提案和提案积极分子评比表彰活动，随着委员素质和提案积极性的提高，2004年起取消以提案数量为标准的积极分子评选，突出对提案质量的要求。自2003年起，每次政协全会前，在《东阳日报》上向社会征集提案线索，实现提案工作重心前移，全会前1个月，召开召集人会议布置提案征集工作，提倡提案“四早”(早调研、早沟通、早撰写、早提交)工作法。2010年十二届四次会议始，倡导委员网上交提案；十三届一次会议后，倡导委员会前交提案，规范提案行文，提高提案质量。

二是做好提案督办工作。提案与委员工作委员会(提案文史工作委员会)采取多种办法，促进承办单位办好提案。除建立各项规章制度规范办理程序外，还对承办提案数量较多的重点单位，建立提案人、提案委员会与承办单位的三方协调办理机制，采用召开“三见面”面商座谈会的形式落实委员提案；重点提案实行主席督办、常委会督办方式。同时，通过信函、电话、上门催办、督办等方式，组织对提案办理“回头看”，促进提案答复的落实；对委员表示不满意的提案答复，进行多方协调，有的重新办理，有的再次与委员沟通，有的增加承办单位。2015年始，提案反馈改由提案与委员工委向委员发放《提案办理情况征询意见表》。开展提案办理先进单位、先进个人评选活动。

第二节　提案处理

一届二次会议收到提案28件，随着委员素质和参政议政热情的提高，提案数量增加到每年300件左右，内容涉及经济建设、城建管理、文教卫生、社会政治等多个方面。每次政协全会期间，大会秘书处设有提案组，对收到的意见和建议进行初审，然后提交提案委员会会议审查。提案审查是对委员和政协组成单位提出的建议、意见，按照提案要求确定立案或不立案的行为。凡符合立案标准的，即可立案，并确定承办单位；对不立案的意见和建议，及时说明原因，取得理解，并根据不同情况作适当处理；对部分可以通过政协其他参政议政方式反映的，在征得提案者同意后及时转送处理。

第一届委员会

1956年3月，一届一次会议未开展提案工作。

1956年11月，一届二次会议收到提案28件，会议通过提案审查意见。其中文教卫的10件，巩固和提高集体经济的7件，培育茶园的1件，兴修水库的1件，加强冬季护畜的1件，解决猪饲料的2件，交通建设的3件，手工业领导管理的2件，公私共事的2件，宗教工作的1件，治安保卫的1件，政协工作的1件，其他方面的1件。

提案处理意见：全部移交常务委员会研究处理；其中有关政协工作的由常务委员会审核办理，需要由国家机关办理的，由常务委员会建议东阳县人民委员会与有关单位去处理或参考。提案的处理结果除由常务委员会随时通知原提案人外，于下次全体会议上提出报告。

1957年5月，一届三次会议收到提案32件，其中文教卫的12件，交通建设的2件，农林方面的4件，农业合作社方面的2件，粮食方面的5件，工商业改造方面的4件，肃反、治安方面的2件，其他方面的1件。提案审查委员会对全部提案做了审查和研究，提出处理意见：提案内容属于国家机关工作方面的，由常务委员会建议东阳县人民委员会研究处理；其他方面的，由常务委员会联系有关方面协商处理。提案的处理结果由常务委员会随时通知原提案人，并将处理情况列入年度工作报告。

第二届委员会

1959年12月,二届一次会议收到提案23件。

第三、四届委员会

资料缺佚。

第五届委员会

1981年4月,五届一次会议收到提案149件,其中工业交通方面的6件,农林水电方面的11件,工商行政管理方面的3件,科技方面的12件,文教方面的27件,卫生、妇幼、环境保护方面的18件,青少年教育方面的5件,组织、人事方面的4件,政法方面的7件,计划、劳动、城镇建设方面的28件,侨务、宗教、统战等方面的15件,其他方面的13件。

1982年6月,五届二次会议收到提案132件,其中工业交通方面的16件,农林水方面的17件,财政贸易方面的8件,科学文化教育方面的23件,计划生育、医药卫生方面的10件,城镇建设方面的15件,落实政策方面的23件,统战工作方面的9件,政法方面的5件,其他方面的6件。提案大部分内容是关系到党和政府的方针政策的贯彻落实、四化建设的速度以及人民群众迫切要求解决的一些重要问题。

1983年3月,五届三次会议收到提案88件,其中工业方面的3件,交通方面的13件,城镇建设方面的5件,财贸方面的13件,科技方面的2件,教育方面的10件,卫生方面的10件,文化、体育方面的6件,政法方面的3件,劳动人事方面的5件,统战工作方面的1件,其他方面的17件。会后收到提案1件,计89件。提案内容主要是对全县各项工作和物质、精神文明建设及各项改革的建议和意见。

提案审查委员会对列次会议的提案进行分析研究,逐案讨论,提出审查意见:党和政府已有政策明文规定而且可能办理的,请有关部门从速办理;应当办理但需要作通盘考虑后才能办理的,交有关部门抓紧研究切实办理;需要经过调查研究才能办理的,交有关部门调查研究后酌情办理;确实难于办理的,请有关部门按政策规定做好解释工作。

第六届委员会

1984年9月,六届一次会议收到提案128件,其中落实政策方面的25件,工业方面的2件,交通方面的15件,农林水方面的12件,财政贸易方面的7件,科技方面的4件,文化教育方面的29件,医药环境卫生方面的17件,城镇建设方面的8件,其他方面的9件。提案的内容广泛,围绕经济建设,着重对城镇建设、智力投资、人才开发及关系人民群众切身利益的大事提出意见。

1985年4月，六届二次会议收到提案108件，其中工业方面的4件，农林水的4件，财政贸易的11件，交通邮电的9件，文化教育的32件，医药卫生的13件，城镇建设的7件，落实政策的19件，其他的9件。会后收到提案23件，计131件。

1985年8月，六届三次会议主要任务是协商县长人选，推荐金华市第一届政协委员，增选县政协副主席。

1986年3月，六届四次会议收到提案109件，其中农林水11件，工业交通能源15件，财政贸易10件，文化教育体育18件，医药卫生5件，城乡建设环境保护14件，公安司法2件，加强思想政治教育和组织建设7件，劳动人事5件，落实政策12件，其他方面10件。

六届一次会议提案由提案审查委员会进行审查，六届二次会议和六届三次会议的提案由提案工作委员会进行审查。提案审查委员会和提案工作委员会将提案送交县委、县政府有关部门研究办理。建议有关单位分轻重缓急，按先易后难的原则，对有条件办理的，应从速办理；条件有限、一时难以办理的，应创造条件逐步办理；情况与政策不符、不能办理的，应做出情况说明和政策解释。要求所有提案在年内办理完毕，将办理结果抄送县政协秘书处和答复提案人。

第七届委员会

1987年4月，七届一次会议收到提案134件，其中工业方面4件，农林水14件，财贸、财政金融5件，交通、能源12件，科技、文化、教育31件，医药卫生、体育15件，城乡建设、环境保护24件，政法工作3件，劳动人事5件，落实政策4件，人民生活福利4件，改进领导机关工作作风3件，其他方面10件。会后收到提案1件，计135件。

1988年4月，七届二次会议收到提案133件，工作组（专门委员会）议案3件。133件提案中，经济建设方面的80件，占60.2%；文化、教育、科技、卫生等社会事业方面24件，占18%；统战、政协、法律、人事、政策方面27件，占20.3%；其他方面2件，占1.5%。3件组（委）议案就乡镇企业的经济效益、改善县城自来水水质、养猪生产等问题提出具体意见和建议。

1989年4月，七届三次会议收到意见和建议106件，经审查立案100件，作来信处理6件。组（委）议案2件。提案中，经济建设方面34件，占32%；教育、科技、文化、卫生、环境保护等项社会事业方面39件，占37%；民主政治建设、统战、法制、人事、政策等方面24件，占22%；其他方面3件。组（委）的2件议案，就争取1989年农业丰收，扭转粮食连年滑坡的问题和端正办学方向，加快教育改革问题，提出意见和建议。会后收到提案5件，计105件。该次会议的提案和议案，贯彻“治理、整顿、改革”的方针，内容丰富，涉及面广，针对性强，有一定的深度，反映了各界人士的呼声和要求。

提案工作委员会根据要求和提案内容确定提案承办单位，建议县（市）委、县（市）政府及承办单位有一位领导分管、有一名干部具体办理，明确职责，落实措施，使委员提案和议案件件落到实处，以充分发挥委员的参政议政、民主监督作用。

第八届委员会

1990年4月，八届一次会议收到意见和建议159件。经审查立案156件，作来信处理3件。在156件提案中，经济建设方面68件，占43.58%；科技教育、文化体育、医药卫生等有关社会事业方面41件，占26.28%；统战、政策、政治、法律、劳动人事等方面45件，占28.84%；其他方面的2件。提案既有政策方面的建议，又有急需解决的实际问题。会后收到提案2件，计158件。

1991年4月，八届二次会议收到意见和建议147件。经审查立案145件，作来信处理2件。提案中，经济建设方面38件；有关科技教育、文化体育、医药卫生等社会发展事业方面78件；劳动人事、政治法律、统战政策方面27件；廉政建设方面2件。提出提案的委员计517人次。提案按照东阳市国民经济和社会发展十年规划和"八五"计划的纲要精神，贯彻治理整顿和深化改革开放的方针，对加强农业、基础工业和城市基础设施、教育和科技方面提出意见和建议；对勤政廉政、惩治腐败，转变机关工作作风，密切与群众的联系方面也提出一些意见。会后收到提案3件，计148件。

1992年4月，八届三次会议收到意见和建议140件，其中，以党派、团体名义提出的意见与建议4件。经审查，立案136件，作来信处理4件。提案中，经济建设28件；科技、教育、文化、医卫、体育等方面47件；城镇建设方面17件；政治法律、劳动人事、政协统战、祖国统一工作方面36件；廉政建设方面3件；其他方面5件。提出提案的委员计396人次。在经济建设方面，提出要加快改革开放的步伐，进一步发展乡镇企业，使之成为全市经济的重要支柱。在农业生产方面，既要珍惜土地，提高土地的利用率，又要依靠科技兴农，理顺农业服务体系，做到农、林、牧、副、渔各业并举。建议市委、市政府领导要解放思想，敢于承担风险，加快改革的步伐，多办、办好"三资"企业，发展外向型经济；要发挥东阳传统的建筑、工艺美术等优势，外求开拓，内求发展，争取上一个新台阶。建议发挥东阳市社会闲散资金多、银行存款多的有利条件，积极融通资金，使死资金变成活资金，促进社会生产力的发展。在科技、教育、文化、体育、医药卫生和精神文明建设方面，提出应该充分发挥东阳人才优势，使人尽其才，为科技人员、各方面的拔尖人才解决一些实际问题，排除后顾之忧。市委、市政府应该重视分配回乡的大中专毕业生的培养。建议科委、科协要成立科技信息咨询服务部，加强工农业的科学研究。玉米研究所作为全市唯一的省级研究机构，市委、市政府应该予以足够的重视。教育应该更上层楼，要普及好九年制义务教育，兴办职业技术教育，创办吴宁镇第五小学，保证山区教师的编制，为山区教师排难解忧。加紧落实市图书馆建设。提高饮用水的水质，加强防疫工作。城镇建设方面，提出整顿市容，抓紧西街、西门街、吴宁中路的整治拓宽，卢宅交叉口的安全岛创设，开辟2路公共汽车线，改装地下电缆，加强花木管理，拆建拓展黉门前广场等建议。政协统战工作方面，提出要重视发挥全市华侨侨眷和有"三胞"关系的民主党派成员的优势，为侨眷多解决点问题，如增加侨汇"农转非"指标、落实好工商联的房产问题。在廉政建设方面，要求制止用公款请客送礼，反对大吃大喝，纠正集资建房中的不正之风。

提案委员会根据要求和提案内容确定承办单位。按照归口办理的原则,提案委员会参加市人大办公室、市政府办公室、市政协秘书处联合召开的提案交办会,布置有关承办事宜。对提案办理情况,发出征询意见表,及时反馈,协助和督促承办单位提高办案质量。

第九届委员会

1993年4月,九届一次会议收到建议和意见100件。经审查立案99件,作来信处理1件。99件提案中,经济建设方面34件,占34.4%;科技、教育、文化、体育、医药卫生方面30件,占30.2%;统战、政策、政治、法律、劳动人事等方面23件,占23.2%;其他方面12件,占12.2%。会后收到提案4件,计103件。

1994年4月,九届二次会议收到建议和意见142件。经审查立案139件,其中团体提案2件,参与提案的委员427人次。经分类,工业交通方面18件,金融财贸方面14件,城建环保方面27件,邮电10件,农业,林业,水利方面5件,科技方面2件,教育方面18件,文化体育方面12件,医药卫生方面1件,劳动人事方面14件,政协统战方面3件,政法方面11件,精神文明建设3件,其他方面1件。委员对群众普遍关心的"热点"问题如农业、物价、反腐倡廉、社会治安、教育等方面提出不少意见、建议。

1995年3月,九届三次会议收到意见和建议l68件。经审查立案166件,其中党派团体提案11件,参与提案的委员615人次。经分类,工业交通方面12件,占7.2%;金融财贸方面18件,占10.9%;城建环保方面44件,占26.7 %;农业、林业、水利方面9件,占5.5%;科技方面2件,占1.2%;文化体育方面8件,占4.8%;教育方面20件,占12.1%;医药卫生方面5件,占3%;劳动人事方面13件,占7.8%;政协统战方面3件,占1.8%;供电、邮电方面6件,占3.6%;政法及其他方面26件,占15.2%。在经济建设方面,主要是加强农业基础地位,增加农业投入,保证农资供应,推广粮田适度规模经营;深化国有企业改革,扶持亏损企业,扭亏为盈,加强国有资产管理和外资引进,提高经济增长质量和效益;加强交通建设;建立花卉、家具等各类专业市场。由于经济的快速发展,工业污染日趋严重,城镇建设与之不相适应的问题日益突出,因此,加快城镇建设和环保事业,成为该次会议提案关注的热点。在精神文明建设方面,要增加对教育、科技文化事业的投入,在城区禁止燃放烟花爆竹,加快科技教育、卫生体育事业的发展和改革。会后收到提案2件,计168件。

1996年3月,九届四次会议收到意见和建议205件。经审查立案203件,作来信处理2件。提案中党派团体提案16件,提出提案的委员计813人次。经分类,工业交通方面19件,占9.4%;金融财贸方面18件,占8.9%;城建环保方面60件,占29.5%;农业、林业、水利方面17件,占8.4%;科技方面1件,占0.4%;教育文体方面24件,占11.8%;邮电方面4件,占1.9%;医药卫生方面7件;占3.4%;劳动人事方面5件,占2.5%;政协统战方面5件,占2.5%;政法方面35件,占17.2%;其他方面8件,占3.9%。参加政协的各党派、团体和政协委员围绕东阳市1995年的四项重点工作和28件大事以及社会热点问题建言献策、参政议政。在经济建设方面,主要是兴修水利,推广案卢经验,粮田适度规模经营;增加自营进出口,提高经济增长质量和效益;加强基础设施和交通建设。在精神文明方面,加快科技教育卫生事业的发展;公众场合禁止吸烟,禁止赌博,打击流氓势力,确保社会安定。在政协统战方面,要求加强和完善中国共产党领导的多党合作和政治协商制度,加强政协和各民主党派自身建设等。会后收到提案2件,计205件。

1997年3月,九届五次会议收到意见和建议192件。经审查立案190件,作来信处理2件。其中党派、团体、界别提案12件,提出提案委员计562人次。提案中,工业交通、邮电方面16件,占8.4%;城建环保方面39件,占20.3%;金融财贸方面8件,占4.2%;农业、林业、水利方面11件,占5.8%;教育、文化、卫生、体育、广播电视、科技方面51件,占26.8%;工商、物价方面10件,占5.3%;劳动人事方面11件,占5.8%;民政、社会保障方面4件,占2%;党风廉政建设方面6件,占3.2%;政法方面25件,占13.2%;政协统战及其他方面9件,占4.7%。该次会议提案围绕经济建设中心,针对国有、集体大多数企业生产经营不景气、亏损面增大问题,建议市委、市政府加大改革力度和步伐,做好国有、集体企业领导班子的考核、考查工作,切实解决"穷庙富方丈"等腐败问题。针对农业、农村工作,建议市委、市政府多方筹资增加农业投入,推广适用的农业科学技术,实施绿色致富工程,加强现代农业示范园区建设,扶持种粮大户,推进农村经济稳步发展。城建环保仍是提案关注的焦点。这类提案有39件。近年来,东阳市的城乡建设日新月异,面貌大变,委员表示基本满意。但城市细部规划跟不上,居民区噪声、东阳江和南江"两江"污染严重、物业管理滞后,建议下大力解决好。对社会治安的意见较为集中。建议市委、市政府采取切实有效的措施,加大对社会流氓恶势力的打击力度,确保人民群众的生命财产安全。要严厉打击聚众赌博,刹住赌博风,促进社会治安的根本好转。一些提案关注教育事业。要高标准普及九年制义务教育,加强学生的素质教育,拓宽办学渠道,鼓励社会力量办学,"公办""民办"一起上,提高高中段教育的入学率。要增加教育投入,改善办学条件,稳定教师队伍,使教师集中精力搞好教学,建议取消教师可辅带学生的规定,切实解决好学校"乱收费""乱集资"问题。

提案委员会对历次会议提案进行梳理、总结、归类,确定承办单位。每年政协全会结束后,市委、市政府及时召开提案交办会议,主要领导与会,布置任务,提出要求,落实承办单位,统一办复时间。

第十届委员会

1998年3月,十届一次会议收到意见和建议229件。经审查立案228件,作来信处理1件。其中,党派团体提案14件,委员参与率为90.7%。提案中,有关工业交通方面31件,占13.6%;金融财贸方面26件,占11.4%;城建环保方面52件,占22.8%;农林水方面14件,占6.14%;科技方面4件,占1.75%;教育方面29件,占12.7%;文化体育方面10件,占4.38%;医药卫生方面12件,占26%;劳动人事方面23件,占10.08%;政协统战方面2件,占0.87%;政法、反腐倡廉及其他方面25件,占10.96%。改革开放和经济建设方面的有稳定农业基础地位,加强土地管理,推进农业产业化,保持农业生产稳定增长,抓好"菜篮子""米袋子"工程，争创全省农业先进县市；加快经济结构调整和企业改革，深化以产权制度改革为主线的改制转机工作，重视经营者的选拔任用；支持、引导个体、私营等非公有制经济的发展；发挥优势，扩大开放，积极培育优势企业，扶持"小巨人企业"，重视"知识经济型企业"；培育、发展市场；加强基础设施建设，其中关于振兴路铁棚子的拆迁提案有5件；优化东阳市投资环境，集中精力主攻二产，兴工强市，发展旅游业，培育新的经济增长点等。精神文明和民主法制建设方面的主要有争创全国卫生城市；重视素质教育，加强思想道德教育；加强社会治安综合治理，加强外来人口管理，保持社会稳定；加强中国共产党的建设，反腐倡廉，提高干部素质；实行依法治市，推进民主政治建设；加强政法队伍建设，树立良好的公安干警形象等。统战和劳动人事方面的有发挥民主党派的积极作用，注重工商联在发展经济中的纽带作用；加强干部管理；推行再就业工程，为下岗职工排忧解难；建立健全社会保障体系。会后收到提案13件，计241件。

1999年4月，十届二次会议收到意见和建议222件，经审查立案222件。其中党派团体提案26件，委员个人或联名提出的提案194件，领衔委员102人，参与委员508人次。提案中，有关经济建设的55件，占24.8%；内容有加快企业改制和经济结构调整步伐，扶持私营企业上规模，加大新产品科技投入力度，加快信息化进程，健全气象、水文、防汛服务体系，建立中小企业担保公司，分类扶持和处理解困企业，提高农民种粮效益，优化投资环境、正确处理经济发展与税收关系，重视旅游、影视产业发展。城建环保方面79件，占35.5%，主要内容有加大园林绿化工作力度，做好东溪、西溪改造和排污工程建设，加快旧城改造，开辟城市绿化和停车场所，化工区易地建设和农村污染源整治，垃圾废料的再利用与深加工，依法查处违法用地，建立闲置厂房、土地信息库，规划建设防空地下设施等。科教文卫体方面35件，占15.8%，内容有争创教育强市，做好学校布局调整，提高办学效益，重视培育教育产业，加强教育附加费管理和文物保护管理；政法、统战方面17件，占7.6%，内容有推进民主政治建设，实行村民自治等；其他方面36件，占16.3%。会后收到提案9件，计231件。

2000年4月，十届三次会议收到意见和建议236件，经审查，立为提案234件，作来信处理2件。其中党派团体提案36件。经分类，经济建设方面138件，占59%；科教文卫体方面54件，占23%；政法、统战、劳动人事等方面42件，占18%。加快经济建设和城市化建设方面的主要内容：加强农业社会化服务体系，发展山区经济，重视外向型经济和企业改制工作，做好化工、服装园区和工艺美术品市场建设，加快江北开发，完善旧城改造，增添城市卫生设施，整顿交通秩序，重视蔬菜基地建设，加强农村环境整治、水资源保护和沙料资源管理等。发展科教文卫体事业方面的主要有重视科普宣传，减轻学生负担，关心青少年健康成长，建立职教中心；稳定教师队伍，加快普及高中和高等教育发展，推进教育现代化，重视文化市场建设和管理，开展全民读书活动等。政法、统战、劳动人事等方面的主要有强化监督机制，加大反腐败力度，加强个私企业党员管理，重视台、侨、宗教工作，理顺居委会管理体制，优化人才引进机制，加强外来民工和社会治安管理，保护职工合法权益等。会后收到提案7件，计241件。

2001年3月，十届四次会议收到意见和建议260件。经审查立案257件，作来信处理3件，其中党派团体提案34件。领衔提案委员171人，占委员总数的70.4%，参与委员273人次。有关经济建设和城市化建设方面的提案161件，占62.6%。主要内容：加快梓溪水库建设；注意防范粮食风险，增加农民收入；重视上市企业推荐工作和企业改制后的衔接工作；加大民营企业支持力度；优化投资环境，加强与纳税人的联系；加强东阳木雕宣传；促进建筑业发展；做强做大服装企业；改善交通基础设施；实施城市化战略；加快江北新区建设；抓好旧城改造，完善城市功能；抓好撤村建居工作，推行社区管理模式；加大城区市容环境整治力度，实施城市综合执法管理；保护生态资源和水资源，净化生存环境；适时进行行政区域调整等。有关发展科教文卫体事业方面的提案57件，占22.2%。主要内容：加强农业技术培训，建立科研基地，发挥人才优势；增添山区学校现代化教学设施，重视职业技术教育；制止无证开办幼儿园，规范家教管理；振兴婺剧"小百花"；办好信息传媒，加强网吧管理，营造一个良好的青少年成长环境；提高医疗收费透明度等。有关政协统战工作和劳动人事、民主法制等方面的提案39件，占15.2%。主要内容：重视组织委员开展活动；扩大涉台交流联谊；加大干部监督力度；加强行政事业单位固定资产和预算外资金管理；严格建设工程招投标管理；重视企业工会建设；完善社会保障制度，关心老年人生活；规范劳务市场，加强外来人员管理；维护宗教团体的合法权益；推行殡葬改革等。会后收到提案6件，计263件。

2002年1月，十届五次会议收到意见和建议243件。经审查立案235件，作来信处理8件。参与提案委员计710人次，党派团体提案17件。其中经济建设和城市建设方面105件，占44.7%；科教文卫体方面47件，占20%；政协统战工作和劳动人事、民主法制及其他方面83件，占35.3%。经济建设和城市建设方面的主要内容：完善基础设施，优化投资环境；加大招商引资力度，吸引更多客商到东阳投资兴业；加大对中小企业的扶持力度，关心改制企业的生存发展，夯实东阳市的工业基础；做好回归企业和入园企业的发展文章，增强东阳市工业的发展后劲。发展特色农业、林业；整治水利设施；继续做好"百家扶百村"工作；加快江北开发，抓好旧城改造，加快重点工程建设，加大城市管理力度，整治环境；加强交通基础设施建设，重视市政基础设施的保护，规范新建小区建设，加快城市化进程，完善配套措施；发展旅游事业，使之成为东阳经济新的增长点，加快城乡用电同网同价进程；加快推行城区自来水"一户一表"等。科教文卫体方面的主要内容：重视人才的引进和培养，建立人才库；实施教育信息化；加强对各级各类学校的分类指导；推行素质教育；加强师资力量的培养和教育；建立医疗保障体系，减轻病人负担；改善农村环境卫生条件；做好文物保护工作等。政协统战、劳动人事和民主法制建设及其他方面的主要内容：加强社会信用体系建设，建设"信用东阳"；改进各级政府工作作风；推行预算外资金"四统一"管理，调整部门利益分配；做好农村合作基金会遗留问题的处理；健全村级财务管理制度，做好"两公开一监督"；理顺劳动关系，完善社区建设；重视宗教事务的协调和处理；关注弱势群体利益，严厉打击社会恶势力，维护社会安定团结等。提案对建设信用东阳，加快城市化发展战略，加大招商引资力度，促进农业增效、农民增收等方面予以较多的关注。

提案委员会对历次会议的提案逐件审查，根据提案内容和有关单位的职责，确定承办单位。选择部分重要提案在《东阳政务信息》刊登，供市级领导参阅。大会后，市政协办公室与人大办、市府办联合召开提案交办会议，将提案落实到市委、市政府的有关职能部门办理。

第十一届委员会

2003年3月，十一届一次会议收到意见和建议309件。经审查立案303件，作来信处理6件。参与提案委员1103人次，党派团体提案25件。有关经济建设和城市建设方面163件，占53.8%，主要内容：加大对民营企业的扶持力度；改善投资环境，加大招商引资力度；加强绿色经济的开发，发展特色农业；强化产业支撑，加速产业和人口向城镇集聚；深化完善城乡一体化规划；做好拆迁工作，加快拆迁区回建和安置小区建设；抓好新老城区过渡带的规划建设和管理工作；做好工艺美术品市场建设；加大城市管理力度，重视市政基础设施的保护；提高"建筑之乡"的建筑品位；做大做优旅游业。有关科教文卫体方面87件，占28.7%，主要内容：深化教育改革，推进素质教育；优化资源配置，打响东阳教育品牌；深化卫生医疗事业改革，提高农村医疗保险水平；做好"卢宅保护规划"，做好文物保护工作等。有关政协统战、劳动人事和民主法制等方面53件，占17.5%，主要内容：强化政府信用，建设"信用东阳"；改进政府工作作风，建设一支高素质的干部队伍；合理调整部门利益分配；加强街道社区建设；理顺劳动关系，维护外来民工合法权益；关注困难群众利益等。会后收到提案8件，计311件。

2004年3月，十一届二次会议收到意见和建议321件。经审查立案316件，作来信处理5件。参与提案委员1089人次，团体提案40件。有关经济建设和城乡建设方面178件，占56.3%，主要内容：科学调度，保障居民生活用电；加快电力建设，缓解能源供应紧张状况；加大对民营企业的扶持力度；改善投资环境，提高招商引资质量；保证城乡居民饮用水安全；加快建设先进制造业基地，提升产业竞争力；深化完善城乡一体化规划，加快行政村撤并；做好依法拆迁，加快旧城改造；加大城市管理力度，重视市政基础设施的保护；做大做优旅游业；加快交通基础设施建设等。有关科教文卫体方面64件，占20.3%，主要内容：深化教育改革，推进素质教育，减轻学生负担；加强食品卫生监督，确保农产品、食品卫生安全；深化卫生体制改革，建立和完善新型农村合作医疗制度等。有关政协统战、劳动人事和民主法制等方面74件，占23.4%，主要内容：重视发挥行业协会、商会等社会中介组织的作用；加强机关效能建设，改进机关工作作风；加快公车改革，促进廉政建设。加强街道社区建设；理顺劳动关系，维护外来民工合法权益；落实宗教政策等。会后收到提案6件，计322件。

2005年3月，十一届三次会议收到意见和建议303件。经审查立案296件，作来信处理7件。团体提案23件。有关经济建设和城市建设方面168件，占52.6%，主要内容：重视农业基础设施投入，发展高效生态农业；优化产业结构，打造先进制造业基地；加强资源综合开发利用，缓解电力、土地等要素制约；利用义乌优势，加快对接合作、联动发展；开发"东阳人经济”，做好“反哺”东阳经济文章；做大做强旅游业，打造中国影视城；重视城市规划编制与管理，提升城市绿化美化文化品位；强化城市功能，提高城市管理水平；实施红椿巷区域旧城改造；加快停车场建设，解决停车难问题；重视中心镇、中心村规划建设，抓好高速公路沿线旧村改造；整治农村环境卫生；加快农村饮用水工程建设等。有关科教文卫体方面84件，占26.3%，主要内容：整合现有教育资源，科学规划学校布局；规范教育行为，减轻学生课业负担；完善文化休闲设施，丰富群众性文化体育活动；健全多层次医疗保障体系，建立完善社会医疗救助制度；加大食品监管力度，构筑食品安全防线等。有关政协统战、劳动人事和民主法制等方面68件，占21.1%，主要内容：做好社会保障工作，保护外来员工合法权益；实施农村劳动力培训；打造“平安东阳”；加强效能与廉政建设等。提案中，委员对落实科学发展观、构建和谐社会所涉及的合理利用资源，保护生态环境，确保经济快速可持续发展；重视“三农”，促进城乡协调发展；关注弱势群体，完善社会保障体系等方面，予以较多的关注。会后收到提案24件，计320件。

2006年3月，十一届四次会议收到意见和建议309件。经审查立案的306件，作来信处理3件。其中党派团体提案18件。有关经济建设方面112件，占36.6%；有关城建环保方面58件，占19.0%；科教文卫体方面79件，占25.8%；民主法制、劳动保障和政协统战等方面57件，占18.6%。提案内容涉及东阳市经济建设和社会发展的各个方面，主要内容：实施“兴工强市”战略，加快先进制造业基地建设；扶持发展中小企业；实施民营企业家素质提升工程；引导和鼓励企业实现品牌经营；尽快完善工业园区各项配套设施建设；盘活闲置厂房和清理闲置用地；抓好环境污染整治；加大对“三农”支持力度；加强农产品品牌资源整合；开展村庄整治，解决农村垃圾与污水排放问题；加强水资源利用的管理；抓好河道整治和农民饮用水工程建设；加强旅游资源整合和市场开发，促进旅游产业发展；加快工艺品等专业市场建设；加快江北新区配套设施建设；及早实施红椿巷区域旧城改造；推进住宅小区物业管理；加快南下线等干线道路建设；加强城郊接合部的综合整治和管理；推进城乡教育均衡发展，确保教育公平；加大对职业技术教育的投入；规范教育、医疗行为；完善城乡社区卫生服务；重视文化体育设施建设和群众性文体活动的开展；强化食品安全监管，构筑食品安全防线；加大对专项资金的监管力度和财政资金的清欠力度；加强诚信政府建设；完善最低生活保障制度，健全社会保障体系；加强外来人口管理，构建和谐劳动关系等。委员们对坚持“兴工强市”发展战略、社会主义新农村建设、加快江北建设步伐、环境治理等问题予以较多的关注。

提案委员会对全部提案进行审查，按归口办理的原则，确定承办单位。编发《东阳政务信息》提案专刊供市领导参阅。会后，同市政府办公室一起召开提案交办会议，把委员提案递交党政部门办理，加大督办力度，抓好提案落实工作。

第十二届委员会

2007年2月，十二届一次会议收到意见和建议255件。经审查立案248件，作来信处理

7件。其中委员个人或联名提案231件，党派团体提案17件。有关工业交通、金融财贸、农林水利方面76件，占30.7%；城市规划、城市建设、城市管理和环境保护方面67件，占27%；科教文卫体方面64件，占25.8%；民主法制、劳动保障和政协统战方面41件，占16.5%。提案主要内容：加大对中小企业的扶持力度；实施品牌战略；建立亩产效益评价机制；完善工业园区基础设施建设；挖掘中药材资源优势；加快影视旅游产业发展和东白山风景区开发建设；做好特色专业市场建设；解决东义交通和市场衔接等问题，为接轨义乌创造条件；规范民间金融借贷行为；解决老城区交通拥堵问题；推进新农村建设；重视农业科技创新，提升现代农业发展水平；加快农村饮用水工程建设，确保农村饮用水安全；推进城乡垃圾处理一体化，解决农村污水排放问题，综合整治城乡接合部环境卫生；加大环境监测和整治力度，解决自来水"二次污染"问题；建立健全社会保障和救助体系；重视食品监管，确保食品安全；改善农村中小学办学条件，推进城乡教育均衡发展；整合职教资源，做大做强职业教育；缓解群众"看病难、看病贵"问题；加强对历史文化品牌的保护和开发利用工作；维护外来人员权益；重视宗教工作；加快社会治安硬件设施建设，维护社会治安秩序；改善机关服务环境等。会后收到提案10件，计258件。

2008年1月，十二届二次会议收到意见和建议211件。经审查立案205件，作来信处理6件。其中委员个人或联名提案186件，党派团体提案19件。有关工业交通、金融财贸、农林水利等经济建设方面59件，占28.8%。主要内容：发挥东阳人经济优势；重视引导、扶持企业上市工作；提高中小企业融资能力；尽快制定高速公路产业带和经济圈规划；培养和造就一支高素质的企业家队伍；加快世贸城周边规划和配套设施建设；完善工业园区基础设施；整合旅游资源，更好地带动东阳市特色经济发展；妥善处理画溪工业功能区遗留问题；发展来料加工业，帮助低收入农户脱贫致富等。城市规划、建设、管理和环境保护等方面55件，占26.8%，主要内容：抓好两江流域污染治理，重视生态湿地建设；加大城乡饮用水水源保护力度；加快城中村的旧村改造；规范城区电线杆设置等。科教文卫体方面51件，占24.9%，主要内容：加大教育科技投入和文化大市创建力度；推进城乡教育均衡发展；加强校企合作，培养应用型人才；完善城乡社区卫生服务网络建设；重视发展中医药事业；加强网吧管理等。民主法制建设、劳动保障和政协、统战工作等方面40件，占19.5%，主要内容：重视行政村（居）区域调整后续完善工作；完善行政服务运行机制和严格责任考核机制；规范企业用工行为；重视残疾人、老年人等弱势群体利益的保障；完善社会治安监控设施建设；整顿规范市区门牌号；加强殡葬管理；落实宗教政策等。提案中，委员们对落实"两创"大讨论活动成果、加快工业经济发展、优化投资创业环境、重视扶持企业上市、加快文化体育设施建设、保护弱势群体利益等问题予以较多的关注。会后收到提案 11件，计216件。

2009年2月，十二届三次会议收到意见和建议234件。经审查立案224件，作来信处理10件。其中委员个人或联名提案203件，党派团体提案21件。有关农林水利、工业交通、金融财贸等经济建设方面67件，占29.9%。主要内容：动员社会各方力量，参与新农村建设；探索农村土地经营方式，推进农业产业化；重视港澳台海外"东阳人经济"回归工作；加快工业园区闲置土地清理进度；加快筹建国际物流中心；加快东阳铁路建设规划立项工作；尽快完成金义东等重点工程的扫尾工作；提高中小企业融资能力；制定诸永高速公路沿线产业带和经济圈规划；打响卢宅“民间故宫”品牌；整合旅游资源，做大做强旅游业；改善城区商业区块布局等。城乡规划、建设、管理和环境保护等城建环保方面60件，占26.8%，主要内容：建立地形地籍图等公共信息的互换平台；重视城市基础设施建设与管理；加强过境货运车辆管理；加快江北公共交通网络建设；规范户外广告管理；加强江滨景观带的管理和利用；解决好农民饮用水问题；加强横锦、南江等饮用水源保护；做好“两江”污染整治工作；加快城中村的旧村改造；重视农村垃圾的无害化处理等。科教文卫体方面54件，占24.1%，主要内容：加大教育科技投入和文化大市创建力度；启动重修文庙工程；建立大档案管理格局；规范中小学教师带生行为；重视农村基础教育，推进城乡教育均衡发展；加强校企合作，培养应用型人才；完善城乡社区卫生服务网络，开展健康预防工作；加强网吧管理等。民主法制、劳动保障和政协统战等方面43件，占19.2%，主要内容：重视行政村（居）区域调整后续完善工作；完善城镇失地农民医保政策，健全社会保障体系；关爱老年人和残疾人等弱势群体；加强青少年活动阵地建设；强化豆制品等食品的安全监管；完善社会治安监控设施，打造“平安东阳”；落实宗教政策等。委员的提案对“东阳人经济”回归、发展旅游经济、行政村（居）区域调整后续完善及改善民生等方面给予较多的关注。会后收到提案7件，计231件。

2010年3月，十二届四次会议收到意见和建议279件。经审查立案262件，作来信处理17件，其中党派团体提案25件。有关工业交通、金融财贸、农林水利等经济建设方面74件，占28.3%。主要内容：加快企业转型升级，加大“兴工强市”战略实施力度；抓好“总部经济”建设；统一规划，加强监管，确保红木家具产业有序发展；立项建设“中国木雕博物馆”；主动接轨上海世博会，提升东阳市旅游业；扶持家政服务业，促进第三产业发展；重视乡镇车站建设，加快实现城乡公共交通一体化；改善老城区行车难、停车难和江北乘车难问题；建立农民饮用水工程长效管理机制，保障农民饮用水安全等。城市规划、建设、管理和环境保护等城建环保方面107件，占40.8%，主要内容：规划建设好“新黉门广场”，开发利用好红椿巷区域地下空间；加快江北项目建设；建立病死动物无害化处理中心；重视横锦水库水源保护；整治宁画公路沿线废塑堆放；重视路灯建设和管理；加快人工湿地建设，保护“两江”水质等。科教文卫体方面38件，占14.5%，主要内容：推广低碳节能技术；加快社区卫生服务站建设；加大中医事业投入力度；依法治教，落实素质教育；完善学校绩效工资分配办法；继续推进义务教育均衡发展等。民主法制、劳动保障和政协统战等方面43件，占 16.4%，主要内容：加强东阳人文精神的有形化建设；整合、规范行政办事程序；完善政务信息公开；完善人才引进机制，改善外来人才发展环境；规范人力资源市场；重视小区业主委员会建设和小区物业管理；加强殡葬管理；维护正常的宗教活动；重视残疾人事业，帮扶弱势群体等。提案中，委员们对红椿巷区域规划与建设、农村环境卫生、木雕产业发展、行车停车难、饮用水源保护等问题予以较多的关注。会议首次试行电子提案，效果良好，通过网络提交的提案超过总数的三分之一。会后收到提案10件，计272件。

2011年3月，十二届五次会议收到意见和建议294件。经审查立案293件，作来信处理

1件。其中团体提案31件。有关工业经济、金融财贸、农林水利等方面的109件，占37.2%。主要内容：发挥在外东阳籍人才优势，发展光伏和锂电产业；利用废塑降解技术，实现废塑产业升级；加快金银丝和箱包行业技术改造；加强木雕红木家具产业和市场的管理；优化工业园区基础设施建设；加快培育白云市场群；建立企业融资平台，推进企业上市；重视发展山区经济；加强农村水利建设；推进农业产业化等。城乡规划、建设、管理和环境保护等方面的78件，占26.6%，主要内容：争取将东阳纳入义乌国际贸易综合改革试点范围，及早谋划东阳市在金华—义乌都市区核心片区的功能定位；做好金甬铁路走向规划；统筹城乡发展，建设美丽乡村；解决农村污水排放难题；加快商城搬迁，完善城市功能布局；加快停车场地建设；重视城乡道路的建设、维护和管理；保护"两江"生态环境，争创生态环保城市；加快江滨景观带建设，提升文化教育内涵等。科教文卫体方面57件，占19.5%，主要内容：重视传统工艺美术保护，培养木雕人才，推进"工艺美术之乡"建设；加快体育场馆、青少年宫和科普场所建设；加大财政投入，重视学前教育；发展职业教育，为企业培养实用型技术人才；规划建设江北公立医院，重视基层卫生院中医药人员的引进和培养；加大公共场所禁烟力度等。民主法制、劳动保障和政协统战等方面 49件，占16.7%，主要内容：提高政府部门办事效率；完善农村干部监督机制；加强食品安全监管，完善农产品质量安全监管体系；改善用工环境；加快保障房建设；加大对养老机构的扶持和管理力度；提高住院大病报销比例；遏制物价上涨，更好地保障民生；组织开展辛亥革命100周年纪念活动；建立政协委员履职考评机制等。提案中，委员们对发展新能源经济、农村环境整治、学前教育、道路建设与维护等问题予以较多的关注。该次会议提案电子化程度明显提高，通过网络提交的提案超过总数的二分之一。

大会提案组对全部提案进行初审，提案委员会召开会议，审查每件提案，按归口办理的原则，确定承办单位，集中交办。

第十三届委员会

2012年2月，十三届一次会议收到意见和建议351件，其中网上提交245件，占总数的69.8%。经审查立案346件，作来信处理5件。其中党派团体提案28件。其中经济建设方面的109件，占31.5%。主要内容：补长"短腿"，把工业经济作为主要着力点；在已经规划的融合村，加快"新农村"建设步伐；加大影视产业扶持力度，建设旅游经济强市；加强红木家具市场监管，培育白云商贸园区市场群；加快江北中央商务区建设，发展企业总部大楼；优化企业发展环境，建设建筑业总部经济；扶持中小企业发展，破解招工难融资难问题等。城建环保方面的89件，占25.7%。主要内容：加快与义乌的同城对接；加快红椿巷区域建设速度；推进城区东扩；重视城区立体交通体系建设；加大市区东溪和西溪"两溪"污水治理力度；强化生态立市战略，加强农村环境整治力度，推进"和美家园"建设等。科教文卫体方面的95件，占27.5%。主要内容：加强科技成果产业化，培育创新型企业；支持发展民办学校，重视做好中等职业教育、学前教育的统筹发展；加快文化馆建设；加强古民居保护，规范卢宅文化街区建设；加快中国木雕博物馆建设；加大社区卫生服务站建设；加强食品药品监管等。政法、统战、人事、综合方面的53件，占15.3%。主要内容：加强社区管理，形成“三社”互动、“三委”联动、“三者”推动的新局面；提高政法人员素质，加强社会治安治理；建立民主党派经费保障机制，支持宗教活动场所建设；推进政务信息公开；加强劳动监察；推进环卫体制改革；创新社会化养老服务新模式等。会后收到提案5件，计351件。

2013年3月，十三届二次会议收到意见和建议344件，列席人员提出的意见建议29件。提案委员会审查后，立案342件，作来信处理2件，其中党派团体提案40件。经济建设类100件，占29.2%，内容为新农村建设、市场整合、中小企业和影视旅游产业发展等；城建环保类113件，占33%，内容为江北商业区建设、缓解交通拥堵和大气污染防治等；科技、教育、文化、卫生、体育类70件，占20.5%，内容为民办教育、江北医院建设和养老服务等；政法、统战、人事、综合方面59件，占17.3%，委员们针对招才引智、社会组织培育等方面提出建议。会后收到提案28件，计370件。

2014年2月，十三届三次会议收到意见和建议396件，列席人员意见建议22件。经审查立案387件，作来信处理9件，其中党派团体提案52件。经济建设类75件，占19.38%，内容涉及转型升级、影视旅游、企业融资、木雕红木、农业土地流转等；城建环保类169件，占43.67%，涉及“五水共治”“三改一拆”、雾霾防治、严控烟花爆竹、交通拥堵等；科技、教育、文化、卫生、体育类91件，占23.51%，涉及民办教育、医疗资源、养老服务、食品安全等；政法、统战、人事、综合类52件，占13.44%，涉及政法队伍建设、政务信息公开、宗教场地建设等。委员们对“三改一拆”（浙江省政府决定的自2013年至2015年在全省深入开展旧住宅区、旧厂区、城中村改造和拆除违法建筑三年行动）、严控烟花爆竹、“五水共治”关注度较高。对“五水共治”的建议主要有建立“五水共治”长效机制，加强东阳江、南江源头保护，推动城镇污水处理管网建设，加强重点行业污染治理，加大农村污水治理力度等。会后收到提案9件，计396件。

2015年3月，十三届四次会议收到意见和建议311件。经审查立案305件，作来信处理7件。其中党派团体提案44件。按类别分，经济建设类70件，占23%，内容涉及农村改革、影视旅游、民间投融资、木雕红木、招商引资等；城建环保类126件，占41.4%，涉及“五水共治”“三改一拆”、垃圾分类、城中村改造、路网建设、交通治堵、环境整治等；科技、教育、文化、卫生、体育类64件，占21.1%，涉及民办教育、医疗资源、养老服务、食品安全等；政法、统战、人事、综合类45件，占14.5%，涉及法治政府、招才引智、信用体系建设、宗教场地建设等。

2016年1月，十三届五次会议收到意见和建议252件。经审查立案246件，作来信处理6件。所立提案中，委员个人或联名提案217件，集体提案29件。其中，经济建设方面的78件，占31.8%；政治建设方面的7件，占2.8%；文化建设方面的38件，占15.4%；社会建设方面的81件，占32.9%；生态文明建设方面的42件，占17.1%。主要内容：提升影视旅游产业，助推影视名城建设；加快推进“互联网+”经济发展；减轻企业负担，促进民营经济发展；发挥金融市场作用，支持实体经济发展；加强城乡规划，推行多规融合，打造精品城市；推进城区横店一体化建设；构建城市道路网络，治理交通拥堵；推进文化产业发展，增强文化软实力；推进农村环境综合整治，加快“美丽乡村”建设；挖掘乡土文化，发展民宿经济，加快乡村旅游发展；加快公共交通事业发展，倡导绿色出行；加大学前教育投入，加快中等职业教育发展；抓好基层医疗综合改革，健全分级诊疗制度；加强食品质量安全监管，保障人民群众身体健康；实施农村污水长效治理，打好大气污染治理持久战等。

提案委员会对历次会议收到的意见和建议进行审查，内容相同或类似的作并案处理，按照“分级负责、归口办理”的原则，确定提案承办单位。会同市委办公室、市政府办公室，送交各承办单位办理。

第三节　提案办理

第一届委员会

1956年3月，一届一次会议无提案工作记载。

1956年11月，一届二次会议审议通过《关于提案审查意见》。会议收到提案28件。

1957年5月，一届三次会议收到提案28件。

提案交东阳县人民委员会研究处理或由常务委员会联系有关方面协商处理。提案的处理结果由常务委员会通知原提案人，处理情况列入年度工作报告。

第二届委员会

1959年12月，二届一次会议收到提案23件，基本得到有效办理。

第三、四届委员会

资料缺佚。

第五届委员会

政协第五届东阳县委员会期间收到提案370件，答复和办理342件，占提案总数的92.43%。多数党政部门重视政协委员提案的办理，如财贸、教育、卫生、工会、妇联、侨务等部门，由主要领导主持，按提案的内容分别处理，逐件落实。

五届一次会议后，财贸办收到《关于要求落实1959年纯洁财贸队伍时错误处理的部分原工商业者和合作企业从业人员政策》的提案，即根据中央、国务院和省委有关文件精神，对遣送农村的16名原私方人员和11名合作商业人员逐个进行复查。经县人民政府批准，对确属搞错了需要纠正的人员，分别落实政策。年老体弱不能工作的，按现行职工退休办法办理退休；已死亡的按规定发给丧葬、抚恤费。县侨办根据广大侨属要求发展侨乡生产、解决子女就业的提案，于当年5月经县人民政府批准，在巍山镇创办县侨属工艺厂。县总工会等部门根据提案要求创办职工业余学校。对部分领导干部违纪建房，要求严肃处理的重要提案，县委、县政府对个别领导干部做了严肃处理。五届二次会议，县农委收到10多位委员关于扑灭老鼠，确保农业丰收，保持生态平衡问题的提案后，采取相应措施。县政府下发县爱卫会《灭鼠保粮实施方案》的紧急通知，动员全县人民，在1983年7月10日前和10月中旬各搞一次全面突击；县供销社向各基层社发出《关于停止收购活蛇的通知》。县教育局对交办的提案逐件办理和答复。经县政府批准，创办县技术学校，着手培养建筑人才；从1983年起，统筹安排解决学校教工宿舍紧张问题。对于许多委员要求落实台属政策的提案，县委统战部门和县政府接待台湾同胞办公室做了大量研究调查和政策处理工作，"文化大革命"中被侵占的大多数私房和被查抄的大多数物资已归还本人。

暂时办不到的提案，有关单位通过调查研究，创造条件逐步办理。对要求在区、镇和重点公社所在地建立农村电影院的提案，电影公司有步骤地解决，全县已建立24个影剧院。湖溪二中隔壁的农药厂，对空气、用水污染严重，影响师生身体健康，县经济委员会决定在歌山扩建厂房后解决。要求增设汽车停靠站及建设公路的问题，交通局将根据上级交通部门规定和下拨的资金，计划逐步解决。

条件不具备或与中国共产党的政策不符，难以办到的提案有11件，占提案总数的7%。对这类提案，有关单位说明情况，留作以后参考。如要求国家解决民办教师、计划内临时工的粮户关系问题的提案，由有关部门作解释。

县政协编印《东阳政协》会刊19期，刊出部分提案及其办理情况。

第六届委员会

县政协六届期间收到提案368件，其中六届一次会议收到办理提案128件，截至1985年3月底，收到承办单位的书面答复123件，占总数的97.6%。六届二次会议131件提案分别送交县委、县政府33个有关部门办理，截至1986年3月20日，收到承办单位的书面答复126件，占提案总数的96.2%。对提案的办理，各级领导都高度重视。县委、县政府办公室专门召开各部门负责人参加的提案工作会议，对各单位办理好提案起了推动作用。

大多数提案的建议和意见得到基本解决。如《彻底消灭狂犬病，保障人身安全》提案，县政府专门召集各区镇主要负责人研究部署，颁发《坚决扑杀家狗，迅速控制和消灭狂犬病的通告》。在全县组织实施，截至1985年2月底，全县扑杀家狗5272只，占应扑杀家狗数的89.99%。经政府批准免疫登记，可以留养的426只。委员提出要求县卫生部门抓紧总结名老中医临床经验的提案，县卫生局邀请全县名老中医开会座谈和著文续经，并为9名老中医配备写作助手。经过半年多的撰写、整理，出版《东阳名老中医精华》一书。委员关于建议县政府建立相应机构疏通木雕竹编与工艺品的销售渠道的提案，县经委与乡镇企业局共同研究，报经县政府批准建立县工艺品贸易公司。县政府物价局收到委员《关于加强物价管理，维护消费者利益》的提案，会同工商局、计量所、物价检查所于1985年5月、6月两次进行取样检查，会同有关单位对随意涨价、缺斤少两、以次充好的营业单位和个人做了严肃处理，决定以后继续开展不定期的物价检查，以保持物价相对稳定和维护消费者的利益。县供销合作社收到《关于要求尽快解决东阳广大人民碘盐供应问题》的提案，十分重视。县人民政府召集县卫生、商业、供销部门负责人做了研究，组织有关人员到外地学习碘盐加工技术。待东阳碘盐加工后，可满足地甲病防治的需要。县财政局对《关于加强税收政策的宣传教育》的提案，采取分期培训乡镇企业负责人，每月集中财税干部学习两次税收政策和业务知识。组织税收大检查等措施，对偷税漏税比较严重的企业依法做出处理。不少委员多次提出的关于搞好县城建设的总体规划和改变吴宁镇"乱、脏、差"现象的建议，在县政府和吴宁镇政府的努力下取得较大进展。委员提出治理佐村砩矿废水污染的建议，县经委会同县城建环境保护局、环保检测站和矿业公司，研究防治方案及其资金材料的落实，取得一定的效果。

部分提案由于条件不具备，暂时解决不了或只能部分解决。六届一次会议上委员提出将通过村镇之间的公路改成油面路的提案，县交通局认为由于财力、物力有限，先安排在省管的公路干线上，县社公路暂时安排不上。委员提出关于加强城镇建设的提案，城建环保局认为提案内容富有建设性，吴宁镇水泥路铺设计划有7条，下水道已在规划，争取1985年内动工，自来水厂扩建已在进行之中。六届二次会议要求落实县农业技术推广中心的建设资金问题，县政府已有计划，但限于当时财政困难，只能视财力情况，逐步解决。其他如开发罗屏乡三都旅游胜地、修建南上湖至郭宅至湖溪的公路、解决在城职工住房困难、修建中小学校舍、提高幼儿教师工资待遇、兴办敬老院等提案，都属这类情况。

少部分提案一时难以解决。六届一次会议有的委员提出对农村俱乐部给予经济补助，承办单位认为经费不宽裕，只能对办得好的给以奖励。六届二次会议有的委员提出给在城职工集资建房补贴贷款的问题，因东阳县不属试点县，暂无法实行。对这类提案，承办单位都做了研究，在答复中详细说明情况，加以解释，取得委员理解。

1985年4月六届二次会议首次作提案工作情况的报告，对每年提案工作的办理情况作总结，为下一年度的提案工作提出指导意见。

第七届委员会

市（县）政协七届期间共收到提案372件，参与提案的委员1235人次。其中366件提案得到及时办理和答复，占提案总数的98.4%。

承办单位采纳并付诸实施的有157件，占办理提案总数的41.2%。七届一次会议委员提出关于进一步加强对农业对山区工作领导的提案，县委、县政府在组织上加强，重新明确由县长童德成、县委副书记严荣华、副县长马梅玲主管农业，区镇乡由区镇乡长主管农业，在全县建立农业发展基金制度，逐步增加对农业的投入，大力发展村级经济，完善双层经营体制。对于发展山区经济方面，县政府建立山区领导小组，领导和协调山区经济发展，对山区经济采取优惠措施，并确定县机关21个有经济和物资实力的局级单位固定联系18个山区乡，承担帮助山区乡发展经济的任务。七届二次会议提案提出关于将吴宁东西路逐步建成水泥路的建议，经过7月、8月、9月三个月的施工，从木雕总厂艺海公园门口到吴宁西路与过境公路交叉处一段，已于市庆前建成。67号提案要求拨足400米田径场建设经费的意见，已下拨第一期工程经费20万元，可以按计划进行。关于55号提案要求尽快建成南上湖至郭宅公路问题，该路段已建成通车。

因财力、物力有困难，需要创造条件，逐步实施的提案有156件，占办理提案总数的40.9%，如南江水库大坝加高工程、扩建吴宁镇日产水量3万吨的自来水厂工程及城内“引清流导污水工程”等提案，市政府及有关部门努力创造条件，逐步实施。南江水库大坝加高工程经市政府及水利部门努力，被省水利厅列入计划，工程前期准备工作着手进行。要求改造里歌线湖溪南塘村地段S形急转弯和茜畴村地段陡坡问题，被交通部门列入计划，茜畴村地段降坡工程付诸实施，南塘村S形急转弯改造工程也列入规划解决。

提案人的意见和建议与国家有关规定有距离，或与现实情况不符，不能办理的提案有68件，占办理提案总数的17.8%。七届二次会议的119号提案要求解决中级卫技干部家属子女粮户关系问题，根据上级有关部门的规定，要待专业技术职务聘任制全面推开以后，另行研究解决。又如78号提案建议开设典当商店问题，鉴于当时条件不成熟，主管部门难以办理。

第八届委员会

市政协八届期间共收到提案442件，433件得到办理和答复，占提案总数的98%。

承办单位采纳并付诸实施的提案136件，占办理提案总数的31.4%。委员要求成立东阳市教育委员会的建议得到落实。要求南江乡5个村修复机耕路的提案，引起当地政府的重视，专门成立班子，组织力量进行勘察、规划，筹集资金，组织实施，已基本完成。八届二次会议委员建议干部调动不宜频繁的提案，得到市委采纳，印发《关于进一步加强选拔任用干部的意见》，规定凡选举产生的领导干部，没有特殊情况在任期内一般不予调动。委员提出稳定专职地防员的提案，得到卫生局的重视，采取了相应措施。委员建议成立砂石料公司的提案，被市政府采纳，以文件批复，成立东阳市吴宁镇砂石料公司。委员建议加强对农贸市场管理，制止无证经营化肥活动的提案，工商局会同市供销总社、农资公司等部门，对1991年全市专营情况先后进行6次检查，取缔无证经营，打击违法活动。要求给黄埔军校同学落实困难补助的提案，市委统战部会同市财政局下发文件，对黄埔军校同学中属鳏寡孤独、丧失劳动能力、经济生活上无来源的13人给予每月定期补助，给6人以一次性经济补助。其他如对文化市场进行整顿、清理、加强农贸市场管理、恢复《东阳报》、吴宁镇城区设立公用电话等提案，都得到落实。委员对市委、市政府及有关部门认真采纳政协委员的意见，积极改进工作的精神表示满意。

需要创造条件，逐步解决的提案206件，占办理提案总数的47.5%。八届一次会议委员要求恢复侨汇“农转非”问题，市政府专门召开有关部门会议，统一思想，根据省政府指示精神尽快恢复侨汇“农转非”工作。关于玉溪等13个乡办农村影剧院的提案，反映群众要求改善看电影条件的呼声，市政府列入规划。八届二次会议委员建议尽快筹建吴宁镇第五小学的提案，市教委据此建议市政府和吴宁镇政府做出新的规划和安排。建议建造市图书馆的提案，市政府列入“八五”规划。关于开征造坟墓土地征用费的提案，市土管部门会同市民政部门，对葬坟占地问题做出适当规定。

提案人的意见和建议与国家有关政策规定有距离，或与现实不符，不宜办理的提案有91件，占总数的21%。如要求解决某些人员的民转公、农转非问题等。

市委、市政府对政协委员的提案高度重视，每次全会后都由市政府领导召开会议，布置任务，提出要求，督促落实。大多数党政部门对承办的提案认真负责，不少部门在组织力量办理提案中，对政协委员提出的建议和意见专门召开会议研究，确定专人办理。提案委员会将检查、督促、催办作为提案工作的重要环节，多次到承办单位调查研究，恳谈协商，促使每件提案的落实。

第九届委员会

市政协九届期间共收到提案805件，参与委员3224人次，参与率86%。办复803件，办复率99.7%。对承办部门的答复感到满意或基本满意的委员92.3%。

被承办单位采纳并得到解决或基本解决的提案占61.2%。市建设局在推行垃圾袋装化，工商局、吴宁镇在搬迁振兴路铁棚子、交流会会场，公安局在加强外来人员管理等工作中，都采纳了委员提案中的建议。九届一次会议委员关于整顿吴宁镇城区的交通、加强市容市貌管理方面的建议被市委、市政府在《东阳市城市管理实施细则》中吸收，通过综合治理，吴宁镇的交通、环境卫生、市容市貌得到较大改观，社会各界感到满意。委员提出的加强对巍山医院、急救中心的领导，充分发挥现代化医疗设施的效用，造福人民群众的提案，市委、市政府成立了两个医疗单位的管理体制改革试点领导小组，推出董事会管理体制，经过改革，调动医务人员的积极性，医德医风明显改观，方便群众就医。九届三次会议委员《三化污染严重，危害人民健康，必须及早搬迁》的提案，针对东阳市化工厂、化肥厂、农药厂所排废气、污物严重危害人民身体健康，群众意见较大的情况，要求市政府抓紧采取措施及早搬迁。市委、市政府采纳委员提案中的建议，做出搬迁化工区污染项目的决策，拟分步实施。委员《建议取消城区物资交流会》的提案，经过有关部门安排实施，很快易地搬迁完毕；《关于要求尽早解决塘西李宅段交通堵塞》的提案，市交通局在交办会议前就作为急办提案承办，当年5月底办理完毕。

部分提案需要创造条件，逐步解决或列入社会发展规划。九届一次会议委员提出的关于拓宽长生路、镇圣巷、西经泽巷的提案，市城建委对这些路段做了红线规划控制。委员提出的《移风易俗、实行火葬》的提案，市政府拨款30万元，筹建火化公墓。

部分意见和建议与国家有关政策规定或与现实不符，不宜办理，有的由于种种原因，实施有困难。如搬迁"二化一药"三厂的提案，由于兴办三个化工企业已投入巨额资金，限于东阳市财力，要搬迁三个化工企业有很大困难，东阳市城市总体规划中已对三个企业提出控制发展，排污必须达标的要求；还有委员提出要求在吴宁东路至环城北路建造立交桥的提案，因建立交桥需投入3000万元，现有财力无法承受，一时难以解决，只能根据实际情况，投资200万元在交叉路口暂建一个安全岛。

市委副书记、市长楼国华在市政协九届三次会议提案交办会议上就提案办理工作做出布置，强调各级领导和承办单位要高度重视委员提案办理工作，高质量、高水平、高效率地做好提案办理，并责成市府办确定专人负责。落实任务，明确要求，采取多种形式督办，并采取分管市长审阅签发，通报表彰先进承办单位等措施。在九届四次会议提案交办会议上，市政府领导向各承办单位提出提案办理"深、细、实"三字要求，要深入调查研究，形成书面调查材料，答复件要送分管领导审阅后才能寄发，工作要细致周密，确保办理质量。

许多承办单位主要领导担任提案办理领导小组组长，抽调力量，落实承办工作。明确专人办理，建立深入调研、撰写答复、上门征求意见、呈送领导审阅、打印寄发、及时反馈等一整套制度，使提案办理步入制度化、规范化的轨道。如九届二次会议间，市人民法院承办的7件提案，主要领导挂帅，抽调精干力量，由分管院长、庭长办理，将办理情况先后多次向市政协提案委员会、主席办公会议通报，听取意见，力求办理结果使委员满意。

提案委员会选择一些事关东阳发展和民生工作的提案，协同有关单位进行办理。协助党政部门和承办单位，拓宽办理工作渠道，采取多种方式，协助和督促各承办单位提高办案质量。

第十届委员会

市政协十届期间收到提案1221件，全部办结，件件有回复。

大量提案被采纳落实。如《关于抢救东阳古代文化遗产的建议》促进大型文化工程《东阳丛书》编纂工作的启动；《甬金高速公路东阳市境内走向的建议》经多种渠道向上级反映后，引起省委、省政府和省政协领导的重视，建议中的北线方案被上级主管部门采纳。十届四次会议提案《关于东阳市城市发展战略的建议》提出"加快北进步伐，抓紧南连规划，从严控制西延，适当向东扩展"的建议，被确定为大会一号提案，得到市领导的高度评价。市委主要领导批示："此提案很好。对城市发展战略的研究很重要，这是一件事半功倍的工作。政协这个提案通过大量的调查研究，提出很有见地的建议。市委、市政府要好好研究，有关部门要结合建议抓好落实。"市政府主要领导认为"政协提案很有针对性，也符合东阳的市情，市政府和有关部门要认真采纳和吸收。"市委副书记、常务副市长等领导分别对有关江北新区建设和集中规划、规范管理城区公墓等提案做出批示。市委、市政府组织相关部门彻底搬迁振兴路铁棚子，在城区实施禁鸣喇叭。1998年，市政府专门召开协调会，落实东街基督教堂的规划定点。城区几所学校的校园规模扩大及拆建问题，经市政府牵头及有关部门的努力，形成统一的规划方案，开始实施。市委、市政府及旅游节组委会领导在举办时间、主会场选址、节前的宣传促销等方面吸收委员建议，选用建议中提出的“中国农民旅游节”冠名，并将冠名权申请了国家专利。加快农村宅基地有偿使用步伐的建议经市委办综合整理反映后，得到省委领导的重视，批示省土地管理部门在东阳市李宅镇试点。市供电局在办理《要求安装西山公园接官亭照明路灯》提案时，多方筹措资金，完成该段路灯的安装。《关于加强古树名木保护工作的建议》的5条建议全部被采纳。对由于种种原因久拖不决的损害古树名木的违章建筑，市政府专门发出抄告单，召开协调会，依法强制拆除。市政府着手制定古树名木管理办法，开展古树名木普查、建档工作和认养活动。城区公厕建设方面存在的问题较多，市政协提出的做好城区公厕建设4点建议，得到市委、市政府主要领导的高度评价，城区公厕建设和改建工作取得突破性进展。

委员提案中不乏全局性、建设性、突破性的建议意见，这些建议意见给正在寻求对策的决策者带来有益的启发。东阳市城建部门在城市规划实施中，多方听取意见，吸收政协委员的建议，做出建设东阳江大桥，形成江滨新区框架的决策。市教委采纳委员《关于改革普通高中招生体制的建议》，出台公办、民办学校统一招生计划，招生人数定向到乡镇，学生填报志愿、学校择优录取等一系列改革措施。加快引人进城步伐、放宽农转非条件和规范办理程序等建议，吸纳到市委《关于进一步扩大对外开放，优化投资和发展软环境的若干规定》中；委员提出的江北建设要统一规划、统一征地、统一开发、资金公示等建议，融入市委、市政府《关于江北新区开发的若干政策意见》之中。

有关部门在提案办理过程中，实事实办，立足于解决实际问题。市水电局对承办的杜绝泥土、砂石流入水库的提案，多次找有关单位调查了解，对违法建设发出《行政处罚告知书》，有关村及时整改，投入资金、人力、物力，实施水土保护工程建设，以确保水库蓄水量。民政局收到改进殡仪馆工作人员作风的提案后，马上派人调查，提出一系列整改措施。市公安局针对委员反映个别交警形象较差的提案，从公正执法、文明执勤、警容警貌等方面着手整顿。市文化局承办加强电子游戏机管理的提案后，结合治理整顿文化娱乐场所活动，查处一批违章违规经营户，对电子游戏厅重新审核登记，增聘一批文化市场义务监督员，加大监督力度。委员提出的汽车站恢复设置法制宣传栏、南街禁止悬挂商业广告、在城区十字路口安装路灯、开通东阳至杭州快客、设立果蔬批发市场公平秤、加强对查扣罚没物品管理、防止国有资产流失等建议，都已被采纳并付诸实施。其他承办单位也以办理提案为契机，加大力度解决一批热点、难点问题。

2000年1月，市委在《关于进一步加强人民政协工作的若干意见》中强调要积极支持政协运用提案履行职能。每年的提案交办会议，均由市政府牵头，市委、市政府领导作动员，布置办理工作。市长办公会议对每年的提案办理工作都要进行研究，做出部署。提案办理期间，市委、市政府领导阅批和督办重点提案，听取分管职能部门提案办理情况的汇报，对各部门的提案答复初稿进行审阅，提出修改意见。全部答复经分管书记、市长审阅签发的占90%以上。市领导参加承办单位召开的提案办理座谈会，当面听取委员的意见和建议，对承办单位进一步办好提案提出要求。据统计，5年来参加提案办理座谈会的市领导有82人次。各承办单位接受提案办理任务后，都把办理工作摆上重要议事日程，专题研究，落实承办科室及责任人员。许多承办单位主要负责人参与办理，与委员面商，落实好委员提案。

2002年，在主席督办提案的基础上，实行常委会督办重点提案，加大重点提案督办力度。《完善医疗保险制度》《加快东扩步伐》《全面推行预算外资金四统一管理》《加大农村合作基金会清欠力度》四件提案所反映的问题，社会上都非常关注，列为常委会督办提案，常委会邀请提案委员及其他部分政协委员列席会议，听取有关单位领导对提案办理情况的汇报，逐个讨论。

提案委员会通过信函、电话、上门催办、督办等方式，对部分提案跟踪检查。对委员表示不满意的提案答复，进行多方协调，有的重新办理，有的再次与委员沟通，有的增加承办单位。提案办理质量提高，委员表示满意或理解。

1999年9月17日，浙江日报以《着力提高参政议政水平》为题，报道东阳市政协提案工作取得的成绩。报道称："今年，该市政协在充分调查研究，综合各方意见的基础上写出的四项提案，全部被列为年内市委和市政府的重点工作。"如针对部分农民对"效益农业"的概念理解模糊，放松粮食生产的现象，市政协提出《发展效益农业，不能放松粮食生产》的提案，市委、市政府非常重视，成立"粮食生产领导小组"，具体负责抓好粮食生产。如何因地制宜，开展农村宅基地有偿使用，是各级政府和土地管理部门都在探讨的课题。市政协在赴市内外各地调查考察后，提出《加快农村宅基地有偿使用步伐》的提案，经市委综合整理后上报省委，得到省委领导的重视，指示省土地管理部门到东阳市开展农村宅基地有偿使用课题的调研和试点工作。旅游业是东阳市近几年崛起的新兴产业。如何充分利用和挖掘现有的旅游资源，做大旅游业，是关系到全市调整、完善经济结构，增强综合经济实力的大问题。市政协开展调查研究，提出《关于举办东阳市旅游节》及《创建国家园林化城市》的提案，被市委、市政府采纳，决定1999年11月举办"东阳横店·中国农民旅游节"，以促进旅游业的发展。

在省政协召开的全省提案工作会议上，东阳市作为4个县(市)代表之一，在会上作《做好"四个结合"文章，推进政协提案工作》的经验交流发言，得到省政协领导和与会者的好评。

第十一届委员会

市政协十一届期间共收到提案1259件，全部办复。委员基本满意。提案办理由答复型向落实型转变。市政协把增强提案办理实效作为落脚点，在建议党委、政府采取领导阅批、领办重点提案的同时，强化参与力度，逐步构建分层促办机制。如，对主席会议确定的重点提案，由主席、副主席督办；对列入计划逐步解决的重点提案，会同党委、政府提案主管部门实行建档跟踪督办；对其他提案，商请有关部门通过检查、走访、通报等形式整体促办。

市委、市政府采纳委员提案中提出的进一步改善投资环境、解决中小企业融资难等建议，出台加快工业经济发展的一系列新举措，制订《关于改善机关服务环境的若干意见》《关于以国有划拨土地使用权办理抵押贷款的意见》和"成长型"工业企业税收、技改等方面的优惠政策，设立中小企业贷款周转专项资金。

针对行车难、停车难问题的提案，市政府高度重视，列入重要议事日程，自2004年始，按轻重缓急，在城区建设10多个停车场，新增停车位500多个，规定以后新建项目必须设置地下停车场，一定程度上缓解了停车压力。对委员提出的《免费开放城区公园、使公园真正姓"公"》提案，市政府在调研基础上，经过市长办公会议研究，决定免费开放城区公园，市财政拨出一定经费用于补助公园的管理费用。对委员提出的《关于加快经济开发区、江北新区已招商地块厂房建设的建议》提案，经济开发区、江北新区对园区内落实地块的企业进行检查，了解情况后，制定一系列措施，收回6家无能力开工企业的土地，排出催开工企业名单，确定专人跟踪督查，加快两个园区的建设进度。2004年广电局投入30多万元，完成服装园区有线电视安装一期工程建设。交通局针对城市扩容、公共交通设施不完善问题提案，逐项整治解决，开通行政专线公交车，设置新增公交线路候车棚，按规范重新制作站牌。市教育局对城区9所中小学校的校内商店实施整体关闭。市供电局把提案中的建议吸收到有序用电方案中，尽量满足群众生活用电。委员提出的农村环境卫生、中小学校食堂管理、失地农民保障制度、山区学生周末回家乘车难、农村合作医疗起报线过高、社区"牛皮癣"清理、城区石材加工场地搬迁、东门小广场绿化等问题，有的得到较好解决，有的列入规划逐步解决。

2003年10月，市长办公会议专题听取《关于加快医药化工企业转型，促进东阳市医药经济快速发展的建议》等3个重点提案办理情况的汇报。市长对承办单位办好提案提出具体要求：一要思想上高度重视，二要坚持科学决策、实事求是的原则，三要突出重点、积极创造条件抓落实。2004年市政协十一届四次常委会议上，市府办领导代表市政府向常委会通报市政协十一届一次会议以来的提案办理和落实情况。这是首次由市政府向市政协常委会通报提案办理情况。2005年，市政府首次对重点提案实行市长分工领办制度，负责办理落实。每件提案答复件形成后，都由市委常委或副市长审阅修改后再正式寄给每位委员。各市委常委、副市长都参加分管部门的座谈会，当面听取委员对提案办理工作的建议意见，与委员共商落实提案的措施。2003年3月至2007年2月，参加座谈会的市领导214人次。中共东阳市委在《关于加强和改善党的领导，支持人民政协履行职能制度化、规范化和程序化建设的意见》中规定："对委员提案要认真办理，重抓落实，在3个月内做出书面答复，并加强督查，纳入考核。对于市政协确定的重点提案，应由市委、市政府分管领导牵头办理。"为做好提案工作提供了制度保证。市政府主要领导强调：要把办理工作视为衡量政府自觉接受人大和政协监督的一把尺子，反映政府为群众谋利益的一面镜子，提高决策民主化和科学化的一根杠杆；做好办理工作，除办复率要达到100%以外，还要尽最大可能提高解决率和满意率。

各承办单位把办理工作摆上重要议事日程，成立提案办理领导小组，制订具体措施加以落实。许多承办单位主要负责人亲自参与办理，与委员面商，落实好提案。市公安局、国土资源局、人事劳动社会保障局、环保局等单位都把走访委员、与委员商办提案作为提案办理工作的重要程序，主动上门与委员商讨解决的办法。许多单位特别是承办提案数量多的单位，办理沟通机制比较完善规范，不仅加强办前沟通，而且还注重办中、办后的沟通，分别采取电话、上门、召开座谈会等多种方式，直接了解提案人提出提案的缘由和需要解决的问题，根据提案人的建议完善提案办理方案及办理措施，从而更好地办好提案。2003年3月至2007年2月共召开面商座谈会63次，参加面商委员819人次，面商提案978件，占提案总数的76.9%。

十一届政协把提案工作和调研工作有机结合起来，通过调研，对提案进行深加工，提出《建立失地农民基本生活保障制度》《加大对闲置土地处理力度，提高土地利用率》《加快江北商业网点建设》《接轨义乌，优势互补，共同发展》等建议案，得到市委和市政府的好评，在决策中被采纳并付诸实施。在委员提案的基础上开展整合农村行政村的调研，提出《关于搞好村级区域调整的建议》。市委、市政府经过研究，做出整合农村行政村的重大决策。整合工作由于时间紧、工作量大，又带来了许多新情况、新问题。为此，市政协及时跟踪调研，提出建议，促成市委、市政府《关于行政区域调整后续工作的若干意见》的出台。

十一届政协期间，市委办、市府办转发《市政协办公室关于办理政协提案的意见》，修订《提案工作条例》。建立完善重点提案主席分工督办制、联合督办和考核制、二次反馈制等系列督办制度。每年提案办复结束后，组织开展"回头看"活动，十一届政协期间对21件提案进行二次反馈。2003年7月，与市府办一起对市教育局、市建设局、市经贸局等10家单位的提案办理情况进行联合走访督办，了解办理进度，纠正办理中存在的问题，推进提案办理。2004年，提案办理工作列入市委、市政府机关效能建设考核内容。

在金华市政协提案工作会议上，作题为《坚持"四抓"，不断提高提案工作水平》的发言，受到好评。

第十二届委员会

市政协十二届期间共收到意见和建议1321件，经提案委员会审查，立案1270件，作来信处理的51件。

对于开通东阳至义乌火车站公交车的提案，经市政府、交通局与义乌有关方面的反复交涉和协商，东阳至义乌火车站公交车于2010年1月正式开通。十二届一次会议上民建总支提出《关于加强东阳市历史文化品牌保护的建议》，文化局制定非物质文化遗产的保护规划，建立非物质文化遗产保护人才队伍；协办单位市工商局组织各工商所对各自辖区内的历史文化遗产、旅游景点及老字号走访了解，对尚未办理商标注册的，采用口头或工商建议书的形式，指导相关单位和人员及时办理商标注册，对被抢注或正在抢注的商标，协助相关单位依法取回商标，确保东阳历史文化品牌不流失。《关于建立亩产效益评价机制的建议》提案，提出用“亩产效益”综合指标代替“亩产税收”单一指标对企业进行考核评比的建议被市经贸局采纳。委员提出《关于尽快解决招商引资企业若干遗留问题的建议》，市经济开发区完善了14家企业的用地手续，没有开工建设的11家企业落实地块办理用地手续。两江流域的环境治理，环保局采纳委员建议，加快横店污水处理厂二期工程建设，关停并转19家化工企业，淘汰污染严重的10多个产品的生产。十二届二次会议上委员提交《关于加强机动三轮车、电瓶车和残疾车管理的建议》，由市政府牵头，成立由公安交警、交通运管和城市行政执法三家单位组成的联合执法组，开展相关的整治工作，查扣违章运营车辆200多辆。市交通局采纳《关于加快出租车更新的建议》，出台出租车更新规定，提高出租车档次，运管部门在《东阳日报》上刊登新的出租车车身颜色供市民选择提出意见。市财政局针对《关于减轻教育负债的建议》中提出的义务教育阶段公办学校债务负担沉重等问题，通过多渠道筹集资金，三年内化解1.14亿元教育负债，建立制止发生新债的有效机制。市财政安排2011—2013年学前教育专项经费2400万元，明确提出今后新增教育经费要向学前教育倾斜。市政府及有关部门采纳《关于加大扶持经纪人带动低收入农户发展来料加工业的建议》，出台《关于扶持来料加工业发展的若干意见》，拨出专款用于扶持来料加工业的发展，通过举办来料加工技能大比武、“十佳来料加工经纪人”评选等活动，吸引更多的低收入农户从事来料加工业，为低收入农户脱贫致富创造条件。市人事劳动社会保障局根据《关于加强私企务工人员社保权益保障监管力度的建议》，加大劳动保障监察执法力度，扩大社会保障的受益面，维护务工人员的合法权益。市交通局采纳《关于进一步完善老年人免费乘车有关政策规定的建议》，从完善机构设置、签订责任书、聘请行风监督员、制定整治方案等4个方面入手，提升公交服务质量，妥善解决公交公司收回政府管理的工作，惠民公交公司挂牌成立。2009年，市建设局采纳《关于改造十字路口圆盘的建议》，拆除双岘路与南市路路口、人民路与环城北路等5处十字路口的圆盘，缓解十字路口交通拥挤状况。十二届四次会议委员提出的《关于做大做强红木家具产业的建议》，市委、市政府在《关于发展规范提升木雕红木家具产业的若干意见(试行)》中吸收，确定10家骨干企业重点扶持，市质监局、工商局加大对木雕红木家具产业的执法检查力度，促进木雕红木家具产业持续健康有序发展。市政府常务会议、市长办公会议分别对《关于提升“东阳人经济”回归工程实效的几点建议》《关于提高土地利用率的建议》《关于加强市政府投资项目管理的建议》《关于东阳江流域水环境污染整治的建议》等提案中涉及的问题进行专门研究，出台相关政策措施。自来水地下管道的“二次污染”问题、中小学破旧校舍改造问题、农村饮用水安全问题、江北锦馨花园遗留问题、山区农村合作医疗起报线过高、学士路和歌山路路灯亮化、东阳江沿江景观带安全、城区电线杆设置等问题，都得到解决。

市委主要领导对提案工作多次做出批示；每年政协全会后，市政府专门召开市长办公会议，研究部署提案办理工作，落实责任，形成市长负总责、常务副市长具体分管、相关副市长按分工牵头承办的工作格局。2007年，市委把提案办理工作列入作风建设考核的重要内容之一。市政府办公室不断总结多年来的办理经验，逐步规范市政府领导领办制度、承办单位分工负责制度、协作办理制度、交流沟通制度、限时办结制度、督查制度等一系列行之有效的制度，使办理工作有章可循，有据可依。十二届政协期间，召开面商座谈会97次，面商提案933件，占提案总数的78.4%，参加面商座谈会的市领导317人次。提案领衔委员与市领导、部门领导面对面交换意见，提出对办理工作的建议，使委员的意见表达比原来的提案更明确、更深刻、更全面，效果也更好。

2009年，市政协首次与市人大、市政府联合开展办中检查，出台《提案办理工作考核细则》，完善提案督办联动机制。市委办公室、市政府办公室和市政协提案文史工作委员会形成以"四联合"为特征的整体推进机制，即会间联合审查拟办、会后联合集中交办、年中联合进行督办、年末联合检查验收，保障提案工作有序务实地进行。

市政协常委会、主席会议加强对提案工作的领导。在常委会、主席会议上多次听取提案工作汇报，研究提案工作中的重要问题，包括提案工作报告、提案审查报告、重点提案的确定与督办、优秀提案的评选等。主席、副主席每年选择10件左右重点提案重点督办，推进重点提案办理的高层次运作，以确保办理质量。

2010年11月，市政协首次对重点提案办理情况开展民主评议，建立由政协常委、提案委成员、提案领衔委员和相关专委会人员组成的3个评议小组，采取"看、听、议、评"的办法，对《关于红椿巷区域科学规划、合理设计、精心建设的建议》等3个提案进行视察和评议，得到承办单位领导的高度重视，收到明显成效。

2009年，在省政协召开的提案工作会议上，东阳市政协作《多方互动，实现提案办理的共赢》的经验交流。2010年在金华市政协召开的提案工作座谈会上，东阳市政协作《与时俱进，做好政协提案工作》的交流发言。

第十三届委员会

市政协十三届期间收到意见和建议1697件，经审查，立案1668件，作来信处理29件，全部办复完毕。

提案中的许多建议在市委、市政府的发展规划和部门工作中得到体现。如市政府的《关于加快推进城区道路顺畅工程建设的实施意见》《东阳市城区道路交通综合治理实施方案》《东阳市农村饮用水工程运行管理办法》《东阳市清洁水源行动实施方案》《东阳市闲置土地处置实施办法》《东阳市塑料塑胶产业转型升级实施意见（试行）》《东阳市企业总部中心建设实施办法》《东阳市政府投资项目合同履行监督管理暂行实施办法》《东阳市加快现代物流业发展的扶持政策》等文件都吸收了提案内容。

针对提案《关于加强对城区道路维护和管理的建议》，市政府先后出台《东阳市城市道路管理办法》《东阳市城区渣土车、散装材料车综合整治工作实施方案》，限行区域扩大3

倍，分管副市长带队上路检查，有效扭转城市道路“雨天一身泥，晴天一身灰”的环境污染。针对《加快行政审批体制改革，建设服务型政府的建议》，市审改领导小组对38家机关部门单位的行政审批事项进行全面审核，提出优化精简规范意见建议211条，修改审批要件等内容304项，非行政许可项目减少38%，承诺时限平均提速55%；东义路改造、西门菜市场升级、城市污水管道整治等一批群众反映强烈的民生问题得到及时解决。针对委员反映强烈的禁止燃放烟花爆竹问题，印发《关于进一步加强烟花爆竹禁售、禁放工作的实施意见》，从2015年1月1日起，扩大“双禁”城区范围，将全市林区纳入“双禁”范围；为办好农村生活污水治理的提案，市农办提出力争两年基本完成。关于发展城市公共自行车交通的提案，惠民公交公司建成站点40多个，投放公共自行车1000辆，后续将投放自行车2000辆。《坚持“人才强市战略，创新招才引智机制”》《做好工业用地容积率挖潜文章，提高土地利用率》《加快行政审批体制改革，建设服务型政府》等提案，市招才引智局、市经信局、市监察局等部门已将问题解决。城区公共区域WIFI建设、城区生活垃圾分类处理等一批民生热点难题都已解决。

每次全体会议结束后，市人大、市政府和市政协联合召开提案建议交办会，市政府分管领导向各承办部门和单位提出当年政协提案办理工作的目标、任务和要求，强调各承办部门主要领导是第一责任人，确保办理提案与解决实际问题同步，与推动本部门工作同步，与赢得委员满意同步。市委、市政府领导领办政协重点提案，主动参与承办部门召开的各种座谈会、面商会，听取办理情况汇报、通报，帮助解决一些实际问题，在正式答复委员前审阅答复件，推动提案的落实。各承办单位建立“主要领导亲自抓，分管领导具体抓，明确专人负责抓”工作机制，从交办部署、调查研究、协调问题到走访面商、答复审阅，主要领导都全程参与，严格把关。市公安局推行“三见面”办案法，办前、办中、办后三次和委员沟通协商；市财政地税局坚持“先调研、后办理、再答复”的办理工作规程，提高提案的解决率。市府办自始至终跟踪督办，抓好落实，发挥综合协调、督促检查的作用。

市政协分管提案工作的领导和提案文史工作委员会成员走访重点提案承办单位沟通协调，加大督办力度。对一些建议已被党委、政府采纳或正在办理落实中的提案，市政协提案文史工委组织视察、督促提案的落实，如视察怀万线二期工程、城区道路建设、两江流域水环境治理工作等。通过《东阳日报》的《政协视点》、东阳电视台的《政协视线》专栏，从提案中选取推行政策性农业保险、马宅镇柽溪江河道改造等提案进行追踪。组织提案办理“回头看”活动，督促部门的提案办理，总结推广提案办理的先进经验，推进提案办理工作的健康进展。

2015年，市政协开展“提案质量年”活动，加强提案的引导和服务工作。由提案与委员工作委员会直接向委员发放《提案办理情况征询意见表》，由委员自主就提案办理效果做出反馈，杜绝委员由于受人情、面子等因素影响、干扰而不能真实表达意愿的情况发生。

在2015年9月的金华市政协提案工作会议上，东阳市《做好提案办理协商，推进协商民主建设》的交流发言得到金华市政协领导的肯定。

附录：十届一次会议至十三届五次会议重点办理提案（共231件）

第十届委员会

表2

会议	提出单位 领衔委员	案由
十届一次会议	市工商联	关于贯彻省委〔1998〕2号文件，进一步促进东阳市非公有经济发展的建议
	市工商联	关于加强行业协会的组建和领导，充分发挥工商联的桥梁和纽带作用的建议
	民革东阳市支部	关于进一步加强菜篮子工程建设的建议
	民革东阳市支部	关于市委市府成立下岗职工安置领导小组的建议
	民革东阳市支部	关于严禁乡镇和村两级以罚代卖在新建公路两侧滥批建筑用地损失耕地的建议
	民革东阳市支部	关于创造条件制定规划改革东阳市以小学五年、初中三年代替国家制订的九年制义务教育现状的建议
	民革东阳市支部	关于大力兴办民营科研机构的建议
	工会界	关于加强职工文化活动中心的投入与建设的建议
	教育1组	关于提高政协委员自身素质、增强参政议政能力的建议
	民进东阳市支部	关于开办东阳市联托运市场，方便工商业户商品流通渠道的建议
	农林界	关于农业发展基金用于农业开发的建议
	市文联	关于增加文联事业业务经费的建议
	民盟东阳市支部	关于加强东阳市中华传统文化研究，古为今用，服务经济建设的建议
	民盟东阳市支部	关于及早搬迁化工区，保障人民健康的建议
	民盟东阳市支部	关于积极扶持民办高中，努力提高民办高中办学质量的建议
	工商联界	关于个私经济不容乐观，亟须引起政府高度重视的建议
	许晓华	关于扶持“小巨人”企业，必须重视“知识型”企业的建议
	徐智明	关于重视发展旅游业，培植经济新增长点的建议
十届二次会议	民革东阳市总支	关于加强东阳市城区医疗机构管理的建议
	吴洪森	建议主要街道路口增设红绿灯，以减少交通事故
	金立群	建议政府对需解困企业分类扶持和处理
	工商联	实施园林化城市建设计划的几点建议
	工商联	对如何筹建中小企业担保公司的建议
	民建东阳市总支	关于东阳市经济发展与税收关系的调查与建议
	徐圣文	建立闲置厂房、土地信息库，减少重复投资建设
	贾　云	建议政府高度重视东阳影视产业发展
	文艺界	结合争创国家园林城市，增建人文景观的建议
	陈皖东	建好东阳信息港，促进东阳市经济和社会全面发展

续表2

会议	提出单位 领衔委员	案由
十届三次会议	许晓华	关于市委市政府要重视东阳外向度经济问题的建议
	包品芳	关于建立职教中心,发挥主体专业的优势的建议
	民革东阳市总支	关于通盘规划治水治污的建议
	工商联	关于重视西部开发的建议
	徐文考	关于加强沙料资源管理,防止大量向外流失的建议
	楼满良	关于加快东阳高等教育发展的建议
	农工党东阳市委会	关于以“减负”为契机,全面推进素质教育的建议
	王秋艳	关于采取有效措施,理顺城区居委会管理体制的建议
	马　波	关于保护打工者合法权益,以利社会治安的建议
	贾　云	建议高度重视东阳影视产业
	刘宝剑	关于开展“综合整治学校周边环境专项活动”的建议
十届四次会议	徐保成	关于东阳市城市发展战略的建议
	蒋天耕	关于抢救保护古樟树的建议
	陈皖东	关于江北新区建设的几点建议
	工会界	关于统一规划、规范管理城区公墓的几点建议
	张黎云	关于农业结构调整的几点建议
	周淑英	关于城市管理实施综合执法的几点建议
	杜新阳	关于加强网吧管理,净化青少年成长环境的建议
	农工党东阳市委会	关于发展教育产业,推进城市化建设的建议
	徐圣文	关于重视城区公厕建设的建议
十届五次会议	徐保成	关于改善收入环境,推动经济发展的建议
	工商联	关于全面推行预算外资金“四统一”管理,合理调整部门利益分配的建议
	工商联	关于重视农村环境卫生的建议
	徐文考	关于加大对合作基金会清欠力度的建议
	王永进	关于立项建设黄田畈至赤岸公路,开辟东义交界处另一方投资热土的建议
	厉世棠	关于加强五个街道办事处的规划与管理的建议
	金立群	关于加快旧城改造,完善道路规划的建议
	吴兆宁	关于进一步完善医疗保险制度的几点建议
	单俨彬	关于加快东扩步伐的建议

第十一届委员会

表3

会议	提出单位 领衔委员	案由
十一届一次会议	蒋宝荣	关于加快医药化工企业转型,促进东阳市医药经济快速发展的建议
	民建东阳市总支	关于理顺经济开发区、江北新区和外资工业园区管理体制的建议
	吴新祺	关于切实加强网吧监督管理的建议
	陈伯仁	关于采取切实措施,改善农村环境卫生问题的建议
	吴初伟	关于尽快建设以东阳木雕为代表的工艺品城的建议
	金立群	关于规划建设东阳连接杭金衢高速公路快速通道的建议
	马国鑫	关于完善社区建设的几点建议
	周淑英	关于超前规划,加大投入,做好公共停车场地建设的建议
	王进兴	关于及早进行区域调整,加快中心镇建设的建议
	民盟东阳市总支	关于积极准备、创造条件,做好卢宅申报世界文化遗产工作的建议
十一届二次会议	徐保成	关于抓紧解决横店热电厂有关问题的建议
	文艺界、体育界、新闻出版界	关于保障城乡居民生活用电和有序用电的建议
	蒋天耕	关于设立"金牛奖",提升影视城品位的建议
	张黎云	镇乡、街道应及早采取集中处理农村生活垃圾的措施
	陈梦桂	关于加快农村区域调整的建议
	应敏飞	关于在南山景区建立彩色树种基地的建议
	耿大玉	企校结合打造先进制造业人才培养基地
	陆文献	关于建立农产品安检体系,确保食品安全的建议
	施根华	关于加强东阳市沙资源管理问题的建议
	徐保成	关于加大银行对中小企业贷款力度的建议
	徐圣文	关于优化外来打工者生存环境的建议
十一届三次会议	吴翠萍	关于主动接轨义乌,加强全方位合作与交流的建议
	张黎云	关于做好农村行政村撤并后续工作的建议
	工会界	关于认真清理和完善工业用地的建议
	工商联	关于加快江北商贸中心建设的建议
	民建东阳市总支	关于加快高速公路沿线村庄规划和旧房改造的建议
	农工党东阳市委会	关于加强食品安全管理的建议
	周淑英	关于免费开放城区公园的建议
	新闻出版界	关于加快市广电中心建设的建议
	周震明	关于全民参与治安巡防,创建"平安东阳"的建议
	杜改生	关于要求市公安机关尽早侦破东阳市横店农村信用社借款合同纠纷案的建议

续表3

会议	提出单位 领衔委员	案由
十一届四次会议	陈皖东	以催收农村合作基金会欠款为突破口,加强诚信政府建设
	马国鑫	关于加强财政资金监管,提高财政资金使用效益的建议
	许兵辉	办好职业技校,服务东阳经济
	胡龙品	关于尽快建设江北长途汽车站的建议
	许兵辉	加强城郊接合部的综合整治和管理
	张凌木	采取切实措施,促进中小企业健康发展的建议
	斯洪伟	慎重上马建设外国语学校的建议
	丁雄鹰	关于加快南下线公路建设的建议
	吴荣仁	整合茶叶、火腿、香榧等农产品品牌,提高产品附加值
	施根华	切实做好农村垃圾处理,改善农村生活环境的建议
	民革东阳市总支	总结经验,深化"百家扶百村"活动
	周震明	关于设立街面电子警察,建设平安东阳的建议
	蒋宝仙	规范出租车市场管理,让"流动的风景线"更靓
	农工党东阳市委会	下决心动真格,提高闲置土地的利用率
	陈梦桂	关于加快东阳江流域污染治理的建议
	斯武民	关于加快公共文化设施建设的建议
	刘　浪	关于规范典当市场的建议

第十二届委员会

表4

会议	提出单位 领衔委员	案由
十二届一次会议	施根华	关于兴旺世贸城市场的建议
	赵耀杰	关于加快横店影视产业实验区建设的建议
	倪新火	关于采取切实措施,改善老城区交通拥堵情况的建议
	厉伟民	关于完善低收入人群医疗保障制度的建议
	刘　浪	关于加快东白山风景区开发建设的建议
	徐保成	关于建立亩产效益评价机制的建议
	许庆梅	关于扩建、新建菜场的建议
	民建东阳市总支	关于加强东阳市历史文化品牌保护的建议
	徐伟星	关于加快新居住小区道路硬化的建议
	戚小伟	关于进一步加快畜牧业发展的建议

续表4

会议	提出单位 领衔委员	案由
十二届一次会议	舒理建	关于“两江”流域环境污染防治措施的建议
	陆俊彪	关于尽快解决招商引资企业若干遗留问题的建议
	农工党东阳市委会	关于加快江北商业中心建设的建议
	倪新火	关于推进农业科技创新,提升东阳市现代农业发展水平的建议
	吴章潭	关于加快农村饮用水工程建设进度的建议
十二届二次会议	杜文康	把“东阳人经济”转化为“东阳经济”的几点建议
	民建东阳市总支	关于修订基准地价提高中小企业融资能力的建议
	陆俊彪	关于加快世贸城周边配套设施规划建设的建议
	吴荣仁	关于培育、扶持企业上市的建议
	徐伟星	关于加快东阳市体育文化设施建设的建议
	陆锡潭	关于妥善处理竹溪工业功能区遗留问题的建议
	陈梦桂	关于加快东阳江流域污染治理的建议
	无党派	关于要求进一步完善老年人免费乘车有关政策规定的建议
	王鹤群	关于加大扶持经纪人带动低收入农户发展来料加工业的建议
	孔跃民	关于重视高速公路对东阳市经济推动作用的建议
	金鸣军	关于加快发展东阳市旅游经济的建议
	申屠康	关于重视中心镇建设,推动东阳全面发展的建议
	张军进	关于加快南山省级森林公园建设的建议
十二届三次会议	沈　兵	关于打响“民间故宫”品牌,促进东阳经济发展的建议
	杜文康	关于加快东阳铁路建设项目前期工作的建议
	俞劭平	关于集中管理,建立大档案管理格局的建议
	民革东阳市总支	关于教师带生问题的建议
	民建东阳市总支	关于推进东阳市农业产业化的建议
	楼兰芳	关于提高土地利用率的几点建议
	张正望	关于尽快理顺世贸城有限公司经营管理体制的建议
	周淑英	关于在全市出租车和运营残疾车喷涂放大车牌号的建议
	倪新火	关于重视利用地理标志证明商标,促进东阳市传统优势产业发展的建议
	王鹤群	关于做好行政村区域调整后续工作,扎实推进农村新社区建设的建议
	卢美君	加快农村土地承包经营权流转的建议
	卢光华	关于加大基础设施资金投入,尽快解决道路交通、饮用水问题,加大推进东白山旅游开发步伐
	侨联界	对全市农村闲置旧危房集体利用的调查与建议
	韦跃刚	抓紧扫尾,使交通投入尽早发挥效益
	农工党东阳市委会	关于提升东阳人经济回归工程实效的几点建议

续表4

会议	提出单位 领衔委员	案由
十二届四次会议	蒋武镁	关于推进城乡公共交通一体化的建设
	黄小明	关于新建“东阳中国木雕博物馆”提高“中国木雕之都”知名度的建议
	华协漂	关于做大做强红木家具产业的建议
	无党派界	关于建立健全东阳市农村饮用水工程长效机制的建议
	郭晟峰	关于重民生，切实改造“三靠”地区的城市基础设施的建议
	台联界	关于红椿巷区域科学规划、合理设计、精心建设的建议
	楼兰芳	关于重视对传统产业转型和升级的建议
	徐保成	关于进一步重视外来务工人员子女就学的建议
十二届五次会议	王鹤群	关于建设美丽乡村的几点建议
	韦俊洪	关于加快学前教育发展的建议
	杜文康	关于及早谋划细化东阳在金华—义乌都市区核心片区的功能定位的建议
	王向东	关于加快制定《我市传统工艺美术保护实施办法》，建设传统文化产业强市的建议
	倪新火	关于加强农产品质量监管体系建设的建议
	韦跃忠	关于加快我市职业教育发展，重视培养技能应用型人才的建议
	何飞龙	关于做好建筑业界精英回乡创业的建议
	吕天宝	关于加快市场大市建设的建议
	斯武民	关于实施文化兴市战略的建议
	史南京	关于发挥人才资源优势 加快东阳崛起步伐的建议

第十三届委员会

表5

会议	提出单位 领衔委员	案由
十三届一次会议	周淑英	关于加强环卫基础设施规划的建议
	民革东阳市总支	加快东阳城东的基础设施建设的建议
	陆彤亚	关于全面接轨义乌的建议
	华协漂	关于加快江北商务区建设，推动江北城市化进程的建议
	陈方华	关于加大农村土地规模流转政策扶持力度的建议
	民盟东阳市基层委员会	关于加强我市建筑渣土管理的建议
	周震明	关于大力发展总部经济的几点建议
	蒋宝仙	强化废塑产业引导规范，大力推进美丽乡村建设
	陈　焰	关于培育创新性企业，加快科技成果产业化，实现产、学、研同步发展的建议
	张田芳	关于扶持影视后期制作进一步巩固东阳影视龙头地位的建议
	周桂良	关于进一步重视产业公共服务平台建设 助推重点产业集群发展的建议
	楼兰芳	关于对环城道路进行整体规划的建议

续表5

会议	提出单位 领衔委员	案由
十三届二次会议	张田芳	关于重视我市古民居文博中心建设战略思考
	郭兰中	关于“坚持人才强市战略,创新招才引智机制”的建议
	朱洪淼	关于加快江北重点工程和公交场站建设的建议
	农工党东阳市委会	整合木雕红木、缝配市场,提升东阳品位的建议
	黄亚民	关于解决旧村改造中“空心村”问题的建议
	李向阳	关于加快商城搬迁的建议
	陈东海	关于加强对城区道路维护和管理的建议
	徐圣文	做好工业用地的容积率挖潜文章提高土地利用率的建议
	何月英	加快行政审批体制改革建设服务型政府的建议
	文艺界、新闻出版界、体育界	关于重建“黉门”的建议
十三届三次会议	徐圣文	关于加强东阳江源头管理的建议
	农工党东阳市委会	关于加强农村生活污水治理的建议
	张田芳	关于以六大推手推进横店影视文化旅游产业东阳全域化发展的建议
	华协漂	关于调整优化东阳市商城和卢三陶瓷、建材等专业市场布局,激活城乡消费的建议
	俞　红	关于开展东阳市建设工程施工现场扬尘治理专项行动建议
	张永雷	关于规划户外广告的建议
	陆菊花	关于推进“三改一拆”工作的几点建议
	蒋宝仙	加大“双禁”力度,优化空气质量
	张永雷	加快我市木雕家具行业电子商务建设步伐建设
	徐爱民	巩固“五城同创”阶段性成果,落实市区卫生保洁长效机制
	张黎云	关于下拨乡镇人均文化活动经费的建议
	吴跃龙	关于杜绝教师有偿家教,加强师德师风建设的建议
	陈林旭	关于加强农村公墓选址控制和指导的建议
	徐跃进	促进饮水安全卫生　保障居民身体健康
十三届四次会议	葛岸丽	关于推进东阳发展绿色建筑行动的建议
	杜岚	加强“活态文化”开发　提升卢宅旅游功能的几点建议
	郭顺松	关于加速推行垃圾分类处理的建议
	韦跃忠	关于建立木雕传统工艺人才培养保障机制的建议
	徐圣文	关于加强市区行道树科学选择与管理的建议
	王向东	对打造“世界木雕之都”城市艺术大道建设的若干建议
	杜文康	关于加快义乌疏港高速公路东阳延伸段规划、立项和报批的建议
	杜加云	加强备用水源建设,确保供水安全
	华川	合理规划商业网点,着力培育龙头企业
	邵福龙	关于全面开展大气治理十大专项行动,建立大气污染防治长效机制的建议

续表5

会议	提出单位 领衔委员	案由
十三届四次会议	张勤	关于增加交通违章罚没款银行专户的建议
	蒋宝仙	实现城区重要公共区域免费WIFI全覆盖的建议
	陈林旭	关于规划建立建设东阳市文化创意产业一圈两带的建议
	周震明	关于进一步加强农村食品安全监管,全面打造“健康东阳”的建议
	楼兰芳	关于推广社会保障卡市民卡的建议
十三届五次会议	杜文康	关于横店万花园及东阳江滨、迎宾大道景观带等实行花木认种认养、万人众筹方面的建议
	楼红霞	关于加快我市民宿产业发展的建议
	农工党东阳市委会	关于加快我市中等职业教育发展的建议
	陆菊花	关于加强我市城乡建设规划的几点建议
	民进东阳市总支	关于完善优秀教师引进和培养机制的建议
	徐圣文	关于把优化服务、善待企业落到实处的建议
	王向东	关于整合打造古城区文化旅游带的建议
	叶为燕	关于要求市编制办、人事局、财税局采取相应措施以缓解二孩政策带给学校教育教学压力的建议
	何月英	关于确保生活污水处理设施正常运转的建议
	李中军	关于在我市推行“多规融合”的几点建议
	民革东阳市基层委员会	关于深入推进我市“美丽乡村”建设的建议
	楼兰芳	建立基于8890的虚拟养老院的建议

第四节　提案表彰

1995年2月,市政协九届十二次主席办公会议决定,是年起开展评选优秀提案、提案积极分子和提案办理先进单位活动,对数量多,质量高,为东阳市两个文明建设做出积极贡献的提案委员和认真负责并有显著成绩的承办单位在全会上给予表彰。

1997年5月,九届二十六次主席办公会议修改《优秀提案评比条件》《提案积极分子评比条件》,审议通过《提案承办先进单位评比条件》《提案承办先进个人的评比条件》。

优秀提案评比条件:

1. 提案内容围绕东阳市中心工作,紧扣经济建设和社会发展,抓住人民群众普遍关心的重要问题。

2. 提案要言之有据,言之有理,言之中的,言之可行,具有较强的针对性、可行性和可操作性。既提出问题,又有解决问题的办法或措施。

3. 提案所提意见、建议得到承办单位的重视和采纳,并且已经或将能产生较好的效果。

4. 同类内容的提案中,择优选择内容完整,书写清楚,格式规范,可操作性强的一件作为优秀提案。

提案积极分子评比条件

1. 关心、热爱政协工作,参政议政意识强。

2. 积极反映社情民意,深入实际调查研究,提案内容切中时弊,立意高,视角新,可操作性强。

3. 一年内撰写提案两件以上或有被评为优秀提案。

4. 案面整洁,书写清楚,内容完整,格式规范。

提案承办先进单位评比条件

1. 领导重视。10件以上承办大户建立提案办理领导小组,主要领导任组长。不足十件的承办单位有领导专门负责提案办理工作。抽调专人办理,分工明确,责任到人,不推诿,不扯皮。

2. 制度健全。提案办理建立领导审阅,组织力量调研,拟写答复,上门征求委员意见,领导签发,纳入决策程序等一整套制度,且答复规范,提案办理制度化。

3. 措施落实。对条件具备,或通过努力可以办到的提案,积极采取措施,认真抓好落实。条件尚不具备,或一时难以办到的提案,热情向委员做出解释。吸取委员提案中的合理化建议,促进本单位工作,推进决策的民主化、科学化,不做表面文章。

4. 年度内承办的提案,委员表示基本满意。

5. 承办提案全部按规定时限办复。

提案承办先进个人评比条件

1. 热心提案办理工作,工作认真负责,事事有回音,件件有着落。

2. 工作作风扎实,深入实际调查研究,实事求是地拟写提案答复,不敷衍塞责。

3. 加强与委员的沟通联系,上门征求意见,倾听委员呼声。

4. 提案答复,文字通顺流畅,语言简练明确,符合办文要求。

5. 承办提案全部按规定时限办复。

2004年,取消以提案数量为标准的积极分子评选。是年会同人大办和市府办联合评选提案办理工作先进单位及先进个人。在提案交办会上表彰。

1995年至2015年,评选优秀提案272件;1995年至2003年,评选提案积极分子123人次;1996年至2015年,评选提案办理工作先进单位231个,先进个人290人次。

1995至2015年度优秀提案

1995年度优秀提案

表6

提出单位 领衔委员	案由
民革东阳市支部	关于市区严禁销售、燃放烟花爆竹的建议
吴美荣	建议取消城区物资交流会
金立群	建议加强对农村合作基金会的管理
吴洪森	关于加强家犬饲养管理的建议
陈松林	关于加强外来人员管理的建议
曹秀土	关于要求兴建东阳博物馆的建议
陈仙华	关于要求实行职工医疗费统筹的建议
程隆新	关于发展新的经济增长点,抢占市场制高点——抓住机遇,努力发展我市氟化工的建议
蔡齐永	关于"老有所乐,老有所终"的建议
金子微	关于"三化"污染严重,危害人民健康,必须及早搬迁的建议
林勋杰	建议加强菜场环境管理
吴兆震	建议市府按各高中原定班级人数收足"成绩生",再另挖潜力增收资助生
杜新宝	关于加强反对封建迷信,促进社会风气好转的建议
厉朝松	建议加强市场物价监督管理
赵升尧	建设文明城镇应抓好的几件事
杜承鲁	关于要求扶持东阳婺剧团的建议

1996年度优秀提案

表7

提出单位 领衔委员	案由
丁桂林	关于重视村级财务清理,建立公开制度的建议
杜加熙	关于改革企业经营机制,增强企业活力的建议
韦俊伊	关于解决困难企业退休职工退休费、职工基本生活费、下岗职工生活费的建议
吴兆震	关于打击流氓帮派恶势力,确保社会治安根本好转的建议
韦　参	关于城区绿化、美化的建议
民革东阳市支部	关于在部分公共场所禁止吸烟,保障人民身体健康的建议
顾方洪	关于禁赌的建议
王行奇	关于创建卫生城市,促进精神文明建设的建议
社科组	关于禁毒的建议
陈伯仁	关于兴办养老院的建议

表8

1997年度优秀提案

提出单位 领衔委员	案由
吴洪森	关于以更优惠条件吸引外来资金到东阳经商办企业的建议
张茂春	关于为下岗职工再就业提供双向选择机会的建议
周桂楼	关于筹建“笔架山公园”的建议
杜承鲁	关于进一步重视解决困难企业的问题的建议
医卫组	关于建议撤除青春路、振兴路铁棚子的建议
吴兆震	关于仿效金华理工大学办法，速在城区筹建第三高中的建议
吴美荣	关于创建全国卫生城市面临的困难及几点建议
农林界	关于加强对八达电站领导和支持的建议
史龙海	关于建立东阳籍在外经商者的组织，促进我市企业发展的建议
金立群	关于规范赞助企业行为的建议
徐冠玉	关于市区主要街道机动车辆禁鸣喇叭的建议
楼齐明	关于在东阳开办旧货市场的建议
任基夫	关于加强预算外资金管理的建议
陈心发	关于切实加强市历史文化名城保护管理的建议
郑伯云	关于注册东阳木雕统一商标，组建木雕集团的建议
楼福珍	关于成立乡镇企业服装协会的建议

表9

1998年度优秀提案

提出单位 领衔委员	案由
徐智明	关于重视发展旅游业，培植经济新增长点的建议
吴洵中	关于抢救东阳古文化遗产，编纂《东阳丛书》的建议
市工商联	关于贯彻省委〔1998〕2号文件，进一步促进东阳市非公有制经济发展的建议
舒士宁	关于管好液化气行业，做好液化气管道供气文章的建议
楼满良	关于改革普通高中招生体制的建议
民盟东阳市支部	关于积极扶持民办高中，努力提高民办高中办学质量的建议
民建东阳市总支	关于彻底治理三乱，减轻企业负担的建议
徐文考	关于给机关干部几年一次体检规定的建议
杜加强	关于加大力度解决再就业问题的建议
许晓华	关于产权制度为主线的改制转机工作，必须重视经营者选择的建议
杜新阳	关于实施和推进“教育之乡”名牌战略，保持“教育之乡”领先地位的建议
王爱民	关于加快实施城市规划向沿江两岸发展的建议
张景秋	关于建立刑满释放人员安置帮教工作机构的建议
胡三平	关于大力发展职业教育，为东阳“二次创业”做贡献的建议

1999年度优秀提案

表10

提出单位 领衔委员	案由
科协界	关于发展效益农业不能放松粮食生产的建议
经济界	关于加快农村宅基地有偿使用步伐的建议
侨联界	关于我市举办旅游节的建议
农工界	关于创建国家园林城市的建议
金立群	关于金甬高速公路东阳市境内走向的建议
顾圣书	加强对农民进行教育，不在蔬菜等作物上施用剧毒农药的建议
徐圣文	建立闲置厂房、土地信息库，减少重复投资建设的建议
葛志成	对市级行政事业单位实行会计委派制的建议
民建东阳市总支	关于我市经济发展与税收关系的调查与建议
陈皖东	建好东阳信息港，促进我市经济和社会全面发展的建议

2000年度优秀提案

表11

提出单位 领衔委员	案由
许晓华	关于市委市政府要重视东阳经济外向度问题的建议
包品芳	关于建立职教中心，发挥主体专业优势的建议
民革东阳市总支	关于通盘规划治水治污的建议
徐文考	关于加强砂料资源管理，防止大量向外流失的建议
包为群	关于城市化管理需要树好交通民警形象的建议
徐圣文	关于整顿规范车况车序，让东阳更美丽的建议
程隆新	关于要求公示江北新区建设筹资计划的建议
农工党东阳市委会	关于以“减负”为契机，全面推进素质教育的建议
农工界	关于完善社会化服务体系，发展效益农业的建议
王秋艳	关于采取有效措施，理顺城区居委会管理体制的建议
马　波	关于保护打工者合法权益，以利社会治安的建议
陆锡柱	关于遏制“举债行政”的建议
民建东阳市总支	关于利用税收杠杆，促进我市经济发展的建议
陈友田	关于加强查扣罚没物品管理，防止国有资产流失的建议

2001年度优秀提案

表12

提出单位 领衔委员	案由
徐保成	关于我市城市发展战略的建议
蒋天耕	关于抢救保护古樟树的建议
陈皖东	关于江北新区建设的几点建议
工会界	关于统一规划、规范管理城区公墓的几点建议
张黎云	关于农业结构调整的几点建议
周淑英	关于城市管理实施综合执法的几点建议
杜新阳	关于加强网吧管理,净化青少年成长环境的建议
农工党东阳市委会	关于发展教育事业,推进城市化建设的建议
徐圣文	关于重视城区公厕建设的建议
徐文考	关于加强行政事业单位固定资产管理,防止固定资产流失的建议
吴兆宁	关于扩大东阳木雕宣传的建议
胡三平	关于优化、净化投资环境的建议
工商联	关于积极推行预算外资金“四统一”管理,合理调整部门利益分配的建议

2002年度优秀提案

表13

提出单位 领衔委员	案由
徐保成	关于改善收入环境,推动经济发展的建议
工商联	关于重视农村环境卫生的建议
徐文考	关于加大对合作基金会清欠力度的建议
王永进	关于立项建设黄田畈至赤岸公路,开辟东义交界处另一方投资热土的建议
厉世棠	关于加强五个街道办事处规划与管理的建议
金立群	关于加快旧城改造,完善道路规划的建议
吴兆宁	关于进一步完善医疗保险制度的几点建议
单俨彬	关于加快东扩步伐的建议
蒋天耕	关于扩大对卢宅宣传的建议
妇联界	关于办好东阳国际木雕节的几点建议
民革东阳市总支	关于我市“农业增效、农民增收”的几点建议
孔跃民	关于重视利用义乌小商品市场辐射功能的建议
洪福照	关于公路收费站的若干建议

表14

2003年度优秀提案

提出单位 领衔委员	案由
蒋宝荣	关于加快医药化工企业转型,促进我市医药经济快速发展的建议
陈伯仁	关于采取切实措施,改善农村环境卫生问题的建议
周淑英	关于超前规划,加大投入,做好公共停车场地建设的建议
王进兴	关于及早进行区域调整,加快中心镇建设的建议
楼四良	关于建立非公有制企业职工欠薪预警机制的建议
王昌焕	关于建立失地农民保障制度的建议
民建东阳市总支	关于理顺经济开发区、江北新区和外资工业园区管理体制的建议
杜加云	关于搬迁和做大浙中建材市场的建议
民盟东阳市总支	关于积极准备、创造条件,做好卢宅申报世界文化遗产工作的建议
市工商联	关于重视招商引资质量,提高土地利用效率的建议
农工党东阳市委会	关于举办各类市级节庆活动的几点建议
民革东阳市总支	关于为外来人员创造居住东阳的条件的建议

表15

2004年度优秀提案

提出单位 领衔委员	案由
徐保成	关于抓紧解决横店热电厂有关问题的建议
陈美华	关于做好“一江两岸”规划建设的建议
蒋宝荣	关于禁止在中小学校校园内开设食品商店的建议
应敏飞	关于建立彩色树种基地的建议
徐圣文	关于优化外来打工者生存环境的建议
陆文献	关于建立农产品安全检测体系,确保安全的建议
陈梦桂	关于加快农村区域调整的建议
刘 浪	关于道路命名力求丰富多彩的提案
王进兴	关于开通行政公交专线,设立停靠站及站牌的建议
张黎云	镇乡、街道应及早采取集中处理农村生活垃圾的措施
吴为彬	关于尽快安装服装园区有线电视网的建议
文艺、体育、新闻界	关于保障城乡居民生活用电和有序用电的建议

2005年度优秀提案

表16

提出单位 领衔委员	案由
周淑英	关于免费开放城区公园的建议
王进兴	关于加快江北商业区建设的建议
陆锡潭	关于认真清理和完善工业用地的建议
许兵辉	关于主动接轨义乌,加强全方位合作与交流的建议
张黎云	关于做好农村行政村撤并后续工作的建议
吴翠萍	关于加快高速公路沿线村庄规划和旧房改造的建议
陈皖东	关于加强治安巡防,创建“平安东阳”的建议
农工党东阳市委会	关于加强食品安全管理的建议
徐圣文	关于重视环境保护,根治两江污染的建议
楼满良	关于尽快推进失地农民保障建设的建议
许兵辉	关于建立全市新型社会救助体系的建议
沈　兵	关于解决山区学生周末回家“乘车难”问题的提案

2006年度优秀提案

表17

提出单位 领衔委员	案由
张凌木	采取切实措施,促进中小企业健康发展的建议
吴荣仁	整合茶叶、火腿、香榧等农产品品牌,提高产品附加值
许兵辉	办好职业技校,服务东阳经济
许兵辉	加强城郊接合部的综合整治与管理
马国鑫	关于加强财政资金监管,提高财政资金使用效益的建议
农工党东阳市委会	下决心动真格,提高闲置土地的利用率
民革东阳市总支	总结经验,深化“百家扶百村”活动
陈梦桂	关于加快东阳江流域污染治理的建议
陆锡潭	利用黄土丘陵,发展东阳经济
施根华	切实做好农村垃圾处理,改善农村生活环境的建议
楼兰芳	关于设立街面电子警察,建设平安东阳的建议
丁雄鹰	关于加快南下线公路建设的建议
陈皖东	以催收农村合作基金会欠款为突破口,加强诚信政府建设
陈皖东	关于要求解决群众到事业单位大楼办事停车难的建议
刘　浪	关于规范典当市场的建议

表18

2007年度优秀提案

提出单位 领衔委员	案由
施根华	关于兴旺世贸城市场的建议
金克强	关于“两江”流域环境污染防治措施的建议
吴飞跃	关于完善低收入人群医疗保障的建议
吴章潭	关于加快农村饮用水工程建设进度的建议
陆俊彪	关于尽快解决招商引资企业若干遗留问题的建议
民建东阳市总支	关于加强我市历史文化品牌保护的建议
徐保成	关于建立亩产效益评价机制的建议
许庆梅	关于扩建、新建城区菜市场的建议
吴百庆	关于政府应加大对中小企业培育力度的建议
民革东阳市总支	关于减少自来水地下管道二次污染的建议
倪新火	关于推进农业科技创新，提升我市现代农业发展水平的建议
戚小伟	关于进一步加快畜牧业发展的建议
杜文康	关于尽快开展红椿巷、棋盘街区域拆迁的建议
赵小仙	关于加快横店影视产业实验区建设的建议
农工党东阳市委会	关于加快江北商业中心建设的建议
刘　浪	关于加大东白山开发力度的建议

表19

2008年度优秀提案

提出单位 领衔委员	案由
杜文康	把“东阳人经济”转化为“东阳经济”的几点建议
王鹤群	关于加大扶持经纪人带动低收入农户发展来料加工业的建议
民建东阳市总支	关于修订基准地价，提高中小企业融资能力的建议
周卫国	关于建设人工湿地，改善生态环境的建议
吴荣仁	关于培育、扶持企业上市的建议
徐伟星	关于加快我市体育文化设施建设的建议
孔跃民	关于重视高速公路对我市经济推动作用的建议
蒋宝仙	关于做好东阳江沿岸景观带安全防范工作的建议
张旭明	关于加大社区卫生服务站建设扶持力度的建议
无党派	关于要求进一步完善老年人免费乘车有关政策规定的建议
金鸣军	关于加快发展我市旅游经济的建议
申屠康	关于重视中心镇建设，推动东阳全面发展的建议
民革东阳市总支	关于减轻教育负债的建议

2009年度优秀提案

表20

提出单位 领衔委员	案由
陈皖东	关于加大东阳旅游资源整合力度，做大做强东阳旅游业的建议
沈　兵	关于打响“民间故宫”品牌，促进东阳经济发展的建议
俞劭平	关于集中管理，建立大档案管理格局的建议
徐圣文	关于改造十字路口圆盘的建议
楼兰芳	关于提高土地利用率的几点建议
董瑞苹	关于进一步做好红椿巷区域旧城改造的几点建议
科协界	关于要求妥善处理自来水公司股权转让意向的建议
张正望	关于尽快理顺世贸城有限公司经营管理体制的建议
倪新火	关于重视利用地理标志证明商标，促进我市传统优势产业发展的建议
王鹤群	关于做好行政村区域调整后续工作，扎实推进农村新社区建设的建议
王鹤群	关于大力发展农家乐休闲旅游业，创建我市农家乐特色品牌的建议
卢光华	关于加大基础设施资金投入，尽快解决道路交通饮用水问题，加快推进东白山旅游开发步伐
陈　俊	关于加快筹建东阳国际物流中心的建议
韦跃刚	抓紧扫尾，使交通投入尽早发挥效益
农工党东阳市委会	关于提升东阳人经济回归工程实效的几点建议

2010年度优秀提案

表21

提出单位 领衔委员	案由
华协溧	关于做大做强木雕红木家具产业的建议
张正望	关于积极推进横锦水库水环境保护工作的建议
台联界	关于红椿巷区域科学规划、合理设计、精心建设的建议
徐保成	关于进一步重视外来务工人员子女就学的建议
黄小明	关于新建“中国木雕博物馆”，提高“中国木雕之都”知名度的建议
沈　兵	关于加强“东阳人文精神”有形化建设，提升城市发展内涵和品位的建议
陆锡潭	关于加快解决竹溪工业功能区遗留问题的建议
释光泉	关于规划建设“南山（东、西岘峰）文化园”的建议
无党派界	关于建立健全农村饮用水工程长效机制的建议
郭晟峰	关于重民生，切实改造“三靠”地区城市基础设施的建议
楼兰芳	关于重视对传统产业转型升级的建议
周淑英	关于在全市出租车顶部喷涂放大车牌号的建议

续表21

提出单位 领衔委员	案由
王宇燕	关于海关东阳监管点搬迁的建议
王正平	关于整治宁画公路两侧乱堆废塑,随意焚烧废塑垃圾的建议
王鹤群	关于扶持我市家政服务业,促进第三产业发展的建议
民建东阳市总支	关于东阳商城搬迁的建议

2011年度优秀提案

表22

提出单位 领衔委员	案由
许庆梅	关于提高农村环境卫生整治工作实效性的建议
王鹤群	关于建设美丽乡村的几点建议
王向东	关于加快制定《我市传统工艺美术保护实施办法》,使我市从传统文化产业大市迈向传统文化产业强市的建议
倪新火	关于加强农产品质量安全监管体系建设的建议
韦跃忠	关于加快我市职业教育发展,重视培养技能应用型人才的建议
何飞龙	关于做好建筑业界精英回乡创业的建议
赵志强	关于培育城市个性,建设新型城市的建议
吕天宝	关于加快市场大市建设的建议
斯武民	关于实施文化兴市战略的建议
史南京	关于发挥人才资源优势,加快东阳崛起步伐的建议

2012年度优秀提案

表23

提出单位 领衔委员	案由
周淑英	关于加强环卫基础设施规划的建议
华协漂	关于加快江北商务区建设,推动江北城市化进程的建议
胡龙品	关于加快农村饮用水工程建设的进度并形成长效管理机制的建议
陈方华	关于加大农村土地规模流转政策扶持力度的建议
民盟东阳市基层委员会	关于加快我市建筑渣土管理的建议
胡康莉	关于保护历史古迹、建设影视名城的建议
蒋宝仙	强化废塑产业引导规范,大力推进美丽乡村建设
何月英	关于加快红椿巷重建步伐提升城市品位的建议
楼兰芳	关于对环城道路进行整体规划的建议
林建国	关于外来投资者子女在东阳就读应与东阳本地子女教育享受同等待遇

表24

2013年度优秀提案

提出单位 领衔委员	案由
朱洪森	关于加快江北重点工程和公交场站建设的建议
吴新祺	加强东阳“两江”水环境保护和治理的建议
楼兰芳	关于构建食品安全体系、加强食品安全监管的建议
马千里	加快医疗保险卡一卡多用的建议
黄亚民	关于解决旧村改造中“空心村”问题的建议
农工党东阳市委会	关于改善我市城区交通秩序的建议
张凌木	加快过境道路建设提升交通承载能力
李向阳	关于加快商城搬迁的建议
陈东海	关于加强对城区道路维护和管理的建议
徐圣文	做好工业用地容积率挖潜文章提高土地利用率

表25

2014年度优秀提案

提出单位 领衔委员	案由
徐圣文	关于加强东阳江源头管理的建议
吴群刚	关于尽快打通南街和通江路连接线的建议
农工党市委会	关于加强农村生活污水治理的建议
民进东阳市支部	关于建立农村生活污水处理设施长效管理机制的建议
俞红	关于开展东阳市建设工程施工现场扬尘治理专项行动建议
俞俊良	加强城区交通标志、标识建设的建议
张永雷	关于规范户外广告的建议
陆菊花	关于推进“三改一拆”工作的几点建议
蒋宝仙	加大“双禁”力度，优化空气质量
民革东阳市基层委员会	关于倡导绿色出行，建设公共自行车服务站的建议
黄亚民	关于加快我市农村土地流转的建议
徐爱民	巩固“五城同创”阶段性成果，落实市区卫生保洁长效机制
楼兰芳	关于加快我市诚信体系建设的建议
吴跃龙	关于杜绝教师有偿家教，加强师德师风建设的建议
徐跃进	促进饮水安全卫生　保障居民身体健康

表26

2015年度优秀提案

提出单位 领衔委员	案由
葛岸丽	关于推进东阳发展绿色建筑行动的建议
杜　岚	加强"活态文化"开发,提升卢宅旅游功能的几点建议
赵晓红	开展余值抵押登记,解决企业及个体经营者融资难的建议
吕希明	搭建本地股权交易平台,用债转股化解民间借贷危机
郭顺松	关于加速推行垃圾分类处理的建议
沈群英	关于增设公共自行车站点的建议
韦跃忠	关于建立木雕传统工艺人才培养保障机制的建议
徐圣文	关于加强市区行道树科学选择与管理的建议
王向东	对打造"世界木雕之都"城市艺术大道建设的若干建议
杜文康	关于加快义乌疏港高速公路东阳延伸段规划、立项和报批的建议
杜加云	加强备用水源建设,确保供水安全
华　川	合理规划商业网点,着力培育龙头企业
吴群刚	关于切实加强我市职业教育的建议
陈涛涛	运用公证手段,加强对民间借贷事前监控
曹新良	关于在江滨景观带中增建体育活动场地的建议
张旭明	关于要求加强城区医疗资源布局调整的建议
张　勤	关于增加交通违章罚没款银行专户的建议
陈林旭	关于规划建立建设东阳市文化创意产业"一圈两带"的建议
周震明	关于进一步加强农村食品安全监管,全面打造"健康东阳"的建议
楼兰芳	关于推广社会保障卡市民卡的建议

1995年至2003年度提案积极分子

1995年度

金立群　杜锡和　李梦寒　吴顺南　林勋杰　吴洪森
马　波　陈松林　金子棋　曹秀土　李金秀　吴美荣
程隆新　蔡齐永　金子微　吴洵中　吴兆震　杜新宝

厉朝松	王卫国	杜承鲁	邱静龙	赵升尧	

1996年度

丁桂林	杜加熙	应毕正	韦俊伊	张荣义	吴兆震
金友水	卢熙斌	韦　参	赵兰英	吴洪森	吴顺南
顾方洪	吴美荣	马　波	李金秀	林勋杰	王行奇
陈伯仁					

1997年度

张茂春	吴洪森	周桂楼	郑伯云	吴兆震	杜承鲁
史龙海	楼齐明	陈心发			

1998年度

楼满良	王爱民	徐智明	许晓华	吴洵中	徐文考
舒士宁	胡三平	张景秋	杜新阳	吴洪森	厉守明
林勋杰	韦宝弟				

1999年度

金立群	顾圣书	徐圣文	葛志成	陈皖东	吴洪森
史龙海	胡三平	吴兆宁			

2000年度

许晓华	徐文考	包为群	徐圣文	王秋艳	包品芳
马　波	陆锡柱	陈友田	程隆新	卢熙斌	陈皖东
楼满良	吴兆震				

2001年度

徐保成	蒋天耕	胡三平	陈皖东	张黎云	周淑英
杜新阳	徐圣文	徐文考	吴兆宁	金　昉	吴兆震

2002年度

徐保成　徐文考　王永进　厉世棠　金立群　吴兆宁
单俨彬　蒋天耕　孔跃民　洪福照　金　昉　陈皖东
龚淑娟　徐圣文　释光泉　吕桂姣

2003年度

蒋宝荣　陈伯仁　周淑英　王进兴　楼四良　王昌焕
杜加云

1996年至2015年度提案办理先进单位

1996年度

市府办　公安局　建设局　创建办　邮电局

1997年度

市府办　教　委　建设局　卫生局　交通局　供电局
人事劳动局

1998年度

市府办　教　委　财政地税局　公安局　工商局
建设局　吴宁镇政府　环保局　人事劳动局

1999年度

市府办　建设局　教　委　公安局　交通局　民政局
财政地税局　土管局　旅游局　老龄委

2000年度

市府办　建设局　教　委　交通局　公安局　人事劳动局
吴宁镇政府　民政局　土管局　供电局　财政地税局

2001年度

市府办	建设局	交通局	民政局	江北新区	农业局
水电局	教　委	财政局	供电局	林业局	

2002年度

市府办	财政地税局	人劳社保局	经济贸易局	公安局	交通局
建设局	城市管理局	教育局	供电局	民政局	卫生局

2003年度

市府办	建设局	交通局	经济贸易局	教育局	民政局
财政地税局	城市管理局	公安局	农　办	人劳社保局	文化体育局

2004年度

市府办	公安局	广播电视台	教育局	财政局	市农办
建设局	国土资源局	城管局	交通局	供电局	水利局
人劳社保局	民政局	环保局			

2005年度

市府办	农　办	公安局	建设局	国土局	教育局
行政执法局	财政局	交通局	水利局	人劳社保局	民政局
工商局	经贸局				

2006年度

市府办	交通局	建设局	农办	国土局	财政局
公安局	水利局	人劳社保局	教育局	民政局	一体办
经贸局	环保局				

2007年度

市府办	经贸局	教育局	公安局	民政局	财政局

人劳社保局　国土局　建设局　交通局　水利局　行政执法局
环保局　工商局　南市街道办事处

2008年度

市府办　农办　发改局　经贸局　公安局　民政局
财政(地税)局　人劳社保局　国土局　建设局　交通局
水利局　卫生局　环保局　工商局

2009年度

市府办　市委组织部　经贸局　教育体育局　公安局　民政局
财政(地税)局　人劳社保局　国土局　建设局　规划局
交通局　农业局　环保局　农　办

2010年度

市府办　农　办　发改局　经贸局　教体局　公安局
民政局　财政局　人劳局　国土局　建设局　交通局
水利局　外经贸局　白云商贸园区管委会

2011年度

人大办　市府办　政协办　经信局　教育局　公安局
民政局　财政局　人力社保局　国土局　建设局　规划局
交通局　水务局　农　办　白云街道办事处

2012年度

人大办　市府办　政协办　经信局　教育局　公安局
民政局　财政局　人力社保局　国土局　建设局　交通局
水务局　工商局　农　办　白云街道办事处

2013年度

人大办　市府办　政协办　公安局　民政局　财政局

人力社保局　国土局　建设局　规划局　交通局　水务局
环保局　农　办

2014年度

人大办　市府办　政协办　教育局　公安局　民政局
财政局　国土局　建设局　规划局　交通局　水务局
林业局　环保局　农　办

2015年度

人大办　市府办　政协办　教育局　公安局　民政局
财政局　国土局　建设局　规划局　交通局　水务局
卫计局　环保局　农　办　市场监督局

1996年至2015年度提案办理先进个人

1996年度

胡耀华(财税局)　张岩龙(建设局)　陆先坤(公安局)　叶华龙(教　委)
韦俊伊(交通局)　郭有恒(邮电局)　张满水(民政局)　卢伟民(市府办)
郭秀丁(创建办)　徐荣潮(吴宁镇政府)

1997年度

蔡理洪(市府办)　周菊芬(教　委)　张岩龙(建设局)　厉成山(卫生局)
金天水(交通局)　吴子其(供电局)　叶佩锵(人事劳动局)　葛世怀(公安局)
徐荣潮(吴宁镇政府)　徐生银(工商局)

1998年度

郭志明(市府办)　周菊芬(教　委)　胡耀华(财政地税局)　葛世怀(公安局)
周灿瑶(工商局)　楼齐林(建设局)　徐荣潮(吴宁镇政府)　徐德明(环保局)
韦国锋(人事劳动局)　任志兴(物价局)　王进兴(农　办)　顾允平(计经委)

1999年度

蔡理洪（市府办） 楼齐林（建设局） 周菊芬（教　委） 赵国天（公安局）
洪志浩（交通局） 陈光尧（民政局） 王兆伟（财税局） 王小初（土管局）
俞　瑛（旅游局） 潘艳芳（老龄委） 厉成山（卫生局） 胡耀今（创建办）

2000年度

蔡理洪（市府办） 张岩龙（建设局） 周菊芬（教　委） 李宏仁（交通局）
赵国天（公安局） 邵兴华（人事劳动局） 胡望亭（吴宁镇政府） 陈光尧（民政局）
厉一刚（水利局） 蔡建平（供电局） 沈　沉（财政局）

2001年度

包友华（市府办） 张岩龙（建设局） 李宏仁（交通局） 陈光尧（民政局）
吕一兵（江北新区） 陈锡东（农业局） 卢能善（水利局） 周菊芬（教　委）
沈　沉（财政局） 陆新民（供电局） 徐金福（林业局） 胡耀今（城管局）
任立平（发改局） 赵国天（公安局）

2002年度

蔡理洪（市府办） 徐保成（财政地税局） 韦朝阳（公安局） 方卫东（交通局）
张岩龙（建设局） 胡耀今（城管局） 周菊芬（教育局） 陆新民（供电局）
曹金龙（民政局） 任国强（卫生局） 张立春（江北新区） 陈秀明（经贸局）
蒋敏勤（人事劳动社会保障局）

2003年度

包友华（市府办） 张岩龙（建设局） 洪志浩（交通局） 陈毅军（经贸局）
周菊芬（教育局） 曹金龙（民政局） 陈美菊（财税局） 胡耀今（城管局）
张　勤（公安局） 张卫伟（农　办） 厉　琦（人劳社保局） 卢新芳（文体局）

2004年度

张　勤（公安局） 卢正冠（环保局） 曹金龙（民政局） 陈　俊（市农办）
贾天余（城管局） 张岩龙（建设局） 金仁和（水利局） 李志民（交通局）

张希明（供电局） 周菊芬（教育局） 李天枢（广播电视台）
金杭龙（国土资源局） 蒋敏勤（人劳社保局） 斯光浩（财政地税局） 胡易安（人大办）
陈六华（市府办） 蒋锦萌（政协办）

2005年度

王进兴（市农办） 张 勤（公安局） 张岩龙（建设局） 金杭龙（国土局）
周菊芬（教育局） 金巧玲（行政执法局） 郑永智（财政局） 洪志浩（交通局）
王天宝（水利局） 吴义明（人劳社保局） 曹金龙（民政局） 吕天宝（工商局）
周德松（经贸局） 杜珠芳（人大办） 陈六华（市府办） 吴朝红（政协办）

2006年度

杜珠芳（人大办） 马 先（市府办） 吴朝红（政协办） 洪志浩（交通局）
胡向阳（建设局） 张卫平（农 办） 杜安武（国土局） 陈洪升（财政局）
郭贤君（公安局） 王天宝（水利局） 吴义明（人劳社保局） 周菊芬（教育局）
曹金龙（民政局） 王巧珍（一体办） 陈毅军（经贸局） 厉颖蕾（环保局）
吕天宝（工商局） 卢洪标（卫生局） 胡耀今（行政执法局）

2007年度

胡易安（人大办） 马 先（市府办） 吴朝红（政协办） 麻允洪（经贸局）
金 斌（教育局） 金向进（公安局） 曹金龙（民政局） 陈洪升（财政局）
单贵尧（人劳社保局） 金杭龙（国土局） 胡向阳（建设局） 洪志浩（交通局）
许新宏（水利局） 马方正（行政执法局） 厉颖蕾（环保局） 金敬军（工商局）
吕一兵（江北新区） 王进兴（一体办） 包友成（食品药品监管局）
张 雷（南市街道办事处）

2008年度

胡易安（人大办） 马 先（市府办） 吴朝红（政协办） 杜海泉（农办）
马学凡（发改局） 陈毅军（经贸局） 金 斌（教育局） 金向进（公安局）
曹金龙（民政局） 李婷婷（财政局） 吕美忠（人劳社保局） 吴晓英（国土局）
蒋天德（建设局） 胡向阳（规划局） 叶元松（交通局） 徐金福（林业局）
厉刚民（卫生局） 卢正冠（环保局） 马景斌（旅游局）

2009年度

吴荣斌（人大办） 马　先（市府办） 吴朝红（市政协办） 金　斌（教育体育局）
金向进（公安局） 曹金龙（民政局） 李婷婷（财政局） 吕美忠（人劳社保局）
蒋友朝（国土局） 陈　全（建设局） 胡向阳（规划局） 叶元松（交通局）
陆飞龙（水利局） 厉刚民（卫生局） 卢正冠（环保局） 楼巧英（工商局）
马景斌（旅游局）

2010年度

杜小明（人大办） 马　先（市府办） 吴朝红（政协办） 杜海泉（农　办）
卢　宏（经贸局） 张丽青（教体局） 张普照（公安局） 曹金龙（民政局）
陈洪升（财政局） 王　燕（国土局） 陈　全（建设局） 胡向阳（规划局）
叶元松（交通局） 陆飞龙（水利局） 胡军庆（农业局） 徐金福（林业局）
楼巧英（工商局）

2011年度

杜小明（人大办） 马　先（市府办） 吴朝红（政协办） 王　雷（组织部）
楼胜昔（农　办） 虞国平（发改局） 张丽青（教育局） 郭　杰（公安局）
陈洪升（财政局） 王　燕（国土局） 陈　全（建设局） 叶元松（交通局）
陆飞龙（水务局） 张位平（农业局） 陈伟民（行政执法局） 厉颖蕾（环保局）
陈　敏（工商局） 徐　伟（白云街道办事处） 李中军（江北街道办事处）

2012年度

陆彩霞（人大办） 马　先（市府办） 吴朝红（政协办） 楼胜昔（农　办）
虞国平（发改局） 张丽青（教育局） 王巧敏（公安局） 周志伟（民政局）
陈洪升（财政局） 单贵尧（人力社保局） 吴文新（国土局） 陈　全（建设局）
包雅萍（规划局） 叶元松（交通局） 陆飞龙（水务局） 何红霞（行政执法局）
厉颖蕾（环保局） 陈　敏（工商局） 朱伟东（江北街道办事处）

2013年度

马方正（人大办） 马　先（督考办） 吴朝红（政协办） 王巧敏（公安局）
黄振刚（民政局） 杜文康（财政局） 单贵尧（人力社保局） 杨东华（国土局）

陈　全（建设局）	葛超玲（规划局）	叶元松（交通局）	陆飞龙（水务局）
厉颖蕾（环保局）	楼胜昔（农　办）	董　健（教育局）	蒋旭峰（经信局）

2014年度

马方正（人大办）	马　先（督考办）	吴朝红（政协办）	徐志琴（公安局）
周志伟（民政局）	杜文康（财政局）	单贵尧（人力社保局）	杨东华（国土局）
陈　全（建设局）	李中军（规划局）	叶元松（交通局）	陆飞龙（水务局）
厉颖蕾（环保局）	楼胜昔（农　办）	王忠华（教育局）	蒋旭峰（经信局）
胡福仁（林业局）			

2015年度

马　先（市委办）	吴　斌（督考办）	马方正（人大办）	吴朝红（政协办）
王忠华（教育局）	王凌翔（公安局）	黄振刚（民政局）	范丽华（财政局）
张跃军（人力社保局）	杨东华（国土局）	陈　全（建设局）	李中军（规划局）
陈大春（交通局）	陆飞龙（水务局）	厉颖蕾（环保局）	蒋　瑜（农　办）
卢益民（经信局）			

第五节　提案选辑

本节选辑提案15件。

（一）

案　　由：关于要求兴建东阳博物馆的建议

提案时间：九届三次会议（1995年3月）

提 案 人：曹秀土

案由简述：众多出土文物和文化遗产证实东阳有灿烂的文化和悠久的历史，保存好东阳宝贵的文化遗产不仅要用科学技术处理，还要有一定的基础条件，建造博物馆是十分必要的，建议市政府列入计划，为挽救东阳文化遗产做出努力。

办复情况：（承办单位：东阳市文化局）

早在1988年，我局就向市政府上报了《关于要求建设东阳市博物馆的请示》，本市历届政府也都把筹建博物馆作为一件大事来抓，但因财政困难，博物馆建设投资太大而一直没有办成。1991年以后，市委、市政府又通过各种途径和王惕吾、许益民等台胞联系，但也没有结果。今年,我局再次上报筹建东阳市博物馆的请示,提出先打出博物馆牌子,再成立筹建班子,采用多种渠道筹集资金,把博物馆落到实处的方案。市政府原则上同意我局的建议,指示市编委于6月13日下达关于同意市文物办增挂博物馆牌子的批复。现在,筹建工作的第一步已经完成。

注:东阳市博物馆于1997年5月奠基开工,2000年10月竣工。2000年10月至2006年7月暂归行政服务中心使用,2008年11月18日正式对外开放。

(二)

案　　由:关于加快城市绿化建设的建议

提案时间:九届四次会议(1996年3月)

提 案 人:市政协提案委员会

案由简述:今年市委、市政府提出要创建省级卫生城市,1998年创建全国卫生城市目标,这一举措顺民意,得人心,但困难多、难度大,不花大力气很难奏效,创建工作千头万绪,我们仅在城市绿化上提点建议供参考:

一、继续强化全民绿化意识的宣传、教育。现在部分市民绿化意识差,表现在公共场所不爱护花草树木。黉门广场今年植树节刚种下的樟树就被人折枝。住宅小区房前屋后原留的一些绿化带(空间),有的为自家方便铺上水泥地面,有的种上蔬菜等。

二、在城市绿化上要坚持四个并举。一是城市建设与城市绿化并举的要求,做到每一张设计图纸都要把美化、绿化内容融入其中,谁建设谁绿化,做到建一房绿一点,建一路绿一线,建一区(小区)绿一片。二是公共绿化与家庭绿化并举。大力提倡家庭绿化,有条件的庭院绿化,无条件的花盆绿化等。三是平面绿化与立体绿化并举。尽力做到"见缝插绿,找缝插绿,造缝插绿"。四是全面绿化与重点绿化并举。职能部门统筹安排,逐步实现每街一景,每片(小区)一景,景景有别。

三、逐步建立绿化建设上的责任制。努力做到种一棵绿一点,种一片绿一片,公共场所要分解到单位、店户,实现三保。

办复情况:(承办单位:东阳市建设局)

今年我局对如何搞好城市绿化做了专门讨论和研究,在统排1996年的城建工作计划时,已把城市绿化列为今年城市建设抓配套的重点。城区19条主要街道栽植上行道树。新建住宅小区的绿化工程做了配套。去年建成的儿童公园也进行绿化,西山公园正在抓紧建设,塔山公园在做筹建的前期工作。人民路绿化美化一条街工程正在实施建设。1至4期商品房住宅区的绿化整改已拿出方案。人行道绿化、门前"三包"基本落实。虽然城市绿化工作力度比以往有所加大,但存在的问题和差距仍然明显,我们将把你们提出的三条建议进一步落实到城市的绿化建设工作中去,努力使我市的城市绿化有更大的改观。

（三）

案　　由：关于积极扶持民办高中，努力提高民办高中办学质量的建议

提案时间：十届一次会议（1998年3月）

提 案 人：民盟东阳支部

案由简述：市委书记杨守春在东阳市第十一次党代会的报告中要求：优先发展教育事业，保持“教育之乡”的领先地位。努力扩大高中段教育，经过五年努力，城区基本普及高中段教育。由于城区只有两所公办高中，近几年面临初中毕业生读书难的问题，而筹办第三高中资金又十分困难，所以要实现上述目标，任务艰巨。现在城区有三所民办高中，中天、广宇两所学校具有一定的办学规模，如果政府给予一定的政策扶持，既可以解决部分初中毕业生的升学问题，又能减轻政府的负担。对民办高中的扶持可从下列几方面考虑。

1. 将条件较好的民办高中如中天、广宇的部分招生，纳入市招生办的招生指标，保证民办高中的部分生源。这二所学校的部分招生分段或与东二中相同，收费标准给予额定。

2. 给民办高中一定比例的师资指标，民办高中的教师职称评定与其他学校设一样的条件标准。

3. 借公办学校的多年办学经验，让东中、东二中各联系一所民办学校，在教学管理，师资培养上加以扶持。

4. 上级主管部门加强对民办高中的监督管理。

办复情况：（承办单位：东阳市教育委员会）

民办普通高中教育是社会力量办学的重要组成部分，它对加快东阳教育事业发展，缓和初中毕业升学难的矛盾起着积极的作用，市政府已下发《关于社会力量办学的若干意见》，规定民办学校享有与公办学校平等的地位，招生纳入全市统一计划，鼓励公、民办学校老师的合理流动。

今年教委为缓和吴宁镇（含郊区）应届毕业生入普高相对困难的问题，已安排给中天高中、广宇高中两校各两个班的国家招生计划，保证民办高中的部分招生生源。同时，将在师资上给予支持。

（四）

案　　由：关于我市城市发展战略的建议

提案时间：十届四次会议（2001年3月）

提 案 人：徐保成

案由简述：

一、加快北进建设步伐。江北的总体规划已经形成，行政中心是我市江北新区建设的龙头，行政中心二年建成，速度太慢。建造行政中心是百年大计，在确保质量的前提下，是否可以缩短工期，争取一年结顶，二年完工。使江北早日成为我市政治、经济、文化的新

中心。

二、抓紧南连规划设计。南连，充分发挥和利用横店的城市功能和旅游资源等各项优势，是提高城市品位和降低城市建设成本，实现跳跃式快建东阳中等城市的捷径。因此，把南连总体规划摆到城市建设的重要议事日程，结合人防工程，抓紧南山隧道的开通，让横店的城市建设加快向东阳市区汇集，是我市城市建设的一大特点和优势。可以形成体育馆、四星级宾馆、大学、人民医院、旅游区等多设施、多重式、高品位的中等城市布局。

三、认真搞好西延规划。东阳与义乌接壤部位是块有限地域，用掉一块就少一块。时代在前进，社会在发展，东阳和义乌城区联体总有时。此地将是联体后二市的行政中心和党政机关、社会团体的共用地段，现在不规划预留，将来一些部门想建在东阳都难以实施。何况，这块风水宝地的土地增值难以预料，与其仓促涂鸦，不如留块空间待后人绘画添彩，这既是时代赋予的使命，也是留给后代最宝贵的资源财富。因此，希望能抓紧拿出一个西延的总体规划，该延的延，该限的限，该留的留，该停的停。现行开发区地域仅用于经济实业的开发，显得有些狭隘，可否拓展为政治、经济、文化生活的中心地域来认真规划和实施，促使西延能够真正为我市添彩，切忌让世人遗憾。

四、做好城区东部发展的文章。东阳市地域重点和中心在东面，做好东面城区建设的文章也相当重要。它能直接辐射上卢、李宅、北江、六石、巍山等重镇建设，对拓展东阳城市的规模起着举足轻重的作用。因此，适当东扩也要搞好总体规划。如城市防洪、治污工程的延伸，月亮湖的定位，效益不好的污染企业关、停、并、转、移等都应拿出一个切实可行的方案和措施，以避免整个城市设施规划的脱节，造成不应有的重复建设。

五、城市的总体布局。实行人民路南北贯穿两江一山，形成“主”字形城市布局，建设和改造好吴宁镇老城域（开发区并回），形成北有江北新区，中有吴宁老城，南有横店新貌三位一体的集合型中等城市。

办复情况：（承办单位：东阳市建设局）

提案中涉及的几个问题，我们正着手工作，为实施“北进”战略，我们重在加快江北建设，计划今年江北2平方千米范围内主干道要实现硬化、绿化、亮化。三个居住区花园，八大标志性建筑全面启动，江南江北的连通工程正在紧张地施工中，艺海大桥要建成通车，中山大桥动工建设。与之相配套的中山路北延拆迁拓宽和艺海路北延拆迁拓宽工程正在紧张地实施中。在实施“西延”战略中，6平方千米的万国建筑博览城前期工作已经展开，世纪大道正在初步设计，与义乌市城市道路网的衔接已与义乌市交通局、建设局协调多次，并由汤书记带队与义乌市主要领导磋商，达成两市共建世纪大道的4条原则意见。为加快我市中等城市建设步伐，更好地贯彻市委提出的“北进、西延、南连”城市发展战略，指导城市合理发展，我局已委托同济大学规划设计研究院编制东阳市城市化整体协调规划，规划范围西至义乌，北至规划中的金甬高速路，南至横店镇，东至横店与上卢的快速干道。在原东阳市总体规划与横店总体规划的基础上，新增约16平方千米的协调区，整个区域统一考虑，合理配置城市的各项基础设施，明确用地布局和功能组合，协调规划要满足城市化发展要求，留足产业集聚和人口集聚用地，按大城市要求配置公用基础设施，规划要体现高品位，具有一定的超前性，搞好城市路网与对外交通道路之间的衔接，要搞好西延规划和吴宁与横店镇结合部间的规划。特别是要控制好东义第二通道（世纪大道）以及与义乌交界区地块。规划编制6月底前拿出初步方案，9月底前出成果，在此基础上再进行北进与西延部分的控制性规划，年底前完成。我们在编制东阳市城市化整体协调规划的过程上，将认真考虑包括1号提案的建议并广泛听取各方意见，集思广益，力争使东阳市整体协调规划能指导我市合理、健康、快速发展。

（五）

案　　由：关于抢救保护古樟树的建议

提案时间：十届四次会议（2001年3月）

提 案 人：蒋天耕

案由简述：在我市环城北路、中山路交叉口有一处古樟树丛，树径大者二米左右，小者也有六七十厘米，树龄在百年以上，大小穿插，造型优美，具有极大的绿化美化观赏价值，由于古老，具有历史文化价值，是东阳宝贵的文化遗产。该丛树原来枝叶繁茂，但近两年遭人为破坏严重，一是生根地盘限死，使根系没有发展的余地。二是树干间搞满建筑物，使大树没有生存空间，已有五分之一的树枝枯死，正一步步走向死亡。在我市大力提倡城市园林化的时候，抢救、保护这一古樟丛是十分必要的。建议：

1. 把该处古樟列为保护单位，使古樟处于相关法规保护之下。

2. 尽快拆除丛树中的建筑物。

3. 拓展树根生存范围，原护坎可向东拓展十余米，填以种植土。以便其根系伸展和保持水分。

4. 由园林部门指定专人养护。

附：城内需抢救性保护的古樟，尚有位于中山路27～29号之间，东阳市畜牧兽医联站门前一棵大樟树，树干直径一米左右，已快枯死。建议有关部门作抢救性养护。

办复情况：（承办单位：东阳市林业局）

我们林业、建设两局在收到提案后，随即派人对该古樟树丛的情况进行了解。据经济开发区地政规划局掌握的情况，该古樟树丛中的茶馆未办任何审批手续，属违章建筑。后又从经济开发区城建监察大队了解得知，该茶馆为外托居委会创办，未报批，城建监察大队曾数次干涉，要求强行拆除，但因种种原因至今未拆，后外托居委会出具一保证书，对该古樟树丛管理由专人负责，并保证管好。

为此，我们两局已向市政协进行专题汇报，尽快请市人民政府对古樟树实行挂牌保护，并提出相应的保护古树名木的建议。

关于中山路27～29号之间的樟树，市政园林管理处于5月15日已派员对枯死部分进行整枝并作抢救性养护。

(六)

案　　由:关于办好东阳国际木雕节的几点建议

提案时间:十届五次会议(2002年1月)

提 案 人:妇联界

案由简述:今年,市委、市政府决定举办木雕节,这是宣传东阳木雕、振兴东阳木雕的很好举措。为办好这一重大活动并取得实效,建议:

一、展馆与市场建设。举办中国·东阳(国际)木雕节,需要有一个高品位、多功能的大型展馆,展馆周围应有一个一定规模的工艺品市场。现木雕精品馆难以适应会展需要,周围市场已饱和。因此,建议抓紧做好会展中心建设。

二、展品制作与组织。展品的重点是实物作品,必须设计制作一批代表本市木雕、竹编工艺水平的精品。收集展示各类古老木雕家具。在本市境内有代表性地选择若干处古建筑,展示建筑物中的木雕装饰。组织国内外不同风格、不同流派的木雕佳作前来参展。

其次是图片和影视作品。由于我市艺人的绝大部分木雕佳品在市外,如北京钓鱼台、人民大会堂、外交部、驻外使馆及一些重要场所。要完整展示东阳木雕,就须将全国各地乃至境外的东阳木雕精品制成图片和影视片,进行展示。

三、宣传活动:要筹划好木雕节宣传方案,除媒体宣传外,可争取发行东阳木雕邮票(青田石雕、龙泉青瓷邮票都已发行,金华茶花邮票已申请发行),木雕节期间可安排首发式,首日封可作馈赠礼品。组织东阳民间艺术表演,如各类龙灯表演、龙舟赛等;文艺晚会要高雅,可请东阳籍婺剧演员、梅花奖得主陈美兰(曾为江泽民、李鹏、朱镕基、李瑞环等演出)等前来献艺。招商引资的有关宣传资料应由市政府统一制作,以体现资料内容的权威性及信息的可信度,内容上应重点介绍招商引资政策、基础设施、骨干企业产品及联系方式等,讲究实用性,应避免过多宣传标志性建筑,避免画册过多、信息量少、无实用价值等问题。

四、兴办时间:木雕节不宜每年举办,否则易出现厌烦情绪,短时间内大师们也难以创做出高品位的作品。同时,举办年份上不要与中国农民旅游节重叠,避免一年两节带来的财力、物力等资源浪费。

其间,要请高层次专家到东阳作报告,特别是世界贸易、高科技、经营管理等方面的专家学者。如能请龙永图等高层人士来作报告,企业家们愿意掏钱,社会效益与社会影响远比演唱会好。

办复情况:(承办单位:市经贸局)

举办中国东阳(国际)木雕节及第四届工科会,是市委、市政府今年20项重点工作之一。

你们在展馆与市场建设、展品制作与组织、宣传活动安排、举办时间等方面都提出很好的建议,值得参考。我们将通过适当的途径转达给木雕节筹委会,筹委会一定会根据实际情况予以采纳吸收,并落实到实施方案中去。我们相信,在各方的齐心协力配合下,东阳(国际)木雕节一定会办出特色,取得实效。

（七）

案　　由：关于做好“一江两岸”规划建设的建议

提案时间：十一届二次会议（2004年3月）

提 案 人：陈美华

案由简述：向水靠拢、与江结缘，这是东阳市委、市政府领导思想观念上的一大突破，是东阳城市发展史上的一大进步。经过短短几年的努力，江北新区6平方千米中心区已初步形成，“区域北进”进展迅速。无山不清，无水不绿，做好“一江（东阳江）两岸”文章，实现“人气北进”与“区域北进”的吻合，已成为加快中等城市建设中的一个亟待解决的问题。建议：

一、以高楼迷人。东阳江两岸要富有城市气息，必须至少建设二三座有特色的高层建筑，给人们带来城市品位的视觉冲击。

高层建筑还有诸多好处：（1）增加人气。在占地面积不变的前提下，高层带来的人气比别墅要多十几倍、几十倍。（2）美化环境。在建筑面积不变的情况下，高层能减少单体数量，降低建筑密度，提高绿化率。（3）节约土地。

二、以购物撩人。人气的旺盛离不开商业的烘托。东阳江畔可建造大型购物中心。

三、以餐饮涎人。

四、以休闲引人。

五、以就业聚人。

办复情况：（承办单位：东阳市建设局）

东阳市（203—2020年）城市总体规划由省城乡规划设计研究院编制，规划方案由我局在东阳报上征求广大市民的意见，并召开部分干部、政协委员、人大代表座谈会征求意见，在市人大、政协两会期间公开展示，征求人大代表、政协委员的意见，于5月在杭州市召开专家咨询会，于5月17日对规划方案进行论证，并提交市人大常委会审议通过。

总体规划把东阳空间发展战略确定为一主城两片区，拥江轴向发展的城市空间。在传统老城区商业中心、江北行政中心的基础上，高速公路连接线以西东阳江两岸，布置融现代商贸、金融服务、文化教育、旅游休闲、教育科研设施为一体的新城市中心区。

目前沿东阳江两岸的景观绿化带的规划设计正进行国内外招标，绿化带规划总长13.4千米，东起案卢村西接义乌，力争在2004年底完成规划设计，详细规划中将充分吸收你关于“一江两岸”建设的建议，充分发挥东阳“两山夹一水”的地理优势，做好“一江两岸”文章，尽快把东阳城市建设提高到一个新的水平。

（八）

案　　由：关于切实做好农村垃圾处理，改善农村生活环境的建议

提案时间：十一届四次会议（2006年3月）

提 案 人:施根华

案由简述:随着社会经济的发展,农民生活水平的不断提高,农村生活垃圾大量增加,垃圾的回收处理正成为一个十分突出的问题。在中央大力加强社会主义新农村建设的今天,市政府应重视农村生活垃圾的处理。现提如下几点建议:

一、统筹规划。建立一个综合协调机构,负责规划、办法制定和资金筹措、组织实施及监管等工作,在全市农村设立若干个垃圾处理场,各行政村要设立临时垃圾收集点。

二、保障经费。建立农村环境卫生建设专项基金,专门用于农村垃圾收集点的基础设施建设及支付垃圾处理场建设与运转等费用。经费来源在初始阶段可由市财政补一点、各村收一点保洁费(按人口多少,大村多收,小村少收)的办法解决。

三、市场运作。垃圾处理场的经营向社会公开招标承包,政府可给予一定的优惠政策。各村保洁费应由乡镇政府负责收取,统一纳入市农村环境卫生建设专项基金,由综合协调机构分期按比例拨付垃圾处理场承包者,这可作为政府监管的手段。

四、宣传引导。在正面宣传引导的同时,用行政规章和村规民约来约束村民的不良行为,对不按规定投入垃圾的,轻者批评教育,重者要按有关规定给予处罚,努力营造人人重视环境卫生、个个参与环境整治的良好氛围。

办复情况:(承办单位:东阳市城乡一体化办公室)

我市已于2005年12月委托浙江大学城乡规划设计研究院着手编制《东阳市城乡环境卫生及工程设施专项规划》,计划于2006年完成规划论证。按照规划,我市将逐步建立市、镇乡(街道)、村、户四级联动,分级负责,规范运作的农村垃圾集中收集处理体系。具体的办法和措施:

1. 编制全市农村垃圾集中处理规划。初步设想对农村垃圾分平原镇乡(街道)和山区镇乡两类处理。平原镇乡(街道)采取"户集、村收、镇运、市处理"的办法解决;佐村、三单等山区镇乡因路途较远等原因,农村垃圾由各村收集后,运镇乡垃圾处理场焚烧或填埋处理。为长期保持整洁、有序、优美的农村环境,要建立农村环境卫生长效管理机制,做到每村有一项管理制度、一名村干部负责、一名以上保洁员、一个以上垃圾收集点。

2. 建设镇乡垃圾中转站。各镇乡将根据规模大小、垃圾量等建设1至2个垃圾中转站。横店镇垃圾中转站已建成并投入使用,南马、巍山、歌山等中心镇正在抓紧选址,争取年底前建成。其他镇乡在计划之中,力争2007年年底前基本建成。

3. 建设小型垃圾焚烧填埋场。去年上半年已在湖溪镇建造一个垃圾焚烧站进行试验,计划今年下半年在佐村、三单、东阳江八达等偏远山区予以推广。

4. 加大对农村垃圾集中处理财政投入。

(九)

案　　由:关于扩建、新建城区菜市场的建议

提案时间:十二届一次会议(2007年2月)

提 案 人:许庆梅

案由简述:东门菜场和西门菜场是我市城区的两个主菜场。随着社会经济的发展进步,既有的硬件设施匮乏和人民群众生活需求不断提高之间的矛盾日益严峻,很大程度上影响、制约了物质和精神两个文明建设及和谐东阳建设。

以东门菜场为例:东门菜场始建于1986年,1994年有过一次扩建,扩建至今历时13年,设有固定摊位310个左右,临时摊位为数甚少。立足于十多年前的社会经济状况设计建造的菜场设施,已落后于当前发展的需要,特别是临时摊位设置数量少的弊端在城市化发展进程中更加明显。由于临时摊位设置数量少,已经不能满足农户日常销售自产自销农副产品的需要,在季节性的蔬菜瓜果等农产品上市高峰,这一问题尤为突出。季节性自产自销高峰众多农户进城销售和春节前后的设摊高峰的到来,让本就简陋的菜场设施更是不堪重负。而随着国家农业产业结构的调整,引导更多的农民以种植、销售果瓜蔬菜等农副产品谋生,甘蔗、橘子、西瓜、蔬菜等农副产品上市一拨接一拨,农副产品的上市高峰已趋于日常化,若仍守着现有的菜场设施不进行相应的扩建,农户销售农副产品的需要和菜场硬件设施不足的矛盾将进一步激化。农户季节性进城销售自产自销的蔬菜瓜果新鲜,春节前后临时设摊销售的物品在很大程度上方便群众生活,价格也都相对实惠,所以市民对此普遍持欢迎态度,要求政府为其开辟经营场所的呼声很高。西门菜场的总体情况与东门菜场大致相同。

鉴于以上情况,有必要对东门菜场和西门菜场实施扩建。建议由政府建设部门和工商部门在立足于前瞻性考虑的基础上,进行充分的调查研究、规划设计,实施该两个菜市场的扩建工程。在此基础上,还可考虑在其他合适地段新建大型蔬菜瓜果市场,起到分流的作用,减轻东门菜场、西门菜场及周边区域的压力,从根本上解决当前菜场设施匮乏和人民需要日益增长的矛盾。这样一来,可在今后相当长一段时间内不再受该问题的困扰,有利于落实国家支农便民的“三农”政策,提升政府形象,有利于东阳和谐发展。

办复情况:(承办单位:东阳市工商行政管理局)

城区东门和西门菜场作为城区居民“菜篮子”商品供应的主要场所,事关人民群众日常生活和城市文明卫生建设,一直是百姓呼吁的热点、政府关注的重点、部门管理的难点。纵观两个菜市场,虽能基本满足居民“菜篮子”供应,但市场设施落后和摊位容量有限所带来的卫生脏、停车(设摊)乱、秩序差以及管理部门力量不足、手段不强、力不从心、管不胜管等问题日益突出,东门和西门菜场的现状已不能满足人民群众生活水平提高和城市化发展对更佳购物环境的需要,并在一定程度上影响和制约了东阳的两个文明建设。因此,对东门和西门菜场实施提升改造迫在眉睫,市政府今年已开展专题调研,我局也将积极向市领导汇报,同时加强部门之间的沟通,争取尽早启动东门和西门菜场的提升改造工程,为人民群众创造良好的购物环境。

注:2007年9月16日召开的市十三届政府第七次市长办公室会议决定对东门菜场实施改造,2008年5月动工,2009年7月1日恢复营业。西门菜场2013年9月3日动工,2014年11月27日恢复营业。

（十）

案　　由：关于新建“中国木雕博物馆”提高“中国木雕之都”知名度的建议

提案时间：十二届四次会议（2010年3月）

提 案 人：黄小明

案由简述：东阳木雕是东阳工艺美术的一朵奇葩，是中华民族最优秀的民间工艺之一，1995年，东阳被文化部命名为“中国民间工艺美术之乡”。2000年，东阳木雕被列为浙江省首批传统工艺美术品种。2002年，东阳市被中国轻工业联合会、中国工艺美术学会命名为“中国木雕之乡”。2006年，东阳木雕被列入国家首批非物质文化遗产代表名录。

2009年东阳被授予“中国木雕之都”荣誉称号，并被列为国家级木雕知识产权保护试点县（市、区）之一（浙江省仅龙泉和东阳两地）。但是令人遗憾的是东阳木雕虽然有1300多年的悠久历史，却没有一个相应的反映其历史、文化和传承的展馆。现在的东阳木雕精品馆虽然担负着以东阳木雕、竹编为主的工艺精品收藏、保存、展示和相关学术研究交流的职能。但功能单一（仅仅展示东阳木雕作品），规模小，且2007年搬到世贸城为过渡性质，虽然两年来为东阳中国木雕城提高知名度，集聚市场人气起了积极作用，但是也存在一些不足：主要是精品馆与世贸城关系不清，影响长远发展；地段较偏，楼层太高，馆舍结构不适用展馆的特种要求，参观不便，政府团队和散客数量逐年减少（2009年散客仅八千余人次）。展示内容单一，未能展现“中国木雕之都”的历史、文化和传承。2009年6月，东阳申报“中国木雕之都”，应有一个全面反映东阳木雕历史、地域文化、技艺特色、传承发展脉络和传世作品的博物馆，这不仅对东阳市的经济发展和软实力提升有重要意义，也为中国的工艺美术传承发展具有示范性作用。

因此，我们建议，将东阳市工艺精品馆升格为东阳木雕（竹编）博物馆，并易地新建。把馆舍建在以卢宅国家级文物保护区为中心，与旅游发展相配套的东阳木雕文化展示区内，将其打造成为富含地方特色的全国一流名牌展馆。通过馆舍新建，整合现有的工艺精品馆、市博物馆、卢宅肃雍堂、卢宅古木雕市场、横店木雕博物馆等东阳木雕资源，扩充藏品，提升功能，提高东阳“中国木雕之都”的知名度和美誉度，进一步发挥整个木雕产业的作用。

办复情况：（承办单位：东阳市经济贸易局）

近年来，东阳市高度重视以木雕为核心的工艺美术产业发展，专门制定了产业发展规划，在市场培育、品牌提升、人才培养、抱团参展等方面给予大力扶持，继成功申报“中国木雕之都”“全国中小企业联盟木雕产业合作基地”之后，东阳世贸城又转型升级为东阳中国木雕城，转型发展之路受到省委书记赵洪祝的充分肯定，东阳木雕的知名度和美誉度不断提高。如何进一步发挥东阳木雕竹编精品展示窗口作用，已成为社会各界普遍关注的热点问题。从这一层面来讲，将工艺精品馆升格为东阳木雕博物馆乃至中国木雕馆并易地新建，无论从产业发展还是城市建设等方面考虑都十分必要。东阳市工艺精品馆搬迁到木雕城后，至今没有明确与木雕城的（展馆馆舍的财产）关系。因而精品馆目前处于有展品无展馆的不正常状态，严重制约其发展方向。目前，卢宅保护利用管理委员会（卢宅改造规划）、东阳木雕城(二期)和城北新区(木雕创意园区)都有意将工艺精品馆项目纳入其中。

新建东阳市工艺精品馆的动议曾经写入2003年、2004年的政府工作报告,并列入年度重点建设项目。后因无法落实土地和资金未能动工。我们认为,东阳木雕不仅是东阳的产业品牌,也是东阳的文化品牌、旅游品牌,是东阳人的城市“名片”。近年来,市委、市政府将东阳木雕和东阳竹编的品牌建设提到前所未有的高度。我们完全赞同委员们的建议意见,为此,我们将努力做好以下工作:

1. 积极向上反馈委员们的意见建议,要求尽快正式立项。

2. 要求东阳市工艺精品馆做好作品征集、史料整理等力所能及范围内的事情,为中国(东阳)木雕博物馆的建设展开前期准备工作。

注:中国木雕博物馆于2013年3月开工建设,2015年1月30日正式开馆。

(十一)

案　　由:关于海关东阳监管点搬迁的建议

提案时间:十二届四次会议(2010年3月)

提 案 人:王宇燕等5名委员

案由简述:金华海关东阳监管点(下称监管点)成立于2005年6月,地处37省道(兴平路),是金华地区集装箱车经甬金高速从宁波地区进出口的必经之地,占地3公顷,里面只能容纳等候施封的集装箱车辆80辆左右,由于周边是居住密集的居民区,监管点已与城区紧密衔接,给道路交通安全和周边居民的生产生活安全带来严重影响。

一、集装箱车辆增多,交通事故频发。

目前平均每天过境东阳的往返集装箱车辆有2000余辆,由于集装箱车辆车体大(经测算,一辆集装车辆在道路上行驶的空间相当于七辆轿车的行驶空间),安全系数低下,驾驶人素质参差不齐,导致集装箱车辆的道路交通事故多发。

2006年1月以来,在东阳发生涉及集装箱车辆的伤人道路交通事故上报18起,死亡11人,在37省道71千米至75千米的海关监管点地段共发生各类伤人上报道路交通事故30起,死亡12人,海关监管点成为东阳交通事故的多发地段。2010年1月15日下午,宋某驾驶浙B13400号—浙B1820号重型集装箱半挂车沿东阳市迎宾大道从永康到东阳出口上甬金高速公路,行经东阳市迎宾大道与嵊义线交叉路口时与一电动车发生碰撞,造成二车受损、电动车驾驶人当场死亡的交通事故。

二、严重影响周边居民交通,引发系列社会矛盾。

到监管点施封的车辆由原先的日均150辆增加到现在的近500辆,下半年达日均600辆。由于海关内部操作程序原因,到监管点施封的车辆只能等到每天的下午4时至5时才能开始,加上监管点内部停车场地的限制,导致前来施封的车辆只能停放在监管点周边的37省道(兴平路)、环城东路、环城北路上,给这些道路的交通安全和附近村民、企业的生活生产安全带来严重的影响,从而引发一系列的社会矛盾和安全问题。

三、严重影响兴平路的道路环境，影响东阳城市品位。

大批集装箱货车经过东阳的城区兴平路，一路狂按喇叭赶时间、抢红灯。噪音和粉尘严重影响两侧居民的生活和休息。重车经过时甚至路面都在颤抖。尤其是深夜和凌晨，这些集装箱货车依然流量很大，发动机的轰鸣声严重扰乱居民休息。

兴平路是37省道的一部分，但属城区道路，而且毗邻市政府和江滨。市政府花巨资打造了美丽的江滨，这些集装箱货车大煞风景，影响江滨两侧的发展，影响城市品位。

海关东阳监管点的办公场地需要选择一个新的地址搬迁，希望有关部门引起重视。

办复情况：（承办单位：东阳市商务局）

东阳现在没有海关办事处，现位于东嵊线的是金华海关东阳监管点，2005年6月设立，是当时金华海关向无水口岸过渡的业务创新，也是东阳争取早日设立金华海关东阳办事处的产物。

由于近年到东阳及周边县市外贸出口业务量的扩大，金华海关东阳监管点业务量猛增，而场地容积已完全不能满足业务量的需求，所以大量待检车辆占据附近37省道，造成省道交通拥堵情况严重，直接影响交通安全及百姓生活。因此，该监管点的扩容或搬迁确应提上议事日程。

目前，我局正积极筹备、争取近两年内建设占地总面积约33.3至53.3公顷的集托运、配载、仓储理货、集装箱箱管点、停车场信息与宁波港港区联动服务功能为一体的大型物流服务站场——东阳国际物流园项目，力争在东阳辖区范围内构建一个布局合理、功能齐全的国际物流园区，加快东阳国际物流化进程和东阳海关监管点升级。上半年，我局已就该项目与宁波港务局进行初步接洽，获得支持，目前正在寻求合适的合作主体，争取项目早日落地。在该项目建成以前，东阳监管点存在的问题将通过控制减少每天监装箱数量和加强交通监管来缓解，减少负面影响。

注：2015年4月，海关东阳监管点搬迁至江北街道国际物流园。

（十二）

案　　由：关于加强农产品质量安全监管体系建设的建议

提案时间：十二届五次会议（2011年3月）

提 案 人：倪新火等5名委员

案由简述：东阳贯彻执行《中华人民共和国农产品质量安全法》以来，做了大量工作，以工商局、质检局、农业局、药品食品监管局等4部门为主的农产品质量安全监督管理体系已基本成型，给东阳人民群众食用农产品安全提供了保障，但目前食用农产品质量安全监管管理还存在许多困难和问题，监管体系不够健全和完善；检测检验手段落后，从事农产品质量安全检测检验专业人员不足，质检仪器配备有限；经费投入不足；相关部门的工作协调还需加强。为此建议：

一、加强领导，健全机构。建议成立市农产品质量安全监管领导小组，由分管副市长任组长，农业、工商、质监、药品食品监管和公安，各镇乡、街道办事处等为成员。加强市级监管机构建设。各职能部门加强协作。各镇、乡、街道办事处也应设立农产品质量安全监督管理机构，真正做到农产品质量安全监管有机构、有人员、有制度、有手段。

二、增加投入，提升能力。高度重视农产品质量安全检测检验建设。依托现有的检测力量和资源合理整合，增加设备和人才投入，提高检测水平，逐步建立和完善镇、乡、街道办事处的农产品质量安全检测体系。

三、规范检测，严格执法。增加日常性的检测和抽检，抓好农产品质量安全综合执法体系建设。理顺各职能部门的执法职能职责，加强合作，避免重复。加强执法人员的管理和培训，从体制机制上保证综合执法的顺利进行，提高农产品质量安全水平。

四、广泛宣传，强化服务。加大宣传力度。通过各种媒介，采用各种方式，加大对农产品质量安全有关政策、法规、标准、技术的宣传和培训力度，提高全社会的农产品质量安全意识。职能部门要强化服务意识，做好对各农产品生产单位的服务工作。

五、加强管理，提高农产品质量。推进农业标准体系建设。制订和完善农产品质量标准，突出优势农产品质量标准制订，完善农产品质量标准的实施和推广；加强环境整治，探索市场准入。严格控制工业"三废"和城市生活垃圾对农业生态环境的污染，探索建立农业投入品禁用、限用公告制度；加大无公害农产品生产技术标准和规范的实施力度。指导农产品生产者、经营者严格按照标准化生产，促进农业龙头按照市场要求生产。建立监测制度。各级政府在年度财政预算中要安排必要的农产品质量检测经费，专项使用。推行追溯和承诺制度，从生产到销售的每一个环节实现农产品质量安全的可追溯。

办复情况：（承办单位：东阳市农业局）

尽管这几年东阳的农产品质量安全监管工作取得一定成绩，但就目前全国紧张复杂的质量安全形势和人民群众热切期盼和关注角度而言，农产品质量安全监管工作包括监管体系建设确实存在一些问题和困难。诚如各位委员所提的"体系不够健全""检测手段落后""经费投入不足"的情况确实存在，影响到监管工作的有效开展。

对此，我们将从以下5个方面进一步加强农产品质量安全监管体系建设，确保农产品质量安全监管措施的落实。

一、加强农业投入品监管。抓好农业投入品监管信息化项目建设试点，推进农资连锁和放心农贸进村入户工作，巩固提升农资市场整治成果，继续组织开展农资打假专项执法系统行动，严禁高毒、高残留农药、"瘦肉精"等违禁药物的销售使用，从源头上净化农业投入品经营市场，为农产品安全生产打好基础。

二、着力推行标准化生产。在产前、产中环节加强农业标准化技术培训与推广，以现代农业园区、粮食生产功能区、农业龙头企业、农民专业合作社及"三品"生产主体等现代农业主体为重点，率先推广应用农业标准化技术，实施农业标准化项目，做到建一个规范一个。促进农产品质量安全监管工作的重心前移，做到监管体系和推广体系的有机结合。

三、落实监管责任。对已列入重点监管的农产品生产主体要全面签订农产品质量安全承诺书或责任书（列入重点监管的农产品生产主体及监管职责分工附后），落实农产品生产企业、农民专业合作社等农产品生产主体为质量安全第一责任人的职责。构建由责任领导、责任单位、市镇两级责任人组成的监管网格。引导生产主体按照标准化与无公害要求生产，帮助农民或种养生产企业(农民专业合作社)建立健全种养生产记录档案，帮助生产主体建立"有管理制度、有专门人员、有生产记录、有质量检测、有产品标识"的生产管理模式。

四、开展"打非"和农产品质量安全整治。继续以当前风险高、隐患大的蔬菜、水果、畜产品等产品生产领域为重点，开展打击农产品非法添加和农产品质量安全专项整治。构建日常监管与专项整治相结合，监督检测与执法检查相配套的农产品质量专项整治机制，抓好重点产品、重点时段和重点单位的整治工作。重点查处使用禁用高毒农药、有毒有害原辅料和非法添加剂，饲料及养殖环节违法使用、滥用添加物等违法违规行为。确保本监管环节不发生重大农产品质量安全事故和区域性、行业性农产品质量安全问题。

五、强化农产品综合检测体系建设。加强市、镇二级农业检测站点建设，加快农业检验监测基础设施建设步伐，年内计划投资1800万元建设10000平方米的农业综合检测中心大楼，力争年底结顶。加强基层检测体系建设，开展基层检测人员农药残留检测技能比武活动。要以2011年省农产品产地准出试点项目的实施为契机，加快生产基地(合作社)等主体的自律性检测设施建设，逐步形成以局本级监测、生产主体自检、乡镇快速定性动态监测相配套的农产品质量检验检测体系。确保有质量安全问题的农产品不出基地、不流入市场。

(十三)

案　　由:关于加快农村饮用水工程建设的进度并形成长效管理机制的建议

提案时间:十三届一次会议(2012年2月)

提 案 人:胡龙品

案由简述:2004年开始的农村饮用水工程建设是一项民心工程，政府能实实在在为农村农民着想，深得老百姓的欢迎，政府要把好事尽快办好、办落实。但这项直接关系到百姓身体健康的民心工程有些地方进展比较缓慢，8年了，有些地方还是有计划没进展，如南马镇防军片，至今没有通上自来水，东湖村由于地势低，许多农户的化粪池直接排到地下，造成地下水污染严重，许多农民不得不到邻村运水饮用。同时，农村饮用水工程的建设不能以接通自来水就算结束，对水管的维护、对水质的监测要跟上。

建议相关部门把加快解决农村饮用水问题作为2012年农村工作的重中之重，对全市农村饮用水工程的进度作一次全面排查，并将解决农村饮用水问题形成长效管理机制，尽快把这项民心工程办好、办落实。

办复情况:(承办单位:东阳市水务局)

从2004年开始，东阳市先后解决了巍山、湖溪、南马镇中片及大阳片等地的农村饮水问题，但也有部分地区饮用水工程进展缓慢，如南马镇防军片的饮水工程，主要原因是防军片区内没有合适的饮用水源，需通过横店自来水厂管网延伸来解决。由于在规划自来水管道建设时遇到横店镇的规划调整、公路建设等问题，因而拖延了整个饮用水项目的进度。

目前我局会同南马镇、横店镇及横店自来水厂正在协商更换管道线路，加快通往防军片自来水管道的建设。

饮水要思源，更要思“远”，长效管理是确保工程良性运转，长期发挥效益的保证。目前，金华市下达《金华市农村饮用水工程运行管理办法》（金政令第47号），东阳市也出台《东阳市供水管理办法》（东政令第60号），并将长效管理工作列入2012年度镇乡街道工作目标责任制考核（市委办〔2012〕60号），我局已将建立农民饮用水工程长效管理机制列入2012年度工作重点，确保工程长期发挥效益。

（十四）

案　　由：强化废塑产业引导规范，大力推进美丽乡村建设

提案时间：十三届一次会议（2012年2月）

提 案 人：蒋宝仙等5名委员

案由简述：

一、将废塑整治工作放到提高百姓幸福指数的高度，抓统筹、抓落实、抓长期、抓巩固、抓效果。

二、细化各项整治规范措施，点面结合，近远结合，将“民生”工程抓到位。

三、营造浓厚的舆论氛围，宣传引建，强化引导，扩大整治效果。

办复情况：（承办单位：东阳市环境保护局）

为逐步消除污染，保障群众拥有健康的生存环境，严厉打击各类违法行为，恢复良好的生产经营秩序，东阳市制订《关于开展违法违规废塑料经营活动专项整治的若干意见》，成立违法违规废塑料经营活动专项整治工作领导小组，组长由市政府主要领导担任，相关市领导任副组长。违法违规废塑料经营活动专项整治工作分两个阶段进行。第一阶段为规范阶段。时间7个月，从2012年7月至2013年1月底。市委、市政府出台整治措施和扶持政策，部署废塑行业专项整治工作。各废塑料经营户对照政策规定自查自纠，能规范的在2013年1月底前取得有关部门合法手续；废塑料经营户在2013年1月底前完成自查自纠的，可以根据相关扶持政策，争取进入园区创办符合环保标准的企业。第二阶段为严格整治阶段。2013年2月1日开始，根据第一阶段各经营户自行规范情况，各部门按照各自职责，对没有进行规范的经营户实施强制执法，直到经营户关闭。整治中将对进入废塑料经营集中区域的各入口实施交通设卡检查，严格控制有污染的废塑料源头。同时，加强美丽乡村建设力度，改善村容村貌，提升经营户与群众的整治信心。

在开展违法违规废塑料经营活动专项整治期间，市里将加大废塑料经营整治村的美丽乡村建设和整体规划的具体指导落实，明确政策倾斜，优化美化区域环境。落实促进再就业的各项优惠政策措施，指导帮助废塑料经营失业人员的再就业。对在规定时间内放弃废塑料经营的村庄在发展集体经济等方面给予扶持和奖励，对主动停止违法废塑料经营活动、及时清理废塑料堆放场地的经营户给予奖励。对违法违规废塑料经营活动专项整治工

作不力的整治村暂扣该村各类项目的政府补助、奖励资金，扣减村干部考核奖励资金等。要求涉及违法违规废塑料经营活动的共产党员带头拆棚，带头转型。

（十五）

案　　由：加快医疗保险卡一卡多用的建议

提案时间：十三届二次会议（2013年3月）

提 案 人：马千里、王向东

案由简述：现在全市医疗保险体系日益完善，农村有农保卡，城市有医保卡。但是百姓医疗保险卡一卡多用的功能还不能很好体现。对此建议：

一、在全市范围内医疗保险卡代替所有医院的门诊卡就诊。门诊卡虽只有一元钱一张，带错了可随时补一张，但既不方便又造成浪费。可以利用医保卡实名信息代替门诊卡，临时忘带可用身份证先挂号医疗，再送医保卡结账。

二、在全市范围内实现医保卡个人医疗信息与数据共享。利用现代网络技术，协商医院间的利益分配。医保处统一建设数据存储与交换平台，通过医保卡在全市范围内实现个人医疗信息与数据共享。引导百姓充分利用三级医疗服务体系，既可节约就医费用，又缓解大医院排队就诊的难题。

三、在全市范围内扩大可使用医保卡的药店范围。医疗保险卡目前只在统一药房等数家药店许可使用。特别在农村，广大的农保卡农户到药店使用极不方便。政府要通过加强监督，放开让所有的药店纳入医保卡使用范围，给全市人民带来方便与实惠。

办复情况：（承办单位：东阳市人力资源和社会保障局）

社会保障卡是根据国家统一标准，统一流程，以医保信息资源为基础，具有医保、养老等社保综合功能和金融功能的个人信息卡。目前东阳市已制卡15万张，发放12万张。目标是今明两年完成全市所有人的社会保障卡制发卡任务。

社会保障卡取代医院就诊卡是市政府确定的工作目标，完成全市社保卡的发放，是实现这一目标的基础，我们正有序逐步实施中。

医保卡不仅可在定点的药店买药，也可在定点的社区卫生服务站或医院买药。东阳现有医保定点的药店不多，但定点的社区卫生服务站或医院有76家，基本每个乡镇都有，甚至已延伸到村或社区。因为目前各级政府出台的医改方案政策导向都向社区卫生服务倾斜，采用政府买服务的方式，建立基本医疗保障体系。要求国家基本药品目录药品各社区必须配备并零差价销售，医保经办机构要对符合规定的社区卫生服务站给予定点，并提高社区卫生服务站医药消费报销比例，鼓励小病进社区，大病不出县（市）的就医方向。东阳市计划三年内建成400家左右社区卫生服务中心（站），凡符合规定的将全部给予医保定点，方便广大群众就医购药。为确保医改方案的实施，目前暂不放开药店的定点，敬请谅解。

注：2014年10月，东阳市建立社保卡医疗就诊一卡通制度，一卡实现社会保险费缴纳、社保待遇支付、医保费用结算等功能的应用。

第七章　视察考察

组织委员进行视察考察是人民政协的一项经常性工作，是履行职能的一种重要形式。到农村、社区、企业、学校等基层单位，通过听、看、访、议等方式，对党和国家重大方针政策的贯彻落实、经济社会发展中重大项目的规划建设、人民群众普遍关注的重大问题的研究解决，进行巡视察看，了解情况，发现问题，从而达到资政建言、反映社情民意、履行职能的目的。除了政协活动基本停止的“文化大革命”时期之外，历届东阳市(县)政协将组织委员视察考察作为政协履行职能的重要活动，尤其是20世纪80年代起，市(县)政协每年都要多次组织委员视察考察。

东阳自古以来是“婺之望县”，是著名的教育之乡、建筑之乡、工艺美术之乡和文化影视名城。改革开放以来，经济和社会事业的发展引人瞩目，全国政协、浙江省政协和金华市政协的领导多次率团到东阳视察考察。

第一节　政协委员视察考察

历届市政协视察考察工作概况

第一届和第二届县政协的重点视察活动：赴杭州市参观省农业展览会和部分工厂；组织委员视察高级农业合作社的合作化和粮食生产工作；组织参观牛力磨粉、碾米、发电的土机器和牛力缝纫机、破篾机。

第五届县政协重点视察部分公社社队用地管理，部分单位贯彻法制、知识分子和去台人员政策，供销社体制改革等工作。

第六届县政协期间，县政协常委会、专门委员会和工作组通过单独或联合县人大及有关部门采取参观、走访、座谈等形式进行调查视察。主要视察农村经济作物生产、山区经济发展和脱贫致富、乡镇建筑及乡镇工业企业；商业单位和个体商业户执行物价政策情况；视察区卫生院改革、义务教育、农业职业学校、职工教育、县城文化单位改革；联合县人大派出8个考察组，历时4天，视察7个镇174家国营、集体企业和个体户的食品卫生情况；联合县人大、政府有关部门和区、镇、乡行政主要负责人对《中华人民共和国环境保护法(试行)》

的贯彻执行情况进行视察。

第七届市(县)政协的视察活动主要以组(委)为单位进行,重点视察种粮大户、养猪业、茶场生产经营管理、文明经商、“三资”企业、乡镇企业和个私企业、侨属企业、农资价格、事业性收费、义务教育、幼儿教育、老年人生活、水利工程安全、市区道路建设、风景旅游点、环境保护等。其中视察教育工作6次(42人次),访问学校23所、教师110名,召开座谈会75次;视察养猪专业户和种粮大户3次、乡镇和私营企业2次、风景旅游点10处、涉及农资价格和非生产性收费的单位106家、商店87家。

第八届市政协以组(委)为单位组织视察。农业组先后3次视察山区农业生产情况和虎鹿镇农科教相结合情况;科技工作组视察建筑企业、黄金公司、侨属侨眷企业;工会工作组视察国营、二轻、财贸系统中23家企业贯彻落实职代会制度情况;教育工作组赴上海、无锡、宁波、舟山学习考察教育改革和贯彻实施《中华人民共和国教师法》的成功经验;医卫组赴九江市考察卫生系统改革和医院管理工作情况;文学艺术工作组组织乡土旅游资源考察与下乡体验生活相结合的活动。

第九届市政协本着“小型、专题、实效”的原则,组织委员开展集中视察活动,写出专题视察报告。主要视察农村集体经济、支农政策、城市绿色行动计划落实情况;视察乡镇建筑业和在外施工企业、林业大户、土地调整、侨台企业、现代农业科技综合实验区、民办高中、特殊教育、文化娱乐场所等。其中,先后3次赴省内外视察15家本市建筑企业。

第十届市政协期间,先后视察农业示范园区、市庆重点工程、市区改造和新建的公厕、西安中天集团建设项目、个体私营企业、经济开发区、外经贸企业、公安、法院、文物保护单位、市档案馆;视察二轻系统企业改制、公路建设、农村土地整理、山林规模开发、学校学生减负等工作。

第十一届市政协期间配合“工业经济服务月”,组织委员9次视察工业园区和54家企业;6次对在建的交通重点工程、经济开发区道路和“康庄工程”建设视察;还组织视察聋哑学校、外来民工子弟学校、乡镇功能工业区企业、省级农业龙头企业;视察特种经营、土地整理、国土资源管理、道路建设、村庄整治,水利开发、房产档案管理、大型市场建设、农民健康工程、计划生育、黄金周旅游等。

第十二届市政协开展40多次视察活动。其中有关交通4次,农林8次,工业园区和重点工程5次,“三城同创”2次。2007年至2008年,重点视察商贸区三大市场、交通重点工程、香榧种植、土地开发整理、新农村建设、“放心菜”工程、企业环保、学校危房、社区卫生服务等;2009年先后视察城北工业新区、全市重点工程、“三城同创”、农村劳动力培训、农村污染治理、医疗卫生、职业教育等;2010年各专门委员会紧扣“落实到位年”,对竹溪工业功能区、南下线建设、江北重点工程建设等开展专题视察;2011年以“创先争优谋发展,立体履职做贡献”为主题开展“专委会视察日”活动,组织专题视察12次,重点视察城北工业新区、公共安全(治安视频监控系统建设和运行情况)、旅游业发展和对台侨务工作和残疾人保障等。

第十三届市政协各专门委员会组织视察40余次。2012年,就农村集体“三资”管理、社会管理创新、法制工作、环卫基础设施建设等开展视察。2013年，重点视察城区交通顺畅工程、“两江”流域环境综合治理、“四边三化”、食品安全、“五城同创”“三改一拆”等工作。2014年，对治堵保畅、道路交通安全管理、农村生活污水治理、居家养老、学前教育、便民服务中心建设、企业转型升级等开展视察。2015年，主要围绕美丽县城建设、打造“三宅”古民居旅游精品线、交通重点工作建设、“黄赌毒及食品药品环保整治”、家规家训陈列、体育场馆建设、宗教场所建设等开展视察。2016年1月至7月，对乡土文化保护与传承、应急救援、农村环境综合整治、乡村旅游、交通建设开展5次视察。

农　业

赴杭州参观考察　1957年2月26日至3月1日，会同县人大，组织文教、工商、卫生、社会人士等界层的部分政协委员和县人大代表赴杭州参观浙江省农业展览会、浙江麻纺织厂、公私合营华丰造纸厂和公私合营都锦生丝厂，应邀出席省政协举行的座谈会，畅谈东阳县政协工作情况和参观感想。

视察农村工作　1957年4月2日至5日，会同县人大，先后组织部分县政协委员和县人大代表视察马宅区千祥乡的车头高级社和丰山高级社，巍山区巍屏乡的友谊社和白云乡的发展社等5个农业社的合作化和粮食工作情况，并就参观和视察的情况座谈讨论，肯定工作成绩，提出批评与建议，写成书面总结报告。

到农村访问　1959年8月13日至14日，组织各界人士16人分赴安文、南马公社参观访问农村早中稻丰收情况并参加劳动。

对湖溪南塘农业技术革新的参观考察　1960年2月10日，组织部分委员和各界人士共36人参观湖溪公社南塘生产队牛力磨粉、碾米、发电的土机器和湖溪牛力缝纫机、破篾机。

视察农村用地管理工作　1981年11月22日至23日，部分县政协常委与县人大代表联合视察南马、防军、黄田畈、王坎头等公社社队用地管理工作，呼吁制止毁田建房歪风。

对养猪专业户的考察　1987年7月，科技工作组会同县兽医畜牧学会11人，针对生猪生产严重下降，公母猪、仔猪大量减少的情况，考察部分养猪专业户，研究分析生猪生产下降的原因，征询他们对发展养猪业的意见。考察后，向县委、县政府提交专题调查报告，提出3条具体建议：在重视千家万户养猪的同时，要积极发展养猪专业户；工厂、学校、具有一定规模的乡镇企业和机关食堂要提倡养猪；建议县委、县政府进一步采取切实有效的措施，促进增长养猪、正常供应、增加出口。

对东白山茶场生产经营管理情况的视察　1988年5月16日，市政协组织部分委员视察地处东阳第一高峰的东白山茶场生产经营管理和茶叶精加工情况。察看大片茶园和茶叶加工厂，听取茶场领导关于近年来茶场实行家庭承包责任制带来茶叶生产大发展、经营效益显著增长的情况汇报，了解职工的生活情况。发现该场急待解决的主要问题：燃料紧缺，用木柴制茶成本高，损坏山林严重，影响邻县关系，请县计委列入供煤计划；部分职工家属户粮关系和子女就学无着落，要求县政府帮助解决；场领导班子要加强，全场仅有一位副书记兼场长，要求充实领导力量。

赴杭州、金华参观养猪场 1988年5月25日，组织部分委员赴杭州学习半山钢铁厂和杨家村养猪场联营合作的经验。6月赴金华参观金华市肉类联合加工厂和金华县石门村全国人大代表、养猪专业大户倪长生养猪场。

对种粮大户的考察 1989年6月20日至21日，农业科技工作组成员一行9人考察5家种粮大户。通过考察、座谈，了解到春粮丰收，早稻长势良好，只要加强后期管理，丰收有望。考察组提出：推行适当规模经营是方向，国家有关部门要在资金、农用物资上给种植大户以支持，解决配套设施，如晒场、仓库等；国家对粮食收购价格和奖励政策方面要考虑有利于调动农民种粮、售粮积极性。奖售物资要少奖化肥，多奖农药、柴油、麻袋等。

考察发展山区旱地春玉米情况 1990年10月，部分委员先后到罗山、山店、八达、东门、三单、三单粮站、佐村农技站、玉米研究所等地考察。对旱地种植春玉米提出建议：市、区、乡、村各级党政部门都要将山区旱地推广春玉米列入议事日程。农业部门除做好春玉米良种选育供应，推广分带轮作和技术培训等工作外，还要做好秋大豆良种供应、技术培训等工作。

考察部分地区杂交早稻和春玉米生产情况 1991年7月22日至23日，农业科技组部分委员考察湖溪、东门、八达、佐村、宅口、罗山、上卢等地区杂交早稻和春玉米生产情况。提出1992年推广杂交早稻和春玉米时要注意的几个问题：科学规划，连片种植；完善补贴政策与办法；各部门和各行各业要为杂交早稻和春玉米的推广做出努力。

视察农业生产 1994年6月22日至23日，针对近年到东阳抛荒严重、农业滑坡的现状，农林组委员对六石、北江、南马、宅口等4个乡镇的农业生产情况进行专题调查。视察组听取乡镇负责人的汇报，踏勘农田，发现一些支农政策没有到位，一些农技人员的待遇和后顾之忧没有得到合理解决等问题，提出“要切实重视农业，坚决制止弃耕抛荒，切实纠正口头农业、口号农业、口粮农业”的意见。同时提出：确保政策到位，把各级制定的支农政策落到实处；利用冬季土地调整良机，鼓励农民实行规模经营；解决农技人员后顾之忧；督促镇乡建立农业发展基金等建议。

视察现代农业科技综合实验示范区 1996年4月8日，农林水系统的科技界委员到李宅镇案卢村、上卢镇下卢村视察现代农业科技综合实验示范区。听取镇、村负责人的介绍，视察早稻旱育稀播、塑盘育秧、免耕直播栽培等。视察后提出：发展农业要有科技意识、科技知识，要靠科技进步；轻型农业实现科技向现实生产力的转化，推动农业机械化，走出一条现代农业社会化服务的新路子；案卢模式在面临“如何实现粮食生产稳定增长，农业经营机制转换，农业经济增长方式转变”等挑战的形势下，为现代农业提供了经验。

视察早稻播种情况和农业示范园区建设 1998年4月29日，市农林界委员视察早稻播种情况和农业示范园区建设，踏勘李宅镇案卢村和湖溪镇八里湾农业示范园区、巍山镇白坦一、二村成片开垦宜农荒地项目，听取所在镇负责人的汇报，副市长王正明向委员们通报全市早稻播种和农业示范园区建设情况。委员们提出4条意见：加强对农业的领导，巩固农业基础地位；推广案卢经验，提高现代农业服务水平；抓好农业示范园区建设，推广农业先进技术；采取多种办法，开发宜农荒地。

视察农业、农村工作 1999年6月11日，农林界、科协界部分委员视察东阳市现代农业园区、标准田建设、社会化服务、水稻轻型栽培技术的推广等工作。先后到吴宁镇北郊办事处万亩土地整理项目区、冢卢现代农业示范园区、横店镇沈坎头村粮食自给工程示范区以及京都蔬菜食品有限公司等地察看。听取副市长王正明及农办、土管、农业、水利水电等有关部门负责人的情况介绍后，提出建议意见：市委、市政府应继续加强对农业农村工作的领导，始终把农业放在国民经济发展的首位；要抓好农田基础设施建设，重视农业发展规划编制；加大对农业的投入，把推广"冢卢经验"与推广农业技术结合起来，推动东阳农业再上台阶。

视察森太农林果开发有限公司 2002年7月30日，市政协视察市森太农林果开发有限公司罗山基地、莘湖苗圃、塘西苗圃，听取公司负责人有关情况介绍。视察组认为当前各级政府正面临着农业产业优化调整、农业增效的问题。森太公司把握机遇，抓住香榧等传统农产品生产优势，融合先进农业技术，结合高山林密的自然条件，因地制宜发展生态农业，规模开发山林的做法值得肯定。要加强与山区农民联系，在自身发展的同时，不要忘了带动周边农民致富，帮助山区农民增加收入。

视察土地整理工作 2002年11月20日，市政协联合市人大，对画溪、湖溪等5个镇乡和城东街道勤裕村的土地整理工作进行视察，并召开座谈会，提出加强管理，提高土地整理质量等建议。

视察浙江雪舫工贸有限公司 2003年9月18日，市政协组织部分委员到农业龙头企业——浙江雪舫工贸有限公司视察。在听取情况汇报后，委员们指出，东阳是火腿之乡，"雪舫蒋"是金华火腿中的精品，发展潜力很大。公司要明确主导方向，抓住主导产品，创新机制，特别是生态农业园，要科学规划，搞出特色。

视察粮食工作 2003年9月18日，市政协组织部分委员到粮食局视察粮食工作，参观市中心粮仓，听取市粮食局负责人的情况介绍后指出：粮食部门要转变观念，进行改制，彻底走向市场，可大胆尝试"藏粮于民"的思路，以改革的方法解决改革中出现的困难。盘活粮仓，建设现代化粮仓。

视察土地整理工作 2003年11月19日，市政协组织部分常委视察土地整理工作，先后视察南马镇的周塘村、雅村，千祥镇的金村、降祥村。座谈会上常委们提出意见建议：一次规划、分步实施，有效提高土地整理的质量；尽量和旧村改造、城乡一体化、优质果园及生态建设相结合；加大土地整理力度，真正造福群众。

视察农业系统部分企事业单位 2004年12月27日，市政协视察农业系统中的畜牧中心、农机总站、种子公司、正天汽车城等单位。听取市农业局负责人工作汇报，对农业工作在调整产业结构、服务"三农"、开展综合执法、农村经营管理、自身队伍建设等方面取得的成绩给予肯定，对今后工作提出要求。

视察宗苏食品有限公司 2005年10月26日，市政协组织部分政协委员和有关部门领导，对省级农业龙头企业——浙江宗苏食品有限公司进行视察，对"宗苏"公司的发展情况以及为社会所做的贡献表示肯定，并提出加强管理，抓住机遇，走多元化发展之路；注重产品质量，引进先进工艺，开发新产品；立足自身实际，扎扎实实做企业等建议。

视察南马镇新农村建设　2006年6月26日，市政协组织部分委员视察花园村村庄整治和高效农业发展情况以及南马机械工业功能区内的富强电器实业有限公司、永晟机械有限公司和冀发电器有限公司等企业。

视察市圣风农业开发有限公司蓝莓种植基地　2007年6月13日，市政协主席王正明率市政协办、市财政局负责人前往湖溪镇，视察市圣风农业开发有限公司的蓝莓种植基地，了解蓝莓的种植、管理、采摘和市场销售等情况。指出：农产品要形成优势，必须走产业化道路，优势农产品应有足够的技术支撑和市场支撑，有关部门要加大扶持力度，推动高效、生态农业的发展，促进农业增效、农民增收。

视察康大香榧文化园　2007年12月4日，市政协视察康大香榧文化园。在视察香榧种植基地，参观香榧文化展示中心，听取情况汇报后，王正明对浙江康大实业有限公司投身绿色经济开发、带动农民增收、创办香榧文化园给予肯定。他要求扩大香榧种植，加大技术开发，进一步带动山区农民增收致富；加强技术创新，重视品牌建设，做大做强香榧产业；挖掘香榧文化，加大宣传力度，大力发展生态旅游。

考察农村劳动力素质培训工程实施情况　2009年2月20日，农业界委员对农村劳动力素质培训工程实施情况进行考察，先后到市建管局、东阳技校等地，与培训班负责人交流，询问农村劳动力素质培训工程进展情况，提出意见和建议。

对农家乐发展情况的考察　2009年10月27日，市政协提案委员会成员对农家乐发展情况进行考察，先后到东阳江镇的百果园林庄、天山村农家乐，湖溪镇的黄藤岩农家乐了解发展情况，听取有关农家乐发展情况的汇报，对农家乐的发展献计献策，提出准确定位，形成各自的特色；在创意上做文章，加大宣传力度，吸引更多游客；提升服务质量，提高农家乐品位等意见建议。

考察小水电建设情况　2011年4月21日，市政协组织农业农村委员会和农业界委员考察小水电建设情况，到位于佐村镇的金家庄电站和横锦水库一级电站实地察看，召开座谈会，听取梓溪水利开发有限公司、横锦水库、市水利局有关负责人的情况汇报，对小水电站持续发展、发挥效益提出建议意见。

视察农村集体“三资”管理工作　2012年5月17日，市政协组织部分农业界委员对东阳农村集体“三资”管理工作进行视察。先后视察湖溪镇清潭村和湖溪镇政府农村集体“三资”代理服务中心的农村集体“三资”管理情况，召开座谈会，听取市农业局和湖溪镇政府关于农村集体“三资”管理工作的情况汇报。提出意见建议：强化宣传，实现农村集体“三资”管理工作的全覆盖；规范管理，抓好人员培训、账目管理、村务监督、村务公开等关键环节；加强监督，推进农村党风廉政建设；完善机制，使农村集体“三资”管理工作能够长效运行。

视察居家养老服务工作　2014年4月4日，市政协农业农村委员会视察居家养老服务工作，先后视察湖溪镇清潭村、白水口村及城东街道单良村的居家养老服务照料中心。视察后认为，居家养老服务工作是一项重大的民生工作，要加强管理，加大相关人员的培训力度，做好居家养老服务提质工作，延伸和丰富服务内容和领域；加强宣传，加大扶持力度，严格督察考核制度，建立长效机制。

工业　建筑业

赴宁波、奉化参观考察　1982年4月28日至30日，县人大和县政协组织部分常委及有关社会人士26人参观奉化溪口镇蒋介石、蒋经国当年的住房和蒋母之墓；省现代化建设工程浙江炼油厂及兴建中的年产52万吨尿素30万吨合成氨的化肥厂；著名的古代木结构建筑保国寺、古藏书楼天一阁及天童寺、阿育王寺等文物保护单位。

考察歌山建筑公司驻杭州、富阳工程队　1985年4月5日至7日，工业科技工作组考察歌山建筑公司驻杭州、富阳两地的工程队。听介绍、看现场、召开座谈会、个别访问，考察发现歌山建筑公司之所以能在杭州地区进得去、站得住、打得开局面，其主要原因是严格把好质量关，靠优异的质量赢得声誉。

考察横店、巍屏、六石等乡镇企业　1985年8月9日至10日，工业科技工作组参观考察横店镇工业公司的磁性材料厂、无线电元件二厂、化工厂、印染厂，巍屏机电配件厂，东阳花砖厂，六石无线电元件厂等乡镇企业。听取各家工厂的情况介绍，参观生产工艺流程。通过参观考察，委员们认为今后乡镇企业发展应注意4个问题：发展速度不能太快；要下定决心提高技术和管理水平；引导、调整乡镇企业的发展方向，可以发展一些农副产品加工转化企业；技术薄弱、信息不灵。主管部门、县科委、经济协作办等单位，应为乡镇企业提供技术、信息服务。

对县第三建筑公司的考察　1986年5月10日至11日，县政协工业科技工作组考察县第三建筑公司，听取三建公司负责人汇报后，赴金华、永康两地考察该公司的工程队工地。考察组认为，该公司在改革、搞活的方针指导下，特别是成立新的领导班子以后，发展很快，成绩显著。建议有关部门帮助调入助理工程师以上技术人员；归口县建工局领导。

考察乡镇私营工业发展情况　1988年8月至10月，市政协考察樟村乡吴良村、屏岩乡、南马镇的乡镇私营工业发展情况。了解到有些地方对农村私营企业的作用认识不足，管理体制不顺，政策措施不力，在某种程度上影响着农村私营企业的发展。考察组向市委、市政府及有关部门提出意见建议：正确认识私营经济。私营经济的发展有利于促进商品生产，活跃市场，扩大就业门路，更好地满足人民多方面的生活需求，有利于生产力的发展，是我国社会主义公有制经济必要的和有益的补充；坚持中国共产党的政策，既要依法保护其合法权益，又要依法进行引导、监督和管理。

视察罗山金矿　1989年8月25日，市政协主席陆锡经等2人到黄金公司罗山金矿视察，肯定矿领导和广大工人的积极性，对如何加强安全防范和注意环境保护提出意见。

赴兰溪、建德考察　1991年5月12日至15日，工商界部分政协委员赴兰溪、建德考察学习国营企业改革和工商联工作经验。考察后形成《市政协工商界部分委员赴兰溪、建德考察情况的报告和建议》，向市委、市政府提出3条建议：加强经济理论的研究与运用，完善经营承包责任制，提高对工商联地位、作用的认识，为工商联提高服务功能，为自身发展创造有利条件，办好实体。

赴黑龙江考察 1991年9月19日至22日，市政协副主席斯江鸿一行5人赴黑龙江省双鸭山市学习考察，与当地政协就政协工作、城市建设和管理交流经验，考察东阳七建公司承建的双鸭山市烟草公司综合大楼、集贤县工商局综合楼和东阳通达公司承建的双鸭山市矿务局总医院主楼、门诊大楼及矿务信息中心大楼。

考察黄金公司 1991年12月27日，科技工作组视察市黄金公司，公司负责人介绍一年来扭亏为盈的情况，反映存在的问题与困难。考察人员提出统筹规划，合理开采，依靠科技力量，争取更大成绩等建议。

考察杭州、宁波等地东阳部分建筑企业经营情况 1992年5月4日至8日，科技工作组部分委员赴杭州、宁波等地考察东阳部分建筑企业经营情况。听取市四建公司、建工局宁波办事处负责人的介绍，参观一些施工现场。之后，向市政府提出建议：尽快组建建筑企业集团，形成规模优势、系统优势。组织以建筑业为龙头，包括设计、水电安装、建材等在内的跨行业、跨系统集团公司，以优势的科技力量和雄厚的实力提高东阳建筑业整体竞争能力；大胆改革，招聘和吸引建筑技术人员。学习先进地区经验，制定政策，招用人才，真正落实和发挥“科技是第一生产力”的作用。

赴兰溪等地考察 1993年12月4日至7日，科技组部分委员赴兰溪、建德、淳安、桐庐等地进行“三电”考察，参观兰溪市新建的用现代高科技装备的供电大楼，听取建德、淳安、桐庐等地领导的“三电”建设情况介绍。

考察巍山、南马两镇的乡镇企业 1993年12月7日至8日，工商界委员赴巍山、南马两镇对乡镇集体企业、个体、私营企业进行考察，听取乡镇负责人、工商部门负责人、乡镇企业家、私营企业主、个体工商户的介绍与反映。向市委、市政府提出建议：(一)完善市级与乡镇的利益分配体制，建立有效的激励机制，为乡镇发展经济排忧解难，为吸引人才广开“绿灯”；(二)理顺乡镇集体、个体、私营经济管理体制；(三)加强对个体、私营经济的引导和服务：抓好典型，为个体、私营企业树立榜样，提供经验；在产、供、销、信息、咨询、技术培训、关系协调等方面，为个体私营企业做好服务；条件成熟的，还可逐步引导发展股份制经济。

赴乐清、温州考察 1994年5月4日至7日，工商界委员赴乐清、温州考察个体、私营企业和乡镇企业。

考察七建公司 1996年10月14日至21日，经济界委员赴长春、上海考察第七建筑公司的建筑工地，并与长春市政协进行工作交流。

考察中天集团西安分公司 1998年10月，学习委员会委员赴西安考察。听取浙江中天集团西安分公司负责人的公司经营情况汇报，并考察建筑业发展情况。

视察部分个体私营企业 1999年6月10日，经济界委员视察市超硬模具厂、市恒太硬质合金有限公司、市丝绸服装厂、市洗衣机配件厂。视察组认为，发展个体私营企业是增强东阳经济活力，提高经济实力的有效途径。建议：加快国有企业、集体企业的改制步伐，加大对个私企业的扶持力度，银行要转变观念，提供优质的金融服务；企业要树立品牌意识，大力发展名牌产品。

视察有关企业　1999年8月20日，市政协主席康益民等领导视察由政协委员担任企业主要负责人的金灿书画院、八达电站、浙江新亚服装有限公司，勉励他们要争做大企业，争创名企业，为政协增光添彩。在金灿书画院，听取画院负责人和书画专家的情况介绍，观摩书画作品。到八达水电站，了解水库发电和防洪情况。到浙江新亚服装有限公司，了解企业的发展过程和生产经营情况。

视察二轻系统企业改制工作　2000年4月3日，经济界、工商联界部分委员视察二轻系统企业改制工作。先后视察浙江超硬磨具有限公司、弹簧厂、市飞马棉纺有限公司、东阳木雕集团等6家企业，听取二轻系统骨干企业负责人对企业改制情况的汇报。视察中发现，企业改制成效明显，但也存在筹资困难，企业改制步履艰难；政策缺乏灵活性；部分优惠政策不到位，挫伤业主经营积极性等问题。结合当时经济形势，视察组提出意见和建议：暂缓交纳退休职工养老费，缓解企业筹资困难；制定补充规定，提高政策的灵活性；做好衔接工作，确保优惠政策到位；加大宣传，形成人人关心、个个支持的社会氛围；调动机关干部积极性，积极投身企业改制。视察结束后，形成视察情况反映《采取有效措施，加快改制步伐》上报市委、市政府。

视察经济开发区　2001年1月4日，部分常委视察东阳经济开发区。在视察小商品工业园区、服装工业园区及道路的施工建设现场，听取开发区管委会负责人的情况介绍后，指出：东阳经济开发区要抓住城市化建设的机遇，高起点规划，完善基础设施建设，拓宽工作思路，实现快速发展。

视察市经济开发区　2002年2月4日，市政协组织部分委员视察东阳经济开发区，听取市经济开发区管委会负责人的情况介绍，提出4条建议意见。

视察22家政协委员为主要经营者的工业企业　2003年6月初，为配合第四次“工业经济服务月”活动，进一步增进对新政协委员的了解，康益民等带领政协机关人员，视察汉生制药、花园高科、家园化工等22家政协委员为主要经营者的工业企业，了解情况，征求意见，帮助解决问题。

视察经济开发区　2003年7月25日，市政协组织委员视察经济开发区的西城工业园区、服装工业园区和在建的歌山路北延工程、昆山路工程，听取管委会负责人的工作汇报。视察组认为园区的规划、品位、建设有了很大提高，同时指出，建材装饰市场的建设应作为开发区重中之重的工作来抓。

视察浙江新亚实业有限公司　2003年8月10日，康益民等市政协领导视察浙江新亚实业有限公司。听取公司负责人汇报基本情况和发展思路。

视察圣荣鞋业等委员企业　2004年9月7日，康益民率政协机关工作人员视察市圣荣鞋业有限公司、圣风鞋业有限公司、圣华工艺品有限公司等由政协委员创办的企业，提出提高科技含量，引进先进的现代管理机制，调动员工积极性等建议意见

视察南马镇功能工业区和花园村　2005年8月24日，部分常委、委员视察南马镇功能工业区内浙江冀发电器有限公司、永盛机械制造公司、市富强电器实业有限公司、市福泰隆

实业有限公司等企业，了解工业区的建设、企业生产及效益等情况。随后视察花园村村庄整治进展情况。

视察六石街道经济社会发展情况 2006年4月19日，市政协视察长松岗工业功能区规划地块、浙江海森药业有限公司、浙江春天贸易有限公司、环球钢带有限公司等企业，听取情况汇报后，对六石街道的经济社会发展情况予以肯定。提出抓好环境卫生，加大新农村建设力度；选准载体，发挥区域优势，明确发展目标，加快工业经济发展；加强队伍建设，做好服务文章，推进城市化发展步伐等建议。

视察城北工业新区 2009年11月26日，市政协组织部分委员先后到长松岗工业功能区、六石中心小学、六石高中南大门拆迁工程、湖沧大桥建设工程和华店工业功能区等地，视察城北工业新区的园区开发、经济建设和社会事业发展等情况。听取城北工业新区建设情况介绍。提出完善园区功能，倡导“亲商、安商、富商”理念，改善投资环境，注重集约节约利用土地，高标准、高起点建设园区等建议。

视察画水镇竹溪工业功能区和废塑工业区 2010年6月8日，市政协主席王正明率部分委员视察画水镇竹溪工业功能区和废塑工业区，召开座谈会，听取画水镇党委书记的情况汇报。对进一步做好竹溪工业功能区善后处置工作，废塑整治，社会环境改善，加快村级组织建设等工作提出建议意见。

考察木雕红木家具产业发展情况 为做好重点提案民主评议工作，2010年11月9日，市政协组织部分委员对木雕红木家具产业发展情况进行考察。先后考察大清翰林、明清居、旭东等红木家具生产企业，听取提案承办单位、会办单位办理提案的情况汇报，围绕木雕红木家具产业发展进行座谈，提出建议意见。

视察城北工业新区 2011年5月25日，经济科技委员会部分委员视察城北工业新区。先后到东阳国际木雕产业基地、浙江思科国祥制冷设备有限公司、长松岗工业功能区二期道路建设现场、浙江明凯照明有限公司等地视察并听取城北工业新区负责人有关情况汇报。提出3条建议：科学规划，明确产业定位，提高投入产出率；抓住机遇，加快建设步伐，完善企业发展平台；形成合力，加大各方扶持，优化新区发展环境。

开展“服务企业、涵养税源”视察活动 2013年9月10日，社会法制委员会开展“服务企业、涵养税源”视察活动。先后视察市国税地税联合办税大厅、浙江冀发电器有限公司、浙江联谊电机股份有限公司、横店镇国税分局和地税分局。市国税局负责人汇报国税部门在企业税务优惠政策落实和“服务基层、服务企业”等方面的工作。市地税局汇报1月至8月份的重点工作，“扶优扶强”支持壮大企业规模、拓宽企业融资渠道、简化办税流程等工作。

交通　城乡建设

视察市庆重点工程和争创全国卫生城市工作 1998年9月15日，在城政协常委、各民主党派主要负责人对市庆重点工程和争创全国卫生城市工作进行视察。先后视察卢宅街拆建、大寺下旧村改造、南门水上乐园、七里寺西大门广场、义东公路拓宽工程以及振兴路等主要街道创建情况。建设局、交通局、吴宁镇城中办事处等单位负责人汇报市庆重点工程各个项目的进展情况。针对一些薄弱环节和存在的问题，视察组提出如下建议：南街两旁商店全部安装霓虹灯，以美化南街夜景。拆除吴宁东西路中间绿化带。城建、供电、电信等部门要根据城市发展总体规划，协同搞好配套设施，总结推广大寺下的旧城改造试点工作成功经验，振兴路要在“美”“绿”“洁”“亮”四个字上下功夫。

视察市区部分重点工程　2001年3月17日，参加市政协十届四次会议的委员视察市区部分重点工程。先后到南大门广场、市经济开发区、江北新区视察，听取市建设局、市经济开发区管委会、江北新区管委会负责人的情况介绍。

视察公路建设　2002年12月24日，市政协联合市人大视察公路建设。先后到里歌线改造工地，甬金高速公路东阳段建设工地，22省道六石至怀鲁段改建工地察看。市交通局负责人汇报近年来公路建设所取得的成就以及2003至2007年全市公路建设规划。视察人员提出公路建设要超前规划，与城乡一体化相结合，在注重工程进度的同时，要注意质量问题，加强宣传等建议。

视察交通工作　2003年12月16日，市政协视察交通工作。听取市交通局负责人汇报“九五”期间全市交通公路建设工程规划和2003年全市公路建设重点工程的进展情况。委员们先后到甬金高速公路东阳互通、怀鲁枢纽、白峰岭隧道工地以及22省道怀万线起点等地视察，充分肯定交通工作，并提出一些意见建议。

视察路政管理工作　2004年9月17日，市政协对公路路政管理工作进行视察，到设在市汽车检测站内的治超工作点了解东阳治超工作情况，对路政大队的工作给予充分肯定。

视察交通工作情况　2004年12月24日，市政协视察交通工作情况，先后到甬金高速公路东阳互通口、怀鲁枢纽、诸永高速公路东阳服务区了解建设情况和部分“康庄工程”情况。提出加强质量管理，树立百年大计的意识，确保工程进度与质量并进，抓好公路两旁的绿化，加强竣工工程的路面管理等建议。

视察横店影视产业实验区长征博览城工程　2005年8月18日，政协横店联络组成员视察横店影视产业实验区的长征博览城工程。对提高工程质量，开展红色旅游等方面提出建议。

视察人防工作　2005年8月31日，市政协视察在建的市工商局新大楼、金玉广场地下室等5处人防工程，对确保工程质量等方面提出建议。

视察高速公路建设及城乡一体化工作　2005年9月14日，市政协视察高速公路建设及城乡一体化工作。提出加大宣传，提高认识；抓好道路建设和村庄整治；增加投入，鼓励农民为“赤膊房”穿衣戴帽；树立典型，全面推行城乡一体化建设等建议。

视察东阳移动公司　2005年12月14日，康益民等视察东阳移动公司，对东阳移动通信事业取得的成绩给予肯定。

视察建设中的阳光国际家居城　2006年10月10日，市政协组织委员对建设中的阳光国际家居城进行视察，听取有关情况介绍，提出确保工程质量等建议。

考察东义路改造工程进展情况及东阳世界贸易城建设情况　2006年11月24日，市政协考察东义路改造工程进展情况及东阳世界贸易城建设情况，围绕世贸城的经营管理提出一些建议意见：学习其他知名市场的管理模式、管理经验，结合实际，建章立制，搞好配套设施建设，发挥优势，吸引客商。

视察交通工作 2007年1月23日，市政协视察金义东快速通道、南下线一期、诸永高速公路等建设工程现场后，提出加强领导班子建设，提高队伍的整体素质，构建和谐交通，结合新农村建设，抓好康庄工程、乡道改造工程的完善工作等建议意见。

视察商贸新区三大市场 2007年10月12日，市政协组织部分常委和委员，对商贸新区内的东阳世界贸易城、海德·阳光家居城和东阳国际建材城三大市场进行视察，提出建议意见：利用东阳各方面的优势，加快商贸新区建设，以此带动相关产业发展；采取有效措施，逐步解决面临的困难和问题，完善各项配套设施建设。

视察交通工作 2007年11月13日，市政协组织部分委员视察金义东公路东阳段改建工程和诸永高速东阳段建设，对交通工作予以充分肯定，并提出一些意见建议。

视察南下线南马段和浙江冀发电器有限公司 2007年12月14日，市政协南马联络组视察南下线南马段建设进展情况、浙江冀发电器有限公司发展情况。

视察交通工作 2010年1月21日，市政协视察画水镇的南江大桥、溪南施工现场、南江3号大桥，千祥镇的可留和后周施工现场以及马宅镇的野午岭张塘和马宅施工现场，听取相关工程进度汇报。座谈会上，市交通局负责人就2009年的交通工作和2010年的工作思路作汇报。视察人员指出，交通工作与百姓生活密切相关，对促进东阳经济社会发展起着至关重要的作用，同时就加强队伍建设，提升党员干部执行力，确保工程质量，加强公路管护等提出建议。

视察农村公路建设 2010年6月23日，市政协社科界委员视察千祥至马宅公路建设情况，察看东一、降祥、马宅镇政府路口等施工现场，对公路沿线农民土地征用、房屋拆迁资金补偿，民工工资支付，工程项目招投标，施工安全质量监理等情况座谈交流，就保证工程质量和施工安全，完善交通标志、标线，维护百姓利益等方面提出意见和建议。

视察气象工作 2010年8月6日，市政协科教卫文体委员会组织部分委员视察气象工作，察看气象工作中心，了解温度、湿度、云图、气压等相关气象知识，听取气象局负责人的工作汇报，对气象工作取得的成绩给予肯定。

视察江北重点工程 2010年9月21日，市政协部分委员到江北街道视察部分重点工程进展。视察人民公园二期工程、22省道许村段拓宽改造工程、猴塘社区黄岗小区旧区改造、歌山北路污水提升泵站工程，听取江北街道主要负责人有关工作情况的汇报，对基层组织建设、土地征用历史遗留问题、闲置土地开发、环境整治等提出意见和建议。

视察市重点工程 2012年6月6日，城乡建设委员会委员视察红椿巷区域和第三期廉租房建设。视察位于江北街道上王小区的第三期廉租房和位于十字街A地块的临街安置房建设情况，听取市建设局负责人关于廉租房和红椿巷区域建设的情况汇报。

视察顺畅工程建设 2012年9月26日，市政协组织部分委员，先后到广福街、东义路等地视察城区道路顺畅工程建设情况，对施工进度、工程质量等方面提出建议和意见。

视察交通工作 2013年10月25日,市政协提案委员会组织部分委员视察交通工作,先后查看怀万线二期一标段和厦城三标段施工现场,听取工地负责人关于施工进程等情况的汇报。市交通局负责人汇报东阳2013年交通重点工作进展情况以及2014年的工作计划安排。委员们建议:重视各项交通工程的质量保障;在道路施工中确保施工安全,道路建成后保障通行安全;加强道路的日常管理,确保各条道路能够长期正常运转;随着怀万线的建成,相关部门要加强新路和老路的衔接工作,确保山区群众能够受益;加大交通事业的宣传力度,使更多群众了解并支持交通建设,为东阳经济社会发展带来更大的帮助。

视察城区道路顺畅工程 2013年11月20日,市政协城乡建设委员会视察东阳城区道路顺畅工程建设情况,先后察看兴平路(八华南路圆盘处)、环城东路南延路段、环城北路优化施工路段等几处施工现场,听取各工地负责人关于工程进度等情况的汇报。市顺畅工程指挥部、建设局、交通局、公安局代表,分别汇报本部门在城区道路顺畅工程建设中的工作情况以及下一步工作计划。视察组提出8条意见和建议:对道路改造和城市功能区进行合理规划布局;保证道路改造及配套设施建设到位;科学规划建设停车场,合理安排停车位;及时调整公交线路,宣传并鼓励市民公交出行;根据人流、车流加强科学化交通管理;加强宣传教育,进一步规范行车、行人出行规范;加强道路管护力度;在工程建设过程中,进一步加强各部门之间的沟通协作。

视察城市道路治堵保畅工作 2014年7月29日,市政协城乡建设委员会视察城市道路治堵保畅工作。先后查看望江大桥新建工程,广福路改造工程,城南西路改造工程,环城北路改造工程,黉门广场停车场,朝阳、迎晖社区单循环交通等现场,听取各项目进展情况汇报和市治堵办关于东阳道路治堵保畅工作相关情况的汇报。委员们肯定东阳道路治堵保畅工作所取得的成效,提出相关部门要科学判断当前东阳城区面临的道路拥堵状况,利用现有资源加强道路基础设施建设,加强交通管理等建议。

视察道路交通安全管理工作 2014年11月27日,市政协社会法制委员会开展道路交通安全管理工作视察活动。视察绿波通行的兴平路、环城北路,单向行驶的朝阳路等路段和正在进行绿波改造的人民路、中山路、广福街、迎宾大道、世贸大道等,提出一些意见建议。

视察"美丽县城"建设工作 2015年11月5日,市政协城乡建设委员会组织开展"美丽县城"建设工作专题视察。先后视察浪坑溪、城市生态污水处理工程湿地公园和黉门广场地下智能停车场,听取情况介绍。视察发现,"美丽东阳"建设在制定科学合理的规划、加强城市精细化管理、提高市民参与建设共识等方面有待加强。为此提出建议:重视规划的科学性、系统性、严肃性,提升城市综合功能;重视统筹协调,加强部门沟通和配合,同时加强考核;重视全民参与,凝聚社会合力。

视察交通重点工程 2015年11月19日,市政协提案委员会对2015年全市交通重点工程进行视察,相继查看37省道改建工程李宅至上新屋段、40省道改建工程屏岩山隧道。提出谋划好"十三五"交通规划,按照轻重缓急,抓住有利时机,推动东阳交通事业更好更快发展等建议。

环境 资源

视察环境保护工作 1986年3月3日至6日，为了解《中华人民共和国环境保护法(试行)》的贯彻执行情况，县政协联合县人大组织视察。参加视察的有部分政协委员、县人大代表以及经委、计委、环保局、卫生局、乡镇企业管理局、二轻局、工商局、财税局、粮食局等单位负责人和有关干部、视察所在地的区、乡、镇行政主要负责人共89人。视察组首先听取县环保部门关于全县环保工作情况的汇报，学习环境保护法和有关环保工作文件，明确视察的目的、重点和方法。然后分三个组分别对吴宁镇、佐村、巍山、上卢、千祥、湖溪和横店7个区、镇的25家有污染的厂矿企业和县自来水厂进行视察。通过听、看、议等方法，对这些单位的环境保护工作进行了解和探讨，针对环保工作中存在的问题提出意见和建议，并向县长童德成和有关部门汇报。几个比较突出的问题：县自来水厂供给县城的饮用水氟化物含量超标严重，其主要原因是上游化工区排放的废水没有达到国家排放标准，使水源受到污染；佐村氟矿浮选车间排放的废水混浊，氟化物含量严重超标；电镀行业污染严重。建议：(一)加强对环境保护的宣传教育。(二)县自来水厂水源严重污染主要原因是化工区在水源上游，关键要做好综合治理。首先，化工区内工厂排放的废水必须限期达到排放标准；第二，化工区排污总管应尽快投入施工；第三，自来水厂上游不能再增加任何污染点，即将投入生产的弹性元件厂电镀车间应予撤销；第四，尽快解决自来水厂供电和铺设水管的问题。(三)建议对电镀行业再一次摸底，将治理污染情况进行分类，研究制订具体处理方案。(四)督促砩矿浮选厂做好污水处理，首先解决混浊，并制定排放达标规划。(五)以后评比文明单位和各种先进单位，环境保护工作要作为评比的一个条件。

考察南江水库 1988年4月28日，工会界委员考察南江水库。了解到南江水库主要存在3个问题：大坝尚不稳定，不能按照原设计要求蓄水；大坝不稳定降低了水库防洪作用；由于蓄水量的减少，旱季水库供水和灌溉用水的矛盾突出。委员们提出，南江水库大坝的加固加高是造福于东阳几代人的大事，希望县委、县政府能有积极的态度和行动。还提出，提高淡水鱼产量解决东阳城乡人民菜篮子问题的建议。

考察城区绿色行动计划落实情况 1997年4月21日，部分在城常委考察城区有关单位和地段的绿色行动计划落实情况。对白云集团、吴宁镇中、市自来水厂等单位的环境绿化、美化工作给予肯定，对尚未落实绿色行动计划和绿化面积不够的单位宣传督促并提出要求。

视察城区公厕建设 2001年7月25日，为了解政协"重视城区公厕建设"建议案的落实情况，督促建设进度，市政协组织部分委员视察黉门广场、南街口广场、经济开发区等地的部分公厕。要求各建设单位加快进度，把群众的不便降到最低程度。

视察砂资源管理 2003年12月29日，机关联络组第二小组的政协委员视察砂资源管理问题，听取市国土资源局负责人的情况介绍，实地察看采砂场并座谈。提出制定砂资源的开采、利用和保护规划，实施重点地带重点保护，适当提高砂场复垦复耕治理备用金额度，理顺关系，改变多头审批、多头管理现象等建议。

视察国土资源工作　2006年1月5日，部分政协委员视察国土资源管理工作。提出完善制度，加强对土地资源的管理；盘活土地存量，充分挖潜，破解土地要素制约；包装项目，向上争取用地指标和建设资金等建议。

视察梓溪流域开发工程　2006年6月15日，市政协组织部分委员去佐村镇视察梓溪流域开发情况，对梓溪流域的开发予以肯定。

视察企业环保工作　2007年5月29日，市政协组织部分委员视察环保工作。在视察浙江野风药业有限公司、浙江普洛康裕生物制药有限公司、浙江埃森医药有限公司、横店污水处理厂，听取市环保局的汇报后，提出意见建议：加大投入，加快环保基础设施建设，强化农业面源污染治理；加大执法力度，严厉查处违法企业；落实责任，细化工作，做到抓环保与关心企业发展有机结合。

视察东阳江镇新农村建设情况　2008年7月3日，市政协组织视察东阳江镇新农村建设情况，先后视察茜畴村、天山村、双合村西家山，对东阳江镇新农村建设予以肯定。指出，东阳江镇要发挥独特的山水优势，开发集观光、旅游于一体的现代农业；发展效益农业，适时开发白茶等新农业项目并形成规模；以天山村农家乐通过省级验收为契机，打响生态休闲品牌。

视察“三城同创”工作　2009年9月29日，市政协组织部分委员视察“三城同创”工作。先后视察歌山路污水提升工程、南干渠道引水工程、垃圾填埋场二期扩容工程，听取市“三创办”负责人有关政协提案办理、“三城同创”工作情况介绍，对“三城同创”工作予以肯定，并提出意见和建议。

视察“三城同创”工作　2010年9月26日，市政协组织部分委员对“三城同创”工作进行视察。先后到第一建筑垃圾消纳场、南干渠引水工程提水处、地坑式垃圾中转站等地察看，听取市“三创办”负责人有关政协提案办理、“三城同创”工作进展情况的汇报。委员们提出：加大投入，抓好城市基础设施、便民设施建设；加大宣传教育，营造全社会关注、全社会参与的氛围；机关部门间加强协调，形成合力，在整治过程中文明执法；强化督查考核，落实工作责任，提升长效管理水平等建议意见。

视察横锦水库水源保护工作　2010年11月4日，市政协组织部分委员视察横锦水库，先后视察东阳江镇东门村、双合村的生活污水处理设施，了解横锦水库库区的水源保护情况，听取市水利局和东阳江镇负责人关于水源保护、库区生态建设的汇报后，就库区建设和水源保护建言献策。

视察废塑整治工作　2012年9月4日，市政协组织部分委员到南市街道、画水镇视察违法违规废塑料经营活动专项整治工作。先后视察南市街道南溪卡点、后塘村、南溪塑料塑胶产业提升功能区及画水镇杨梅园自然村、菱角自然村等地。

视察环卫设施规划建设工作　2012年12月21日，市政协组织提案委员会委员、部分常委和相关提案领衔委员，对环卫设施规划建设工作进行视察。先后视察第二垃圾填埋场和污水处理厂规划建设情况，召开座谈会，听取市规划局和市建设局关于环卫设施规划建设的情况汇报。认为对照“十二五”规划中的目标要求，东阳环卫基础设施规划建设还存在一定差距，需要在政策宣传、科学规划、规范管理、加强监管、完善机制等方面下功夫。为此提出4条建议意见：加强前期调研，提高规划编制的科学性和可操作性；加大资金投入，高标准建设环卫基础设施；加大监管力度，提升居民对环卫设施规划建设的满意度；加大宣传力度，努力提升居民的环卫意识。

视察"四边三化"工作情况 2013年4月23日，市政协农业农村工作委员会对东阳"四边三化"工作情况组织视察。实地视察歌山镇塘下村、东阳江镇横锦村、湖溪镇上红湖村、横店218省道精品线和城东街道雅溪村。召开座谈会，听取市农办负责人关于"四边三化"工作情况汇报。发现"四边三化"工作特别是公路沿线绿化、洁化工作取得明显成效，对改善农村生活居住环境，促进农村经济发展起到了积极作用，但还存在着进展不平衡、经费保障有待落实、机制有待完善和创新方法不多等问题。为此，提出加大宣传力度、多方筹集资金、建立长效机制、大胆创新实践等四条建议意见

视察"三改一拆"工作 2013年6月25日，市政协城乡建设委员会视察"三改一拆"工作。先后视察南市街道贾宅村拆违工地、南马镇富强电器旧厂改造工地、横店镇马山前旧住宅改造工地和江北街道东埠头城中村改造工地，查看各工地的工程进度，听取各工地负责人的工作汇报。座谈会上，市委常委、常务副市长郭慧强通报"三改一拆"工作情况，现阶段所取得的成果、存在的问题及下一步打算。委员们建议：加强监督，落实责任，依法办事，要充分考虑到"三改一拆"后如何对土地进行合理利用。副市长王桂林到会听取委员意见。

视察水环境整治工作情况 2013年11月21日，市政协经济科技委员会组织部分常委、委员对东阳水环境整治工作情况开展视察。先后查看义东桥段东阳江水质情况、旦旦染洗有限公司、大通电器厂、污水处理有限公司。市环保局、建设局、经信局、水务局负责人分别汇报水环境整治工作情况。视察组提出建议：处理好污水源头和排放出口的问题，追根溯源有针对性地进行污水治理，处理好企业关停、整顿、开放等方面工作，各部门明确分工、落实监督。

视察农村生活污水治理 2014年11月21日，市政协提案委员会开展专项视察，先后到上卢管理处下卢小区、六石街道鹤峰村、湖溪镇清潭村，现场察看农村生活污水治理情况。视察发现存在全市进展不平衡、质量监管有待提高、镇村自筹资金较困难、群众发动工作不够充分等问题。提出农村生活污水治理要让更多百姓参与，加强质量监管，做到因地制宜、科学治污、重视管理、长效推进等建议意见。

财贸　金融　旅游

视察吴宁、巍山两镇物价情况 1984年11月21日至30日，县政协联合县人大组成4个视察小组，对吴宁、巍山两镇的商业、供销、物资、粮食、二轻所属的工厂、门市部、商店等52个单位及14家个体商业户的物价情况进行视察。视察活动采取听（汇报）、查（检查）、议（座谈）、改（提出改进意见）的方式进行，同主管部门和单位当场解决一些问题，将几个主要存在的物价问题向县长宋云祥和副县长卢有贵及有关的委、局、公司领导作汇报。

视察商业单位的物价、卫生及事业收费情况　1987年7月2日至4日，县政协组织部分工商、经济界委员与县人大、县政府有关部门负责人64人，分3个大组，到农资公司、农机公司、蔬菜公司、吴宁与南马两镇菜市场、横店与黄田畈供销社、3所县属中学、2所医院、供电局、自来水厂等国营、集体单位及一些个体商店，就生产资料、蔬菜、副食品价格和事业单位的收费情况进行视察。将少数单位违反物价政策，乱涨价、乱收费，损害消费者利益等情况向县长汇报，并提出5项建议，供县政府和有关部门参考。

视察吴宁、巍山两镇文明经商情况　1987年11月4日至6日，县政协工商经济组会同商业、工商、计量、物价、卫生等部门的领导共17人，对吴宁镇(以南街为重点)和巍山镇的86家商店文明经商情况进行视察。通过听、看等方式，了解两镇商业改革和优质服务活动实施情况，对视察中发现的问题，要求有关部门采取措施解决。

考察全市十处民间风景旅游点　1988年10月，市政协文艺体育工作组，会同市文联、城建、宣传、统战、公安局等7个单位，对全市著名的八华山、三都胜境、屏岩洞府等10处民间风景旅游点进行综合考察，向市政府提交《关于对我市民筹民办十处风景点(含六处宗教寺观)及时引导、总体规划、逐步建设、适时开放的联合报告》。市政府原则同意这一报告，于12月2日做出《关于民筹民办景点总体规划问题的批复》。

考察乡土旅游资源　1991年5月7日至9日，市政协文学艺术工作组为宣传家乡、建设家乡，组织委员进行乡土旅游资源考察与深入体验生活相结合的活动，先后考察三都胜境、屏岩洞府和落鹤山公园。

视察全市重点专业市场　2000年9月1日，市政协召开由浙中建材市场、华东木材市场、东阳商城、虎鹿缝配城、千祥中药材市场等全市重点专业市场负责人和工商局、乡企局等有关职能科室负责人参加的座谈会。各专业市场负责人汇报管理市场的基本情况。座谈会围绕东阳市场发展现状、优势和存在的问题以及今后的努力方向展开讨论，提出一些改进的方法。

视察外经贸工作　2002年7月3日，市政协视察东阳外经贸工作，听取外经贸局负责人的工作汇报。指出：外向型经济发达程度是衡量一个地区经济是否发达的标志，在调整产业结构上要以世界这个大市场为依托，进出口双管齐下。在制定政策上，措施要更加优惠。

视察财税工作　2004年10月22日，市政协视察市财政地税局及下属单位巍山分局、横店分局、吴宁分局、市会计核算中心等单位。通过座谈、察看、听取汇报后，对财政地税工作表示肯定，并提出一些意见建议。

视察“十一”黄金周旅游准备工作　2006年9月26日，市政协视察“十一”黄金周旅游准备工作。在横店有关景点听取市旅游局、工商局、安监局、卫生局、质监局、公安局消防大队对“十一”黄金周旅游准备工作的汇报。各部门和有关单位在食品卫生、游客安全、提高服务质量等方面做了大量准备工作。视察组提出东阳旅游业要做到“三好一重视”，即：安全好、服务好、诚信好，重视游客投诉，充分展示东阳“中国优秀旅游城市”的良好形象。

视察东白山生态旅游区开发建设工作　2010年5月13日，市政协农业农村委员会成员到东白山视察生态旅游区开发建设工作。委员们认为,东白山是东阳海拔最高的山体景观自然资源,既有独特的自然景观,又有深厚的文化底蕴,开发旅游文化很有价值。开发必须因地制宜,以保护为前提,尽量保持其原本的自然特色,重在挖掘和丰富人文价值。

视察旅游工作 2011年10月28日,市政协视察旅游工作。先后视察卢宅古建筑群、横店影视产业实验区展馆、横店华夏文化园等地。听取汇报后,就做好旅游工作提出融合旅游资源,实现互动互补;优化旅游环境,软硬环境齐抓;发挥社会力量,打造旅游精品等建议意见。

视察宗教工作 2013年6月25日,市政协文史资料委员会委员视察宗教工作,走访考察法华寺、仙岩宫、玉佛禅院,了解这3处宗教场所的基本建设、运行和宗教文化等情况。市宗教局负责人汇报2013年度民族宗教工作。委员们肯定宗教工作取得的成绩,建议:加强对东阳宗教文化的宣传力度;挖掘文化资源,还原东阳的宗教历史,追根溯源打造东阳宗教文化底蕴;将宗教场所和旅游产业结合,推进东阳旅游业的发展;尽可能帮助解决一些宗教场所建设中存在的问题。

视察金融工作 2013年12月19日,市政协经济科技委员会组织部分常委、委员视察金融工作,先后察看中信银行和工商银行的营业大厅、业务办理窗口、工作区等,听取银行负责人关于业务办理、工作流程、管理制度等工作的介绍。中国人民银行、工商银行、中信银行等支行的负责人汇报近年来的工作情况。委员们希望各银行在现有的政策原则前提下,能出台更多的举措,帮助企业融资,特别是对于新建企业、困难企业和回归企业加大支持力度。

视察宗教活动场所 2015年8月4日,市政协港澳台侨委员会委员视察东阳宗教活动场所。走访玉佛禅院和法华寺,详细了解宗教场所建设、宗教活动开展情况及宗教事务管理工作。在听取相关情况汇报后,对近年来宗教工作表示肯定并提出要求:要充分认识宗教存在的长期性和宗教问题的群众性、特殊复杂性;全面贯彻中国共产党的宗教信仰自由政策,依法管理宗教事务;发挥宗教界人士和信教群众在经济社会发展中的积极作用,为和谐社会建设做出贡献。

视察卢宅、蔡宅、李宅古民居旅游精品线 2015年10月22日,市政协农业农村委员会视察"三宅"古民居旅游精品线。察看卢宅保护利用项目一期工程建设进展情况、李宅古民居修缮情况,参观蔡宅蔡希陶故居、蔡氏宗祠等古建筑,并召开座谈会。委员们提出,"三宅"古民居资源丰富,历史文化底蕴深厚,各有关部门要高度重视,科学规划"三宅"的古民居,按照特色互补、组合有序、线路科学的要求,进行旅游产品的整合,形成省内外具有东阳特色的黄金旅游线路。委员们就保护修缮古民居、突出东阳木雕特色、深入挖掘传统文化底蕴、完善公共设施等内容以及影视游、木雕游和古民居游相结合提出意见和建议:提高思想认识,加大对"三宅"古民居旅游精品线开发建设的扶持力度;加大协调力度,实现"三宅"古民居旅游精品线开发建设的规划融合和景区对接;重视文化包装,加强"三宅"古民居旅游精品线的宣传营销力度。

文化　教育　卫生

对5个区卫生院改革的视察　1984年12月3日至8日，医药卫生工作组会同当地卫生系统的政协委员，对城关、上卢、巍山、南马、佐村5个区卫生院的改革进行视察，听取当地负责人和区卫生院负责人的情况介绍，召开座谈会5次。开展学术交流活动，举行学术讲座10次，听讲人数136人，主要内容为“中西医结合治疗急腹症”和“输液反应及其处理”。会诊疑难症和讨论疑难病案15次。通过视察、座谈，委员们对卫生系统的改革提出的意见：卫生系统的岗位责任制，应该根据卫生部和省卫生厅颁发的《医务人员守则》来制定，并严格执行国家物价政策及有关规定；积极开展学术交流活动，提高医疗队伍素质，充分发挥县政协“智囊库”和科协医学会的作用；有计划地培训短缺的卫生专业人才，训练药剂、化验人员。

视察吴宁镇中小学教育和虎鹿乡分级管理办学情况　1985年3月25日至27日，县政协与县人大联合视察吴宁镇中小学教育和虎鹿乡分级管理办学情况。针对吴宁镇少年儿童入学难问题，联合调查了吴宁镇两所小学和一所初中，发现班级学生严重超员（大部分班级达64人），难以再增收学生，1984年有一百多名儿童不能入学。吴宁镇初中24个班级，1395名学生，仍达不到城镇优先普及初中的要求。视察组经过分析研究后，向县政府提出建议，并请县长和吴宁镇委、县计委、经委、教育局、商业局等有关单位共同研究解决办法。县政府采纳建议，决定新建吴宁镇第三小学，立即组成筹建的领导班子，将资金、建材等落实到计委等有关单位；在吴宁一校扩建6个教室，在吴宁镇初中扩建9个教室，并责成吴宁镇人民政府负责实施，保证9月1日交付使用。5个月后，吴宁一校和吴宁初中扩建教室15个，近年内儿童入学难的问题得以解决。

考察县城文化单位的改革情况　1985年10月，县政协与县人大联合对影剧院、电影公司等县城文化单位的改革情况进行考察。发现有的文化单位存在“以副挤文，重副轻文，片面追求经济效益”的偏向，考察组提出比较尖锐的批评和改进意见。文化局负责人表示要端正业务指导思想，研究改进办法，搞好文化单位的改革，促进社会主义精神文明的建设。

教师节走访、慰问教师　1986年8月16日至9月3日，陆锡经等县政协领导于第二个教师节前夕先后到东阳中学、东阳二中等12所中小学校慰问教师，了解各校办学的基本情况，听取在新形势下如何办好学校的意见和建议。

教师节前走访学校　1987年教师节前，县政协领导分别走访10所中学、13所乡中心学校，召开教师座谈会75个，走访教师110人，察看教学设备和师生住房，与当地政府商讨改善办学条件和师生生活等方面的实际问题。

走访边远山区学校　1987年9月，陆锡经会同教育局负责人走访边远山区的西营、玉溪等乡中心学校，察看师生住房和教学设备，与学校领导和教师座谈。后将东阳中学部分教学仪器送给玉溪和西营两个乡的中心学校。

对学校体育工作的考察　1987年11月19日至20日，县政协文艺体育工作组7人，对东阳中学、巍山中学、湖溪一中以及横店的体育工作进行考察。将拖拉机过往巍山中学操场而影响体育教学、危及学生生命安全的问题，向县政府有关领导提出意见建议。

视察南马区九年义务教育实施情况 1988年12月14日，市政协教育工作组视察义务教育，听取南马区委负责人关于全区九年义务教育实施情况的介绍，视察南马镇初中、小学和防军镇初中等学校。视察中发现当前基础教育严重落后于经济社会发展的要求，初中入学难，小学毕业生升初中仅80%左右（防军仅70%），校舍紧张、破旧，教育经费困难。视察组提出建议意见：要保证教育经费的正常渠道；落实分级办学，限期改造校区，消灭危房；创造条件，尽快普及初中。

视察教师集资建房 1989年2月24日，市政协组织部分委员视察教育系统集资建房，视察组听取教育局、城建委领导的汇报和有关情况的介绍后视察现场，就集资建房中发生的问题向有关部门提出建议，并形成《政协东阳市委员会组织省、市政协委员考察教育系统集资建房纪要》。建议市公安局受理此案对包工头进行拘留，并责成包工头将所拆90扇房门装修好；建议城建委、审计局、工商局对教师集资建房有关收支情况进行审计、仲裁；建议纪委、监察局、教育局对教育局主要经管人有关问题进行调查。

视察巍山镇幼儿教育情况 1989年5月29日，市政协视察巍山镇幼儿教育情况，听取巍山镇政府和巍山镇校负责人的情况汇报，视察巍山6个村办幼儿园和巍山镇新建的幼儿园大楼，征询幼儿教师和各村干部群众对幼儿教育的意见。针对各村办幼儿班大部分设在旧厅堂、旧公房里，漏水、潮湿、阴暗、不安全的状况，建议将分散的幼儿班集中到幼儿园大楼，提高幼儿教育质量。

对虎鹿镇农科教相结合情况的考察 1990年10月16日，市政协教育工作组部分委员到虎鹿镇考察“三教统筹”和实行农科教相结合的情况，听取虎鹿镇负责人的汇报，参观玉米、水稻丰产示范畈。考察认为，虎鹿镇实现“三教统筹”，走农科教相结合之路，为农业与教育的深化改革提供了良好经验，值得向全市推广。

赴江苏考察 1991年8月，市政协文史资料委员会成员赴江苏省宜兴市政协学习交流文史工作经验，到苏州市寻访东阳市历史名人张国维的遗踪“张公祠”，在虎丘东侧、山塘街以北的苏州市香料厂内寻访到“张公祠”的二进厅堂。

赴上海、无锡考察 1991年10月21日至26日，市政协教育工作组部分委员赴上海市、无锡市学习考察教育改革工作。考察组形成考察报告上报东阳市委，建议学习上海、无锡教育改革的成功经验：建立全社会的中小学德育工作的体制；依法征好教育附加，扶持校办企业，保证正常经费渠道；积极发展职业教育，为东阳市经济发展培养大批初级人才。

赴上海考察 1993年11月23日至27日，教育界在城委员赴上海进行教育考察，针对东阳教育状况提出建议：必须树立先进的办学思想；加大对东阳教育的资金投入，尽早提高老师待遇，促进教师队伍稳定。

赴舟山、新昌、宁波等地考察 1994年4月和5月，市政协教育界部分委员赴舟山、新昌两地中小学校，部分委员赴宁波鄞县中学、镇海中学和中国石化销售公司舟山石油化工学校考察学习贯彻、实施《中华人民共和国教师法》的经验。

赴厦门考察 1995年12月17日至24日，教育界部分委员赴厦门考察，访问厦门一中、集美中学，对其先进做法和成功经验进行总结，形成报告，报送市委、市政府及宣传部、教委等。提出加大政府投入，倡导社会办学，全民办学，完善学校教育设施，加强教育管理，制订住房等优惠政策稳定教师队伍等建议。

考察市实验小学和市实验中学实施全面素质教育情况　1996年5月23日至24日，市政协教育界委员和在东阳的金华市政协委员对市实验小学、市实验中学（巍山镇中学）实施全面素质教育情况进行考察。两校负责人介绍选好课题、开展教育实验活动、实施全面素质教育的情况。委员们认为应当大力宣传两校的科研成果，推广两校的成功经验，推动东阳的全面素质教育向纵深发展，为东阳教育改革做出新的贡献。

视察4所民办高中　1997年3月2日，市政协组织教育界委员视察广宇、中天、职工子弟、利民等4所民办高中。发现民办高中存在着“师资力量不足、升学压力过重、领导体制不顺”等问题，提出建议：对民办学校采取“政策上要放宽，管理上要从严”方针。鼓励大集团、大企业与教育行家共办教育，服务社会。加强对民办高中的领导和管理，审批有序，制定民办学校实施细则；强化“素质教育”，弱化“应试教育”，转变观念，为民办中学减轻升学率重负；在近期内举行一次民办高中段教育的研讨会，尽快制定“民办学校实施细则”；重点扶持具有争创省一级民办重点高中条件的广宇、中天两所民办高中，加快东阳高中段教育的发展步伐。

视察幼儿教育、特殊教育　1997年4月18日，为了解东阳幼儿教育、特殊教育情况，探讨这两类学校如何开展素质教育的经验，市政协教育二组委员视察吴宁镇幼儿园、市聋哑学校。通过视察，形成3条建议：素质教育必须从娃娃抓起，即从幼儿园抓起；各级领导、社会各界应给幼儿园、特殊教育以更多的关注和帮助。幼儿教育城区好一些，乡下困难较多，聋哑学校也面临不少困难，需要为他们排忧解难，帮助他们办好学校；教育行政部门在经费、师资等方面应给予支持。建议教委配备幼儿教研员，加强全市幼儿教学的管理和教学研究活动。

视察争创“教育强市”工作　1999年6月16日，市政协教育界部分委员视察宅口乡清秀希望小学、上卢镇初中等学校，了解全市争创“教育强市”的基本情况。提出如下建议：继续全面推进素质教育；要走出民办教育产业化的路子；公办学校要大胆探索、大胆实践、大胆改革；随着改革的深入，在招生、教师招聘中可以尝试双向选择，以培养更多尖子生，培养更多名师并出现一些名校；要大张旗鼓地表彰先进乡镇，加强对后进乡镇指导，尽快改变全市镇乡教育发展不平衡的现状；对市属高中要有一个长远的布局规划，避免重复投资，浪费不必要的人力财力。

视察城区部分文化娱乐场所　1997年3月14日，市政协组织民主党派负责人、市文化市场管理办公室负责人、市影剧院负责人参加的文化市场管理座谈会，听取市文化市场管理办公室负责人关于文化市场的现状、存在的问题、下一步打算及建议的汇报，市影剧院负责人关于音像市场存在的问题及改进的建议的汇报后进行讨论。座谈会后视察城区的部分文化娱乐场所，提出音像市场应由文化主管部门统一管理、禁止通宵影像放映、规定营业时间等意见。

视察历史文化工作 1999年6月9日，市政协文史资料委员会成员视察东阳部分文化事业单位和文物保护单位。先后视察紫薇山古建筑、严济慈故居（纪念馆）、档案局（馆）、文物办（博物馆）、图书馆，在视察和听取汇报后，形成《保护珍贵遗产，弘扬优秀文化——市政协文史委视察历史文化工作情况反映》书面材料，向市委、市政府提出：加强宣传教育，提高全民文化意识。

视察减轻学生负担、推进素质教育工作 2000年3月23日至24日，教育界政协委员对有关学校减轻学生负担、推进素质教育工作情况进行视察。分高中组、初中小学组进行，视察六石高中、六石镇中、巍山高中、巍山镇校、南马高中、南马镇中、东阳二中、吴宁五校等8所学校，听取学校领导汇报、召开教师学生座谈会、查阅有关资料、个别访谈。视察结束后，形成视察情况反映《以“减负”为契机，切实推进素质教育》上报市委、市政府。

赴温岭市、鄞县等地考察 2000年4月10日至14日，教育界部分委员赴温岭市、鄞县等地考察高中段教育、办学体制改革与教育现代化建设。通过考察调研，结合东阳实际，提出建议意见。

视察卫生工作 2000年5月9日，医卫界政协委员对卫生改革、镇乡卫生院建设和社区卫生服务等工作进行视察。先后视察六石中心卫生院、虎鹿镇卫生院、巍山医院、佐村中心卫生院和市中医院等单位，了解各单位的基本建设、卫生改革、社区服务等工作。视察结束后，形成视察情况反映《加快卫生事业发展，提高全民健康水平》上报市委、市政府。

视察聋哑学校、外来民工子弟学校 2004年5月31日，市政协视察市聋哑学校、外来民工子弟学校，察看学习、生活场所，听取学校负责人情况介绍，观看市聋哑学校学生的汇报演出，向学校赠送部分体育用品。

视察市红十字会医院农民健康工程 2006年8月11日，市政协视察农民健康工程（农民免费健康体检、农村公共卫生服务、普及新型农村合作医疗3个部分）。在市红十字医院（吴宁中心卫生院）的农民免费健康体检站听取有关情况汇报，提出卫生系统加强医德医风建设，提高医疗业务水平，创新服务载体，改进服务质量，真正把农民健康工程这一惠及千家万户的“民心工程”实事办好、好事办实等建议。

视察人口和计划生育工作 2007年1月5日，市政协视察人口和计划生育工作，认为东阳人口和计划生育工作思路清晰，工作扎实，成效明显。

考察学校危房情况 2007年7月17日，市政协考察学校的危房情况，先后视察六石中心小学、城东街道罗屏小学、南马镇南湖小学等学校的危房，听取情况汇报，提出意见建议。

视察社区卫生服务工作 2007年9月4日，教育文化卫生体育委员会视察社区卫生服务工作。视察八达社区卫生服务站、东阳江镇卫生院、和乐社区医疗服务站、吴良社区卫生服务站等，听取相关情况介绍后，提出完善社区卫生服务发展规划，支持农村卫生服务工作；加大投入，加强农村卫生院和社区卫生服务站的基础建设；提高从业人员素质，使农村群众在家门口就能享受到高质量的医疗服务等建议。

视察新闻单位 2009年6月29日，中共界政协委员视察市广播电视台、东阳新闻网、东阳日报社等新闻单位。委员们分别走访市广播电视台《行风热线》栏目组和播音室、新闻直播房、市广电中心大楼建设工地，东阳新闻网办公室、机房，东阳日报社采编中心、读者中心、印务中心等处。随后召开座谈会，听取各新闻单位负责人对宣传报道、队伍建设、经营管理等工作的汇报。与会委员对各新闻单位的工作表示满意，认为各新闻单位坚持正确的政治方向，工作精益求精，新闻内容紧扣时代脉搏，弘扬社会正气，在舆论导向、提升服务能力等方面发挥了积极作用。同时提出建议。

视察外来务工人员子女入学情况　2010年11月11日，市政协组织部分常委和委员就《关于进一步重视外来务工人员子女就学的建议》重点提案办理情况进行视察。先后视察江北湖田小学、白云昆溪小学、市春蕾学校，了解外来务工人员子女的入学数量、享受待遇等情况。视察发现，对照"十一五"规划中的目标要求，东阳在解决外来务工人员子女就学的问题上还有待加强，需要在机制完善、财政投入、政策扶持、规范管理等方面下功夫。为此建议：统筹规划，营建科学合理的外来务工人员子女就学机制；创造和谐、公平、优质的教育环境；加强管理，研究解决外来务工人员子女入学中的一系列新问题；创造氛围，做好对外来务工人员子女的感恩教育。

考察职业教育建设发展情况　2011年10月21日，市政协组织部分提案委员会成员、教育界委员考察职业教育建设发展情况。参观浙江广厦建设职业技术学院、横店影视职业学院的校容校貌和实训基地建设，分别召开座谈会，听取东阳技校、浙江广厦建设职业技术学院、横店影视职业学院有关负责人的情况介绍，就加快东阳职业教育发展提出加大对职业教育的扶持力度，强化宣传和引导，探索校企合作新路子等建议意见。

视察横店影视产业实验区　2012年7月26日，市政协教育文化卫生体育委员会视察横店影视产业实验区，先后视察横店影视产业实验区展厅、红点影视制作有限公司等地，听取横店影视产业实验区负责人的情况介绍，就加强影视制作人才培养、延长影视产业链，加大政策扶持力度，挖掘文化内涵，提升文化品位，扩大对外宣传等提出一些意见建议。

视察广播电视台　2013年8月8日，市政协视察市广播电视台新大楼，参观"东阳新闻""东东腔"等栏目的演播室，听取新闻栏目制做的介绍，现场观摩工作人员的演示，听取工作汇报，提出贴近基层和群众，打造喜闻乐见的广电精品栏目等建议。

视察学前教育　2014年5月16日，市政协教育文化卫生体育委员会视察学前教育，先后走访横店镇中心幼儿园、东景阳光幼儿园、博大幼儿园，听取各幼儿园的情况介绍。委员们针对学前教育存在的困难和问题，提出建议。规划问题，要全市一盘棋，加快各乡镇街道的中心幼儿园建设，鼓励社会力量创办实力强、规模大、设施好的民办幼儿园。师资问题，要通过提高待遇、加强培训、开展继续教育、让幼儿园园长共同参与幼儿教师招聘工作等方式，提高幼儿教师队伍的整体素质。编制问题，要尽早出台相关政策，提高幼儿教师的公办在编比例。尽早明确东阳的公办幼儿园为全额拨款公益一类事业单位，加强小区配套幼儿园的规范化管理。幼儿园安全设施问题，要出台政策，加强专项整治，对一些确实有存在必要但无力单独解决的民办幼儿园予以补助。改进和加强特色教育。

视察市体育场馆建设工作　2015年5月20日，市政协教育文化卫生体育委员会成员视察市体育场馆建设，察看建设工地，听取市体育局负责人关于体育中心建设和全市体育工作的汇报。视察中发现体育组织、队伍建设有待完善，人才培养、体育健身设施的维护与管理等方面有待加强；镇(乡)街道体育经费投入较少；在市体育中心建设中，涉及部分建设规划的调整和征地拆迁等政策处理难等问题。为此提出4条建议：健全体育工作机构，加大经费投入，特别要加强对村(社区)体育设施的建设和维护管理工作；先锋村整体拆迁和高压线迁移问题、泗渡溪与人工湖规划问题、整个体育中心地块排污排水和煤气等管道的标高以及迎宾大道60米绿化规划等问题，各部门要加强协调，尽早研究提出解决方案；精心谋划，超前思考项目建成以后的运行机制等问题，以发挥体育中心的最大社会效益和经济效益。逐步实行所有权和经营权分离，在不损害和影响体育场馆功能、满足基本公益需求的前提下，鼓励社会机构参与体育场馆经营管理活动；构建科学合理的全民健身体育设施布局，在江滨景观带适当增加公众体育健身场所，加快机关学校体育设施对外开放力度。

考察传统文化家规家训民间陈列情况　2015年6月25日，市政协文史资料委员会视察王宅、单良和中国木雕博物馆的家规家训陈列情况，听取市委宣传部的工作汇报，就如何更好地收集、保护老祖宗留下的家规家训，倡导、弘扬中华优秀传统文化等方面提出重视家规家训收藏保护、家规家训继承发扬、家规家训宣传教育等意见建议。

社会　法制

对法制贯彻、政策落实、体制改革的综合性视察　1983年4月22日至29日，县政协联合县人大组织21名政协委员和人大代表，分4个视察组，对7个区、3个区级镇、6个公社、9个基层供销社、5所中小学、4所医院和教育局、卫生局、财税局、房管会等单位的法制贯彻、知识分子和去台人员落实政策、供销社体制改革等情况进行综合视察。视察结束后，县人大、县政协联合向县政府报送《县人大常委会、县政协常委会关于对法制、政策、商改等问题的视察报告》。6月16日，县长办公会议作专题研究，给办公、住房条件差的上卢中学、安文镇校安排了基建项目，宿舍问题1984年安排基本建设项目时再予以考虑。对历史老案复查问题责成县教育局在暑假期间组织力量复查。对辞退的民办教师口粮田和在教民办老师粮薪问题，县政府专门下发文件，要求各有关区社尽快落实，同时在6月16日召开的区、镇宣传委员会议上做了部署。对公费医疗包干问题，待下半年财政收入情况允许时解决一部分；对医疗费包干到人、重病得不到医治的要研究改善管理办法。

视察食品卫生法的贯彻执行情况　1985年7月1日至4日，县政协与县人大进行联合视察，监督食品卫生法的贯彻执行情况，分组考察7个镇174家国营、集体企业和个体户。在视察中宣传食品卫生法；讲清道理，当场对霉变食品做出处理；对11家食品卫生问题比较严重的企业和个体户，提请各主管部门分别给以责令停业、停业整顿、限期改进、课以罚款的处理。对每个受检查单位和个体户都提出改进的建议和意见。

考察职工代表大会制度贯彻落实情况　1990年7月2日至5日，市政协工会工作组配合市总工会对市内国营、二轻、财贸系统中的23家企业贯彻落实职工代表大会制度情况进行检查和考察，提出三条建议：应把职代会制度作为建设社会主义企业的大事来抓，强调职代会在社会主义企业中的建设作用；建立党政联席会议制度和对企业的检查督促制度，发挥职工代表在企业两个文明建设中的作用；重视教育职能，加强思想政治工作，提高各级领导的民主观念和职工的主人翁思想。

视察思想道德精神文明建设情况　1996年10月2日，市政协组织部分委员视察虎鹿镇厦程里村文化中心、巍山镇中、东江镇上陈村老年协会、湖溪镇校的思想道德精神文明建设情况，并召开座谈会。宣传、教育、卫生、文艺、科技、工会、共青团等界别的委员和各民主党派负责人参加，就反腐倡廉，加强干部队伍建设，弘扬中华民族的传统美德，加强职业道德教育等问题，分析原因，提出对策和措施。

视察公安司法单位纪律作风集中教育整顿工作　1998年5月5日至6日，为配合政法队伍的教育整顿工作，市政协组织各民主党派负责人、社会法制委员会成员，对市公安局、法院、检察院、司法局4家单位的纪律作风集中教育整顿工作进行视察。听取市公安局、法院、检察院、司法局4家单位负责人对此次纪律作风集中教育整顿工作情况的汇报，提出意见和建议。

视察公安、法院开展“创人民满意活动”情况　1999年6月21日至22日，市政协社会法制委员会委员对公安、法院开展“创人民满意活动”情况进行视察。先后视察六石派出所、横店派出所、城中派出所及巍山法庭、吴宁法庭、民事审判庭，了解整个公安系统、法院系统“创人民满意”工作情况，提出科学安排工作，增加投入，改善办案条件等建议。

视察非公有制企业工会组织　2000年4月上旬，市政协工会界委员视察非公有制工会组建工作，先后到浙江程氏实业有限公司、东阳恒太硬质合金有限公司、浙江新亚服装有限公司等组建工会较早的企业，听取情况介绍，参观厂容厂貌、生产车间及工会基本设施，就非公有制企业工会组建程序、经费管理、独立自主地开展活动等，与企业主、工会负责人进行探讨。

视察药品监管工作　2002年12月24日，市政协联合市人大视察药品监管工作。先后视察市医药药材有限公司及该公司吴宁东路的医药门市部、横店集团康裕制药有限公司，听取市药监局负责人的情况介绍。视察后提出：药品监管要与服务相结合，寓监督于服务之中；政府要支持、扶植，让医药产业成为东阳支柱产业；加强宣传，争取社会和个人的广泛支持。

视察市公安局交巡警大队　2003年5月30日，市政协组织部分常委视察横店交巡警中队、车辆管理所、南街口警花岗，听取有关工作情况汇报后，建议：在抓好班子、队伍和行风建设上加大力度；坚持警民关系伙伴化，警察执法柔性化的工作思路，文明执法；多宣传、多沟通，让群众对交巡警工作多一分理解，多一分支持。

视察审计工作　2004年11月18日，机关联络组部分委员视察审计工作，提出一些意见和建议：加强审计队伍建设，抓好业务培训，做到依法审计；加强制度建设，在抓好大要案和重点审计项目上做文章；加大宣传力度，让更多的人理解和支持审计工作。

视察食品安全监管情况　2005年8月30日，机关联络组视察食品药品监督管理局的食品安全监管工作情况，先后到东阳商城、东城宾馆月饼加工中心和万家灯火大酒店了解副食品批发、食品生产加工环节等安全监管情况。

视察工会工作 2006年2月20日，市政协视察工会工作。在听取有关情况汇报后，提出一些意见和建议：抓好工会组织建设，扩大覆盖，构建网络，同时多开展活动，多做实事，进一步增强工会组织的凝聚力；开拓创新，与时俱进，创造出更多的工会工作新经验。

视察市房管局档案工作 2006年4月13日，市政协视察市房管局档案工作，参观市行政服务中心房管局窗口、档案室，观看工作人员的实际操作，提出改善服务加快硬件建设等建议。

视察运管稽征工作 2006年5月18日，市政协视察运管稽征工作。先后到南马运管稽征中队、七里寺公路征费稽查站、市运管稽征所服务窗口等地视察，听取有关情况介绍后，提出加强班子建设、队伍建设和制度建设，提高整体素质；原则性与灵活性相结合正确处理好严格执法和改善投资环境的关系；加大宣传力度，营造良好的执法环境等建议。

视察行政服务中心 2006年7月19日，市政协部分委员视察行政服务中心，召开座谈会，听取情况介绍，提出各窗口单位提高服务质量和办事效率，合力使中心办成为民办事的政府超市等建议。

视察法院工作 2007年5月15日，市政协组织部分委员视察法院工作，听取市法院工作情况汇报后，提出树立“司法为民”工作理念，加强司法规范化建设等建议。视察组还到南马法庭视察基层法庭工作。

视察公安交警工作 2007年9月6日，市政协社会法制委员会组成人员视察公安交警工作。视察交通事故勘查处理、道路交通监控测速现场和车辆业务免费代办中心，听取有关情况介绍后，提出意见建议：打击严重危及交通安全的违法行为，遏制群死群伤事故的发生；改善城区交通秩序，提高城区道路通行能力；推行作风建设，提升服务水平。

视察“放心菜”工程 2007年11月16日，提案委员会成员对“放心菜”工程进行视察。在东门菜场、商品质量检测中心现场抽检部分蔬菜质量，听取情况介绍。视察组指出，食品安全涉及千家万户，事关群众身体健康和社会稳定，工商部门要加大投入，加强硬件设施建设，扩大检测范围；加强队伍建设，提高检测人员素质，利用好各类检测设施；加大宣传，形成“部门联动、人人关注”的良好氛围，确保群众身体健康，推进和谐社会建设。

视察工会工作 2011年5月30日，中共界委员视察工会工作。先后到市总工会职工维权帮扶中心、白云街道五马塘农民工租住地工会、杨家农民工租住地工会等地，了解工会工作开展情况，听取市总工会工作情况汇报。委员们就构建和谐劳动关系、关注农民工精神文化需求、解决农民工子女入学等问题提出意见和建议。

视察残疾人事业发展 2011年8月18日，市政协教卫文体委员会组织部分委员视察残疾人事业。先后视察曜地残疾人托安养所、精神残疾人托养所、残疾人康复中心，听取市残联负责人关于东阳近年来残疾人事业发展情况的汇报。视察组指出残疾人事业发展事关民生，要大力抓好六大行动计划，加大对相关人员的素质培训，确保全市各类残疾人都能共享改革开放成果；要努力加大宣传力度，形成全社会关心、关注、支持残疾人事业的氛围，进一步完善残疾人事业保障体系和服务体系，实现残疾人事业的加快发展、全面提升、走在前列。

视察治安视频监控系统建设和运行情况　2011年9月23日，市政协组织部分委员对治安视频监控系统建设和运行情况进行视察。视察人员先后到横店、吴宁派出所以及市公安局指挥中心，听取相关情况汇报，指出，治安视频工程是民生工程，在发现犯罪、打击现行、服务社会等方面发挥了重要作用。相关部门要加大宣传力度，科学规划，加大投入，加强人员培训，扩大监控覆盖面，为东阳经济社会发展创造和谐稳定的环境。

视察廉租住房建设　2012年6月8日，市政协科协界委员视察廉租住房建设。先后到吴宁东路214巷考察第二期廉租住房，江北街道凤凰社区上王小区查看市第三期廉租住房工程建设情况，听取房管局负责人对住房保障工作的情况汇报，提出攻坚克难、狠抓进度，严格施工、严把质量，安全施工、确保平安等建议。

视察法制工作　2012年6月21日，市政协社会法制委员会委员对公检法系统进行视察。先后视察市人民检察院特审室，市人民法院视频审判庭，市看守所审讯室、囚监室等，座谈中提出一些意见建议。充分听取社会各界的意见和建议，提升职能工作，同心合力，维护社会和谐；心系大局，服务全市发展；转变作风，提升形象，推动各项工作上新台阶。

视察加强社会管理创新工作　2012年11月23日，市政协组织部分委员到江北街道视察社会管理创新工作，先后视察江北街道365便民服务中心和西范小区社会服务管理工作室、文化综合楼等地，围绕进一步提升管理质量、拓宽服务领域，提出意见建议。

视察便民服务中心　2014年6月20日，市政协社会法制委员会开展“强化服务，提升效能”各级便民服务中心视察活动，先后到南马镇行政服务分中心、斯村365便民服务中心以及市行政服务中心，现场查看办公流程，了解镇（乡）、村级服务中心人员的组成以及工作内容，听取市行政服务中心关于便民服务工作的情况汇报。视察组针对存在的办事规范、服务态度、业务能力、办事权限、人员管理等问题，提出意见建议：编订办事流程清单，实行阳光政务；启用服务评价清单，优化服务理念；制定业务学习清单，提升服务效率；推行权力制度清单，精简审批程序；建立人员管理清单，确保长效运转。

视察检察院基层基础建设工作　2014年12月5日，市政协社会法制委员会对市检察院基层基础建设工作进行视察，实地查看市检察院远程视频审讯室、检委会会议室、讯问室等，了解检察院干警的相关工作和业务。听取市检察院负责人对基层基础建设工作作汇报。与会委员对市检察院“立检为公、执法为民”“科技强检”“师带徒”等工作理念和方式予以肯定，并建议：加大法制宣传力度，加大职务犯罪的预防教育力度，形成人才培养和队伍建设整体化、规范化和制度化。

视察“黄赌毒及食品药品环保整治”工作　2015年9月28日，市政协社会法制委员会组织部分政协委员开展“黄赌毒及食品药品环保整治”视察活动。参观浙江南天投资有限公司的车间及环保处理设施运行情况，视察城区西门菜场管理运营情况，随机抽取样本，由工作人员现场演示有毒有害物质的检测过程，到市公安局涉案财物管理中心，查看收缴赌博机等情况，听取市公安局关于打击黄赌及食品药品环境犯罪情况的汇报，提出工作建议。

第二节　上级政协领导到东阳视察考察

东阳市(县)政协多次接待、陪同、配合全国政协、浙江省政协和金华市政协的领导到东阳视察、调研和指导工作。

全国政协领导到东阳考察、视察

1994年1月22日至24日，全国政协视察团一行以浙江省政协党组书记、副主席孙家贤团长，全国政协常委、民建中央常委、省民建主委孙延年，原省高级人民法院党组书记、院长袁芳烈为副团长，到东阳视察。视察团听取东阳经济和社会发展的情况汇报，视察东阳中学、市镇建设、横店集团和台胞王惕吾捐资建造的巍山医院、东阳市急救中心，对东阳在改革开放、经济和社会发展方面所取得的变化和成就给予充分肯定。

1996年9月15日，全国政协副主席吴学谦一行在省政协副主席陈法文，金华市委副书记、市政协主席宋云祥，金华市政协副主席陈炫亮的陪同下到东阳视察。听取市委书记杨守春的情况汇报，听到东阳是个有“三乡”(教育之乡、建筑之乡、工艺美术之乡)特色的小康县时，吴学谦题写“教育之乡”四个大字，参观艺海公园、市木雕厂的木雕精品陈列馆。

1998年5月4日，全国政协常委、上海市政协副主席、复旦大学经济教授郑励志率复旦大学考察团一行6人考察横店集团公司、大东阳集团、有机化工集团等。团员中有东京大学经济教授桥本寿朗、学习院大学经济教授等4位日本学者。

10月27日，全国政协副主席孙孚凌一行10余人在省政协副主席李青、金华市政协主席陈章凤陪同下视察东阳。市委书记杨守春、市长汤勇等汇报东阳近年来经济发展基本情况。汇报会后视察城市建设情况，参观工艺美术精品馆和卢宅肃雍堂，并赴寀卢考察，孙孚凌说：横店模式、寀卢模式是一种独到的创造，所取得的成绩和经验值得宣传与推广。他对东阳的“三乡”文化深表赞赏，指出：东阳有许多工艺精品，应加以收集与保存，使之流传后世。

1999年2月24日至25日，全国政协副主席万国权在省政协副主席程炜、金华市政协副主席章关键等陪同下到东阳视察。市委书记杨守春、副书记吕观平、市政协主席康益民等汇报东阳两个文明建设的工作情况。万国权一行视察横店东磁集团，在车间询问企业生产情况，了解产品出口创汇及效益情况，并视察秦皇宫、清明上河图两个旅游景点和横店康复医院。

2003年10月29日，全国政协副主席阿不来提·阿不都热西提率领在京全国政协常委、委员视察团一行50多人到东阳考察。市委副书记俞勇建、市政协主席康益民等陪同。

2004年5月28日，以全国政协委员、河南省政协主席范钦臣为团长的全国政协委员一行26人在省政协常务副主席、党组副书记龙安定，金华市政协副主席陈炫亮等领导的陪同下到东阳视察。

11月28日，由全国政协常委、社会和法制委员会主任李其炎带领的全国政协“贯彻落实科学发展观”专题考察组一行10多人到东阳考察。陈炫亮、康益民陪同。

2005年6月25日，全国政协副主席周铁农率30多位全国政协委员，在省政协常务副主席龙安定，金华市领导陈昆忠、林一心、毛根芝陪同下，视察横店浙江影视产业实验区。周铁农一行先后视察广州街、明清宫苑、明清居民博览城、秦王宫、清明上河图等景区，听取市长陈丰伟的情况汇报。周铁农对东阳市委、市政府高度重视文化产业发展，影视产业实验区成立后进行积极有益探索的做法给予肯定。周铁农一行还视察卢宅肃雍堂、东阳木雕集团、木雕精品馆等处。陈丰伟、康益民等陪同。

2005年10月23日，全国政协副主席杨汝岱到东阳视察木雕精品博物馆等单位。

2006年10月14日，全国政协原副主席杨汝岱到东阳参加第六届全国“村长”论坛开幕式，之后视察花园村的新农村建设和横店明清民居博览城。省政协原主席耿典华，金华市委书记徐止平，金华市委副书记、市长葛慧君，金华市委常委、东阳市委书记蒋永志，金华市政协副主席毛根芝，市委副书记、市长江跃进，市政协主席康益民，市委副书记俞勇建等陪同和参加活动。

10月20日，全国政协原副主席王文元一行在省政协原副主席程炜陪同下到东阳参观卢宅肃雍堂、东阳木雕集团、市工艺精品馆，视察横店影视城的秦王宫和清明上河图景区，对东阳经济社会发展尤其是影视文化产业发展给予高度评价。蒋永志，江跃进，康益民介绍东阳经济社会发展情况。

2009年1月28日，全国政协副主席厉无畏一行由金华市政协副主席张解放、秘书长李友联等陪同到东阳考察，先后考察卢宅古建筑群、东阳博物馆和横店影视城，听取汇报，对东阳经济社会发展情况予以充分肯定。

9月8日，全国政协原副主席，中国企业联合会、中国企业家协会会长王忠禹，中国企业联合会常务副会长兼理事长李德成一行，由省政协原副主席、省企业联合会会长张蔚文，金华市政协副主席王建平等陪同到东阳考察。王忠禹在听取东阳经济社会发展情况汇报，考察横店影视城、卢宅古建筑群后，对东阳的各项工作予以充分肯定。市委副书记、市长陈晓，市政协主席王正明等陪同考察。

10月20日，全国政协副主席阿不来提·阿不都热西提、副秘书长蒋作君一行，由省政协副主席黄旭明、副秘书长叶子挺，金华市政协副主席张解放、秘书长李友联等陪同到东阳视察。阿不来提·阿不都热西提一行视察横店影视城秦皇宫景区、清明上河图景区等地，听取东阳经济社会发展有关情况汇报，对东阳经济社会发展情况充分肯定，对东阳致力发展影视文化旅游业给予高度评价，同时提出希望。

2010年4月18日，全国政协经济委员会“着力扩大内需促进经济发展方式转变，发展战略性新兴产业”专题组到东阳考察横店影视城。

10月18日，全国政协副主席厉无畏、省政协副主席冯明光、金华市政协副主席张解放出席第五届中国（东阳）木雕竹编工艺美术博览会开幕式。19日，出席湖溪镇的浙江瓦萨帆艇有限公司的瓦萨“湖溪号”下线仪式。

2011年10月5日，全国政协副主席厉无畏出席市档案馆新馆启用仪式，现场捐赠个人手稿、书籍、荣誉档案等。是日，厉无畏视察东阳江镇庆泉村白泉、横锦水库大坝、横店集团英洛华电气有限公司以及南马镇花园村等地，就加快美丽乡村建设等工作提出要求。6日，厉无畏出席在南马镇花园村举行的浙江中心村培育建设发展论坛。

2012年3月31日至4月1日，全国政协原副主席张怀西一行，在省政协原副主席丁德云、金华市政协副主席邵国强等陪同下，到东阳参观考察。张怀西一行到卢宅肃雍堂了解卢宅古建筑群的历史渊源、建筑布局、木雕雕刻艺术；到市博物馆恐龙展厅、历史文化展厅参观考察，了解东阳的历史、文化以及“中国东阳龙”的发掘、复原等情况；参观东阳木雕集团展示厅，考察东阳中国木雕城以及陆光正创作室，赞扬“东阳木雕不负盛名”。市政协主席王正明、市委副书记申屠福华等陪同考察。

2012年10月3日至4日，全国政协副主席厉无畏到东阳视察。先后视察东白山生态旅游风景区、南市街道槐堂村、市明堂红木家具有限公司、陆光正创作室。听取汇报后，对东阳经济建设和社会发展情况予以充分肯定。

2013年10月3日至6日，全国政协原副主席厉无畏到东阳考察。

2014年11月8日，全国政协原副主席阿不来提·阿不都热西提到东阳考察。

2014年12月26日，由全国政协文史和学习委员会副主任、省政协原主席周国富任组长的省验收组一行，在金华市副市长张伟亚、金华市政协副主席刘净非等陪同下，到东阳检查验收创建省级森林城市工作。

浙江省政协领导到东阳考察视察

1989年10月27日，省政协副主席、祖国统一工作委员会主任何志斌带领的省侨务工作视察团一行8人，到东阳考察侨务侨联工作情况，陆锡经等陪同并参观木雕总厂艺海公园和竹编秀篁山庄。

1990年10月9日至11日，省政协副主席、浙江大学化工系教授周春晖率浙江大学全国和省两级政协委员一行18人到东阳视察教育工作。东阳市委、市政府、市政协以及市教委、东阳中学的领导向视察组汇报教育工作的情况。视察组对东阳1978年以来的教育工作给予很高的评价。

1991年11月21日至23日，省政协视察团一行13人，在省政协常委、民盟中央委员、民盟省委副主委、杭州大学物理系教授田志伟的率领下，到东阳视察市人民医院急救中心、东阳中学、巍山中学、巍山肿瘤医院、香娟玩具厂、京东服装厂等单位。陆锡经等介绍东阳引进台资、外资，兴建三资企业情况。视察团还参观东阳商城、木雕总厂的艺海园和古建筑肃雍堂。

1992年5月13日，省政协华侨委员会一行6人到东阳考察台胞王惕吾捐资建造的巍山镇初中、巍山医院。

1993年12月27日至28日，省政协副主席、省民革主委汪希萱率民革界委员到东阳考察台属企业。听取情况介绍，视察香娟玩具公司、横店工艺美术厂，视察台胞王惕吾捐赠项目市急救中心、巍山医院、王村光小学，参观横店企业集团的两家工厂。

1994年9月13日至15日，省政协副主席兼社会法制委员会主任张克健带队的省政协视察组一行8人到东阳视察《残疾人保障法》实施工作，听取副市长卢有贵关于残疾人保障法实施情况的汇报，视察东阳聋哑学校和福利企业东阳市京东服装厂、东阳第三袜厂，走访残疾人代表。

1994年12月1日至2日，省政协副主席张克健到东阳视察乡镇初级卫生工作。

1996年12月7日至9日，省政协副主席孙家贤和全国政协常委沈祖伦一行6人，视察东阳城市建设、野风集团等有关单位，听取汇报。

1997年6月10日至11日，省政协科技教育调查考察组一行8人由省政协常委、科技教育委员会常务副主任周群带队到东阳调查德育教育情况。听取市教委的情况汇报，考察东阳中学、东阳二中、吴宁镇中、东阳市职校，听取各校汇报。

1998年6月6日，省政协经济委员会常务副主任金垒允一行7人到东阳开展“科教兴省”调研活动，考察横店集团高科技项目。

11月11日，省政协科技教育委员会“人才培养与使用”调研组到东阳开展调研。

1999年6月23日，省政协副主席、提案委员会主任耿典华一行10人在金华市政协副主席陈炫亮陪同下视察东阳市政协提案工作情况。市政协副主席郭俊喜介绍东阳市政协围绕市委、市政府中心工作，为经济建设和精神文明建设献计献策等情况及在提案工作方面取得的成绩。

2002年9月20日，省政协副主席陈文韶到东阳视察文教工作。先后视察金灿集团“东方卢浮宫”、东阳中学江北校区、浙江广厦建设职业技术学校。市长陈丰伟，市政协主席康益民，市委副书记徐跃进等陪同。

2003年8月27日，省政协常委、人口资源环境委员会主任韩春根一行到东阳调研企业技工队伍现状、培养和存在的问题等课题，视察东阳技校和横店集团东磁有限公司。康益民等陪同。

2003年11月26日，省政协原副主席程炜率省政协之友社经济组一行10多人参观“东方卢浮宫”、横店影视城。

2005年9月15日至16日，省政协文史委员会副主任、金华市政协原主席李成昌到东阳调研卢宅古建筑群保护工作。康益民陪同。

2006年10月19日，由省政协常务副主席龙安定率领的省政协调研组一行到东阳，就水资源节约问题进行调研。先后考察横店镇沈坎头农业灌溉项目、横锦水库的生活源头用水、浙江普洛康裕生物制药有限公司的工业用水再利用情况、市自来水厂的供水情况和市污水处理厂的运行情况，听取关于水资源节约工作情况的介绍，与市建设、农业、环保、水利、经贸等有关部门负责人座谈。金华市政协副主席毛根芝、东阳市政协主席康益民等陪同。

2007年1月6日，省政协常委、副秘书长、浙江科技学院院长杜卫率省九届市政协无党派界别部分委员到东阳调研“非物质文化遗产保护工作”，与部分民间艺术家座谈。

4月26日至27日，由省政协常委、文史委主任眭孝忠带队的省政协非物质文化遗产保护调研组在金华市政协副主席吴战堡陪同下，到东阳调研。先后考察陆光正工作室、雪舫蒋火腿公司、木雕集团、工艺精品馆，听取副市长范东岩关于非物质文化遗产保护情况的汇报。

2007年5月31日，省政协“发展和谐劳动关系”调研监督第六专题组一行，由省政协常委、科技教育委员会主任黄书孟带领到东阳就进一步做好职业病防治工作进行调研。金华市政协副主席傅路红陪同。

2009年10月3日至4日，省政协主席周国富一行到东阳考察东白山、横锦水库、横店影视城。

2010年5月19日，省政协人口资源环境委员会副主任郑一方率“建设创新浙江，增强发展动力”重点课题调研组到东阳调研，听取发改、经贸、科技等部门的情况介绍后，视察横店集团。

8月3日，由省政协副主席陈艳华带领的课题组就钱塘江流域水资源环境保护和利用到东阳调研，先后到浙江普洛康裕制药公司、歌山人工湿地、东阳江迎宾大桥断面等处考察，听取情况汇报。金华市政协副主席王建平、张跃进，东阳市长陈晓，市政协主席王正明等陪同。

2011年4月8日，省政协主席乔传秀就人民政协如何服务于加强和创新社会管理工作到东阳调研。考察横店集团东磁股份有限公司、英洛华电气有限公司，了解企业建设和谐劳动关系、促进社会和谐工作的有关情况。张仲灿在座谈会上汇报东阳经济和社会发展基本情况和2011年的工作思路、目标和举措。王正明汇报东阳市政协在服务加强和创新社会管理工作中的做法。乔传秀在听取汇报后对东阳经济社会发展以及加强和创新社会管理工作给予充分肯定。就各级政协组织如何在加强和创新社会管理中发挥优势和作用，乔传秀要求：抓好学习，深化认识，把参加政协的各民主党派、各团体、广大政协委员和政协工作者的思想行动真正统一到中央和省委对社会管理创新工作的决策部署和要求上来；注重领导，突出重点，深入开展调查研究，加强和创新社会管理工作，努力提高建言献策的水平；深入思考研究人民政协在党委领导、政府负责、社会协同、公众参与的社会管理中如何发挥应有的作用，推动政协工作方式方法、载体机制的创新。乔传秀一行还考察了东阳中国木雕城。

4月11日，省政协副主席徐辉带领调研组到东阳调研高校毕业生就业、创业情况，走访浙江广厦建设职业技术学院，参观学院现代制造技术实训基地、楼宇智能实训基地、工程造价实训中心、建筑艺术实训基地、木雕制作实训室等处，听取学院负责人的汇报。参观东阳中国木雕城。

6月2日，省政协人口资源环境委员会牵头的专题调研组到东阳，对恐龙遗迹保护与开发利用的现状进行调研。

9月29日，省政协副主席陈艳华出席横店红木家具中心开业仪式，并视察东阳中国木雕城。

2012年6月15日，省政协主席乔传秀到东阳调研公共文化服务体系建设。先后视察歌山镇尚侃村农村文化建设，野风集团文化活动中心、市博物馆、白云街道综合文化站和杨家农民工文化活动中心，并召开座谈会。

10月11日，省政协副主席、省委统战部部长汤黎路到东阳调研，视察横店集团东磁股份有限公司、英洛华电气有限公司、通用机场项目，听取徐建华对东阳市经济社会发展基本情况的汇报。汤黎路一行还考察了东阳中国木雕城和新东阳木雕公司，对东阳市近年来发展木雕红木家具产业取得的成绩表示充分肯定。

2012年10月21日至22日，省政协民盟界别调研组一行，到东阳调研花园村的农村文化建设。

2014年8月6日，省政协副主席、省侨联主席吴晶到东阳参加"海外东阳籍教授回乡助发展"座谈会。

9月3日，省政协"五水共治"民主监督第一监督组在副主席、民建省委主委陈小平、省政协常委、省农业和农村工委主任楼国华的带领下到东阳开展"五水共治"民主监督活动。金华市政协副主席刘净非，东阳市长朱建军、市政协主席王正明等陪同。监督组先后走访虎鹿镇溪口村、东阳江江滨景观带等地，了解农村生活污水治理，湿地公园项目建设等情况，召开座谈会，反馈暗访情况，提出建设性意见建议。王正明汇报东阳市政协"五水共治"民主监督活动开展情况，市委副书记申屠福华作工作汇报。

9月4日，省政协经济委员会主任陈正兴一行到东阳开展"浙江商品交易市场转型升级"专题调研，考察东阳木雕城，召开东阳市政府有关部门、东阳木雕城管理层及经营户代表座谈会，听取有关情况的介绍。

10月16日，省政协秘书长陈荣高到东阳调研，听取对省政协明年重点履职工作选题的意见建议。金华市政协秘书长徐跃明，东阳市政协主席王正明陪同。

10月18日，2014世界工艺文化节在东阳开幕，省政协副主席张泽熙、金华市政协副主席许章才参加开幕式。

2015年1月13日，省政协原副主席陈文韶到东阳参观考察东阳木雕城、国际木雕博物馆和南马花园新农村建设。市委书记徐建华、市长朱建军、市政协主席王正明陪同。

4月9日至10日，省政协之友社理事会在东阳召开省政协之友社第六届理事会第二次会议，省政协副主席王建满参加。理事会成员还考察横店影视文化基地和南马镇花园村。市政协主席王正明陪同。

5月26日至27日，省政协"五水共治"长效机制建设第三监督组第二监督小组（省政协经济委副主任高乙梁带队）到东阳视察"五水共治"工作，市政协主席王正明等陪同。

8月10日，省政协副主席陈艳华到东阳参加横店·中国世界野生动物标本馆开馆授牌暨全国野生动物保护和生态文明建设系列交流宣传活动启动仪式。

9月15日至16日，省政协"五水共治"长效机制建设第三督导组到东阳开展民主监督活动。

12月22日至23日，省政协常委、委员工委主任朱贤良带领检查组到东阳检查年收入4600元以下贫困人口脱贫工作情况。金华市政协副主席刘净非，东阳市委副书记姚激扬、市政协副主席张卫伟等陪同。

2016年4月11—13日，全国政协原副主席、太湖世界文化论坛名誉主席张梅颖到东阳，就进一步挖掘民间文化、筹办世界民间文化发展（东阳）高峰论坛进行考察。

5月18日，省政协副主席孙文友带领调研组对东阳市木雕红木家具产业发展情况进行专题调研。金华市政协副主席刘净非，东阳市政协主席王正明、副市长陈军等陪同。

7月12—13日，省政协副主席陈加元一行到东阳，调研"完善村干部监督机制，保障新农村建设健康发展"重点提案办理情况。金华市政协副主席许章才，东阳市委书记黄敏、市政协主席王正明等陪同。

8月23日，省政协主席乔传秀一行到东阳，就文化旅游产业和木雕红木产业发展进行调研。先后考察横店城市风貌提升工作、横店圆明新园和中国木雕博物馆，对东阳影视文化产业和木雕红木产业发展所取得的成绩表示肯定。希望东阳能够抓住机会，发挥自身优势，补齐工作短板，进一步做大做强影视文化旅游产业和木雕红木产业。金华市委书记赵光君，金华市政协主席陶诚华，金华市委常委、统战部部长、秘书长陈晓，东阳市委书记黄敏，市政协主席王正明，市委常委、横店镇党委书记俞佩芬。

金华市政协领导到东阳考察视察

1986年11月14日至15日，金华市政协副主席赵云鹏一行考察东阳农药厂、化工厂和化肥厂的环境保护工作情况。县政协主席陆锡经陪同。

1990年7月4日至5日，金华市政协副主席吕世棠一行3人到东阳走访金华市政协委员，视察巍山新医院大楼、巍山初中、木雕厂、竹编厂。

10月4日至5日，金华市政协副主席陈泽安一行3人到东阳考察经伟玩具工艺品有限公司、东晓组合房屋有限公司、志城工艺品有限公司等"三资"企业情况。

1993年12月23日，金华市政协副主席吕世棠一行11人到东阳考察。听取横店企业集团公司的情况介绍，考察集团公司下属的磁性六厂和化工六厂，踏看横店度假村，走访东阳七建公司。

1998年5月11日至13日，金华市政协主席陈章凤一行4人到东阳考察个体、私营企业，考察发兴机电有限公司、程氏实业公司以及梦多娜化妆品有限公司等单位，召开有个体、私营企业负责人参加的座谈会。

6月8日，金华市政协副主席张关键一行19人到东阳考察农业示范园区建设，参观李宅镇案卢村示范园区。市政协主席康益民陪同。

10月20日，金华市政协副主席陈炫亮带领金华市部分政协委员考察东阳的旅游资源。

1999年6月初，金华市政协文化基础设施建设情况视察组，由陈炫亮带队考察东阳文化基础设施“三馆”的建设情况。

2000年11月8日上午，金华市政协副主席徐增祥率20多位金华市政协委员到东阳市人民医院、东阳中学、东阳图书馆视察台胞、侨胞捐赠项目的运行情况，听取近年到东阳台胞、侨胞捐赠项目的建设、管理情况的介绍。市政协主席康益民等陪同。

12月5日，陈炫亮一行视察东阳非公有制企业厂务公开工作，视察市化学制药有限公司和浙江雪舫工贸有限公司。

2003年10月30日，金华市政协副主席何兆浦率金华市政协职业病防治工作调研组到东阳调研职业病防治法落实情况。听取东阳市卫生部门负责人汇报后，视察横店集团东磁有限公司软磁十厂振磨车间和横磁厂球磨车间等地。

2004年12月21日，金华市政协主席李成昌，副主席陈炫亮、程梦骅、盛天民、吴战堡、张解放率部分金华市政协常委和委员到东阳考察甬金高速公路建设情况。市政协主席康益民等陪同。

2005年7月13日，金华市政协副主席毛根芝、邵国强率调研组，围绕“发展循环经济，建设节约型城市”课题到东阳调研。至经济开发区鸿基实业有限公司等企业进行调研，听取副市长申屠福华和经济开发区负责人的有关情况介绍。

9月21日，金华市政协副主席张跃进率“农村饮用水安全建设”重点课题专题调研组到东阳调查考察。

2006年7月12日，金华市政协副主席吴战堡一行8人到东阳开展农民看病难看病贵专题调研，先后视察市人民医院、市中医院、横店集团医院、南马医院，并召开调研座谈会。

11月2日，金华市政协副主席陈云青、傅路红率“文化大市建设”调研组到东阳调研。听取有关部门的情况介绍，参观考察木雕集团、市精品馆、文化补习学校、横店影视实验区。

2007年4月17日，金华市政协副主席吴战堡、秘书长李友联一行到东阳视察学前教育工作。

9月18日，金华市政协副主席毛根芝等到东阳，就台胞、侨胞捐赠项目的管理进行调研。先后视察市人民医院巍山院区、巍山镇中、东阳中学老校区、市人民医院。

2009年3月31日，金华市政协副主席王建平率调研组到东阳开展“创新民营经济发展方式，推动民营经济转型升级”的调研。先后到横店英洛华电气、浙江雪舫工贸等企业考察。随后召开企业负责人座谈会和政府相关部门负责人座谈会，听取全市民营企业创新发展情况介绍，共同探讨民营经济转型升级的途径。

5月20日，金华市政协副主席傅路红、朱恒钱率医卫界政协委员到东阳开展“推进公立医院改革，满足社会医疗需求”的界别调研活动。视察东阳市人民医院并召开座谈会，听取市人民医院领导的情况介绍。

2010年5月7日，金华市政协副主席朱恒钱率调研组一行9人，就农民专业合作社如何更好发展到东阳调研。先后到三白鸭专业合作社、瑞丰席草专业合作社、方圆蚕桑专业合作社等处了解情况，和农业、林业、水利、供销总社、财政、工商等有关部门负责人，围绕农民专业合作社的资金利用、销售渠道、品牌建设、积累机制等座谈讨论。

7月20日，金华市政协副主席王建平率调研组到东阳，以推动块状经济向优势产业集群转型升级为主题进行调研。先后走访浙江普洛康裕制药有限公司、浙江英洛华磁业有限公司、市向荣红木家具有限公司，召集经贸、工商、科技、质检、统计等部门和医药化工、磁性材料、红木家具行业协会的负责人座谈，了解东阳块状经济发展的现状以及向优势产业集群转型升级的进程、遇到的困难、采取的对策等。市政协主席王正明等陪同，副市长李宝春作情况介绍。

9月16日下午，由金华市政协副主席、金华市委统战部部长吴志松带队，金华市各民主党派负责人组成的生态环保工作调研组到东阳调研。考察东阳江人工湿地和已关停的化学工贸有限公司，听取专题汇报。市长陈晓等陪同调研并介绍东阳经济社会发展概况和生态环保工作。

2011年3月31日，金华市政协党组书记郑金平、副主席王建平到东阳走访，考察城北工业新区和东阳中国木雕城。金华市委常委、东阳市委书记张仲灿，市政协主席王正明等陪同。王正明介绍东阳市政协机关的基本情况和政协开展的特色工作。

2013年4月2日，金华市政协副主席朱恒钱带领“加快推进金华小城镇建设”调研组到东阳调研。

7月16日，金华市政协副主席刘净非带队的“六五”普法中期检查督导组到东阳检查。

9月29日，金华市政协副主席许章才带领“加强城乡弱势群体社会保障工作”调研组到东阳调研。

12月5日，金华市政协副主席朱恒钱到东阳市虎鹿镇检查调研村级组织换届工作情况。

2014年11月5日，金华市政协副主席刘净非带队到东阳视察有关黄大仙为题材电影或电视剧拍摄的相关情况。

11月12日，金华市政协副主席许章才到东阳调研民族宗教工作。

2015年9月8日至9日，金华市政协提案工作座谈会在东阳召开。交流各地政协提案工作。金华市政协副主席许章才及金华各县(市、区)政协相关领导参加会议。

第八章　文史资料

人民政协的文史资料是具有统一战线特点的以记载“三亲”（亲历、亲见、亲闻）史料为主的近、现代史资料。1959年，在全国政协主席周恩来的倡导下，全国政协成立文史资料研究委员会，文史资料工作由此开始。政协文史资料工作是一项社会主义文化事业和文化遗产工程，是爱国统一战线发展的产物，是人民政协工作的重要组成部分。文史资料工作具有存史、资政、团结、育人的重要作用。

东阳市（县）政协文史资料（工作）委员会坚持一年一选题、一年一本书的目标，立足选好题、写好书、出精品。至2016年8月，先后收集、编辑东阳文史资料选辑36辑，其中印刷出版34辑；整理出版大型历史文化丛书《东阳丛书》22册；与有关单位联合编写出版《走读东阳》《东阳茶文化》等书；配合上级和有关单位征集提供大量的文史资料。在征编文史资料工作中，严格遵守存真求实、实事求是的原则，忠于历史事实，一是一，二是二，不夸大，不缩小，不溢美，不贬损，秉笔直书，经得起历史的检验。文史资料工作多次得到上级政协的表彰，受到社会各界的关注和赞誉。

第一节　文史队伍

机构与成员

政协第五届东阳县委员会于1981年成立文史资料工作组，内分文物保护、工艺美术、党史、县志等4个小组，并视工作需要聘请若干会外人士参加。政协第六届东阳县委员会于1984年设文史资料工作委员会，内设文史资料编辑委员会。1987年设文史资料委员会。1998年前，政协机关无专职文史干部，文史工作基本上由华德韩、王人茂和郭佐唐等人承担。1998年第十届政协换届后，在政协机关内设立提案文史工作委员会，具体负责文史工作，始设主任1名，2005年起增设副主任1名。至第十二届市政协，文史委主任一直由副主席兼任，十三届政协文史委主任由市政协主席王正明兼任。文史委成员由部分政协委员和社会上的特聘人士组成，特聘文史委员一般物色离退休干部、教师和相关部门中了解东阳历史、有较好文字功底并热心文史工作的人士担任，名额为5至10人。早期在市内外聘请若干编外委员，作为骨干力量。

历届特聘文史委员名单

第六届

郭佐唐

第七届

王人茂　郭佐唐　陈崇仁　楼绛云

第八届

华德韩　王人茂　陈崇仁　周天鹏　洪彦庆　郭佐唐
郭承豪　楼绛云　蒋洪良

第九届

华德韩　郭佐唐　张荣阜

第十届

华德韩　刘　浪　单世唐　郭佐唐　郭承豪　蔡锦涛

第十一届

单世唐　郭承豪　蔡锦涛　张窈芳（女）

第十二届

单世唐　郭承豪　蔡锦涛　张窈芳（女）　邢玉金　陈林旭
单国炉

第十三届

张窈芳（女）　单国炉　厉明方　周江跃　吴立梅　华宏伟
楼天良

特聘文史委员利用其社会人脉关系、历史知识和文字基础，帮助收集、整理编辑了大量文史资料。

2000年，开始在全市范围内聘请文史通信员，首批聘请27人，2001年年初发放聘书。文史通信员要求文字功底较好、热心文史工作，物色时兼顾地区分布。2003年增至31名。后根据工作需要有所增减。

文史例会选录

1984年9月27日，县政协文史资料工作委员会举行第一次会议，建立文史资料工作委员会的组织机构；学习和明确文史资料工作的指导思想、方针、范围和内容；议定征集和整理文史资料的具体计划。会议确定7人组成县政协文史资料工作委员会，其中的5人组成县政协文史资料编辑委员会，各编委做了分工。

1987年5月30日，政协文史资料委员会召开会议。传达省文史资料工作会议精神；讨论文史资料第四辑的主要内容以及为纪念抗日战争爆发50周年而征集第五辑稿件等有关事项，商讨出版工作初步计划。

1987年10月31日，县政协召开文史资料工作会议。传达金华市政协文史资料工作联络员会议精神，讨论县政协1988—1990年文史资料征集规划和《东阳文史资料选辑》第五辑的篇目和内容。

1992年5月16日，市政协文史资料委员会召开会议，学习传达金华市政协文史资料工作会议精神，研究第十一辑文史资料的征集、编辑、出版、发行等事宜。

1998年，第十届市政协机关设立提案文史工作委员会，配备专职人员，建立每季一次的文史例会制度，参加对象为全体文史委成员，内容为总结一季度每人的工作完成情况，研究近期文史征集、编辑、协作中的问题及要开展的活动并做出分工安排。

2000年，建立文史通信员队伍后，确立每年召开一次全市文史资料工作会议的制度，参加对象为全体文史委成员和通信员，回顾总结一年文史工作，通报每人的来稿数、录用数及参与文史工作的情况，明确新一年的征稿重点及征稿要求。

2001年1月3日，首次召开由文史委成员和通信员参加的全市文史工作会议。市政协主席康益民强调文史资料工作是政协的一项重要工作，对做好政协统战工作和推进两个文明建设有积极的作用，并对文史委成员和通信员提出希望与要求：要充分发挥专长和水平，按照“勤收集，勤整理，确保真实性，要有可读性”的标准，多写一些高质量的文史稿子，使更多的史料保存下来，为社会提供更多更好的精神食粮。会议学习文史工作的地位、作用、特点及征集内容等，并进行业务辅导。会上向27名通信员颁发聘书。

2002年1月24日，市政协文史委召开文史委成员和通信员会议，31人参加。会议总结过去一年市政协文史委开展的工作和取得的成绩，明确《东阳古树名木》《东阳抗日战争史料》《东阳水利史料》征稿方向。

2003年4月18日，市政协文史委召开全市文史资料通信员会议，总结过去一年工作，重点布置《东阳水利史料》的征稿任务，要求通信员多走访，多记录，把东阳南江、北江两条“烂肚肠”带来的灾难和水利建设参与者的亲历故事进行挖掘整理并记载下来。会议强调在文史资料收集与写作中要注重原始性和真实性。

2004年3月5日，市政协文史委召开全市文史工作会议。通报上一年的文史工作情况，部署纪念抗日战争胜利60周年、征集《东阳抗日战争史料》文史专辑工作，明确征集内容和写作要求。

2006年3月6日，全市文史资料工作会议召开。总结两年来“组织一项调研，出版两本专辑，完成四项协作，获得五个奖”等工作；确定重点征集《支援边疆建设史料》《东阳文保博览》两方面的史料。

2007年11月30日，市政协文史工作会议召开，新一届文史委成员和通信员参加。市政协主席王正明到会讲话，在肯定文史委工作成绩的同时，提出文史工作是一项艰苦的文字工作，也是一项益于当代、惠及后代的工作，并提出三点要求：一是思路要拓宽、要创新，二是作风要深入、要扎实，三是态度要严谨、要认真，使文史书籍真正成为精品，经得起历史检验。

2009年4月14日，召开全市文史资料工作会议，总结前一阶段工作，对继续征编《在港澳台及海外的东阳人》和重点征编《我与东阳政协》史料工作做出部署。

2010年11月17日，召开全市文史工作会议。总结过去一年文史委开展四个选题征集、完成三辑文史专辑编辑出版和省、金华市文史协作任务，组织开展考察视察活动等工作，部署《中国对联集成——东阳卷》编辑出版、《综合辑》编辑出版和《东阳方言语汇》资料征集等工作。

2012年12月11日，市政协文史委召开工作会议，文史委成员和通信员参加。王正明出席并讲话，提出本届政协文史委要在东阳传统文化传承、保护方面多下功夫，力争在东阳方言、东阳民俗等选题上有所作为、有所建树，同时要一如既往地做好“三亲”史料的收集整理工作，期望大家继续发扬实干奉献精神，在政协文史平台上，为东阳历史文化保护传承发挥更大作用。会议提出年内要“出版一本书、编好两本书、征集两个选题”的工作任务。

2015年3月18日，全市文史工作会议召开。对两年来政协文史委九个方面的工作情况做了通报，对下一步需开展的《东阳方言大家谈》(后改为《东阳方言丛谈》)、《东阳传统器具》和《东阳人联谊会(商会)纪事》等选题的征编出版工作做出安排。

表彰先进

2000年建立先进文史工作者和先进文史协作单位的评选表彰制度，一般每两年评选一次，每次评出10～15名；2003年始，在政协大会预备会上表彰。

先进文史工作个人和先进协作单位名录

2000年

(单位)	档案馆	党史办			
(个人)	华德韩	单世唐	郭佐唐	郭承豪	徐志根
	杜宝华	金承善	张窈芳(女)	王昌喜	杜晓波

	楼烈英	倪时民			

2002年

刘　浪	蔡锦涛	单世唐	郭承豪	邵永昌	蒋贵荣
王昌喜	楼震旦	张窈芳(女)	吴云光(女)		

2004年

单世唐	蔡锦涛	刘　浪	张窈芳(女)	郭承豪	华　柯
楼震旦	金承善	邢玉金	蒋贵荣	邵永昌	王昌喜

2006年

(单位)	市档案局	市文物办			
(个人)	单世唐	蔡锦涛	郭承豪	张窈芳(女)	邢玉金
	吴立梅	王昌喜	华　柯	徐松涛	马云鹿

2008年

(单位)	市档案局				
(个人)	蔡锦涛	单世唐	刘　浪	邢玉金	王昌喜
	华　柯	楼震旦	蒋贵荣	郭承豪	张窈芳(女)
	李向阳	陈林旭	虞海燕(女)	姚江涛	吴朝红

2010年

吴立梅	楼震旦	邢玉金	楼烈英	刘　浪	蒋贵荣
蔡锦涛	单世唐	华　柯	陈林旭	王昌喜	李向阳
姚江涛	虞海燕(女)	张窈芳(女)			

2012年

单国炉	吴立梅	华　柯	蔡锦涛	单世唐	杜晓波
王昌喜	邢玉金	楼震旦	李民中		

2014年

单国炉	刘　浪	华　柯	吴立梅	龚明伟	张窈芳(女)
邢玉金	申屠华银	徐松涛	杜晓波		

第二节　史料征集

文史资料工作是通过对历史见证人亲历、亲见、亲闻的历史资料进行回顾记录、整理出版，使之保存下来。政协文史资料的征集出版工作要高举爱国主义旗帜，坚持存真、求实的原则，传递历史信息和经验，为统一战线、改革开放和社会主义现代化建设服务，充分发挥“存史鉴今、教育后人”的作用。

市（县）政协文史委工作组自1981年成立以来至2016年8月，共收集、编辑38本文史书籍，其中已出版36本，列入文史选辑序号的34辑，计1145.3万字，辑录图片2042幅。内容涉及历代名人、工商经济、水利林业、文化教育、抗日战争、东阳解放、剿匪土改、抗美援朝、支援边疆、东阳木雕、文物保护、改革开放、旧城改造、企业发展、东阳传统文化等诸多方面。史料内容广泛，记录形式多样，其中以当事人亲历、亲见、亲闻的回忆史料为主体，也有若干辑为研究反映东阳历史文化方面的内容，体现了政协文史资料的“三亲”特点和政协文化、统战特色。34辑文史图书中，大部分是有针对性主题的专辑。

选题原则

文史资料征集范围经历了两个阶段：1981年至20世纪90年代中期，亲历辛亥革命以到东阳许多重大事件的一些人士尚健在，资料的选题明显带有抢救性质，主要征集自戊戌变法至新中国成立的史料，主要内容：革命斗争回忆、办学育人、文物、抗日战争、百年大事记、东阳解放、工商经济、张国维、蔡希陶、邵飘萍、严济慈等专辑；90年代后期始，征集重点转移到新中国成立以来的史料上来，按照政协特色，综合把握4条原则确定选题。

一是政协的统战性。通过真实反映历史事件和公正评价历史人物，以达到“记述一个人，团结一大片”的功能。1999年是人民政协成立50周年，文史选题定位为征集早期政协委员史料，其中多数是民国时期过来的统战对象，是工商界、知识界、军警界的代表人物、知名人士，他们经历丰富且复杂，从他们身上可反映出中国共产党统战政策的成功。东阳旅居港澳台及海外人员众多，是浙江省对台重点县和著名侨乡，先后三次启动该选题的史料征集工作，目的是把他们爱国爱乡、创业奋斗史记录整理出来，以更好团结境外东阳人为国家和家乡建设服务。征集对象：凡在港澳台及海外居住的东阳人，无论何种方式前往，无论从事何种职业，无论党派政治倾向，皆在征集之列。征集内容为求学史、创业史、奋斗史、生活史及亲情乡情等。从而打消了许多人的顾虑，为史料征集创造了良好的前提条件。在确定抗日战争史料征编内容时，把抗日战争定位为全民族的反侵略斗争，对国共合作时期的各党派、各阶层、各团体及个人从事的抗日活动，本着历史唯物主义的观点予以客观记录，以真实反映历史事件和公正评价历史人物。在辛亥革命100周年时，把选题落脚点放在征集辛亥革命期间和黄埔军校中的东阳人史料上，对健在的黄埔同学口述史料进行收集整理。

二是政协的文化特色。政协文史资料是政协文化建设的重要方面，也是地方文化的重要组成部分。东阳历史文化资源丰富且有明显的地域特征，可以通过文史资料这一载体进行抢救整理。2000年，把华德韩编写的《东阳木雕》列入文史资料出版；随着东阳境内众多春秋战国时期大型墓葬被考古发掘，将与此有关的系列古文化研究成果集结出版《东阳古文化史料》；把选题落脚在文物保护单位（点）上，记录整理并保存那些具有历史、艺术和文物研究价值的古遗址、古建筑、摩崖石刻及近现代重要史迹等现有的文物遗存史料，编辑出版《东阳文保博览》《东阳对联集成》《东阳方言语汇》《东阳民俗》《东阳传统器具》等。

三是产生重大影响的历史事件。新中国成立后，对东阳影响最大的事件有水利建设、改革开放、撤县设市、支宁支边等，大量参与者的亲历史料鲜见记录，极其珍贵。横锦、南江等几大水库的建设，是有史以来参与建设人数最多、发挥作用最大、意义最深远的工程，但其决策建设过程、其中的艰难困苦和来自各方的压力及阻力从未记录整理，为防止人亡史灭，将水利史料征编列为选题。20世纪50至70年代，东阳大批青年响应国家号召，到边疆地区和少数民族地区从事建设事业，单是到宁夏灵武县的就有3000多人，这是东阳历史上规模最大的有组织的移民迁徙行动，还有很多知识青年、泥木工匠、军转人员到青海、新疆、云南、贵州等地参加国家重点工程建设，征集这批支边人员的口述史料，对研究共和国的移民史、西部开发史和东阳人文精神都有参考价值。改革开放和撤县设市是东阳具有里程碑意义的重大事件，文史委以东阳十年大变革（1978—1988）为选题，征编当年改革开放的决策者、组织实施者和市民百姓的亲历史料，真实反映东阳历史上经济社会发展最辉煌的10年历程。红椿巷区域旧城改造是东阳有史以来规模最大、情况最复杂、难度最大的旧城改造工程，期间实现的无障碍拆迁、平稳拆迁、和谐拆迁被列为旧城改造的典范并载入史册，文史委将《红椿巷区域旧城改造实录》列入选题。

四是抢救优先原则。政协位置超脱的特征，决定了文史资料选题范围的广泛性，在选题顺序的安排上，注重抢救优先原则。

历史资料抢救。对于涉及当事人对早期历史事件的回忆选题，如抗日战争、黄埔记忆等都优先安排征集，使大量贮藏在历史当事人、见证人和知情人脑子里没有文字的历史，通过征集、记录、整理转化为文字材料，使那些内幕的、极少数人知道或文件档案中找不到的史实得以记载传世。经常会碰到书还没有出版，当事人已逝世的情况。2005年是抗日战争胜利60周年，经历过这场战争并有印象的人都已在70岁以上，随着时间的推移，亲历者将越来越少。由于历史原因，以往征编的抗战史料内容不全面，特别是民间老百姓的口述史料很少。2004年初再次征编，抢救性地征集健在者的亲历史料，以记录日本侵略者罪行，固定侵华证据。民国时期，东阳有数以千计的人士投身黄埔，仅第一至第六期就有东阳籍教职员64名，学员百余名。但由于政治和历史的原因，过去从未注意到这一群体的存在。随着岁月的流逝，越来越多的黄埔老人离开了人世。据1992年调查，东阳在乡黄埔同学健在约250名，2011年上半年收集相关史料时，健在仅29名，最年长者已过百岁。文史委马上组织抢救整理"黄埔老人口述历史"活动，记录整理他们的口述史料。

乡土文化抢救。随着全社会教育的普及，普通话推广力度的加大，人口流动的加速，不同人群的融合，东阳方言逐渐向普通话靠拢，已不再纯正，不少年轻人和中小学生已不会说东阳话，面对正在逐渐式微和趋向消亡的东阳乡土语言，亟须开展抢救性的征集工作。民俗是民间自发形成的，其传承方式是口传心授、耳濡目染，缺乏系统的文字记载，在经历了"破旧立新"和外来文化冲击的情况下，许多传统民俗只能从一些七八十岁老人的记忆中搜寻。倘若再不发掘、记录、整理，再过若干年，极有可能失忆、失传。在城市化、现代化的快速推进下，农耕时代渐行渐远，一些以往司空见惯、习以为常的生产工具、生活用具，已退出历史舞台，有的难觅其踪，有的仅在展示台上，甚至将从现实生活甚至记忆中消失，其所承载的文化信息也将逐渐消亡。征编《东阳方言语汇》《东阳民俗》和《东阳传统器具》正是在传统文化面临消亡的忧虑下，先后被排上日程。

基于抢救原则，在征编政协50年史料时，仅征编第一届政协至第五届政协的委员史料（即1956年县政协创建至1981年经历"文化大革命"中断后恢复活动为止）；征编《支援边疆建设史料》时，只征编20世纪50至70年代计划经济时代的史料，80年代后到边疆地区从事经商和建筑房地产的东阳人激增，则暂不列入征编；征编《水利建设史料》时，重点征编20世纪70年代前的兴修水利史料和水灾亲历者的回忆史料。

征集方式

文史委成员在稿源的征集上发挥了重要作用。第十届、十一届、十二届政协特聘文史委员人数逐届有所增加，十二届政协特聘文史委员8人，既有长期在东阳工作的老领导，也有档案馆、图书馆、报社专业人员，还有社会热心人士。有的人曾在县委办公室供职，亲历了东阳社会的种种变革，既是历史的见证人，又有广泛的人脉关系，因此每年确定文史征编选题后，在排摸征编重点内容和重点对象时，他们都发挥了重大的作用；重点内容确定后，又利用熟悉的人际关系，四处奔走联系，帮助组织稿源。

由于文史委成员有相对的人数限制，而且主要集中在市区，稿件的来源渠道有一定的局限性。2000年，文史通信员队伍建立后，利用分布全市各地的特点和了解当地风土人情的优势，走街串户，登门拜访知情人，了解挖掘历史记忆，收集整理图文资料，拓宽了稿源渠道，每辑来稿都在百篇以上。

文史委成员、通信员队伍是固定的文史工作网络，除此之外，文史委利用《东阳日报》发行面广、阅读者众多的优势，每辑《征稿启事》都在报上刊登；《东阳新闻网》建立后，又在网上登载征稿消息，面向社会各界征集稿源，丰富文史资料来源。特别是涉及面广、民众普遍熟悉的选题，大家都特别关心、关注，纷纷寄来文稿。

采取召开座谈会和上门征稿的方式征集。对一些重大事件的选题，列出主要的当事人、知情人，召开座谈会，通报征集思路和征集内容并提出写作要求；对少数年老体弱或居住在外地的重点征集对象，则上门约稿；对少数本人难以执笔撰写稿子的，则安排人员上门作口述记录，再整理成稿。

到重点对象工作、生活地征集。东阳籍名人邵飘萍、蔡希陶、严济慈均青少年时离开家乡，资料几乎都在外地，政协先后安排人员赴北京、云南等地，到他们工作、生活过的地方，收集第一手资料。

依托乡土文化爱好者的力量。将方言、民俗爱好者列入重点征集骨干。东阳方言千差万别、种类繁多，且注音、字形、词义的准确性上把握难度大，依托社会上的方言爱好人士并利用他们的研究成果。为收集种类繁多的既有全域性又有代表性的东阳民俗，用两年时间面向全市广泛征集资料，并按区域物色近30名关注民俗、并有一定文字组织能力的社会热心人士，组成征集骨干队伍，深入街道、社区与村庄，收集、记录、整理各地的民俗资料。

与有关部门联合征集。《东阳古树名木》《东阳水利史料》《中天发展实录》分别与林业局、水利局、中天建设集团联合发布征稿启事，请政府职能部门协同参与征集编辑工作。《港澳台及海外的东阳人》的史料征集，与市台办、侨办先后三次联合发布征稿启事，并通过他们的渠道向在外的东阳人征稿，考虑到港澳台人士的阅读习惯，用繁体字打印，并在台北东阳同乡会的《东阳简讯》上多次刊印征稿启事。《东阳传统器具》含市域内现存的生产工具、生活用具，所需图片面广量大，依托市老干部摄影协会的热心人士，在全市开展撒网式的搜寻与拍摄。

附录：

征集文史资料启事

《中国人民政治协商会议章程》第十六条规定“中国人民政治协商会议全国委员会和地方委员会根据统一战线组织的特点进行关于中国近代史、现代史资料的征集、研究和出版工作”。周恩来总理生前对史料工作极为重视，曾多次指出，“把知识经验留给后代”“新的东西总是从旧的基础上发展起来的”“暴露的东西，使后人知道老根子，这样就不会割断历史”。本会遵照上述精神，特向全县各界人士发起征集文史资料。

一、时间：戊戌变法（1898年）至“文化大革命”（1966年）前。

二、内容：上述时间内，东阳历史上的重大事件和重要人物（主要是政治、经济、文化，社会和华侨的资料）；以及东阳籍人士参加全国性的重大历史事件和人物活动的有关史料。

三、形式：以史实回忆为主，形式不拘，体裁不限。其他有关历史上的信函，日记、记录、家谱、报刊、照片等形式均予欢迎。

四、要求：撰写的事情和内容必须真实、具体。要实事求是，不以个人好恶褒贬，摆清事物本来面目。文字力求通顺、简朴。

五，字数：一般以三千字为宜。重大事件和人物可适当延长，可以是系统的长篇著作，也可以是短篇的叙述。

六、工作方法：可以个人单独进行，也可以几个人合作。

七、誊写：请用方格子稿纸誊写清楚。

来稿请寄东阳县政协文史资料委员会。来稿刊用与否，均不退还，作史料保存，请自留底稿，一经选用，给予适当的稿酬。

1985年4月

第三节 文史编辑

编排审校

文稿编辑着重把好文字关、史实关、政治关，主要环节有审阅筛选稿子、分类编排、删节合并，修改校对，作者和当事人审核，出版社审阅等。每部书稿经4人以上不少于10遍的审阅，并经作者及当事人核对签字。通过多人审核，从不同角度发现问题，修正差错，确保文稿内容真实、文字准确，避免大的失误发生。

政治把关方面，强调“征集无禁区、出版有纪律”，确保出版的内容不违反党和国家的方针政策、法律法规，对文稿中的一些政治敏感问题和实际问题，则在编辑时注意正确把握。如历史上地名、村名、山名的变化，所有权的调整变更等，进行反复核查，避免记述不当引发矛盾纠纷。

史实把关方面，审核的重点是时间、地点、人物和内容，通过查档案、查权威资料以佐证，或请当事人再作考证，避免年代久远和行政区域调整等因素导致的时间差错和地名混淆，避免年龄因素出现的当事人记忆失误。对于同一事件的回忆，不同的人有不同的说法，甚至是时间、地点、人物都不一致，需要反复核实，直至搞清楚为止。审稿时编辑人员要花费大量时间和精力去发现问题，及时核实，予以更正，防止内容失实。

文稿编辑定稿后，给作者发函，请作者和当事人对稿件史实、文字作一次认真审核。审核无误后，作者和当事人分别在稿子上签名，以示负责。编辑人员汇总审核意见并作必要的修改后，才作最终定稿。

东阳方言、民俗在市域内部具有多样性，南北乡之间差异大，编辑时专门物色生活在城区、横店、上卢、巍山、千祥、画水、南马等地的人共同参与，使南北乡各区域方言得以兼顾，民俗风貌既有全域性又有代表性。东阳传统器具的编辑吸收城市与农村、北乡与南乡及熟悉各行业的人士参与，提出以质至上、宁缺毋滥的要求，确保文史图书质量。方言、民俗、器具的编辑阶段组织10多次集中审稿，发现问题、查漏补缺、追溯考证、调整完善，力求真实、客观、科学、全面地反映东阳方言、东阳民俗和东阳传统器具的全貌。

内容提要

第1辑《综合辑》 县制沿革、人物、古建筑、传统工艺、土特产、教育、革命斗争、学潮、剿匪等内容。为“选辑”之首刊。

第2辑《邵飘萍专辑》 收录有邵飘萍生卒年月、籍贯的详细考证，加入共产党的考证，全国人大常委会副委员长严济慈的纪念诗文，入党介绍人罗章龙、夫人汤修慧、祝文秀对邵飘萍生平重大事件介绍等文章以及东阳县有关部门派员专程赴京、沪、杭、无锡、金华和东阳紫溪调查访问收集到的许多从未发表过的资料和照片。

第3辑《文化教育专辑》 本辑收录文化教育方面的史料。卷首是科举时代教育概况，介绍东阳的县学（官学，俗称孔庙或文庙）、书院、义塾、私塾（蒙馆）等东阳古代教育机构的学制、兴衰及运行情况。宋代创建的书院、义塾，典籍可稽的有13所，其中以石洞书院为最著。该院首聘永嘉学派领袖叶适主师席，朱熹曾四度至此（见《婺志粹》），陈傅良、魏了翁、吕祖谦、陆游等相继往来其间。历宋、元、明、清四朝七八百年不衰。接着是介绍清末民初东阳兴办新制教育的概况和代表人物蔡汝霖、吴允让；追忆民国时期东阳中小学教育概况和东阳籍教育界代表人物程宽正、蔡慕晖；20世纪10至60年代东阳师范教育概况和介绍东阳古今文化艺术（美术、戏曲、舞蹈、民歌、武术、收藏、方言等）概况的文章。"补白"中辑录现代人素未见闻的本土轶事、趣事。

第4辑《人物专辑》 本辑收录废科举兴学校以后涌现出来的有贡献及影响较大的部分东阳籍人物。有科学家、专家学者、医生、艺术家、教师、革命志士，民国时期的党、政、军、法人员，能工巧匠，工商业者。辑录东阳籍人物传记36篇，其中有严济慈、邵飘萍、吴兆莘、蔡汝霖、蔡忠笏、蔡希陶等。后面的"附录"，分别是"东阳居民姓氏分布""东阳进士题名录""东阳清末功名题名录""东阳工匠录""东阳近代百岁寿星录"和"东阳人物赞"。"补白"中辑录一些少见于方志和诗集的东阳先贤的诗作和古人书于路亭的对联。

第5辑《抗日战争专辑》 本辑收录抗日战争期间东阳人民抗战史料。从1938年2月22日日本侵略者飞机轰炸东阳县城，至1945年8月驻东阳日本侵略者在县城集中后赴金华缴械，历时七年有余。其间，日本侵略者狂轰滥炸，杀人放火，奸淫抢掠，无恶不作，东阳人民饱受蹂躏。一大批爱国志士带领民众奋起反抗。本辑开卷是东阳县档案局保存的日本侵略者侵占东阳、设立据点和所犯罪行的档案资料；其后是开展抗日斗争亲历者的回忆录，抗日志士（烈士）的斗争实录，日本侵略者暴行记录和记述当时的抗日组织、抗日刊物、抗日歌曲的文章。"附录"中有东阳"抗日战争阵亡烈士名单""浙江高等法院第二分院处理东阳县汉奸一览表"和介绍明朝时倭寇侵犯东阳以及东阳抗倭先烈王鈇事迹的文章。

第6辑《东阳百年大事记（1831—1945）》 主要内容由郭佐唐历多年编写，辑录自鸦片战争前夕至抗日战争胜利的114年期间，东阳发生的大事1800余条，为编纂近现代史及其他社会科学的研究丰富了原始资料。

第7辑《人物专辑》 汇集严济慈、施有光等全国著名的科技、教育、文化方面的人物和原国民党高级军政界人士赵琛、斯立等31人的史料。

第8辑《东阳解放40年纪念专辑》 由许多老领导、老干部和老同志提供内容，从多个角度反映1949年前后东阳地下党的革命斗争和中共在东阳执政初期人民政权建设，清除对抗人民政权、为害乡里反动势力的史实。

第9辑《工商经济史料》 主要记述晚清、民国时期的东阳经济概况，近百篇与经济有关的史料中，绝大多数是第一次形成文稿、首先在本刊发表，反映这一时期东阳经济的特色和艰难曲折的嬗变历程。

第10辑《蔡希陶史料专辑》 除收录知情者的回忆文章外，还辑录了杭州二中（原蕙兰中学）、中国科学院昆明分院、昆明植物研究所和昆明植物园、西双版纳热带博物园、云南省档案馆、云南省农垦局等众多单位提供的大量图文资料。

第11辑《人物专辑》 收录近百人，以抢救晚清、民国期间的人物史料为主，旁及古代几被湮没而事关重要的人物史料。对前两辑或其他出版物刊载过的，则以拾遗补阙为主，力避重复。

第12辑《爱国名臣张国维》 为纪念张国维诞辰四百周年，与吴宁镇人民政府、张国维故居管理委员会联合编纂。分传记史料、诗文与纪念文章三大部分，以传记史料为主，其中明末遗民冒着生命危险，秘密撰写，珍藏、沉淀数百年后才与世人见面的史料尤其弥足珍贵。

第13辑《文物专辑》 内容：文物机构沿革与保护，文物管理办公室库藏文物、古旧图书、碑帖，古旧建筑物，古代文化教育，人物画像及像赞，遗址遗存、墓葬碑刻、革命文物、文物集锦、外流文物等。

第14辑《严济慈专辑》 为痛悼严济慈逝世、纪念其一生业绩而编。从严济慈的家世、求学、科研、家庭与亲属、孝友、生活起居、在家乡的谈话、与家乡的通信等多个角度记述其一生轨迹。还收录严济慈年谱、故居、纪念场所、同学录、大学毕业报到单和市城建委、文物办关于《严老故居保护及周围环境控制规划初步意见（附图）》等。

第15辑《剿匪、土改、抗美援朝专辑》 本辑为贯彻上级政协将文史征编重点转入新中国成立以后之首编。主要内容有剿匪、反霸、减租、征粮、生产、组织群众情况，土地改革，抗美援朝、捐献飞机大炮、订立爱国公约等，多为亲历者的回忆史料，共16万字；还收录了部分志愿军老战士提供的纪念品图片。《出席开国大典的严济慈》《金士宣坚决留在大陆》两篇史料排在卷首。

第16辑《纪念人民政协成立50年专辑》 遴选第一至五届政协委员中的60多名社会各界名流撰写文稿，其中有政协老领导、老同志对从事政协统战工作的回忆和老委员的曲折人生经历，有委员与党和政府肝胆相照、荣辱与共的真情，反映政协的历史轨迹和政协委员风采。康益民在庆祝人民政协成立五十周年大会上的讲话作为本辑序言。

第17辑《东阳木雕》 分史话、图案、工艺、品类、厂店、艺人和流派七个篇章，根据文字内容穿插图片200幅，附有记述自唐朝以到东阳木雕起源、发展、传承等方面的“大事记”。由华德韩（笔名旭文）潜心研究15年著作而成，是历史上第一部系统研究东阳木雕的史料性著作。

第18辑《东阳人物专辑》 收录全国劳动模范华银凤等60多位获得国家级荣誉、参加全国性会议代表人物的口述史料，蒋立才等在党和国家领导人身边工作人员的所见所闻及虞仁昌《我所知道的雷锋》等文稿，还有部分纪念品、奖品、获奖证书的照片。时间跨度为1949—2000年底。附有新中国成立以到东阳获得国家级荣誉的单位和个人一览表。

第19辑《东阳古树名木》 从300多篇来稿中，根据人文和专业学科等方面综合考虑，筛选收录文稿118篇。记述树木概况和古树名木的人文沉淀及所见证的历史变革。附有文献辑存和东阳市古树名木一览。

第20辑《东阳水利史料》 全书分为历史变迁、先人治水、见证洪灾、兴修水利、移民实录五个栏目，收录洪水灾害的历史记载和领导、专家、施工人员、工地组织者、民工等亲历者的回忆，附有横锦、南江水库的建设工地照片和部分被水库淹没村庄照片。

第21辑《东阳抗日战争史料》 全书分为日本侵略者罪行、抗日烽火、抗战人士等栏目，收录有日本侵略者据点、散布鼠疫细菌、掠夺林木钴矿资源、慰安妇及烧杀抢淫等暴行史料，共产党地下组织、国民党军队、地方自卫队及教育文化界和民众的抗日史料，并录有沦陷后县党政军机关与东阳中学外迁地照片及陈松平、施晓湘的抗战漫画。

第22辑《东阳古文化史料》 分为大型墓考、都城探秘、先民寻踪、人文研究、古籍善本、家谱存目等栏目，集结了专家及民间爱好者对西周、春秋时期两大古墓群和吴宁古城的考古研究成果以及对土著文化、东阳酒、东阳马生、马坦等传奇人物的研究类文章，《兰亭序》、兰陵酒与东阳的渊源，东阳木雕，东阳民居，东阳鱼卵纸等都有涉及。

第23辑《支援边疆建设史料》 记录20世纪50至70年代上万名东阳人响应祖国号召，到西北、西南和东北等少数民族、边远地区从事建设事业的岁月与创业历程。多为当事人的"三亲"史料，按区域分布，编排为宁夏篇、新疆篇、青海西藏篇、甘肃山西陕西篇、内蒙古黑龙江篇、四川贵州云南篇，基本反映了上述年代东阳人支援边疆建设的全貌。附录有文件文献。

第24辑《东阳文保博览》 东阳第一本系统介绍不可移动文物的图书，涉及文保单位174个，重点收录有代表性的市级以上文物保护单位或文物保护点的历史和现状，人文积淀和建筑构造。分为古迹遗址、古建群落、宗祠家庙、府第厅堂、名人故居、亭台楼阁、寺院庵堂、老桥古井、摩崖题刻、名人墓葬、纪念会址、警示篇等15个栏目。附有东阳市各级文物保护单位、文物保护点名录。

第25辑《东阳十年大变革(1978—1988)》 为纪念改革开放30周年和东阳撤县设市20周年而编。收录东阳市历任市(县)委书记、部门与区乡干部、市民百姓参与或亲历改革开放的回忆文章，记述东阳改革开放、东磐分县、撤县设市等重大事件的背景、过程和难忘的故事。附有十年大变革成果统计数据和上级媒体有关的报道目录。

第26辑《我与东阳政协》 为纪念人民政协成立60周年而编，着重于记事。其中有历届政协主席张利一、陆锡经、康益民、王正明及多位副主席撰写的文稿，用亲历史料记录东阳市政协创建以来走过的53年历程。分为综合篇、建言献策、文史工作、统战联谊、政协活动、委员心声等栏目。附有历届政协主席、副主席、秘书长名单。金华市委常委、东阳市委书记张仲灿撰写序言。

第27辑《在港澳台及海外的东阳人》 作为在外东阳人系列的第二部，与《支援边疆建设的东阳人》组成姐妹篇。书中收录旅居港澳台的实业界、司法界、工艺美术界及文化教育界人士的奋斗史和在台湾几十年的老兵辛酸史，还有在海外国际前沿学科和金融投资、计算机领域学有所成的东阳籍人士创业史，来稿近200篇，入编文稿123篇。

第28辑《红椿巷区域旧城改造实录》 分为筹划决策、动迁安置、综合协调和历史留痕4个部分。基本采用第一人称写作。市委、市政府主要领导、动迁人员和被拆迁户从不同角度、不同层面记述,较完整地记录了红椿巷区域旧城改造的酝酿决策经过,规划及动迁、补偿、安置方案制定和实施过程,被拆迁人的心路历程。为利于历史传承,收录红椿巷区域老地名、路名溯源,机关、商业、文化等单位驻地变迁史料。附有部分旧貌照片、动迁工作图片及拆迁工作组人员名单。

第29辑《中国对联集成·东阳卷》 根据金华市政协文史委统一安排,与市诗词楹联学会联合编辑。共收录楹联4800余副,几乎涉及生产、生活的所有领域,按情理篇、景观篇、节令篇、行业篇、庆颂篇、缅怀篇、宗祠篇、居室篇、宗教篇编排。唐时的冯宿、舒元舆,宋时的葛洪、李诚之、乔行简、马光祖,元时的陈樵、胡助、许谦,明时的何士英、张国维,清时的李品芳、赵睿荣、李凤雏、张振珂、楼上层、吴品珩,近现代的邵飘萍、葛绥成、蔡忠笏、杜佐周、严济慈等本籍知名联家的对联均有收录。为提高可读性、实用性、观赏性,拍摄重要楹联实体照片刊于卷首(彩色)和分类插页(黑白)中,重要楹联作者及重点楹联背景作简要注释,选编一些通用性楹联供读者应用。

第30辑《综合辑》 是除第一辑外的又一辑综合性图书。其中有辛亥革命期间的东阳人和事、黄埔军校中的东阳人及健在的29位黄埔同学回忆等文稿37篇,记录他们回忆入学经过、军校生活、抗战经历、重大历史事件的亲口讲述;"大师之路"第一次把东阳木雕、竹编大师们的个人自传通过口述整理的方式集结出书。在清理历年存稿的基础上,收录编排了战争岁月、火腿史话、亲历回顾、三乡大地、史海钩沉等栏目,其中有东阳最早的商埠、老城的水、老城的牌坊、唐朝东阳多进士、陆游东阳题留诗等地方特色浓郁的历史人文史料。

第31辑《东阳方言语汇》 集中众多东阳方言专家和爱好者的研究成果,是一本东阳方言字典。收录方言词汇1万余条,全市各种特色方言词汇多有收录;谚语、俗语、歇后语等录于词汇之后;语词和注音以城区所在的北乡话为基础,以老城区人的读音为基准,兼顾全市;用附、插两种形式安排部分图片,以求直观;采用拼音、笔画等检索工具,方便查阅使用,力求学术性与实用性的统一。

第32辑《中天发展实录》 收录140多位中天人的真人真事,通过第一人称"我"来记叙中天集团的成长和发展。分理念、人才、品牌、文化、爱心5章,主要内容:中天集团建立、发展中若干重大事件的决策经过和实施过程,企业文化的提出及演变发展背景和经过,主持或参与的工程项目或活动中印象深刻的人和事,经营策略的产生与实施、人才引进与培养、项目的承建、创牌过程、员工生活、公益活动等方面的故事和感受。还收录部分有史料价值的图片、照片等原始资料。

第33辑《东阳民俗》 分生产习俗、生活习俗、礼仪习俗、节令习俗、娱乐习俗、社交习俗和信仰习俗7章34节338目,收录各类民俗风情图片461张,较为全面、系统、真实、客观地反映境内不同地域的社会习俗,其中有些传统习俗仍在流行,有的陋俗已经或几近消失,有的则是近些年随着时代发展而出现的舶来习俗和时尚风俗,对此,都在剔除糟粕、留其精华的理念基础上做了忠实的记录。

第34辑《东阳传统器具(上下册)》 收录本地传统器具图片2500多帧。以图片为主,辅以文字说明。上册为生活用具，按功能分为坐置、寝卧、盛储、饮食、装饰、文娱、防保七大类，下设553类、1245条；下册为生产工具，按行业分为农耕、渔猎、饲养、加工、醃酿、织造、泥作、木作、五金、贸易十大类，下设772类1300余条。

第35辑《东阳方言丛谈》 为《东阳方言语汇》的姐妹篇。收录文稿近80篇，主要内容为东阳方言的渊源、变化规律及所蕴含的历史文化，东阳方言的音韵、用字、构词、语法特点，不同地区间的语言异同及与其他语言的关系等，多为方言爱好者的研究成果及对东阳方言的见解、分析、辩证。设探源溯流、音韵探微、词汇辨释、语法揭隐、人文杂谈、方言综论六个栏目。

第36辑《东阳人联谊会（商会）纪事》 收录内容有东阳人联谊总会产生的背景及决策、成立过程；各地东阳人联谊会（商会）筹建、成立经过及组成人员分布；各地联谊会（商会）开展的重大活动情况及难忘的故事；总部经济、木雕城、存款回归等重大举措的缘起与经过；各地东阳人创业典型和回报家乡典型事例。

不列入文史辑号序列的书籍：

2014年，与市旅游局联合编写《走读东阳》。25万多字，350多幅图片，图文同步，以文为主。分为十二编：概述、山水形胜、恐龙之乡、教育之乡、建筑之乡、工艺美术之乡、横店影视城、宗教巡礼、公园广场、乡村农家特产·小吃·菜肴、风俗习惯，附有东阳市地图、旅游示意图、旅游线路、主要旅游景区及东阳各旅行社、旅游饭店、餐饮、旅游购物场所的简要介绍。

2016年1月，与市茶文化研究会联合编辑以文为主、图表为辅的《东阳茶文化》。约25万字。内容包括茶的起源、种植、生产、消费、贸易、艺文、礼俗、器具、茶馆茶楼、名人与茶、茶文物史迹等方面，分为茶史茶俗、茶业茶人、茶诗茶文三大部分，部、章、节三层结构，文献、史迹、实物、口碑等资料并重。

第四节　出版发行

出版发行

文史出版工作经历了从自行编印出版、内部出版到公开出版的过程。1998年前，市政协文史委共编印出版14辑《东阳文史资料选辑》，内容涉及革命斗争回忆，文化教育、抗日战争、政权更替、工商经济、文物及邵飘萍、蔡希陶、张国维、严济慈等人物史料，均为自行印刷发行；为规范出版、提高出版质量，从第十五辑《剿匪、土改、抗美援朝专辑》开始，申报、采用内部书号，结束了自行印刷历史；2001年的第17辑《东阳木雕》，首次采用正式出版社，且是第一本图文并茂、印刷精美的公开出版物。第18辑至第22辑，视经费可能，有的内部出版发行，有的公开出版发行；2006年第23辑《支援边疆建设史料》始，全部采用正式书号，由出版社出版发行。根据内容，分别由浙江摄影出版社、浙江大学出版社、人民日报出版社、中国文史出版社、中国诗词楹联出版社、浙江古籍出版社、西泠印社出版社承担出版工作。

出版的文史书籍中，规格基本稳定，前后略有变化。第1至25辑中，除第19辑《东阳古树名木》、第24辑《东阳文保博览》采用大16开本外，其他都采用32开本；第26辑《我与东阳政协》始，均用小16开本印制。

第1至13辑文史图书黑白印刷；第14辑《严济慈专辑》始，每辑有彩色插图，多数安排在正文前；第17辑《东阳木雕》、第28辑《红椿巷区域旧城改造实录》、第30辑《综合辑》有较多的彩色插页，分别安排在文前、文中；第19辑《东阳古树名木》、第24辑《东阳文保博览》用铜版纸彩色印刷；第33辑《东阳民俗》、第34辑《东阳传统器具（上下册）》全书彩色印刷。

第1至16辑，第18辑、第30辑封面采用严济慈题写的“东阳文史资料选辑”书名。第20辑始，封底均由东阳市书法家协会主席陈金彪依据专辑内容刻制一方篆印作品。

市政协文史图书的发放范围一般为政协委员和列席委员，在每年的政协大会报到时发放。《东阳木雕》除委员发放外，还经新华书店发行，后因反响很好，出版社曾再版发行。

获奖与荣誉

市政协文史委编纂的文史资料专辑，因史料丰富，内容真实性强，质量较高，在省、金华及本市的历次评选中都榜上有名，在社会上也有良好声誉，文稿常被媒体转载或方志采用。至2016年8月，省政协共组织7次评奖活动，金华市政协组织1次评奖活动，东阳文史资料专辑均获奖。

在省政协组织的各次优秀文史图书评选中：1996年，第2辑《邵飘萍专辑》被评为优秀奖；1999年，第14辑《严济慈专辑》获三等奖；2002年，第17辑《东阳木雕》获三等奖；2004年，第20辑《东阳水利史料》获二等奖；2006年，第21辑《东阳抗日战争专辑》获二等奖；2008年，第23辑《支援边疆建设史料》获二等奖；2012年，《红椿巷区域旧城改造实录》获二等奖，《我与东阳政协》《东阳十年大变革（1978—1988）》获三等奖。

2005年，金华市政协组织优秀文史图书评选活动，第19辑《东阳古树名木》被评为一等奖，《严济慈专辑》《东阳木雕》《东阳水利史料》获荣誉奖。

2011年，参加由中国工艺美术学会组织的第六届中国（东阳）木雕竹编工艺美术博览会“全国木雕竹编文史资料展”，《东阳木雕》获一等奖，《东阳文保博览》获三等奖。

2012年，参加东阳市政府、市委宣传部组织的第二届人文社会科学优秀成果评选，《东阳文史资料选辑第三十辑.综合辑》获二等奖；2014年，参加第三届评选，《东阳方言语汇》获一等奖，《走读东阳》获二等奖；2016年参加第四届评选，《东阳丛书》获一等奖，《东阳民俗》获二等奖。

1996年，郭佐唐获浙江省优秀文史工作者称号；2002年，蒋锦萌被评为全省政协文史工作积极分子；2008年，蒋锦萌被评为浙江省优秀文史工作者。2005年，蒋锦萌被评为金华市政协优秀文史工作者。

社会成果

市政协文史委编辑出版的文史图书被全国政协、国家和省、市图书馆完整收存，作为地方文献开发利用。

文史资料成为编史修志的重要素材。大量历史事件当事人撰写的“三亲”史料避免或减少了“人去史亡”情况的发生，征编的东阳百年大事、工商经济、抗日战争、政权更替、水利建设、支援边疆、改革开放等史料，为编史修志提供了许多素材；《东阳市志》中的很多人物史料来自于或参考了政协的文史资料。

征集的第一手资料为邵飘萍的中共党员身份认定提供依据。根据《邵飘萍专辑》中罗章龙的回忆和其他有关资料，经县委组织部逐级上报，1986年7月10日，中共中央组织部正式下文认定邵飘萍的党员身份。该专辑出版后，在北京、上海、广东及浙江省杭州、金华等地的新闻、教育界引起很大反响，多人来函索书，为各地研究邵飘萍对中国新闻教育事业的贡献和影响等方面提供了较有价值的资料。

市教育主管部门将文史资料选入中小学生乡土教材《东阳纵横》《可爱的东阳》，对学生进行爱祖国、爱家乡的教育；市关心下一代工作委员会把《东阳抗日战争史料》作为对青少年爱国主义教育的重要内容，以此为据编写宣讲教材；市委、市政府举行纪念撤县设市20周年、辛亥革命100周年、人民政协成立60周年等重大活动时，将相关选题的文史图书作为纪念品，赠送给与会领导和嘉宾；《走读东阳》既是对外介绍东阳旅游文化的资料，也是导游的培训教材。金华市婺城区在旧城改造准备阶段，将《红椿巷区域旧城改造实录》发给每位动迁工作人员，作为学习参考资料。

《东阳方言语汇》有史以来首次对东阳方言的读音、字形、释义进行规范，结束了方言有音无字或用各种谐音别字替代的历史。东阳人从此有了自己本土语言的字典，因此被誉“具有里程碑意义”。《东阳方言语汇》《东阳民俗》与《东阳传统器具（上下册）》组成的系列乡土文化丛书，对传承、保护和研究东阳乡土文化具有重要价值。

文史资料为媒体提供题材。2005年4月28日，《金华晚报》两个版面刊登东阳市政协文史委提供的东阳抗日战争史料；2009年，市委办公室《今日东阳》刊物多次选登《东阳十年大变革》中的回忆文章，《东阳日报》作连载；10月至12月，《东阳日报》设立“我与东阳政协”栏目，先后选载10篇文史资料稿子；2011年10月10日，《东阳日报》整版刊载文史委提供的辛亥革命史料；2013年，《东阳日报》两个版面选登《东阳方言语汇》词汇。省政协《联谊报》多次刊用东阳文史资料文稿。

地方媒体对市政协文史征编出版工作有较多篇幅的评价性报道。如2003年4月4日，《东阳日报》刊发《精心发掘东阳历史文化的瑰宝》一文，详细介绍文史工作成果；2008年5月，《东阳日报》先后刊登两大版面，分别以“市政协每年一部史书，发挥四大功能”和“秉笔直书，拾遗补阙——记热心市政协文史工作的民间史家”为标题，报道文史资料工作情况。2012年3月5日，《东阳日报》以一个版面的篇幅，刊登题为“承前启后求有为，存史资政谋新篇——东阳政协文史工作三十而立”的文章，以“三十年三十书、三十年三批人、三十年三功能”三个方面,介绍市政协文史委成立三十年来所取得的成绩。“编者按”中说:东阳政协文史人所编纂的文史图书,所抢救的文史资料,所提炼的文史观点,所形成的文史精神,就是一种独特的文化,值得学习与弘扬。2016年8月17日,《东阳日报》“黉门周刊”整版刊登《纸上乡愁亦厚实》《辨器识用 立此存照》两篇文章,记叙市政协文史委编撰出版东阳乡土文化系列《东阳方言语汇》《东阳民俗》《东阳传统器具(上下册)》等3辑文史资料的过程,指出:“3部文史图书,以翔实的资料与清晰的架构、严谨的逻辑,打造出一条时光隧道,以返回农耕时代的东阳乡土社会,安放我们的一腔乡愁”“从无形到有形,从抽象到具象,传递着东阳人的集体情绪”“对从语言、习俗、用具(工具)等多维传承、保护和研究东阳乡土文化,具有重要价值”。

表27

《东阳文史资料选辑》第1~34辑简况

次序	主要内容	出版年月	史料篇数	附录	补白	照(图)片(幅)	字数(万)	备注(出版、印刷、书号及获奖情况)
1辑	综合辑	1985年4月	31	3			12	自行印刷发行
2辑	邵飘萍专辑	1985年10月	39	12			20	自行印刷发行,获省文史图书优秀奖
3辑	文化教育专辑	1986年8月	45	2	16		14	自行印刷发行
4辑	人物专辑	1987年9月	39	6	16		14	自行印刷发行
5辑	抗日战争专辑	1987年1月	33	7	7		9	自行印刷发行
6辑	东阳百年大事记(1831-1945)	1988年7月	9		8		14	自行印刷发行
7辑	人物专辑	1989年2月	37	3	15		14	自行印刷发行
8辑	东阳解放40年纪念专辑	1989年8月	44	2	11		14	自行印刷发行
9辑	工商经济史料	1990年10月	100	10	21		25	自行印刷发行
10辑	蔡希陶史料专辑	1991年10月	53	2	11		21	自行印刷发行
11辑	人物专辑	1992年11月	86	8	34		24	自行印刷发行
12辑	爱国名臣张国维	1995年3月	176	15	6	20	27.5	自行印刷发行
13辑	文物专辑	1997年3月	102	6	27	22	27	自行印刷发行
14辑	严济慈专辑	1998年3月	98	6	11	32	35	自行印刷发行,省文史图书二等奖
15辑	剿匪、土改、抗美援朝专辑	1999年2月	72		26	17	16	内部书号
16辑	纪念人民政协成立50年专辑	2000年1月	65	10		13	22	内部书号
17辑	东阳木雕	2000年1月	29			200	21	浙江摄影出版社 2002年省文史图书三等奖
18辑	东阳人物专辑	2001年12月	78	5		76	25	内部书号

续表27

次序	主要内容	出版年月	史料篇数	附录	补白	照(图)片(幅)	字数(万)	备注(出版、印刷、书号及获奖情况)
19辑	东阳古树名木	2003年2月	118	18		142	9	浙江摄影出版社 金华文史图书一等奖
20辑	东阳水利史料	2004年2月	125			82	41.6	浙江大学出版社 省文史图书二等奖
21辑	东阳抗日战争史料	2005年1月	129			60	37	内部书号 省文史图书二等奖
22辑	东阳古文化史料	2006年1月	44			43	39.6	内部书号
23辑	支援边疆建设史料	2006年10月	83	19	2	42	38.2	人民日报出版社 省文史图书二等奖
24辑	东阳文保博览	2007年12月	110	2		280	13	中国文史出版社
25辑	东阳十年大变革(1978-1988)	2008年11月	96	3		29	37	人民日报出版社 省文史图书三等奖
26辑	我与东阳政协	2009年8月	83	1		92	27	中国文史出版社 省文史图书三等奖
27辑	在港澳台及海外的东阳人	2010年10月	123			33	28	中国文史出版社
28辑	红椿巷区域旧城改造实录	2010年12月	72	5		228	32	人民日报出版社 省文史图书二等奖
29辑	中国对联集成·东阳卷	2011年6月	4800余副	9		48	25	中国诗词楹联出版社
30辑	综合辑	2011年12月	98				39	中国文史出版社 市人文社科二等奖
31辑	东阳方言语汇	2013年1月	7			5	37.8	浙江古籍出版社 市人文社科一等奖
32辑	中天发展实录	2014年2月	161			117	52	人民日报出版社
33辑	东阳民俗	2015年2月	7章33节			461	34.6	西泠印社出版社 市人文社科二等奖
34辑	东阳传统器具(上下册)	2016年2月 2016年5月	17章84节			2545	64.7	西泠印社出版社

附录：

《东阳文史资料选辑》发刊词

全国人大常委会副委员长、著名物理学家严济慈说："东阳！东阳！可说是刚从东方升起的太阳照耀的地方"。形象地说明东阳是一个充满希望、光明的地方。"物华天宝，人杰地灵。"

东阳人民自古至今，为民族的解放，祖国的富强，做出了应有的贡献，光耀着史册。

鉴此，东阳县人民政协文史资料工作委员会根据全国政协章程之规定，“进行关于中国近代史、中国现代史资料的征集、研究和出版工作”。现已就绪，决定编印《东阳文史资料选辑》，陆续出版，以便更好地保存、积累所征得的资料和进一步推动资料撰写工作的开展。

文史资料工作是爱国统一战线工作的重要组成部分，是一项促进祖国大团结、大统一，进行爱国主义和社会主义精神文明建设并惠及后代的重要工作。通过它，团结、联系、争取各阶层人士，进一步激发爱国热情，调动积极性，加快“四化”建设的步伐。

文史资料本身是各方面人士亲历、亲见、亲闻的历史内容，具体、生动地介绍了中国近、现代的各个时期的不同侧面，秉笔直书，都具有一定的史料价值。撰写史料必须“要存真，要实事求是”，不要掺假。忠于事实，才能忠于真理，才具有研究价值，才能教育群众，教育后代。但是历史资料不同于历史著作，前者只是为后者提供素材。因此我们对素材不一定要求用马克思列宁主义观点加以分析和评价，只要求将历史的本来面目如实地客观地反映出来。对于所述同一历史事实，也可以各存其是，不要强求一致。采取“三不”方针，各抒己见，求同存异。我们完全相信，历史科学工作者将会运用科学的历史观点和方法，对不同的史料进行综合分析，考证异同，分别真伪，得出比较全面的、正确的结论。

近百年来，中国处于一个风云激变的时代。东阳有志之士，积极参与这个变革，并发挥过积极的作用。如果不抓紧汇集，某些珍贵的史料就可能为历史的长河所淹没。我们希望年老的一辈，凡有一技之长，一窥之见的，赶快抓紧写下来，如撰写困难的，我们一定予以协助，以便给后代子孙留下一份精神财富。

《东阳文史资料选辑》自然具有一定的地方特色，但它的意义并不限于东阳本地区，有若干史料还具有全国性的意义。我们希望通过它，尤其对年青的一代，进行爱祖国、有理想的教育，使青年人更加了解过去，热爱现实，展望未来。这对我们将感到无限的欣慰和鼓舞。

希望各界人士热烈地支持我们，让我们共同在这块园地上耕耘，让这朵鲜花，更加鲜艳，让它早日结出硕果，这就是我们的希望和祝愿。

本辑稿件，有的虽属撰写者的“三亲”史料，但距离史实发生时间较远，同时限于编者水平，在内容上，文字上难免有疏漏、错误、不妥之处，敬请读者也以亲身经历和见闻予以相互参证、补充和订正，俾使史料内容克臻翔实全面。

1985年4月

第五节　征编协作

配合上级政协开展文史协作，是市政协文史委的重要工作之一，也是借上级政协平台宣传东阳的途径。市政协文史委历来重视做好上级政协的文史协作工作，得到上级政协的肯定,同时协助到东阳收集史料的兄弟县市政协做好工作。

1995年11月2日至3日,上海宝山沪淞抗战纪念馆筹委会主任张大卫等一行3人,到东阳市搜集沪淞抗战烈士资料,征集到吕义灏烈士纪念碑的残碑。

1996年5月23日至24日,上海市宝山区政协文史委、沪淞抗战纪念馆张大卫、孙铁群到东阳征集抗战史料。

12月26日至27日,方志敏的儿子、南昌市政协常委方明到东阳搜集方志敏和中国工农红军北上抗日先遣队组成的红军挺进师在东阳一带活动的史料,到南马等地走访知情人士,收集烈士资料。

2000年,配合省政协《浙江文博考古实录》史料征集,提供华德韩撰写的《征史设布邵飘萍、严济慈纪念馆》、童德成撰写的《王惕吾先生赠资捐建东阳市图书馆》,徐志根撰写的《壮哉,肃雍堂》,均被收录。

2002年,配合金华市政协文史委《金华火腿史话》的史料征集,提供《上蒋雪舫蒋腿纪事》等20多篇文稿。该书录用文稿中,东阳火腿史料占了近半。

2003年,配合金华市政协文史委《抗战时期的金华》一书的征编协作,提供《细菌战在歌山》等4篇文稿。

2005年,配合省政协文史委《名人故居博览》史料征集,撰写提供严济慈、邵飘萍、蔡希陶、金佛庄、许弘纲、张国维、赵松庭、蔡忠笏、马文车等12位历代名人故居的基本情况及人物活动情况的文稿和45幅图片。其中10位名人故居资料被收录。

同年,省政协开展《后方支援抗美援朝》史料征集,提供单世唐撰写的《抗美援朝中的东阳三次大参军》和《东阳县抗美援朝增产捐献运动》文稿。

同年,金华市政协文史委《八婺书画集萃》。收录东阳市政协文史委收集整理的朱熹、林则徐、文徵明、刘镛等历代名人墨宝30多幅。

2007年,配合省政协开展《走向冠军之路》文史征集。提供马苗兰、贾冬菊两位运动员的文稿;配合《浙江知青在边疆》的征编协作,提供相关文稿28篇。

同年,配合诸暨新四军研究会开展的《金萧地区抗日战争史》长篇的编纂,收集整理提供10多万字的有关东阳的日本侵略者罪行及抗战史料。

下半年,为配合东阳首届香榧文化节活动,与市林业局开展香榧史料的征集。

2008年2月21日,在东阳大厦召开王仲奋《东方住宅明珠——浙江东阳民居》一书的出版发行座谈会。市政协主席康益民、市政府副市长陈军及相关部门、企业40多人参加。与会人员认为王仲奋自费走遍全国考察民居,在此基础上写出的《东方住宅明珠——浙江东阳民居》,史料丰富,研究深入,是一本东阳古民居的历史书,也是东阳民居建筑的工具书,很有研究价值。《东阳日报》用两个版面报道,浙江卫视也做了报道。

同年,配合省政协文史委《浙江干部支边纪实》的征编,按照范围要求,提供东阳援藏、援疆干部郭慧强、蒋立新、周玉娟3人的文稿。

省政协文史委编辑出版纪念改革开放30周年纪念专辑,东阳被采用的文稿有"横店影视城创建前前后后"等。

同年，配合金华市政协文史委做好《金华精华》一书中有关东阳部分资料的收集整理。

2009年，为配合省政协文史委《我与人民政协》的征编，提供10篇文稿，多被录用。

同年，配合省政协、浙江传媒学院完成陆光正、冯文土等国家非物质文化遗产传承人口述史料的征集整理。

2010年，向金华市政协文史委《金华金花——百年八婺女性》图文集提供文字材料和图片资料，30多篇（幅）被收录。

2011年，配合省政协《新中国建立后浙江发展亲历记》征编，提供《东磐分设》《东阳撤县设市》《横店集团创业者的回忆》《我是八十年代创汇大户》等10多篇文稿，其中多篇被录用。

2012年，省政协开展《浙江遗存的国家级非物质文化遗产》文史资料征编，按要求提供陆光正、冯文土、何福礼等国家级非物质文化遗产传承人的文稿，多被录用。

2013年，金华市政协征集《改革开放以来金华发展"三亲"史料》，东阳市政协文史委提供资料，次年金华市政协出版的《春天的故事》，收录梅崚、陆锡经等人撰写的10篇文史稿件。

2013年至2014年，金华市政协征编《金华老地图》，东阳市收集提供大量古代、近代老地图照片。

第六节 《东阳丛书》

东阳历史悠久，人文荟萃，文化源远流长，乡邦文献宏富。唐宋以来，文人学士、先哲明贤辈出，正史列传者17人，进士题名305人（其中武进士74人），经史子集著作近千种。先贤留下的优秀著述是一笔宝贵的财富。由于历史变迁，朝代更替，典籍保管实非易事，多数著作有目无书，已经失传。从抢救文物办馆藏古籍出发，扩大到全国范围的查找摸底，历经十多年，完成了大型文化丛书《东阳丛书》的编纂工作。

编纂始末

1998年3月，市政协十届一次会议期间，前文史委员郭佐唐通过政协委员向大会递交提案。提出，东阳市文物管理委员会有库藏木刻古籍八千册、五万余卷，其中东阳籍先贤著述115种，刻本和学术价值较高的75种，符合善本标准的53种。这些古籍跨越宋、元、明、清时代，经、史、子、集均有，内有已绝版的孤本、珍本、秘本和"禁书"，历经辗转迁徙，虫蛀霉变，侵蚀损坏严重，如再不抢救，将不复存在。

市政协主席会议将此提案列为重点提案，市政协文史委组织进一步的调研。8月市政协十届三次主席会议研究，以主席会议建议案的形式，向市政府递交《关于抢救东阳古代文化遗产的建议》。建议市政府尽快组织力量，以编印《东阳丛书》这一载体来开展文化遗产的抢救工作。出版后可作为馈赠贵宾的高档礼品和东阳历史文化的宣传品。

1998年11月5日，市十一届政府第三次常务会议研究市政协提出的建议案。认为这个建议非常及时，抢救古代文化遗产很有必要，刻不容缓。会议决定1.抢救古代文化遗产以整理编印出版《东阳丛书》的形式来完成，以政协文史委为主，市志办、文物办等单位配合，组织人员开展工作。2.成立以市政府、市政协领导为正副组长的抢救东阳古文化遗产领导小组。

根据市政府常务会议意见，市政协即着手筹备。

1999年5月12日，市委办公室公布《东阳丛书》编纂委员会组成人员名单。市政府副市长卢启源任主任，市政协副主席郭俊喜任常务副主任，市政协副主席、文史资料委员会主任韦定民任副主任，成员由相关单位领导组成。编纂委员会下设编纂室和办公室。编纂室由退休的浙江省古籍出版社编辑赵一生（东阳籍）任主编，市委统战部副部长、文史委副主任华德韩和曾参与《汉语大词典》编纂的郭佐唐任副主编，办公室设在市政协提案文史工作委员会。

1999年6月4日，卢启源主持召开编纂委员会成员会议；6月30日，召开编纂室人员会议。会议确定编纂工作思路，制定编纂规划框架。明确《东阳丛书》按照精品书的标准编纂出版，做到高品位；收录范围为唐宋以来至清末1300多年间东阳先人的著述，注重图书的学术价值、史料价值和社会影响，全国范围内能找到的东阳籍古代主要人物和主要著作必须收列，市文物办收藏的有文化学术价值和孤本善本予以收列，力求体现东阳历代文化的重大成果和基本面貌，传承展示东阳古代文化精华。为了提高古籍的利用价值，有利于古为今用，对古籍要加注标点。

复制与收集

《东阳丛书》的编纂工作是一项浩大的文化工程，正式启动后，复制文物办的馆藏古籍和搜集珍藏古籍等工作马上展开。

由于年代久远，古籍纸张存在老化脆化，极易破损，有的已是残缺不全，复制的难度及工作量都很大。为保证馆藏古籍的安全及复制质量，避免古籍带出馆外可能导致问题的发生，编委会购置复印机，放置文物办内，由文物办的两位同志进行馆藏古籍复印，整个复制历经数月才完成。

古籍收集分两路进行。省级及省外图书馆所藏的古籍善本查找由赵一生负责，市内民间藏书的搜寻由蒋锦萌与华德韩负责。根据馆藏目录等线索，先后多次到浙江图书馆、北京图书馆、上海图书馆、南京图书馆、金华严济慈图书馆、浙江师范大学图书馆等省内外图书馆查找，从中复制了大量被收录在典籍中的古代东阳籍人士的代表性著述。市内下乡到镇村，查找郭鈇、乔行简、许弘纲、许都、孙扬、王鈇、张振珂、李凤雏、卢标等历代名人的著作及其史料，在民间又找到许弘纲《群玉山房文集·疏草》、王象之《舆地纪胜》等孤本、珍本。

整理出版

制订《〈东阳丛书〉点校通则》及编审规范，版本选定，因书而异。有多种版本的，则考稽源流，辨识优劣，挑选校刻最精、错讹最少者为底本；有初刊本或影印本者，最为接近原作，尽量采用为底本；有的善本难以采集作为底本的，则选用较有影响的通常本子作为工作底本；某些家刻本、书塾本，流传范围小的，仅此孤本而已。

校勘考订文字，视各书实际情况，分别采取对校、本校、参校、他校、理校等方法。版本较多的，至少选用两种进行对校与通校，辅以参校其他版本；在使用通常本子作为工作本时，尽可能找到善本作对校勘正；在未有祖本或他本时，则以本书前后文字互证，比较异同，以本校进行勘正；在难觅不同版本时，凡书中有采自他书者，则查考他书，以他校进行勘正；在无古本、他本可据，或数本互异，或孤本无所稽考时，则据理判断是非，以理校审慎进行勘正。

校勘只限文字的脱误衍倒。凡底本不误，他本有误者，不出校记；凡底本有误，参校他本确有依据必须勘正者，或出现异文必须做出交代者，均应出校。凡书中的观点、见解上的错谬，不出校纠驳。

全书使用繁体字，原书中的异体字、俗体字、古今字、通假字，一般仍其旧贯，不作改动，以保持古书的原貌。按照国家公布的《标点符号用法》为准进行标点，但对人名、地名、朝代名等则不加专名号。

在原书书眉上出现的批语和文中的旁批、旁注文字，为方便起见，整理时移置于有关文句的下方，标明“原有眉批”或“原有旁批”“原有旁注”字样，以便查检和阅读。

各种书点校整理后，写有《点校说明》，概述该书的基本内容、学术文化价值、作者生平简况、版本流传情况、底本的刊刻年代，并具列对校本、通校本、参校本书目等。

《东阳丛书》收录古代东阳籍文人学士著述82种，按朝代分，属唐代1种，宋代15种，元代8种，明代20种，清代38种。按四部分类法，属经部7种，史部19种，子部8种，集部48种。编次原则上按朝代和作者生卒年或科举中式年份为序排列。为兼顾各册篇幅的大体平衡，亦有作靠近上下移置者。唐代作者的完整著述已全部亡佚。此次将留存于各类文献总集及地方史志中唐、宋代邑士文赋诗词辑佚成册，列于书首，把《丛书》入编文献的上限提前到8世纪唐代中叶，以昭示吾邑历史文化的悠远渊源。

《东阳丛书》全书22册、1515万字，分2014年9月和2015年1月二期印行，由浙江古籍出版社出版。

附录：

《东阳丛书》书目

第一册

唐宋邑士诗文辑存(赵一生　辑校)
孙威敏征南录(宋·滕元发)
燕喜词(宋·曹冠)
萤雪丛说(宋·俞成)
禹贡说断(宋·傅寅)
蟠室老人文集(宋·葛洪)
涉史随笔(宋·葛洪)

第二册

竹斋诗馀(宋·黄机)
太白山斋遗稿(宋·孙德之)
西汉年纪(宋·王益之)
职源撮要(宋·王益之)

第三册

舆地纪胜(宋·王象之)

第四册

舆地纪胜(宋·王象之)

第五册

舆地纪胜(宋·王象之)

第六册

舆地纪胜(宋·王象之)

第七册

舆地纪胜(宋·王象之)
附:舆地纪胜补阙(清·岑建功)
舆地碑记目(宋·王象之)
蜀碑记(宋·王象之)

第八册

书集传或问(宋·陈大猷)
屏岩小稿(宋·张观光)
许白云先生文集(元·许谦)
绛守居园池记补注(元·许谦)
纯白斋类稿(元·胡助)

第九册

读四书丛说(元·许谦)
诗集传名物钞(元·许谦)
读书丛说(元·许谦)

第十册

鹿皮子集(元·陈樵)
横城义塾志(元·蒋元)
丹溪纂要(明·卢和)
食物本草(明·卢和)
石洞贻芳集(明·郭鈇)
褒忠录忠义贞节之臣李诚之(明·李有朋)
孙石台遗集
定志编(明·孙扬)
质疑稿(明·孙扬)

第十一册

荷亭文集
荷亭辩论(明·卢格)
荷亭后录(明·卢格)
清思集(明·李有朋)
怀沙集(明·李有朋)
蔗园外集(明·卢洪远)
褒忠录忠勇义烈之臣王鈇(明·郭一鹗)
自适吟(清·赵　珪)

课余诗草(清·周立)
上林集(清·释慧麓)

第十二册

读礼日知(明·金涐)
群玉山房文集(明·许弘钢)
群玉山房疏草(明·许弘纲)
少薇先生窗稿·会试墨卷(明·许弘纲)
台仪辑略(明·许弘纲)
池蛙诗草(清·周鼎)
莳濂诗集(清·李正馥)
十栗堂诗钞(清·叶蓁)

第十三册

吴中水利全书(明·张国维)

第十四册

吴中水利全书(明·张国维)
张忠敏公遗集(明·张国维)
玉笥先生传稿(明·张国维)
史学节要类编(清·李秀会)

第十五册

学耨堂文集(清·王崇炳)
学耨堂诗词稿(清·王崇炳)
广性理吟(清·王崇炳)
金华徵献略(清·王崇炳)

第十六册

金华文略(清·王崇炳)

第十七册

春秋纪传(清·李凤雏)

第十八册

梧冈诗集(清·李凤雏)
悔木山房诗稿(清·赵睿荣)
一鸣集(清·何豫)

第十九册

日省编(清·胡以彩)
平江集(清·楼上层)
金华耆旧补(清·楼上层)
金薤集(清·楼上层)

第二十册

五岩诗稿(清·汤庆祖)
读史蠡测(清·郭维城)
定溪诗集(清·卢标)
摅怀编(清·卢标)
宝婺碎金(清·卢标)
说陶(清·卢标)
缑城漫钞(清·卢标)
许时霖遗著(清·许时霖)

第二十一册

婺志粹(清·卢标)
婺诗补(清·卢标)

第二十二册

贡綦轩诗集(清·程履坦)
名将标记百咏(清·程履坦)
寰瀛山水略(清·葛铭)
白云洞山集遗(清·张振珂)
忠清书院志(清·张振珂)
月椒草堂诗钞(清·俞荔村)
八华山志(清末民初·陈一忠、许鸿烈)
东阳乡士历史地理教材(清末民初·吴允让)
附录
东阳历代书目辑录　单望阳编

《东阳丛书》序言

序 一

徐建华

东阳历史悠久，人文荟萃，文化源远流长，乡邦文献宏富。

唐宋以来，东阳先哲名贤、文人学士辈出，入正史列传的有17人，科举进士及第的有300多人。他们著书立说，留下了极为丰富的文献著作。据统计，清末以前，有经史子集著述千余种，其中被收录入《四库全书》的有20种，还有许多在全国学术文化发展史上占有较高地位，在中华历史长河中闪烁过耀眼光彩的著述。

历代东阳籍人物的著述，是东阳人文历史的精华，也是东阳文脉所系，这是祖先留给子孙后代最宝贵的精神财富。而古籍具有不可再生性，随着时间的推移，日见减少。保护好这些古籍，对于促进文化传承、弘扬东阳人文精神，建设先进文化具有重要意义。编纂《东阳丛书》，对东阳古代文化遗产进行一次系统性的抢救，对东阳有史以来学术文化进行一次全面性、概略性的归纳和总结，无疑是一项功在当代、利于千秋的善举。辑成丛书，既利于抢救现存的乡邦文献，不易散失，便于流传；又有利于文化积累，汇聚历代学术成果，构筑起一座东阳古代学术文化大厦，虽工程巨大，但意义非凡。

《东阳丛书》全书约1500多万字，收录了唐宋以来至清末东阳籍知名人士撰写的重要著述。其中有多种孤本珍本，有的举世罕见，有的补足了残缺，弥足珍贵。一个县能有如此之多的高品位古人著作留世，这在全国是少见的；一个县级市要出这么一套大型文化丛书，在全国也是不多见的。

典籍是人类文明的瑰宝，是东阳社会发展的历史见证。《东阳丛书》是东阳古代文化遗产的精粹，属珍贵典籍，昭示了东阳历史文化的博大深厚与渊源悠长。从这个角度上说，《东阳丛书》是了解东阳历史文化不可多得的传世精品。

《东阳丛书》的编纂出版，体现了东阳历史文化之深厚和学术品位之高端，也极大地丰富了东阳的历史文化内涵，我们要从中吸收精华，为东阳打造文化软实力注入新的活力，我们也要有使命感和责任感，让东阳优秀的传统文化在新时代更好地发扬光大，为东阳经济社会发展提供源源不断的动力！

（2014年8月）

序 二

王正明

千万文字之大成，千年著作之集萃。经过历届市委、市政府、市政协领导的不懈努力，一部1500多万字的《东阳丛书》编纂工程终于完成了。

《东阳丛书》的发端缘于市政协十届一次全会上收到的一份提案。提案中提到：我市文物办馆藏有东阳籍先贤著述115种，宋元明清均有，经史子集齐全，其馆藏古籍之多，为全国县级单位少见。由于朝代更替，历经辗转迁徙，虫蛀霉变，侵蚀损坏严重，而珍藏已全部绝版，又无从购买，如再不抢救，将不复存在。市政协主席会议将其列为重点提案，并以主席会议建议案的形式向市政府递交了《关于抢救东阳古代文化遗产的建议》。

市委、市政府高度重视政协的建议，认为这个建议非常及时，抢救古代文化遗产很有必要，刻不容缓。并决定成立抢救东阳古文化遗产领导小组，以政协文史委为主，组织人员开展工作。

紧接着，成立了编纂委员会，物色了编纂人员，确定了编纂思路和编纂规划框架，决定《东阳丛书》收录范围为唐宋以来至清末1300多年东阳先人的著述，注重图书的学术价值、史料价值和社会影响，能找到的历代东阳籍主要人物和主要著作必须收列，市文物办收藏的有文化学术价值的孤本善本予以收列，力求体现东阳历代文化的重大成果和基本面貌，传承展示东阳古代文化精华。

由于年代久远，古籍纸张老化脆化，极易破损，有的已残缺不全。为保证馆藏古籍的安全及复制质量，工作人员在没有空调、不能使用电风扇的情况下，顶着炎夏的天气和复印机工作时产生的高温，小心翼翼地对古籍逐页进行复制，又非常细致地装订成册，整个复制历经数月才完成。

为弥补文物办馆藏古籍的残缺与不足，进行了广泛的查寻工作。编纂人员根据获得的线索，到全国各地的图书馆古籍善本部查找；市内则下乡到村进户，广泛搜寻民间藏书，并到古代名人的原籍寻找有关著述和宗谱记载。当年新一轮修谱普遍未开展，残存的一些老谱处于尘封状态，满是灰尘和虫蛀鼠咬留下的碎纸片，从中找到了一些孤本、珍本。

古籍搜寻基本完成后，为确定书目及版本、统一编审标准等，制订《东阳丛书》点校通则 及编审规范。经过编审人员多年孜孜不倦的埋头苦干，至今已完成了点校、编排及审定等工作。

今天，一套二十二册的大型《东阳丛书》终于面世，自唐宋以来至清末东阳先贤撰写的弥足珍贵的重要著述大多收录其中，超越了最初的编撰设想。这是东阳历史文献的一次大普查，又是一次大汇集，是对东阳有史以来学术文化进行之一次全面性、概略性的归纳和总结，它也成为东阳有史以来最完整、最有价值的文献，在传承东阳文脉、弘扬历史文化中发挥了积极的作用，并将为今后各界人士研究东阳文化提供极大的便利。

（2014年8月）

序　三

赵一生

东阳，古之越地。在《禹贡》为扬州之域，秦汉为会稽郡地，至东汉末始置汉宁县，继改吴宁县。三国宝鼎元年析会稽置东阳郡，隋开皇九年改置婺州，唐垂拱二年定名为东阳县。

东阳，位居浙中腹地，扼据绍、台、处、衢之要冲，向为岩邑。山川钟秀，人口蕃庶，素称壮县。民风淳厚，勤耕苦读，百工兴盛，遐迩著闻。

东阳，历史悠久，人文炳蔚。重教兴学，人才辈出。尚文博习，著述世传。文脉源远流长，乡邦典籍宏富。

人类社会发展史昭示，作为社会文化，是一定社会的经济和政治的反映。一个地域的文化发展史，必然与当地的经济发展史紧密相连，互为交映。

文化的发展具有历史的延续性。图书典籍是学术文化知识的载体。东阳古代文献典籍繁富多彩，它基于悠远的文化渊源，是建县直至清末历代深厚的学术文化积淀，是一笔宝贵的精神财富，是绵延1800多年文明史传承的见证。

史前时期，在东阳大地上已有先民居住，从事畋猎耕作，繁衍生息，亦创始了古老的文化，东汉末期，建置县邑。历经三国吴、东晋、南朝的变迁发展。三国吴斯敦、东晋许孜，以孝行名闻天下，著于史册，其孝德文化流传千古。及至有唐，户口增多，经济上升，文化发皇，蔚成规模。《新唐书》《元和郡县志》记载，东邑已在望县之列，仅次于京都治下之赤县和京畿旁邑之畿县，通过科举取士之门径，厉文才、滕珦、滕迈、冯宿、冯定、冯审、舒元舆、舒元褒、冯涓等脱颖而出，以其才华，文名远播，以其干练，蜚声政坛。

宋室南渡，在我国历史上是继东晋后又一次自北向南的人口大迁徙，中原士族与民众移居江南，亦把理学道统文化移植到南方，并跟本地的越文化相融合，孕育了在全国颇具影响的以吕祖谦为主要代表的婺学文化。宋元代婺地儒学之兴盛，誉满全国，时有“小邹鲁”之称。吾邑建文庙，立县学，兴办书院、义塾之举，弥久不衰。全县先后开设书院30多所、义塾10余所，崇儒重教之风蔚盛于时。南宋时的友成书院，聘请吕东莱主师席，乔梦符、赵彦秾、赵彦秬、葛洪、李诚之、陈黼、乔行简等均出自吕氏门下。石洞书院，延请叶水心执掌教席，朱元晦、魏鹤山、陈止斋、陈龙川、陆放翁等钜儒名士往来其间，或讲学论道，或切磋学问，或作诗题词，学术气氛浓郁，名声日隆，东南学子纷至沓来。两宋时期，滕元发、贾廷佐、张志行、曹冠、赵彦秾、赵彦秬、乔梦符、俞成、傅寅、马之纯、葛洪、李诚之、李大同、乔行简、王益之、王象之、徐次铎、陈宣子、陈炎、孙德之、陈大猷、马光祖、何梦然、厉文翁等，除仕宦政绩外，亦淹贯经史典籍，多有著述。

元代名儒许谦传承何基、王柏、金履祥之学脉，博采众长，经世致用，集婺学文化之大成。在八华书院聚众讲学，及门弟子超过千人，由此声名播越，“远而晋、冀、鲁、豫，近而荆、扬、吴、越，皆不惮百舍来受业”。所著《八华讲义》《读（四书）丛说》《〈诗集传〉名物钞》《读〈书〉丛说》，在阐扬儒家论说上多有发明，在为人师表、教书育人上多有建树。正如时评：“程子之道，得朱子而复明，朱子之大，到许子而益尊。”“何基、王柏、金履祥殁，其学犹未大显，至谦而其道益著，故学者推原统绪，以为朱熹之世适。”可见儒学界公认许子之学术成就把理学文化推向了一个新的高度。其他学者名士李直方、陈樵、胡助、张枢、李裕、蒋元、李唐等，亦均以经史诗文名也。

明清以降，继宋元婺学兴盛之余绪，文人学士辈出，著作如林，尤以史籍、诗文集为多。卢楷、卢格、孙扬、许一元、赵祖点、赵祖鹏、李有朋、王乾章、许弘纲、张国维、赵衍、王崇炳、李凤雏、卢衍仁、楼上层、赵睿荣、卢标、卢炳涛、李品芳、张振珂等，还有在重男轻女的封建社会里难能可贵的巾帼女史王伯姬、王叔姬姐妹，他们的人格智慧凝化而成的璀璨斑斓的著作，为东邑文化史、学术史的发展增光添彩。

文化教育之昌盛，讲学论道之活跃，自然带动了学术文化著述，亦催生了雕版刻书业，而雕版刻书业的兴起，亦为促进图书典籍的刊印提供了有利条件。在唐代，东阳木雕业已有所发展，由此雕版刻书起步较早。两宋时期，吾邑私家刻书开始盛行，雕版技艺精湛。《中国印刷史》载：绍兴丁卯十七年，东阳崇川余四十三郎宅刻本《初学记》，上有牌记，刻有"今将监本写作大字，校正雕开，并无讹谬，收书贤士幸详鉴焉"字样，今存日本宫内；乾道年间，东阳胡仓王氏宅桂堂刻本《三苏先生文粹》；嘉熙年间行于世的葛氏家刻本《蟠室老人文集》，大字极精，书影被录入《中国版刻图录》，残存的十四、十五卷存南京图书馆。明清代的私家刻书业更为普遍兴盛，仅就列入本丛书的，即有东山仰鹿堂、李宅蟾程映台楼、许氏百城楼、湖溪大化里、巍山见大堂、金盘学耨堂、玉山说莲池馆、紫阳讲堂行素斋、岘北绍映堂、楼氏壁映堂、葛氏家塾、养正书塾、夏衙、古堰里、双桂轩、紫薇居、永思堂、贡綦轩等的刻本，其中不乏上乘佳品。

综观东邑文化发展史的轨迹，自唐至清末，可考查的著作书目计有近1200种（详见书后附《东阳历代书目辑录》）。其中入编《四库全书总目》的有20多种，可见在中华文献典籍遗产中，具有一定的位置。但至今尚存世的仅占什一，甚感惋惜。古代典籍是传世的珍贵文化遗产，是无可再生的文化资源，抢救保护，搜辑整理，传承弘扬，是为政府和文史工作者义不容辞的职责担当。

二

《东阳丛书》入编古代邑人著述82种，每种书首均有点校说明，有所简要介绍，供作导读。今仅就全书的若干亮点略述如下：

一、唐代冯宿、冯定兄弟，舒元舆、舒元褒兄弟，滕珦、滕迈父子等先贤之完整著述均已亡佚。此次，辑集散见的唐宋邑士诗文成编，可以炳见他们遗存的片鳞零羽、星玉散珠依然闪烁着耀眼的光彩。舒元舆《牡丹赋》、冯宿《鲛人卖绡赋》《初日照冰池赋》《星回于天赋》辞藻工巧华美，脍炙人口。冯宿于唐贞元年间，与韩愈等同登龙虎榜进士，韩文集中有答宿书二通，并获知宿曾撰有《初筮赋》一文。宿《为裴相公谢淮西节度使表》，代裴度撰表，奏言督励群帅，讨伐叛将吴元济，平定蔡州之乱，称颂淮西削平之功，策书不朽之美。冯定以诗文名当世，文宗亲诵定《送客西江》诗，其文《黑水碑》《画鹤记》《商山记》远播新罗、吐蕃国，惜已失传。元舆《贻诸弟砥石命》铭曰："剑之锷，砥之而光；人之名，砥之而扬。"以砥石砺剑为喻，勖勉仲季诸弟砺名砥行之道。元褒《对贤良方正直言极谏策》直谏君上，尽吐治国成败利害之根，以解天下元元倒悬之急。滕珦、迈父子先后宦侍御史，先祖令琮、翼、伉、盖皆显官，至为荣盛。珦、迈并以诗名于时。白居易赠诗："身着紫衣儿献绣，东阳门外数滕家。"即以为证。

二、北宋滕元发《孙威敏征南录》一卷。记述仁宗皇祐四年平定侬智高反叛立功事。元发系滕珦之后裔，范仲淹之甥，秉性豪爽耿介，待人笃诚仁义，洞见肝鬲，论事纯正切直，言无文饰。其时孙为广南东、西路安抚使，狄青为宣抚使，孙、狄会兵计议，战败侬于归仁铺。战后奏凯而归，孙留治后事。广南西路经制余靖勒名专美狄青，朝廷除狄为枢密使，赏赐优厚，而孙止加秩一等。如此厚狄薄孙，滕公骨鲠在喉，直言南征事本出孙议，并以文臣独善为兵，又能以身下狄，卒攘寇难，因撰此文彰明孙之功绩，录以示之后世。《苏轼文集》有《代滕达道景灵宫奉安表》《代滕达道湖州谢上表》，并撰有《故龙图阁学士滕公墓志铭》，多有美誉。

三、南宋傅寅《禹贡说断》四卷，亦名《禹贡集解》《禹贡图说》。傅氏不乐仕进，潜心经史典籍，穷究职方舆地之学，订正讹误，撰为《群书百考》，其《说断》即为《百考》之一种。历代研究《禹贡》之论著不下数百种，成为专门之学，学术界视《禹贡说断》为重要代表作之一。书中博引孔安国、班固、桑钦、郦道元、孔颖达、颜师古、杜佑、林之奇、吕祖谦、程大昌诸名家众说，并断以己意，论见不蹈袭前人，其中颇多独特精辟之见解。诸如论《孟子》："决汝、汉，排淮、泗而注之江。"历来学人对"江淮之通"多有问疑争论，寅曰："古沟洫之法，南北东西，互相通灌，如扬之邗沟、虽吴王所开，然古代必有通道，可以泄淮水而注之南矣。"其卓然之论见，乃先儒之未及。于"三江"之名，"黑水"之源，众说纷纭，傅氏均抒有真切之见。"九州辨""五服辨""东西汉水辨""江沔辨"等专章辨析文字，都值得一读，对理解经文均大有裨益。

四、南宋葛洪《蟠室老人文集》十卷、《涉史随笔》一卷。葛公位登工部尚书、国子监祭酒兼侍读，清正廉明名闻于朝。《文集》佚存各半，现存表状奏札一卷、书启亲著四卷、诗五卷。此集有南宋 嘉熙年间葛氏家刻本，今仅存十四、十五两卷孤本，藏南京图书馆。清光绪六年，后嗣抢救残编，用聚珍板刷印了数十部，惜今国内尚遗存者亦惟一二而已。《随笔》择取历代史事佳话或前修之说，随而笔之，呈献于当代宰执，其中颇多因势立论，凿然在理。

五、南宋曹冠《燕喜词》一卷，黄机《竹诗斋馀》一卷。曹氏曾为秦桧馆客。桧死，为撰谥议美化桧，罢右正言官。《燕喜词》淳熙十四年刻本陈鬓序曰："以其所著乐府，可歌于闺门之内者，别为一集，名之曰'燕喜'，摭其实也。"顾名思义，"燕喜"者，安闲喜乐之谓也。词多思致委婉、词情蕴藉之作。黄机，与岳飞、孙珂、辛稼轩为同时人。早年以词跟稼轩往来，与岳珂酬赠之词多达七首。《四库全书总目提要》以为"皆沉郁苍凉，不复作草媚花香之语"，实近稼轩豪放之风格。汲古阁本毛晋跋其词，则以为"不乏宠柳娇花，燕昕莺畹等语"。李调元《雨村词话》亦称"清真不减美成"，认黄机源出周邦彦，亦有其婉丽的一面。曹、黄词涵括婉约、豪放之词风，虽非两宋词坛之大家，则亦占有一席之地。

六、南宋王益之《西汉年纪》30卷、《职源撮要》50卷，王象之《舆地纪胜》200卷。王氏兄弟与其父师亶(一作师古)、长兄谦之均登进士第。益之沈潜历史学，尤精西汉故实；象之深究舆地之学，从小随父宦游四方，江、淮、荆、闽、巴、蜀无所不到，亲历各地山川胜景，广见博闻，搜求颇勤。仲兄益之、叔兄观之曾宦历锦城、渝泸、汉中等地，亦为之掇拾供给地情资料。

《西汉年纪》为益之之力作，凝聚了毕生精力。该书除采摭《史记》《汉书》外，还旁取《楚汉春秋》《说苑》《新书》等，旁征博引，考证详审，并指出《史》《汉》的纪、传、表抵牾疏失之处，于年月舛误，记述异同，无不参稽互核，折衷一是，某些记载较之《通鉴》更为详密。《职源撮要》系原本《职源》之摘要本，乃探究古代职官设置本未沿革之作。自序中称"凡前代创置，国家沿袭，元丰正名，中兴并省，题其要而置之篇端。官之故实，职之典掌，前贤遗迹，先朝训辞，复取其雅驯以列次焉”。上承杜佑《通典·职官典》，下启马端临《文献通考·职官考》，可视为商周至宋代官制之工具书。本次据清末永康胡宗懋翻刻日本度会县校藏抄本的刊本整理而成。

《舆地纪胜》系一部南宋地理总志巨著，堪为古代旅游文献的开创性之作。卷帙浩大，内容丰富，记载着南宋各地政区沿革、人口蕃息、社会经济、交通运输、城镇市井、山川精华、人文景观、风俗民情、官吏人物、仙释宗教、文化著录、民族关系等方面，从而开创性地确立了地理总志编纂的全新面貌和独到特色，起到了承前启后、继往开来的重要作用。书中所参引的史学、地学、图经、方志、笔记小说、诗文集、金石碑刻及释道神怪之书，估计在千种以上，其中有不少已经散亡的史籍、地志、图经、碑刻及诗文的篇章被保存下来，成为弥足珍贵的资料宝库。对历代史志的记载异同则详加考校，提示已见，在考订校勘上做出重要贡献。时至今日，对研究各地民风习俗，挖掘古代文物史迹、名胜景观，开发旅游资源，仍有重大的价值。本书在南宋时初刻本印数不多，流传不广，几乎失传，《永乐大典》《四库全书》均未见收。直至清乾嘉时，著名学者钱大昕于钱唐何梦华斋中发现影宋钞本。道光二十九年，岑绍周出资，借得阮元的影钞本，并自补阙文，刊印惧盈斋本。本次即采用惧盈斋本整理而成。惜全书已佚失31卷，有阙页的17卷。书后附录《补阙》10卷。

七、元代许谦《读〈四书〉丛说》8卷、《〈诗集传〉名物钞》8卷、《读〈书〉丛说》6卷、《许白云先生文集》4卷。许子师承名儒金履祥，刻苦自砺，勤奋好学，尽得其所传之奥。治学不泥古，不流俗，承先儒笃实之遗风，广求博取诸家之长，精研《四书》《诗》《书》之学，发微旨，正训诂，嫡传朱子之学，于《四书》阐发义理，于《诗》考证名物，于《书》稽考典制，论说多有发明，可补苴朱子《四书章句》《诗集传》之所未备，有补正于蔡沈《书集传》之缺憾，为历代学士所称引。其诗文亦为时人称赏，其诗理趣之中颇合兴象，五言古体尤谐雅音，非一般涉理路之经学家可及，文亦醇古，无宋人语录之气，可谓讲学家兼文章家也。

八、《褒忠录》二种。一为褒扬宋代忠义正节之臣李诚之，一为褒扬明代忠勇义烈之臣王鈇。南宋嘉定十四年，李诚之知湖北蕲州，扼守要冲。金兵大举进逼，诚之加固城垣，坚守3月，誓死捍卫。后援军降金，引路破城，城陷，李公义勇死难，子、侄力战而死，妻、媳、孙女均投水殉节。朝廷赐封“正节侯”，于蕲州、东阳两地立庙崇祀。明嘉靖三十一年，王鈇任江苏常熟令，文武兼长，恩威并著，倭寇侵犯，鈇领兵累捷。三十四年，倭寇由闽浙载重宝假道常熟城南，鈇率勇士乘船追击，与寇殊死血战，不幸中伏，陷于芦苇泥沼之中壮烈牺牲。朝廷褒命立祠崇祀。李、王二公忠荩义勇，奋御外敌，为国死节，为民殉难。维德维绩，日远弥高，忠烈精神，流芳千古；英名赫烈，永垂青史。

九、明卢格《荷亭辩论》8卷，孙扬《孙石台遗集·质疑稿》3卷。卢氏沉酣经史，推明义理。遇有不合意者，反复详度，“思而不得，则 次第笔之于稿”，与朱子相异同者十居六七。《五十学〈易〉辩》《〈易说〉大略辨》《莫看注解辩》《〈易〉辩补遗》诸篇，微词奥旨，多发前人所未发。有关《武帝才略辩》《唐太宗有天下辩》《宋 太后遗命辩》诸史论，则覃精研思，卓有真知灼见。孙氏读王阳明《传习录》，深感罅漏百出，“心窃有疑者不少”，遂往姚江诣阳明先生求教，面质论道，虽经反复晓谕，胸中仍疑团难解，于是条列成编。卢、孙二氏不是死读书，不盲从迷信，无畏无惧，向儒宗巨子提出挑战，辩驳问难，质疑论辩。若此卓然特立，不唯书，不唯大家，不唯权威的胆识，善于独立思考，思辨求真的品格，令后学可敬可颂。

十、《石洞贻芳集》《横城义塾志》《八华山志》（山因书院而成名）、《忠清书院志》4种。吾邑书院、义塾起源较早，为数众多，历代兴作不衰，对民间重教兴学、崇文化民风尚之形成产生了重大而深远的影响。

据史志记载，创办于南宋初年的友成书院为吾邑书院之首端，吕氏门下，俊彦贤杰胜出，惜无载籍遗存。石洞书院、八华书院，于宋元代赫然一帜，硕儒贤哲毕至，一度成为东南讲学与学术研究交流中心，声名享誉江南，以至远播中原、华北。朱熹美誉石洞书院为“豪杰之窟”“礼仪之场”。许谦亲撰《八华讲义》，手订《八华学规》，教育宗旨“以开明学子心术、变化气质为先，以为己为立心之要，以分辨义利为处事之制”。横城义塾创始于南宋景定年间，存续宋元明三代，屡有兴废。忠清书院建于清同治年间。其办学之道，均以读圣贤书，讲明义理，养德育人为首要。书中记载的办学史略、纲纪、学规、教育方法及纪事诗文等，为后世留下了一份有益的教育史料。

十一、明张国维《吴中水利全书》28卷。张公于明代末年巡抚江南应天等十府，关注民生，重视水利工程建设，躬亲踏勘，溯寻源委，因势利导，整治太湖流域水系，有重大德政。于戎马倥偬、政务繁剧之际，得暑暇，篝灯披故牍上下千百世之典实，汇辑成《吴中水利全书》。其中备有水系图说、水源、水脉、水名、河名、水年、水官、水治等，缕述详尽。还辑集历代朝廷诏命、敕书、奏状、章疏、公移、书、志、考、说、论、议、序、记、策对、祀文、诗歌等文献资料。此编关于太湖流域、东南七府水利之专书，指陈详切，经世实用，在我国水利史上具有重要的地位，给予当时及后世治理太湖水系提供了宝贵经验和珍贵资料。

十二、清李凤雏《春秋纪传》53卷。《左氏春秋》以鲁国纪年为编年体叙事。李氏酷好《左传》学，童年时即立志把它改编为纪传体，因仿《史记》之本纪、世家、列传诸名目，改编成《春秋纪传》。全书以《左传》为蓝本，并撷取《公羊传》《谷梁传》《国语》《战国策》《礼记·檀弓》、先秦诸子、《史记》《说苑》《新序》等典籍有关记载及历代学人研究《左传》之议论、心得，和编著者本人之见解，辑人正文或以眉批、夹注、述评加以分析论断，其中多有的论。李氏精于考辨驳正，对《史记》中有关春秋时代的记述、胡安国《春秋传》指点讹谬达数十条之多。其业师毛奇龄称誉“断制谨严，议论开拓，诚圣经羽翼，文家之指南也”。

十三、清王崇炳《金华征献略》20卷、楼上层《金华耆旧补》28卷、卢标《婺志粹》14卷。以上三种为婺地乡邦文献、地方史志，均以人物为主体，记载先哲先贤事迹，彰显婺郡英豪人杰。后一种亦记有经籍、金石、灾异等，所载资料丰富翔实，有益于补史志之阙，正史志之误。

十四、元陈樵《鹿皮子集》四卷、胡助《纯白斋类稿》22卷、明李有朋《清思集》4卷、《怀沙集》2卷，清王崇炳《学耨堂诗词稿》11卷、李凤雏《梧冈诗集》6卷、楼上层《平江集》诗歌部分、赵睿荣《悔木山房诗稿》9卷。以上各种诗集，由于作者禀性气韵不同，意象理趣不同，阅历境遇不同，各有特色，各有妙篇。陈樵生当宋末元初乱世，遁居不仕，精研四书五经、诸子百家。文风清新超逸，诗作精于状物写情，其古赋落落有奇气，其诗七言古体学温飞卿，以幽艳为宗；七言近体学陆甫里，而雕削过甚。胡助酷好陶靖节、黄山谷诗，擅长于纪行诗、写景咏物诗，《京华杂兴》诗20首，受到阁臣和名士马祖常、虞集等近20人的题诗。国子监司业吴草庐称赏列为上品，“犹如春兰茁芽，夏竹含箨，馥馥幽媚，娟娟净好”。王崇炳饶有才气，独抒性灵，诗作题材广泛，意境高雅真挚，多有流露悯民急病、忧世伤时、关心民瘼之情感。语言上清新质朴，通俗易懂。李凤雏以诗言志见长，自抒主见，不人云亦云；气雄词丽，尤工长篇；抒情状物，体贴入微。其业师毛奇龄在序文中称之“学人之诗”“一矩于雅，而有典有则，鉴然发为钟吕，而尤于五言七言擅长”“诗才工丽如此……如撷芝兰于榛林，睹珠光于蚌泽，一见而心异之”。楼上层抱负不凡，才气横溢，善治诗文，笔力崭绝，尤擅于乐府歌行，题材广阔，或咏史，或言志，或抒怀，或叙事，或写景，或寄情，形式自由，富于变化，受到阮元的青睐，阮在序文中称其“诗则古风律体，均无懦响”“观其奇气，熊熊流溢乎卷帙”。赵睿荣诗作近千首，记录了坎坷人生和宦海浮沉。其古体诗风格遒古，雄健幽远，瑰伟典丽，无美不臻；近体诗则蔚秀渊亮，清深妍妙。林则徐曾受业于赵公，有手书题诗四首见于书册篇首。

三

《东阳丛书》的辑集出版，是一项总汇本地古代学术文化典籍的标志性文化工程，是我市有史以来从未进行过的开创性工作。既对现存的乡邦文献进行有效的抢救保护，又把在国内存世的本籍先哲先贤的著述进行挖掘整合，加上标点，校勘讹误，以求达到合理利用，便于阅读，且有利于开发古代学术文化资源，承继和播扬优秀传统文化，培养民族精神，促进精神文明建设，给后人留下一份宝贵的历史文化遗产。

1999年，东阳市委、市政府对整理出版《东阳丛书》做出决策后，市政协即着手全面开展工作，组成编纂委员会，议定编纂思路，制定规划框架，确定基本书目，拟订点校通则，被邀参加点校整理任务的，均为东阳籍具有国学修养的专业人士。前后历经了15个年头，这部1500多万字的皇皇巨制终于面世，向家乡党政领导和人民交了卷。

古籍整理关涉到国学文、史、哲诸多领域，限于学识水平，疏失讹误之处，祈请高明指正。

2014年岁次甲午荷月识于钱塘西城紫筠庐

第九章 活动开展

经常性地组织政协委员参与各类活动，是发挥政协委员积极性、增强履职能力的重要保证。政协委员会和各个专门委员会(工作组)、界别组织开展的调研、视察、参观学习等活动，记述在其他有关章节，本章选编专门委员会(工作组)、联络组和界别根据自身特点组织开展的活动以及市(县)政协组织开展的亲民服务活动与纪念活动。

第一节 专门委员会(工作组)活动

政协专门委员会(工作组)作为常务委员会和主席会议领导下的工作机构，是政协履行职能的重要基础。

第一至三届政协，专门委员会(工作组)主要活动是组织各界民主人士及工商界人士开展时事政策及政治理论学习、讨论，到农村参观访问。1956年，工商组研究和讨论公私共事关系、公私合营企业内人事安排、清产核资遗留问题和小商小贩安排后困难等。卫生工作组协商解决公职人员交纳会费等问题。文教工作组先后多次反映东阳中学教职员工新工资方案不符合按劳取酬原则精神的意见，合作干校牲畜无人管养、需要的动物畜牧场地急待解决等问题。

第四届政协设立专门委员会(工作组)的资料缺佚。"文化大革命"结束后，第五届政协始，活动逐步规范和活跃，内容更加广泛。

第五届政协建立宣传、教育、医卫、科技、对台侨务、工商经济、宗教民族、文史资料8个工作组。根据人民政协在新时期的方针任务和各自特点，围绕"四化"建设和祖国统一大业，开展力所能及的活动。宣传、教育两个工作组配合宣传教育部门，组织各界人士学习《关于建国以来党的若干历史问题的决议》。教育工作组配合教育行政部门召开老教师座谈会和县教育学会年会，交流教育经验，开展学雷锋、树新风、"五讲四美三热爱"为中心内容的文明礼貌活动。医药卫生工作组协同县中医院、人民医院、横店医院开展"甜菊"临床观察活动和医学卫生普及宣传教育；参与计划生育工作。科技工作组配合科委召开全县中级科技人员座谈会，交流和总结科研方面的经验。工商经济工作组多次召开在城工商界人士学习座谈会，开展吴宁、安文两镇的工商界互助金小组活动，每年给有生活困难的原工商联常委和政协委员发送春节补助。

第六届政协后，历届政协的专门委员会（工作组）从自身特点出发，发挥优势，经常性地开展视察、考察、调研和学习参观等活动。

第二节　界别活动

界别是人民政协发挥作用的有效载体，是人民政协产生、存在和发展的社会基础。以界别为单位组织开展各类活动是东阳市（县）政协履职创新的一个方面。历届市（县）政协的各个界别根据自身特点和优势，经常性开展学习参观、视察考察、调查研究等活动。第十二届政协吸收和引用往届打造“亲民政协”的经验和做法，将亲民活动与界别活动有机结合，开展“界别活动月”活动。每年6月，以界别为单位组织政协委员集中开展内容丰富的爱民、帮民、助民、扶民活动。2014年起，以界别为单位设立民主监督小组，开展“五水共治”民主监督、农村垃圾分类、“护航G20、委员在行动”等活动。

第一届“界别活动月”

2009年5月31日，市政协在黉门广场举行“界别活动月”活动启动仪式。全体政协委员、各党派负责人和无党派人士参加。市政协副主席郭志华主持，市政协副主席申屠青和市委副书记吴国平先后讲话，界别代表施根华表态发言，市政协主席王正明宣布活动月正式开始。参加现场服务的有：医卫界“送医送药送健康”活动、科协界“科普知识走进百姓”宣传服务活动、妇联界“关爱妇女，真情服务”法律援助活动、共青团界“青春暖阳”便民志愿活动、农业界“农业产业升级转型咨询”活动、文艺界“音乐知识咨询”活动、特邀界“为外来民工子弟送温暖”活动、工商联界“同舟共济渡难关，攻坚克难谋发展”倡议活动。参加现场服务56人，宣传展板200块，现场群众500余人。

启动仪式结束后，以界别为单位，开展以“访民情、解民忧、促和谐、谋发展”为主题，以进社区、进乡镇、进农村、进基地、进企业、进学校和访百家门、知百家情、排百家忧、解百家难、帮百家忙、暖百家心等“六进六百”为重点的首届“界别活动月”活动。历时一个月，22个界别分别根据各自的界别特色，深入6个基地、7所学校、8个社区、10个乡镇、10个村庄、30家企业，开展形式丰富的服务活动，筹措帮扶资金60多万元，走访农户200多户，收集社情民意200多条，参与委员500多人次，受益群众5000多人次。

5月31日，特邀界开展“庆六一、送温暖”活动，为外来民工子弟学校带去价值2万元礼品；6月3日，农工界和体育界组织开展“关爱残疾孩子，支持特殊教育”活动，为市聋哑学校举办健康知识讲座和赠送体育器材；5日，无党派界别开展“健康知识进农村”活动，为马宅镇岭山行政村岭干顾自然村发放夏令药品；9日，社科界开展“加快计生指导站建设，服务东阳经济社会发展”的视察市计生指导站及计生工作情况活动；10日，工会界委员进企业、进乡镇，召开座谈会，开展非公有制企业职工和农民工权益保障现状及措施的调研；16日，科技界走访企业，发放问卷，开展企业调研、考察活动；20日，新闻出版界和文化艺术界联合开展《好医生说健康》栏目送下乡活动；24日，教育界委员在东阳技校召开职业教育座谈会，对轻视职业教育、职教投入不够、招生相对困难等问题提出意见和建议。26日，经济界委员在千祥镇开展“落实科学发展观，创建和谐新农村”活动，听取千祥镇有关情况介绍后，对千祥镇经济社会发展提出意见建议，向四友村赠送3万元资金，支持新农村建设。是月，医卫界发挥委员专家众多的优势，开展“免挂号费、免就诊费、免医药费”为主要内容的送医送药送服务活动，为600多名群众义诊服务；工商联界以“同舟共济渡难关，攻坚克难谋发展”为主题，发放倡议书100多份，到企业开展“六个一”活动，交流应对国际金融危机的做法和经验；共青团界在“青春关爱行动”中，给佐村镇宅口村送去价值6000元的图书，给家庭贫困学生送去数千元的生活慰问金；农业界多次组织委员进山区、驻基层，向农户传授专业技术知识，帮助解决资金、技术、物资等方面的困难，并形成《关于加快推进东阳农业产业转型升级》的调研报告；台联界委员集中时间、集中精力走访台资企业，开展“五个一”活动，对台商反映的困难、问题和意见集中梳理，转交有关部门协商处理；侨联界针对新农村建设实际，为巍山镇大爽村捐款5万元。

《人民政协报》《浙江日报》《联谊报》《金华日报》《东阳日报》和东阳电视台等媒体做了宣传报道。安徽省五河县政协、河南省周口市政协和浙江省永康市政协、温岭市政协等前来学习取经。

第二届“界别活动月”

2010年6月举办的第二届“界别活动月”，以“下基层、听民声、集民意、办实事”为主题，共开展送医送药送服务、访贫问苦献爱心等活动24次，收集各类意见建议100多条，参与委员300多人次，受惠群众6000多人。活动中注重发挥界别优势和委员主体作用，把“我们都是东阳人”、关爱外来民工作为切入点，先后开展“六一亲子游”、新东阳人子女科普培训和电台访谈等活动，体现了人民政协的亲民特色，受到外来务工人员的普遍欢迎。

6月1日，工会界组织开展“新东阳人亲子活动”，51位外来民工子女在其父母陪同下，参观市博物馆、江北新城，游览横店明清宫苑和花木山庄，开展亲子比赛活动；社救界联合市妇联、市慈善总会开展“六一慈善助孤”活动，为马宅镇3名孤儿送上慰问金和书包等学习用品，看望市福利院弃婴和孤儿，了解生活和学习情况，送上4万元慈善救助金；2日，宗教界委员在法华寺、横店大智寺举行“七七”（青海玉树“4·14”强烈地震发生49天）超度祈福法会，祈愿青海玉树地震灾区遇难者往生净土、伤者早日康复、生者身心安乐；4日，农工界组织10多位医疗专家到长河塑胶有限公司开展“送医疗进企业”义诊活动，为企业员工作血常规、B超、心电图等项目的免费检查，建立体检员工健康档案；9日，侨联界委员到佐村镇罗峰村和西王村了解新农村建设情况，并捐助5万元建设资金；10日，科协界委员到白云街道五马塘农民文化中心，给100多名农民工子女上了一堂小发明、小制做的科普培训课；12日，医卫界委员到歌山镇卫生院为300多户贫困户、五保户和孤寡老人诊疗，免费发放价值3万元的药品；无党派界别委员开展为山区农民“送医药献爱心活动”，向巍山镇楼下畈村送去价值5000元的夏令常用药品，传授中草药采摘种植和治疗知识；新闻出版界、文化艺术界、体育界委员联合市广播电视台《好医生说健康》栏目到湖溪镇开展“送医药送艺术活动”，10多位医疗专家为当地200多户困难群众义诊，免费发放价值1万余元的药物；文艺界委员为群众送上上百幅书画作品；体育界委员为湖沿小学和后山店小学送去运动器材。特邀界委员赴佐村、三单看望当地贫困老人，送去2万元慰问金和价值4000余元的食用油、饼干等慰问品；18日，经济界委员给春蕾学校送去价值2万余元的电脑和书籍；台联界委员开展“关爱救助贫困台胞台属子女就读”活动，走访慰问4户贫困台胞台属，筹集捐款5万元，以台联界名义设立关爱救助基金；19日，共青团界委员前往马宅镇塘里村开展“手拉手，共成长”活动，组织青少年开展乒乓球比赛，走访慰问贫困学生家庭，送上慰问金，捐赠近万元的文具用品和书籍。

第三届“界别活动月”

2011年5月30日，启动主题为“走进基层、服务群众、共建和谐、促进发展”的第三届“界别活动月”活动，7月7日结束。22个界别先后走进16个乡镇街道、26个村、3个社区、20家企业、6所学校，参与委员300多人次，捐款捐物23万余元，服务群众6000多人次。围绕市委、市政府“扩大发展成果、优化发展环境”的工作主题，以“关爱企业员工、共建和谐劳动关系”为切入点开展活动的有：工会界慰问企业员工代表和举办广场文艺晚会，工商联界“和谐企业创建”倡议活动，中共界视察工会工作和共青团界、侨联界、无党派界开展企业调研活动等。围绕社会关注热点开展活动的有社科界视察食品药品安全生产，经济界组织支持新农村建设活动，科技界视察古生物园建设，农业界和科协界视察农业发展，教育界调研民工子弟学校教育，文艺界组织服务红木家具产业发展活动，妇联界视察社会管理创新等。此外，医卫界、农工界、新闻出版界继续开展送医送药送健康活动，社救界、台联界、宗教界、特邀界开展访贫扶贫活动，体育界资助山区体育教学工作。活动中，各界别组织工作细致、周全，委员参与活动的积极性很高。作为十二届政协的最后一次界别活动月，委员们都很珍惜；作为试行委员履职情况登记的第一年，委员们都希望在档案上留下自己的良好记录。活动得到市委、市政府和机关各部门和基层党委、政府的大力支持。市委、市政府领导和市总工会、市人民医院、南市街道、千祥镇、东阳江镇、佐村镇等单位的党政主要负责人全程参与相关活动。

第四届“界别活动月”

2012年6月，以“走进山区、服务三农”为主题举办第四届“界别活动月”活动。22个界别295名政协委员赴佐村、三单、东阳江、马宅等山区乡镇和山区村开展送医送药、走访慰问、调研帮扶、法律政策咨询等活动。此次界别活动月筹资44万余元，开展各类活动25次。

中共界到三单乡开展生态旅游发展课题调研，分别为青溪村、前田村送上一台电脑；农工界组织医疗专家为市聋哑学校师生作义务健康检查；工会界为千祥镇民宅村捐资4万元，帮助解决村自来水工程建设的资金难题，走访慰问困难群众；妇联界调研帮扶湖溪镇西堆小学，捐资10.8万元用于校舍维修和教学工作；工商联界走访慰问佐村镇困难户，送去慰问资金4万元；科技界与三单乡中小学结对帮扶，结对20名家庭困难学生完成义务教育阶段学业，赠送20个气排球和4000元慰问金；科协界委员开展物业管理情况调研；文艺界到佐村镇开展"发现佐村人文行"活动；社科界到三单乡搭钩村开展法律政策咨询活动，带去有关交通、禁毒、税务、司法案情、消费维权等宣传手册，慰问贫困家庭；经济界走访帮扶东阳江镇学陶村，资助文体休闲广场建设资金2万元，走访慰问困难群众、百岁老人和五保户；农业界为佐村镇平坑村蔬菜基地农户送去价值约3万元的复合肥，以蔬菜基地建设管理、蔬菜采收销售为题和村民座谈；新闻出版界到三单乡为文艺骨干进行舞蹈培训，向全乡各村赠送"美丽的神话"舞蹈培训光盘；教育界委员走访佐村中心小学，在资金和业务上进行帮扶、指导；医卫界组织15位医疗专家赴佐村镇西营村义诊，免费为120余位村民诊疗，提供价值2万余元的药品，讲授防病保健知识，业务指导当地卫生服务站；体育界为佐村镇、三单乡送去总价值1.8万元的体育器材；社救界联合移民办到东阳江镇，组织库区村、移民安置村村民开展养蚕技术培训，走访慰问困难农户；侨联界以"凝侨心、聚侨力、发展侨务经济"为主题，对归侨侨眷保护法等法律、法规和省委《关于加强新时期侨联工作的意见》贯彻落实情况进行调研；宗教界委员到佐村镇走访常乐寺、佐村教堂及周边信众，给困难信众送去价值5000元的物品；台联界委员到吴宁、佐村、三单等地走访慰问贫困台属，送上救助金和价值5000多元的日常生活用品；特邀界委员调研考察佐村镇新立村金银花与香榧套种养植栽培基地，为村集体出资2万元，赠送给中小学生和老年人价值7 000余元的书包、校服及食用油，捐助一特困户2万元。

第五届"界别活动月"

2013年6月，以"走进基层，服务群众"为主题举办第五届"界别活动月"活动。22个界别307名委员和部分列席人员参加，赴6个乡镇街道、25个村、4家企业、7所学校，收集各类意见建议100多条，捐款捐物价值61.9万余元。农业界向东阳江镇召塘里村捐赠10万元、向横锦村捐赠3.2万元，支持"美丽乡村"建设；工会界向东阳江镇敬老院、小学和10户贫困家庭捐赠3.4万元；体育界向东阳江镇五星村赠送价值1.5万元的体育器材；经济界捐赠5.5万元，助推佐村镇"四边三化"工作；工商联界向佐村镇流贵塘村捐赠10万元用于自来水工程建设；特邀界向佐村镇敬老院捐款5.5万元；社科界和社救界联合开展残疾鉴定、帮扶助困等服务；共青团界在佐村镇上村信合希望小学举办趣味科技展，送去130套总价值1万余元的文具；妇联界结对湖溪镇西堆小学，带去礼物并捐助8万元用于改善学校基础设施；农工、医卫、教育等界别发挥各自优势，通过跟踪服务、送医送药送健康、导师带徒等方式开展活动。

第六届“界别活动月”

2014年6月，结合中国共产党的群众路线教育实践活动，以“情系三乡、共建家园”为主题，举办第六届“界别活动月”活动，22个界别300余名政协委员和部分列席人员赴农村、社区、企业、学校收集意见建议110多条，捐款捐物56万余元，服务群众7000多人次。工会界开展“真情关爱民工子弟微心愿认领”活动，先后走访春蕾、晨阳等6所民工子弟学校，向春蕾学校捐赠20台电脑，帮助38名民工子弟实现微心愿；医卫界在画水镇林村义诊350多人次，赠送药品价值2万多元；科协界开展“心系山娃、情润六一”活动，向三单中心小学的20位学生送上学习用品和慰问金；特邀界向佐村镇上村捐赠价值5万元的PV管，缓解山区农村截污纳管的资金压力；无党派、农业界、教育界等界别，通过捐资助学、结对帮扶、技术培训等方式开展活动。

第七届“界别活动月”

2015年6月，以“建设美丽东阳，委员携手同行”为主题举办第七届“界别活动月”活动，22个界别近300名政协委员和部分列席人员赴12个乡镇街道、23家企业、9所学校，收集各类意见建议120多条，捐款捐物60万余元。妇联界委员到妇联幼儿园发放“六一”儿童节礼物，到湖溪镇西堆小学发放学习用品和食品，慰问贫困儿童。工会界委员为千祥镇千一村5户火灾受灾村民送去2.5万元慰问金，为贫困农户送去棉被等慰问品。医卫界到千祥镇王上头村开展送医送药活动，为村民免费看病260人次，送药2万多元，发放健康资料1000余份。无党派界与市党外知识分子联谊会联合开展送医送药送健康活动，免费为南市养老中心老人义诊，举办健康知识讲座，发放健康宣传资料。侨联界委员为六石街道新建村一户四胞胎家庭筹款6万元用于安装新房的门窗。宗教界委员为佐村镇山合村、珊门村的19户贫困家庭送上慰问金1.9万元。特邀界到三单乡开展捐助贫困学生、慰问孤寡老人活动，为14名贫困学子发放助学金3万元，为敬老院捐赠电冰箱、空调、洗衣机以及食用油、饮料等物品计2万余元。社科界联合社救界在千祥镇吕宅村广场开展法律咨询活动，接待64人次、发放资料420余份。教育界委员开展“文化视察，爱心赠书”活动，为湖溪镇镇西村文化礼堂图书馆捐赠健康养生、农业种植等图书1000余册，价值近3万元；联合教育局、市少工委 举办“垃圾分类·美我家园”庆六一儿童书画现场赛，开展“垃圾分类旅行·共建美好家园”青少年绿色行动。科协界委员筹资2万元购买苗木树种，栽种在卢宅肃雍堂东边空闲地上。经济界委员捐款6万元资助千祥镇新农村建设。文艺界、体育界和新闻出版界的委员为佐村镇石井坑村前屏资助5万元用于公共设施建设。科技界考察东阳市旅游业发展情况。共青团界开展“让垃圾分开旅行，让虎鹿更加美丽”为主题的青少年绿色行动，向学生及家长宣传垃圾分类知识。台联界委员监督巡查六石街道范围的鹤岩溪、石马溪、桐坑溪等溪流，指导村庄的污水治理及卫生情况。农业界组织结对村主要干部赴安吉县参观学习空心村整治、垃圾分类减量化处理、村庄文化挖掘等方面的做法。

第八届“界别活动月”

2016年6月，以“美丽乡村、委员同行”为主题举办第八届“界别活动月”活动。5月31日，启动仪式在六石街道北后周村举行。是日，医卫界组织7所医院的20多名专家开展送医送药活动，义务诊疗400余人次，送出2万多元药品，发放1500余份健康资料；文艺界、体育界、新闻出版界联合开展“送戏下乡”；市政协书画社组织10多名书画家现场创作20多幅书画作品赠送村里；市政协文史资料委员会召开北后周村史研讨座谈会。经济界委员和列席人员为千祥镇万祥村龙泉道路硬化捐款6万元，实地查看河道清理和堤岸整治工程。工会界委员到城东街道李宅一村、三村视察农村垃圾分类工作，与农户探讨厨房生活垃圾再利用，生态保护的乡规民约制定等问题。6月1日，妇联界为湖溪镇西堆小学送去课桌椅、体育器材和2.2万余元资金用于学校硬件设施建设。7日，科协界组织委员到歌山镇王村光村考察新农村建设情况，对王愓吾故居修缮、水果种植等方面提出6条意见建议。8日，侨联界委员到马宅镇雅坑村走访慰问6户困难群众，送上慰问金6000元。10日，科技界委员到南市街道后赵村开展“垃圾分类”民主监督活动。15日，社科界、社救界联合到歌山镇参观王村光蓝莓基地、上周村茉莉产业种植及特色酒窖，帮助申报优惠政策。29日，特邀界向东阳市红十字应急救援队捐赠价值4万余元的冲锋舟、动力马达、水下摄像头、激流救生衣等专业救援装备。是月，共青团界政协委员到虎鹿镇葛宅村和蔡宅村就美丽乡村建设征集意见并参与制作小景观；与虎鹿镇团委联办以“传承礼孝文明，体验农耕文化”为主题的夏令营活动。教育界委员为千祥镇千二村便民服务中心送去字画、乒乓球桌、笔墨桌、各种棋牌等。工商联界组织同心商家联合会、东阳丽水商会、萧山商会分别与巍山、佐村等镇村开展结对扶贫，探索建立“商会+农村”的扶贫新模式。台联界委员两次开展“红袖套半月督查”活动，到六石街道石马溪、桐坑溪、鹤岩溪沿岸巡查溪流治理情况。

以“五水共治”为主题的界别活动

2013年5月，市政协开展推进东阳江、南江流域环境综合治理的课题调研，率先提出《百万群众百日攻坚推进“两江”流域环境大整治》的建议。6月，市委、市政府采纳该建议开展“两江”流域环境大整治。

2014年2月27日，省政协召开“三级政协联动，万名委员同行，助推‘五水共治’民主监督”电视电话会议，开展全省三级政协“五水共治”民主监督活动。其时正值东阳市政协十三届三次会议期间，东阳市政协在闭幕大会上审议通过《投身“五水共治”行动，建设“歌山画水”美景》倡议书，以全体政协委员的名义向全市人民发出争当治水倡导者、参与者、监督者的倡议。

3月13日，市政协十三届十八次主席会议通过《东阳市三级政协联动，万名委员同行，助推“五水共治”民主监督活动实施方案》(政东〔2014〕6号)，成立以市政协主席为组长，副主席为副组长，工委主任为成员的“五水共治”民主监督组织协调小组，明确总体要求、工作内容、方法、安排等事项。按界别成立18个“五水共治”民主监督小组，提出“联系一个镇，结对一个村，共护一条河，每月一活动，每季一交流的‘五个一’”要求，在政协门户网站上开辟专栏。

4月23日，市政协在千祥镇下东陈村举办“五水共治，委员同行”民主监督启动仪式。第十一监督小组(农业界)和下东陈村签订护河共建责任书，发放20万元的治水补助，在河道两侧种植苗木1000多株。

是年有20位委员担任不同河道的河长，参与“五水共治”工程项目建设31项，建立治水联系点22个，组织委员视察调研46次，参与委员308人，提出各类意见建议105条，被党政部门采纳吸收98条，发现问题隐患65个，整改到位53个，捐款896.65万元。召开“五水共治，委员同行”民主监督例会3次。

2015年3月30日，省政协召开“五水共治，长效机制建设”专项集体民主监督电视电话会议，东阳市政协相应出台《关于开展“五水共治”长效机制建设专项集体民主监督的实施方案》(政东〔2015〕9号)，承接上年工作，着重长效机制，对工作的要求、内容、方法等做了安排，重点是江河水质达标检查监督。是年召开“五水共治”长效机制建设集体民主监督例会3次，18个小组组织委员306人，实地查看江河525.5千米，提出各类建议意见100条，其中被党政部门采纳78条，发现问题82个，整改到位69个。

响应2016年2月省政府召开“五水共治”电视电话会议精神，市政协制订《关于联动开展“完善和落实‘五水共治’长效机制”专项集体民主监督的实施方案》，重点监督清淤泥，提升水质、水景和镇级以上污水处理设施运营，农村生活污水治理设施运行维护，跨区域流域治水的落实情况和市治水重点工程建设情况。

3月，省政协在浦江举行“三级政协联动‘五水共治’民主监督‘万千行’活动”启动仪式。根据省政协要求，市政协制订《关于开展“五水共治”民主监督“万千行”活动的实施方案》(政东办〔2016〕4号)，重点开展江河、“两路两侧”“四边三化”问题点位的明察暗访活动。把南江、北江及51条溪流分解到18个监督小组，各监督小组根据工作安排将“五水共治”民主监督“万千行”活动贯穿全年民主监督过程。至6月底，参与活动的委员268人，实地查看56个村(社区)、25家企业、江河溪219.2千米，发现和反馈问题50个，整改到位40个，提出建议意见66条，被党政部门采纳64条。

第三节　联络组活动

1986年7月，东阳县政协决定在巍山、湖溪等政协委员比较集中的区镇试点，设立政协委员联络组。1987年4月县政协七届一次会议后，各区镇普遍建立政协联络组，聘请中共区、镇委宣传统战委员担任组长，在区镇委的支持下开展活动，基本上每季度活动一次。活动时，区镇领导向委员通报本区镇的建设和改革情况，听取意见和建议。政协委员列席本乡镇的人民代表大会，参与建设和改革大事的商讨。协商监督向基层延伸，是县政协工作的新发展。委员们在各种会议上行使协商监督民主权利时，对重大问题敢于敞开思想，发表意见，提出建议，对工作中的缺点和社会的不良现象，敢于揭露批评，对协助党委和政府完善决策和改进工作起到积极作用。

1986年9月20日和26日，建立巍山区、镇政协委员联络组和湖溪区、横店镇政协委员联络组。组织委员学习关于“七五”期间的改革和对台工作方面的文件，联系当地改革和建设的实际座谈讨论，民主推选联络组长、副组长，确定下一次活动的地点和内容。

11月7日，湖溪区、横店镇政协委员联络组举行第二次学习会，11名委员参加。学习中共十二届六中全会《决议》，传达讨论省委书记王芳在地市委书记会议上的讲话，会后参观南江水库。

11月29日，巍山区、镇政协委员联络组举行第二次学习会，省市县政协委员13人参加。学习习仲勋在全国政协六届十三次常委会议上的讲话和省委书记王芳在地市委书记会议上的讲话并讨论。

1987年5月14日至6月25日，全县6个区、4个镇的政协联络组先后开展活动。组织学习人民政协的性质、任务和中共中央〔1987〕16号文件、省委副书记陈法文在省政协五届十八次常委会议上关于反对资产阶级自由化斗争的讲话等；听取所在区、镇委书记或区、镇长对本地区形势和任务的通报；组织委员围绕中共中央提出的1987年要抓的两件大事和本地区两个文明建设展开讨论。

5月23日，召开各区镇政协联络组长（统战委员）会议，研究政协委员在基层如何开展活动。

1988年4月26日，横店镇政协联络组组织当地的金华市、东阳县政协委员学习全国政协七届一次会议、七届全国人大一次会议精神。

11月1日至12月27日，南马、横店、上卢、佐村、千祥、黄田畈、吴宁等区、镇政协联络组先后开展活动，学习中共十三届三中全会文件和市委书记梅峻贯彻中共十三届三中全会文件的报告，传达市政协七届七次常委会议精神，各区、镇委领导通报改革、经济建设情况。围绕中共中央提出的“治理经济环境，整顿经济秩序，全面深化改革”方针，联系本地区实际开展讨论，肯定十年改革在经济和社会发展方面取得的巨大成就，针对存在的社会治安、精神文明建设、党风、政风、商风等方面的问题提出意见和建议。

1989年4月3日，千祥区政协联络组成员考察民主、三联、徐宅3个乡的中小学校舍，向区委汇报学校用房困难和存在危房的情况。次日，区委开展集资活动，表示将千方百计采取措施在暑假前消灭危房，改善学校校舍。

5月2日，横店镇政协联络组组织政协委员学习人民日报社论《维护大局，维护稳定》，审议镇政府工作报告（讨论稿），听取全镇中小学教育工作情况的介绍。

5月17日，上卢区政协联络组考察红旗乡轻纺总厂、东达棉纺厂、针织内衣厂、棉织厂、凤山乡京东服装厂和俞黄村台属企业香娟玩具厂的生产情况，参观大里村农民的新建住房。

6月28日，吴宁镇政协联络组举行会议，学习中共十三届四中全会公报，听取吴宁镇上半年全镇工农业、教育、文化卫生、城镇建设、社会治安等工作情况和下半年工作安排的通报。

7月7日，横店镇政协联络组组织委员学习中共十三届四中全会文件。

1990年4月20日，市政协八届一次常委会议决定设立吴宁镇、横店镇、巍山镇、黄田畈镇、上卢区、湖溪区、南马区、千祥区、佐村区等9个政协联络组。

5月31日，湖溪区联络组开展活动，学习《中共中央关于坚持和完善中国共产党领导的多党合作和政治协商制度的意见》，讨论下半年联络组活动的安排。区委书记报告上半年工作和乡镇企业经营机制改革情况。委员们建议区、镇、乡要进一步重视民事纠纷的调解和处理，将矛盾解决在萌芽状态。区委领导表示采纳委员们提出的建议。

9月4日，湖溪区联络组学习《政协全国委员会关于政治协商、民主监督的暂行规定》等文件，研究下半年联络组工作，视察八面山卫星地面接收站，参观湖溪区职业中学。

9月6日，横店镇联络组学习《中共中央关于坚持和完善中国共产党领导的多党合作和政治协商制度的意见》《中共中央关于加强党同人民群众联系的决定》《政协全国委员会关于政治协商、民主监督的暂行规定》和中共中央总书记江泽民在全国统战工作会议上的讲话。横店镇委负责人传达金华市区(镇)、乡党委书记会议精神，通报横店镇委出台的《关于政治协商、民主监督的五条规定》。

10月19日，千祥区联络组举行视察、学习、议政活动。参观沈岭坑水库，学习讨论《中共中央关于进一步加强统一战线工作的通知》，就全区政治、经济、教育等方面提出建议。

11月13日，上卢区联络组学习《中共中央关于进一步加强统一战线工作的通知》，听取传达省统战工作会议精神，就搞好统战工作的意义和结合实际开展统战工作进行讨论。

12月4日，上卢区联络组视察上卢乡夏渠初中、六石镇中小学、樟村乡后头塘村校、怀鲁乡初中、红旗乡初中、凤山乡职业中学、凤山乡中心小学和李宅镇中心小学，察看校舍，听取有关乡镇领导、学校领导和区教办主任汇报，对凤山乡中心小学的撤迁等问题提出建设性的建议。

12月23日，召开区镇政协联络组联络员碰头会，各联络组汇报交流1990年活动情况和1991年活动计划。

1991年1月11日，横店镇联络组学习中共十三届七中全会公报，总结1990年工作，讨论、制订新一年工作计划。出访回国的市木雕工艺美术厂厂长、市政协委员吴初伟介绍出访牙买加等国的感想。横店镇委负责人通报1990年的工作情况，征询1991年的工作意见。

1月18日，吴宁镇联络组举行学习、参观、议政活动。学习中共十三届七中全会公报，对新一年联络组的工作做出部署，参观市竹编厂、市木雕总厂及振兴路的建设情况，镇委书记通报1990年工作情况与1991年工作意见。

1月31日,湖溪区联络组举行学习、议政活动。湖溪区委书记通报1990年工作情况与1991年工作计划。

2月1日,南马区联络组开展活动,听取和讨论区委书记通报1990年工作情况与1991年工作打算。

3月上中旬,各区(镇)政协联络组开展视察活动,为市政协八届二次会议提案作准备,在东阳的省、金华市政协委员和部分东阳市政协委员参加。

8月12日,横店镇联络组学习江泽民"七一"讲话精神。委员结合本镇实际,就如何搞好科技兴农、科技兴工、科技兴镇提出意见和建议。

1992年元旦前后,各区(镇)联络组学习中共十三届八中全会文件,听取和讨论区(镇)委书记对本地区1991年工作情况的通报。区(镇)联络组的活动各有特色:上卢区联络组和南马区联络组对本地乡镇企业进行视察;巍山区联络组视察台胞王惕吾捐资兴建的巍山实验初中;巍山区和南马区的宣传统战委员对政协委员作学习中共十三届八中全会《决定》辅导;上卢区联络组总结1991年工作,提出1992年的工作计划,请访台归来的政协委员蒋维明介绍去台感想;上卢区和巍山区联络组就两地区的取缔非法宗教活动提出意见与建议。

9月4日,横店联络组举行撤区扩镇并乡后的第一次活动。学习邓小平视察南方讲话并讨论"八五"期间横店镇要办的几件大事,就横店镇的教育、卫生和环保问题发表看法,部署下半年联络组的活动。

1994年7月8日,湖溪(郭宅)、横店、东阳江3个联络组联合组织活动,听取郭宅镇经济社会发展情况、市八建公司生产经营情况的介绍并讨论。

9月15日,湖溪区政协联络组部分委员听取和讨论市工艺品美术公司生产发展情况,横店镇近期发展目标和工作思路,参观横店镇度假村旅游区和镇西工业区,学习市政协开展"加快东阳发展大讨论"的通知。

2000年1月,吴宁、六石、巍山、黄田畈等政协联络组先后开展活动,围绕区域性的重大工作和重要问题参政议政。吴宁镇联络组听取镇委书记关于吴宁镇基本实现农业和农村现代化的规划(框架)和2000年工作思路的协商通报,镇教育处主任关于吴宁镇教育硬件建设和素质教育有关情况的通报,视察镇区(包括办事处)的8所新建和在建学校。六石镇联络组听取镇委书记关于1999年镇委、镇政府工作情况和2000年工作思路的通报,视察上卢高中、六石镇中和六石卫生院,对2000年工作思路中提出的加快发展六石经济和争创教育强镇等提出意见和建议。巍山镇联络组学习金华市委书记在金华市政协工作会议上的讲话精神,镇委书记通报镇委、镇政府2000年工作思路,委员们就如何抓住机遇,加快巍山中心城镇现代化建设步伐等问题提出意见和建议。

6月,黄田畈镇联络组活动在画溪镇举行,黄田畈镇和画溪镇负责人分别通报该年的工作目标、上半年实施情况及下半年的工作安排,委员们围绕两镇的工作提出意见和建议。同月,千祥镇政协联络组视察千祥工业企业,听取全镇工业情况介绍并讨论。

8月8日,六石联络组在上卢镇举行活动。听取上卢镇委书记通报全镇经济、社会发展情况及当年的主要工作，视察社姆殿、云母厂和新落成的上卢镇中，座谈如何利用上卢镇毗邻城区的区域优势，做好发展文章。

11月21日，吴宁联络组视察城市建设和全镇教育发展情况。先后视察吴宁二中、吴宁四中、东阳江大桥、江北新区，听取有关单位的工作汇报和情况介绍，就如何发挥区域优势，在实施城市发展战略中更好地当好排头兵等问题进行座谈。

2000年11月，巍山联络组在巍山医院开展活动，巍山、虎鹿、歌山、佐村4个镇和上村、宅口、三单3个乡的宣传统战委员和政协委员一起参加活动。听取巍山镇委领导通报巍山镇经济、社会发展以及巍山镇被列为省重点（亚副中心城市）建设的总体规划和基本工作思路，巍山医院院长介绍巍山医院近年来的服务、管理、发展等情况，就巍山经济发展中遇到的土地、税收、户籍等问题提出建议。

2001年6月1日，黄田畈联络组学习《政协东阳市委员会关于政治协商、民主监督、参政议政实施细则》，听取黄田畈、画溪两镇领导上半年主要工作的汇报，视察新建的黄田畈小学、卫生院和标准田建设，就加快工业经济发展和城镇建设步伐等问题提出意见建议。

2003年12月，由于乡镇撤并和人事调整，原联络组组成人员有所变动，经市政协主席会议研究，对各联络组进行重新调整。286名市政协委员按就近、属地、便于组织和开展活动的原则，全部编入各联络组，联络组由原12个增加到15个。11日召开重新调整后的联络组负责人会议，学习《联络组工作简则》，部署近期工作，通报市政协一年来工作情况和下一年工作思路。

12月29日，市机关政协委员第二联络小组就市内砂资源管理问题进行视察调研。听取市国土资源局的情况介绍、察看采砂场后座谈讨论。向市政府提出4条建议：制定砂资源的开采、利用和保护规划；重点地带重点保护；适当提高砂场复垦复耕治理备用金额度；理顺关系，改变多头审批、多头管理现象。

2005年11月25日，南市街道、画水镇联络组在画水镇开展活动。听取南市街道领导介绍推进村级组织规范化建设情况，画水镇领导介绍保持共产党员先进性教育活动和其他工作开展情况。

12月22日，机关部门联络组在浙江横店热电有限公司举行活动。参观考察热电公司、家园化工下属的浙江埃森医药有限公司等企业，听取企业负责人的情况介绍并座谈。

第四节　亲民服务活动

东阳市（县）政协开展服务社会、关注民生、帮扶弱势群体的各类活动始于20世纪80年代。各专门委员会（工作组）、界别经常开展送医送药进山区和革命老区，法律知识咨询服务，慰问受灾群众，送科技、农资下乡等活动。

1984年，医药卫生工作组会同当地卫生系统的政协委员，以6天时间，对南马、画水、上卢、巍山、佐村5个区医院进行卫生管理体制问题的专题调查，召开医务人员座谈会，举行医疗学术讲座和疑难病症会诊。

1986年9月19日至20日，县政协医药卫生组先后赴山区西营乡和革命老区明德乡进行门诊医疗服务，诊治病人277人次。

1987年6月27日至29日，县政协医药卫生工作组前往革命老区罗山、明德、大联3个乡进行中西医内外科、妇科医疗咨询服务，诊治病人462人次。

10月27日至29日，法制工作组会同县司法部门16人到南马、六石、千祥3个镇和佐村区进行法律知识咨询服务。

11月3日至6日，医药卫生工作组邀请上海市妇婴保健专家到东阳举办学术讲座，为90多名妇幼医务工作者授课，并为21位妇科病人诊疗。

1988年9月，农工民主党支部联合市广播站向全市群众开展医疗保健咨询服务活动，由中西医内外科、儿科、妇科、心电图等科室医生进行疾病诊断、治疗和预防知识等方面的讲解。

11月18日至19日，金华市政协副主席徐君赐率领部分高职称医师到横店镇开展医疗咨询服务，受诊病人273人次，并为当地医务工作者开设学术讲座、交流医疗经验。

11月21日至22日，市政协医药卫生工作组赴八达和东门两个山区乡，为群众免费医疗咨询服务，受诊病人271人次，解决疑难病症4例。向当地政府了解群众生产、生活方面的情况，特别是山区普及九年制义务教育存在的困难和缺医少药问题。

1988年，宗教工作组和市基督教“三自”爱国会一起创办益人诊所和中药铺。年内为群众治病5329人次，送医上门145人次。

1989年“7·23”特大洪灾后，市政协和农工党市委会联合组织医疗组赴黄田畈镇、南马区防军镇和千祥区千祥镇、三联乡等灾区，为受灾农民巡回医疗，慰问部分受灾政协委员。

1990年国庆节期间，青年工作组到革命老区裘家岭村瞻仰中共东阳县“一大”会址和县“一大”代表潘阿金之墓，慰问健在的革命老人。

10月26日，市政协部分委员与民政局工作人员一起到革命老区罗山乡岭头、裘家岭看望革命老人，送去蛋糕和礼品。

11月28日，医药卫生工作组会同农工党市委会组织医师到革命老区裘家岭村为村民服务，义务接诊120多人。

1991年4月27日，医卫组成员赴山店乡为群众义务诊治296人，确诊多例疑难病症，为一患者切除肿瘤，为一产妇接生婴儿。

8月19日，市政协会同市政府及农业部门，到民主乡帮助建立市香菇生产基地，联系贷款予以扶持。

11月21日至22日，宗教组委员一行6人到裘家岭村开展义务医疗等服务活动。为群众治病30人次，修补鞋子116双；参观中共东阳“一大”会址，听取村干部和群众的意见，就如何改善邮电通信和村校办学条件等问题向相关部门提出建议，还到岭腰、金村、学典等村做教徒的思想工作。

1998年夏，长江、嫩江、松花江流域发生前所未有的特大洪灾，市政协党组向全市政协委员发出倡议，号召向灾区人民献上一片爱心，募资40多万元。

10月4日，医卫界会同市老龄委、市中医院联合举办"老年保健知识专题讲座"。29日，组织部分委员赴八达乡开展义务诊疗活动，受诊群众550人次，其中B超、心电图155人次。

2000年1月22日，医卫界6名委员赴地处偏僻山区的扶贫联系点宅口乡张家畈村扶贫义诊，诊治病人195人次。

2003年，十一届政协推进"亲民政协"建设，制订《关于加强"亲民政协"建设的若干意见》，规定15项"亲民政协"建设的具体措施，明确分管领导、责任科室、责任人，对送医送药、扶贫帮困、委员约谈等亲民措施，在时间、内容、数量等方面做出具体规定。

2003年10月，市政协组织农技专家和浙江移动东阳分公司的专业人员到湖溪镇开展送科技下乡活动，举办关于荷兰豆种植和蜗牛养殖的专业技术讲座，送去科技资料8000多份，接受农技咨询，为群众免费维修手机。组织医卫界委员和市著名医生20多人，在新亚有限公司、人民医院、中医院等单位的资助下，到佐村镇、马宅镇开展送医送药活动，受诊山区群众800多人次，免费提供药品和医疗检查价值5万余元。

是年，开展政协委员与贫困学生结对帮困活动，102名委员参与结对助学，339名大中小学生得到资助，累计金额36.47万元。

2004年4月，市政协为湖溪镇擎天丘村送去两万元资助款和10吨支农化肥。联合市农行等单位，帮助湖溪镇西堆村集资修建村前公路5.5千米，送去1万元资助款和5吨化肥。

5月，市政协视察聋哑学校、外来民工子弟学校，向聋哑学生赠送体育用品，给民工子弟送去学习用品。

7月，科协界委员开展送科技下乡活动，到吴宁街道西园社区的省科技示范户王筱云农场，参观香猪、种猪饲养场和银杏种植基地，送上防暑用品、慰问金和科技书籍；到画水镇洪塘村给省级科技示范基地小溪口山庄送上慰问金、科技书籍等，为员工检查身体，现场帮助解决种养方面的技术难题。

8月，市政协委员中的部分法律工作者与市法律援助中心、残联、妇联、总工会和公证处共同参与《法律援助条例》颁布实施一周年法律咨询活动。

10月，市政协召集市农办、农业局、供销总社等部门单位到三单乡开展送农技、送农资下乡活动。发放农技资料5000余份，10余名农技专家接受农民咨询，邀请浙江大学茶叶系教授讲课，送去化肥10吨、无公害蔬菜专用农药10箱。

11月，市政协组织医卫界部分委员去虎鹿镇、千祥镇等地，为当地困难群众"送医、送药、送健康"。接待就诊咨询1800余人次，检查、开方、配药1200多人次，免费救助贫困和特困患者1000多人次，赠送药品价值4.6万元。

2005年4月，市政协召集市农办、农业局、农资公司有关人员到东阳江镇八达工作片为山区群众送农资、科技。送去20吨碳铵、60箱农药，3500份农技资料和100多本《东阳农业实用新技术》。省农科院的教授为300多名农民举办"果桑发展前景、栽培管理和市场销售前景"讲座。

10月，市政协组织18位医疗骨干，到巍山镇大爽村卫生院开展送医、送药、送健康活动。

2006年3月，市政协组织市农业局和市农资总公司开展为千祥镇民主工作片农民送农资、送科技、送温暖活动。免费赠送农技资料2800余份、碳铵20吨、草铵膦60箱，市农业局专家现场解答有关农业技术、农业信息、农业政策等方面的咨询，省农业科研专家应邀为农民讲授高山西瓜栽培技术。

2007年2月，市政协教育界、社救界、无党派人士、特邀界的部分委员到三单乡和佐村镇，向山区老年协会和特困户捐赠10台彩电。

3月，开展送农资送科技送温暖活动，为虎鹿镇的特困户和种植大户送去价值2万元的化肥、农药等物资和5000余份技术资料，邀请浙江大学教授为农民作高山栽培技术辅导。

10月和11月，联同市人大、市人民医院和市慈善总会，组织10多名专家医生先后到三单乡、佐村镇送医送药，200多人次接受义诊。

2008年7月28日，政协主席等领导和有关部门负责人到千祥镇，向部分低保户赠送彩电。8月，根据市委要求，市政协机关工作人员开展"一户一策一干部"结对帮扶活动，与千祥镇部分贫困户对接扶贫，了解帮扶对象的基本情况、致贫原因，分析脱贫办法，联系有关部门和个人，在资金、信息技术、项目、就业等方面有针对性地给予帮助。

2009年起，市政协发挥界别优势，将亲民政协建设与界别活动有机结合，每年6月开展一次"界别活动月"活动。组织政协委员以界别为纽带，下基层，听民声，集民意，办实事，通过调研、视察、反映社情民意、结对帮扶等多种形式，开展爱民、帮民、助民、扶民活动。

2013年至2015年，市政协社会法制委员会联合公安局、检察院、司法局等单位，每年10月开展一次"法律咨询、法律服务、法律援助"活动，解答市民法律疑问，帮助解决一批涉法难题。

东阳市政协亲民服务活动的做法得到上级政协的肯定和媒体的关注。2004年，省政协《联谊报》头版头条推广东阳亲民政协的经验，东阳市政协被评为纪念人民政协成立55周年新成就新成果新探索二等奖。

第五节　纪念活动

为重温历史、缅怀先贤，展示风采、加强联谊，东阳市（县）政协在国家和民族重大事件和人物的纪念日开展各种纪念活动，具体形式有举办座谈会、报告会、学习会、茶话会、纪念大会，文艺会演、电影招待会、图片展览、书画比赛、知识竞赛，在新闻媒体开辟专栏、专题、专版，编辑出版文史专辑、画册等。

1985年9月2日，县政协与县委统战部联合举行各界代表座谈会，纪念抗日战争和反法西斯战争胜利40周年。参加座谈会的有东阳本地参加抗日战争的老战士、抗日烈士的后代；参加过抗日战争的南下离休老干部和著名人士以及有关单位负责人共26人。

9月7日，县政协会同县人大举行在城教师代表座谈会，庆祝第一个教师节。县委、县人大、县政府、县政协的领导，与会教师代表和县各部门的领导60多人参加。

1986年9月7日，县政协会同县人大举行教师代表座谈会，庆祝第二个教师节。中共东阳县委书记梅峻等县委、县人大、县政府、县政协领导，教育界政协委员和党校、职校的教师代表及各部门负责人60多人参加。

11月12日，在工人文化宫举行孙中山先生诞生120周年纪念会。与东阳美协联合举办《纪念孙中山先生诞生120周年书画展》，展出作品46幅。

1987年9月9日，县政协会同县人大召开教师节座谈会，庆祝第三个教师节，就东阳的教育改革问题进行座谈，征询对教育体制改革的意见。教师和学校负责人29人参加。县委、县人大、县政府和县政协主要领导出席，宣传、组织、统战、劳动人事、教育、经济、计划部门的负责人应邀参加。

1990年6月15日，举行纪念鸦片战争150周年学习会。在城政协常委、市各民主党派负责人、工商联和黄埔军校同学会负责人共30人参加。市政协委员、教师进修学校教师楼烈英作"关于鸦片战争"的专题发言。

1991年4月25日，举行学习著名植物学家蔡希陶暨纪念蔡希陶诞生80周年座谈会。26日下午，在市青少年宫举行蔡希陶铜像揭幕仪式。

10月5日，举行纪念辛亥革命80周年报告会，在城的市政协委员，省、金华市政协委员及各民主党派、工商联、黄埔军校同学会成员100多人参加。金华市政协常委、浙师大历史系副教授王煊城从辛亥革命爆发的历史背景、孙中山的初期革命活动与同盟会、武昌起义与中华民国的建立、辛亥革命的意义和启示四个方面作报告。

1992年，参与浙江省东阳中学80周年校庆暨东阳市科教兴市恳谈会的筹备和上级领导接待工作。发动政协委员向东阳中学赠款、赠物，总计价款63.85万元。

1993年12月18日，召开纪念毛泽东诞生100周年专题报告会。东阳中学教师赵升尧应邀作《毛泽东与统一战线及其在新时期的发展》的报告。在城政协常委与部分政协委员，各民主党派，工商联、黄埔军校同学会主要负责人，政协机关全体干部听取报告并讨论。

1994年9月20日，召开纪念人民政协成立45周年座谈会。市五大班子领导、全体政协常委、各民主党派负责人、历届政协老领导参加。畅谈改革开放以来的形势和社会主义建设事业的成就，回顾人民政协成立45周年来的发展历程、地位、作用及市政协在推进社会主义现代化建设的职能和使命。

1995年8月至9月，开展抗日战争胜利50周年系列纪念活动。举行在城市政协常委、各民主党派负责人、黄埔军校同学会会员等60多人参加的纪念抗战胜利50周年座谈会；走访慰问12位抗战老干部、老战士；举行黄埔军校同学会校友集会；民革东阳支部和黄埔军校同学会举办以"勿忘国耻、强我中华"为主题的抗日战争图片展览。

1996年10月14日举行纪念红军长征胜利60周年报告会。市政协委员、东阳中学教师赵升尧作《关于红军长征的时代背景和历史意义》的报告。在城政协委员、各民主党派负责人近百人参加。

11月12日，举行纪念孙中山先生诞生130周年报告会。历史教师楼烈英报告孙中山先生为了国家的独立统一、民权自由、民主幸福而不懈奋斗一生的经历。在城市政协常委、学习委员会成员、各民主党派领导、市民革全体成员、市黄埔军校同学会代表近50人参加。

1999年4月至9月，举行人民政协成立50周年庆祝活动。在市政协十届二次会议开幕式上举行“政协委员纪念章”颁发仪式；6月至9月上旬，《东阳报》开辟“委员风采”栏目，宣传认真履行政协职能，岗位业绩突出的政协委员；7月，组织市政协委员参加金华市政协组织的“鼎立杯”人民政协知识竞赛，参赛率100%；8月17日，邀请浙江师范大学教授王珉为市政协委员和各民主党派成员作经济知识讲座；31日，邀请部分委员座谈；9月1日，邀请市委宣传部和报社、电视、电台等宣传新闻单位的领导座谈，通报人民政协成立50周年庆祝活动的安排；15日，举行庆祝人民政协成立50周年座谈会，在东阳的历届政协老领导，在城常委，各民主党派、工商联、黄埔军校同学会的负责人和政协机关离退休干部等参加，市各大班子领导应邀出席，回顾人民政协成立50周年的历程，交流做好政协工作的体会，探讨新时期政协工作的思路与方法；20日，举行庆祝大会，全体政协委员、各民主党派成员、工商联执委以上成员、市机关各部委办局主要负责人，镇乡统战委员，在东阳的历届政协老领导、政协机关离退休干部等400余人参加，市政协主席康益民在会上作《继往开来、开拓前进》的报告，市各套班子领导出席，市委书记汤勇致贺词；会后，省委党校副教授、省社会主义学院统战理论教研室主任姚建华为政协委员讲授《邓小平关于人民政协理论》；20至21日，市政协副主席王光训作庆祝人民政协成立50周年电视讲话；文史委征集、编辑文史资料第16辑《政协50年纪念专辑》，入编第一至五届政协委员中具有代表性人物的事迹以及对政协工作的回忆。

2005年12月21日，市政协机关干部赴金华参加金华市政协举办的“人民政协风采”暨纪念金华市政协成立20周年文化活动，东阳市政协文史资料选辑《严济慈专辑》《东阳木雕》《东阳水利史料》获荣誉奖，《东阳古树名木》获一等奖；选送的《亲民政协暖人心》文艺节目获一等奖。

2009年9月，市政协开展纪念人民政协成立60周年系列庆祝活动。21日在东阳剧院召开人民政协成立60周年庆祝大会，市长陈晓主持，市委书记张仲灿致辞，市政协主席王正明作《承前启后、继往开来，努力谱写我市政协事业新篇章》的讲话；市政协副主席申屠青作《继往开来，谱写政协事业新篇章》的电视讲话；编辑出版《我与东阳政协》文史资料专辑、《纪念人民政协成立60周年邮票珍藏册》和《翰墨传情》书画摄影集，记录和反映东阳政协成立53年来走过的历程；举办“江北杯”书画摄影展，在市图书馆展出书画作品65幅，摄影作品27幅；举办“农行杯”人民政协知识有奖竞赛，参与者5814人；举办《欢乐中秋·红色经典》庆祝晚会；举办电影招待会，2000余人应邀观看反映中国人民政治协商会议第一届全体会议召开历史的影片《建国大业》；在《东阳日报》开辟“政协委员访谈”“我与东阳政协”等专栏和“同舟共济颂华章”专版，宣传广大政协委员在东阳经济社会发展中的助推作用。

第十章　团结联谊

广泛开展内外联谊，努力促进祖国和平统一，是东阳市（县）政协工作的重要内容。《政协章程》中规定，政协要“宣传和参与贯彻执行国家关于统一祖国的方针政策，积极开展同台湾同胞和各界人士的联系，促进祖国统一大业的实现。加强同香港特别行政区同胞、澳门特别行政区同胞的联系和团结，鼓励他们为保持港澳地区的繁荣和稳定，为建设祖国和统一祖国作出贡献。”“宣传和协助贯彻执行国家的侨务政策，加强同归侨、侨眷和海外侨胞的联系和团结，鼓励他们为祖国的建设事业和统一祖国的大业作出贡献。”

东阳是浙江省重点侨乡、浙江省对台工作重点县市，“三胞”（港澳同胞、台湾同胞、海外侨胞）资源丰富。市（县）政协中有不少委员与港澳台和海外有亲情关系和历史渊源，彼此沟通易于找到共同语言，利于增进感情和共识，有助于提高联络联谊工作的针对性和有效性，推动祖国的统一大业和家乡的经济发展。为落实统战政策，巩固和发展爱国统一战线，东阳政协在中共东阳市（县）委的领导下，会同有关部门认真处理原工商业界人士，错划右派人员，原国民党起义投诚人员，港澳台属、侨属，宗教和知识分子等历史遗留问题。市（县）政协广泛开展联络联谊活动，调动各方面的积极因素，团结一切可以团结的力量，共同为促进祖国统一和建设社会主义服务。

第一节　落实政策

在20世纪50年代中后期至70年代中期的历次政治运动中，阶级斗争扩大化的“左”倾思想逐渐支配国家的政治生活，造成大量的冤假错案，一大批干部、知识分子和群众受到冲击和迫害。在20世纪60年代初期，虽然做了一些甄别平反工作，但由于“左”的思想没有转变，很快就在新的政治运动中进一步搞阶级斗争扩大化，直至发生“文化大革命”。县政协是人才荟萃之地，受害尤烈，因“文化大革命”，第四届东阳县政协被迫停止活动。1976年10月“文化大革命”结束后，开始平反冤假错案和落实干部政策等工作，但由于“两个凡是”观点的影响，拖延了平反冤假错案和落实政策的进程。1978年12月中共十一届三中全会后，中共中央做出坚决平反冤假错案，妥善处理历史遗留问题，落实干部政策和知识分子政策等重大决策，全面展开实事求是、拨乱反正的工作。

1980年8月，东阳县政协恢复活动后，按照县委的统一部署，积极为在历次政治运动中被错划、错斗、错判人员奔走呼吁、调查鉴别，会同有关部门平反大量冤假错案，落实有关政策。

落实原工商界人士政策

此项工作始于1979年。按政策规定，全县有437名工商业者需要区别对待，相应落实政策。初由县委统战部牵头负责，县政协恢复活动后共同参与负责。经调查核实，全县区别出来认定为劳动者的有349名，平反冤假错案23名，归还“文化大革命”中查抄财物80户。1981年，第五届县政协第139号提案《关于落实党对原工商界人士的政策问题》，引起县委、县政府和相关部门重视，按政策予以解决。对1959年纯洁财贸队伍时，因历史问题未办手续遣送农村的16名原私方人员和11名合作商业人员，由县财办及主管部门根据中共中央、国务院和省委有关文件精神逐一做了复查，经县人民政府批准，为确属错误处理需要纠正的人员落实政策；年老体弱不能工作的按现行退休办法办理退休；已死亡的按规定发给丧葬费和抚恤金。1983年根据中办〔1983〕52号文件精神，对在60年代初期下放农村的31人，分别做了安置。其中19人由原单位每月发给25元生活费（包括粮贴），享受在职职工同样的公费医疗待遇。

完成划为右派分子的改正扫尾工作

20世纪60年代初期，县政协会同有关部门做过一些错划右派的改正工作。全县在1959年12月至1964年6月，先后分5批为158名右派分子摘掉帽子。1961年，给县政协副主席程品文、县政协常委赵侑生、虞立仁以及其他整风反右运动中遭过火斗争和错误处理的党外人士甄别平反，恢复名誉和职务；给一批工商界人士恢复经理等职务；给部分被下放农村的所谓“资产阶级分子”“资产阶级知识分子”和私方人员、小商贩安排工作、补发工资。1964年下半年，“四清”运动开始后，此项工作中断。“文化大革命”结束后，开展右派摘帽和改正工作。1983年，县政协根据省委〔1983〕19号文件精神，会同县委统战部等有关部门，进行右派案件处理“回头看”的复查工作。全县划为右派分子296人全部改正后，对原县委改正文件中留有“有右派言论错误”等结论的72人进行复审，其中68人无重大原则错误，或虽有错误言论，但原结论不妥，由县委下通知撤除；其余4人因确有重大原则错误，维持原结论。同时，对因右派问题受株连的108位家属子女，商同公安、粮食部门解决户粮关系，符合知青条件的安排适当工作。

落实原国民党起义、投诚人员政策

据调查，全县共有国民党起义、投诚人员235名。1979年有关部门已按照中央〔1979〕6

号文件精神,经查证,承认为起义人员身份的162人(包括起义的地方游击部队杜锦堂部44人)。对其中因追究历史问题被判刑、管制、戴帽、划为右派分子、行政开除等处理的47人全部平反和改正;对资遣回乡生活困难的36人作一次性经济补助,2人作定期补贴。1985年,县政协会同统战部经进一步调查核实,给208名原国民党起义、投诚人员颁发起义证书,对其中的32名人员分别作退休处理或按月发放生活费。1986年,又给21名原国民党起义、投诚人员颁发起义证书;给2名起义、投诚人员纠正错案,给原国民党高级将领李默庵的部属朱儒昌按月发给生活费。

平反“文化大革命”中的冤假错案,清退查抄财物

据调查,全县在“文化大革命”中被批斗审查的干部群众有14507人,其中“老五类”(即地主、富农、反革命、坏分子和右派分子)4864人,干部385人、教师854人、医生102人、普通职工494人、农民(主要是大队、生产队干部)7808人。全县被查抄的财物有262349件,折价265208元,牵涉4900多户。对“文化大革命”的冤假错案,县委有关部门在1980年前做了大量工作,基本上做了平反纠正,但仍有遗漏,留有尾巴。县政协会同有关部门于1983年为12名县政协委员平反冤假错案,为1名省政协委员、3名原县政协常委落实政策,处理了历史遗留问题。如省政协委员赵惠仁(东阳县重点台属,姐夫王惕吾系国民党中央常委),土地改革后,两间自留房被村里没收分给他人,“文化大革命”中遭到抄家,因台湾亲属关系等问题被商业系统行政开除。对此,县政协与有关部门一起落实政策,归还房屋和查抄的财物。1983年3月,彻底为其平反,补发工资,作退休处理,并推荐为省政协委员、县政协常委。至1984年,省政协委员的政策全部落实;历届县政协委员中有政策问题应落实的26名,除1名私房政策在继续解决外,其余全部落实。第六届政协委员中有政策问题应落实的23名,已落实20名。几个较大的私房政策问题上报县委研究处理。是年,县政协会同有关部门贯彻中共中央办公厅〔1984〕24号和省委办〔1984〕52号文件关于抓紧处理“文化大革命”中查抄财物遗留问题的精神,先后组织人员到各区、镇及部分乡抓检查落实。全县共处理4745户,退还实物13263件,退回变价款146344.92元,退回金银折价款47058元。上卢区委及其所属各乡党委对“文化大革命”中查抄财物遗留问题,工作有序,成绩显著,其经验在全县推广。至1985年,全县“文化大革命”查抄财物清退工作基本完成。

落实台属、港澳属和侨属政策

1983年,县政协会同统战部等单位对“三胞”人员的落实政策工作情况开展调查。据统计,全县去台人员5826人,在县亲属14262人,过去查有政策问题的546户台属中,541户基本落实政策。其中6人安排工作,1人作退休处理,2人恢复党籍。同时,退还“文化大革命”时被查抄的财物折现金10718元,归还被占私房23户,1870平方米,70户台属一次性经济补助4220元。如因有台湾关系而下放农村的台属叶金玉,给予重新安排工作,解决其家

属子女4人的户粮关系;台属吴兆宁,其父吴允周系国民党中将,在台任国防部顾问,受到精减,此次重新安排工作,被推选为省七届人大代表。全县共有华侨867人,港澳同胞2212人,侨胞和港澳同胞的眷属共3466人。原组织、公安部门"内控""内挂"的79人,全部撤销;"文化大革命"中立案审查的16人,全部平反;归还查抄财物的46户;清退被占私房16户共52间。其他遗留问题也摸清情况。是年,县政协会同县人大和有关部门分成4个组,对城关、上卢、南马、湖溪、千祥、安文7个区,吴宁、巍山、安文3个县直属镇和部分公社、中小学、医院及教育、卫生、财税局等单位的贯彻法制、落实知识分子和去台人员政策等工作进行视察。通过听取汇报、实地察看、开座谈会、走访群众等形式了解情况、检查工作,要求各单位加强政策学习,提高政策水平,改正错误的思想认识,按县委限定时间清退好查抄物资和被侵占的私房等。

1984年,通过各项统战政策的落实,调动政协委员和各界人士的积极性。是年,港澳台侨和国外华侨在东阳办起5家侨属企业。1985年,落实华侨私房32间,台属私房14间。县政协侨务工作组配合侨务部门,根据"开放、搞活"的方针,巩固和发展侨属企业,全年侨汇956000元。至1986年,全县应落实华侨私房29户,计5963.33平方米,其中包括代管房600平方米、"文化大革命"中侵占房50平方米、土地改革运动中集体占用房3409.57平方米,分给农民的住房1903.57平方米,全部按政策妥善解决。清退台属私房35户、103间、2725平方米,纠正归侨、侨眷错案60件,落实解决台属住房9户、面积808平方米。1987年,协助落实台属房产政策6户、11间半、建筑面积317平方米,其中归还原房9间半、265平方米;折价补偿2间、52平方米,人民币1900元。

通过各项政策的落实,激发各界人士爱国爱乡之情。有的为海峡两岸通信通汇牵线搭桥,有的捐资为家乡兴办福利事业。"三胞"回乡探亲、观光的增多了。著名画家、美籍华人邵幼轩得知归还私房后,来信赞誉国家政策,表示退休后要回国定居。1986年,香港东阳同乡会永远名誉会长蒋恒鹤在私房政策落实后,捐赠人民币6万元,为家乡兴办福利事业。随后,吕成智、王雨高夫妇、卢新登、陈济洪、陈济华、陈济余、王惕吾、赵玉仙、沈炳麟、陈和贵、金志坚、郭静华、黄立三、卢兆初、吴时云等旅外华侨、港澳台同胞纷纷向东阳家乡捐资捐物,支援家乡发展教育、卫生和交通等事业。据统计,仅1986年至1999年年底,东阳全市接受港澳台胞、侨胞捐赠的人民币达1.78亿元(其中王惕吾捐赠1.5亿元),新建、扩建中小学28所,医院2家,图书馆2个,体育馆1个,公路、街道9条,桥梁2座。同时,还有一批港澳台胞和侨胞踊跃回乡兴办企业80余家。

落实宗教政策

1983年,县政协会同有关部门抓好宗教政策的宣传教育,运用发宣传提纲、召开座谈会等形式,扩大影响。在千祥区抓好落实宗教政策的试点,并为主要因信教问题而被判刑、管制、戴帽的5名宗教界人士平反。为基督教牧师王大江落实在杭州的私房政策,解决其家属的户粮关系。基本解决千祥、南马、城关、六石、双牌、上仓等地教会房产的归属问题。

1984年，协助召开台、侨属代表和宗教界人士参加的座谈会，传达贯彻中共中央有关台、侨、宗教政策的文件，使其了解中央有关精神，抓住几个较大的疑难政策问题，领导亲自查办，促进落实。至1986年，全县除吴宁镇城东教堂、怀鲁乡乃更教堂和黄田畈下葛教堂外，宗教团体房屋政策全部落实，共归还教堂房产16所、4339平方米，结算收回房租款3020元。

落实知识分子政策

据1980年调查，全县有各类知识分子5759人。1983年4月22日至29日，县政协会同县人大和有关部门分成4个组，对贯彻法制、落实知识分子和去台人员政策等情况进行视察和检查，向县委、县政府提出具体的意见和建议，要求各级政府进一步抓好知识分子工作，充分发挥知识分子在"四化"建设中的作用，政治上要关心，工作上要创造条件，生活上要予以照顾。建议县政府统筹解决教师队伍中存在的问题：一是对教师队伍中的500多件历史老案，要组织力量，尽快全面复查；二是根据财政的可能，逐年增加智力投资，改善教师住房、医疗条件，抓紧处理危房；三是"顶职"问题，要打破条条，由劳动部门统一安排；四是部分社队拖欠民办教师的粮、款，应抓紧兑现，完善责任制，统筹解决；五是对已被辞退而未落实粮食(承包田)的220名民办教师，政府要组织力量，逐个落实。通过视察和检查，促进了全县知识分子政策的落实工作。如，原一届县政协常委、社会著名人士朱一鹗，1958年12月因历史问题和1957年反右时的言论问题被错判为反革命分子，劳改3年，给予平反，被查抄的财物等遗留问题得到妥善处理。原一届县政协常委、县人民医院主任医师张锦江，1959年1月因"医疗事故"一案被判刑5年，部分金器、银圆等被没收上缴国库，申诉多年。1983年县人民法院重新审查判决，宣告张锦江无罪，将没收的全部财物按当时折价款退还本人。1984年，县政协配合县委组织、统战、宣传部门到东阳中学、县人民医院、化工厂、玉米研究所等知识分子较集中的单位，对贯彻执行知识分子政策的情况进行重点检查，总结推广化工厂党委等单位尊重知识和人才，解决中青年知识分子住房难、入党难等问题，从而调动知识分子的积极性，促进生产，推动工作的经验。1985年，县政协会同县委落实知识分子政策办公室为15名党外知识分子纠正历史错案，帮助做好退职、退休等善后工作，落实知识分子私房6间，对23名党外知识分子财物被查抄问题作进一步调查了解和处理。1986年，配合县委落实知识分子政策办公室解决遗留问题，为17名知识分子的家属子女办理户粮关系。

第二节 港澳台侨工作

东阳是全省重点"三胞"之乡。做好海内外统战工作，加强与"三胞"及市内亲属的联谊工作显得十分重要。市(县)政协根据各个时期国内外形势的发展和实际工作需要，建立健全相应的工作机构，以加强对港澳台侨工作的领导。1959年9月，县政协一届十七次常委会议决定设侨务工作组，第三届设侨务和社会联络组，第五届设对台侨务工作组，第六届分设对台工作组和侨务工作组。1987年对台工作出现新形势，第七、八届政协设祖国统一委员会。1993年4月，第九届政协设祖国统一工作委员会。1994年4月，九届五次常委会议将祖国统一工作委员会更名为"三胞"联谊工作委员会。1998年3月，第十届政协设祖国统一联谊委员会。2013年3月，十三届七次常委会议将祖国统一联谊委员会更名为港澳台侨委员会。历届政协会同统战部、台办和侨办等部门，通过侨联、台联和黄埔军校同学会等群团组织，广泛开展境外及海峡两岸的联谊交流活动。

宣传联络

发挥委员与港澳台侨同胞联系广泛的优势，会同有关部门做好"三胞"回乡探亲、旅游观光等接待工作。通过召开座谈会、报告会、茶话会，创办《简报》《通信》，组织参观、学习等形式宣传国家的大政方针和政策，宣传家乡的变化，激发港澳台侨同胞的爱国爱乡之情。至2007年底，市（县）政协共接待港澳台侨同胞约25000人次。

1959年，县政协动员侨眷、归侨参加力所能及的体力劳动。国庆节前夕，召开归国观光华侨座谈会，宣传祖国十年来各方面成就，组织参观"建国十周年展览会"和重大建设工程。

1960年，县政协加强与归侨、侨眷和港澳同胞及其家属的联系。春节期间，利用部分港澳同胞回乡探亲的机会，召开座谈会、作形势报告、参观木雕厂和东阳江水电工程，进行社会主义、爱国主义教育。7月，召开归侨、侨眷座谈会，组织参观，动员他们积极投入农业生产的抢收抢种。

1963年，县政协与有关部门合作，协助党委和政府加强对归侨、侨眷及港澳同胞的政策形势宣传和前途教育。围绕中心任务，先后6次召开归侨、侨眷及港澳同胞家属座谈会，共有160余人次参加。多次与有关部门下乡走访和座谈，对侨眷及港澳同胞家属进行爱国主义、社会主义、集体主义和"三面红旗"教育，宣传侨务政策，听取对侨汇物资供应等方面的反映、意见和要求。1月，组织部分已经批准将要出国、去港的侨眷和港澳同胞家属参观新安江水电站，使其了解祖国社会主义建设的成就，增强爱国观念。争取、团结、教育华侨和港澳同胞爱国反帝，支援祖国社会主义建设。春节期间组织新加坡回国探亲的华侨交流座谈，介绍国内外形势和祖国社会主义建设成就，宣传侨务政策，增进其对共产党和人民政府的了解和信任。协助党委和政府给归侨、侨眷和港澳同胞家属解决一些合理的需求，对一时不能办理的，说明事实，讲清道理。

1964年，协助县委、县政府对归侨、侨眷、华侨、港澳同胞及其家属进行爱国主义和社会主义思想教育，宣传侨务政策。2月，邀请20余名回乡探亲的港澳同胞座谈，组织其中的部分人参观新安江水电站。县政协会同有关部门组织干部下乡，在湖溪、横店、巍山等地处理侨眷、港澳同胞及其家属提出的问题，在当地人民公社各级组织的协助下，通过协商解决一批有关侨务政策的问题，取得华侨、侨眷、港澳同胞及其家属的理解和信任。

1965年7月31日，吴宁政协学习组座谈对李宗仁从海外回国的感想。

1981年10月5日，县政协举行各界人士座谈会，学习讨论全国人大常委会委员长叶剑英《关于台湾回归祖国、实现和平统一方针政策的谈话》。县政协副主席，部分政协常委、委员，台湾籍同胞，港、澳、台胞在大陆的亲属以及社会各界人士参加。10月28日，县政协工商经济工作组召开部分在城工商界人士座谈会，学习叶剑英对台重要谈话和中共中央主席胡耀邦《在首都各界群众纪念辛亥革命70周年大会上的讲话》。

1982年上半年，先后两次召开去台人员亲属座谈会，组织学习全国人大常委会《告台湾同胞书》和中共中央有关文件，消除台属的种种疑虑，动员台属多与在台亲人通信，增进了解，扩大联系。利用传统节日，组织撰写对台稿件，加强广播宣传。将叶剑英的对台重要谈话和胡耀邦《在首都各界群众纪念辛亥革命70周年大会上的讲话》，印发给委员和港、澳、台同胞亲属学习宣传。4月8日至30日，组织政协常委、去台人员亲属和社会人士26人赴奉化溪口参观蒋氏故居，使参观人员受到一次现实的对台统战方针政策的教育。协同对台、侨务部门贯彻中央〔1981〕44号文件，落实部分港澳台和侨胞亲属的有关政策。

1983年7月，举行县第二届归侨、侨眷代表大会，产生县二届侨联委员会。继1982年创办巍山侨属工艺厂后，又创办吴宁、千祥、南马、红旗4个侨属工厂，安排100多名侨属子女就业。全年接待从台湾回乡探亲人员11人。安置吴宁去台人员胡梓、上卢去台人员何紫微回乡定居。组织对台通信报道和台属家信的投寄，通过对国情、乡情、家情的报道，宣传对台的大政方针和政策。

1984年国庆节期间，邀请4位港胞返乡参加国庆活动。全年回乡探亲的华侨和港澳同胞374人。

1985年，政协主要领导接待和走访有政治影响的华侨、港澳同胞和去台人员20余人。11月28日，对台工作组配合统战部门召开全市台属代表会议，成立台属联谊会，发挥台联在联谊交友、牵线搭桥、排忧解难、接待台胞、鼓励台属劳动致富等方面的作用。支持台属集资办厂，帮助解决资金问题。创办台联香娟玩具厂、台联内衣针织厂、台联服饰厂等3家台属企业，安排劳力1000余人。是年，侨务工作组配合侨务部门，根据“对外开放、对内搞活”的方针，巩固和发展侨属企业；春节期间，召开侨胞、港澳同胞春节座谈会。宗教工作组配合宗教工作部门，做好受“呼喊派”影响较深的教徒和骨干的思想转化工作，壮大“三自”力量，维护社会安定团结。

1986年，侨务工作组与侨务部门配合完成侨情普查工作。查明全县有香港同胞2756人、澳门同胞113人、外籍华人和华侨1398人，共4267人，分布在24个国家和地区。其中有博士44人、硕士20人、画家2人、科技人员近100人、小业主2人、开餐馆100人。县内侨属766户、共4726人，分布在48个乡镇。支持侨属勤劳致富，缩小与海外亲人在经济上的差距，全县与侨联挂钩的侨属工厂5家，安排侨眷职工79人，1986年产值81.4万元，上缴国税2.6万元。全年接待回乡探亲的华侨和港澳同胞461人；出境会亲的侨属67人。回国定居的侨胞1人，港胞10人。侨汇137万元。因侨汇办理“农转非”11人。

对台工作组配合县台办做好台情普查工作。全县去台人员4579人。其中有台湾国民党中央常委1人、“国大代表”2人、“立法委员”1人、“司法院”正副秘书长各1人、中将5人、少将22人,科学家、教授、工程师、艺术家56人。在东阳的台属1820户、14980人,信汇户609户。

县政协以台湾为重点,通过香港和国外,把统战工作做到台湾岛内。做好侨团、侨领的思想转化工作,通过他们牵线搭桥,沟通联系,扩大通信面。以港澳和国外作桥梁,逐渐打开台湾封闭的大门,使海峡两岸亲人的通信面不断扩大,1984年为35%,1985年为50%,1986年为70%,有1274户台属与去台亲人取得通信联系。诉之骨肉分离的想念之情,告之祖国的政策和家乡的建设情况,把落实台、侨政策的情况告知海外亲人,消除去台人员的疑虑。安排和指导好境外会亲。通过台侨属去境外会亲,开展面对面工作,争取台、侨人心。随着海外统战工作的日益发展,境外会亲的人越来越多,到香港会亲的去台人员也由一般商人发展到中上层人士。多渠道开展对台宣传。1985年至1986年,在广播电台对台广播宣传文章20多篇,在报纸上刊登寻人启事和报道性文章,给台湾要人写信或捎口信,以表良好祝愿。境外会亲人员带进台湾彩色照片380多张,录音带6盒。经过多年努力,初步打开海外统战工作的局面。1984年至1986年,台胞回乡探亲37人,台属去港会亲94人,去台人员来港会亲78人,其中1986年接待回乡探亲的台胞10人,出境去港澳与台湾亲人会面35人。执行国家对台属侨眷一视同仁的政策,选拔一批台、侨属参政议政。台胞台属被选为省、市、县人大代表13人,推荐为省、市、县政协委员18人;归侨侨眷被推选为省、市、县人大代表6人,推荐为市、县政协委员16人。其中一名台属被选为副县长,一名台属选为县政协副主席。

县政协主要领导先后三次为县级机关干部、区镇乡党政干部、党校举办的部局级干部理论学习班和离退休老干部作新时期政协统战工作的性质、任务、作用以及党对台、侨工作方针政策的报告。通过广播电视、创办《台讯》《侨务简报》和召开座谈会等多种形式进行宣传教育,提高执行党对台、侨方针政策的自觉性和积极性,促进海外统战工作。

1987年,配合有关部门指导通信联络、牵线搭桥、上门家访、协助落实政策,兴办台、侨属企业。全年港澳台同胞回乡探亲586人次,去香港探亲95人,去国外会亲9人。台属与去台亲人取得通信联系的近1400户,占台属总户数的75%,接待回乡探亲台胞64人(其中11月台湾当局放宽限制后回乡探亲的30人),去香港会亲的台属30人;给在台湾亲人捎去书信和寻人启事的90件,录像带4卷,录音盒4盒,彩照100多帧,被有关报刊和电台宣传的稿件25篇;兴办台属企业8家,安排职工380名,产值80万元;配合有关部门上门走访台侨属,帮助排忧解难。兴办侨属企业4家,安排职工146人,侨胞捐助家乡建设9万元,捐助物资价值3.2万元,侨汇134.6万元。11月23日,县政协祖国统一委员会(简称祖统委)、县委对台办公室联合召开台属联络员会议,来自各乡镇的44位台属联络员参加。县政协副主席吴兆宁在会上通报国家对台的方针政策和台湾形势变化等情况;总结两年来全县台属联络员的工作情况,表彰吕栋文等10名优秀联络员。

1988年,回东阳探亲的港澳台同胞1156人次,其中台胞687人次,有退役将军、博士、高级工程师,台北同乡会理监事、高雄市浙江同乡会理事长。有1949年前去台的第一代,也有在台湾出生的第二代,还有经商办企业办教育的。春节前夕,祖统委与台办联合在8

个区镇召开台属迎春茶话会，到会台属438人；侨务工作组配合县委统战部、侨办，邀请回乡探亲的46位侨胞举行春节茶话会，县委、县政府和县政协领导会见与会人员，并与大家亲切交谈。茶话会上，各界人士共话振兴中华、统一祖国大业，向台湾同胞和在台的东阳籍人士致以亲切问候。中秋节分别举行台属和归侨侨眷中秋思亲茶话会。清明节期间，台北东阳同乡会组织161人的返乡探亲团回东阳探亲。4月3日，政协主席陆锡经、副主席吴兆宁接见由台北东阳同乡会总干事赵菊芳和副总干事李荣琦带领的首批台胞71人返乡探亲团。祖统委和台联先后接待"三胞"763人次。县政协主席和县委书记、县长一同接待、走访中上层人物68人次。2月，陆锡经和县长童德成应香港东阳同乡会邀请，赴港参加香港东阳同乡会成立15周年纪念活动，向港胞介绍东阳建设的现状与规划，了解香港东阳同乡会的工作情况。9月，举行撤县设市庆祝活动，邀请香港东阳同乡会会长、主席等27名港胞、2名台胞、2名美籍华人回乡参加。以香港东阳同乡会为桥梁，使市台联、侨联、黄埔军校同学会和台北东阳同乡会之间建立密切联系。市政协支持台联、侨联办好台、侨属企业，使台、侨属企业有较好的发展，其中年产值375万元的香娟玩具厂成为东阳重点扶植的十家企业之一。通过多渠道、多层次的"三胞"联谊工作，巩固和扩大与台港澳侨的联系。

1989年，祖国统一委员会和侨务工作组配合侨、台工作部门和侨联、台联、黄埔军校同学会等组织，开展对台港澳同胞和海外侨胞的爱国联谊活动，宣传"一国两制"方针不变，对台、对侨政策不变，对外开放政策不变。港澳台同胞回乡探亲访友或贸易1078人次，一些台胞和侨胞出资支援家乡建设。侨、台属企业在治理整顿中得到巩固。市政协副主席、祖国统一委员会主任、台联会会长吴兆宁赴台湾探亲观光，并拜访一些中上层人士，架通东阳台联会—香港东阳同乡会—台北东阳同乡会的桥梁。

1991年做好重点人物的接待工作。市政协与市委、市政府及侨台部门一起，接待"三胞"重点人物60多人次。通过亲属写信、带信，直接通信、通话，寄带图片、文字、音像资料等方式进行对台统战工作。是年，"三胞"资金除捐赠公益项目建设外，还投资兴办经济实体，"三资"企业有所增加。8月，祖国统一委员会成员赴江山市考察"三资"企业，侨务工作组考察侨属企业，总结经验，研究措施。

1992年的"三胞"工作重点为经济联谊，引导"三胞"为家乡的经济建设出力。采取座谈、介绍、赠送资料、陪同参观等方式，让"三胞"更多了解东阳的投资环境，扩大家乡在港、澳、台和国外的影响。尽力帮助"三资"企业排忧解难，港、澳、台和外商对东阳的投资逐渐增多。"三胞"对东阳的捐资、捐物继续进行。

1993年，发挥政协人才和信息优势，联同侨办、台办、各民主党派、爱国宗教团体、黄埔军校同学会等群众团体一起加强对外联络，开阔联谊工作视野，拓宽对外联络渠道。做好回乡探亲、旅游、考察"三胞"人员的接待工作，不分层次高低、有无投资，一视同仁，以情动人。10月，组织回乡探亲台胞及子女参观横店工业区、经济开发区、东阳江水库及王惕吾捐资建造项目。至年底，回乡探亲、旅游、考察的"三胞"1000余人次。接收"三胞"各项捐赠200万元人民币，美金112万元，协助市政府举办春秋两季向港台的招商活动，通过招商引资达成意向投资协议20余项，协议利用外资1100余万美元。

1994年，市政协立足港台，面向世界开展联谊工作。重视联络老朋友，不忘结交第二、三代新朋友。热情接待回东阳探亲、经商、考察的“三胞”；春节期间走访慰问“三胞”，邀请参加新春茶话会；邀请“三胞”回乡参加招商活动，为招商引资、发展外向型经济牵线搭桥。市政协领导在赴港台探亲、考察、商务活动时走访台北、台中、高雄、香港等地东阳同乡会。向在港台同乡澄清“3·11”千岛湖事件真相，消除同乡中因千岛湖事件留下的不良影响。

1995年，加强与第二代“三胞”的联谊，邀请老一辈港、台、侨胞回乡参加各种活动时，欢迎携带子女回乡旅游观光，宣传家乡的经济建设成就、投资环境和优惠政策。5月17日，市政协“三胞”联谊工作委员会与市台联理事会联合召开座谈会，学习中共中央总书记江泽民《为促进祖国统一大业的完成而继续奋斗》的讲话和浙江省第一次台属代表大会的会议精神。会后，与会人员赴建德新安江参观考察，向台胞宣传上年“3·11”千岛湖事件以后台胞回大陆旅游、投资情况。全年接待回乡探亲、旅游的“三胞”1500余人。

1996年4月3日，台湾高雄县县长助理、高雄县中央研究院民俗研究所李元斐一行5人专程到东阳考察访问。先后参观卢宅肃雍堂、木雕总厂、竹编厂及横店文化旅游景点。对东阳的历史、文化遗产，特别是对多处“具有国际水平的文化遗产”——明清民居和东阳文化遗产实行分级保护的做法颇感兴趣。

1998年，扶持侨属、台属企业，鼓励台胞、台属、归侨、侨眷在各自岗位上发挥聪明才智，为振兴家乡经济多做贡献；鼓励海外“三胞”发扬爱祖国、爱家乡的传统，穿针引线，铺路搭桥，继续引进资金、技术和人才，发展“三资”企业。全年接待回乡探亲、旅游的“三胞”1500余人次，引进资金2500余万元，兴办企业9家。

1999年，全年共接待回乡探亲、旅游“三胞”1500人次，处理三胞及其眷属的来信来访500余件(次)。引进资金395.9万美元，接受捐赠人民币161万元，兴办企业10家。

2000年5月26日，市政协祖国统一联谊委员会举行“学声明、反‘台独’、促统一”座谈会，学习中共中央台办、国务院台办授权就两岸关系问题发表的声明和题为“一个中国的原则决不允许模糊”的《人民日报》社论。与会人员表示，除了继续密切关注台湾形势外，要增强解决台湾问题的信心和紧迫性。针对各自实际，利用台属、侨属的有利因素，做好宣传工作，力所能及地为祖国的和平统一大业做贡献。全年接待到东阳的“三胞”及留学海外人员2000多人次，成立海外留学人员家属联谊会。

2001年，通过政协统战渠道接待到东阳探亲观光和经商的港澳台同胞和海外侨胞1800多人次，在他们中间开展招商引资工作。

2002年11月29日，旅居在金华市的台湾籍同胞联谊座谈会在东阳宾馆举行。与会人员围绕实现祖国“和平统一”“一国两制”等问题座谈。

2003年至2006年，开展“三胞”联谊活动，共接待“三胞”7200人次，海外联谊工作得到省、金华市的表扬。

2007年11月10日，香港浙江金华市同乡联谊会一行130人专程到东阳探访。全年共接待“三胞”900多人次。2008年后，接待“三胞”和各类考察团的人数逐年上升。

视察走访

1987年11月20日至21日，县政协侨务工作组8人考察东阳县侨属服装一厂和东阳县侨属工艺二厂。视察组肯定成绩，提出值得研究改进的问题。

1989年4月10日至11日，侨务工作组一行14人考察港胞蒋恒鹤捐助的上卢中学恒鹤奖学基金、王雨高夫妇捐资建造的六石镇葛塘村校、卢新登捐资建造的横店镇桥午头村大会堂等“三胞”捐赠项目。了解受赠单位对“三胞”捐赠项目的落实、使用情况，发现了一些应引起领导重视的问题。

1991年6月27日，侨联界委员视察侨属侨眷企业东阳羽绒厂和东阳市墙纸厂，了解生产情况，征询意见和建议。

1992年4月27日至30日，侨务工作组一行14人赴开展侨务工作较早的青田县学习考察侨务工作。

1993年12月27日至28日，省政协副主席、省民革主委汪希萱率民革界委员12人，到东阳视察香娟玩具公司、横店工艺美术厂等台属企业和台胞王惕吾捐资建造的东阳市急救中心、巍山医院和王村光小学。

1995年5月17日，“三胞”联谊工作委员会与市台联理事会联合召开座谈会，学习江泽民《为促进祖国统一大业的完成而继续奋斗》讲话和省第一次台属代表大会精神。会后考察建德新安江。

1996年4月23日，侨联界委员视察中沃东仪织袜有限公司、市侨联制衣总厂、中外合资宫廷玩具有限公司等侨属企业。听取企业介绍，就如何解决企业存在的问题，推动企业发展做了探讨。

1996年5月14日，市政协副主席斯江鸿率秘书处有关人员视察台胞徐益雷创办的益群新型建材厂。徐益雷是改革开放后最早回东阳探亲并在家乡投资办企业的台胞之一。筹备过程中，市政协领导多次牵头召开市工商局、外经委、巍山镇政府等有关部门负责人参加的协调会，商讨解决办厂遇到的难题，研究落实筹办新型建材厂的有关措施。经过各方的共同努力，新型建材厂开工投产。

2000年11月8日，金华市政协副主席徐增祥率20多名委员到东阳人民医院、东阳中学、东阳图书馆视察台胞、侨胞捐赠项目的运行情况，市政协领导、台办、侨办等单位负责人向视察人员介绍近年来台胞、侨胞捐赠项目的建设、管理情况。视察人员就进一步扩大与深化捐赠项目的内涵、加大引资力度提出意见。

2007年9月18日，金华市政协副主席毛根芝一行，就台胞、侨胞捐赠项目的管理到东阳视察。先后视察市人民医院巍山院区、巍山镇中、东阳中学老校区、市人民医院，看望台胞王惕吾的亲属赵惠仁，对他为台胞捐赠牵线搭桥、促进两岸交流表示感谢。毛根芝对市人民医院创新机制管理使用台胞捐赠项目、各项事业取得超常规发展给予肯定。

2009年4月1日，侨联界委员到东阳同力服装有限公司和英洛华电气有限公司等涉侨企业调研，决定今后对涉侨企业定期走访、定期联络、定期服务。

2009年6月16日，台联界委员走访东阳升财工艺制品有限公司、市益群新型建筑材料有限公司、市台属工艺辅料厂，了解经营情况和存在的困难。建议业主加强技术改造，加快产业结构调整，促进企业转型升级。

2010年6月18日，市政协台联界委员开展"关爱救助贫困台胞台属子女就读"和"走访视察台资台属企业"活动。走访慰问4户贫困台胞台属，以市政协台联界的名义设立关爱救助基金，筹集捐款5万元。

2011年11月24日，市政协港澳台侨委员会委员视察对台侨务工作，视察浙江思科国祥制冷设备有限公司、市华侨制衣有限公司、市升财工艺品有限公司和市同力服装有限公司。

2013年9月16日，市政协港澳台侨委员会委员走访慰问部分台胞、台企。

2014年9月18日，市政协港澳台侨委员会组织委员考察华侨制衣、同力服饰两家侨属企业。通过看厂区、进车间、访职工、听介绍，委员们充分肯定两家侨属企业的经营理念和管理方式。

第三节　联谊活动

东阳市(县)政协在中秋、春节等传统节日召开座谈会、茶话会，欢庆佳节，共商社会经济发展和祖国统一大业。每年春节前夕走访慰问政协委员，送去新春的祝福。通过建立各种联谊机构，开展形式多样的联谊活动。2003年成立市政协之友联谊会，吸收政协老干部、老朋友为会员，组织开展各项活动，继续为东阳"两个文明"建设建言献策，发挥余热。2006年11月，成立市政协书画社，以书画会友，加强对外联谊和交流。2008年11月，会同市委统战部成立东阳人联谊总会，作为东阳市联系服务市外东阳人的桥梁和纽带，组织推动市外东阳人创业创新和回归发展。

东阳市政协之友联谊会

东阳市政协之友联谊会是市政协领导下的统一战线性质的群众性联谊团体，是政协工作的延伸和补充。通过市政协之友联谊会联系历届政协委员和热心政协工作的各界人士，组织会员开展理论学习、外出参观考察、座谈交流，做好联络感情、交流信息、化解矛盾、团结鼓劲、凝聚人心的工作。

2003年年初，在安排十一届政协委员时，有部分十届政协常委和委员由于岗位变动、年岁增长等多种因素退出政协队伍。许多老领导和离任的常委、委员很留恋政协，希望市政协搭建一个继续交流联谊的平台。根据全国政协章程的有关规定，参照省政协、金华市政协和周边县市政协的成功经验，市政协十一届一次主席会议提出成立联谊会的设想。

第一届政协之友联谊会　2003年1月23日，市政协党组向中共东阳市委提出要求成立东阳市政协之友联谊会的请示，经十二届市委第五次书记办公会议研究，同意成立东阳市政协之友联谊会，2月12日市委办公室抄告市委批复。市政协主席会议多次研究筹备组建工作，在广泛听取意见的基础上，制订《东阳市政协之友联谊会章程(草案)》，明确联谊会的性质、宗旨、组成和活动方式。4月15日，东阳市政协之友联谊会成立暨第一次会员大会在东阳大厦举行。80名政协机关退休老干部、离任的政协常委会组成人员、担任过正局级领导职务的政协委员、社会各界知名人士被吸收为第一批政协之友联谊会会员。市委书记汤勇、市长陈丰伟、市委副书记徐跃进、市人大党组书记、常务副主任龚寿康出席会议。金华市政协副主席陈炫亮到会祝贺并致贺词。汤勇讲话中希望多开展适合老政协委员身心健康的活动，充分发挥专长，把政协之友联谊会办成“委员之家”和市委、市政府的“参谋部”。市政协主席康益民在会上表态：要充分利用联谊会这个合法、有效的平台，积极有为、充分发挥余热。随后，汤勇，陈丰伟分别向政协之友联谊会授牌、授印。

大会以举手表决的方式通过《东阳市政协之友联谊会章程》，选举产生第一届理事会。聘请市委副书记徐跃进、市政协原主席陆锡经为第一届理事会顾问。当天，第一届理事会举行第一次会议，选举康益民为理事长，杜恩深、陆益民、楼忠福、郭俊喜、吴洵中、韦定民、申屠青、楼永良、金洪驹、卢建新为副理事长，郭志华为秘书长。

联谊会筹备期间，中天集团、村镇建设综合开发公司、新亚服装公司等17个单位先后捐资47万元；联谊会成立当天，募集资金43万元。之后，用这笔资金购置了联谊会办公场所，购买学习、休闲、娱乐器材，建立活动制度，11月12日投入使用。

市政协之友联谊会下设6个小组，除每年组织1至2次联谊会集体活动外，各小组根据自身特点，分别组织开展各种活动。2003年9月28日，离退休小组参观考察横店集团，2004年5月11日，赴金华市参观考察市容市貌和城市建设。2005年1月12日，市政协之友联谊会在横店花木山庄举行座谈会，为新一年市政协工作建言献策。4月7日，参观江北高科技工业园区的北生药业汉生制药有限公司，作老年健康知识讲座。12月20日，在东阳宾馆四楼会议室举行座谈会，康益民向联谊会会员通报市政协2005年主要工作和2006年工作思路，着重就市政协为维护社会稳定，参与处理村企矛盾及群体性事件做了介绍；就市政协十一届十九次常委会议协商讨论东阳市“十一五”规划有关情况作详细说明。2006年10月27日，联谊会召开全体会员会议，通报市政协主要工作，研究讨论市政协之友联谊会的有关工作。2007年9月24日，联谊会成员受邀参加由市政协组织的“同叙手足情，共话一家亲”中秋联谊晚会。12月7日，市政协之友联谊会举行年会，市政协主席王正明通报市政协一年来的工作和下一年的工作计划，会员们就进一步做好政协及联谊会工作、推动东阳经济社会发展提出意见和建议。2008年12月26日，举行迎新年座谈会。

2003年至2008年，东阳市政协之友联谊会组织会员学习国家重大方针政策、法规、时事政治，交流思想，开展形式多样的专项活动，参加人员480人次。联谊会成员发挥自身优势，参与“十一五”规划等多项重大问题的协商、调研活动，就东阳市政治、经济、文化、社会、改革发展稳定等重大问题，提出许多意见和建议，多名会员参加“构建和谐社会中如何发挥政协作用”等理论研讨活动，撰写理论文章。联谊会成员参加政协读书班、形势报告会、视察、座谈会等各类活动20余次，提出意见建议60余条。参与各类公益事业，发挥余热，奉献社会。

第二届政协之友联谊会　2008年6月24日，东阳市第二届政协之友联谊会在东阳大厦召开，83名会员出席。市政协主席王正明，副主席申屠青、韦定民、吴美荣、郭志华、蒋银生、韦国锋、蔡捷飞参加。市委副书记吴康良应邀出席。会议听取市政协副主席兼联谊会秘书长郭志华作《东阳市第一届政协之友联谊会工作报告》，选举产生第二届理事会。王正明为理事长，申屠青、韦定民、吴美荣、郭志华、蒋银生、韦国锋、蔡捷飞、杜恩深、金洪驹、王可法、何飞龙为副理事长，杜继明为秘书长，聘请市委副书记吴康良，市政协原主席陆锡经、康益民为第二届理事会顾问。同日，第二届理事会举行第一次会议，通过修改后的《东阳市政协之友联谊会章程》。

第二届政协之友联谊会成立后，组织会员开展形式多样的交流联谊活动。2011年起，先后组织部分会员到衢州、遂昌、景宁、舟山和江苏常熟等地参观考察；每年年初，召开新春座谈会，组织会员开展书画、钓鱼、健身、晚会等文体活动；到基层了解社情民意，提出许多有见地、有分量、行之有效的意见和建议；在红椿巷拆迁过程中以身作则，帮助工作人员做好其他拆迁户的思想工作；关心社会慈善公益，向困难地区、受灾地区人民捐款捐物。

第三届政协之友联谊会　2014年12月24日，市第三届政协之友联谊会第一次会议在东阳木雕博物馆国际会议中心召开，会员142名。会议听取第二届政协之友联谊会工作报告，讨论通过修改后的《东阳市政协之友联谊会章程》，选举产生第三届理事会成员31名，王正明任理事长，郭巧范、施侍良、韦国锋、蔡捷飞、华伟跃、张卫伟、楼伟龙、申屠青、韦定民、吴美荣、郭志华为副理事长，郭志明为秘书长，决定聘请陆锡经、康益民、申屠福华为顾问。新一届联谊会按照《章程》规定，组织开展各类有利于社会经济发展和个人身心健康的活动，发挥政协之友联谊会的独特作用。

东阳市政协书画社

东阳市政协书画社是市政协领导下政协委员及各界人士中的书画家相互交流、增进友谊、服务社会的联谊组织。其宗旨是弘扬民族优秀文化，繁荣书画创作，促进联谊和对外交流，提高社友的艺术修养，陶冶情操，增进友谊，丰富精神生活。第一届会员36名，2016年增加到58名。市政协书画社发挥自身优势，每年开展多项活动，团结市内外书画界优秀人才，组织开展书画创作和交流活动，提高东阳书画艺术创作水平，为加快东阳文化大市建设做出贡献。2013年，在社会组织等级评估中，被东阳市民政局确定为AAA级社会组织。

2006年11月10日，市政协书画社成立大会在东阳宾馆举行，36名会员参加。金华市政协副主席、政协书画社社长吴战堡到场祝贺。会议通过市政协书画社章程和领导班子名单，郭志华为社长，包中庆、蒋天耕、陈金彪为副社长，聘请康益民为名誉社长，陆益民、韦定民、陆光正、胡江荣为顾问。康益民希望市政协书画社加强活动，增强凝聚力和向心力；加强交流，扩大影响，提高东阳书画艺术的知名度；加强培训，提高政协委员的艺术修养，使东阳的书画艺术园地呈现出百花齐放、欣欣向荣的新气象。

2007年，先后参加全市五家书画院书画联展，参加金华市政协组织的各县市区政协书画社书画联展，应邀参加磐安县政协组织的书画展，其中参加金华市政协组织的书画、摄影展作品13件。为20多家企业和单位选送书画作品。政协书画社的12位书画家创作以展示东阳风貌为主题的2008年新年挂历，赠送全体政协委员和有关单位。12月5日，在五洲大酒店举办年会，总结书画社成立一年多来的工作，制订下一年工作计划。会后现场创作，交流艺术心得。

2008年春节期间，与东阳世界贸易城在黉门广场共同举办“送春联、迎新春”联谊活动。2月，参加由省美术家协会发起的抗雪灾全国书画家艺术捐赠活动，5月，与东阳市慈善总会、东阳日报社等单位共同发起“情系灾区”书画作品义捐义卖活动，为抗击冰雪灾害和汶川大地震义捐义卖书画40多幅，作品包括书法、山水画、花鸟画等。9月，在虎鹿镇东白山庄举行迎国庆联谊会，交流书画创作。是年，选送5件作品参加省政协组织的全省书画巡回展。为企业、农村和机关部门无偿作书画近100幅；应邀为部分领导出国出境访问随带礼品作书画30余幅。参加全市春节书画联展3次，展出作品50幅。组织社友沙龙6次，采风1次。接待到东阳书画交流80多人次。

2009年，市政协书画社组织浙江省第一届“兰亭奖”中小学生书法大赛东阳选拔赛，东阳市组委会被评为优秀组织奖；参加金华市政协和金华市委宣传部组织的新中国60周年书画展；9月，为庆祝人民政协成立60周年，在市图书馆举办“江北杯”书画摄影展，收到作品160多件，经评审展出90件，评为优秀作品21件；出版《翰墨传情》书画摄影集。无偿为机关部门、社会各界作画60多幅。11月24日至25日，安徽省五河县政协书画社一行13人到东阳，共同举行书画笔会，交流艺术。年内共与省内外书画家交流8批，多次与其他文艺界协会交流。

2010年1月8日，市政协书画社年会在东阳宾馆召开，郭志华回顾总结2009年书画社的工作，提出新的一年工作计划。王正明充分肯定市政协书画社自成立以来在推进书画艺术，弘扬东阳文化，拓宽政协工作领域，发挥人民政协在先进文化建设中的特殊作用等方面所做的贡献，希望书画社社友畅所欲言，为在新一年加强对外交流、繁荣文艺创作建言献策。10月，组织部分会员赴江西婺源采风，并与当地政协书画界人士举行笔会。先后参加东阳市8家书画院书画联展和金华市政协组织的各县市政协书画社书画联展，选送作品20多幅。组织社友送书画下乡，为企业、个人无偿赠送书画，致力于对青少年书画艺术的传授，弘扬书画艺术。

2011年1月26日，市政协书画社“卢宅杯”书画展在卢宅古建筑群展出。40多名社友的60多幅书画作品参展。开展仪式上对参展的10幅优秀作品进行表彰。王正明在开展仪式上致辞，市文联、市旅游局负责人在仪式上讲话。社友们现场创作书画，交流心得。开展仪式后，进行座谈，总结一年工作，提出新一年工作安排和设想。社友们围绕加强对外交流与合作、繁荣东阳书画创作提出建议意见。13名优秀书画社社友受到表彰。是年，组织社友参加东阳画家画东阳活动，选送作品参加金华市政协组织的纪念辛亥革命100周年书画展，主办东阳市八家书画院书画联展，组织社友到东白山采风。

2012年1月10日，市政协书画社年会在东阳宾馆举行，总结工作，讨论安排新一年度活动，表彰6名优秀社友并现场书画交流。6月16日，市政协书画社第二次代表大会在东阳宾馆举行，56名社友参加。郭志华作政协书画社五年来的工作总结，会议选举郭志华为社长，包中庆、蒋天耕、陈金彪、陈林旭为副社长，聘请吴战堡、王正明为名誉社长，陆光正、胡江荣、卢光华为顾问，任命了副秘书长。王正明、吴战堡提出希望和要求，政协书画社要围绕市委大力推进文化产业全域化发展的工作中心，推动东阳书画艺术事业繁荣发展，加强交流，扩大社会影响，搭建平台，提高书画艺术水平。市文联、市文化局负责人参加会议。是年创做出版2013年新年挂历，金华市委常委、东阳市委书记徐建华题写封面。

2013年1月15日，举行年会和笔会，总结和安排工作，进行书画创作交流。10月召开社长办公会议，筹划2014年春举办书画展工作，讨论画集出版、作品征集和资金筹集等事项。12月，征集书法、绘画、篆刻等作品48幅，出版"御乾堂红木杯"书画作品集《博雅天趣》。徐建华为书画集题字，吴战堡题写书名，市长朱建军题写贺词，王正明作序言。增加社友1名。是年，组织会员参加东阳市第七届"东阳画家画东阳"、东阳市十家书画院书画联展、东白山书画展、市文联书画展等活动。

2014年2月14日，"御乾堂红木杯"书画展在东阳博物馆举行，以歌颂改革开放的光辉历程和伟大业绩为主题，展出40余幅书画作品。5月，组织参加省政协举办的"三级政协联动、万名委员同行、助推五水共治"书画摄影大赛，报送书法和绘画作品各3件，获二等奖1件，获三等奖2件。组织社友参加"创国卫，社会组织齐参与"等公益活动。12月，出版社友书画作品集《清香满园》。

2015年1月28日，市政协书画社迎新春书画展在博物馆开展，展出39位社友的作品49幅，包括国画、油画、书法等。展出时间为一周。期间向群众免费赠送《清香满园》书画作品集。12月，与市美协联合举办"东阳画家画东阳"书画展。

2016年4月，参加东阳市10家书画院书画联展，选送书法绘画作品10件。5月31日，组织书画社社友参加市政协2016年"界别活动月"启动仪式，为六石街道北后周村现场作书画近20幅。

茶话会

每逢春节和中秋，东阳政协都要邀请社会各界人士举行茶话会共庆佳节，畅叙情谊，共话发展。1987年，台湾当局开放民众到大陆探亲，对台工作出现新形势。根据中共中央"立足大陆、面向台湾、面向港澳、面向海外，而以对台工作为重点"的海外统战工作方针，为促进祖国和平统一开展活动。利用中秋、春节等传统节日，邀请台、侨眷属与回乡探亲的台侨胞聚会，共庆佳节，畅谈形势，学习政策，抒发亲情。茶话会已成为统战联谊的一种重要形式。

1963年1月20日，县政协举办春节茶话会，省人大代表、县人民委员会委员、政协常委、在城县人大代表、政协委员、老艺人等参加。政协副主席周国亮在会上介绍1962年国民经济取得的成就。

1986年1月29日，县政协会同县委统战部举行迎春茶话会。50多位各界人士参加，畅谈过去一年东阳县经济建设和各项改革的大好形势。县委副书记、县长童德成到会讲话。

1987年中秋前夕，文艺体育工作组与县委统战部、县文联，在红旗乡大里村的农民作家楼联合举行中秋茶话会，参与茶话会的有台联代表、农工民主党和民盟组织成员、黄埔军校同学会校友、文联顾问以及县文化局等单位领导。有的即席赋诗作词，表达对中国共产党的路线和大好形势的赞美之意，寄托对去台亲人的思念。

1988年春节前夕，祖统委与台办联合在8个区镇召开台属迎春茶话会，到会台属438人；侨务工作组配合县委统战部、侨办，邀请回乡探亲的46位侨胞举行春节茶话会，县委、县政府和县政协领导会见与会人员，并与大家亲切交谈。茶话会上，各界人士共话振兴中华、统一祖国大业，向台湾同胞和在台的东阳籍人士致以亲切问候。中秋节分别举行台属和归侨侨眷中秋思亲茶话会。9月22日，横店镇委、镇政府举行政协委员、人大代表、台属、侨眷中秋思亲茶话会，32人参加。

1989年9月14日，市政协和市文联联合召开文艺界人士中秋节茶话会，文艺界的市政协委员、市文联领导及各协会负责人，省、全国文联各协会在东阳会员共43人参加。

1990年10月3日，横店镇委、镇政府举行政协委员、侨属、台属代表中秋茶话会。

1996年9月27日，市民革、黄埔军校同学会联合举行中秋茶话会。茶话会以共叙祖国统一，迎回归，促开放为题。市政协、市委统战部、市台办、市侨办负责人和在城的黄埔军校同学会、民革支部成员共40人参加。市台办主任通报当年3月台湾改变领导人产生方式后的走势和对台工作的形势。市侨办主任通报"九七"香港回归祖国的有关情况。八十高龄的黄埔同学、北溟诗社社长王志祥即席赋诗《九六中秋茶话会即席抒怀》，以表庆贺。

1997年9月15日，科技一、二组政协委员在市科委三楼会议室举行中秋茶话会。

1999年1月15日，市政协邀请各民主党派、工商联以及黄埔军校同学会有关人员举行新年茶话会。

2001年1月17日，市政协在光明大酒店举行各界人士迎新春茶话会。各民主党派、工商联、黄埔军校同学会、各人民团体及社会各界人士出席，市各套班子领导人向与会人员拜年。市委书记汤勇高度评价市政协工作取得的各项成绩，并对今后工作提出希望和要求。

2003年9月10日，市政协在东阳大厦举行海外侨胞、港澳同胞、台湾同胞及亲属代表中秋茶话会。

2004年9月24日，市政协领导参加"三胞"及亲属代表中秋茶话会。

2005年9月15日，台胞、侨胞、港澳同胞及亲属代表中秋茶话会在东阳宾馆举行。与会人员共叙亲情乡情，共谋东阳经济社会发展之大计。市政协主席康益民，副市长朱炳仁，市政协副主席、市委统战部部长吴美荣参加。

2007年9月20日，邀集台胞、侨胞、港澳同胞及其亲属代表举行中秋茶话会。市各套班子领导出席并致以节日的问候。茶话会上，"三胞"及其亲属发言踊跃。

2010年9月19日，全市“三胞”及亲属代表中秋茶话会在东阳大厦举行，在东阳的港澳同胞、台湾同胞、海外侨胞及其眷属参加。市各套班子领导出席。

2013年9月17日，市“三胞”及亲属代表中秋茶话会在东阳大厦举行。市领导向“三胞”及亲属表达节日的问候和美好的祝愿，对他们为东阳市经济社会发展做出的贡献表示感谢。

中秋联谊晚会

市政协中秋联谊晚会始于2007年，至2013年共举办7次。晚会邀请市委、市人大、市政府主要领导和历届市政协领导，政协常委，市政协各界别、联络组召集人，各民主党派、工商联负责人，港澳台侨胞代表共度佳节。借此密切与各界人士的交流联谊，发挥社会各界在促进东阳经济社会发展中的作用。

2007年9月24日，市政协在嘉华大酒店举行“同叙手足情，共话一家亲”中秋联谊晚会，近200人参加。金华市委常委、东阳市委书记蒋永志代表市委、市政府致辞，市政协主席王正明代表市政协向关心、支持政协工作的领导和同志们致以节日的问候。晚会上进行了政协知识竞猜。

2008年9月11日，市政协在东阳宾馆六楼举行以“歌山画水迎中秋，和谐政协庆团圆”为主题的“情满金秋”中秋联谊晚会。王正明致辞。市委副书记、市长江跃进代表市委、市政府向与会人员致以节日的问候和祝愿。

2009年中秋节举行“欢乐中秋，红色经典”联谊晚会，邀请市委、市政府、市人大领导，在东阳的省和金华市政协委员、市政协常委、各民主党派负责人和无党派人士、人民团体负责人、港澳台同胞家属代表及各界人士共度佳节。

2010年9月21日，“月”来越好·东阳市政协2010中秋联谊晚会在东阳宾馆举行。金华市委常委、东阳市委书记张仲灿致辞，200多人参加晚会并观看文艺演出。

2011年9月8日，市政协“中秋月·三乡情”中秋联谊晚会在东阳宾馆举行。市各套班子领导出席并观看晚会文艺节目。

2012年9月27日，市政协举行中秋联谊晚会。金华市委常委、东阳市委书记徐建华代表市委、市政府向全市各民主党派、无党派人士、人民团体及社会各界人士致以问候和祝愿。王正明通报政协开展的各项工作。

2013年9月18日，市政协中秋联谊座谈会在市行政中心召开。王正明在会上致辞，与会人员就如何更好地开展政协工作进行座谈。

第十一章　自身建设

加强自身建设是东阳政协的优良传统。历届东阳政协围绕各个时期的中心工作，根据新形势、新任务和新要求，坚持从实际出发，有针对性地加强政协委员和政协机关两支队伍建设，不断提升履职能力和水平。注重学习培训，加强政治理论、时事政策，国家重大方针、政策和法律法规，经济、科技等现代科学文化知识，统一战线和人民政协理论，《政协章程》和有关规章制度等方面的学习培训。注重信息宣传和工作交流，多次在全国政协、省政协和金华市政协组织的工作经验交流会上发言介绍，并到多个省市县交流工作，学习借鉴先进经验，提高自身水平。及时向上级政协和市委、市政府报送信息。各级新闻媒体常有关于东阳政协工作亮点和创新作法的报道。注重制度建设，围绕政协工作职能的提升和东阳经济社会的发展，建立并不断完善各项规章制度。通过评选和表彰先进，提高政协委员履职积极性。

第一节　学习培训

1956年5月，东阳县政协一届二次常委会议决定设立学习委员会。学习委员会是负责安排政协全体会议学习、常委会议学习及全体政协委员学习的专门组织。主任一般由副主席或秘书长兼任。第十一届政协始不设学习委员会，组织委员学习的工作职能延伸到各个专门委员会、界别和联络组。东阳政协经常性地举行报告会、座谈会、讨论会，组织和推动政协委员、各界人士学习国家方针政策和时事政治，学习中央、省市(县)重要会议精神，提高思想政治水平，进行自我教育与自我改造。协助党委、政府宣传贯彻各项方针政策，促进和推动各项工作和事业的发展，巩固和发展人民民主统一战线，团结各界人士战胜困难和完成各个时期的工作任务。

东阳政协组织学习的方式主要有通过全体会议、常委会议、主席会议和常委学习座谈会，就大政方针的出台和重大事件组织委员及各民主党派、人民团体的负责人进行学习讨论。依托专门委员会和基层联络组，组织委员开展经常性的学习座谈，交流思想，沟通情况。邀请党政领导、有关部门的负责人或专家学者作专题报告、召开情况通报会和学习座谈会，进行专题学习。举办委员读书班、培训班，或推荐委员到上级政协、统战机关举办的培训班学习。举办专题学习研讨会、经验交流会、座谈会，组织委员畅谈学习体会，交流学习经验，互相启迪，共同提高。利用调查、视察、考察、检查等活动，组织委员结合实际学习。通过编印、发放学习资料，与《东阳日报》、东阳电视台等新闻媒体合作开办专题专栏，利用互联网开设学习园地。

第一届委员会

东阳县一届政协的学习委员会下设2个分会、4个学习小组，有学员65人、参加学习的各界人士210余人。1956年，学习委员会指导各学习分会、学习小组组织各界人士进行经常性的时事政策和政治理论学习，先后举行3次内容为“中共中央提出的‘长期共存，互相监督’方针”“苏伊士运河问题”“中苏问题和东欧问题”等的座谈会；组织政协委员、各界人士参观访问，如8月组织政协委员和县人民代表11人下乡参观访问农村合作化。1957年，各学习组学习中共八大文件、《人民日报》上的《再论无产阶级专政的历史经验》《关于正确处理人民内部矛盾的问题》等文章，就每个时期的重要时事政策问题举行学习座谈会。

1956年，县政协举办各种座谈会10余次。三四月间，先后组织政协委员和各界人士座谈，讨论中共中央政治局提出的《1956年到1967年全国农业发展纲要（草案）》和中共浙江省委的《浙江省1956年到1957年知识分子工作纲要（草案）》。6月，召开学习贯彻“百花齐放，百家争鸣”方针座谈会。9月，协助卫生部门召开卫生界代表会，传达贯彻“中西医团结”的方针。10月，召开数次私方人员座谈会，就“公私共事”和贯彻执行资本主义工商业改造政策等问题进行讨论研究，了解情况，征求意见，将意见汇总后与工商部门协商处理。

1957年3月4日，召开有工商、文教、卫生等界22人参加的常务委员座谈会，听取和讨论本会赴杭参观团《关于参观省农业展览会和部分工厂情况的传达报告》和《推销1957年国家经济建设公债方案》。4月7日至8日，举行有工商、文教、卫生、文艺、学生、宗教界和有关党政部门负责人等45人参加的扩大座谈会。县委书记、政协主席张利一在会上作《怎么正确对待人民内部矛盾问题》的讲话。从当时出现某些紧张和困难的原因、中小学毕业生升学问题、合作化问题、粮食问题、民主与集中问题等五方面分析人民内部的矛盾和问题。5月20日，召开一届七次常委会议学习中共中央主席毛泽东在最高国务会议上作《关于正确处理人民内部矛盾的问题》的报告和省政协一届三次会议精神。5月29日，一届三次会议期间政协委员学习毛泽东《关于正确处理人民内部矛盾的问题》的报告，学习全国政协二届三次会议和省政协一届三次会议的政治决议。6月下旬和7月上旬，先后举行各界人士国际国内形势任务报告会、正确处理人民内部矛盾问题报告会。9月12日，政协委员座谈开展反右派斗争学习后的情况。

1958年3月4日至5日，县政协举行座谈会，传达汇报参观省农业展览馆和部分工厂的情况，讨论社会主义经济的优越性、增产节约问题和推销1957年公债。7月20日至23日召开整风座谈会。七八月间，多次召开各界人士整风学习座谈会，进行大鸣大放。

1959年9月，召开一届十七次常委会议学习中共八届八中全会公报和决议，听取县长贾守第《关于当前形势和任务的讲话》。

第二届委员会

1960年3月12日，在城委员20余人举行座谈会，听取金华专区文卫、工商界座谈会精神的传达。4月3日，召开各界人士座谈会，讨论国务院副总理李富春《关于1960年国民经济计划（草案）》的报告。6月24日，召开部分委员和各界人士参加的国际形势座谈会，谴责美帝侵略者的战争政策。10月召开二届二次常委会议学习全国政协关于组织和推动各界学习政治理论工作的报告和决议、国内外政治经济形势分析材料和全国政协关于学习毛泽东著作的报告和决议。

1961年1月17日至18日，召开二届三次常委会议，学习中共中央《关于农村人民公社当前政策问题的紧急指示信》（简称《12条》）。25日召开部分政协委员和各界人士座谈会，学习讨论中共八届九中全会公报。

第三届委员会

1961年3月，县政协根据全国政协《关于推动和组织民主党派成员、无党派民主人士、工商界、知识界学习毛主席著作的决议》精神，在吴宁、巍山、安文、湖溪、千祥等地建立5个学习组，组织部分县人民委员、政协委员、工商界、知识界人士70余人定期参加政治学习。成立各界人士政治学校，组织工商界、知识界短期脱产学习，全年开办两期，78名工商界私方人员参加。各学习组和政治学校重点学习《毛泽东选集》第四卷、毛泽东《关于正确处理人民内部矛盾的问题》和《实践论》等著作，《农村人民公社工作条例（草案）》。4月14日，召开"苏联载人宇宙飞船上天"座谈会。20日的学习座谈会听取副县长李明亭关于《农村人民公社工作条例（草案）》的说明。9月8日召开各界人士座谈会，学习座谈国内外形势。10月召开三届五次常委会与县人民委员会联席会议，学习《农村人民公社工作条例（修正草案）》，结合学习各条战线上的工作条例，联系各条战线上的实际工作展开讨论。学习中注重贯彻"神仙会"精神，启发学习自觉，鼓励认真读书、独立思考、敞开思想、自由争辩。

1962年4月，召开三届六次常委（扩大）会议，邀请各界人士20余人列席，学习讨论周恩来的政府工作报告。县委书记、政协主席于耐毅就国内外形势讲话。5月31日，召开吴宁镇工商界解疙瘩座谈会。7月，召开三届七次常委（扩大）会议，讨论时局。11月，召开三届八次常委会议听取省二届人大三次会议和省政协二届三次会议精神的传达并开展讨论。是年，学习《人民日报》和《红旗》杂志的多篇社论，《中国共产党第八届中央委员会第十次全体会议公报》等重要文章。

1963年3月6日，召开三届九次常委会议讨论通过《关于各界人士学习组2至7月份的学习计划》，决定除原有吴宁、巍山、安文等地各界人士学习组外，在湖溪、千祥、六石口成立各界人士学习组。7月8日召开三届十二次常委会议，学习讨论《关于共产主义运动总路线的建议》（中共中央给苏共中央3月30日来信的复信）和省人委《关于1963年征收农业税的若干规定》。8月4日至19日，召开有19人参加的教育界代表座谈会。其间组织各界人士23人参观新安江水电站、杭州制氧机厂、杭州丝绸联合印染厂、萧山电机厂和衢州化工厂。8月、11月，县政协常委会与县人民委员会先后两次举行联席会议，学习《关于共产主义运动总路线的建议》。12月召开三届十五次常委会议，学习中共中央《关于目前农村工作若干问题的决定（草案）》和《关于农村社会主义教育运动中一些具体政策的规定（草案）》。是年2月至年底，在各界人士中进行以反对现代修正主义为中心的国际主义教育。先后学习《陶里亚蒂同志同我们的分歧》《再论陶里亚蒂同志同我们的分歧》《列宁主义和现代修正主义》《全世界无产者联合起来反对我们的共同敌人》《分歧从何而来》以及《关于国际共产主义运动总路线的建议》等重要文章。

第四届委员会

1964年1月至8月，组织各界人士进行以阶级斗争为纲，以社会主义过渡时期阶级、阶级矛盾和阶级斗争以及“反修”为主要内容的政治理论和时事政策学习，开展爱国主义、国际主义和社会主义教育。除吴宁、巍山、安文、湖溪、千祥等学习组继续组织各界人士经常学习外，在四五月间配合工商联举办政治学校，组织114名工商界人士参与短期脱产学习。主要学习中共中央《关于目前农村工作中若干问题的决定（草案）》和《中共中央关于农村社会主义教育运动中一些具体政策的规定（草案）》，同时组织和推动知识界、工商界、卫生界及其他各界人士参加反对现代修正主义的学习活动。先后两次组织政治学校学员和各界人士81人赴县委社会主义教育运动试点——甘溪公社棣坊大队参加对敌斗争大会，会后座谈讨论。4月，召集部分常委和委员座谈，就东阳县改造右派工作问题展开讨论。

1965年，四届政协制订学习毛泽东著作计划，指定学习的具体文章有《实践论》《矛盾论》《关于正确处理人民内部矛盾的问题》《人的正确思想是从哪里来的》《中国社会各阶级的分析》《为人民服务》《纪念白求恩》等。1月7日召开四届四次常委会议，学习讨论国内外形势和进行自我思想改造。7月31日，吴宁政协学习组座谈李宗仁从海外回国问题。

1980年8月，停顿15年的四届政协常委会恢复工作。是月23日，召开四届五次常委会议，学习全国政协主席邓小平在全国政协五届二次会议上的开幕词《新时期的统一战线和人民政协的任务》和全国政协五届一次会议通过的政协章程。

第五届委员会

1981年4月17日，召开五届一次常委会议，学习中共中央有关政协问题的文件和全国政协主席邓小平在全国政协五届三次全会上的开幕词及政治决议。9月13日，召开五届二次常委会议，学习中共十一届六中全会《关于建国以来党的若干历史问题的决议》，县政协主席张建中做学习动员。10月7日，教育工作组在东阳中学召开部分老教师座谈会。10月28日，工商经济工作组召开部分在城工商界人士座谈会，学习全国人大常委会委员长叶剑英发表的《进一步阐明关于台湾回归祖国实行和平统一方针政策》的谈话和中共中央主席胡耀邦在首都纪念辛亥革命70周年大会上的讲话，学习中国民主建国会主席胡厥文在6月作《关于常州市工业发展情况的报告》和胡耀邦对《报告》的批示。12月28日五届三次常委会议，学习贯彻全国政协五届四次会议文件，就“必须正确认识我国当前的经济形势”“必须坚定不移地贯彻执行国务院总理赵紫阳在五届全国人大四次会议上提出的经济建设的十条方针”“在搞好物质文明建设的同时，必须努力搞好精神文明的建设”“必须进一步巩固和发展革命的爱国统一战线”四个方面的问题进行座谈。

1982年4月16日，召开五届四次常委会议，学习中共中央、国务院《关于打击经济领域中严重犯罪活动的决定》《关于我国社会主义时期党对宗教的基本观点和基本政策》等文件，学习全国统战工作会议精神以及胡耀邦在全国统战工作会议上的讲话精神。6月25日至30日召开五届二次会议，学习讨论《中华人民共和国宪法(修改草案)》。7月先后建立吴宁镇政协教育学习组、吴宁镇政协工商学习组、吴宁镇政协卫生学习组、巍山镇政协学习组和安文镇政协学习组。各学习组确定学习的内容、时间、地点和负责人，开展每月至少一个晚上或一个下午的学习活动。

8月26日，召开五届七次常委会议，学习讨论《中国人民政治协商会议章程(修改草案)》，学习邓小平在政协章程修改委员会两次会议上的讲话及中共中央书记处书记胡乔木、全国政协机关党组书记刘澜涛等关于政协工作和章程修改草案的讲话，学习中共十一届七中全会公报和7月24日全国人大常委会副委员长廖承志致台湾国民党中央主席蒋经国的信。9月13日，在城的部分县人大、县政协常委及教育、卫生、科技、工商、归侨侨眷、去台人员亲属和各界知名人士举行学习中共十二大文件座谈会。9月18日，在城部分县政协、县人大常委及各界知名人士举行学习贯彻中共十二大精神座谈会。12月27日，召开五届八次常委会议，学习国家新宪法、政协新章程及赵紫阳关于“六五”计划的报告。

1983年3月五届三次会议期间，全体委员学习修改后的《中华人民共和国宪法》、全国政协五届五次会议通过的《中国人民政治协商会议章程》和中共中央统战部部长杨静仁《全面开创统战工作新局面》的讲话。6月，县政协、县人大在城常委举行座谈会，学习中共中央关于全面贯彻中国共产党的宗教信仰自由政策文件，学习贯彻中共东阳县委宗教工作会议精神和中共东阳县委《关于坚决打击“呼喊派”的破坏活动，进一步贯彻落实党的宗教政策的决定》。7月召开五届十一次常委会议，与会常委和民主党派代表学习六届全国人大一次会议、全国政协六届一次会议和省政协五届一次会议精神，形成“毋忘团结奋斗，致力振兴中华”的共识。9月20日，召开五届十二次常委会议，学习全国人大常委会《关于严惩严重危害社会治安的犯罪分子的决定》和《关于迅速审判严重危害社会治安的犯罪分子的程序的决定》，学习全国政协六届二次常委会议《关于进一步认真学习〈邓小平文选〉的通知》。县长吕世棠作关于学习《邓小平文选》等情况说明。12月17日，召开五届十三次常委会议，学习《中共中央关于整党的决定》等文件。

1984年2月至9月，在城常委和各界人士先后5次举行学习会，学习中共中央〔1984〕1号文件《关于1984年农村工作的通知》和国务院副总理万里在全国农村工作会议上的讲话；学习中共中央书记处书记习仲勋在落实政策会议上的讲话；学习省委《关于加快城镇集体经济发展若干政策问题的规定（试行）》、国务院下发的国营企业的十条规定、胡耀邦的批示，学习传达省文史资料工作会议精神；学习六届全国人大二次会议政府工作报告中的五节论述（改变普遍吃大锅饭的弊端；改革建筑业和基本建设的管理体制；改革流通体制；办好特区，进一步开放沿海城市；重视知识和知识分子的作用，提高职工队伍素质）；学习浙江省社会经济研究所所长方民生在金华地区的讲话《在经济体制改革中的几个理论问题》，听取陆锡经介绍温州地区参观体会及县委书记黄成侠在机关干部大会上有关改革的讲话精神传达。

第六届委员会

1984年10月15日，召开在城常委学习会议，学习《中央政策落实小组扩大会议纪要》《中央统战部、全国政协机关党组关于妥善处理“文化大革命”中查抄财物遗留问题的意见》、省委办《关于抓紧处理“文化大革命”中查抄财物遗留问题的通知》、省长薛驹在市长专员会议上关于城市改革问题的讲话。11月召开六届二次常委会议，学习中共十二届三中全会通过的《中共中央关于经济体制改革的决定》。12月15日政协常委学习会，学习《周恩来选集》（下卷）中的《我国人民民主统一战线的新发展》及在“文化大革命”中的若干电文，学习参阅资料《关于我国对外开放政策》，传阅一个月来中共中央、国务院的有关文件并进行漫谈讨论。

1985年1月，召开六届三次常委会议，学习中共中央、国务院《关于进一步活跃农村经济的十项政策》、中央办公厅《加快落实华侨私房政策》、省委办《放宽政策鼓励用侨汇购建住宅》等文件和浙江省委副书记陈法文对台方针政策的讲话。3月16日，召开六届四次常委会议，传达贯彻省政协工作会议、中共金华地委对台工作会议和县委农村工作会议精神。6月15日，召开六届六次常委会议，学习《中共中央关于教育体制改革的决定》，听取省政协五届三次会议、省六届人大三次会议精神和浙江省九年制义务教育条例内容的传达。11月召开六届八次常委会议，在城常委和部分委员听取中共十二届四中、五中全会、全国政协六届十次常委会议和省政协五届十二次常委会议精神传达，围绕坚定不移地搞好全面改革和抓好精神文明建设这两个重点，结合本县民众普遍关注的物价改革、环境污染和精神文明建设等问题进行讨论。12月16日，在城常委学习中共中央《关于解决党政机关作风几个问题的通知》《邓小平会见美国时代公司组织的美国高级企业家代表团的会谈记录》，后结合本县实际情况座谈。

1986年1月，召开六届九次常委会议，学习中共中央、国务院《关于1986年农村工作的部署》，并座谈讨论。3月召开六届十次常委（扩大）会议，常委和各工作组正副组长学习全国政协学习工作会议精神。4月12日，政协医卫工作组会同卫生局和县医学会在县工人文化宫举办临床医学讲座，由东阳籍在上海市各医院长期从事医务工作的中高级医师主讲，来自全县各区镇乡医院和厂矿学校的医务工作者，磐安、义乌等兄弟县的医务工作者120多人听讲。4月29日，县政协主席陆锡经向县级机关干部作新时期中国共产党的统一战线工作方针、政策和任务的报告，600余人与会。7月六届十一次常委会议，学习中央办公厅〔1986〕10号文件和省委书记王芳在全省政协工作座谈会上的讲话，听取省政协五届四次会议和金华市政协一届二次会议精神传达。10月15日，县政协与东阳中学联合邀请浙江省语文学会副会长、特级教师林炜彤作关于语文教学改革的学术报告。12月召开六届十二次常委会议，学习中共十二届六中全会的精神和《中共中央关于社会主义精神文明建设指导方针的决议》，听取中共东阳县委书记梅崚学习贯彻中共十二届六中全会决议的体会和中共金华市首届代表大会精神的传达。

是年，政协主要领导先后3次给县委党校局级干部理论学习班，县级机关干部、区镇乡党政干部和离退休干部作新时期政协统战工作的性质、任务和作用的报告，提高干部对搞好政协统战工作意义的认识。

1987年2月，召开六届十三次常委(扩大)会议，县政协常委和各工作组组长39人学习中共中央《关于当前反对资产阶级自由化若干问题的通知》等文件，表示要坚持四项基本原则，旗帜鲜明地反对资产阶级自由化。县委书记梅崚到会讲话。

第七届委员会

1987年4月，七届一次会议期间，全体委员学习中共中央代理总书记、国务院总理赵紫阳在全国政协六届十四次常委会议上的讲话和全国政协主席邓颖超在全国政协六届五次会议上的讲话及全省统战、政协工作会议精神。5月15日在城常委举行学习会，邀请县委党校教师胡家丁作《坚持四项基本原则，建设有中国特色的社会主义》的理论辅导。7月15日县政协举行“考察日本西德报告会”，金华市和东阳县的政协委员、农工民主党和民盟成员、县级机关部分党政干部230多人参加，县委书记梅崚和县政协副主席、木雕厂厂长陆光正分别报告考察日本东京、大阪等地工业和联邦德国雕刻工艺等的情况及感受。9月25日，召开政协工作组(委)正副组长(主任)会议，学习贯彻全国地方政协工作组(委)工作会议精神。11月3日至6日，医药卫生工作组邀请上海市第一妇幼保健院副院长和沪南医院放射科主任到东阳讲学，90多名妇婴医务工作者参与听讲。11月召开七届三次常委会议，听取梅崚传达中共十三大精神的报告，学习中共中央总书记赵紫阳关于政协的论述和在中共中央听取全国党外人士意见茶话会上的讲话等。

1988年3月，召开七届四次常委会议，学习中共中央〔1988〕1号文件《关于经济形势和今年的经济工作》。4月26日至28日，教育工作组与东阳中学、县教育局、金华市物理学会和县物理学会联合邀请浙江省物理特级教师和著名物理教师12人举行经验报告会。5月13日，在城政协常委、省政协委员及学习委员会委员学习赵紫阳在接见广东省党政领导干部时的讲话，听取并讨论县长童德成关于东阳外向型经济情况的通报。11月七届七次常委会议,学习中共十三届三中全会和省委七届九次(扩大)会议精神。12月3日举行形势报告会。中共东阳市委书记梅峻作题为《思想上真通,行动上真干,把党的十三届三中全会精神真正落到实处》的报告。在城全体政协委员,农工党、民盟、台联、侨联、黄埔军校同学会、基督教“三自”爱国会成员,工商界人士以及中小学教师代表共300余人出席。

1989年2月,召开七届八次常委会议,学习全国政协《关于政治协商、民主监督的暂行规定》。4月26日,组织在城政协常委和各民主党派负责人学习当天的《人民日报》社论《必须旗帜鲜明地反对动乱》。市委书记梅峻到会传达中央和省委的有关指示精神。5月2日,召开有在城政协常委、各民主党派负责人31人参加的“反对动乱”座谈会。6月1日,市政协、市委统战部召集在城部分政协常委,各民主党派、各人民团体领导成员以及黄埔军校同学会、台联、侨联负责人传达中共中央政治局委员、北京市委书记李锡铭《关于北京学潮情况的通报》,学习《李鹏、杨尚昆、乔石、姚依林同志在5月22日会议上的讲话要点》和省委书记李泽民在市地委书记会议上的讲话。26日至27日,召开的七届十次常委会议,学习中共十三届四中全会公报和中央军委主席邓小平6月9日接见首都戒严部队军以上干部时的讲话及国务院总理李鹏等的讲话。7月6日,在城常委和民主党派领导成员举行学习会,传达学习邓小平的几次重要讲话、李鹏《关于赵紫阳同志在反党反社会主义的动乱中所犯的错误的报告》和中共中央江泽民在四中全会上的讲话精神。10月12日,在城的政协常委,农工、民盟、黄埔军校同学会联络小组、工商联(筹)领导成员24人,参加学习会,学习江泽民国庆重要讲话精神。市政协学习委员会向全市政协委员发出《关于认真学习江泽民同志国庆重要讲话的通知》。11月,召开七届十一次常委会议,学习中共十三届五中全会公报。12月23日,在城常委和各界人士学习贯彻中共十三届五中全会和中共浙江省委扩大会议精神,中共东阳市委书记李成昌到会讲话。

1990年2月17日,市委书记李成昌和市委副书记、市长童德成,市委副书记何文彬代表市委邀请在城各民主党派、工商联、黄埔军校同学会负责人和在城部分市政协常委、省政协委员座谈,就《中共中央关于坚持和完善中国共产党领导的多党合作和政治协商制度的意见》及大家共同关心的问题进行讨论。

第八届委员会

1990年4月16日至20日,召开八届一次会议,学习中共中央《关于坚持和完善中国共产党领导的多党合作和政治协商制度的意见》和七届全国人大三次会议、全国政协七届三次会议精神,听取并讨论市委书记李成昌作的形势任务报告。5月15日,在城常委学习、讨论中共十三届六中全会审议通过的《中共中央关于加强党同人民群众联系的决定》。6月15日,举行纪念鸦片战争150周年学习会。在城常委、各民主党派负责人、工商联和黄埔军校同学会负责人共30人参加。市政协委员、教师进修学校高级讲师楼烈英作“关于鸦片战争”的专题发言。7月召开八届二次常委会议,学习全国统战工作会议精神、中共浙江省委〔1990〕6号文件和金华市政协二届一次会议精神。9月15日,部分政协常委、省政协委员,各民主党派代表共24人学习《中共中央关于加强统一战线工作的通知》、省委副书记葛洪升在统战工作报告会结束时的讲话、省政协主席商景才在省政协六届十二次常委会议上的讲话等。

1991年4月1日至4日，召开八届二次会议，全体政协委员学习中共十三届七中全会精神、七届全国人大四次会议精神、全国政协七届四次会议精神和东阳市委九届二次全会扩大会议精神。5月24日，市政协学习委员会举行统一战线理论座谈会，市委副书记楼国华参加会议。9月召开八届七次常委（扩大）会议，政协常委与部分在城委员30多人学习江泽民"七一"重要讲话精神，听取市委书记童德成有关政治形势的报告。10月5日，举行纪念辛亥革命80周年报告会，在城的市政协委员，省、金华市政协委员及各民主党派、工商联、黄埔军校同学会成员100多人参加。金华市政协常委、浙师大历史系副教授王煊城从辛亥革命爆发的历史背景、孙中山的初期革命活动与同盟会、武昌起义与中华民国的建立、辛亥革命的意义和启示四个方面作报告。11月6日，金华市政协副主席徐君赐到东阳作访问台湾情况的报告，在城政协常委及各民主党派、黄埔军校同学会、工商联的负责人60余人参加。12月召开八届八次常委（扩大）会议，政协常委、省政协委员、各区（镇）政协联络员40余人学习中共十三届八中全会精神。

1992年3月，召开八届九次常委会议，学习中共中央〔1992〕2号文件（邓小平视察南方讲话）、中共中央政治局全体会议精神。10月28日，市政协学习委员会与市委统战部联合举行在城政协常委及各民主党派、工商联负责人学习会，学习和讨论江泽民在中国共产党第十四次全国代表大会上的报告。12月召开八届十二次常委会议，学习中共十四大精神，中共东阳市委书记童德成传达中共浙江省委八届八次扩大会议精神。

第九届委员会

1993年8月，召开九届二次常委会议，学习全国政协八届二次常委会议精神。31日，召开各工作委员会主任、工作组长、联络组组长会议，明确各委（组）、联络组的学习内容。9月4日，召开在城常委和各民主党派、工商联、黄埔军校同学会主要负责人座谈会，学习中共中央纪律检查委员会第二次全体会议公报，听取市委常委、市纪委书记王光训关于反腐败斗争开展情况的通报和市委常委、市人大常委会主任吴高正关于在本市开展人大代表评议司法工作情况的通报。11月11日，举行学习例会，学习《中共中央关于学习〈邓小平文选〉第三卷的决定》，李瑞环在全国政协八届三次常委会议上的讲话和在全国统战工作会议上的讲话、李鹏在中央农村工作会议上的讲话精神。9月和12月，市政协分北片、南片和城区，先后3次举办第九届政协新委员培训班，100多名政协委员和各乡镇宣传统战委员参加，系统学习政协统战理论。政协领导分别主讲"新时期的人民政协工作""新时期的统战工作""人民政协的历史、性质、地位、任务和作用"，同时邀请老政协委员作经验介绍。12月18日，召开纪念毛泽东诞生100周年专题报告会。东阳中学教师赵升尧应邀作"毛泽东与统一战线及其在新时期的发展"的报告。在城常委与部分政协委员、各民主党派、工商联、黄埔军校同学会主要负责人及政协机关全体干部听取报告并讨论。

1994年3月，召开九届四次常委会议，传达学习全国政协八届二次会议和省政协七届二次会议精神。7月，召开九届六次常委会议，学习《全国政协章程》和全国政协八届七次常委会议精神。10月24日，召开在城常委、各民主党派负责人、工商联负责人、政协学习委员会成员会议，学习中共十四届四中全会精神。11月，召开九届七次常委会议，学习中共十四届四中全会精神，听取童德成传达全国农村基层组织建设工作会议精神。

1995年1月14日，召开九届八次常委会议，学习江泽民在全国政协新年茶话会上的讲话。3月27日至30日，召开九届三次会议，组织全体委员学习《政协东阳市委员会关于政治协商、民主监督、参政议政实施细则》《关于充分发挥市政协委员在所在单位履行基本职能作用的意见》。5月17日，"三胞"联谊工作委员会与市台联理事会联合召开座谈会，学习江泽民《为促进祖国统一大业的完成而继续奋斗》讲话和省第一次台属代表大会精神。7月，召开九届十二次常委会议，学习李瑞环在全国政协八届十三次常委会议上《关于人民政协履行职能的若干问题》的讲话，学习金华市政协三届一次会议精神。

1996年5月16日，在市政协会议室举行学习人民政协工作者的光辉榜样——匡宗义优秀事迹学习会，在城的市政协常委、学习委员会成员、各民主党派负责人、市政协机关干部参加。6月28日，学习委员会组织在城政协常委、各民主党派负责人学习李瑞环在全国政协八届四次会议闭幕会上的讲话和《人民政协报》上《围绕大目标，实现大联合》《牢记群众观点、坚持群众路线》《坚持邓小平建设有中国特色社会主义的理论》等评论员文章。7月召开九届十六次常委会议，学习《人民日报》"七一"社论《跨世纪大业与中国共产党——"七一"献辞》，江泽民在纪念中国共产党成立七十五周年座谈会上的讲话《努力建设高素质的干部队伍》和李瑞环在全国政协八届十七次常委会议上的讲话。8月28日，举行现代科技知识报告会，邀请浙江省科协副主席、浙江大学博士生导师周文作关于信息、生物、能源、材料等方面的现代科技知识报告。10月14日，举行纪念红军长征胜利六十周年报告会。在城政协委员、民主党派负责人近百人参加。11月12日，举行纪念孙中山诞生130周年报告会。在城市政协常委、学习委员会成员、各民主党派领导、市民革全体成员、市黄埔军校同学会代表近50人参加。11月，召开九届十七次常委会议，听取市委常委、宣传部部长卢志信关于学习中共十四届六中全会精神的辅导报告。

1997年2月，召开九届十八次常委会议，学习中央经济工作会议精神和省政协七届五次全会精神。5月9日，举行"迎回归、话统一"报告会。浙江大学副教授杨泉元作题为《香港回归风云》的报告。5月12日，在横店集团公司木雕工艺厂举行"迎回归，话统一"报告会，市委常委、宣传部部长卢志信作形势报告，会后参观金佛庄烈士纪念馆，听取事迹介绍。6月19日，召开九届二十二次常委会议，学习《香港特别行政区基本法》。9月15日，科技组委员学习中共十五大精神和东阳市乡镇企业工作会议精神。9月26日至27日，召开在城政协常委、各民主党派负责人和学习委员会成员会议，重点学习《党的第十五次代表大会会议精神传达提纲》。10月召开九届二十三次常委会议，学习江泽民在十五大上的报告，市政协主席康益民就如何认真贯彻十五大精神提出要求。21日、23日，经济界、科技界政协委员,各民主党派、工商联分别召开座谈会,学习贯彻十五大精神,开展集中精力抓经济大讨论,为加快东阳发展献计献策。

九届政协先后举办三期新委员培训班,培训新委员90人,约占本届新任委员104人的90%。副主席和秘书长先后有7人参加全国、省、金华市领导干部培训班。

第十届委员会

1998年7月,选辑中共中央、全国政协以及中共东阳市委、市政协有关政协工作的主要文件和规章制度,编印成《东阳市政协工作手册》发放全体政协委员学习。10月22日,举办政协统战理论培训班,进行《人民政协性质、地位和作用》《如何在新时期履行人民政协职能》《新时期的统战工作》等辅导讲课。市政协主席康益民向委员们提出要求:继续学好《政协章程》,不断提高参政议政能力;紧紧围绕党委和政府的中心工作,积极履行职能等。十届政协新委员、各镇乡宣传委员共100余人参加培训。

1999年5月10日,召开在城常委座谈会,强烈抗议以美国为首的北约轰炸中国驻南斯拉夫使馆。学习中共中央政治局常委、国家副主席胡锦涛的电视讲话及其他有关文件精神。各民主党派代表宣读对北约轰炸我驻南使馆的抗议书,表示坚决拥护中共中央的严正声明,做好本职工作,维护社会安定。8月17日,邀请浙江师范大学政法系主任王珉作知识经济和新科技革命的认识、科学技术的社会作用、中国经济面临的困境及解决办法、人类未来社会环境的新设计等内容的报告。9月24日,召集政协常委、各民主党派、工商联及黄埔军校同学会负责人座谈,学习中共十五届四中全会通过的有关决定和重要精神。

2000年2月,编印《东阳市政协工作手册(二)》发放各委员学习。5月26日,市政协祖国统一联谊委员会举行"学声明、反'台独'、促统一"座谈会,学习中共中央台办、国务院台办授权就两岸关系问题发表的声明和《人民日报》题为《一个中国的原则决不允许模糊》的社论。

2001年9月25日,召开十二届二十次常委会议,市委常委、宣传部部长卢志信应邀作题为《围绕"新"字,学好七一讲话》的辅导报告,各民主党派、工商联负责人分别作表态发言,部分常委结合自身实际,交流学习体会。

2002年7月10日,市政协联合市委统战部组织各民主党派以及市工商联、侨联、台联、留联、黄埔军校同学会、宗教界等负责人座谈,学习贯彻江泽民5月31日在中央党校省部级干部进修班毕业典礼上的讲话精神,揭批邪教"法轮功"新罪行。11月15日,各民主党派、工商联、侨联、台联、留联、黄埔军校同学会的负责人和宗教界代表举行祝贺中共十六大胜利闭幕暨学习十六大报告座谈会。

第十一届委员会

2003年10月10日,召开十一届四次常委会议,学习中共中央总书记胡锦涛"七一"讲话精神。11月18日举行“市场经济中的公共关系战略”报告会，由浙江大学比较政治与公共管理研究所副所长胡税根作报告。29日，工商联界政协委员举行座谈会，邀请金华市委党校教授作学习十六届三中全会精神的辅导讲座。

2004年5月20日，市政协邀请南京航空航天大学原校长朱剑英作《科学技术前沿与企业领导》的专题报告。8月24日，召集部分政协委员学习胡锦涛《在纪念邓小平同志诞生一百周年纪念大会上的讲话》。9月21日，召开十一届十一次常委会议，学习《中共浙江省委关于加强和改善党对政协工作的领导，支持人民政协履行职能制度化、规范化和程序化的意见》，传达省委书记习近平、省长吕祖善等领导在全省政协工作会议上的讲话精神、全省政协工作会议和全省政协主席读书班精神，学习中共十六届四中全会精神。

2005年5月27日，举办保健知识报告会，邀请横店科技专修学院副教授胡利尔作《科学养生力无穷》讲座。8月5日，召集联络组负责人学习省政协《关于进一步发挥政协委员作用的意见》。11月3日，在横店举行纪念红军长征胜利七十周年报告会，会后参观横店红军长征博览城。

2006年5月，组织委员学习《中共中央关于进一步加强人民政协工作的意见》。

第十二届委员会

2007年7月19日，召开十二届二次常委会议，学习胡锦涛在中共十七次全国代表大会的工作报告。

2008年8月6日，召开十二届八次常委会议，传达学习全省政协主席读书会精神和省政协主席周国富关于政协文化的讲话，省委副书记、省长吕祖善关于全省经济社会运行情况的讲话。

2009年5月，联合市委统战部召开以“提高履职能力，服务科学发展”为主题的民主恳谈会，向各民主党派负责人、部分政协委员及各界人士征求意见。召开十二届十一次常委会议，专题开展东阳人文精神大讨论，15个界别组织政协委员参加讨论，提炼出东阳人文精神表述语20多条，提出各种事关全市经济社会发展大局的建议意见30余条。9月学习中共十七届四中全会精神和金华市委常委、东阳市委书记张仲灿在全市政协工作会议暨人民政协成立60周年庆祝大会上的讲话精神。

2011年，主要学习全国政协十一届四次会议精神。8月11日，召开十二届二十四次常委会议，市政协主席王正明传达全省政协主席读书会精神。

第十三届委员会

2012年2月14日，举办新委员培训班，对145名新任委员进行人民政协性质、地位、作用，委员履职要求和提案撰写方法等内容的培训。6月6日，召开《人文东阳》出版暨东阳人文精神座谈会，研讨东阳人文发展历程，提炼东阳人文精神。8月28日，召开十三届四次主席会议，传达学习全省政协主席读书会精神，学习省政协主席乔传秀在读书会上的讲话和省长夏宝龙《关于上半年经济社会发展情况和下半年工作重点的报告》。12月20日，召开十三届三次常委会议，邀请市委领导作中共十八大精神辅导讲座。

2013年11月20日，召开十三届十五次主席会议，重点学习中共十八届三中全会精神、全省政协工作会议精神和华东六省一市提案工作会议精神。

2014年8月21日，举行主席读书会，传达学习全省政协主席读书会精神，重点研讨如何更好发挥政协委员民主监督作用问题。部分政协常委、各党派团体负责人围绕会议主题作交流发言。10月31日，举办中国传统文化和社会主义核心价值观讲座，全体政协委员参加。

2015年10月15日，举行主席读书会，传达学习全省政协主席读书会和金华市政协读书会精神，围绕全市经济社会运行情况及“十三五”规划编制，部分政协常委、党派团体负责人作交流发言。

2016年1月，十三届五次会议期间，组织全体政协委员学习中共十八届五中全会精神，重点学习“创新、协调、绿色、开放、共享”五大发展理念等治国理政新理念新思想新战略。

第二节　信息宣传

东阳市（县）历届政协重视信息宣传工作，建立信息员队伍和通信员队伍，制定政协委员、政协机关工作人员撰写信息报道的制度，发挥政协委员的主体作用、信息通信员的骨干作用，同时注重与各级媒体的联系沟通，宣传市（县）政协委员的先进事迹，报道市（县）政协的亮点工作，推动政协工作创新发展，树立政协的良好形象。

媒体报道

利用各级新闻媒体宣传东阳政协的亮点工作和品牌活动，是扩大政协工作影响力，提升委员社会形象的重要途径。市政协加强与《东阳日报》、东阳电视台、东阳新闻网、《金华日报》《联谊报》和《人民政协报》的联系沟通，通过新闻媒体报道政协工作创新，提炼成功经验，展示委员风采。在《金华日报》上刊登的有：《东阳市政协尽心尽职献良策》《发挥界别优势，促进科学发展，东阳200多名政协委员为基层服务忙》《“专委会视察日”“党派调研周”“界别活动月”，东阳政协构建“立体履职”新格局》《委员一条建议引起市民和网友热议——东阳什么时候能有免费公共WiFi》《东阳市政协“五水共治”监督组调研不忘捐款》等。在《联谊报》上刊登的有：《东阳政协大兴调查研究之风》《走好一颗子，活了一盘棋——东阳政协开展委组活动的几点做法》《东阳市政协搭准党政工作脉搏参政议政——今年四个建议案全部列入党政工作重点》《时刻想着一个“民”字——东阳市政协的“亲民”之路》《创新，让东阳政协工作亮点迭出》《东阳政协支招企业招工难》《东阳政协深度调研推进党政决策》《市委领导连夸四个“好”——记东阳市政协“界别活动月”》《东阳政协：唱响履职为民“三部曲”》《东阳政协两年两次专题调研，力促东白山生态旅游区建设》《选题准，调研深，建议实，东阳政协委员论坛获市委书记高度评价》《唱响“好声音”，演好“民生戏”——东阳政协委员论坛显品牌效应》等。在《浙江日报》上刊登的有：《东阳市政协着力提高参政议政水平》《东阳200多名政协委员服务基层忙》等。在《人民政协报》上刊登的有1990年9月《抓紧建设吴宁镇新南路的建议》，1999年6月19日《围绕中心作调研，紧扣中心提建议——东阳市政协做深做透调研文章》，1999年10月9日《东阳市注重实际参政议政，政协建议案全部被采纳》，2009年7月11日《增强委员界别意识，服务群众倾听心声——东阳市政协“界别活动月”实现履职双提升》，2011年6月4日头版头条《选准题，搭好台，唱好戏，东阳市政协菜单式立体履职打造“亲民”之路》，2012年8月2日《创新思路与载体，构建履职新格局——东阳市政协创新立体履职成果丰》等。《中国经济导报网》《浙江法制报》刊出《浙江东阳政协唱响资政建言“好声音”》《民意民智筑牢“强市名城”地基——东阳市政协为城市建设发展积极参政》等报道。

《政协视点》《政协视线》

2003年10月，市政协与《东阳日报》联合创办《社情传递》栏目，2007年8月改名为《政协视点》，至2016年8月已刊发100多期。文章大多取材于每年政协会议的委员提案，着重围绕东阳经济社会发展的重点、改革的难点、群众普遍关心的热点问题，通过采访相关政协委员、提案承办部门和市民，让全社会了解提案办理进展情况，实现政协委员的民主监督和新闻媒体的舆论监督完美结合，提高提案办理的透明度，推进各项工作的落实。选题注重内容的广泛性、运作的可行性，对交通、教育、卫生、环境保护等方面关注较多；同时选取相关的热点、难点问题作连续报道，推动工作开展。如城区停车难、交通不便等问题，几乎每年都作连续报道。

2007年9月2日，市政协和东阳市广播电视台联合创办的专题栏目《政协视线》首播。第一期节目《支招企业招工难》，分析企业招工难现状，反映解决企业招工难之迫切，提供企业如何留住员工的做法经验，给大量招工难的企业带来实在的帮助。《政协视线》与《政协视点》一样，题材来源于政协提案，反映老百姓关注的民生问题。

《政协视点》《政协视线》以集聚民智、建言献策、正面宣传、推动工作为宗旨，围绕党委、政府关注人民群众关心的问题，对政协委员的所思所想、政协组织的履职成果、界别群众的民情民意，进行实事求是地报道和剖析，成为反映民生、关注民情、聚集民智、新闻舆论监督与政协民主监督相结合的重要平台。

附录：

《政协视点》《政协视线》刊发（播出）的部分选题

市区停车难：分步解决
城市道路挖掘施工日趋规范
引导规范并举，整治管理齐上——如今东城洁而美
政协委员呼吁——禁止在校园内外开设副食店
电力紧张影响市民的生产生活——市政协关注能源“瓶颈”
携手推进社区卫生基础工作规范发展
农村古建筑：渴望拥有“护身符”
科技活动场所建设亟待加强
森林防火：需要全社会共同参与
街名路牌：描绘一张清晰路线图
教师违规带生，你可积极举报
城市公交，以规范建设方便交通为中心
127万元增添环卫设施美化家园
医疗保险：给你足够知情权
民工培训：一场“新城市运动”
强化基层基础工作　努力创建“平安东阳”
强化食品管理工作　大力推进“放心工程”
城区停车难得到缓解
我市强化非农人员技能培训
环城北路花岗岩加工厂基本搬迁
公厕入地：还需时机
莫让通信线路在盲目施工中“伤筋动骨”
为加强市政设施管理，有关部门联合行动堵截销赃渠道使用替代产品
城乡接合部洁化纳入日常管理
确保初中生睡眠时间充足
让“绿色通道”畅通，让伤者生命延续
打造“诚信职介”
完善农村交通设施刻不容缓
新型农村合作医疗制度受益面不断扩大
设巨资回收办公楼院　解民急增加城区车位　我市想方设法缓解停车难
革命烈士陵园教育内容丰富

平衡教育资源　推进均衡发展
东阳江畔:护栏正在安装中
古建筑保护,一个不容忽视的话题
东阳中学南大门景观将得到优化
建设残疾人综合服务中心势在必行
免费开放　真正把公园还给公众
经济开发区公交线路日趋完善
全力帮食品生产企业迈过QS认证坎
乡村道路配套设施亟须完善
促进中小企业更快发展
我市落实多项涉国家税收优惠政策
制定规划分类实施高速沿线村庄整治被列为重点工作
农村劳动力素质培训全面推进
减少自来水地下水管“二次污染”
数个单位一起参加无偿献血人太挤——我市施行无偿献血错时制
小商小贩“打游击”怎么办？城管部门:多管齐下加大执法力度加强宣传维护城市形象
我市加强医检结单互认工作
提高服务质量、提升公交形象
农村垃圾处理率:三年内有望达到七成以上
城区建筑垃圾管理
打造节约型机关从小事做起
让残疾人共享改革发展成果
做好服务工作　推动企业上市
规范管理游乐项目　确保游客人身安全
发挥科技助管作用　保证城区道路畅通
努力解决好老年人乘车问题
推进东阳江流域环境整治
完善江滨景观带安全设施
稳步有序推进行政村融合
加强对过境大型货车的管理
确保市区道路安全畅通主要十字路口圆盘将消失
中山社区有了大花园
让农民工子女有书读
上半年,我市426辆出租车车顶喷涂了放大的车牌号,此举使得——乘客放心、司机安心
江滨景观带建设提速

美丽乡村建设五年要走三大步
我市力促建筑精英回乡创业
加大查处力度，增设临时车位
小钱换来大保障，天灾面前不犯愁，农业保险提高农户抗风险能力
对症下药"治"顽疾——市环卫处净化环境卫生措施得力
规范占道经营 改善整体环境 城市道路空间变"大"了
地上和地下 空间都利用 我市种种举措"剑指"主城区停车难
社区健身器材莫忘管护 我市制定有关办法明确主体责任
扩大垃圾巡回收集范围 加强隐患排查与督查 环境变好了 矛盾变少了
加强大气污染防治 改善环境空气质量
微信预约挂号 全市联网检测 市人民医院流程改造缓解看病难
建立传统工艺人才培养机制 助推我市木雕产业升级发展

《东阳政协》简报

1981年10月，东阳县政协创办《东阳政协》简报，至2016年8月已刊出336期。简报主要内容：领导讲话、本会要闻、学习园地、专委会视察、党派活动、界别月活动、委员论坛、提案办理等。发送对象为全体政协委员，在东阳的浙江省、金华市政协委员。报送中共东阳市委、金华市政协、中共金华市委统战部。抄送各民主党派、人民团体，市机关各部门单位、各镇乡。寄送省内各县市区政协办公室。

东阳政协网站

2013年8月，东阳政协网站开通。主要栏目：政协概况、政协会议、提案建议、调研视察、文史天地、委员专栏、党派工作、他山之石、政协知识、委员履职平台、社情民意信箱等。

第三节　工作交流

东阳市（县）政协在统战联谊、提案工作、文史编辑、界别活动、委员论坛等工作中总结出来的成功经验，常在全国政协和浙江省政协举办的工作会议、读书班上交流发言或以外出讲课等方式介绍给省内外政协同行，提升东阳政协工作的对外影响力。同时通过学习考察，借鉴吸收各地政协的创新做法。

参加金华市九县市(区)政协联谊会

1988年,金华市政协在永康、武义、金华、兰溪、浦江、义乌、东阳和磐安等8县建立政协联谊会。1991年,金华市政协婺城区联络处加入。1994年起,每年举行两次会议。历次会议中,东阳市政协作交流发言的主要有《我市政协履行基本职能情况汇报》《做好海外联谊工作促进海峡两岸交流》《我们抓委员学习的几点体会》《我们是怎样开展组(委)工作的》《我们抓学习工作的一点体会》《做好"三胞"联谊工作,促进地方经济发展 》《大胆探索、积极工作,努力推进政协参政议政制度化、规范化》《积极做好提案工作,服务两个文明建设》《走好一颗子,活了一盘棋——东阳市政协开展委组活动的几点做法》《做好调研文章,积极建言献策》《抓好自身建设,提高政协工作水平》《委员有作为,政协有地位》《把握三个要素,提高政协常委会议质量》《发挥政协优势,促进和谐社会建设》。其中第七次会议于1994年5月25日至27日在东阳召开。金华市政协主席马际堂到会并讲话,金华市政协副主席吕世棠、秘书长赵杰出席会议。会议主题是"在以建立社会主义市场经济为目标的经济体制改革中,探索研究政协工作如何适应新形势,充分发挥自身优势,服从和服务于经济建设的新路子",同时交流各地政协开展工作的情况和今后的工作思路。第十六次会议于1998年11月26日至27日在东阳召开。会议就如何做好新时期提案工作进行探讨交流,期间考察东阳的城市建设,参观木雕艺术精品馆、卢宅肃雍堂和横店影视拍摄基地。第二十五次会议于2006年9月21日至22日在东阳市和磐安县举行,会议学习《江泽民文选》,就如何提高政协提案质量进行探讨。

参加全国政协、省政协和金华市政协组织的工作交流会议

1987年,在金华市政协召开的会议上,先后作《我们是怎样做文史资料工作的》和《我们是怎样开展海外统战工作的》交流发言。

1995年,在省政协"三胞"工作经验交流会上,作《加强三胞工作,服务经济建设》的经验介绍。

1996年5月,在省政协文史工作会议上,作题为《打开文史资料宝库,服务两个文明建设》的发言。

10月14日,在金华市政协召开的加强社会主义精神文明座谈会上,作题为《提高人的思想道德素质,是加强社会主义精神文明建设的当务之急》的发言。

1999年1月19日,在金华市政协信息工作大会上,作《以信息推动政协工作》的交流发言。

2000年6月,在绍兴市举行的省政协提案工作会议上,介绍政协提案工作经验。9月,在金华市政协提案工作会议上,作题为《做好"四个结合"文章,推进政协提案工作》的交流,介绍东阳市政协提案工作经验:提案工作与协商座谈结合,架设委员与党政部门联系的桥梁;提案工作与撰写建议案结合,强化参政议政力度;提案工作与调查研究相结合,拓宽提案工作的渠道;提案工作与党派团体工作结合,增强党派团体工作的实效。

2001年7月,在全省政协主席读书班上,作《把握大局建言立论,围绕中心献计献策》的

经验交流。

2002年6月，东阳市政协作为金华县市代表参加省政协文史工作会议，作题为《拓宽文史路子，做好特色文章》的经验交流。

2003年，在全省政协主席读书班上，作《投身经济建设主战场，倾力招商引资促发展》的交流发言；同年，全国政协在北戴河举办政协系统领导干部培训班，东阳作为浙江省唯一的代表，在会上作题为《投身经济建设主战场，积极做好招商引资工作》的发言。

2004年8月，在全省政协主席读书班上，作《与时俱进，积极探索，在实践中不断推进政协"三化"建设》的经验交流。介绍东阳市政协重视制度的系统化建设，使政协工作有章可循、有据可依；完善规范化、程序化建设，使政协工作特点和优势更加突出；解放思想，大胆实践，出台政协委员届中调整、招商引资等制度，使政协工作充满生机活力等经验和做法。10月，金华市政协文史工作会议在东阳召开，东阳政协文史委作《更新观念、把握特色，开创政协文史工作新局面》的交流发言。11月，在金华市政协提案工作会议上作《坚持"四抓"，不断提高提案工作的水平》的交流发言，介绍东阳市政协抓基础，提高提案质量；抓面商，推进提案办理；抓督办，促进提案落实；抓宣传，扩大提案影响等做法。

2005年8月，市政协主席康益民在全国政协座谈会上发言，对政协推进制度化、规范化、程序化建设提出建议。

2008年10月，在全省政协文史工作会议上，作为金华县市代表作《做好文史工作要有"四个一"》的发言，即要有"一个稳定的工作机构和专职人员，一支由文史委成员和通信员组织的队伍，一套会议制度和评选制度，一个好的选题"。

2009年11月24日，在宁波召开的全省政协提案工作经验交流会上，作题为《多方互动，实现提案办理的共赢》的交流发言。

2010年8月，在金华市政协提案工作座谈会上，作《与时俱进，做好政协提案工作》的交流发言。

2012年6月，金华市政协秘书长、办公室联席会议在东阳召开。会议听取各县市（区）政协的工作情况汇报，部署安排金华市政协下阶段工作。参会人员参观东阳市工艺精品馆。

2013年，在全省政协主席读书会上，东阳作为5个发言县（市、区）政协的代表之一，介绍"立体履职"的创新做法。

2014年1月，在浙江省人民政协理论研讨年会暨第五次理论研究会上，作《政协民主监督的转型升级思考》的交流发言。

8月，在金华市政协"助推五水共治，共创美丽河流"民主监督活动上，作《认真履行民主监督，打造歌山画水东阳》的交流发言。

外出交流

东阳市政协在工作和理论上的创新得到省内外政协同行的关注和肯定，常有兄弟政协慕名而来交流学习或来信来函邀请出访。

2001年3月底，市政协主席康益民受市委主要领导委托，应邀前往江西省赣州市作题为《解放思想永无止境，改革之车没有停靠站》的报告。此后，赣州市掀起一场解放思想加快发展的大讨论，报告中的相关内容被融合到赣州市有关政策文件中。东阳市政协办公室将讲课内容摘要刊登在《东阳政协》简报上，龙游政协在政协主席会上组织学习，中共龙游县委将该课作为文件下发乡镇，并在《龙游报》上分3天连载。9月，康益民应邀去衢州市讲课，衢州市级机关中层以上干部，部分乡镇党委书记、企业家和衢州市政协常委参加。之后，先后应邀到湖北襄阳，河南商丘、驻马店、鹤壁和广西河池、钦州等地作以“解放思想”为主题的报告。当地各套班子成员、机关干部、镇乡党政正职、人大代表、政协委员、有关企业和村两委负责人参与听讲。东阳市经济开发区和横店、巍山等镇乡结合“三个代表”重要思想学习教育以及村两委会换届后上岗培训等活动，邀请康益民给镇村基层干部群众作关于解放思想的报告。一些机关、学校、企业也相继请其授课。

至2007年，康益民共在江西、湖北、河南、广西等7个省作报告30多场。“解放思想，黄金万两”“解放思想没有停靠站”“一个装满思想的脑袋比什么都重要”“把创新当成习惯，把创新当成第一制度”“领导就是生产力，第一把手就是第一生产力”“做好政协工作，没有任何借口”“细节决定成败，细节铸造完美”“群众利益无小事，勇当群众利益代言人”“接轨义乌就是接轨世界，接轨小商品就是接轨国际市场”“要像水库移民一样做好高速公路和电网建设”“要像清华大学录取新生一样‘录取’招商引资企业”“招商引资要讲亩产量、亩税收”“引进来诚可贵，走出去价更高”等观点，分别见诸人民网、《光明日报》《经济日报》《人民政协报》《联谊报》《金华日报》《东阳日报》等多家新闻媒体。

第四节　制度建设

东阳市（县）历届政协坚持从完善体制机制入手，加强政协委员和政协机关两支队伍建设，在工作实践中不断提升政协履行职能的制度化、规范化和程序化，推动政协事业在继承中创新，在创新中发展。结合东阳发展实际和政协工作要求，市（县）政协先后制定出台实施办法、指导意见、管理规定等各类工作制度50多项。中共东阳市（县）委从县政协成立至2016年8月，批转和下发多个有关政协工作制度建设方面的文件，先后多次召开全市政协工作会议，有效地保障和促进政协坚持和完善中国共产党领导的多党合作和政治协商这一基本政治制度，促进政协提高履职能力。

市（县）政协制订的制度建设文件

1956年5月12日，县政协一届二次常委会议通过《关于加强联系工作的意见的决定》。

主要内容有在县政协内设立来访接待室和书报阅览室，并在吴宁镇主要街道和有关集镇设立7只意见箱，以便于群众来访和密切各界人士之间的日常接触，并取得广泛的联系。县政协每月同各委员进行一次书面联系。各委员应将自己所联系的群众对各方面的意见、反映和建议，采取写信、口头、电话等方式及时反映给县政协或有关国家机关。建议中苏友协、工商联、卫生工作者协会、兽医工作者协会、劳动协会、宗教团体等各有关人民团体，将本单位的工作报告，学习总结等材料抄送一份给县政协，以密切联系和便于了解情况。

1987年4月11日，县政协七届一次会议通过《关于建立委员会和工作组的组织简则》，决定设立学习、提案工作、文史资料工作、祖国统一工作等4个委员会和法制、教育、医卫、科技、经济、文艺体育、侨务、宗教等8个工作组，规定委员会和工作组的主要任务。

1990年4月，市政协八届一次常委会议制订《政协东阳市委员会关于政治协商、民主监督的暂行规定》报请中共东阳市委审核，同时制订《政协第八届东阳市委员会各委员会、工作组、联络组组织简则》。

1993年4月13日，市政协九届一次常委会议通过《政协第九届东阳市委员会各委员会、工作组、联络组组织简则》。

1994年4月10日，市政协九届五次常委会议审议通过《政协东阳市委员会提案工作条例》。

1995年1月14日，市政协九届八次常委会议通过《政协东阳市委员会常务委员会工作规则》。2月11日，九届十二次主席办公会议决定，从当年起开展评选优秀提案、提案积极分子和提案办理先进单位的活动，制订《优秀提案评比条件》《提案积极分子评比条件》。10月24日九届十次主席会议通过《政协东阳市委员会关于与民主党派、工商联建立定期联系的制度》，规定市政协每半年与各民主党派、工商联、黄埔军校同学会进行一次联系与交流。联系的主要内容：互相通报阶段性工作情况及打算；共商重要会议和重大活动的协作事宜；共同分析政治、经济、社会生活中人们普遍关注的热点问题等。

1997年5月，市政协九届二十六次主席办公会议审议通过《提案承办先进单位评比条件》《提案承办先进个人评比条件》，修订《优秀提案评比条件》《提案积极分子评比条件》。

1998年4月，制订《政协东阳市委员会委员接待日和约谈会制度》，确定每月20日（节假日后延）为政协委员接待日、约谈日，接待和约谈委员，反映各党派、界别和人民群众的呼声和要求，对东阳的改革和经济建设提出意见和建议。6月30日，十届二次常委会议制定《政协东阳市委员会常务委员会工作规则》，对常务委员会的职权，常务委员会会议、主席会议与常务委员专题座谈会的组织、内容、任务做出规定。制订《政协东阳市十届委员会专门委员会通则》《政协东阳市十届委员会联络组工作简则》，对专门委员会、联络组的主要任务、活动要求和原则做出明确。修订《政协东阳市委员会提案工作条例》，对提案的提出、审查和处理、办理、提案委员会的职责做出规定。8月12日，十届三次主席会议通过《关于加强市政协信息报道工作的实施意见》，明确政协信息的主要内容，提出广辟信息来源，提高信息质量，完善信息工作网络，搞好信息收集、整理、发布反馈和签发工作，建立政协信息奖励制度等要求。12月22日，十届四次常委会议通过《政协东阳市第十届委员会常务委员会关于加强自身建设的若干规定》，对常务委员会成员的学习、调研、团结联系群众、反映社情民意、参加会议等做出规定。明确常委会组成人员一年内连续4次(不管是否请假)不参加常委会议的,不再通知参加常委会议。由政协办公室对每位常委会组成人员在届内履行职责的情况包括出席常委会议、参加政协活动、提交提案、反映社情民意、遵守政协各项规章制度等有关情况进行统计并反馈。

1999年4月,修订《优秀提案评比条件》。6月29日,十届八次常委会议通过《关于东阳市政协委员届中调整的若干规定》,对政协委员届中调整的范围、程序做出明确规定。对无故不参加会议的,在《东阳政协》上通报批评;对通过程序给予调整的,在《东阳日报》上公告。

2003年3月,市政协十一届一次常委会议制订《政协第十一届东阳市委员会常务委员会关于加强自身建设的决定》《政协第十一届东阳市委员会常务委员会工作规则》《政协第十一届东阳市委员会专门委员会通则》《政协第十一届东阳市委员会联络组工作简则》《政协第十一届东阳市委员会关于委员届中调整的若干规定》。10月10日,十一届四次常委会议通过《关于加强"亲民政协"建设的若干意见》。

2005年9月16日,市政协十一届十八次常委会议修订《政协东阳市委员会提案工作条例》。

2007年,制订《政协第十二届东阳市委员会常务委员会关于加强自身建设的决定》《政协第十二届东阳市委员会常务委员会工作规则》《政协第十二届东阳市委员会专门委员会通则》《政协第十二届东阳市委员会联络组工作简则》《政协第十二届东阳市委员会关于委员届中调整的若干规定》。

2008年3月,主席会议通过《关于建立政协主席、副主席联系委员企业制度的意见》,规定政协主席、副主席分别联系若干委员企业,定向联系、定期会商、定期座谈和不定时研讨。12月制订《政协东阳市委员会关于优秀政协委员评选表彰暂行办法》,明确评选范围、评选条件、评选办法和奖励办法。

2009年8月6日,市政协十二届二十八次主席会议审议通过《市政协社情民意、调研和宣传报道工作考核奖励办法(试行)》,规定考核对象、考核内容、任务指标、计分及奖励办法。

2012年4月20日,市政协十三届一次常委会议审议通过《政协东阳市委员会关于进一步发挥委员主体作用的意见》《政协东阳市委员会常务委员会工作规则》《政协第十三届东阳市委员会常务委员会关于加强自身建设的决定》《政协东阳市委员会专门委员会通则》《政协东阳市委员会联络组工作简则》。

12月24日,市政协党组与市委组织部、市委统战部联合制定下发《东阳市政协委员辞职规定(试行)》,规定市政协委员辞职应把握的原则、适用范围,委员辞职的程序。

2013年10月30日,市政协十三届九次常委会议修订《政协东阳市委员会提案工作条例》,建立完善《政协委员履职考核办法》《政协委员履职管理档案办法》。

2014年11月,制订《东阳市政协界别活动月创新工作意见》《关于加强"委员论坛"创新工作的若干意见》《政协东阳市委员会关于推进政协工作向基层延伸的指导意见(试行)》《关于进一步发挥政协委员主体作用的意见》。

2015年10月,制订《关于加强政协信息工作的实施意见》。

2015年11月,市政协十三届三十二次主席会议审议通过《关于开展界别活动的实施办法(试行)》。

针对政协机关建设，市政协党组和主席会议制定和不断完善的规章制度有《东阳市政协机关工作人员管理制度》《政协机关岗位职责》《东阳市政协机关工作人员文明守则》《东阳市政协机关主要规章制度及工作规则》《政协机关车辆管理使用意见》《公物采购和政务管理制度》《进一步加强和改进理论学习的意见》等。

市（县）委出台的制度建设文件

1986年6月，中共东阳县委批转政协党组《关于认真学习贯彻〔1986〕10号文件，进一步完善政治协商，民主监督制度的报告》的通知（县委〔1986〕42号）。

1990年5月，中共东阳市委批转《政协东阳市委员会〈关于政治协商、民主监督的暂行规定〉贯彻试行》（市委〔1990〕73号）。

1991年11月，市委批转市政协党组《关于保证市政协委员有一定时间参加政协活动的报告》（市委〔1991〕79号），向全市各区工委、镇、乡、办事处党委、各部委办局及市属单位党组织发出通知，规定市政协委员参加政协活动的时间，全年（含每年一次的全体会议）一般不少于15天，其中市政协常委（含每季一次的常委会议）不少于30天，要求各级党组织认真贯彻执行。

1995年2月，市委批转《政协东阳市委员会关于政治协商、民主监督、参政议政实施细则》文件，对政治协商、民主监督、参政议政的主要内容、基本形式和程序做出规定（市委〔1995〕10号）。

1996年7月，市委下发《关于坚持和完善中国共产党领导的多党合作和政治协商制度的通知》（市委〔1996〕28号），完善协商通报制度、领导联系制度、对口联系制度。

1998年7月，市委下发《关于进一步坚持和完善多党合作和政治协商制度的通知》（市委〔1998〕17号）。

2000年1月，市委下发《关于进一步加强人民政协工作的若干意见》（市委〔2000〕5号），提出“积极支持政协充分履行政治协商、民主监督、参政议政职能；进一步建立健全和支持落实政协工作的各项制度；重视政协干部队伍建设，为政协工作创造必要条件；进一步加强和改善党对政协工作的领导，努力开创政协工作新局面”等意见。

2003年8月，市委下发《关于进一步坚持和完善多党合作和政治协商制度的若干意见》（市委〔2003〕31号）。

2003年11月，中共东阳市委办公室、东阳市人民政府办公室转发《市政协办公室关于办理政协提案的意见》（市委办〔2003〕66号）。《意见》对提案办理工作程序、办理期限和复文要求等做出规定，明确市委办公室、市政府办公室会同市政协提案委员会开展办理工作和总结评比活动，对在办理工作中做出显著成绩的单位和个人予以表彰；对办理不力的单位，予以通报批评。

2004年12月，市委下发《关于加强和改善党的领导支持人民政协履行职能制度化、规范化和程序化建设的若干意见》（市委〔2004〕32号）。

2005年10月，市委办公室、市政府办公室下发《关于进一步完善市委、市政府各部门与市政协各专门委员会对口联系制度的通知》（市委办〔2005〕52号）。

2006年6月，市委办公室下发关于认真学习贯彻《中共中央关于加强人民政协工作的意见》的通知（市委办〔2006〕36号）。

2007年9月，市委办公室下发关于贯彻《中共中央关于加强人民政协工作的意见》的实施意见（市委办〔2007〕26号）。

2009年10月，市委下发《关于进一步加强人民政协工作的意见》（市委〔2009〕66号）。

2010年1月，市委书记办公会议通过《关于完善规范市政协委员、常委推荐提名程序的专题会议纪要》（会议纪要〔2010〕3号）。

2016年4月，市委下发《中共东阳市委关于加强人民政协协商民主建设的实施意见》（东委发〔2016〕33号）。

全市政协工作会议

2000年1月27日，全市政协工作会议在东阳大厦召开。市委书记汤勇作题为《加强党的领导，发挥政协优势，为我市创建经济强市、快建中等城市而共同奋斗》的报告。市委副书记吕观平宣读中共东阳市委《关于进一步加强人民政协工作的若干意见》。市政协主席康益民作题为《抓住机遇，做好跨世纪政协工作》的讲话。市政府办公室、吴宁镇党委、东阳中学、中国人民保险公司东阳支公司四个单位就如何支持政协工作，发挥政协委员在本单位工作的作用作典型介绍。市委副书记龚寿康主持。

2004年12月30日，市委在市行政中心东二楼中型会议室召开全市政协工作会议，学习贯彻中共十六大、十六届四中全会和全省、金华市政协工作会议精神，总结政协工作经验，研究部署新阶段进一步加强和改善党对政协工作的领导，支持政协履行职能的制度化、规范化和程序化，从而更好地发挥人民政协在促进东阳“三个文明”协调发展中的重要作用，努力开创东阳市政协工作的新局面。汤勇、康益民讲话。市委副书记、市长陈丰伟就全市各职能部门和镇乡街道如何贯彻落实市委即将出台的《中共东阳市委关于加强和改善党的领导支持人民政协履行职能制度化、规范化和程序化建设的若干意见》，推进政协工作“三化”建设讲话。市委副书记徐跃进主持。

2009年9月21日，市委专题召开全市政协工作会议暨人民政协成立60周年庆祝大会，会上下发《中共东阳市委关于进一步加强人民政协工作的意见》。金华市委常委、东阳市委书记张仲灿讲话，充分肯定近年到东阳市政协工作所取得的成绩，就做好新形势下的人民政协工作做出具体部署。市委副书记、市长陈晓主持大会，市政协主席王正明作《承前启后、继往开来，努力谱写我市政协事业新篇章》的讲话。市四套班子领导，市人武部部长、市人民法院院长、市人民检察院检察长，各镇乡街道、城北工业新区的党政正职和统战委员，市机关各部门、各单位的主要负责人和各民主党派、工商联负责人，全体市政协委员，在东阳的浙江省、金华市政协委员，在东阳的历届政协老领导，市政协之友联谊会、市政协书画社、市政协文史资料委员会的成员，无党派人士代表，港澳台同胞、归国侨胞代表，宗教界人士代表等400余人参加。

2016年4月28日，全市政协工作会议在市行政中心召开。市委书记黄敏强调，做好新形势下的政协工作，要始终把讲政治放在第一高度，把推进赶超发展作为第一任务，把加强和改善党对政协工作的领导作为第一原则，不断取得政协协商民主新成效，谱写人民政协事业新篇章。市政协主席王正明在讲话中要求：要精准把握政协工作的任务要求和东阳经济发展态势，创新政协工作理念，全力助推东阳走在前列，赶超发展。市委副书记、市长朱建军主持会议。

第五节　荣誉褒奖

评选优秀、表彰先进是东阳市（县）政协鼓励政协各参加单位、政协的基层组织和政协委员提升履职积极性、创造性的工作方法之一。早期的评选表彰工作不定期。2008年，东阳市政协制订《优秀政协委员评选表彰暂行办法》，明确对优秀政协委员的考核标准、评选方式、表彰内容，促进先进表彰的制度化、规范化、科学化。2009年起开展先进界别评选。本节收录政协工作先进集体、先进个人，先进界别，优秀政协委员和功勋委员名录。

表彰先进

1986年度

政协工作先进集体

医药卫生工作组　　中学教育工作组　　侨务工作组

政协工作先进个人

韦宝其　许朝满　许维星　杨兰新（女）　杜荣尧　张荣乔
陆光正　吴初伟　吴兆震　陈凤济　洪铁城　金秀芳（女）
赵惠仁　蔡忠遗　蔡乘湘

2008年度

优秀政协委员

赵志强　斯武民　楼兰芳（女）　王宇燕（女）　马巧干　陈敏芳（女）
韦　靖（女）　卢光华　周震明　张黎云　杜文康　徐保成

翁春芳(女)	李云康	吴荣仁

功勋委员

陆海良	许庆梅(女)	王可法	何飞龙	许晓华	徐　钢
王敏君(女)	邵君芳(女)	包超明	叶金凤(女)	吴梦良	何月英(女)
许宝星	徐圣文	邵福贵	张哲明	陈正刚	俞为中
吕荣刚	马中苏				

2009年度

先进界别

优秀奖	共青团界	妇联界	医卫界	科协界	工商联界
创新奖	农业界	新闻出版界	侨联界	宗教界	特邀界
组织奖	中共界	农工界	工会界	科技界	文艺界
	社科界	经济界	教育界	体育界	社救界
	台联界	无党派			

优秀政协委员

赵志强	华协漂	李大中	王鹤群(女)	何月英(女)	张哲明
王向东	张正望	俞劭平	蒋天耕	马国鑫	卢光华
徐圣文	吕荣刚	吴荣仁	赵耀杰	斯武民	杜承华
许晓华	王敏君(女)	释智行(女)	周震明	吴冠频	马中苏

2010年度

先进界别

创新奖	工会界				
优秀奖	农工界	工商联界	科技界	科协界	经济界
	医卫界				
组织奖	农业界	社科界			

优秀政协委员

赵志强	刘世洪	许庆梅(女)	何月英(女)	陆彤亚	刘领红(女)
马国鑫	徐圣文	徐保成	楼兰芳(女)	丁玮岚(女)	吴荣仁
杜新阳	斯武民	杜承华	王敏君(女)	周震明	楼红霞(女)
郭晟峰	马中苏				

2012年度

先进界别

妇联界	特邀界	工会界	工商联界	医卫界

优秀政协委员

王润英(女)	王向东	何月英(女)	卢光华	厉伟民	孙黎明
周震明	释智行(女)	蓝　伟(女)	徐晓民		

2013年度

先进界别

优秀奖	工商联界	经济界	农业界	特邀界	
特色奖	工会界	妇联界	社科界	社救界	医卫界
组织奖	农工界	共青团界	科技界	教育界	台联界

优秀政协委员

胡先民	赵晓红(女)	何月英(女)	张　勤(女)	卢秀忠	陆菊花(女)
王宇燕(女)	厉伟民	释智行(女)	周震明		

2014年度

先进界别

优秀奖	工会界	妇联界	社科界	社救界	经济界
特色奖	共青团界	科技界	医卫界	无党派人士	特邀界
组织奖	农工界	工商联界	科协界	农业界	教育界

优秀政协委员

王国虎	程云霄	华协漂	胡先民	李玉鹏(女)	卢美君(女)
何月英(女)	郭顺松	楼红霞(女)	黄小明	陈林旭	陈涛涛
王润英(女)	徐圣文	王志龙	陆菊花(女)	赵志强	叶为燕(女)
孙黎明	厉伟民	郭兰中	包为群	楼玲丹(女)	陈尚进
释智行(女)	马志刚	叶肖东	李中军	陈　红(女)	徐晓民

2015年度

先进界别

优秀奖	工会界	工商联界	经济界	医卫界	侨联界
	特邀界				
特色奖	农工界	妇联界	科协界	农业界	教育界
	社科界	社救界			

优秀政协委员

邵文京	陈方华	胡先民	李玉鹏（女）	杜　岚（女）	吴章潭
杜国华	王可法	杜文康	张　攀	陈林旭	吴群刚
卢秀忠	卢杨权	俞俊良	周伟强	卜卫良	何凌音（女）
孙黎明	韦跃忠	张旭明	王正平	徐跃进	包为群
许树峰	李云康	韦鲁萍（女）	马志刚	韦定民	郭晟峰
张永雷	陈　红（女）				

十三届优秀政协委员

李爱忠	程云霄	华协漂	楼　群	葛岸丽（女）	卢美君（女）
何月英（女）	郭顺松	施旭明	马千里	王向东	楼红霞（女）
李大中	卢光华	张　勤（女）	张寿高	王润英（女）	徐圣文
陆菊花（女）	王洪民	杜加云	赵志强	王宇燕（女）	沈群英（女）
赵耀杰	郭兰中	厉伟民	吕　航	杜秀英（女）	王敏君（女）
陈尚进	释智行（女）	周震明	赵允成	李中军	叶肖东
马鸿亮	徐晓民	杜跃进			

获得荣誉

政协机关是保障政协工作运转的组织平台，服务委员履职的重要窗口，为人民政协有效履行职能、顺利开展工作提供服务和保障。东阳市（县）历届政协重视政协机关工作，先后出台岗位职责、学习制度、日常行为规范和工作纪律等规章制度，确保政协机关形成勤政廉政、团结敬业的良好氛围。历年来，政协机关工作人员多人次获评各类荣誉称号，如调研工作先进个人、推进落实工作标兵、宣传和信息先进个人、优秀党务工作者、优秀共产党员等。政协机关也先后获得诸多荣誉称号。

1999年度被评为东阳市文明单位；

1999至2002年度均被东阳市委、市政府评为先进单位；

2002年度被东阳市委、市政府评为招商引资先进单位一等奖；

2003年度被东阳市委、市政府评为招商引资先进单位；

2004年度被东阳市委、市政府评为特色工作先进单位；

2005年度被评为金华市文明单位；

2006年度被东阳市委办评为全市党委系统调研工作先进集体；

2010年被东阳市委、市人民政府评为红椿巷旧城改造房屋拆迁工作先进集体；

2011年至2015年度均获评人大代表建议和政协提案办理工作先进集体；

2010年度和2014年度，在东阳市教育体育局和东阳市直属机关工作委员会主办的市机关首届、第二届健身运动会中，分别被评为体育道德风尚奖；

2012年在东阳市第六届运动会上被评为体育道德风尚奖；

2005年在人民政协风采·2005金华市政协文艺会演中获组织奖，《亲民政协暖人心》节目获一等奖；

2005年《心中时刻想着一个民，东阳政协亲民之路》文章被评为省纪念人民政协成立55周年新成就新探索二等奖；

2013年全省人民政协第五次理论研讨会，《政协民主监督工作转型升级的思考》获二等奖，《依法治国视野下的政协民主监督法律化路径》获三等奖；

2014年全省人民政协第六次理论研讨会《对优化政协委员话语环境的若干思考》获二等奖；

2015年全省政协第七次理论研讨会《准确界定在国家治理能力现代化建设中政协角色》获三等奖；

连续多年被浙江省政协办公厅评为全省政协《联谊报》宣传工作优秀奖。

第十二章　政协人物

第一节　主席、副主席、秘书长

主席简介

张利一(1921—2014)

政协第一、二届东阳县委员会主席(1956年3月—1960年5月)。原名张履一,中共党员。山东省沂源县人。

1939年10月入伍。曾任耿家王峪村支部书记,五村联防营部协理员、盘查站站长,鲁中区党委党校一中队指导员,组织科干事,沂水县第三区分区委宣传委员、组织委员、书记,鲁中四地委宣传部教育科副科长,新区工作队队长,淮安县孙孟区委书记,淮安县委宣传部负责人。1949年2月随军南下,曾任南下干部纵队中队副指导员,中共兰溪县委委员、民运部部长、县委副书记,分水县委副书记。1953年11月至1960年5月,任东阳县委第二书记、第一书记、书记,县兵役局、县人武部政委。后任宁波市委副书记,镇海县县长、县委副书记、书记,宁波地区革委会副主任,宁波地委常委、副书记,宁波地区行政公署专员,宁波市政府顾问,浙江省委第五届候补委员、第六届委员等职。浙江省第二至六次党代会代表。

于耐毅(1919—2013)

政协第三、四届东阳县委员会主席(1961年3月—1967年12月)。原名尤秉长,又名尤子谦,中共党员。山东省泰安县人。

1943年10月入伍。曾任泰西县七区民教助理员,宁阳县五区区长、一区区委副书记。1949年2月随军南下,任浙江省分水县一区区委书记、县委宣传部部长、县长、县委副书记(主持工作)。中共东阳县委第二书记,常山县委副书记,宣平县委书记,武义县委书记,永康县委书记处书记,金华地区监委副书记,东阳县委第一书记、书记,金华地区煤矿党委书记,金华地委组织部领导小组副组长,浙江师范学院党委书记兼院长等职。浙江省第四次党代会代表。

张建中(1922—1998)

政协第五届东阳县委员会主席(1981年4月—1983年11月)。原名张兰芝,中共党员,高小毕业。山东省新泰县人。

1945年7月入伍。曾任山东新泰县整山区公所财粮助理员,新泰县财粮所会计。1949年2月随军南下,曾任东阳县人民政府财粮科科员、粮食局会计股股长、粮食分库副主任、财粮科科长,中共湖溪区委书记,东阳县委委员、常委、组织部部长兼纪委书记,书记处书记、县委副书记兼监委书记,城关区革命领导小组组长,县商业局革命领导小组组长,县委核心小组成员,县委委员、县革委会生产指挥组组长,县委常委,县计划委员会主任、党组书记,县委统战部部长等职。1981年8月至1983年11月任中共政协党组书记。浙江省第二次党代会代表。

陆锡经(1930—)

政协第六、七、八届东阳市(县)委员会主席(1984年9月—1993年4月)。中共党员。东阳市画水镇人。

1949年8月参加工作。曾任画水区小学校长。1952年10月调县总工会教育工会工作,后任秘书长、主席。1954年11月至1955年5月在浙江师范学院中学校长训练班学习。回东阳后任巍山中学副校长、党支部书记。1959年12月后任县委宣传部干事、副部长(分管统战工作)兼任教育局局长,兼政协秘书长,巍山区委副书记,县文教局局长。1964年11月抽调到贵州省镇宁布依族苗族自治县工作,曾任区委书记、镇宁县委办公室负责人。1973年9月调回东阳,历任上卢区委书记,县工办主任,经委主任,县委常委、副县长。1983年11月,东阳、磐安分县,调到县政协工作(金华地委建议,省委批准拟任政协主席,筹建六届政协)兼任县委统战部部长。第一、二届金华市政协委员,政协第三届东阳县委员会秘书长。1985年1月至1993年5月任中共政协党组书记。

康益民(1946—)

政协第九、十、十一届东阳市委员会主席(1993年4月—2007年2月)。中共党员,大专学历。东阳市江北街道人。

1965年12月入伍,曾任警卫班长、排长、副连长、连长,营副政治教导员、政治教导员,团副政治委员、政治委员。在军队工作期间,曾当选为团、师、军、武汉军区、济南军区党代会代表。团政治委员任期内立三等功一次,获全军优秀政治工作者称号。1987年12月转业回东阳,历任中共东阳市纪委副书记、纪委书记,市委委员、市委常委,市委副书记兼政法委书记。2006年1月始任东阳慈善总会会长。著作《做人与从政》。浙江省第九次党代会代表,金华市第二、三、四次党代会代表,第二、三、四、五届金华市政协委员。1993年5月至2006年12月任中共政协党组书记。

王正明(1956—　)

政协第十二、十三届东阳市委员会主席(2007年2月—　)。中共党员,研究生学历。东阳市江北街道人。

1974年12月入伍,在上海警备区服役,1981年1月退役后回乡务农,1982年10月在白云乡政府工作,曾任南溪乡副乡长,罗屏乡乡长、党委副书记,黄田畈镇党委书记,黄田畈镇(区级镇)党委书记、黄田畈地区工作委员会书记、画水工作委员会书记,市委候补委员,林业局局长、党委书记,市政府副市长、常务副市长,市政府党组成员、党组副书记,市委委员、市委常委,市政法委副书记等职。2006年12月始任中共政协党组书记。金华市第二次党代会代表。第五、六届金华市政协委员。

副主席简介

王德钰(1917—206)

政协第一届东阳县委员会副主席(1956年3月—1958年10月)。中共党员。山东省新泰县人。

1939年5月参加革命工作,任新泰县岔河区公所财粮助理员。1949年2月,随军南下。曾任东阳县财粮科股长,县税务局代局长、副局长、局长,县粮食局局长,县人民委员会副县长兼县计划委员会主任,县委委员,县委常委,县委统战部部长。浙江省机械厅、省重工业厅处长,省机械工业厅办公室负责人,省机械工业厅供销处处长兼物资供应公司经理等职。浙江省第二次党代会代表。

程品文(1885—1961)

政协第一届东阳县委员会副主席(1956年3月—1959年12月)。号大庠,字养泉。东阳市虎鹿镇人。

1908年考入浙江两级师范学校。毕业后在虎鹿小学、东阳中学任教。1914年任东阳中学校长。1919年夏,因支持"五四"学生爱国反帝运动被逼离任。先后在衢州中学、诸暨中学执教。1928年任东阳县教育局局长。任内开办师范讲习所,创办10所县立小学,建民众教育馆。1936年应聘到同济大学任副教授、副训导长。1940年秋,受聘锦堂师范任教。1943年任校务主任。1945年在巍山北麓中学任教。1949年后,担任县各界人民代表会议代表,县人民委员会委员等职。被选为政协东阳县第一届委员会副主席后,驻会工作。第二、三届东阳县政协常委。

虞立仁(1921—1975)

政协第一届东阳县委员会副主席(1956年3月—1959年12月)。东阳市江北街道人。

1940年在吴宁上西街自开虞顺兴茶店、宿店、南货店。1942年日本侵略者入侵县城后停店歇业，1945年日本投降后继续开业。1950年8月组织吴宁南杂货联营社，始为营业员，后任经理。带头实行个体商业户联营，组织同业公会，组建区、县工商联合会并任主要领导职务。1950年11月任吴宁南杂货同业公会主任委员。1951年11月任城关区工商联主委。1952年任浙江省各界人民代表会议代表。1953年任县工商业联合会主委，中苏友好协会副秘书长。1956年任东阳中百公司副经理等职。1952年当选为浙江省第二届各界人民代表会议代表。1952年至1953年任东阳县第七、八次各界人民代表会议常务委员。

曹心公(1922—1988)

政协第二届东阳县委员会副主席(1959年12月—1961年3月)。中共党员，高小毕业。山东省新泰县人。

1943年3月参加革命，担任翟镇区中队班长、政治员、县独立营排长、区委武装部部长。1949年1月随军南下。曾任东阳县巍山区委副书记、书记，县财委委员，东阳中学副校长、校长，县委文教部副部长，组织部部长，宣传部部长，县政协秘书长，县委书记处书记，第二、三届东阳县委委员，四届县委常委，金华地区卫生局局长，永康县委副书记、书记，永康县革委会副主任、主任，金华地委委员、纪委副书记等职。浙江省第六次党代会代表。第一届东阳县政协委员，第四届东阳县政协常委。

徐英佩(1899—1982)

政协第二、三、四、五届东阳县委员会副主席(1959年12月—1982年1月)。又名烈奇。东阳市虎鹿镇人。

1918年10月外出学艺，在沪、杭等地绸缎厂做练习生和工人。1926年1月与人合伙在杭州开办美雅纹工厂，自任经理。1928年5月至1942年12月在上海三民坊开办纬罗小型绸厂和纬纹绸厂，自任经理。1943年1月在上海大马路冠群坊与人合股开设衡大源绸庄，自任经理。1947年8月回东阳，在城内毛竹园弄开办镬厂，自任经理。1957年任东阳公私合营天一农具锅厂副经理、副厂长、县工商业联合会副主委。1958年7月后任县工商联主委、县人民委员会委员、省工商联执委等职。

周国亮(1922—1982)

政协第三、四届东阳县委员会副主席(1961年3月—1967年12月)。原名周桂梁，中共党员，高小毕业。山东省沂源县人。

1943年8月参加革命工作。1949年2月随军南下。曾任东阳县民政科科员、玉山区公所区长、省委党校学员、县委宣传部干事、马宅区委书记、县委财贸部副部长(主持工作)，县委城镇工作委员会副主任。1956年6月后任金华地委办公室城镇工作科科长、地委财贸

部科长、地委读书会学员。1958年2月后任东阳县委财贸部部长，东阳县人民委员会副县长、计划委员会副主任、物价委员会副主任、县委委员，候补委员，县人民委员会党组成员，县政协常委，城关地区工作组组长，县革命委员会主任、党的核心小组组长。1970年6月后任浙江省长广煤矿一号井副主任、党的核心小组副组长，长广煤矿牛头山矿区副主任、党的核心小组副组长，长广煤矿一号井党的核心小组组长、党委书记，长广煤矿公司党委常委等职。

刘维增（1923—2012）

政协第四届东阳县委员会副主席（1963年12月—1967年12月）。中共党员。山东省沂水县人。

1948年10月参加革命工作。1949年1月随军南下。曾在汤溪县、兰溪县工作，1949年11月至1958年10月在磐安县任中共大皿区委委员、县税务局局长、县委委员、监委委员、财政贸易部副部长、商业局局长等职。1958年10月，东阳、磐安并县后，任东阳第二中学党支部书记兼校长，县委统战部副部长，县政协秘书长，南马区委副书记，县医药公司支部书记，县内务局副局长，县民政局副局长、党组成员、县委委员等职。

唐殿荣（1921—208）

政协第五届东阳县委员会副主席（1981年4月—1983年11月）。曾用名唐希哲，中共党员，初中毕业。山东省乐陵市人。

1943年11月参加革命工作。1949年2月南下。曾任衢县石梁区区委书记、县委农会副主任，衢州专区税务局干部，衢县税务局局长、县委委员，衢州专区检察分院副检察长，建德专区检察分院第一副检察长，开化县委副书记，建德专区农业专科学校副校长，东阳师范学校支部书记兼校长，东阳中学支部书记兼校长，县教办主任、文教局局长，县委委员，县委宣传部副部长，县政协秘书长，政协党组成员等职。

赵惇宠（1928—2016）

政协第五届东阳县委员会副主席（1981年4月—1983年11月）。大学学历。东阳市巍山镇人。

1947年7月至1949年4月暨南大学学习，1949年5月参加工作，任东阳县人民政府群众工作科干事，先后在北麓初中、金华一中任教，曾任巍山中学教导主任、副校长，县五七大学副校长，东阳中学副校长，东阳教师进修学校教导主任、副校长等职。

楼水明(1898—1983)

政协第五届东阳县委员会副主席(1981年4月—1983年12月)。全国木雕工艺美术家。东阳市横店镇人。

16岁从事木雕行业,先后在杭州、上海、香港从艺。1956年春节回乡参加横店木雕小组、木雕合作社,后建立县第一个木雕厂,任理事会副主任。曾受国家委派,出使蒙古、阿尔巴尼亚传艺,参与驻苏大使馆和北京人民大会堂浙江厅的装饰设计。1962年,浙江省人民委员会授予"名艺人"称号。轻工业部授予"工艺美术家"称号。浙江省人民政府授予劳动模范称号。省首届手工业联社委员会委员,中华全国手工业合作社第二届委员会候补委员,中国工艺美术学会副理事长。第五届全国人大代表,浙江省第二、三届人大代表,东阳县第六届人大常委。

季晓岚(1931—1997)

政协第六届东阳县委员会副主席(1984年9月—1985年4月)。中共党员,初中文化。浙江省瑞安市人。

1950年6月参加工作,曾任瑞安、文成县中百公司职员,温州专区专卖事业处秘书科副科长,商业局人事科干事,副食品二级站人秘科副科长,财政贸易干校教研室负责人,行政干校干事、专职党支书,中共温州地委党校干事,地委办公室秘书科副科长、副主任兼地委机关党委副书记,金华地区常山县革委会副主任。东阳县副县长、党组成员,兼财贸办公室主任、党组书记,政协秘书长、党组成员。温州市瓯海县政协秘书长、副主席等职。

吴兆宁(1929—)

政协第六、七、八、九届东阳市(县)委员会副主席(1984年9月—1998年3月)。民革党员。东阳市东阳江镇人。

1949年12月入伍,历任学员、见习生、副排长。1954年10月转业回乡。先后在磐安县深泽小学、安文镇校代课。1957年9月因受其父的政治问题株连回家,后任民办教师,1983年落实政策转为正式教师。金华市黄埔军校同学会会长,东阳市黄埔军校同学会会长。浙江省第六届人大代表,政协第一届金华市委员会常务委员,第二、三届金华市政协委员,第十届东阳市政协常委。

王东兴(1935—201)

政协第六、七届东阳市(县)委员会副主席(1984年9月—1990年4月)。中共党员,大学学历,副主任医师。东阳市画水镇人。

1954年8月至1959年7月浙江医学院医疗系学习,1959年8月参加工作,历任东阳市

(县)人民医院内科医师,内科主任,副院长等职。1975年1月至1976年3月在浙一医院进修。1985年7月兼任金华市卫生进修学校副校长。中华医学会浙江东阳分会副理事长。

陈维烈(1932—　)

政协第六届东阳县委员会副主席(1984年9月—1987年4月)。高级农艺师。浙江省丽水市人。

1953年7月毕业于丽水农校。先后在淳安县政府农林科、诸暨县农林水利局病虫观测站工作。1956年5月调至东阳县农业局,筹建病虫观测站,后任站长。1977年被评为省先进科技工作者,1990年被评为东阳市首批科技拔尖人才。曾任县科协副主席,省昆虫学会会员,金华市昆虫植病学会理事,东阳县农学会会员等职。第五届省政协委员,第五届县政协常委,第八届县人大常委。

俞鉴康(1934—2015)

政协第六、七届东阳市(县)委员会副主席(1984年9月—1990年4月)。中共党员,中学高级教师,省特级教师,浙江师范大学客座教授。杭州市萧山区人。

1956年毕业于浙江师范学院物理系物理专科。曾任杭州农学院科研所所长、理科教研室主任,东阳中学校长,浙江省中学物理教学研究会副秘书长。1994年2月退休后,曾任横店集团经济局副主席、总裁助理、企业联合会副会长、浙江横店科技专修学院党委书记、院长,中天集团高级顾问、中天中学执行副董事长,横店大学校长。第一、二届金华市政协委员。

杜土木(1935—2012)

政协第六、七、八届东阳市(县)委员会副主席(1986年3月—1993年4月)。高小毕业,中共党员。东阳市横店镇人。

1952年4月参加工作。曾任湖溪区团委组织委员,团县委秘书,尚湖区校副校长,屏岩乡中心小学校长,屏岩乡秘书,屏岩公社革委会副主任、主任,党委委员,副书记,湖溪区委副书记兼屏岩公社党委书记,玉山区委书记,县委委员,东阳县政府副县长、党组成员,兼计委主任、党组书记。磐安县委常委,县政府副县长、党组副书记。东阳市(县)政协党组成员、党组副书记等职。金华市第二次党代会代表。

陆光正(1945—　)

政协第七、八、九届东阳市(县)委员会副主席(1987年4月—1998年3月)。东阳市画水镇人。

曾任东阳木雕总厂厂长,东阳市工艺美术行业协会会长。历届中国工艺美术百花奖评委,第七届中国科协委员,中国工艺美术学会木雕艺术专业委员会会长,中国工艺美术学会雕塑专业委员会副会长,浙江省工艺美术行业协会副理事长,中国工艺美术协会木雕艺术专业委员会会长,浙江省文史馆馆员。高级工艺美术师,浙江省民间艺术家,中国木雕艺术大师,中国工艺美术大师,亚太地区手工艺大师,东阳木雕首批国家级非物质文化遗产代表作传承人。浙江省第七届人大代表,第一、二、三届金华市政协委员,第六届东阳县政协常委。

斯江鸿(1937—　)

政协第八、九届东阳市委员会副主席(1990年4月—1997年3月)。曾用名斯惠朝,中共党员,大学学历,工程师。东阳市城东街道人。

1960年3月后,曾任国防部第五研究院一分院八室工程组长,北京第七机械工业部社教工作团干部、704研究所工程组长,东阳县工业交通办公室干部,县经济委员会干部、副主任兼生产技术科科长、主任,县委常委、(市)县政府常务副市(县)长、党组副书记,兼计划经济委员会主任、党组书记,县政法协调小组副组长,市城乡建设委员会主任、政协党组副书记等职。金华市第三次党代会代表。

徐冠玉(1935—1998)

政协第八、九届东阳市委员会副主席(1990年4月—1998年3月)。民盟盟员,大学本科,中学高级教师。上海市黄浦区人。

1952年9月至1956年7月上海复旦大学新闻系学习,毕业后分配到中央人民广播电台新闻部工作。1963年10月调入东阳二中任英语教师。民盟东阳支部第一、二届主委。第六届东阳县政协委员,第七届县政协常委等职。

王光训(1943—　)

政协第九、十届东阳市委员会副主席(1997年4月—2003年3月)。中共党员,高中毕业。东阳市东阳江镇人。

1960年3月入伍。曾任金华市公安支队一中队通信员、副班长、排长,金华军分区司令部参谋、独立连连长,安徽省阜阳军分区独立连连长,安徽省阜南县人武部军事科科长、副部长、部长,东阳市人武部部长、市委常委、市纪委书记、市政法委书记、市政协党组副书记等职。浙江省第九次党代会代表，金华市第三次党代会代表。

郭俊喜（1944—208）

政协第九、十届东阳市委员会副主席（1993年4月—2003年3月）。中共党员，大专学历。东阳市南马镇人。

1960年7月入伍。曾任解放军宣化通信学校学员，福州军区司令部通信器材修配所技师、通信部参谋，第四部副科长、科长，特种兵部处长，南京军区司令部通信部处长，东阳市人民检察院副检察长、检察长、党组书记，市政协秘书长、党组成员等职。金华市第二次党代会代表。

吴有德（1943—　）

政协第九、十届东阳市委员会副主席（1993年4月—2003年3月）。中共党员，大学学历，工程师。东阳市南市街道人。

1968年9月参加工作。上海警备区6386部队接受解放军再教育。曾任遂昌县机电修配厂职工、水泥厂化验室主任、县工业交通办公室干部，东阳水泥厂副厂长、厂长，县经济委员会党组成员、人事劳动科科长、副主任，县劳动人事局局长、党组书记、县委组织部部务会议成员，市纪委副书记，市委统战部部长，市委委员，对台湾工作领导小组副组长，政协党组成员等职。第二、三届金华市政协委员。

赵惠仁（1929—2013）

政协第九届东阳市委员会副主席（1993年4月—1998年3月）。无党派。东阳市巍山镇人。

1952年参加工作，筹建东阳食品厂，1967年回家务农，1977年在巍山供销社从事商业工作，1982年退休。20世纪80年代，赵惠仁设法与在台的王惕吾等亲属取得联系。经牵线引桥，由王惕吾捐赠建设了市急救中心、巍山医院、巍山镇初中、东阳中学体育馆和教学楼，新建东阳市图书馆、巍山中学图书馆等，设立王惕吾奖学基金和东阳籍学子赴美国留学奖助金等，捐赠共计1.5亿元人民币。第五、六、七届省政协委员，第二、三、四届金华市政协常委，第五、十届东阳市政协常委，第六届市政协委员，第一、二届市台联副会长。

杜尚水（1946—　）

政协第九届东阳市委员会副主席（1993年4月—1998年3月）。无党派，大学学历。东阳市吴宁街道人。

1964年8月至1968年12月，中国人民解放军炮兵工程学院学习；1968年12月至1970年5月在6400部队农场工作；1970年5月至2006年6月，历任东阳仪表电机有限公司工人、技术员、车间副主任，技术副厂长、厂长、总经理、董事长等职。

吴洵中(1945—)

政协第十、十一届东阳市委员会副主席(1998年3月—2007年2月)。农工党党员,大学学历,副主任中医师。东阳市吴宁街道人。

1965年7月至1969年7月在浙江中医药大学学习,1969年7月参加工作。先后在浙江省军区6515部队农场、磐安县玉山区卫生院、东阳市卫生局、市卫生学校、市人民医院工作,曾任中医科主任。农工党东阳市第二届委员会副主委、第三届委员会主委,农工党金华市第三、四届委员会常委。浙江省第九届人大代表,第三、五届金华市政协委员,第八、九届东阳市政协委员。

马金法(1945—)

政协第十届东阳市委员会副主席(1999年4月—2003年3月)。中共党员,中专学历。东阳市千祥镇人。

1979年3月参加工作。曾任东阳县青联公社农技员、管委会副主任、党委副书记,马宅乡党委副书记、乡长,湖溪区委副书记、书记,南马区委书记,市(县)委委员,市农村经济委员会主任、党组书记,市政府办公室副主任、党组副书记,市政府农村工作办公室主任、党组书记,市委统战部部长、党组书记,政协党组成员。第一、二次金华市党代会代表,第四届金华市政协委员。

韦定民(1955—)

政协第十、十一、十二届东阳市委员会副主席(1999年4月—2012年2月)。无党派。东阳市吴宁街道人。

1973年7月起先后在城关修建社、解放照相馆工作,后为东阳市床上用品厂厂长,曾任东阳市作家协会副主席、主席,《东阳江》文学报主编,东阳市文联主席,东阳市党外知识分子联谊会会长,金华市作家协会副主席,金华市政协文史委副主任等职。第四、五、六届金华市政协委员,第九届东阳市政协常委,第十三届东阳市政协委员。

杜恩深(1949—208)

政协第十一届东阳市委员会副主席(2003年3月—2007年2月)。中共党员,大专学历。东阳市江北街道人。

1968年3月入伍。丽水军分区独立连战士,嘉兴军分区独立连班长、排长、副政治指导员、政治部干事,金华军分区任秘书、永康人武部帮助工作。磐安县人武部政工科副科长、科长,政委,县委常委,人大常委。东阳市人武部政委,市委常委,市人大常委会副主任、党组成员,市政协党组副书记等职。金华市第三次党代会代表。

陆益民(1952—　)

政协第十一届东阳市委员会副主席(2003年3月—2007年2月)。中共党员,大专学历。浙江省永康市人。

1969年12月入伍。曾任团保卫股长、营教导员、师宣传科长、团副政委。永康县工商局副局长,倪宅区区长、区委副书记,古丽镇镇委书记兼永康市委组织部副部长,永康市委常委、人武部政委。东阳市委常委、人武部政委,市人大常委会副主任、党组副书记,市政协党组副书记等职。金华市第三次党代会代表。

申屠青(1953年—　)

政协第十一、十二届东阳市委员会副主席(2003年3月—2012年2月)。中共党员,中专学历。东阳市马宅镇人。

1970年12月入伍。1976年9月起历任东阳县徐宅乡卫生院职工,千祥区人武部干事,千祥公社党委委员、人武部部长,党委副书记,千祥区委委员、人武部部长,区委副书记、区公所副区长、区长,南马区委副书记、区长,区委书记,南马镇党委书记,市纪委副书记、监察局局长,市政协党组成员、副书记等职。

吴美荣(1954—　)

政协第十一、十二届东阳市委员会副主席(2004年3月—2012年2月)。中共党员,大专学历。东阳市歌山镇人。

1972年12月入伍。山西省晋城县新兵九连战士,曾任解放军总后管理局专业区队一连文书,专业区队书记、机修连副政治指导员,北京市总后59241部队后勤部政治干事。东阳市(县)委组织部科员、组织二科副科长、组织一科科长,市政府办公室党组成员、副主任,市政府党组成员,市政府办公室党组书记、主任,市委统战部部长,市政协党组成员等职。第五、六届金华市政协委员。

郭志华(1951—　)

政协第十一、十二届东阳市委员会副主席(2004年3月—2011年3月)。中共党员,大专肄业,政工师。东阳市南马镇人。

1970年12月入伍。1977年10月起曾任南马区团委书记,共青团东阳县委常委,明德公社人武部部长、党委委员,明德公社管委会副主任、党委副书记,明德乡党委书记,南马区委副书记、区长,东阳市(县)委委员、横店镇党委书记,市供销总社主任、党委书记兼东阳经济开发区常务副主任，市供电局党委书记，市农业局局长、党委书记，政协秘书长、党组成员，兼东白山生态旅游区管委会常务副主任等职。浙江省第八次党代会代表，第一、二届金华市人大代表，金华市第四次党代会代表。

郭巧范（1958—　）

政协第十二、十三届东阳市委员会副主席（2011年4月—　）。女，中共党员，研究生学历，会计师。东阳市东阳江镇人。

1975年9月至1976年7月东阳县湖溪一中任教，1976年9月至1978年2月东阳县仪表一厂工作，1978年3月至1980年1月浙江省财政学校财政专业学习，曾任东阳县财税局预算总会计，磐安县财税局办事员、副股长、副局长，东阳市财税局企财科科长、副局长兼任吴宁财税所党支部书记，国税局局长、党组书记（1994年10月至1997年8月兼财政局副局长），1998年1月后历任市政府副市长、常务副市长，市政府党组成员、党组副书记，市委委员、市委常委，浙江省委党校社会发展专业研究生，澳门科技大学MBA高级工商管理研究生、硕士学位，金华市国税局副局长、党组成员、调研员（享受正县级待遇），东阳市政协党组成员、党组副书记（享受正县级待遇）等职。金华市第三届人大代表。

蒋银生（1963—　）

政协第十二届东阳市委员会副主席（2007年2月—2011年3月）。中共党员，大学学历。东阳市画水镇人。

1984年5月参加工作。曾任东阳县槐堂乡党政办公室秘书，黄田畈镇党政办公室秘书，吴宁镇政府党政办公室秘书、副主任，吴宁镇城中办事处党委副书记、办事处主任，巍山镇党委副书记、镇长，党委书记，画水镇党委书记，市政府党组成员、市长助理，市委委员，政协党组成员，2011年3月任副市长。金华市第五次党代会代表。

韦国锋（1957—　）

政协第十二、十三届东阳市委员会副主席（2007年2月—　）。中共党员，大专学历。东阳市城东街道人。

1975年8月参加工作，东阳县建筑施工大队赴湖北07工程工地职工，曾任罗屏公社秘书，县委宣传部干事，浙江省委党校干部大专班党政干部专业学员，巍山镇党委副书记、副镇长、镇长，巍山工作委员会主任、党委副书记、党委书记，巍山镇党委书记，市人大常委、党组成员、办公室主任，市委组织部副部长，市人事劳动社会保障局党组书记、局长，市委委员，市政协秘书长、党组成员等职。金华市第五次党代会代表。

蔡捷飞（1964—　）

政协第十二、十三届东阳市委员会副主席（2007年2月—　）。民建会员，大学学历，中教一级。东阳市虎鹿镇人。

1985年7月浙江师范大学英语系英语专业毕业。1985年8月参加工作，曾在巍山高中任教。曾任东阳市对外贸易经济合作局副局长，市工商联主席等职。

施侍良（1958—　）

政协第十三届东阳市委员会副主席（2012年2月—　）。中共党员，大学学历。东阳市巍山镇人。

1976年2月入伍，南京军区83367部队服役，任团政治处干事。1987年12月后曾任东阳市委宣传部宣传科干事、副科长、科长，市经济体制改革办公室副主任，市文化局党委书记、局长，市物价局党组书记、局长，市计经委党委书记、主任，市发展计划局党组书记、局长，市政府党组成员，市政府办公室主任、党组书记，市人大常委会副主任、党组成员，市政协党组成员，市委统战部部长等职。金华市第五届人大代表，金华市第六届政协委员。

华伟跃（1962—　）

政协第十三届东阳市委员会副主席（2012年2月—　）。中共党员，大学学历。东阳市江北街道人。

1984年5月参加工作。曾任樟村乡秘书、党委委员，六石镇党委副书记，红旗乡党委副书记、乡长，上村乡党委副书记、乡长、书记，北江镇党委书记，吴宁镇党委副书记、镇长，吴宁街道党工委书记，环境保护局局长、党组书记、副书记，农业局局长、党委书记，规划局（人防办）局长、党组书记，市政府党组成员，市政府办公室主任、党组书记，市政协党组成员，市总工会主席等职。金华市第三、四次党代会代表。金华市第五、六届人大代表。

张卫伟（1959—　）

政协第十三届东阳市委员会副主席（2012年2月—　）。中共党员，大学学历。东阳市吴宁街道人。

1982年11月参加工作。曾任东阳县南江乡人民公社主任，屏岩乡乡长、党委副书记，古光乡党委书记，虎鹿镇镇长、党委副书记、党委书记，巍山镇党委书记，市委委员，市农办党组书记、主任，市政协党组成员等职。金华市第三、四、五次党代会代表。

楼伟龙(1967—)

政协第十三届东阳市委员会副主席(2012年2月—)。农工党党员，大学学历。东阳市佐村镇人。

1989年7月杭州大学教育系政治教育专业毕业,1989年8月参加工作。东阳市巍山中学教师、团委书记,巍山镇中团总支书记,东阳市植物激素厂厂长助理,华夏信息服务中心经理,横店集团旅行社副总经理,北京农民旅行社总经理,横店东磁集团公司总经理办公室秘书,东阳市青少年宫主任,江北新区管委会招商部副部长,市人大常委会农业农村工作委员会主任等职。

秘书长简介

黄樟松(1929—2014)

政协第一届东阳县委员会秘书长(1956年3月—1959年12月)。中共党员,初中毕业。东阳市城东街道人。

1951年11月参加工作。曾任吴宁区政府驻吴宁供销社副主任,吴宁区政府副区长,中共马宅区委副书记,县委统战部副部长,吴宁镇委书记,横锦水库联合厂厂长,东阳砩矿党委书记,新东公社党委书记,尖山公社党委书记,红卫公社党的核心小组副组长,南江水库移民组副组长,大联公社党委书记,东阳木雕厂党委书记,东阳量具厂党委书记,东阳医药公司党委副书记等职。

曹心公(1922—1988)

政协第二届东阳县委员会秘书长(兼,1959年12月—1961年3月)。详见副主席简历。

陆锡经(1930—)

政协第三届东阳县委员会秘书长(1961年3月—1963年10月)。详见主席简历。

刘维增(1923—2012)

政协第四届东阳县委员会秘书长(兼,1963年12月—1967年12月)。详见副主席简历。

唐殿荣(1921—208)

政协第五届东阳县委员会秘书长(兼,1981年3月—1983年11月)。详见副主席简历。

季晓岚(1931—1997)

政协第六届东阳县委员会秘书长(兼,1984年9月—1985年4月)。详见副主席简历。

黄加理(1939—　)

政协第七、八届东阳市(县)委员会秘书长(1987年4月—1993年4月)。中共党员,大专学历,中教一级。东阳市千祥镇人。

1958年8月起先后在湖溪二中、省委工作团(诸暨、东阳)、人民农校、后山店中学、中共湖溪区委工作。后曾任千祥中学副书记、副校长,大盘乡(县委工作队)秘书,巍山中学副书记、副校长,湖溪二中校长,湖溪一中书记,市委宣传部常务副部长,市委统战部部长,市委候补委员,市委对台湾工作领导小组副组长,市政协党组成员,市人大教科文卫工作委员会主任,市人大常委会党组成员等职。金华市第二次党代会代表。

单锡成(1946—　)

政协第九届东阳市委员会秘书长(1993年4月—1998年3月)。中专学历。东阳市城东街道人。

1968年2月入伍,任连副政治指导员,1979年9月转业。后曾任樟村公社秘书、党委委员,樟村乡副乡长、党委副书记兼乡长,怀鲁乡党委书记,上卢区委副书记,巍山镇党委书记、党委副书记兼人大主席,市农业局正局级调研员,市政协党组成员等职。金华市第二次党代会代表。

郭俊喜(1944—208)

政协第十届东阳市委员会秘书长(兼,1998年3月—2003年3月)。详见副主席简历。

郭志华(1951—　)

政协第十一届东阳市委员会秘书长(兼,任期2003年3月—2007年2月)。详见副主席简历。

杜继明(1957—　)

政协第十二届东阳市委员会秘书长(2007年2月—2012年2月)。大专学历。东阳市歌山镇人。

1976年11月应征入伍。任战士、班长、排长、连副政治指导员、连政治指导员。1984年9月至1986年7月,新疆教育学院汉语言文学专业学习。1987年12月市委台湾工作办公室工作,1998年5月起市政协办公室工作,任秘书科科长,办公室副主任、主任,市政协党组成员等职。第十一届市政协常委。

韦国锋(1957—　)

政协第十三届东阳市委员会秘书长(兼,2012年2月—2014年2月)。详见副主席简历。

郭志明(1960—　)

政协第十三届东阳市委员会秘书长(2014年2月—　)。中共党员,大学学历。东阳市南马镇人。

1981年8月参加工作。先后在义乌食品厂、饮食服务公司、绣湖食品厂、东阳县劳动服务公司工作。曾任东阳市农经委办公室副主任,市府办综合科副科长,综合督查信息科科长,市府办党组成员。2000年11月起任江北新区招商部部长、党委委员,市府办副主任,市外贸局党组书记、局长,市审计局党组书记、局长,市政协党组成员等职。金华市第六次党代会代表。

第二节　在东阳的浙江省、金华市政协委员

在东阳的浙江省政协委员名录

第一届

黄学龙　　黄紫金

第二届

黄学龙　　卢连水

第三届

无

第四届

周德芳(女)　陆炳松

第五届

陈维烈　　应满堂　　赵惠仁

第六届

马良勇　应满堂　赵惠仁

第七届

吴妙潭　赵惠仁

第八届

吴妙潭

第九届

张纯良

第十届

李云康

第十一届

楼　明

在东阳的金华市政协委员名录

第一届

陆锡经	吴兆宁	俞鉴康	金循华	黄　兴	杨兰新(女)
张荣乔	李少标	蔡忠遗	郭朗蕉(女)	林德昌	徐金和
朱秀姣(女)	陆光正	吴美华	申屠孟君	郑可建	韦寿桐
陈福寿	陈同晓(女)	徐文荣			

第二届

陆锡经	吴兆震	陆光正	吴兆宁	赵惠仁	郑可建
李少标	史龙海	许宝星	林德昌	徐金和	徐祖棠
楼忠福	徐文荣	朱茂棠	金循华	俞鉴康	蔡忠遗
贾冬菊(女)	王东兴	金爱娟(女)	韦安龙	金炳甫	黄加理
俞　立	康益民	吴有德			

第三届

吴兆宁	卢梁龙	吴洵中	张茂春	张端誉	陆光正
史龙海	徐金和	许宝星	金立群	吴晓明	徐文荣

胡秀文	应康美（女）	何　群（女）	王爱民	赵水花（女）	许一平
蒋有田	吴有德	赵惠仁	俞　立	康益民	楼忠福
葛敦理					

第四届

许宝星	卢梁龙	楼满良	洪福照	赵惠仁	吴子其
韦定民	徐金和	许庆梅（女）	金洪驹	金立群	陈　军
吴晓明	葛萌芽	应康美（女）	刘宝剑	王有枢	崔海宁
申屠光明	许一平	释智行（女）	康益民	马金法	俞　立
包淳浩	徐圣文	葛世贵	徐强胜		

第五届

吴润中	楼玉良	金　农	徐强胜	楼兰芳（女）	赵允成
邵富贵	韦定民	吴荣仁	许庆梅（女）	包淳浩	贾天其
卢建新	金常青	吴晓明	韦国清	杜志正	卢梁龙
应争先	蒋宝荣	释智行（女）	马培珍（女）	康益民	吴美荣
张黎云	胡村梅（女）	王正明	丁玮岚（女）		

第六届

卢海岩	楼玉良	胡村梅（女）	徐强胜	黄小明	赵允成
华协漂	韦定民	何月英（女）	徐巧英（女）	楼兰芳（女）	葛岸越
许庆梅（女）	吴荣仁	韦国清	陈皖东	赵　玲（女）	吕　航
应争先	李更天	释智行（女）	王正明	吴美荣	叶肖东
施侍良	丁玮岚（女）	钱飞华			

要事记略

1949年

5月8日，中国人民解放军第12军35师103、105团解放东阳县城。

5月15日，成立东阳县人民政府。

5月19日，成立中国共产党东阳县委员会。

10月21—24日，召开东阳县第一次各界人民代表会议。代表69名。主席团设主席1名，副主席1名。

1950年

4月21—23日，召开第二次各界人民代表会议。代表246名。通过14人组成的常务委员会。

10月5—7日，召开第三次各界人民代表会议。代表276名。选举产生25人组成的常务委员会。

1951年

5月23—26日，召开第四次各界人民代表会议。代表318名。选举产生27人组成的常务委员会。

11月3—6日，召开第五次各界人民代表会议。代表308名。选举产生25人组成的常务委员会。

1952年

6月27—29日，召开第六次各界人民代表会议。代表303名。选举产生25人组成的常务委员会。

11月23—25日，召开第七次各界人民代表会议。代表306名。选举产生27人组成的常务委员会。

1953年

10月6—8日，召开第八次各界人民代表会议。代表232名。选举产生24人组成的常务委员会。

1954年

7月11—14日，召开东阳县第一届人民代表大会第一次会议。此后，各界人民代表会议不再代行人民代表大会职权，而以人民民主统一战线的组织形式存在。

1955年

8月，中共东阳县委开始筹建中国人民政治协商会议浙江省东阳县委员会。

1956年

3月10日，召开东阳县各界人民代表会议常务委员会扩大会议。协商参加县政协的单位和委员名单等事项。

3月15—18日，召开县政协一届一次会议。选举产生第一届委员会主席1名，副主席3名，秘书长1名，常务委员16名。

3月18日，召开一届一次常委会议。通过人事任免等事项。

5月11—12日，召开一届二次常委（扩大）会议。决定设立学习委员会和工商、文化教育、医药卫生3个工作组；通过有关计划决定。

9月18—19日，召开一届三次常委会议。决定调整工商等3个工作组的成员；协商讨论县人民委员会人事安排。

11月23日，召开一届四次常委会议。研究一届二次会议事项；决定增补24名委员。

11月30日—12月3日，召开一届二次会议。通过常委会工作报告和有关决议。

12月11日，召开一届五次常委（扩大）会议。协商二届县人民委员会领导人候选人名单；决定增设社会联系组。

1957年

5月20日，召开一届七次常委会议。决定增补委员；讨论研究一届三次会议事项。

5月28日—6月2日，召开一届三次会议。帮助中共东阳县委整风，提出11个方面、203条意见建议；增选常务委员6名；通过常委会工作报告和有关决议。

6月3日，召开一届九次常委会议。讨论“大鸣、大放”问题。

7月17—18日，召开一届十次常委（扩大）会议。作反右斗争动员。

10月18日，召开一届十一次常委（扩大）会议。讨论工商界整风和委员下乡走访等问题。

1958年

7—8月，多次召开各界人士整风学习座谈会。组织开展“大鸣、大放”活动。

12月17日，召开一届十四次常委会议。协商通过关于清除“反、坏、右”分子的决议。

1959年

9月6—8日，召开一届十七次常委会议。听取县长报告；决定增设侨务工作组；参观农业生产和公共食堂。

12月15—18日，召开二届一次会议。选举产生第二届委员会主席1名，副主席2名，秘书长1名，常务委员26名；通过常委会工作报告和有关决议。

12月19日，召开二届一次常委会议。决定设立工商、教育、文艺、医务、侨务、科技、社会联系7个工作组。

1960年

2月10日，组织部分委员和各界人士36人，参观湖溪公社南塘生产队技术革新情况。

6月24日，召开各界人士和部分委员参加的国际形势座谈会。

10月25—27日，召开二届二次常委会议。听取县长作的形势报告；确定今后工作要点。

1961年

1月17—18日，召开二届三次常委会议。学习中共中央文件；讨论制订1961年工作计划。

3月10日，召开二届四次常委会议。协商三届一次会议有关事项。

3月15—19日，召开三届一次会议。选举产生第三届委员会主席1名，副主席2名，秘书长1名，常务委员21名；通过常委会工作报告和有关决议。

3月20—21日，召开三届一次常委会议。决定设立学习委员会和工商、教育、文艺、侨务和社会联系、科技、卫生6个工作组。

6月28—29日，召开三届三次常委会议。总结人民公社化以来的经验教训。

8月23日，召开三届四次常委（扩大）会议。座谈讨论市场、商业体制和干部作风等问题。

10月3—5日，召开三届五次常委会与县人民委员会联席会议。学习《农村人民公社工作条例》。

1962年

6月4—7日，在上卢、李宅、巍山召开当地工商界甄别会。

7月，召开三届七次常委(扩大)会议。讨论时局。

11月，召开三届八次常委会议。学习讨论省人大、政协会议精神。

1963年

4月23日，召开三届十次常委会议。协商四届委员及五届人大代表名单。

8月、11月，常委会与县人民委员会先后两次举行联席会议。

12月22—23日，召开三届十五次常委会议。学习中央文件；研究四届一次会议议程。

12月26日—1964年1月4日，召开四届一次会议。选举产生第四届委员会主席1名，副主席3名，秘书长1名，常务委员21名；通过常委会工作报告和有关决议。

1964年

1月2日，召开四届一次常委会议。通过副秘书长任命名单。

3月，常委会委员列席县人民委员会第二次会议。

8月13—16日，召开四届二次会议。

1965年

1月7日，召开四届四次常委会议。讨论国内外形势和自我思想改造问题。

1966—1979年

因“文化大革命”，政协组织和活动中断。

1980年

8月23日，召开四届五次常委会议。听取和讨论县委副书记刘金印关于召开县政协五届一次会议有关问题的讲话。

1981年

4月11—16日，召开五届一次会议。选举产生第五届委员会主席1名，副主席4名，秘书长1名，常务委员29名；通过若干政治决议。

4月17日，召开五届一次常委会议。决定成立宣传、教育、医药卫生、科技、对台侨务、工商经济、宗教民族、文史资料8个工作组。

8月8日，建立中共政协东阳县第五届委员会党组。

11月22—23日，部分常委与人大常委联合视察南马、防军、黄田畈、王坎头等公社社队用地管理情况，呼吁制止毁田建房歪风。

1982年

4月16—18日，召开五届四次常委会议。学习讨论中央打击经济领域犯罪决定和统战、宗教工作指示精神。

6月25—30日，召开五届二次会议。

7月1日，召开五届六次常委会议。决定在吴宁镇建立教育、卫生、科技、工商4个政协学习组，在巍山镇、安文镇建立政协学习组。

8月26—27日，召开五届七次常委会议。学习讨论政协章程修改草案；提出关于落实知识分子政策的意见。

1983年

3月11—14日，召开五届三次会议。审议通过常委会工作报告和有关决议；协商推荐省人大代表、政协委员人选。

4月22—29日，会同人大及有关部门领导，视察法制贯彻、知识分子和去台人员政策落实、供销社体制改革等情况。

7月3—5日，召开五届十一次常委会议。听取关于取缔“呼喊派”的通报。

9月20—21日，召开五届十二次常委会议。听取县级机构改革和东阳与磐安分县情况介绍。

11月10日，东阳与磐安分县，政协人事调整。

1984年

9月14日，坐落在吴宁镇东街2号的政协侨联办公楼竣工。翌日，政协机关进驻办公。

9月16—20日，召开六届一次会议。选举产生第六届委员会主席1名，副主席4名，秘书长1名，常务委员37名；通过五届常委会工作报告和有关决议。

9月21日，召开六届一次常委会议。决定设立学习、文史2个委员会和工业科技、农业科技、中学教育、小学教育、医药卫生、文艺体育、工商经济、对台、侨务、宗教10个工作组；通过副秘书长和组(委)负责人任命名单。

11月21—30日，会同县人大视察物价政策执行情况。

12月3—8日，视察医院改革，召开座谈会；举办学术讲座。

是年，明确县政协为县级四套班子之一，政协主席列席中共东阳县委常委会议。

1985年

1月20—22日，召开六届三次常委会议，并列席全县人大常委会议。对经济、教育、科技、法制宣传等工作提出意见建议。

1月23日，建立中共政协东阳县第六届委员会党组。

3月25—27日，会同县人大视察吴宁镇中小学教育和虎鹿乡分级管理办学情况。

4月，东阳文史资料选辑第1辑《综合辑》出版。

4月5—7日，组织考察歌山建筑公司驻杭州、富阳工程队。

4月18日，召开六届五次常委会议。协商通过关于召开六届二次会议和工作机构调整等有关事项。

4月26—29日，召开六届二次会议。

7月1—4日，会同县人大视察吴宁、巍山、六石、横店、湖溪、南马、千祥7个镇贯彻执行《食品卫生法》情况。

8月9—10日，考察横店镇工业公司和巍屏、六石2个乡镇的部分企业。

8月12日，召开六届七次常委会议。协商金华市第一届政协委员推荐名单；听取县委书记梅崚关于经济发展形势的介绍。

8月21—22日，召开六届三次会议。增选副主席1名；协商推荐金华市第一届政协委员。

9月2日，与县委统战部联合召开各界人士座谈会，纪念抗日战争和世界反法西斯战争胜利40周年。

9月7日，会同县人大邀请在城教师代表60多人座谈，征求对政协统战工作的批评、意见和建议。

10月，会同县人大视察县城文化单位改革情况。

11月，东阳文史资料选辑第2辑《邵飘萍专辑》出版。

1986年

1月7—8日，召开六届九次常委会议，并列席人大常委会议。听取、讨论县法院、检察院工作汇报；总结政协年度工作，讨论1986年工作计划。

1月12日至2月1日，组织走访省、市、县三级政协委员124名，慰问年迈病弱委员9名。

1月29日，与县委统战部联合邀请各界人士50余人，召开迎春茶话会。

3月3—6日，会同县人大视察25家企业的污染治理情况。

3月27—30日，召开六届四次会议。增选副主席1名，常务委员2名。

4月22—24日，组织考察农业职业学校，提出2条建议。

4月27—30日，组织考察仙居县计划生育工作和临海市台州医院管理工作。

4月29日，县政协主席陆锡经向县级机关干部作新时期中国共产党的统一战线工作方针、政策和任务的报告。

5月10—11日，组织考察县第三建筑公司驻金华、永康的工程队。

6月25日，中共东阳县委批转县政协党组《关于认真贯彻中央办公厅〔1986〕10号文件，进一步完善政治协商、民主监督制度的报告》，要求各级党组织参照执行。

8月，东阳文史资料选辑第3辑《文化教育专辑》出版。

9月19—20日，组织医药卫生工作组赴革命老区明德乡、山区西营乡开展医疗服务活动，诊疗病人277人次。

9月20日，巍山区（含巍山镇）政协委员联络组成立。

9月22—23日，会同县人大到县电大工作站和商业局、供销社、粮食局、二轻局、经济委员会、总工会等职工学校调研，提出5条建议。

9月26日，湖溪区（含横店镇）政协委员联络组成立。

10月13—14日，县政协副主席杜土木一行调研六石、怀鲁、红旗、李宅、塘西等乡镇的苎麻生产情况，并向县委提出意见建议。

10月16—19日，杜土木到西营乡开展山区脱贫致富情况调研，并向县委提出意见建议。

11月12日，举办孙中山先生诞生120周年纪念会。

11月14—15日，金华市政协副主席赵云鹏一行到东阳考察农药厂、化工厂和化肥厂的环境保护工作。

12月8—10日，召开六届十二次常委会议。决定增补委员，任命副秘书长。

12月19—22日，陆锡经等赴缙云、青田两县学习政协统战工作经验。

1987年

1月底—2月初，组织慰问省、市、县政协委员148名。

3月21—22日，召开六届十四次常委会议。决定七届一次会议事项；听取县委书记梅岐关于县委班子人事安排的通报。

4月9—13日，召开七届一次会议。选举产生第七届委员会主席1名，副主席5名，秘书长1名，常务委员29名；通过六届常委会工作报告和有关决议。

4月13日，召开七届一次常委会议。协商决定1987年工作要点；通过有关人事任免等事项。

4月28日，建立中共政协东阳县第七届委员会党组。

6月27—29日，组织医药卫生工作组赴罗山、明德、大联等乡开展医疗服务活动，诊疗病人462人次。

7月2—4日，会同县人大、政府有关部门对执行农业生产资料、蔬菜、副食品价格及非生产性单位收费情况进行视察，并向县政府提出5条建议。

7月27日，组织科技工作组考察巍山镇、吴宁塘西办事处4户养猪专业户，提出发展生猪生产的建议。

9月17—18日，县政协主席陆锡经等赴永康、武义学习政协工作经验。

9月，东阳文史资料选辑第4辑《人物专辑》出版。

10月20—21日，县政协副主席吴兆宁等考察东阳侨属企业。

10月27—30日，县政协副主席杜土木等赴宁波、奉化学习政协统战工作经验。

10月，东阳文史资料选辑第5辑《抗日战争专辑》出版。

11月23日和12月10日，县政协领导组织走访山区学校，给玉溪、西营两个乡的中心学校送去东阳中学价值2357元的教学仪器。

11月，组织工商经济组委员考察吴宁镇86家商店、商场。

1988年

1月下旬，组织慰问省、市、县三级政协委员和部分离休、退休县政协委员102名。

2月23日—3月8日，县政协主席陆锡经与县长童德成应邀赴香港参加香港东阳同乡会成立15周年庆祝活动。

3月15—16日，召开七届四次常委会议。协商决定七届二次会议事项。

4月3日，陆锡经等接见台北东阳同乡会总干事赵菊芳带领的首批71人台胞返乡探亲团。

4月3—6日，召开七届二次会议。增补常务委员2名。

4月6日，召开七届五次常委会议。讨论通过有关议案。

5月16日，组织视察东白山茶场生产经营管理和茶叶精加工情况。

5月25日，国务院批准撤销东阳县，设立东阳市。

7月，“中国人民政治协商会议浙江省东阳县委员会”更名为“中国人民政治协商会议浙江省东阳市委员会”，其工作机构也相应更名。

7月10—11日，召开七届六次常委会议。向市委、市政府提出领导作风、商贸兴市、城市建设等方面的意见建议。

7月中旬—8月上旬，组织部分常委调研吴宁、巍山、虎鹿、防军、宅口、湖溪等地的老年人生活状况。

7月，东阳文史资料选辑第6辑《东阳百年大事记(1831—1945)》出版。

8月,10名委员受聘为市监察局兼职人民监察员。

8—10月,市政协副主席杜土木等考察屏岩乡、樟村乡和南马镇等地私营工业发展情况。

9月20—21日,香港东阳同乡会主席金志坚率20余人组成的庆祝团返乡参加东阳撤县设市庆祝活动。

10月,会同城建、公安、宣传、统战、文联等单位考察市内10处民间旅游景点,并向市委提交联合报告。

10月18—19日,金华市政协组织7名名医师到横店镇开展医疗服务活动,受诊病人273人次。

11月21—22日,市政协副主席王东兴率医疗卫生组赴八达、东门两乡为山区群众义务诊疗271人次。

12月,市政协主席陆锡经等调研8家乡镇企业生产经营情况,并提出4条建议。

1989年

2月初,组织慰问省、金华市、东阳市三级政协委员100余名。

2月24日,组织在东阳的10名省、金华市政协委员,视察教育系统集资建房情况。

2月,东阳文史资料选辑第7辑《人物专辑》出版。

3月14—18日,召开七届三次会议。

3月17日,召开七届九次常委会议。确定有关人事任免。

5月2日,召开在城政协常委、各民主党派负责人座谈会。听取市委书记梅峻关于北京、杭州等地发生的一些不正常情况的通报,传达中共中央和省委的有关指示精神。

5月16日,市委邀请部分政协常委和民主党派负责人座谈廉政建设问题,市委书记梅峻等参加。

5月29日,市政协副主席杜土木等考察巍山镇幼儿教育情况。

6月1日,会同市委统战部召开市农工党、民盟、黄埔军校同学会、台联、侨联负责人会议。

6月20—21日,组织农业科技组委员考察5家种粮大户。

6月26—27日,召开七届十次常委会议。学习中共十三届四中全会精神;听取当前形势、工作任务通报。

7月22日,邀请有关单位负责人和专业技术干部座谈市区总体规划修订纲要。

7月23日,东阳遭遇特大洪灾。

8月1日,市政协副主席王东兴率医疗组赴黄田畈镇,为遭受“7·23”特大洪灾的群众义务诊治。

8月2—3日,市政协副主席吴兆宁一行赴防军镇、千祥镇和三联乡慰问遭受“7·23”特大洪灾的政协委员,察看受灾学校和卫生院。

8月，东阳文史资料选辑第8辑《东阳解放40年纪念专辑》出版。

9月14日，会同市文联召开文艺界人士中秋茶话会。

10月27日，省政协副主席何志斌一行到东阳视察侨务工作。

11月14—16日，召开七届十一次常委会议。对市委、市政府1990年工作指导方针提出意见建议。

1990年

1月下旬，组织慰问政协委员100余名。

2月17日，市委、市政府领导邀请在城政协常委，部分省、市政协委员，各民主党派、工商联、黄埔军校同学会联络小组负责人座谈。

4月16—20日，召开八届一次会议。选举产生八届委员会主席1名，副主席5名，秘书长1名，常务委员28名；通过七届政协常委会工作报告和有关决议。

4月20日，召开八届一次常委会议。讨论制订政协东阳市委员会关于政治协商、民主监督的暂行规定。

5月19日，中共东阳市委批转《市政协关于政治协商、民主监督的暂行规定》，要求各单位党组织贯彻执行。

6月15日，举行纪念鸦片战争150周年学习会。

7月4—5日，召开八届二次常委会议。对全市治理整顿、深化改革提出意见。

7月4—5日，金华市政协副主席吕世棠一行到东阳走访金华市政协委员，视察巍山新医院大楼、巍山初中、市木雕厂、竹编厂。

7月下旬，市政协副主席斯江鸿带队走访政协委员任厂长、经理的企业，并向市政府提出关于企业治理整顿、深化改革的建议。

10月4—5日，金华市政协副主席陈泽安一行到东阳考察“三资”企业情况。

10月9—11日，省政协副主席周春晖一行到东阳视察教育工作。

10月16日，市政协副主席吴兆宁率部分委员到虎鹿镇考察“三教统筹”、实现农科教相结合情况。

10月，市政协副主席杜土木率部分政协委员到罗山等山区考察调研，并向市政府提出种植山区旱地春玉米、板栗的建议。

10月，东阳文史资料专辑第9辑《工商经济史料》出版。

1991年

1月17—18日，金华市政协副主席方天赐等一行3人到东阳走访慰问金华市政协委员。

3月13—15日，召开八届四次常委会议。通过八届二次会议事项。

4月1—4日，召开八届二次会议。增选常务委员4名。

4月25日，召开纪念全国著名植物学家蔡希陶诞生八十周年座谈会；26日，在市青少年宫举行蔡希陶铜像揭幕仪式；10月，东阳文史资料专辑第10辑《蔡希陶史料专辑》出版。

5月12—15日，市政协副主席斯江鸿率工商界部分委员赴兰溪、建德考察学习国营企业改革和工商联工作经验，并向市委、市政府提出“大力加强经济理论的研究与运用”等建议。

6月10—12日，市政协主席陆锡经率祖国统一委员会成员赴江山市考察政协台胞、侨胞、港澳同胞联谊工作和引进外资、市政建设情况。

7月20—22日，文史委员会委员赴江苏宜兴政协学习交流文史工作经验，赴苏州寻访本市历史名人张国维的遗踪“张公祠”。

9月，《东阳市政协志》出版。

10月5日，举办纪念辛亥革命八十周年报告会。

10月21—26日，斯江鸿率教育工作组部分委员赴上海市、无锡市考察教育改革工作。

11月6日，金华市政协副主席徐君赐到东阳作访问台湾情况报告。

11月22日，市委批转市政协党组《关于保证市政协委员有一定时间参加政协活动的请示》。

11月25—28日，斯江鸿率工会组部分委员赴椒江市学习交流工会工作经验。

12月5日，徐君赐慰问在东阳的金华市政协委员。

1992年

4月6—9日，召开八届三次会议。

5月4—8日，组织科技工作组部分委员赴杭州、宁波等地考察东阳部分建筑企业经营情况。

5月12日，会同市人大、市政府召开人大代表议案、政协委员提案交办会议。

6月16—17日，召开八届十次常委会议。讨论东阳加快改革开放和经济发展若干政策措施，对有关问题提出意见建议。

9月22—23日，召开八届十一次常委会议。对城市建设“十大工程”提出意见建议。

11月，东阳文史资料选辑第11辑《人物专辑》出版。

12月17—18日，召开八届十二次常委会议。通过政协东阳市八届常委会关于换届的决定。

1993年

1月11日，召开在城常委会议。市委书记童德成通报市委、市政府等各级班子人事安排；讨论横锦水库引水工程。

4月10—14日，召开九届一次会议。选举产生第九届委员会主席1名，副主席8名，秘书长1名，常务委员24名；通过八届常委会工作报告和有关决议。

4月13日，召开九届一次常委会议。讨论通过政协部门工作细则、人事任免、1993年政协工作计划等事项。

6月16日，会同市人大、市政府召开人大代表议案和政协提案交办工作会议。

8月中旬，组织工会工作组对12家国营集体企业转换经营机制情况进行调研，并向市委、市政府提出建议。

11月11—12日，召开九届三次常委会议。对市政府经济、农村、农业工作提出意见建议。

11月23—27日，教育界委员赴上海考察教育工作。

12月27—28日，省政协副主席汪希萱率民革界委员到东阳考察台属企业。

1994年

1月22—24日，省政协党组书记、副主席孙家贤率全国政协视察团到东阳视察。

4月7—10日，召开九届二次会议。增选常务委员6名。

4月下旬和5月中旬，市政协副主席斯江鸿率教育界部分委员赴舟山定海中学、新昌实验小学和宁波鄞县中学考察。

6月2日，会同市人大、市政府召开代表议案、委员提案交办会议。

6月22—23日，组织农林界委员视察南马镇、北江镇、宅口乡和六石镇的农业生产，提出制止弃耕抛荒的建议。

9月13—15日，省政协副主席张克健一行到东阳视察《残疾人保障法》实施情况。

9月10日，在城常委和各民主党派负责人开展加快东阳发展的大讨论。

9月20日，召开纪念人民政协成立45周年座谈会。

11月22—24日，召开九届七次常委会议。听取和讨论市财政体制改革、社会治安综合治理等情况通报。

12月1—2日，张克健到东阳视察乡镇初级卫生工作。

1995年

1月14日，召开九届八次常委会议。讨论通过政协常委会工作细则，民主监督、参政议政细则等。

3月9—10日，召开九届九次常委会议。讨论九届三次会议事项。

3月27—30日，召开九届三次会议。增选常务委员2名。

3月，东阳文史资料选辑第12辑《爱国名臣张国维》出版。

4月24日，省政协科教委员会一行到东阳专题考察高科技在改造传统产业、提高经济效益、发展经济方面的情况。

5月2—8日,新闻出版界和体育界部分委员赴海南省学习考察特区新闻出版、体育发展情况。

5月10日,召开九届十一次常委会议。协商金华市第二届政协委员人选。

5月12日,会同市人大办、市府办召开代表议案、委员提案交办会议。

5月17日,祖国统一委员会与市台联理事会联合召开“学声明、反‘台独’、促统一”座谈会。

7月13—14日,召开九届十二次常委会议。对“县庆”筹备等工作提出意见建议。

8月,开展纪念抗日战争胜利50周年系列活动。

8月4日,经济组召开“如何壮大企业、加快经济发展”的专题研讨会。

9月6—7日,市政协副主席郭俊喜率各民主党派和工商联负责人赴慈溪市政协学习考察。

11月15—16日,省政协原主席商景才一行7人到东阳考察市木雕厂、化工厂、横店集团。

11月28—29日,召开九届十三次常委会议。协商讨论东阳市国民经济和社会发展“九五”计划和2010年规划纲要,通过有关建议。

12月17—24日,组织教育界委员赴厦门一中、华美中学考察,返回后向市委、市政府提交专题报告。

1996年

2月27—28日,召开九届十四次常委会议。决定九届四次会议事项。

3月17—21日,召开九届四次会议。增选常务委员1名。

3月22日,会同市人大、市政府召开代表议案和委员提案交办会议。

5月14日,市政协副主席斯江鸿等视察台胞徐益雷创办的益群新型建材厂。

5月23—24日,教育界委员视察市实验小学、巍山镇中学实施全面素质教育情况。

上半年,组织开展关于建设文化名城的调研,建议把东阳建成影视拍摄基地。

9月15日,全国政协副主席吴学谦到东阳视察。

10月2日,组织部分委员到虎鹿、东阳江、湖溪开展加强社会主义思想道德精神文明建设视察活动,并召开座谈会。

10月7日,组织视察虎鹿镇厦程里村文化中心等地的思想道德精神文明建设情况。

10月14日,举办纪念红军长征胜利60周年报告会。

11月12日,举办纪念孙中山诞辰130周年报告会。

11月25—27日,召开九届十七次常委会议。听取教委、司法局、公安局、工商局有关情况汇报,并就政协在精神文明建设中的作用开展讨论。

12月7—9日,全国政协常委沈祖伦、省政协副主席孙家贤一行视察东阳城市建设情况和野风集团等单位。

1997年

1月6—9日，提案委员会赴丽水等地学习提案工作经验。

2月27—28日，召开九届十八次常委会议。通过九届四次会议有关工作报告；对1997年政府重点工作提出意见建议。

3月2日，组织教育界委员视察广宇等4所民办高中，并向市委、市政府提出建议。

3月14日，组织各民主党派负责人视察城区部分文化娱乐场所。

3月23日，召开九届十九次常委会议。协商列席九届五次会议人员名单。

3月24—27日，召开九届五次会议。补选副主席1名。

3月30日，会同市人大、市政府召开代表建议和委员提案交办会议。

是月，东阳文史资料选辑第13辑《文物专辑》出版。

5月9日，举办"迎回归、话统一"报告会。

6月10—11日，省政协科技教育调查考察组到东阳考察德育教育工作情况。

6月19日，召开九届二十二次常委会议。学习《香港特别行政区基本法》；听取市政府上半年经济发展情况通报。

9月，围绕市政府《关于减轻企业负担扶持企业扭亏解困若干政策的意见》的贯彻落实情况开展专题调研，提出5条建议。

10月16—17日，召开九届二十三次常委会议。讨论通过十届政协委员、常务委员的安排方案。

1998年

3月3—4日，召开九届二十五次常委会议。通过十届一次会议事项。

3月21—26日，召开十届一次会议。选举产生第十届委员会主席1名，副主席4名，秘书长1名，常务委员31名；通过第九届常委会工作报告和有关决议。

3月26日，召开十届一次常委会议。通过机构设置、职务任免等事项。

是月，东阳文史资料选辑第14辑《严济慈专辑》出版。

4月下旬，市政协副主席王光训带队开展"政法工作的现状及存在不足"专题调研。

5月4日，全国政协常委郑励志率复旦大学考察团考察横店集团。

5月5—6日，组织各民主党派负责人、社会法制委员会委员，视察公安局、法院、检察院、司法局纪律作风集中教育整顿工作。

5月11—13日，金华市政协主席陈章凤到东阳视察个体私营企业。

6月29日，召开十届二次常委会议。通过常委会工作规则。

8月，组织工商联、工商局及个体私营企业协会对个体私营经济开展调研，提出关于加快发展个体私营经济的5条建议。

8月，组织委员对群众普遍关心、反映强烈的问题进行调查，整理成《近期市政协委员反映的社情民意》供市领导参阅。

9月12日，举办纪念中共十一届三中全会召开20周年报告会。

9月15日，在城常委、各民主党派负责人视察市重点工程和争创全国卫生城市工作。

9月28日，召开改革开放20周年座谈会。

10月27日，全国政协副主席孙孚凌一行到东阳视察城市建设情况。

10月29—30日，召开十届三次常委会议。通过增补和除名政协委员的决定。

12月22日，召开十届四次常委会议。听取市委、市政府关于1999年工作思路的通报；对农业产业化、企业结构调整、旅游、城建等方面工作提出意见建议。

1999年

年初，组织开展经济结构调整、企业改制、优化投资环境等问题调研，提出意见建议。

2月24—25日，全国政协副主席万国权到东阳视察横店东磁集团及横店康复医院。

是月，东阳文史资料选辑第15辑《剿匪、土改、抗美援朝专辑》出版。

3月6日，省政协副主席陈文韶率"三八妇女节"活动团到东阳视察。

3月上旬，开展发展效益农业专题调研，向市政府提出意见建议。

3月26日，召开十届五次常委会议。通过十届二次会议有关事项。

是月，组织开展教育工作专题调研，提出争创教育强市和国家园林城市的意见建议。

4月5—8日，召开十届二次会议。增选副主席2名，常务委员10名。

5月，组织相关部门开展"百家扶百村"调研，提出4条意见建议。

6月16日，市政协副主席郭俊喜率部分教育界委员视察争创"教育强市"有关工作，提出意见建议。

6月21—22日，社会法制委员会视察公安局、法院"创人民满意活动"开展情况。

6月23日，省政协副主席耿典华到东阳视察东阳政协提案工作。

7月19日，社会法制委员会赴辽宁省丹东市学习政协履行职能规范化制度化建设的做法和经验。

9月21日，召开十届九次常委会议。听取市政府关于南山风景区开发规划、东阳江大桥建设、江滨防洪综合整治建设的通报，提出意见建议。

是年，组织开展甬金高速公路东阳段走向问题的调研，提出走北线方案，被市委、市政府采纳；市委办、市府办联合下文，公布《东阳丛书》编委会、编纂室人员名单，启动《东阳丛书》编纂工作，由提案文史工作委员会负责。

2000年

1月，东阳文史资料选辑第16辑《纪念人民政协成立50周年专辑》和第17辑《东阳木雕》出版。

1月27日，市委召开全市政协工作会议。市委书记汤勇作报告。市委副书记吕观平宣读中共东阳市委《关于进一步加强人民政协工作的若干意见》。

2月25日，召开十届十一次常委会议。审议通过十届三次会议有关事项。

3月10—14日，召开十届三次会议。增选常务委员7名。

3月13日，召开十届十二次常委会议。协商决定辞去常务委员、增补常务委员建议名单。

3月23—24日，市政协副主席郭俊喜等组织部分教育界委员视察学校减轻学生负担、推进素质教育工作情况。

4月3日，组织部分工商、经济界委员视察二轻系统企业改制情况。

4月10—14日，教育界部分委员赴温岭市、鄞县等地考察高中段教育办学体制改革与现代化建设，返回后向市委、市政府提出意见建议。

4月11—13日，组织工会界委员对非公有制企业工会工作情况进行专题调研。

4月上旬，市政协副主席王光训率政协机关和市农办干部赴千祥、湖溪、怀鲁、黄田畈等乡镇，就农村合作基金会归并后遗留问题及对策进行调研。

4月18日，组织医卫界委员调研乡镇卫生院建设、卫生改革和社区服务情况。

5月9日，市政协主席康益民率医卫界委员，对卫生改革、镇乡卫生院建设和卫生社区服务等工作进行视察，并向市委、市政府作书面情况反映。

6月23日，在浙师大的全国、省、金华市政协委员到东阳视察社会与经济发展情况。

6月26—28日，康益民在金华市九县（市、区）政协第十九次联谊会上作题为《把握三个要素，提高政协常委会议质量》的交流发言。

6月26—29日，省政协提案工作会议在绍兴市举行。郭俊喜在会上介绍东阳政协提案工作经验。

9月1日，组织视察全市重点专业市场，召开座谈会，围绕发展问题提出改进意见。

10月25日，市政协副主席吴有德率工商界部分委员赴韩国参加世界电子博览会。

12月27日，召开十届十六次常委会议。协商讨论市委2001年工作思路和政协2001年工作思路，决定委员辞职、撤销和人事任免等事项。

2001年

1月4日，部分常委视察经济开发区。

1月17日，举办各界人士迎新春茶话会。

3月1日，召开十届十七次常委会议。审议通过十届四次会议有关事项。

3月17日，组织委员视察南大门广场、市经济开发区、江北新区。

3月17—21日，召开十届四次会议。

3月29日，市政协主席康益民应邀赴江西省赣州市作“解放思想永无止境”专题报告。

5月29日，召开“三个代表”重要思想学习教育活动动员部署会，康益民作动员报告。

5月，组织相关部门开展保护古树名木调研，提出意见建议。

6月28日，召开十届十九次常委会议。听取市委20项重点工作进展情况等通报；通过有关建议。

7月14—19日，康益民参加全省政协主席读书班，作题为《把握大局建言立论、围绕中心献计献策》的工作经验交流。

7月25日，康益民等率有关人员视察市区部分改造、新建公厕。

8月，开展东阳人经济调研，提出5条建议。

9月25日，召开十届二十次常委会议。对城市化整体规划、旧城改造方案提出意见建议。

10月29日，金华市政协副主席陈炫亮率部分金华市政协委员视察东阳残疾人就业等情况。

下旬，康益民等应邀率团赴马来西亚、新加坡、泰国等国考察，开展经济贸易洽谈。

12月，东阳文史资料选辑第18辑《东阳人物专辑》出版。

同月，组织相关部门对垄断土地一级市场、优化投资软环境、农业龙头企业开展调研，提出意见建议。

年底，组织开展办节（会）活动调研，建议举办“中国·东阳（国际）木雕节”后续活动。

2002年

1月9日，金华市政协主席李成昌一行看望在东阳的金华市政协委员，并视察江北新区。

1月15日，市政协副主席吴有德率调研组赴义乌、金华、武义、永康等县市考察旧城改造。

1月21日，召开十届二十一次常委会议。协商讨论市委、市政府、市政协2002年工作思路和重点工作；决定有关建议案。

1月24日，召开全市统一战线各界代表新春茶话会。

1月，组织开展关于加快旧城改造步伐、推进城市化建设的调研，向市委、市政府提出意见建议。

年初，向全体委员发出招商引资《倡议书》，至年底共引进企业23家，总投资4亿元。

2月4日，部分委员视察东阳经济开发区。

3月1日，市政协主席康益民率部分委员视察市自来水公司。

3月4日，召开十届二十二次常委会议。审议通过十届三次会议有关事项。

3月16—21日，召开十届五次会议。

3月21日，市政协领导视察浙江移动东阳分公司。

4月29日，会同市人大、市政府召开代表议案、委员提案交办会。

5月中旬，市政协领导考察14家企业生产经营状况及市行政服务中心的运行情况。

6月9—23日，康益民赴澳大利亚、新西兰考察农业机械。

6月27日，召开十届二十五次常委会议。听取市政府关于经济运行情况、开发区和江北新区建设情况通报，并进行实地考察，提出意见建议。

7月10日，组织召开各民主党派、工商联、侨联、台联、留联、黄埔军校同学会、宗教界等负责人参加的座谈会。

7月30日，部分委员视察森太公司罗山基地、莘湖苗圃、塘西苗圃。

7月31日，吴有德赴黄田畈镇“中国结”专业村永乐村进行专题调研。

8月29日，部分委员视察市档案馆。

8月，市政协副主席郭俊喜赴美国旧金山进行商务考察、课题研讨及贸易洽谈。

9月20日，省政协副主席陈文韶到东阳视察文教工作。

9月25日，召开十届二十六次常委会议。听取市政府教育体制改革情况通报，提出组建东中教育集团、提高教师工资待遇等建议。

11月12—13日，金华市政协副主席李启农一行到东阳视察换届和民主监督工作。

11月19—20日，康益民在金华市政协民主监督研讨会上作题为《我们对民主监督的一点体会》的发言。

11月20日，会同市人大视察画溪等5个乡镇土地整理工作。

12月24日，会同市人大视察公路建设和药品监管工作。

2003年

1月23日，召开十届二十七次常委会议。讨论政协换届有关工作。

2月6日，省政协原主席刘枫一行到东阳考察。

2月25日，召开十届二十八次常委会议。讨论通过十届一次会议事项。

是月，东阳文史资料选辑第19辑《东阳古树名木》出版。

3月初，市政协副主席吴有德赴西欧考察。

3月6—11日，召开十一届一次会议。选举产生第十一届委员会主席1名，副主席5名，秘书长1名，常务委员43名；通过十届常委会工作报告和有关决议。

4月15日，召开市政协之友联谊会成立暨第一次会员大会。

4月，会同相关部门开展村级区域调整情况调查，向市委提出5条建议。

5月12—13日，市政协副主席陆益民等赴画溪镇、城东李宅管理区、巍山镇、佐村镇，就中心村、重点村建设进行调研。

5月19日，市政协主席康益民等赴湖溪、寀卢等地的农业示范园区视察多种经营情况。

5月29日，会同市委办、市人大办、市府办召开代表议案、委员提案交办会。

5月29—30日，部分委员视察旅游产业发展情况。

5月30日，部分常委视察市公安局交巡警大队。

6月4—5日，市政协领导走访调查22家政协委员所办企业。

6月9—11日，金华市政协主席李成昌、副主席吴战堡一行赴宅口、三单、上村等地调研欠发达乡镇如何加快奔小康步伐问题。

6月9—13日，陆益民率有关部门负责人到天台、平湖、长兴、德清等地调研村级区域规模调整工作。

6月18—20日，市政协副主席申屠青等带队到椒江等地调研医药化工产业。

7月2—3日，市政协副主席杜恩深等赴横店、白云开展“以地换保，解决失地农民后顾之忧”课题调研，提出4条建议。

7月18—21日，康益民等赴山东、江苏、萧山等地考察装饰市场建设。

8月11日，康益民应邀为湖北省党政考察团作《解放思想、黄金万两》专题报告。

8月12日，金华市政协副主席吴战堡带队到东阳，就镇乡卫生院运行机制和公共卫生事业建设进行调研。

9月28日，政协机关搬迁至市行政中心大楼12楼。

10月10日，召开十一届四次常委会议。视察公安局“30条便民措施”落实情况；讨论通过市政协关于加强“亲民政协”若干意见。

10月14日，杜恩深到白云街道、江北街道部分村居了解失地农民生活状况。

10月22日，江苏省政协一行到东阳学习考察“做大做强县域经济”经验做法。

10月29日，全国政协副主席阿不来提·阿不都热西提率领在京全国政协常委、委员视察团到东阳视察。

10月30日，金华市政协副主席何兆浦率职业病防治工作调研组到东阳调研。

10月，与东阳日报社共同创办《社情传递》栏目。

11月19日，部分常委视察南马镇土地整理工作，向有关部门提出意见建议。

12月5日，金华市政协副主席陈炫亮一行视察东阳非公有制企业厂务公开工作。

12月10日，康益民应邀为河南省民权县领导干部培训班作“进一步解放思想”专题报告。

12月16日，部分常委视察交通工作。

12月21日，杜恩深率部分机关干部到市外来民工子弟学校召开座谈会，帮助协调解决有关困难。

2004年

1月5日，召开十一届五次常委会议。听取市长陈丰伟关于2003年全市工作和2004年工作思路的通报；对城市化、招商引资、解决能源紧张等问题提出意见建议。

2月1日，市政协副主席杜恩深率机关干部开展城区热电厂建设相关调研。

2月17—19日，市政协主席康益民应邀到河南省民权县作《解放思想、黄金万两》专题报告。年内先后应邀到江苏、湖北、广西等地作报告。

是月，东阳文史资料选辑第20辑《东阳水利史料》出版。

3月2日，召开十一届六次常委会议。通过召开十一届二次会议的决定，讨论决定会议有关事项。

3月11—12日，杜恩深率市热电建设调研组赴宁波、义乌考察。

3月14—18日，召开十一届二次会议。增选副主席2名，常务委员4名。

3月22日，大型音乐剧《蓝眼睛、黑眼睛》公演，话剧取材于原市政协委员华知萍(瓦格纳)的事迹。

3月24日，杜恩深召集有关部门负责人召开市热电建设调研座谈会。

4月6—7日，省政协副主席龙安定一行到横店视察。

4月15日，金华市政协主席李成昌一行到东阳调研；市政协副主席申屠青、郭志华率政协机关干部和市农资公司负责人到湖溪镇肖雪村，送去1万元资助款和5吨化肥。

5月11日，会同市委、市人大、市政府召开代表议案、委员提案交办会议。

5月28日，河南省政协主席范钦臣一行到东阳考察。

5月31日，市政协领导视察聋哑学校、外来民工子弟学校。

6月8日，郭志华邀请相关部门负责人召开推广彩色树木和特色花卉座谈会。

6月16日，金华市政协副主席陈炫亮、盛天民率调研组到东阳开展职业技术教育专题调研。

6月23—25日，杜恩深、申屠青率市政协机关、市人事劳动局有关负责人赴诸暨等地调研外来员工管理服务情况。

7月12—17日，康益民应邀率企业家代表团赴广西壮族自治区河池市考察。

8月31日，杜恩深率部分从事法律工作的委员开展《法律援助条例》颁布实施1周年法律咨询活动。

9月17日，部分常委视察公路路政管理工作。

10月18—28日，康益民等赴台湾考察。

10月22日，部分委员视察财税工作。

10月26日，牵头组织市农办、农业局、供销总社等部门单位赴三单乡开展送农技、送农资下乡活动。

11月8日，省政协民间传统工艺调研组到东阳调研民间传统手工艺保护、开发和利用情况。

11月12日，金华市政协主席李成昌，副主席盛天民、吴战堡率“浙中城市群建设”课题组到东阳调研。

11月18日，市政协领导率机关联络组部分委员视察审计、电力工作。

11月24日，康益民等分别到横店热电厂、人民银行东阳市支行调研资金要素、资源配置情况。

11月28日，全国政协常委、社会和法制委员会主任李其炎率“贯彻落实科学发展观”专题考察组到东阳考察。

11月29日，康益民等召集有关部门负责人调研座谈“用地存在问题与对策”。

11月，组织开展电力资源、土地资源、资金问题调研，提出意见建议。

12月9—13日，康益民等赴日本考察。

12月21日，李成昌一行到东阳考察甬金高速公路建设情况。

12月24日，部分委员视察交通工作。

12月27日，组织视察农业系统的畜牧中心、农机总站、种子公司、正天汽车城等单位。

12月29日，召开十一届十二次常委会议。听取市委、市政府2005年工作思路和重点工作通报；研究2005年政协工作思路和重点工作。

12月30日，市委召开全市政协工作会议。

2005年

1月，东阳文史资料选辑第21辑《东阳抗日战争史料》出版。

2月24日，召开十一届十三次常委会议。协商通过十一届三次会议事项。

3月4日，上海市政协副主席宋仪侨率“融入长三角，加快上海现代服务业发展”课题组一行到东阳考察。

3月26—30日，召开十一届三次会议。增选常务委员1名。

4月4日，市政协领导率机关干部为山区群众送农资、送科技。

月底，组织在东阳的各级政协委员、联谊会成员，镇乡、街道统战委员共300余人参加健康体检。

5月19日，会同市人大、市政府召代表议案、委员提案交办会议。

5月31日，召开领导班子成员会议，对画水镇“竹溪事件”进行反思，发表意见，交换看法。

6月8—10日，市政协副主席陆益民率市委组织部等部门负责人赴德清等地考察行政村（居）撤并后续工作。

6月25—26日，全国政协副主席周铁农率30多名全国政协委员，视察浙江横店影视产业实验区、卢宅肃雍堂、东阳木雕集团、木雕精品馆。

7月13日，金华市政协副主席毛根芝、邵国强带队到东阳开展“发展循环经济，建设节约型城市”专题调研。

8月16—23日，市政协副主席申屠青率市经贸局等部门负责人赴南马等地有关企业调研。

8月18日，市政协主席康益民率政协横店联络组成员视察横店影视产业实验区长征博览城工程。

8月22日，康益民参加全国政协检查组在杭州举行的座谈会并作汇报发言。

8月24日，省政协重点提案调研组到东阳就机电产品企业拓展国际市场进行专题调研。

8月30日，机关联络组视察食品安全监督管理工作。

8月31日，部分常委视察在建的人防工程。

9月14日，康益民率部分委员视察高速公路建设及城乡一体化工作。

9月15日，举办台胞、侨胞、港澳同胞代表及亲属代表中秋茶话会。

9月16日，召开十一届十八次常委会议。审议通过提案工作条例和有关建议。

9月21日，金华市政协副主席张跃进率“农村饮用水安全建设”专题调研组到东阳考察。

10月21日，组织全市各大医院的18名医疗骨干，到巍山镇大爽卫生院开展送医、送药、送健康下乡活动。

10月23日，全国政协原副主席杨汝岱考察卢宅肃雍堂和横店影视城等地。

10月25日，西藏自治区政协副主席乔元忠一行到东阳考察。

11月，陆益民带队赴奥地利、意大利考察访问。

12月14日，召开十一届十九次常委会议。研究讨论东阳经济社会发展“十一五”规划纲要编制若干问题的意见和建议。

同日，政协领导视察东阳移动公司。

12月21日，文史资料选辑《严济慈专辑》《东阳木雕》《东阳水利史料》被金华市政协评为荣誉奖，《东阳古树名木》获一等奖；文艺节目《亲民政协暖人心》获一等奖。

2006年

1月19日，市政协主席康益民当选为市慈善总会会长。

是月，东阳文史资料选辑第22辑《东阳古文化史料》出版。

3月1日，召开十一届二十次常委会议。审议通过十一届四次会议有关事项。

3月16—20日，召开十一届四次会议。

4月25日，会同市人大、市政府召开代表议案和委员提案交办会。

5月18日，部分委员视察运管稽征工作。

5月，邀请有关部门负责人开展加快工业经济发展和市场建设调研，并提出意见建议。

6月12日，金华市政协副主席吴战堡一行到东阳专题调研“农民看病难、看病贵”问题；省委组织部到东阳调研民营企业家担任政协委员及领导职务履行职责情况。

6月18日，全国政协常委翟泰丰一行到东阳考察影视产业发展情况。

6月30—31日，省政协原副主席陈文韶、金华市政协主席陈章凤考察横店。

8月11日，部分委员到市红十字会医院（吴宁中心卫生院）视察农民健康工程，提出意见建议。

8月21日，金华市九县（市、区）政协联谊会在东阳召开。

8月26日，市政协领导和部分常委视察“十一”黄金周旅游准备工作，提出意见建议。

10月10日，部分委员视察阳光国际家居城。

10月14日，全国政协原副主席杨汝岱到东阳参加第六届全国“村长”论坛开幕式。

10月19日，省政协常务副主席龙安定率调研组到东阳就水资源节约问题进行专题调研。

10月20日，全国政协原副主席王文元到东阳视察。

10月26日，组织部分委员到马宅镇开展免诊断费、免医药费、免检查费的送医送药送健康下乡活动。

是月，东阳文史资料选辑第23辑《支援边疆建设史料》出版。

11月2日，金华市政协副主席毛根芝率金华市委督查组到东阳，就市委加强政协工作情况进行专项督查；金华市政协副主席陈云青、傅路红率文化大市建设调研组到东阳调研。

11月10日，市政协书画社成立，市政协副主席郭志华为社长。

11月24日，组织视察东义路改造工程及世贸城建设情况。

11月28—29日，西藏自治区政协副主席次仁卓嘎一行到东阳参观考察。

12月29日，金华市政协副主席何美华、陈云青一行到东阳走访在东阳的金华市政协委员。

2007年

1月5日，组织视察人口和计划生育工作。

1月6日，省政协常委杜卫率政协无党派界委员到东阳调研非物质文化遗产保护工作。

1月19日，召开十一届二十三次常委会议。讨论决定十二届一次会议有关事项。

1月23日，部分委员视察交通工作。

2月4—8日，召开十二届一次会议。选举产生第十二届委员会主席1名，副主席7名，秘书长1名，常务委员48名；通过十一届常委会工作报告和有关决议。

2月11日，特邀界、教育界、无党派人士、社救界的部分委员赴三单乡、佐村镇送温暖，向山区老年协会和特困户捐赠10台彩电。

2月13日，邀请市委宣传部和东阳日报社、广播电视台等部门、单位领导和有关人员召开政协新闻宣传工作座谈会。

4月17日，召开十二届一次常委会议。通过2007年工作要点和十二届常委会关于加强自身建设的决定等事项。

同日，金华市政协副主席吴战堡、秘书长李友联一行到东阳视察学前教育工作。

4月26—27日，省政协常委、文史委主任眭孝忠率省政协非物质文化遗产保护调研组到东阳调研。

5月15日，组织视察人民法院工作。

5月29日，组织部分委员视察野风药业等4家企业环保工作，听取汇报，提出意见建议。

5月31日，省政协常委黄书孟率“发展和谐劳动关系”调研监督第六专题组到东阳就进一步做好职业病防治工作进行调研。

6月5—8日，会同市人大、市政府，走访检查人大代表议案和政协委员提案办理情况。

6月14—15日，市政协副主席郭志华带队赴兰溪市考察来料加工业。

7月19日，召开十二届二次常委会议。听取并讨论市政府关于上半年经济运行情况通报，通过有关意见建议。

是月，《东阳日报》原“社情传递”专栏更名为“政协视点”。

8月24日，金华市政协主席陈章凤、秘书长李友联一行到东阳调研民营经济创新发展情况。

9月4日，教育文化卫生体育委员会委员视察社区卫生服务工作，提出意见建议。

9月上旬，市政协主席王正明率部分委员赴山西、内蒙古等地考察中西部地区市场发展情况。

9月18日，金华市政协副主席毛根芝到东阳调研台胞、侨胞捐赠项目管理工作。

9月20日，举办台胞、侨胞、港澳同胞代表及亲属代表中秋茶话会。

9月24日，召开十二届三次常委会议。听取市政府关于提案办理工作和世贸城建设情况通报；举办“同叙手足情，共话一家亲”中秋联谊晚会。

是月，与东阳电视台联合推出“政协视线”栏目。

10月11日，召开主席办公会议。研究讨论部分镇乡、街道设立政协工作委员会问题。

10月13日，会同市人大、市人民医院，组织10多名专家医生送医送药到三单。

11月10日，会同市人大和市人民医院送医送药到佐村。

11月13—17日，郭志华率部分提案委员会委员赴广东、海南等地学习考察。

11月中旬，王正明赴台湾考察。

12月20日，召开十二届四次常委会议。协商同意1名常务委员辞职。

12月24日，召开十二届五次常委会议暨经济发展论坛。审议通过十二届二次会议事项。

是月，东阳文史资料选辑第24辑《东阳文保博览》出版。

2008年

1月26—30日，召开十二届二次会议。

3月11—13日，市政协副主席郭志华等率调研组分赴山区乡镇调研山区经济社会发展情况，提出8条建议。

3月18日，举办十二届七次常委会议暨百名政协委员科学发展论坛。

3月，组织开展破解工业企业融资、土地、招工、环境容量“四大难题”调研，提出相关对策、措施。

4月25日，邀请省级以上工艺美术大师和部分专业人士研讨如何发展提升木雕竹编产业、再创昔日辉煌。

5月下旬—6月上旬，市政协领导分别参加发改局、农办、工商局、教育体育局、建设局、公安局、财政局等单位的提案办理工作座谈会。

5月，组织开展加快木雕、竹编产业发展专题调研，提出6条建议。

6月4日，金华市政协副主席张解放一行到东阳调研加快浙中城市群发展情况。

6月上旬，召开主席会议，专题研究东阳人联谊总会的筹备工作。

6月11日，郭志华和副市长金福昌率相关部门负责人调研东白山生态旅游风景区建设。

6月15日，市政协主席王正明率市委党校、外经贸局等部门负责人赴千祥调研。

6月28日，王正明和市纪委书记金云平率有关部门负责人向部分低保户赠送彩电。

6月，郭志华等赴新疆筹建东阳人联谊会。

6月，市政协主席、副主席分赴北京、石家庄、天津、新疆等地筹建东阳人联谊分会。

8月6日，召开十二届八次常委会议。听取市政府关于上半年全市经济运行情况和下半年主要任务；通过有关人事任免。

8月12日，王正明等赴江苏参加常熟市东阳商会成立仪式。

8月28—29日，金华市政协提案工作座谈会在东阳召开。

9月11日，举办以“爱我东阳、再创辉煌”为主题的市政协委员“建行杯”演讲比赛和“情满金秋”中秋联谊晚会。

11月，东阳文史资料选辑第25辑《东阳十年大变革（1978—1988）》出版。

12月18日，召开十二届九次常委会议。决定十二届三次会议有关事项。

2009年

1月28—30日，全国政协副主席厉无畏一行到东阳视察。

2月10—14日，召开十二届三次会议。

2月20日，组织农业界委员视察农村劳动力素质培训工程。

3月24日，召开代表议案、委员提案交办会议。

3月31日，金华市政协副主席王建平、秘书长李友联到东阳调研。

4月，向市委提出尽快落实申报“世界木雕之都——东阳”相关工作的6条建议。

5月12日，会同市委统战部召开“提高履职能力、服务科学发展”民主恳谈会。

5月20日，金华市政协副主席傅路红、朱恒钱率医卫界政协委员到东阳调研。

5月26日，召开十二届十一次常委会议。协商通过有关人事任免事项；研究布置界别活动和人民政协成立60周年纪念活动。

5月31日，在黉门广场举行“访民情、解民忧、促和谐、谋发展”界别活动月启动仪式。

6月29日，组织中共界委员视察新闻单位，提出意见建议。

7月13日，《人民政协报》、中国政协新闻网刊发《倾听群众心声，东阳政协界别活动月实现履职双提升》文章。

7月14日，安徽省五河县党政代表团到东阳参观考察，市政协与五河县政协举行友好政协签约仪式。

7月23日，王建平到东阳督查贯彻落实全省政协工作会议精神情况。

8月13日，召开十二届十二次常委会议。听取市长关于上半年全市经济和社会发展情况的通报；通过有关意见建议。

9月8日，全国政协原副主席王忠禹一行到东阳考察。

9月21日，市委召开全市政协工作会议暨人民政协成立60周年庆祝大会。会上下发《中共东阳市委关于进一步加强人民政协工作的意见》。

9月，开展纪念人民政协成立60周年庆祝活动：召开庆祝大会；发表电视讲话；编辑出版《我与东阳政协》文史资料专辑和邮票珍藏册；举办书画摄影展览、知识竞赛、文艺晚会、电影招待会；在《东阳日报》开辟专辑、专版等。

10月3—4日，省政协主席周国富一行到东阳考察东白山、横锦水库、横店影视城。

10月19日，市委下发《中共东阳市委关于进一步加强人民政协工作的意见》。

10月20日，全国政协副主席阿不来提·阿不都热西提一行视察东阳。

11月下旬，全省政协提案工作经验交流会召开，东阳市政协作《多方互动，实现提案办理的共赢》交流发言。

11月29日，组织提案委员会委员视察东阳江、湖溪等地农家乐发展情况。

11月29日—12月4日，市政协副主席蒋银生率部分委员企业家赴安徽省五河县、河南省遂平县等地考察。

是年，组织开展破解农民私人建房难问题调研，提出4条意见建议。

2010年

1月19日，召开十二届十三次常委会议。审议通过十二届四次会议有关事项。

3月2—5日，召开十二届四次会议。补选常务委员6名。

4月12日，召开十二届十七次常委会议。研究开展委员论坛和“界别活动月”活动，通过有关人事任免。

4月18日，全国政协经济委员会“着力扩大内需促进经济发展方式转变，发展战略性新兴产业”专题组到东阳考察调研。

4月20日，金华市政协副主席朱恒钱到东阳调研。

4月22—23日，金华市政协副主席陈云青率各县市区政协部分老领导到东阳举行联谊活动。

4月28日，向全体政协委员发出“崇尚道德争当时代先锋，践行文明创建和谐三乡”思想道德建设倡议书。

5月下旬，市政协副主席韦国锋带队开展外来建设者子女就学情况调研。

6月1日，举办“下基层、听民声、集民意、办实事”界别活动月启动仪式暨“我们都是东阳人”新东阳人亲子活动。

6月8日，市政协领导率各工委负责人和部分委员到画水镇竹溪工业功能区和废塑工业区视察。

6月9—10日，市政协副主席韦定民率文史委员会委员赴江苏无锡、浙江海盐学习考察。

7月20日，金华市政协副主席王建平到东阳调研。

8月1日，义乌市政协主席宋英豪等一行到东阳，就加强两地政协的联谊与协作、两地经济合作发展进行交流与探讨。

8月3日，省政协副主席陈艳华率钱塘江流域水资源环境保护和利用课题组到东阳调研。

8月13日，召开十二届十八次常委会议暨“全力加快经济发展、全面改善发展环境”委员论坛。市委书记张仲灿与会讲话，并在论坛交流材料上做出批示。

是月，部分委员和相关部门负责人开展江滨文化景观带建设调研，形成调研报告提交市委、市政府。

是月，市政协办获“红椿巷区域旧城改造房屋拆迁工作先进集体”荣誉称号，2人获“红椿巷区域旧城改造房屋拆迁工作先进个人”荣誉称号。

9月16日，金华市政协副主席、金华市委统战部部长吴志松率各民主党派负责人到东阳调研生态环保工作。

9月19日，举办台胞、侨胞、港澳同胞代表及亲属代表中秋茶话会。

9月21日，组织视察江北新区重点工程；举办东阳市政协2010中秋联谊晚会。

10月18日，全国政协副主席厉无畏、省政协副主席冯明光、金华市政协副主席张解放应邀出席第五届中国（东阳）木雕竹编工艺美术博览会开幕式和第二届东阳博士大会。

是月，东阳文史资料选辑第27辑《在港澳台及海外的东阳人》出版。

11月4日，组织视察横锦水库水资源保护情况。

11月11日，组织视察外来务工人员子女入学情况，提出意见建议。

12月23日，召开十二届十九次常委会议。听取市政府关于政协提案办理情况通报；对提案办理情况进行评议；通过人事任命。

2011年

1月26日，召开政府与政协工作沟通会。

月底，东阳文史资料专辑第28辑《红椿巷区域旧城改造实录》出版。

3月3日，召开十二届二十次常委会议。通过十二届五次会议有关事项；研究决定辞去、增补、撤销的委员名单。

3月13—18日，召开十二届五次会议。补选副主席1名。

3月31日，金华市政协党组书记郑金平、副主席王建平到东阳视察。

4月8日，省政协主席乔传秀到东阳调研政协服务于加强和创新社会管理工作，并视察东阳中国木雕城。

4月11日，省政协副主席徐辉率调研组就高校毕业生就业、创业情况到东阳调研。

4月21日，召开代表议案、委员提案交办会。

5月30日，以“走进基层、服务群众、共建和谐、促进发展”为主题的第三届界别活动月启动仪式在节庆广场举行。

5—6月，开展解决农村集体留用地问题的调研，提出8个方面对策建议。

6月4日，《人民政协报》第一版刊发《选准题、搭好台、唱好戏——东阳市政协菜单式立体履职打造“亲民”之路》一文。

是月，东阳文史资料选辑第29辑《中国对联集成·东阳卷》出版。

7月18—19日，省政协影视产业发展调研组到东阳调研。

7月19日，市政协副主席郭巧范、韦国锋分别参加市经济和信息化局、白云街道（商贸园区）代表议案、委员提案办理工作面商会。

8月11日，召开十二届二十四次常委会议。听取市长通报全市上半年经济社会运行情况，提出意见和建议。

9月8日，举办2011年市政协中秋联谊晚会。

9月29日，省政协副主席陈艳华出席横店红木家具中心开业仪式，并视察东阳中国木雕城和有关专业市场发展情况。

10月5日，全国政协副主席厉无畏、金华市政协副主席张解放和东阳市政协主席王正明出席市档案馆新馆启用仪式；6日出席在南马镇花园村举行的浙江中心村培育建设发展论坛，厉无畏致辞。

10月21日，组织视察职业教育建设发展情况。

12月29日，市委召开全市政协换届工作会议。

是月，东阳文史资料选辑第30辑《综合辑》出版。

2012年

2月3日，召开十二届二十五次常委会议。协商决定市政协第十三届一次会议有关事项。

2月18—21日，召开十三届一次会议。选举产生第十三届委员会主席1名，副主席7名，秘书长1名，常务委员47名；通过十二届常委会工作报告和有关决议。

2月20日，召开十三届一次常委会议。通过有关人事任免以及东阳市政协常务委员会工作规则等文件。

3月，组织开展关于加快横店小城市建设的调研，提出的3条建议被市委、市政府采纳。

4月，组织开展“创建浙江省横店文化产业综合新区，推进我市文化产业全域化发展”专题调研，提出5个方面建议。

5月5—11日，黑龙江省政协主席杜宇新一行到东阳就“公共文化事业建设”专题进行考察。

5月17日，组织农业界委员到湖溪镇视察农村“三资”管理。

5月31日，第四届界别活动月启动仪式在佐村镇九峰山庄举行。

5月，组织开展破解画水镇等地废塑污染问题调研，形成调查报告提交市委。

6月14日，金华市政协秘书长、办公室主任会议在东阳召开。

6月15日，省政协主席乔传秀到东阳调研公共文化服务体系建设并召开座谈会。

6月16日，召开政协书画社第二次代表大会。选举市政协副主席郭志华为社长。

6月28日，社会法制委员会在黉门广场举行“法律咨询、法律服务、法律援助”活动。

7月2—3日，会同市人大组织人员对建设、交通等14个部门的代表议案、委员提案办理工作进行督办。

7月13日，召开十三届二次常委会议暨委员论坛。审议通过《关于在政协委员中开展“解放思想建睿言，立体履职促跨越”活动的决定》。

9月5—7日，市政协主席王正明等赴江苏昆山、常熟、常州考察体育中心建设。

10月3—4日，全国政协副主席厉无畏一行视察东白山生态旅游风景区、南市街道槐堂村、明堂红木家具有限公司、陆光正创作室。

10月8—17日，王正明等赴印度、尼泊尔参加“世界木雕之都”申报大会。

10月11日，省政协副主席、省委统战部部长汤黎路到东阳调研。

11月20日，召开十三届三次常委会议。学习中共十八大会议精神，研究2013年政协工作思路。

11月21日，组织部分委员视察环卫基础设施规划建设情况，提出意见建议。

12月5日，市政协副主席施侍良率祖国统一联谊委员会部分委员走访慰问黄埔军校同学会部分学员。

2013年

1月31日，召开十三届四次常委会议。协商通过政协委员调整名单和有关人事任免事项。

是月，东阳文史资料选辑第31辑《东阳方言语汇》出版。

3月4—7日，召开十三届二次会议。增选常务委员9名。

4月2日，金华市政协副主席朱恒钱率“加快推进我市小城镇建设”调研组到东阳调研。

4月19日，市政协、市人大、市政府联合召开代表议案和委员提案交办会。

4月23日，农业农村工作委员会视察“四边三化”整治工作。

4月，全省政协系统2008—2012年优秀文史资料图书评选结果揭晓，东阳3件作品获奖。

5月31日，2013年市政协“走进基层、服务群众”界别活动月启动仪式在东阳江镇召塘里村举行。

是月，组织开展推进经济开发区整合提升的调研，提出4条建议。

6月25日，城乡建设委员会组织视察南马、横店、江北等地"三改一拆"工作；文史资料委员会组织视察宗教工作，并提出意见建议。

7月16日，金华市政协副主席刘净非率"六五"普法中期检查督导组到东阳检查。

7月30日，召开十三届八次常委会暨委员论坛。

7月，市政协主席王正明在全省政协主席读书会上作《搭建"立体履职"平台，推进协商民主广泛多层发展》交流发言。

9月16日，市政协副主席施侍良率港澳台侨委员走访慰问部分台胞、台企。

9月29日，金华市政协副主席许章才率"加强城乡弱势群体社会保障工作"调研组到东阳调研。

10月3—6日，全国政协原副主席厉无畏到东阳考察。

10月30日，召开十三届九次常委会议。通报十大民生实事工程进展和十三届二次会议提案办理情况；通过提案工作条例修订和各专门委员会组成人员调整名单。

11月8日，召开东阳人联谊总会换届大会。王正明、施侍良分别当选为东阳人联谊总会第二届理事会会长、常务副会长。

12月5日，金华市政协副主席朱恒钱到虎鹿镇检查调研村级组织换届工作情况。

12月19日，部分委员开展金融工作专题视察。

12月27日，市政协副主席韦国锋率医卫界委员先后视察泗渡溪清水河道改造工程、市第二自来水厂和横锦水库；市政协副主席蔡捷飞率横店联络组部分委员检查横店镇水环境治理项目。

2014年

1月24日，召开十三届十次常委会议。审议通过常务委员会工作报告和人事任免事项。

2月24—27日，召开十三届三次会议。增补秘书长1名、常务委员3名。

是月，东阳文史资料选辑第32辑《中天发展实录》出版。

3月13日，召开十三届十八次主席会议。研究讨论2014年市政协工作要点和调研课题；确定各主席领衔办理的提案和"五水共治"民主监督实施方案。

3月14日，市政协副主席郭巧范率妇联界委员和政协机关女同志赴三单乡慰问80岁以上的低保妇女，送去慰问金和物品。

4月21日，市政协主席王正明率文史委委员视察中国红曲酒保护基地湖溪酒厂、花园民俗馆"非遗"保护工作。

4月23日，市政协"五水共治、委员同行"民主监督活动启动仪式在千祥镇下东陈村举行。

4月30日，市政协领导巡查联系镇乡，开展垃圾河治理大会战。

5月6日，召开市政协十三届十九次主席会议。研究讨论《关于城区“四溪一渠”污水治理及引水净化的调查报告》等；对第六届界别活动月进行部署。

5月16日，文教卫体委员会组织视察横店中心幼儿园、东景阳光幼儿园和博大幼儿园，就存在的困难和问题提出6点建议。

5月29日，“情系三乡、共建家园”主题界别活动月启动仪式在虎鹿镇蔡宅村举行。

6月11日，市委召开书记办公会，就政协调研组5个调研课题进行专题研究讨论。

6月20日，市政协社会法制委员会组织开展“强化服务，提升效能”各级便民服务中心视察活动。

7月3日，王正明等视察中国木雕博物馆内部装饰设计作品制作情况。

7月3日、8日，市政协副主席张卫伟带队先后赴宁波江东区、湖州德清县政协学习考察农村集体产权股份制改革。

7月29日，城乡建设委员会组织视察城市道路治堵保畅工作，并召开座谈会。

8月1日，举行市政协十三届十四次常委会议暨第六届委员论坛。

8月6日，省政协副主席、侨联主席吴晶到东阳参加“海外东阳籍教授回乡助发展”座谈会。

9月3日，省政协副主席陈小平率“五水共治”民主监督第一监督组到东阳开展“五水共治”民主监督活动。

9月4日，省政协经济委员会主任陈正兴一行到东阳专题调研“浙江商品交易市场转型升级”情况。

9月18日，港澳台侨委员会视察侨属企业。

9月26日，社会法制委员会在节庆广场举办“法律咨询、法律服务、法律援助”活动。

10月16日，省政协秘书长陈荣高到东阳调研。

10月18日，省政协副主席张泽熙参加在东阳举行的2014世界工艺文化节开幕式。

10月31日，举办委员培训会。东阳籍汉字文化学者、中国传统文化促进会名誉会长李土生作关于传统文化和社会主义核心价值观的讲座。

11月5日，金华市政协副主席刘净非等到东阳调研以黄大仙为题材的电影或电视剧拍摄相关情况。

11月8日，全国政协原副主席阿不来提·阿不都热西提到东阳考察。

11月12日，金华市政协副主席许章才到东阳调研民族宗教工作。

11月21日，提案委员会开展农村污水治理专项视察，并提出意见建议。

11月27日，社会法制委员会开展道路交通安全管理工作调研视察活动。

12月15日，王正明等视察检察工作。

12月24日，召开东阳市第三届政协之友联谊会第一次会议。

12月24—25日，全国政协文史和学习委员会副主任、中国政策科学研究会副会长方立一行到东阳调研农村改革发展典型。

2015年

2月，东阳文史资料选辑第33辑《东阳民俗》出版。

3月8—11日，召开十三届四次会议。补选常务委员3名。

3月15日，东阳、中山两地政协在中国（中山）红木家具文化博览会上签订建立红木产业发展推进联盟协议书。

4月9—10日，省政协之友社第六届理事会第二次会议在东阳召开。

4月13日，组织视察总部中心建设情况。

4月27日，会同市人大、市政府召开代表议案、委员提案交办会。

4月，组织调研市总部中心及配套设施建设工作，提出6条建议。

5月20日，教育文化卫生体育委员会组织开展体育场馆建设工作调研视察活动，提出4条建议。

5月26—27日，省政协“五水共治”长效机制建设第三监督组第二监督小组到东阳检查“五水共治”工作。

5月29日，市政协“建设美丽东阳，委员携手同行”界别活动月正式启动。

6月25日，市政协主席王正明等率文史资料委员会委员视察传统文化家规家训民间陈列情况，提出意见和建议。

6月30日，王正明等率相关人员走访城区部分学校，调研城区教育资源配置情况。

7月，组织开展民间借贷风险防控调研，提出9条建议。

8月4日，王正明参加市政府开展的城区优化教育资源配置工作调研；港澳台侨委员会视察宗教活动场所，对宗教工作提出意见建议。

8月10日，省政协副主席陈艳华、市政协主席王正明参加横店·中国世界野生动物标本馆开馆授牌暨全国野生动物保护和生态文明建设系列交流宣传活动启动仪式。

8月11日，召开十三届十九次常委会议暨“真心助推发展，真情关注民生”委员论坛。

9月8—9日，金华市政协提案工作座谈会在东阳召开。

9月15—16日，省政协“五水共治”长效机制建设第三督导组到东阳开展民主监督活动。

9月25日，社会法制委员会开展“黄赌毒及食品药品环保整治”视察活动。

10月13日，组织在东阳的金华市政协委员视察调研东白山旅游工作并召开座谈会。

10月22日，王正明等视察卢宅、李宅、蔡宅古民居旅游精品线，并提出意见和建议。

10月28日，社会法制委员会委员“法律咨询、法律服务、法律援助”活动在黉门广场举行。

11月5日，城乡建设委员会委员视察“美丽县城”建设工作。

11月19日，提案委员会委员视察2015年全市交通重点工程进展情况。

11月，组织开展全市旅游业调研活动，提出发展思路和对策。

29日，召开十三届二十次常委会议。听取市政府关于政协提案办理情况的通报；决定十三届五次会议等有关事项。

12月，组织开展城区横店一体化发展调研，并提出意见建议。

2016年

1月15日，市政协主席王正明率部分委员开展“乡土文化保护与传承”视察活动。

1月，组织开展进一步加强民间借贷风险管控的调研，提出6条意见建议。

2月，东阳文史资料选辑第34辑《东阳传统器具（上下册）》出版。

3月4日，召开十三届三十五次主席会议，讨论修改《关于加强人民政协协商民主的实施意见》（代拟稿初稿）。

3月10日，召开第八届委员论坛动员部署会暨查找“短板”专项工作座谈会。

3月22日，启动“五水共治”民主监督“万千行”活动，18个民主监督小组分赴18个镇乡街道及上卢管理处实地督查。

3月25日，市委书记黄敏等到政协机关专题调研政协工作；金华市政协副主席刘净非等到东阳调研“建立完善农村低收入农户社会保障体系”课题。

4月11—13日，全国政协原副主席、太湖世界文化论坛名誉主席张梅颖等到东阳，就进一步挖掘民间文化、筹办世界民间文化发展（东阳）高峰论坛进行考察。

4月27日，王正明等视察美丽乡村建设。

4月28日，市委召开全市政协工作会议。市委书记黄敏、市人大常委会主任施侍伟、市政协主席王正明、市委副书记姚激扬出席会议，市委副书记、市长朱建军主持。

5月18日，省政协副主席孙文友率调研组到东阳调研木雕红木家具产业发展情况。

5月19日，文史资料委员会组织开展“乡村旅游视察活动”。

5月31日上午，“美丽乡村·委员同行”界别活动月启动仪式在六石街道北后周村举行。

7月12—13日，省政协副主席陈加元一行到东阳调研“完善村干部监督机制，保障新农村建设健康发展”重点提案办理情况。

7月29日，十三届二十四次常委暨第八届委员论坛召开。

8月9日，中共东阳市委下文建立中共东阳市政协机关党组。

8月23日，省政协主席乔传秀一行到东阳视察了解影视旅游文化和木雕文化发展情况。

8月25日，金华市政协主席读书会在东阳召开。

9月5日，召开十三届二十五次常委会议，传达学习全省政协主席读书会精神，总结上半年工作，部署下阶段重点工作，通过市政协教育文化卫生体育与文史资料工作委员会副主任的职务任免。

丛　录

一、中共东阳市(县)委有关政协工作文件

批转县政协党组《关于认真贯彻中央办公厅〔1986〕10号文件进一步完善政治协商、民主监督制度的报告》的通知

县委〔1986〕42号

各区镇乡党委、县机关各部委办局及县属单位党组织：

县委同意县政协党组《关于认真贯彻中央办公厅〔1986〕10号文件进一步完善政治协商、民主监督制度的报告》，现转发你们，请参照执行。

我县近几年来的政协工作取得了很大成绩，为促进两个文明建设起到了一定的作用。今后，人民政协的工作还要不断发展、不断提高。各级党委必须充分认识新时期加强和改善人民政协工作的重要性，更好地发挥政协委员和其他各界人士的作用。政协中的共产党员更要积极参加政协的各项工作，谦虚谨慎、做出表率、广交朋友，和其他政协委员一道，为四化建设和祖国统一大业做出新的贡献。

中共东阳县委

1986年6月25日

关于认真贯彻中央办公厅〔1986〕10号文件进一步完善政治协商、民主监督制度的报告

自机构改革以来，我县政协工作在县委的直接领导下，开展得比较活跃，为两个文明建设服务方面发挥了一定的作用。但是，按照新时期对政协工作的要求，与兄弟市县政协工作相比，差距还很大。为了使我县政协工作更好地服从于、服务于党的总任务总目标。

为四化建设和祖国统一大业做出新的贡献。现根据中央办公厅的〔1986〕10号文件精神和我县政协工作的实际情况，为进一步完善政协政治协商、民主监督的制度，特提出如下建议：

一、全体政协委员除列席县人民代表大会，讨论和协商全县的政治、经济、文化、社会生活的大事外，在各乡镇的政协委员应列席所在乡镇的人民代表大会和其他必须参加的重要会议，参与讨论和协商所在地区的两个文明建设方面的大事。

二、县政协常委会议一般每季度举行一次。县委和县政府的有关领导到会向政协常委通报全县有关改革和两个文明建设的情况，同时听取政协常委的情况反映和工作意见，有关全县的重大决策和重要事项的实施。书记或县长尽可能事先召开各界人士的座谈会，共同协商、征求意见。

三、县政协设有学习、文史、提案工作三个委员会和中教、小教、医药卫生、工业科技、农业科技、文化、工商经济、侨务、对台、宗教等十个工作组，根据各自的特点开展活动。与有关的党政工作部门进行对口协商，加强联系。希望有关的党政工作部门主动通报情况，并为他们的活动提供方便。

四、政协委员提案是发挥政协政治协商和民主监督职能的一个重要方面，也是党和政府联系人民群众的一条重要渠道。各单位对政协委员提案，应及时给予认真处理的答复。暂时难以解决的问题，也应及时解释，说明情况。对于政协转去的人民来信，也要认真及时地回复。

五、政协中的共产党员，要积极参加政协的各项工作，努力宣传和贯彻中国共产党的各项方针政策，增强党性，遵守纪律，坚决按党的原则办事；同时还要谦虚谨慎，倾听各方面的意见，同党外人士搞好合作共事，广交朋友，使人民政协的优良传统发扬光大。

以上报告如无不妥，请批转各级党组织参照执行。

中共政协东阳县委员会党组
1986年6月17日

中共东阳市委关于坚持和完善中国共产党领导的多党合作和政治协商制度的通知

市委〔1996〕28号

各镇乡党委、市机关各部委办局党组织：

为了进一步坚持和完善中国共产党领导的多党合作和政治协商制度，积极推进我市社会主义民主政治建设，充分发挥参政党的作用，促进社会经济持续、健康、快速发展。根据中共中央〔1989〕14号和省委〔1996〕15号文件精神，决定完善以下几项制度。

一、协商、通报制度

1. 民主协商

市委、市政府拟做出重大决策，重要工作部署，国民经济和社会发展规划、年度工作报告和工作安排，重大人事任免事项等，由市委、市政府主要领导人邀请各民主党派主要负责人和无党派代表人士参加的协商会，每年至少要召开1～2次。

2. 情况通报

市委、市政府主要领导召开各民主党派主要负责人和无党派代表人士座谈通报或交流重要情况，传达重要文件，征求对中共党代会报告，政府工作报告，地方性的重大措施意见，讨论某些专题，听取他们的建议和意见。这种座谈会将不定期地举行，有时委托市政协党组、市委统战部召集。各民主党派和无党派人士对我市两个文明建设中的重大问题、人民群众普遍关心的社会问题，可向市委提出书面建议或专题报告，也可约请市委负责人交谈。

二、领导联系制度

市委确定党政领导同民主党派负责人保持联系，交知心朋友，在政治上、思想上互相了解和支持。市委书记杨守春联系中国农工民主党东阳市委，市长楼国华联系中国民主同盟东阳市支部，市委副书记康益民联系中国国民党革命委员会东阳市支部，市委副书记吕观平联系中国民主建国会东阳市支部，副市长吴元洪联系东阳市工商联合会，副市长张培根联系东阳市黄埔军校同学会。联系方法采用个别交谈或其他形式，每季度不少于一次。

三、对口联系制度

民主党派中拥有大量的具有专门知识的知识分子，人才荟萃、分布广泛。政府有关部门要善于运用民主党派的这个优势，就专业性问题同民主党派进行对口协商。市委确定：市教育委员会联系中国民主同盟东阳市支部；市卫生局联系中国农工民主党东阳市委员会；市计经委联系市工商业联合；市工商局联系中国民主建国会东阳市支部；市台湾事务办公室联系中国国民党革命委员会东阳市支部，对口联系采用互邀参加会议，专题座谈，个别交谈，书面建议等，形式不拘，每年不少于两次。

中共东阳市委

1996年8月15日

中共东阳市委关于加强和改善党的领导支持人民政协履行职能制度化、规范化和程序化建设的若干意见

市委〔2004〕32号

各镇乡党委、街道党工委，市机关各部门党组织：

中国人民政治协商会议是中国人民爱国统一战线组织，是中国共产党领导的多党合作和政治协商的重要机构，是我国政治生活中发扬社会主义民主的重要形式。根据党的十六大提出的“推进社会主义政治体制改革要着重加强制度建设，实现社会主义民主政治的制度化、规范化和程序化”的要求，按照省委、金华市委关于支持人民政协履行职能制度化、规范化和程序化建设的若干意见的精神，结合东阳实际，现就我市加强和改善党对政协工作的领导，推进人民政协履行职能制度化、规范化和程序化建设（以下简称“三化”建设），提出如下意见：

一、高度重视人民政协履行职能“三化”建设

1. 人民政协履行职能的“三化”建设是贯彻我国基本政治制度的客观要求。进一步推进“三化”建设，直接关系到共产党领导的多党合作和政治协商这一基本政治制度的坚持和完善，关系到加快推进社会主义政治文明的发展进程，关系到党的领导水平和执政水平的提高，关系到党和政府决策的科学化、民主化。进入新世纪，人民政协必须适应新形势，新任务的要求，积极推进“三化”建设，进一步发挥政治协商、民主监督、参政议政的重要作用，为我市经济发展和社会全面进步做出新的贡献。

2. 人民政协工作是党的工作的重要组成部分。各级党委要充分认识新时期人民政协在社会主义现代化建设中的重要地位和作用，进一步加强和改善对政协工作的领导。做好新时期的人民政协工作，重在推进“三化”建设。各级党委要从提高党的执政能力，加强社会主义民主政治建设的战略高度，充分认识人民政协工作的重要性和政协“三化”建设的必要性，切实增强政协统战意识，按照总揽全局、协调各方的原则，不断探索加强和改进党对政协工作领导的方式方法，大力支持人民政协按照《政协章程》履行职能，积极推进政协履行职能“三化”建设。

3. 推进人民政协履行“三化”建设，必须坚持以邓小平理论和“三个代表”重要思想为指导，全面贯彻中国共产党的十六大和十六届四中全会精神，以宪法和《政协章程》为依据，以制度建设为核心，以规范程序为抓手，减少随意性，克服盲目性，形成有章可循、行为规范、操作有序的工作机制，促进人民政协履行职能质量和水平的提高。不断开创新时期人民政协工作新局面。

二、坚持和完善政治协商制度

4. 政治协商是对本地区的大政方针和政治、经济、文化以及社会生活中的重大问题在

决策之前进行协商，就决策实施过程中的重要问题进行协商。政治协商的主要内容：社会主义物质文明、政治文明和精神文明建设中的重要方针政策及重要部署；政府工作报告、财政预算报告、人民法院工作报告、人民检察院工作报告；国民经济与社会发展中长期规划及年度计划；行政区划的重大调整；重要人事变动；经济社会发展中涉及面广、投资大、影响深的政府性重大建设项目决策；关系人民群众生活和切身利益的教育、卫生、就业、劳动和社会保障等方面的重大决策；有关爱国统一战线和人民政协内部的重大事务；党委、人大、政府、政协认为有必要进行政治协商的其他重要问题。

5. 政治协商一般以会议形式进行，包括政协全体会议、常务委员会议、主席会议、常务委员会专题协商会议、各专门委员会对口协商会议，根据需要召开的各民主党派、无党派人士、人民团体和各族各界代表人士参加的协商座谈会等。协商活动由政协主席会议根据不同的内容和要求，确定不同的协商形式和参加范围。

6. 市委、市政府要把重大问题提交政协进行协商的要求列入各自的议事规则，作为科学决策的必要程序和重要环节，真正做到重大问题协商于党委决策之前、人大通过之前、政府实施之前，进一步推进决策的民主化、科学化。政治协商应明确协商议题的提交部门，减少随意性。市委重大决策和部署方面的协商议题，由市委办公室负责提交；人大方面的协商议题，由市人大办公室负责提交；政府方面的协商议题，由市政府办公室负责提交。提交协商议题的文件材料，一般应提前一周送达市政协办公室。临时提出的协商议题，应提前三天告知。根据提交的协商议题，市政协要在规定时间内组织委员和各方面人士，深入调研，了解情况，搜集材料，做好协商准备，开好协商会议。市委、市人大、市政府有关领导以及有关部门负责人要按规定参加政协的协商会议，并就提交协商的议题做出说明，认真听取各界人士的意见建议。对协商会议中提出的意见和建议，有关方面要积极采纳、认真办理、抓好落实，并及时向市政协进行反馈。

三、进一步完善民主监督机制

7. 人民政协的民主监督主要内容：贯彻实施宪法、法律法规和重要方针政策的情况；国民经济和社会发展计划及财政预算执行情况；国家机关及其工作人员履行职责、遵守法纪、为政清廉等方面的情况；事关全局的重大决策贯彻执行情况；重点工程建设的实施情况；人民群众关注的难点、热点问题；政协建议案和委员提案的办理情况；参加政协的各单位和个人遵守政协章程和执行政协决议的情况；其他需要监督的重要问题。

8. 人民政协的民主监督主要通过协商讨论和批评建议的形式进行。政协召开有关会议、提出建议案和提案、组织委员视察督查、开展民主评议、举行听证会以及政协重要建议专报、委员反映和委员来信、批评举报等，是政协实行民主监督的有效形式。要在坚持这些有效形式的基础上，积极探索新的监督形式。

9. 各级党委、政府及有关部门要积极支持并自觉接受政协的民主监督，为人民政协的民主监督创造条件。要认真听取政协民主监督中提出的批评意见，积极采纳有关建议，并以书面形式向政协反馈整改情况。建立民主监督交办事项责任追究制，对该办不办的，政协可要求承办单位说明情况;对该办不办造成不良后果和影响的,要追究承办人和承办单位主要负责人的责任。切实保障政协委员民主监督的权利,对抵制或阻挠民主监督甚至打击报复行为,必须严肃查处。司法机关对有犯罪嫌疑的政协委员采取限制人身自由措施时,应事先向同级政协党组通报。要坚持和完善在政协委员、民主党派成员中聘请各类监督员制度,邀请他们参与有关检查、考察和评议工作,为特聘人士开展工作创造必要条件。推荐政协委员担任各类监督员,应由市政协与有关部门一起协商,共同推荐,便于管理。

四、重视发挥参政议政作用

10. 市委、市政府要坚持和完善重大事项通报制度,凡中央和上级重要会议、重要精神以及本地的重要情况,要根据不同内容和性质,及时向政协全体会议、常委会议和主席会议通报。市政府一般每半年要向政协常委会通报一次工作情况。市委要视情给政协出题目、交任务、提要求,每年可安排若干重要调研课题,委托政协组织调研或请政协委员一起参与,并及时听取调研汇报,吸收有价值的调研成果。政协委员参加政协组织的活动,其所在单位要给予时间、经费等方面的支持。市委、市政府召开的有关专家论证会,可邀请有关政协委员参加。要坚持党政领导与党外人士的交友谈心制度。坚持党政有关部门与政协各专门委员会、民主党派的对口联系制度。完善规范政协领导或政协专门委员会负责人列席政府全体会议和其他重要会议制度,市委、人大、政府、政协办公室主任(秘书长)联席会议制度,互通情况,协调工作。

11. 各级党委、政府应认真负责地讨论落实政协的意见建议。对政协常委会议、主席会议的建议案,党政主要领导要亲自批阅,落实办理部门,办理结果应在三十天内以文件形式做出答复。特别重要的应提交市委常委会议、市政府常务会议讨论。对委员提案要认真办理,重抓落实,在三个月内做出书面答复,并加强督查,纳入考核。对于政协确定的重点提案,应由市委、市政府分管领导牵头办理。政府领导每年要向政协常委会议通报提案办理落实情况。对政协的各类调研报告,有关部门必须认真研究,积极采纳有关意见建议,并给予书面反馈。对政协以社情民意、信息等形式反映的意见建议,也应采取适当形式予以反馈。

五、加强和改善党对政协工作的领导

12. 各级党委要把政协工作摆上重要位置。市委常委会每年安排听取政协党组的工作汇报,认真研究解决政协工作中的困难和问题。市委每届任期内至少召开一至二次政协工作会议。市委常委会议和其他有关重要会议,应请市政协主席列席。市政府召开全体会议,应邀请市政协领导参加;召开其他重要会议或政府组团外出考察应视情邀请市政协领导参加。召开市政协常委会议,市委、市人大、市政府应安排领导同志参加,市委和市政府主要领导每年至少参加一次。各镇乡党委、街道党工委应确定一名副书记联系本地政协工作。政协组织的委员视察,市政府应安排有关领导参加。市委、市政府职能部门召开的有关重要会议要邀请政协相关的专门委员会负责人参加。要把政协统战工作业绩列入党委、政府及有关部门年度目标考核和党政主要领导及分管领导干部述职的内容。

13. 加强对政协统战理论政策的学习和宣传力度。各级党委理论学习中心组要把政协统战理论作为重要学习内容。要将各级党政干部对政协统战理论的学习,纳入干部的考试内容。市委党校要把政协统战理论的学习列入各级党政干部的培训和教学计划。党委宣传部门要把政协统战理论和政策的宣传列入年度宣传工作计划。新闻单位要重视报道政协重要会议、重要活动,报道政协履行职能的成果和政协委员的先进事迹。支持人民政协开辟必要专栏,把政协的民主监督和新闻舆论监督结合起来,推进社会主义民主政治建设。

14. 充分发挥政协党组作用。政协党组要充分发挥在政协工作中的核心领导作用,把主要精力放在抓方向、议大事、管全局上,把市委对政协工作的要求和政协党组的决定,体现到政协主席会议、常委会议和全体会议之中。市委可视情委托政协党组召开参加政协的各民主党派、无党派人士、各人民团体和各族各界人士座谈会,通报重要情况,传达重要文件,听取意见和建议,保证党的路线方针政策和市委决议、决定在政协工作中的贯彻落实,并及时主动向市委汇报工作。

15. 加强政协委员队伍建设和管理。政协党组要根据党委的部署,有计划地组织委员深入学习邓小平理论和"三个代表"重要思想,学习党的路线方针政策,学习《政协章程》和有关专业知识,努力提高政协委员的政治素质和参政议政水平。市政协要通过各种形式帮助委员了解有关情况,为委员履行职能创造良好的条件;政协委员要深入实际,调查研究,密切联系自己所代表的党派、团体及有关方面的群众,积极反映他们的意见和要求。要规范政协委员人选产生程序,政协委员人选的推荐和调整,要严格按照中央、省委和市委有关文件规定的程序办理。加强对政协委员的日常管理,政协党组对委员履行职责的情况,要定期向市委组织部、统战部及委员所在单位通报;对不认真履行职责的委员,可根据政协章程和有关规定,由政协党组提出调整意见。

16. 加强政协组织建设,改善政协工作条件。加强政协领导班子建设,优化知识结构和年龄结构,保持合理的党内外比例。加强政协专门委员会建设,逐步加强专门委员会专职领导及其对应工作机构的配备,努力发挥专门委员会在政协履行职能中的作用。按照精简、统一、效能的原则,合理确定政协的机构设置和人员编制,加强政协机关干部队伍建设。市委要把政协机关干部的培养、使用纳入党政干部队伍建设的总体规划,加大政协机关与党政机关及其他部门之间的干部交流力度,并形成制度,长期坚持。要重视为政协办公室和专门委员会选拔和配备好党外干部。切实保证政协工作的经常性经费和专题调研、文史资料编印、港澳台侨联谊、重大活动等其他必要的活动经费。根据工作需要和干部配备情况,逐步改善政协的办公用房、工作用车、干部培训等条件。加强政协信息化建设,为政协工作提供必要的物质保障。

镇乡、街道,市机关各部门要认真贯彻落实本规定,市委将对贯彻落实情况适时进行督查。

中共东阳市委
2004年12月24日

中共东阳市委关于贯彻《中共中央关于加强人民政协工作的意见》的实施意见

市委〔2007〕26号

各镇乡党委、街道党工委、市机关各部门、各单位党组织：

为深入贯彻落实《中共中央关于加强人民政协工作的意见》（中发〔2006〕5号）、《中共浙江省委关于贯彻〈中共中央关于加强人民政协工作的意见〉的实施意见》（浙委〔2007〕15号）和《中共金华市委关于贯彻〈中共中央关于加强人民政协工作的意见〉的实施意见》（市委〔2007〕31号）精神，现根据东阳实际，提出如下实施意见。

一、完善和规范人民政协的政治协商制度

1. 人民政协的政治协商是中国共产党领导的多党合作的重要体现，是党和国家实行科学民主决策的重要环节，是党提高执政能力的重要途径。人民通过选举、投票行使权利和人民内部各方面在重大决策之前进行充分协商，尽可能就共同性问题取得一致意见，是我国社会主义民主的两种重要形式。坚持和完善人民政协这种民主形式，既符合社会主义民主政治的本质要求，又体现了中华民族兼容并蓄的优秀文化传统，具有鲜明的中国特色。全市各级党委、政府要高度重视人民政协的政治协商。要进一步明确党委、政府在政治协商中的主体地位，切实增强政治协商的主动性，把政治协商纳入决策程序，坚持重大决策主动协商在党委决定之前、人大通过之前、政府实施之前；要坚持重大问题在决策决定之前和决定执行过程中进行协商的原则，进一步完善党委、政府已有的决策议事机制，真正把人民政协的政治协商纳入党委、政府科学决策的必要环节和必经程序，努力提高政治协商的规范化、制度化水平；要根据新形势和新任务的要求，增强协商的主动性和统一性，避免协商的随意性和形式化，不断充实协商内容，拓展协商形式，增强协商效果。

2. 人民政协政治协商的主要内容：全市改革开放和现代化建设中的重大方针政策；国民经济和社会发展中长期规划和重大建设项目；行政区划和城市建设规划的重大调整；市委、市政府的全会报告；政府工作报告、财政预决算报告和人民法院、人民检察院工作报告；同级人大常委会、政府、政协的领导成员和同级法院、检察院主要领导成员的建议人选；关系人民群众切身利益的重大问题；各党派参加人民政协工作的共同性事务和政协内部的重要事务以及有关统一战线的其他重要问题；党委、人大、政府、政协认为有必要进行协商的其他经济、政治、文化和社会生活中的重要问题。

3. 人民政协政治协商的主要形式有：政协全体会议，常务委员会会议，主席会议，常务委员专题协商会，政协党组受党委委托召开的座谈会，秘书长会议，各专门委员会会议，党委根据需要召开由政协各组成单位和各界代表人士参加的内部协商会议。

4. 人民政协政治协商的主要程序：（1）协商议题的提出。每年年初，党委根据年度工作重点或政协党组提出的建议，确定协商议题认真组织实施；党委也可根据工作需要临时

提出协商议题,或由有关方面提出协商建议报党委确定后,组织开展协商;临时确定的重大问题的协商,应及时同政协沟通,做好组织工作,以确保协商质量。(2)协商活动的准备。政协党组根据党委的统一部署,按照政协章程和有关规定,提出具体协商方案,安排协商活动,组织开展调研、视察等协商准备工作;党委、政府及有关部门应提前将有关协商材料送交政协,保证协商的顺利开展。(3)协商活动的进行。政协全体会议期间,党政领导同志及部门负责同志列席有关会议,听取委员意见,参加有关议程;政协全体会议、常务委员会会议、主席会议、常务委员专题 协商会及其他协商会议协商问题时,党委、政府及有关部门根据议题和内容,安排相关负责同志到会通报情况,听取意见,参加协商活动;受党委委托,政协党组可召集和组织有关问题的协商会议。(4)协商意见的办理及反馈。党委、政府办公室及有关部门对政协报送的意见和建议要认真研究处理,特别重要的意见和建议要提交党委常务会议、人大常委会议、政府常务会议讨论,并将处理情况及时向政协做出书面反馈。

二、支持和加强人民政协的民主监督工作

5. 人民政协的民主监督是我国社会主义监督体系的重要组成部分,是在坚持四项基本原则基础上通过提出意见、批评、建议方式进行的政治监督。它是参加人民政协的各党派团体和各族各界人士通过政协组织对国家机关及其工作人员的工作进行的监督,也是中国共产党在政协中与各民主党派和无党派人士之间进行的互相监督。

6. 人民政协民主监督的主要内容:国家宪法、法律和法规的实施情况,党和国家重大方针政策以及各级党委、政府重大决定部署的贯彻执行情况,地方国民经济和社会发展计划及财政预算的执行情况,重大改革方案、重大政府投资项目的实施建设情况,人民群众关注的社会热点、难点问题的处置解决情况,党和国家机关及其工作人员依法行政、依法执政、执政为民、工作作风、效能建设、廉洁从政的情况,参加政协的单位和个人遵守政协章程和执行政协决议的情况。

7. 人民政协民主监督的主要形式有:政协全体会议、常委会议、主席会议向党委和政府提出建议案;各专门委员会提出建议或有关报告;委员视察、委员提案、委员举报、大会发言、反映社情民意或以其他形式提出批评和建议;参加党委和政府有关部门组织的调查和检查活动;政协委员应邀担任司法机关和政府部门特约监督人员。

8. 建立健全人民政协民主监督的长效机制。努力营造广开言路、畅所欲言的民主氛围,支持人民政协依照政协章程开展民主监督,认真倾听来自人民政协的批评和建议,自觉接受民主监督。在知情环节,重点建立重要情况适时通报制度,政府每半年向政协通报一次经济社会发展情况;应政协要求,同级党委、政府有关部门和法院、检察院应向政协作专题情况通报;党委、政府召开的重要会议、组织的大型调研和专项考察等活动,应邀请政协领导和有关专门委员会负责同志参加。在沟通环节,按照职责分工,重点建立党委、政府领导及职能部门同政协组织及其专门委员会的对口联系制度,定期沟通情况,交换意见;主动邀请政协参加政府部门开展的政风、行风评议活动,鼓励政协委员对本地区国家机关及其工作人员开展评议。在反馈环节,重点建立健全政协提案、社情民意信息的交办、督办和回

复反馈机制，坚持和完善政府领导领办、政协主席督办重点提案并列入年终考核制度，落实政协民主监督交办事项办理责任制，对该办未办的可立案重新办理，承办单位要向政协和提案人做出情况说明；对该办未办造成不良后果和重大社会影响的，政协可建议党委、政府追究有关承办单位的责任。

9. 大力支持政协民主监督的新实践、新探索。党委和政府的监督机构以及新闻媒体要密切与人民政协的联系，加强工作协调和配合，提高民主监督的质量和成效。各级党委、政府要积极鼓励和支持政协通过民主监督听政会、议政会等形式，探索民主监督与群众监督相结合的有效形式；积极支持政协对司法机关、党政部门有关工作开展民主评议活动，向有关部门委派民主监督员，不断提高民主监督组织化水平，切实加大民主监督的力度。

三、重视和发挥人民政协的参政议政作用

10. 人民政协的参政议政是人民政协履行职能的重要形式，也是党政领导机关经常听取参加人民政协的各民主党派、人民团体和各族各界人士意见和建议、切实做好工作的有效方式。各级党委、政府要支持政协围绕本地经济、政治、文化和社会生活中的重要问题以及人民群众普遍关心的问题，开展调查研究，反映社情民意，进行协商讨论；支持政协通过建议案、调研报告或其他形式提出意见和建议。

11. 人民政协参政议政的主要内容：围绕贯彻落实科学发展观和促进经济社会又好又快发展中的重要问题，积极建言献策；围绕党委、政府中心工作和人民群众普遍关心的问题，提出对策建议；利用包容各界、联系广泛、人才聚集的优势，了解和反映社会不同阶层、不同群体的愿望和要求；积极开展政协组织之间的交流与合作，就共同关心的问题联合进行调研；对经济、政治、文化和社会生活中的其他重要问题提出意见和建议。

12. 人民政协参政议政的主要形式有：开展专题调研、视察考察、咨询论证等；向党委、政府提出建议案、提案、调研报告、考察报告；反映社情民意；举办调研汇报会、研讨会、座谈会、论坛以及其他形式的议政会。

13. 建立健全人民政协参政议政的工作机制。进一步健全调查研究工作机制，重视发挥政协人才库、智囊团的作用，积极支持政协选择本地经济社会发展中具有综合性、全局性、前瞻性的课题，深入调查研究，广泛集中民智，提出真知灼见，促进科学民主决策；进一步健全提案工作机制，坚持和完善提案办理的各项制度，规范程序，明确责任，认真办理，及时反馈，更好地发挥政协提案在经济社会发展中的重要作用；进一步健全政协反映社情民意工作机制，及时研究处置政协通过各种途径反映的群众呼声、突出问题和对策建议，充分发挥政协反映社情民意工作的信息渠道作用。

14. 市委、市政府加强与人民政协的联系和沟通，为人民政协参政议政创造良好条件。党委、政府要主动给政协出题目、交任务，指导和支持政协围绕党委、政府的中心工作参政议政；党委、政府可根据年度工作重点，委托或联合政协通过听证会、议政会、论证会、专题会等形式，广泛听取各党派团体和各界人士对党委、政府工作的意见和建议。市委、市政府要坚持和完善情况通报制度，定期向政协常委会议、主席会议、政协有关专题会议通报有关

工作的进展情况。党委和政府有关部门要完善与政协专门委员会的对口联系制度，加强协作配合，提供支持帮助。

四、切实抓好人民政协的自身建设

15. 重视发挥各民主党派、无党派人士在人民政协中的作用。要支持各民主党派和无党派人士参与国家和地方重大方针政策的讨论协商及其履行职责的各项活动；要尊重和保障各民主党派在政协的各种会议上以本党派名义发表意见的权利；要尊重和保障各民主党派和无党派人士开展调研、视察、提出提案、举报、反映社情民意以及参与调查和检查活动的权利；要按规定保证民主党派成员和无党派人士在政协委员、常务委员和政协领导成员中占有较大比例；政协机关中应有一定数量的民主党派和无党派人士担任专职领导职务。

16. 重视发挥界别在人民政协中的独特作用。由界别组成是人民政协的显著特色。要根据界别的特点和"本界别立足本行业"的要求开展活动。界别活动可依托政协各相关专门委员会开展，也可单独组织更具特色的活动，以充分调动各界别参政议政的积极性。要适应改革开放和经济社会的实际情况，根据政协章程的有关规定，合理设置界别、丰富活动形式，完善活动机制，扩大团结面，增强包容性。通过界别渠道密切联系群众，充分运用界别视察、调研、发言、提案等形式，向党委、政府反映各界群众的诉求，通过界别渠道协调关系、化解矛盾、理顺情绪，促进社会各阶层和不同利益群体之间的团结和谐。

17. 重视发挥政协委员在人民政协履行职能中的主体作用。认真组织政协委员的学习和培训，促进委员自身素质提高。坚持集中培训制度，保证每位政协委员在任期内至少参加一次专业培训。建立健全符合特色的委员管理办法，引导政协委员自觉遵守政协章程，密切联系人民群众，切实履行委员职责。实行政协委员动态管理，对委员撰写提案、反映社情民意、提出意见和建议、参加政协活动等内容进行量化考核，对多次无故不参加政协活动、不履行委员职责的委员予以劝退，严重违纪违法的撤销其委员资格，依纪依法处理。要尊重和依法保护政协委员的各项民主权利，为他们发挥作用提供方便。政协委员所在单位要支持其参加政协活动，保障其各项待遇不因参加政协活动而受到影响。对提出批评、意见和建议的政协组织和政协委员进行打击报复的，要依纪依法严肃处理；政协委员涉嫌违法违纪的，有关部门在采取强制措施前应主动向政协党组通报情况、听取意见。

18. 重视发挥政协专门委员会的基础作用和政协机关的服务保障作用。要加强思想建设，重视政治理论学习，坚持以邓小平理论和"三个代表"重要思想为指导，深入贯彻落实科学发展观，牢固树立社会主义荣辱观，弘扬与时俱进和改革创新精神，大兴求真务实之风，提高全局观念、服务意识和政策水平。要加强制度建设，努力适应壮大爱国统一战线和发展社会主义民主政治的要求，进一步建立和完善各项工作制度，提高工作水平和效率，保证政协机关工作协调统一、规范有序、精干高效运行。要充分发挥专门委员会的人才优势和专业优势，支持专门委员会就有关议题开展调查研究、咨询论证，提出意见和建议。党委、政府及其工作部门召开专题工作会议或组织专项活动时，应邀请同级政协相关专门委员会负责同志参加。政协机关是为政协履行职能服务的政治机关。要配备好工作班子，完善工作制度，有计划地安排政协机关干部特别是年轻干部参加党校、社会主义学院和其他形式的学习培训，努力造就一支政治坚定、作风优良、学识丰富、业务熟练的高素质政协工作干部队伍。根据政协职能的要求，积极探索镇乡(街道)政协组织网络建设。

五、加强和改善党对人民政协工作的领导

19. 切实把人民政协工作摆在全局工作的重要位置。按照总揽全局、协调各方的原则，进一步加强和改善对人民政协的领导，把政协工作列入重要日程，纳入总体工作布局，统一部署，统一检查，统一考核，支持人民政协依照章程独立负责、协调一致地开展工作。市委主要领导同志要亲自抓政协工作，市委、市政府要明确一名领导分工联系政协工作；每届市委任期内至少应召开一次政协工作会议，总结经验，部署工作；市委常委会每年应安排一次以上的专题会议，听取政协工作情况汇报，研究解决有关问题；要坚持和完善党委、政府负责同志在政协全体会议期间听取大会发言、参加专题协商和小组讨论，在政协常委会议期间通报情况、听取意见的制度；坚持和完善不是市委常委的政协主席或党组书记列席市委常委会议和其他有关重要会议的制度；坚持和完善邀请政协有关领导列席政府全体会议和有关会议的制度；坚持和完善市委、人大常委会、政府、政协秘书长(办公室主任)联席会议制度。各级党委要把是否重视人民政协工作，能否发挥好人民政协的作用作为检验领导水平和执政能力的一项重要内容，切实把加强对人民政协的领导、支持政协开展工作纳入党委领导班子工作目标管理体系。市委督查部门要对中央、省委和金华市委关于政协工作的指示、决定、规定和意见的贯彻落实情况 进行督查，并将督查结果向市委汇报，作为领导干部年终考核的重要内容。

20. 充分发挥政协党组在政协组织中的领导核心作用。重视人民政协党组的思想、政治和组织建设，善于通过政协党组加强和改善党对政协工作的领导。加强政协党组班子建设。政协领导班子中应有比较年轻的党员负责同志，保持政协工作的连续性和稳定性。党委、政府要及时向政协党组通报有关重大决策和工作部署。对政协党组请示的问题，要及时研究答复。政协党组要坚定不移地贯彻执行党关于人民政协的方针政策，把党的有关重大决策和工作部署落实到政协的实际工作中。要加强同党外人士的团结合作，推动参加人民政协的各民主党派、人民团体和各族各界人士自觉接受中国共产党的领导，使党的主张成为各民主党派、人民团体和各族各界人士的广泛共识。政协党组要按照党委部署和政协章程的规定，配合党委有关部门研究换届时界别设置的有关问题并提出建议。政协换届时政协委员和常务委员的名额确定和人选推荐，要按照中央和省市委有关文件规定的程序办理。政协新委员的提名推荐，应征求政协党组的意见；拟留任委员，政协党组可根据委员履行职责情况向党委有关部门提出建议；届中对委员和常务委员的调整，政协党组可根据政协工作实际向党委有关部门提出建议，以便切实把那些热爱政协事业、政治素质好、代表性强和参政议政水平高的各族各界代表人士吸纳到政协委员队伍中来。

21. 充分发挥共产党员在政协组织中的先锋模范作用。政协委员和政协机关中的共产党员，是受党组委派从事人民政协工作的，要增强政治意识、大局意识、责任意识和合作意

识，认真贯彻执行党的方针政策，带头遵守政协章程，继承和发扬人民政协的优良传统，广交、深交党外朋友，自觉接受党组织和党外人士的监督，努力成为履行职能的模范、合作共事的模范、发扬民主的模范、廉洁奉公的模范。

22. 高度重视政协议政建言成果的应用。市委、市政府及部门对政协通过各种形式和途径提出的意见建议，应认真研究，积极采纳，切实办理，及时反馈，并作为工作考评的重要内容。对政协主席会议、常委会议提出的建议案，应提交党委常委会议、政府常务会议讨论研究，办理结果要以书面形式向政协反馈；对政协报送的调研报告，反映的社情民意，党政领导要予以重视，有关部门要认真研究、积极采纳有关意见建议；对政协提案，要进一步加大办理力度，不断提高提案所提问题的解决率和所提意见建议的落实率。要规范政协意见建议的办理程序，加强督查落实。

23. 努力为人民政协工作创造良好条件。高度重视并切实加强人民政协组织的干部队伍建设，把政协机关干部的教育、管理、选拔、交流和使用，纳入干部队伍建设的总体规划。党委有关部门要主动与政协进行沟通和协商，加大政协机关干部与党委、政府机关干部的交流力度。要本着有利于开展工作和精简、统一、效能的原则，进一步合理确定政协机关的编制。对人民政协履行职能所需经费，要切实予以保障；对人民政协开展对外交流联谊活动要予以积极支持；对政协的基本工作条件，要不断加以改善，确保人民政协工作正常有序进行。

24. 进一步推进人民政协理论研究和宣传教育。要把统一战线、多党合作等政协理论作为党员领导干部学习的重要内容，纳入各级党校干部培训的教学计划。要组织各民主党派、人民团体、政协工作者和理论界人士加强对人民政协的理论研究，并列入哲学社会科学研究规划。宣传部门及新闻媒体要加大宣传力度，广泛宣传中国共产党领导的多党合作和政治协商制度，宣传人民政协的性质、地位和作用，宣传政协履行职能情况，努力形成有利于人民政协事业发展的良好氛围。

中共东阳市委

2007年9月7日

中共东阳市委关于加强人民政治协商民主建设的实施意见

东委发〔2016〕33号

各镇乡党委、街道党工委，市机关各部门、各单位党组织：

为深入贯彻《中共中央办公厅印发〈关于加强人民政治协商民主建设的实施意见〉的通知》和《中共浙江省委办公厅印发〈关于加强人民政治协商民主建设的实施意见〉的通知》的相关精神，现就进一步加强我市人民政治协商民主建设提出如下实施意见。

一、加强人民政治协商民主建设的总体要求

1. 重要意义。人民政协是社会主义协商民主的重要渠道和专门协商机构。人民政治协商民主是在中国共产党领导下，参加人民政协的各党派团体、各族各界人士履行政治协商、民主监督、参政议政职能，围绕改革发展稳定重大问题和涉及群众切身利益的实际问题，在决策之前在决策实施之中广泛协商、凝聚共识的重要民主形式。加强人民政治协商民主建设，有利于广纳群言、广谋良策、广聚共识，有利于促进党委、政府决策科学化、民主化，有利于化解矛盾、促进社会和谐稳定。

2. 指导思想。高举中国特色社会主义伟大旗帜，以马克思列宁主义、毛泽东思想、邓小平理论、"三个代表"重要思想、科学发展观为指导，深入贯彻落实党的十八大和十八届三中、四中、五中全会精神，深入贯彻落实习近平总书记系列重要讲话精神，以"四个全面"战略布局为统领，以创新、协调、绿色、开放、共享五大发展理念为引领，以建设"影视旅游名城、经济文化强市、生态宜居东阳"为目标，以奋力开创东阳赶超发展新局面为使命，坚持和完善中国共产党领导的多党合作和政治协商制度，坚持团结和民主两大主题，坚持集协商、监督、参与、合作于一体，坚持把协商民主贯穿履行职能全过程，进一步拓展协商内容、丰富协商形式、规范协商程序、增加协商密度、提高协商能力和成效，为我市高水平全面建成小康社会做出更大贡献。

3. 重要原则。加强人民政治协商民主建设，必须坚持党的领导，坚定不移走中国特色社会主义政治发展道路；坚持宪法和政协章程确定的人民政协性质定位，坚决维护核心、紧紧围绕中心、倾力服务大局、真情服务群众；坚持协商于决策之前和决策实施之中，切实提高协商实效；坚持民主协商、平等议事、求同存异、体谅包容，努力营造良好协商氛围。

二、明确政治协商的内容

4. 政治协商的主要内容。市委、市政府制定的事关全局的重大决策，国民经济和社会发展中长期规划，政府工作报告、财政预决算报告和市人民法院、市人民检察院工作报告，重大建设项目、事关经济社会发展和民生的重大问题，市委提出的有关重要人事安排建议人选，市政府重要规章的制定及修订，各党派参加人民政协工作的共同性事务，市政协内部的重要事务以及有关爱国统一战线的其他重要问题等。市委、市政府对明确规定需要协商的事项必须经协商后提交决策实施。

5. 在实践中丰富协商内容。鼓励市政协根据形势发展，围绕市委、市政府中心工作，结合实际丰富协商内容，拓宽协商范围。

三、规范政治协商的形式

6. 完善政协全体会议协商制度。政协全体会议一般每年举行1次。市委、市人大常委会、市政府和市人民法院、市人民检察院领导同志及党政部门主要负责同志出席开幕会、闭幕会；市委、市政府及市人民法院、市人民检察院有关领导同志和有关部门负责同志参加界

组和分组讨论，听取意见。突出界别集体声音，形成各界别对“一府两院”工作报告的集体书面协商意见。及时报送会议成果，如实反映委员意见建议，以建议案或协商纪要形式分别报送市委、市政府、市人民法院和市人民检察院。

7. 健全专题议政性常务委员会会议制度。市政协每年召开专题议政性常务委员会会议。根据议题需要，市政协邀请市委、市政府有关领导同志出席会议通报情况，听取意见，并可与委员互动交流；邀请有关部门主要负责同志到会听取意见，参加讨论。市政协常务委员会组成人员围绕协商议题，会前开展调查研究，了解各界民意，形成协商建议。会议采取自愿报名和界别推荐结合的方式进行大会发言。会议相关意见建议以市政协常委会报告、协商纪要等形式报送市委、市政府及有关部门。

8. 完善委员论坛。市政协每年举行1次委员论坛，并列入年度协商计划。选择事关我市经济社会发展中的各类难点、热点问题作为委员论坛的议题。根据议题需要，市政协邀请市委、市政府领导及有关部门主要负责同志出席论坛，听取意见建议。市政协办公室（以下简称市政协办）及时将论坛情况和委员的意见建议以书面形式报送市委办公室（以下简称市委办）、市政府办公室（以下简称市府办）。

9. 开展专题协商。市政协各专门委员会（以下简称专委会）、工作委员会（以下简称工委）、界别就某个议题与有关党政部门开展专题协商。市政协各专门委员会、工委、界别与有关党政部门会商制定协商方案，通过开展调研视察、咨询论证、走访交流等活动，以联席会议、政务咨询会、协商座谈会等方式开展协商。市政协正副主席根据需要参加分工联系的各专门委员会、工委、界别的协商活动。协商意见建议，可以通过面对面沟通方式直接反映，也可通过视察报告、协商纪要等形式报送市委、市政府及有关部门。

10. 健全提案办理协商制度。严格立案标准，提高提案质量。建立健全交办、办理、督办提案协商机制。在提案交办环节，建立共同交办机制，召开提案交办会，做好落实责任的协商。在提案办理环节，建立健全联系沟通、办理询问、研讨交流机制，把沟通协商作为提案办理的必经环节。在提案督办环节，建立健全跟踪督查和成果反馈机制，做好成果转化的协商。建立和完善台账制度，把提案办理纳入市政府年度督查计划。完善提案办理考核评价机制，将提案办理纳入绩效考核体系。制定提案办理协商办法。完善重点提案遴选办法，坚持党政领导领办重点提案常态化，加强重点提案督办协商，健全专题类提案集中面商、同类提案“打包”督办、难点提案多轮反复协商机制。每年选取部分承办单位，开展提案办理工作民主评议。

11. 探索基层民主协商。市政协以各镇乡街道联络组为单位，围绕各镇乡街道重点工作、重点工程进行基层民主协商。确定镇乡街道一位班子主要领导负责联络工作，组织相关政协委员对重点工作、重点工程实施情况开展调研视察，并召开协商座谈会。协商意见建议可以通过面对面沟通方式直接反映，也可以通过书面形式反映给各镇乡街道的党委和政府。

12. 拓展协商形式。市政协在市委、市政府重大决策形成过程中及时召开专题座谈会，有关方面负责同志到会听取意见建议。在视察、考察、专题调研监督等活动中开展协商。通过视察报告、调研监督报告、提案、建议案等形式开展协商。探索不同形式围绕相近问题开展联合联动协商。

四、规范政治协商议题提出和确定机制

13. 健全政治协商议题提出和确定机制。政协各类协商形式的协商议题，可由市委、市政府交办；可由市政协主席会议提出；可由市政协各专委会、工委、界别与有关部门沟通会商建议，报市政协主席会议研究确定。基层民主协商议题，由市政协各镇乡街道联络组与联络组所在镇乡街道沟通会商提出。

14. 健全制定年度协商计划工作机制。市政协制订年度协商计划，报送市委研究确定，并以市委文件形式印发。政协专题议政性常务委员会会议议题、委员论坛、专题协商及其他协商形式的重要议题，应列入年度协商计划，做到协商议题和协商形式相匹配。对未列入协商计划又确需在市政治协商的临时约商事项，由市政协主席会议审议后，报市委主要领导确定。

五、完善政治协商成果采纳、落实和反馈机制

15. 政治协商成果的采纳落实。对市政协报送的建议案、协商纪要、委员论坛情况报告、重点视察调研报告等协商成果，市委、市政府及有关部门要认真研究，有关负责同志要亲自阅批。特别重要的协商成果，应列入市委常委会议、市政府常务会议议题。对要求有关部门办理的，市委办、市府办应及时送交相关单位办理落实。基层民主协商等其他协商活动成果，由有关部门或镇乡街道办理或参阅。

16. 政治协商成果的采纳落实情况反馈。对政协报送的协商成果，市委、市政府领导同志做出批示和有关会议进行研处的，市委办、市府办及相关部门应及时告知市政协办；对明确要求有关部门或镇乡街道办理的，市委办、市府办和有关部门、镇乡街道应及时向市政协办反馈办理结果。围绕党代会、市委全会重大决策部署形成的协商成果，由市委办和有关部门在相关文件发布后及时向市政协办反馈采纳情况。围绕“一府两院”工作报告形成的协商成果，市府办、市人民法院、市人民检察院在市政协全体会议结束后及时向市政协办反馈采纳情况。市政府每年年底要向市政协通报民主监督意见建议办理情况。市政协办应及时将反馈情况告知参加协商活动的有关参加单位、工委、界别和委员。

17. 政治协商成果的跟踪督办。对重要协商成果，市政协办要会同市委、市政府督查部门进行跟踪检查、督促落实。对协商建议中的一些重点、难点问题，市政协应通过再调研、再视察、再协商等“回头看”方式，跟踪推动协商成果转化落实。对市政治协商成果的采纳落实和反馈情况，纳入绩效考核体系。

六、强化政治协商的制度保障

18. 完善政治协商与市委、市政府工作有效衔接的制度。坚持市委和市政府领导同志及部门负责同志参加市政治协商活动。完善市委召开的办公室主任联席会议制度，加强工作沟通协调。健全知情明政制度，市委召开的有关重要工作会议可安排市政协领导同志参

加。市政府召开的全体会议和有关会议，可视情邀请市政协有关领导同志列席。有关部门召开的重要会议，可视情邀请市政协有关专委会、工委、界别负责人参加。建立相关部门定期通报情况制度，为政协委员履行职责提供便利、创造条件。市政协全体会议召开前，根据需要可组织情况通报会，请有关部门通报年度工作情况。协商活动举办前，有关部门应提供需要协商的相关材料。组织委员视察调研，可邀请有关部门同志介绍情况、交换意见。

19. 健全委员服务管理制度。进一步明确委员的权利和义务，健全委员履职档案，完善履职量化考评办法。严格会议请假制度，委员出席会议和参加活动的情况书面通知本人并在一定范围通报。完善委员年度述职制度。探索建立委员每届任期内就履职情况向市政协报告的制度。强化廉洁自律，逐步建立委员履职的利益冲突回避机制，制定委员违反政协章程的处理办法。建立覆盖全体政协委员的联系网络。市政协定期向外出委员通报工作情况。坚持和完善市政协领导同志走访约谈委员和各工委走访联系委员制度。加强市政协各工委的人员配备，建立健全与委员联络的具体机制，做好委员的日常联络工作，及时通报市政协会议精神和工作情况，并做好接待委员信访的工作。

七、提高政治协商能力

20. 提高政治把握能力。完善市政协常务委员会会议和主席会议学习制度，开展委员培训轮训，发挥政协履职服务综合平台作用，组织委员专题学习研讨。加强委员对中国特色社会主义理论和党的路线方针政策、宪法法律的学习，在履行职责的实践中，提高运用科学理论分析判断形势，运用法治思维和法治方式研究解决问题的能力和水平，坚定理想信念，增进政治认同。

21. 提高调查研究能力。坚持问题导向，重视调查研究，进一步加强和改进调查研究工作。坚持党政所需、群众所盼、政协所能，选准调研课题。视察和专题调研课题应与市政协年度协商计划和市政协重点工作相衔接，由主席会议统筹审定。坚持求真务实，优化调研队伍构成，采取集中调研、分散调研、蹲点调研等形式摸清真实情况。加强对调研成果的研究论证。加强市政协智库建设，整合市政协各参加单位和全体委员的智力资源，发挥政协社团作用。

22. 提高联系群众能力。坚持党的群众路线，践行履职为民宗旨，深入开展“界别活动月”等活动。健全社情民意表达和汇集分析机制，畅通和拓宽各界群众的利益诉求表达渠道，积极反映社情民意。完善市政协反映社情民意信息工作制度。密切市政协各专委会、工委与各界别的联系，积极组织委员参加协商、视察、调研、为民服务等活动，及时向有关部门反映相关信息和意见建议。探索委员网上工作室、网上信箱、微信、微博等联系群众的新形式。委员应主动向群众宣传党的路线方针政策，解疑释惑，引导群众理性有序合法表达诉求。

23. 提高合作共事能力。完善工作机制，找寻更多平台，加强政协组织与市委统战部门的沟通协调，为民主党派委员和无党派人士委员在政协履行职能、协商议政、发挥作用创造条件。重视发挥民族宗教界委员的重要作用。密切与港澳华侨委员、港澳台侨的联络联系。加强与非公有制经济人士、新的社会阶层人士、出国和归国留学人员、新媒体中的代表性人士等的联系。健全政协主席、副主席联系各界别委员制度。强化政协开展统战工作的职责要求。政协委员和政协机关中的共产党员应广交、深交党外朋友。在工作中既增进对党的路线方针政策的共识,又包容不同意见的存在和表达,提高合作共事的质量和水平。

八、加强和改善党对人民政治协商民主建设的领导

24. 高度重视人民政治协商民主建设。中国共产党的领导是人民政协事业发展进步的根本保证。人民政协事业要沿着正确方向发展,就必须毫不动摇坚持党的领导。按照党总揽全局、协调各方的原则,支持人民政协依照宪法法律和政协章程独立负责、协调一致地开展工作。认真贯彻落实中央和省委关于加强社会主义协商民主建设和人民政治协商民主建设的部署要求,善于运用人民政协这一政治组织和民主形式为市委中心工作服务。

25. 建立健全党领导人民政治协商民主建设的工作制度。市委把市政治协商民主建设纳入总体工作部署和重要议事日程,及时研究并统筹解决工作中的重大问题。按照市委统一领导、各方分工负责的原则,统筹制定加强市委和市政府工作与政治协商有效衔接的相关制度。支持政协制定并实施政治协商、民主监督、参政议政的专项制度。市委每届任期内至少召开1次政协工作会议,开展2次对市政治协商民主建设落实情况的监督检查。建立健全市委常委会议听取市政协党组工作汇报,讨论市政协常务委员会工作报告和年度协商计划等制度。市政协组织的专题议政性常务委员会会议、委员论坛、专题协商等重要协商活动,应有市委、市政府领导同志参加。完善委员推荐提名工作机制,优化委员构成。改进委员产生机制,将委员履职考评情况作为留任委员的重要依据,严把委员素质关,真正把代表性强、议政水平高、群众认可、德才兼备的优秀人士吸收到委员队伍中来。加强政协机关领导班子和干部队伍建设,把干部的培养、选拔、交流和使用纳入党政干部队伍建设的总体规划,积极推进政协机关干部与党政机关及其他部门干部的“双向交流”。

26. 发挥政协党组领导核心作用。市政协党组肩负着实现党对人民政协领导的重大政治责任,要认真贯彻落实《中国共产党党组工作条例(试行)》,发挥领导核心作用,坚定不移贯彻执行党关于人民政协的方针政策,把市委的有关重大决策和工作部署贯彻到政协全部工作中去。按照民主集中制原则,确保协商依法开展、有序进行。健全政协重大工作向市委报告制度。认真落实党风廉政建设主体责任,践行“三严三实”要求,抓好委员队伍建设和政协机关干部队伍建设,强化正风肃纪、反腐倡廉。

27. 营造全市上下重视和支持人民政治协商民主建设的良好氛围。坚持“不打棍子、不扣帽子、不抓辫子”的方针,营造畅所欲言、各抒己见、理性有度、合法依章的良好协商氛围。大力推动关于人民政协理论研究,将人民政协工作的理论教育列入市委党校教学计划。把对人民政治协商民主的宣传列入市委宣传部门的工作计划,积极宣传政协组织和政协委员履职的生动实践,形成有利于推进人民政治协商民主建设的良好环境。

中共东阳市委
2016年4月13日

二、东阳政协有关文件

政协东阳县委员会关于加强联系工作的意见的决定

（1956年5月12日东阳县政协一届二次常委扩大会议通过）

社会主义改造事业已转入了新的历史阶段。为了继续完成国家在过渡时期的总任务，胜利地进行反对国内外阶级敌人的斗争，我国人民民主统一战线不仅不应该削弱和缩小，而且还要继续巩固和扩大。作为地方人民民主统一战线组织的政协县委员会必须进一步发挥动员和团结各界人民为着共同的目标奋斗的作用。为此，我们必须经常地有计划地建立政协县委员会和各人民团体、各委员以及各界人士的密切联系，必须采取多种多样的方式方法，密切政协县委员会同各界人士之间的日常接触，以达到沟通思想、加强团结、共同为完成社会主义建设和社会主义改造事业的目的。现做出如下决定：

一、在政协县委员会内设立来访接待室和书报阅览室，并在吴宁镇主要街道和有关集镇设立7只意见箱，以便于群众来访和密切同各界人士之间的日常接触，并取得广泛的联系。

二、政协县委员会每月同各委员进行一次书面联系。各委员应将自己所联系的群众对各方面的意见、反映和建议，采取写信、口头、电话等方式及时反映给政协县委员会或有关国家机关。

三、建议中苏友协、工商联、卫生工作者协会、兽医工作者协会、劳动协会、宗教团体等各有关人民团体，将本单位的工作报、学习总结等材料抄送一份给政协县委员会，以密切联系和便于了解情况。

政协东阳市第八届委员会各委员会、工作组、联络组组织简则

（1990年4月20日东阳市政协八届一次常委会议通过）

为了更好发挥人民政协“政治协商、民主监督”的基本职能作用和“综合人才库”的整体功能，根据政协章程四十九条规定，联系我市实际和工作需要，决定建立学习、提案、文史、祖统等四个委员会；法制、工会、妇女、青年、工商、教育、科技、医卫、文艺、体育、宗教、侨务等十二个工作组；吴宁镇、巍山镇、横店镇、黄田畈镇、上卢区、湖溪区、南马区、千祥区、佐村区等九个联络组。它们是我市政协的重要机构，是委员知情出力和为四化建设、祖国统一做贡献的重要场所，是发挥政协职能作用的具体组织形式。现将组织简则拟订如下：

一、主要任务：

1. 组织本委（组）成员学习马列主义、毛泽东思想，学习党的重大方针政策，学习科技业务知识，认真贯彻党在社会主义初级阶段的基本路线，即以经济建设为中心，坚持四项基本原则，坚持改革开放，努力促进东阳的治理整顿、深化改革和稳定发展。

2. 就如何贯彻国家的大政方针、经济建设、社会生活和群众关心的重大问题，进行调查考察、座谈讨论，提出意见、建议或批评。

3. 协助党和政府搞好廉政建设，改进工作作风，克服官僚主义，密切党群关系，提高工作效率。

4. 举办讲座、讲课、咨询服务、社会办学等活动，传授、交流科技知识，为社会培养各种人才。

5. 搞好委员提案工作。

6. 进行地方文史资料的征集、编辑、出版工作。

7. 积极开展对港澳台同胞和海外侨胞的接待、联谊活动。

二、活动原则：

坚持从实际出发，实事求是，围绕党和政府的中心任务和群众普遍关心的问题进行活动。

三、政协委员凡有条件的，可根据自己的专业和特长，参加一二个委员会或工作组的活动。各委员会、工作组、联络组正副主任（组长），由常务委员会决定。各委员会（组）也可聘请有关领导和有专长的社会人士参加。

四、各区（镇）联络组在各区（镇）党政领导协助和支持下进行工作，参与当地两个文明建设、政府重大决策的协商和监督。常务委员会聘请区（镇）宣传统战委员任该区（镇）政协联络组组长。

五、各委员会（组），在常务委员会领导下进行工作。每年要制定出工作计划，积极开展活动，每次活动后要将情况和结果向常务委员会写出书面报告。

政协东阳市委员会常务委员会工作规则

（1995年1月14日东阳市政协九届八次常委会议通过）

为了进一步规范市政协常委会的工作和制度，使常委会更好地履行政治协商、民主监督的职能，发挥参政议政的作用，根据全国政协章程规定，参照省政协常委会工作规则，结合我市的实际情况，特制订本规则。

一、常务委员会的职权

根据中国人民政治协商会议章程规定和我市实际，常务委员会主要行使以下职权：

1. 决定召开并主持政协东阳市委员会全体会议(每届的第一次会议由主席团主持),审议提交全体会议的文件。

2. 组织委员视察、考察和调研等重要活动,实现政协章程和全体会议决议规定的任务。

3. 审议通过向中共东阳市委、市人民政府提出的重要议案。

4. 协商、决定本届政协参加单位、委员名额和人选的变更及下届政协参加单位、委员名额和人选。

5. 决定本会各专门委员会和联络组的设置、变动并任免其领导成员。

6. 根据秘书长的提议,任免政协东阳市委员会副秘书长。

7. 联系和指导各专门委员会及其镇乡政协联络组的工作。

二、常务委员会会议的组织

1. 常务委员会会议由主席、副主席、秘书长和常委委员组成。

2. 常务委员会会议一般每季举行一次,会议的日期、议程由主席会议决定。会议的日期和议程一般应提前一周通知与会常委(特殊情况例外),并尽可能提供会议的有关材料。

3. 会议由主席主持,也可以由主席委托的副主席主持。常务委员会议必须由常务委员全体半数以上出席方能举行。

4. 常务委员会组成人员接到会议通知后,对会议的议题应事先进行必要的准备。结合本职工作和本地、本部门或本界别的实际,作好调查研究。每个常务委员都应按时出席会议,因特殊情况不能出席会议时,应事先向政协秘书处请假。

5. 常务委员会议要充分发扬民主、广开言路、倾听各方面的意见,真正体现政协团结、民主的主旨。会议做出的决定或决议,既可采取投票形式,也可用举手表决。提交讨论的决定、决议和文件,经本届常务委员会全体组成人员过半数赞成即为通过,有不同意见的,允许保留,但必须服从和执行会议通过的有关决定、决议和文件。

6. 本会副秘书长、调研员、各专门委员会正副主任、民主党派负责人、工商联、黄埔军校同学会负责人与会议议程有关的其他人员视情况列席常务委员会议。

7. 每次常委会后,由《东阳政协》会刊通报会议情况和常务委员到会情况,发全体政协委员。

三、常务委员会会议的主要任务

常务委员会会议的主要任务有:

1. 认真学习。贯彻中国共产党的路线、方针、政策,学习上级政协及本市党委和政府的重要文件和会议精神。

2. 讨论和决定常务委员会会务工作的重大问题。

3. 听取中共东阳市委、市人民政府及其部门关于贯彻党和政府大政方针的报告或说明,并进行协商和讨论,提出建议和批评,实施民主监督。

4. 协商讨论本市两个文明建设中的重大问题和人民群众普遍关心的热点、重点和难点问题,协商和议论重要的人事安排,并提出建议和意见。

5. 审议提交全体委员会议的常务委员会工作报告和提案工作报告。

6. 听取和审议各专门委员会、各政协联络组的工作报告。

四、主席会议的组织

1. 主席会议由主席、副主席、秘书长组成,会议一般每月举行一次,必要时可临时召开。

2. 会议由主席主持,也可由主席委托的副主席主持。

3. 会议的日期和议程由主席提出,或由秘书长提出报主席决定。

4. 会议必须由本会议组成人员过半数出席方能召开。

5. 政协副秘书长、机关调研员以及与议程有关的其他负责人列席会议。

6. 会议的主要任务:

①讨论和处理常务委员会闭会期间的日常工作。

②研究和部署一个阶段或一个月的工作意见。

③审查以市政协名义向中共东阳市委、市人民政府提出的重要建议案。

④决定常务委员会召开会议的日程、议程、审议提交常务委员会议的文件。

⑤审查向常务委员会提出本会专门委员会的设置变动、领导成员任免及人事变动的建议和意见。

⑥听取和研究提案处理工作。

⑦讨论、决定委员的视察、考察和调研等重要活动。

五、常务委员专题座谈会(专题讨论会)

1. 常务委员专题座谈会不定期举行。

2. 座谈会的日期、议题由主席或分管的副主席提出,也可由秘书长根据常务委员的建议提出、报请主席决定。

3. 座谈会由主席或副主席主持。

4. 座谈会的任务。

①学习讨论党中央有关重大决议或文件,根据决议或文件精神,向党委或政府提出贯彻执行的意见或建议。

②就市委、市政府的中心工作,或某项专门问题,听取有关部门的通报,并进行协商讨论,提出建议或批评,实施民主监督。

③听取视察报告、专题调查报告,并进行讨论座谈,提出补充意见和建议。

5. 专题座谈会,根据议题和需要,邀请有关的常务委员、专门委员会委员和副秘书长等人参加。

六、本规则经常务委员会会议通过后施行,修改时同。

政协东阳市委员会关于与民主党派、工商联建立定期联系的制度

（1995年10月24日东阳市政协九届十六次主席会议通过）

为切实贯彻《中共中央关于坚持和完善中国共产党领导的多党合作和政治协商制度的意见》《政协全国委员会关于政治协商、民主监督、参政议政的规定》及《政协东阳市委员会关于政治协商、民主监督、参政议政的实施细则》，加强人民政协与民主党派、工商联的联系合作，更好地发挥政协履行职能的整体功能。经市九届政协第十六次主席会议研究，特制订政协与民主党派、工商联定期联系制度。

一、联系时间：

每半年一次。初定上半年3月份，下半年9月份，如遇特殊情况，亦可提前或推迟举行。

二、参加人员：

市政协正副主席、秘书长；各民主党派正副主委；市工商联驻会正副会长。市政协副秘书长、各民主党派的专职干部列席。

三、联系内容：

1. 互相通报阶段性工作情况及打算；
2. 共同商研重要会议和重大活动的协作事宜；
3. 共同分析民主党派、工商联成员就当前政治、经济、社会生活中所关心的热点问题；
4. 围绕我市两个文明建设中的某些重大问题，进行联合调查、协商、讨论，共同研究实质性、政策性的意见和建议；
5. 交流各民主党派、工商联有关自身建设的经验及情况。
6. 听取民主党派、工商联对政协工作的意见和建议。

四、组织实施：

1. 联系采用座谈会议形式，由市政协秘书处按市政协领导的意图，提前数天与民主党派、工商联负责人商定具体联系的日期、内容和地点；
2. 根据联系的内容，可视情邀请有关的无党派人士和民主党派、工商联成员参与组织；
3. 对于民主党派、工商联提出的实质性的意见、建议和要求，可通过提案、建议案或专题报告的形式报送市委、市政府及有关部门。

政协第十届东阳市委员会专门委员会通则

（1998年6月30日东阳市政协十届二次常委会议通过）

第一章　总则

第一条　根据中国人民政治协商会议章程第49条规定，政协东阳市第十届委员会设置经济科技委员会、学习委员会、提案委员会、文史资料委员会、祖国统一联谊委员会、社会法制委员会、教育文化卫生体育委员会。

第二条　专门委员会的设置和变动由常务委员会决定。

第三条　专门委员会是在常务委员会和主席会议领导下的工作机构。日常工作由主任或主任委托的副主任主持，秘书长负责协调。

第四条　专门委员会以邓小平理论为指导，坚持社会主义初级阶段的基本路线，贯彻“长期共存、互相监督”“肝胆相照、荣辱与共”的方针，切实履行人民政协的职能。

第五条　专门委员会工作是政协工作的重要组成部分。专门委员会根据中国人民政治协商会议章程的要求以及政协东阳市委员会全体会议和常务委员会会议提出的各项任务，团结和联系委员及各界人士，学习宣传国家的方针政策，积极反映社情民意；就本市的大政方针以及政治、经济、文化和社会生活中的重要问题和部门履行职能方面调查研究，提出意见、建议和提案，推动改革开放和社会主义物质文明与精神文明建设；维护社会稳定，促进祖国和平统一；组织各种活动，积极为委员知情出力，履行职责创造条件。

第二章　组织

第六条　专门委员会按照有利于联系各界、各方面人士，便于组织经常性活动和自愿、协商、统筹安排的原则组成。

第七条　专门委员会设主任一人、副主任和委员若干人，其组成人员由常务委员会决定（提案委员会按提案条例办理）。

第八条　专门委员会根据需要，可分设小组进行活动。

第九条　不是政协委员而因工作需要，由主席会议决定，可以邀请参加某一专门委员会，专门委员会充分发挥特邀人员的工作积极性。

第十条　未参加专门委员会的政协委员，根据本人意愿，可同某一专门委员会建立联系，专门委员会采取适当方式发挥他们的作用。

第三章　工作制度

第十一条　主席或主席委托副主席、秘书长根据需要召开专门委员会联席会议，讨论研究专门委员会的重要问题。

第十二条　专门委员会需形成的文件，要经委员会或主任会议讨论，由委员会主任或主任委托的副主任审定并签发后，以政协办公室名义发出；重大问题可提请主席会议或常务委员会审议。

第十三条 专门委员会根据政协东阳市委员会全体会议和常务委员会的决议精神，制订年度工作计划。年度末向常务委员会和全体委员会议提交工作报告。

第十四条 专门委员会应主动与中共东阳市委、市人民政府的有关部门以及各民主党派，有关人民团体等沟通情况，建立联系。

第四章 办事机构

第十五条 政协东阳市委员会机关根据精简、统一、效能原则设立相应的办事机构，为专门委员会服务。

第五章 附则

第十六条 本通则自常务委员会通过之日起实行。解释权和修改权属常务委员会。

政协第十届东阳市委员会联络组工作简则

（1998年6月30日东阳市政协十届二次常委会议通过）

根据中共东阳市委〔1995〕10号文件批转市政协《关于政治协商、民主监督、参政议政实施细则》的有关规定，为推进政协联络组活动的制度化、规范化，特制定本简则。

一、主要任务

1. 组织本组成员学习马列主义、毛泽东思想，学习邓小平理论，党的重大方针政策，科技业务知识，认真贯彻中共十五大精神和中共东阳市委、市人民政府提出的“主攻二产，兴工强市”的经济发展战略思想，坚持对外开放，努力促进东阳经济和社会发展再上新台阶。

2. 负责与本组委员的经常联系，听取和反映委员的意见，建议和要求。

3. 根据市政协研究确定的协商议题，适时组织委员开展调研视察，征集意见、建言献策活动。

4. 根据当地党和政府工作的重点、难点和群众普遍关注的问题，发挥委员优势，组织献计出力。

5. 举办讲座、讲课、咨询服务、社会办学等活动，传授、交流科技知识，为社会培养各种人才。

6. 进行地方文史资料的征集。

7. 开展对港澳台同胞和海外侨胞的接待、联谊活动。

8. 组织实施市政协统一部署的其他任务。

二、活动要求

1. 联络组应每年制订好工作活动计划，年终搞好总结交流工作。

2. 注重实效，积极反映活动情况。

3. 各联络组委员应积极参加本联络组的工作活动，加强同各方面人士的联系，广交朋友，及时反映群众的意见和要求。因特殊原因不能参加活动时，须请假。

三、活动原则

坚持从实际出发，实事求是，围绕党和政府的中心任务和群众普遍关心的问题进行活动。

四、为加强对联络组工作活动的指导和检查，市政协经济科技工作委员会、提案文史工作委员会具体分管联络组工作。

五、联络组设组长一人，副组长和组员若干人，其组成人员由主席会议决定。

六、本简则经常务委员会议通过后施行，修改时同。

政协第十届东阳市委员会常务委员会关于加强自身建设的若干规定

（1998年12月22日东阳市政协十届四次常委会议通过）

为了切实加强常委会的自身建设，更好地履行政协的职能，根据《中国人民政治协商会议章程》和《政协全国委员会关于政治协商、民主监督、参政议政的规定》的精神，结合本会实际，特制定如下规定。

一、加强学习，提高参政议政水平

学习是一项基础工程。加强学习是提高自身素质，增加才干的主要途径。常委会成员要认真学习马列主义、毛泽东思想、邓小平理论，坚定共产主义信念。当前，最主要的学习内容是邓小平理论和党的十五大、十五届三中全会精神以及市场经济、知识经济的理论。以科学的理论、现代科学知识武装自己，增加为社会主义现代化服务本领。同时，要坚持理论联系实际的学习方式，做到学习与调研、视察相结合，与献计献策、知情出力相结合，与做好本职工作相结合。提高参政议政水平。

二、深入调研，做好建言立论工作

调查研究是我党的一个优良传统，也是政协参政议政的一种重要方式。常委会成员要进一步发扬传统，深入基层，深入实际开展行之有效的调查研究，获取内容翔实的真知灼见，才能做到协商有理，监督有据，为市委、市政府决策提供正确参与依据。常委会每年要选择若干重要调研课题，每个常委会成员要积极参加常委会组织的视察调研活动。并要结合自身特点有针对性地展开调研，并将调研意见及时在常委会议上发表。积极建议献计，把参政议政提到新水平。

三、发扬民主，促进团结稳定

《中国人民政治协商会议章程》总纲指出：人民政协要以经济建设为中心，维护和发展安定团结的政治局面，促进社会主义民主和法制建设。这就要求常委会的工作要突出团结、民主这两大主题。常委会议要充分发扬民主，广开言络，集思广益，每个常委要做到“知无不言，言无不尽”，为了人民的利益，勇于坦陈直言。常委会成员要互相尊重，以大局为重，按民主集中制原则协商决定重大问题，团结一致做好工作。常委会成员还要主动加强与委员和社会各界的联系，做好协调关系，理顺情绪，化解矛盾，增进团结的工作，促进和维护安定团结的政治局面。

四、深入群众，体察和反映社情民意

常委会成员要深入各界群众，倾听群众的呼声，把握群众的脉搏。既要向群众宣传党和国家的方针、政策，做好上情下达工作，又要通过与群众的联系，体察反映社情民意，做好下情上报工作。每个常委会成员，每年至少向政协办公室反映和提出一条有价值的信息与一件合理化建议。

五、努力工作，塑造良好形象

政协常委会组成人员肩负着政协工作与本职工作双重任务。常委会成员要正确处理本职工作与政协工作关系，积极主动参加政协的会议与各项活动，履行好职责，自觉维护政协声誉。在本职岗位上，要爱岗敬业，钻研业务，开拓创新。常委会成员还应恪守社会公德，遵纪守法，勤政廉洁，乐于奉献，争做群众的楷模，树立良好的公众形象。

六、严格制度，积极参政议政

建立常委会议缺席请假制度。因故不能出席常委会议的，应提前请假，不得无故缺席。为便于及时了解和掌握情况，各常委会组成人员因故不能参加会议的，一律向秘书长或办公室请假。政协办公室将每次常委会议出席情况进行统计并在适当的时候公布。常委会组成人员一年内连续四次（不管是否请假过）不参加常委会议的，不再通知参加常委会议。

建立情况统计反馈制度。由政协办公室对每位常委会组成人员在届内履行职责的情况包括出席常委会议、参加政协活动、提交提案、反映社情民意，遵守政协各项规章制度等有关情况进行统计，并进行反馈。

关于东阳市政协委员届中调整的若干规定

（1999年6月29日东阳市政协十届八次常委会议通过）

中国人民政治协商会议是我国爱国统一战线组织，是中国共产党领导的多党合作和政治协商的重要机构，是我国政治生活中发扬社会主义民主的重要形式，是各党派、各人民团体、各界代表人士团结合作，参政议政的重要场所。凡参加政协组织的每个委员都代表着自己的党派、团体、界别，因此都有遵守和履行行政协章程的义务。为了切实加强政协组织的自身建设，严格纪律、规范行为、认真履行政治协商、民主监督和参政议政的职能，根据《中国人民政治协商会议章程》（以下简称《政协章程》）有关规定和中共浙江省委组织部〔1997〕33号、中共浙江省委统战部〔1997〕5号文件的精神，结合我市政协的实际，制订政协委员届中调整的若干规定。

一、调整范围

1. 因工作调动、离休、退休、辞职、退养（报市委批准留任的除外）等原因，失去原界别代表性的；

2. 委员连续二次不参加全会、常委连续四次不参加常委会议的；

3. 严重违反《政协章程》或市政协全体会议和常务委员会决议的；

4. 严重违法乱纪、触犯刑律的；

5. 本人声明要求退出政协组织的；

6. 在社会造成严重影响、损害政协形象的；

7. 对政治表现好，热爱政协工作，岗位业绩突出等符合委员条件的社会各界人士，将按有关规定和组织程序，吸收到委员队伍中来，以补足缺额。

二、调整程序

对委员调整或撤销委员资格的，由政协主席会议提出建议，市委统战部会同组织部、政协党组共同研究后，由市政协常委会议协商决定。

委员的调整一般一年进行一次。

三、其他

1. 对无故不参加会议的，在《东阳政协》上通报批评；对通过程序给予调整的，在《东阳报》上公告；

2. 本规定自市政协常务委员会会议讨论通过之日起实施；

3. 本规定解释权授权于政协主席会议。

政协东阳市委员会关于加强“亲民政协”建设的若干意见

（2003年10月10日东阳市政协十一届四次常委会议通过）

为了更好地贯彻“三个代表”重要思想，始终坚持立党为公、执政为民的本质，知民之所想，察民之所虑，亲民之所爱，急民之所需，树立亲民、爱民的政协形象，使政协成为人民群众利益的忠实代言人和维护者，特提出如下意见：

一、拓宽渠道，加强同群众联系

1. 积极开展联络组活动，切实发挥委员作用。联络组每半年活动一次，可吸收不是政协委员的群众参加，听取对当地经济和社会发展的意见和建议，并反馈给当地党委、政府及市政协办公室。

2. 坚持把社情民意工作列入主席会议、常委会议重要议事日程，定期研究、部署和检查。

3. 坚持和完善委员来访接待日和约谈会制度。每季度安排一次，每次约谈会要确定主题，由政协办公室提前一周告知内容。主席、副主席轮流主持，办公室和有关专委会领导参加。

4. 拓宽信息渠道，集思广益，积极引导委员以提案、调查报告、来信反映等多种形式，向党政领导和有关部门反映群众呼声。市政协办公室每季向市委专题报送一次。

5. 进一步高质量地办好《东阳政协》，利用好此阵地及时反映人民群众所想、所虑、所忧。

二、发挥优势，热情为群众服务

1. 在委员中开展“三个一”活动（每半年反映一条社情民意的信息、提一条建议、参加一次公益活动），建立委员活动档案，作为年终评选“优秀政协委员”的重要标准。

2. 将每年4月的第一个星期二定为“亲民活动日”，组织委员与结对子的1个贫困村、100个贫困学生开展扶贫帮困活动。

3. 以医卫界委员为主，每年开展两次去贫困山区送医送药活动。

4. 组织科技、科协、农业界委员每年开展两次送科技下乡活动。

5. 组织律师委员为社会弱势群体开展法律援助活动；组织经济界、工商联界免费为下岗工人、就业青年进行技能培训。

三、强化监督，认真为群众代言

1. 主席会议、常委会研究涉及群众关心的热点、难点问题时，必要时可邀请不是委员的社会知名人士参加会议，听取他们的意见。

2. 充分发挥行风监督员作用。定期、不定期组织对行政执法部门的专题视察活动，重点对各行业各系统已出台的便民利民政策实施监督。

3. 每月两期在《东阳日报》上开辟“社情传递”专栏。把政协的民主监督与新闻媒体的舆论监督有机结合,整体联运,追踪报道。

4. 实行重点问题主席督办制度。每年抓住社会热点问题和老百姓最关心的事情确定为议题,分成若干专题,由主席带队,组织委员和有关部门负责人参与调研,形成报告,提出建议,供党政部门决策参考。

5. 抓好提案的催办和督办工作,切实提高委员对提案办理的“满意率”。

政协东阳市委员会提案工作条例

（1994年4月10日东阳市政协九届五次常委会议通过,1998年6月30日东阳市政协十届二次常委会议第一次修订,2005年9月16日东阳市政协十一届十八次常委会议第二次修订,2013年10月30日东阳市政协十三届九次常委会议第三次修订）

第一章　总　则

第一条　为发挥人民政协提案(以下简称提案)在履行政治协商、民主监督、参政议政职能中的重要作用,根据《中国人民政治协商会议章程》《政协全国委员会提案工作条例》《政协浙江省委员会提案工作条例》,结合我市实际,制定本条例。

第二条　提案是政协委员和参加政协的各党派、各人民团体以及政协各专门委员会、界别(以下简称提案者),向政协全体会议或常务委员会提出的、经提案审查委员会或提案委员会审查立案后,交承办单位办理的书面意见和建议。

提案是履行人民政协职能的重要方式,是坚持和完善中国共产党领导的多党合作和政治协商制度的重要载体,是发扬中国特色社会主义民主的重要形式,是协助中国共产党和行政机关实现决策民主化、科学化的重要渠道。

第三条　提案工作以马克思列宁主义、毛泽东思想、邓小平理论和“三个代表”重要思想、科学发展观为指导,坚持走中国特色社会主义政治发展道路,遵循“长期共存、互相监督、肝胆相照、荣辱与共”的方针,充分发扬民主,广开言路,调动一切积极因素,为推进改革开放和社会主义现代化建设、推进祖国和平统一大业服务。

第四条　提案工作要注重政治性、协商性、建设性和求实性,坚持围绕中心、服务大局、提高质量、讲求实效的方针,加强制度化、规范化、程序化和信息化建设,提高提案质量、办理质量和服务质量。

第五条　提案工作是人民政协的一项全局性工作,政协委员和参加政协的各党派、各人民团体以及政协各专门委员会、界别,应当密切协作,充分运用提案的方式履行职能。

第六条　政协全体会议听取和审议常务委员会关于提案工作情况的报告,听取和审议提案委员会或提案审查委员会关于提案审查情况的报告。

第七条 每届政协第一次全体会议成立提案审查委员会，由主任、副主任和委员若干人组成，按照《中国人民政治协商会议东阳市委员会专门委员会通则》规定产生，由第一次全体会议预备会议决定。提案审查委员会负责第一次全体会议期间提案审查立案工作，并向全体会议报告提案审查情况。

第二章 提案委员会

第八条 每届政协第一次全体会议闭会后，经常务委员会审议通过，在提案审查委员会的基础上成立提案委员会，列入专门委员会序列，在常务委员会和主席会议领导下，负责提案工作，每届任期五年。提案委员会组成人员的调整，依据《中国人民政治协商会议东阳市委员会专门委员会通则》有关规定办理。

第九条 提案委员会的主要职责：

（一）起草常务委员会关于提案工作情况的报告。向政协全体会议报告提案审查情况。向政协常务委员会会议、主席会议报告工作；

（二）制订全体会议期间提案工作方案和提案委员会年度工作计划；

（三）依照本条例的规定，组织征集提案；

（四）对收到的提案审查立案，协商确定承办单位；

（五）对提案办理工作进行检查和督促，对办理不符合要求的，及时商请承办单位重新办理；

（六）对提案进行综合分析，采取多种形式反映重要意见、建议；

（七）组织重点提案的遴选与督办；

（八）组织提案工作的宣传报道，逐步推动提案工作公开化；

（九）加强与市委办公室、市人大常委会办公室、市人民政府办公室以及各承办单位的联系；

（十）加强与市政协委员和各民主党派、有关人民团体以及市政协其他专门委员会、界别和界别活动组的联系与协作；

（十一）接受上级政协提案委员会的工作指导。加强与各县（市、区）政协提案委员会的联系，互通情况，交流经验，指导工作。

第十条 以提案委员会名义形成的重要文件，须经提案委员会全体会议或者主任会议讨论通过，并由提案委员会主任或者常务副主任审定、签发。

第十一条 提案委员会全体会议每季度举行一次，必要时可以临时召集；提案委员会主任会议根据工作需要举行。

第十二条 政协机关设立相应的办事机构，具体负责提案委员会的日常工作。

第三章 提案的提出

第十三条 提案的提出方式：

(一)市政协委员和在东的全国、省、金华市政协委员,可以个人名义或者联名方式提出提案;

(二)政协全体会议期间,可以界别或者联组名义提出提案;

(三)参加政协的各党派、人民团体,可以本党派、团体名义提出提案,也可联合提出提案;

(四)政协各专门委员会、界别,可以本专门委员会、界别名义提出提案,也可联合提出提案。

第十四条 提案的基本要求:

(一)提案应当坚持严肃性、科学性、可行性,围绕市委、市政府的工作大局和政治建设、经济建设、文化建设、社会建设、生态文明建设中的重要问题以及人民群众关心的热点、难点问题建言献策;

(二)提案应当一事一案,实事求是,简明扼要,做到有情况、有分析、有具体建议;

(三)委员联名提出的提案,发起人作为第一提案人,签名列于首位;以界别、联组名义提出的提案,应由召集人签名;以党派、人民团体、政协专门委员会名义提出的提案,应有该组织署名并加盖公章;

(四)提案应当按照统一规定的格式提交。

第十五条 提案可以在政协全体会议期间提出,也可以在闭会期间提出。

第十六条 提案委员会应当加强闭会期间的提案征集工作。提案者应当重视在闭会期间提出提案,可将有关调研报告或者在政协全体会议、常务委员会会议和专题协商会议上的发言按照要求转化为提案。

第四章 提案的审查和处理

第十七条 提案审查委员会、提案委员会本着尊重和维护提案者的民主权利、保证提案质量的原则,对收到的提案进行审查,符合本条例第三章规定的,予以立案。

经审查立案的提案,应当根据提案的内容和有关单位的职责确定承办单位。凡涉及两个或两个以上承办单位办理的提案,应当确定主办单位和会同办理单位或者分别办理单位。对涉及提案者所在单位职权范围的提案,应当由其上级领导部门或本单位主要领导研究办理。

第十八条 有下列情形之一的,不予立案:

(一)涉及党和国家秘密的;

(二)国家明令禁止的;

(三)涉及中国共产党员对党内有关组织、人事安排等方面意见的;

(四)民主党派成员反映本组织内部问题的;

(五)进入民事、刑事、行政诉讼程序或者行政复议、仲裁程序、尚未结案的;

(六)执纪执法机关正在审查的违纪违法问题的;

(七)属于学术研讨的;

(八)为本人或亲属解决个人问题的;

(九)宣传、推介具体作品、产品的;

（十）指名举报的；

（十一）超越我市职权范围的；

（十二）内容空泛、没有具体建议的；

（十三）其他不宜立案的。

未予立案的，应当及时通知提案者，所提意见和建议视不同情况以委员来信、社情民意等方式转送有关部门研究处理或参考。在征得提案者同意的情况下，也可作撤案处理。

第十九条 经审查，有下列情形之一的，可作并案处理：

（一）提案内容基本相同的，经与提案者协商同意后并案，确定一位提案者为领衔人，其余提案者作为附议人；

（二）提案所涉问题相同，提出的意见建议不同的，由提案委员会或者提案审查委员会进行并案处理，并案后原提案领衔者均列为领衔提案者。

第二十条 对各党派、人民团体、政协专门委员会和以界别名义提出的提案，应当报送主席或者副主席阅示后，有选择地转送市委办公室、市人大常委会办公室、市政府办公室研究处理。

第二十一条 提案委员会对涉及我市全局问题的重大提案，可以提请主席会议或者常务委员会会议审议通过后，以建议案形式向有关方面提出。

第二十二条 提案经审查立案后应当及时交办。全体会议期间，经审查立案的提案，由市政协办公室会同市委办公室、市人大常委会办公室、市人民政府办公室联合召开交办会议，按归口管理的原则，集中送交有关单位承办；全体会议闭会期间，经审查立案的提案，由提案委员会及时送交市委办公室、市政府办公室落实承办单位。承办单位对交办提案承办主体有异议的，在收到提案后10个工作日内，党委部门与市委办公室、政府部门与市政府办公室及时联系调整，不得搁置或自行转送其他单位。

第五章　提案的办理

第二十三条 提案承办单位根据国家法律、法规、政策和中共东阳市委、市人民政府有关规定办理提案，并向提案者按时做出书面答复。

（一）提案办理工作应当健全制度，严格程序，保证质量。凡是有条件解决的，要及时落实；列入计划解决的，及时向提案者反馈；确实不能采纳的，要实事求是地说明情况。

（二）涉及两个或两个以上单位会同办理的提案，主办单位应当主动与会办单位协商，会办单位应当积极配合，及时将会办意见告主办单位，由主办单位答复提案者；分别办理的提案，由承办单位分别答复提案者。

（三）承办单位应当主动加强与提案者的沟通，共商解决问题的办法，并征询提案者对办理的意见。如提案者对办理结果不满意或有其他意见的，提案委员会应建议承办单位重新研究，作进一步的办理。承办单位办理党派、工商联、人民团体、政协专门委员会的提案，在书面答复前，可先征求党派、工商联、人民团体、政协专门委员会的意见。

（四）承办单位一般应在交办后三个月内对提案进行答复。如确因问题复杂、办理难度大的，经提案委员会批准，可适当延长时间，但最长不得超过六个月。提案答复应当经过本单位负责人审定，按规定格式行文并加盖公章。

（五）提案办理复文应寄送提案者。委员联名提案，办理复文寄送每一位提案者；党派、人民团体、政协专门委员会的提案，办理复文寄送提案单位；界别和联组的提案，办理复文寄送召集人。中共党委系统承办的提案，办理复文同时抄送市委办公室；政府系统承办的提案，办理复文同时抄送市人民政府办公室。所有办理复文抄送提案委员会。

（六）在办理提案过程中，提案者可以通过提案委员会了解有关提案办理情况，参与提案的办理。提案者收到承办单位办理复文后，应当在半个月内通过书面或政协网做出反馈，反馈意见由提案委员会转承办单位。

第二十四条 市政协的重点提案根据市委、市政府的有关规定办理。重点提案承办单位应当加强与提案者的沟通协调，提高办理效率。承办单位还可结合本单位工作重点，选择若干提案作为本单位办理的重点提案，由本单位领导负责进行重点办理。

第六章 提案的督办

第二十五条 提案的督办在主席会议领导下，由办公室统一协调，各专门委员会分工协作，提案委员会组织实施。

第二十六条 政协全体会议后，通过初选、复选，最后经主席会议审定通过确定重点提案。

第二十七条 重点提案由主席、副主席分工进行重点督办。政协各专门委员会可根据对口的原则，选择若干重点提案进行督办。对于重点提案，可以采用政协组织、提案者、承办单位相结合的协商座谈、实地考察、专题调研、走访等方式，推动办理工作，提高办理质量。对重点提案和重要提案中当年不能解决的重要问题，提案委员会要跟踪督办，促进落实。

第二十八条 对于未按期办复的提案，提案委员会应当及时催办。在提案基本办结后，由市政协办公室会同市人民政府办公室适时开展提案办理工作检查或民主评议。

第七章 提案工作的表彰

第二十九条 对于优秀提案，市政协应当给予表彰。优秀提案每年度评选表彰一次。

第三十条 优秀提案的评选条件：

（一）提案围绕党委和政府的中心工作以及人民群众关心的热点、难点问题建言献策；

（二）提案针对性强，有情况、有分析、有具体建议；

（三）提案在促进经济建设、政治建设、文化建设、社会建设以及生态文明建设中取得实效；

（四）提案对决策有重要参考价值，对改进工作有较明显的作用。

第三十一条 优秀提案由承办单位推荐或各党派、有关人民团体、政协专门委员会和界别自荐，经提案委员会初选，并根据对口原则征求市委办公室、市人民政府办公室意见后，报请主席会议审定。对评定为优秀提案的提案者，在下年度的政协全会上给予表彰和奖励。

第三十二条 对办理提案认真负责并取得显著成绩的承办单位和个人，由市委办公室、市人大常委会办公室、市人民政府办公室、市政协办公室联合给予表彰。

第八章 附 则

第三十三条 本条例经政协东阳市委员会常务委员会会议审议通过后实施。

关于开展界别活动的实施办法

（2015年11月23日东阳市政协十三届三十二次主席会议通过）

为切实开展好界别活动，现结合政协工作实际，制定本办法。

一、活动组织

1. 为了有利于界别的活动，委员人数较少的界别可与工作性质相近的界别合编成一个界别活动组。

2. 界别活动组的划分和召集人的确定，由主席会议审议通过。

3. 每个界别召集人，负责全体会议闭会期间本界别活动的组织工作。

4. 每个界别设联络员1名，协助界别召集人做好活动的联络服务工作。

5. 市政协领导根据工作分工联系相应的界别，加强工作指导并提出相关要求。

二、活动内容

1. 组织开展学习。组织委员学习中国特色社会主义理论、人民政协基本理论及党和国家的路线方针政策，学习中共东阳市委和政协东阳市委员会的文件，学习现代经济、法律、管理、科技、文化、社会知识等。坚持学以致用，不断提高履职水平。

2. 传达贯彻中央、省、市重要会议精神，通报市委、市政府和市政协的主要工作。

3. 组织开展视察和专题调研。围绕我市政治、经济、文化和社会生活中的重要问题及人民群众普遍关注的热点问题开展视察和调研。每年开展视察、调研不少于1次，撰写1～2份调研报告或大会发言、提出一件界别集体提案、反映2条社情民意。

4. 组织参加相应的民主监督活动。

5. 组织本界别委员参加市政协及各专门委员会组织的有关活动，为群众办实事、做好事。

三、活动要求

1. 界别活动实行召集人负责制，召集人对开展界别活动负总责。各界别每年至少组织2次活动，联络员应在年初把活动计划以书面形式报送分工联系的工作委员会（以下简称工委），并将每次活动的有关情况以书面形式及时报送分工联系的工委和委员工委。

2. 委员工委综合协调界别活动，了解和掌握界别活动的总体情况，及时将界别活动情况录入委员履职管理系统。每年年初，委员工委向市政协主席会议汇报界别上年度的工作总结和当年度的活动计划。

3. 以市政协名义开展的界别活动，由办公室会同相关专门委员会共同组织。界别单独组织的活动，由界别召集人牵头，活动情况同时告知所分工联系的工委，组织同一个工委所分工联系的界别进行联合活动的，由工委负责人牵头，并负责落实。

四、活动保障

1. 界别活动的宣传报道。有市政协领导参加的界别活动，由办公室联系市级有关新闻媒体作相关报道。界别开展的活动情况，由联络员向市政协办公室提供报道材料。

2. 界别活动所需交通工具，一般由界别自行解决。

3. 市政协办公室根据有关规定给予活动经费的保障，并积极做好相关后勤服务工作。

4. 本办法自颁发之日起实施。

三、东阳政协工作经验交流材料

广交朋友、联络感情做好海外联谊工作，为四化建设服务

（1988年11月，市政协主席陆锡经在金华市政协工作座谈会上的发言）

东阳去台人员比较多。解放前夕有4700多人去台，1949年至1950年去港澳的有5000多人，加上在海外的华人华侨900多人。就金华市范围而言，相对地来说，港澳台人员比较多。因此做好海外统战工作，切实加强海外联谊工作显得比较重要。中共十一届三中全会以后，政协恢复活动较集中地做了这方面工作，尤其是近一二年比过去更加活跃，这为今后进一步开展海外联谊工作，逐步做好“三引进”，为四化建设服务打下良好基础。

政协恢复活动以来，我们常委分工，主席和一位副主席侧重抓海外联谊工作，并设祖国统一工作委员会、侨务工作小组，除政协常委、委员参加以外，我们还吸收台办、侨办的负责人参加，以便更好开展工作。

几年来，我们抓住港澳同胞回乡探亲机会，认真做好接待、广交朋友、联络感情，发展到现在已同香港东阳同乡会、台北东阳同乡会建立了联系，互相交流情况，建立感情，为进一步开展联谊工作，提供了组织条件。

我们的做法：

1. 认真做好送上门的“三胞”接待工作。尤其是台湾当局放宽大陆政策以来，回乡探

亲的台胞接踵而来，我们主动配合政府做好这方面工作。第一批清明节前台北同乡会组织132人的返乡团是全省最大的一个团体。从去年11月2日至今，已回大陆探亲的台胞有680多人次，加上港澳同胞探亲，总计近千人次。副主席吴兆宁同志基本上都会过面，重点人物，我们配合政府有计划、有重点的接待。

2. 加强同“三胞”亲属联系。为了便于开展工作，我们还成立侨联、台联二个民间群众组织，他们成员都是“三胞”的直系亲属，二个组织的宗旨是为三胞亲属服务的，这对海外影响很大。如有一台胞回乡探亲，有顾虑，找到我们副主席在台北的父亲吴先生（中将），吴说：“不要怕，有事去找我儿子，他在政协，是台联理事长。”听了他讲后，消除了疑虑，回大陆探亲果然如此。

3. 走出去。由于我们较长时间的工作，同港澳、台胞建立了感情，今年春节期间，香港东阳同乡会主动二次邀请我们去香港参加同乡会成立15周年活动。经批准，我们的市长、政协主席、侨联副主席兼秘书长和市政府办公室主任等4人去港参加庆祝活动，受到了他们热情接待。借此机会我们先后会见了头面人物20余人，接待了同乡会70多人，广交朋友，使我们进一步了解东阳人在香港的情况，为今后开展工作打下基础。

4. 请进来。1984年国庆节，以政府名义请了四位港胞回来参加国庆活动，初次尝试，对广交朋友、联谊感情，很有好处。今年撤县设市我们邀请3～5位港澳同胞回来参加庆祝活动，当他们收到市政府邀请，轰动了在港同乡会，都要争着来。先后通过电话、书信联系，后又同意邀请15位同胞回来，结果到市庆时回来27名。通过香港同乡会，特地请来二位台胞、二位美籍华人，他们组成一个返乡参加撤县设市庆祝团。一路打着庆祝团旗帜，并送来价值2万港币的市庆礼物，增加市庆的气氛，同时，又进一步增强了他们爱家乡的观念。市庆期间，同乡会主席金志坚还赠送给东阳中学5万港币作奖学金。

我们的体会：

1. 做好海外联谊工作，必须不断清除“左”的思想影响。过去一提“海外”人们的神经就有点紧张，在党内，在干部队伍中尤其害怕。究其原因就是“左”的影响。中共十一届三中全会以后，纠正冤假错案，落实政策等等，情况大有好转，但不同时期“左”的影响时而又会出现。如去年11月2日开始台胞陆续回乡探亲，党和政府、政协的领导，接待台胞，宴请、会见等活动比较多，社会上又议论起来了，说什么“军属”不如“台属”啦，“早革命”不如“反革命”啦等。这些议论显然是对三中全会精神理解的片面，对做好祖国统一工作极为不利的。市委及时分析上述情况后召开专门会议，组织力量。一方面做好党内统一思想工作；一方面做好接待工作。清明节前一个大型返乡探亲团回来，任务重，情况不明，给接待工作带来困难。由于市委、市政府重视，在较短时间内把有关指示精神传达到乡以上党组织，并通过区镇乡领导做好村一级领导思想，使我们的对台胞接待工作做得比较好，台胞比较满意，高兴而来，满意而归。台胞回台以后，在台北的东阳同乡会会刊上出了专辑，比较实事求是地反映了我们的情况。这份会刊及时寄给我们，达到相互谅解，增强感情，有利于祖国统一大业的实现。

2. 广交朋友,联络感情,必须同解决实际问题结合起来。近一二年回乡探亲"三胞"日益增多。主要原因是由于我们中国共产党的好政策,另一方面他们亲属中的具体问题逐个给予解决,只有这样才能取信于民。如平反冤假错案,返还错没收私房5000多平方米。还有相当数量的建房地基及祖坟地基问题,如台胞王先生的祖坟要求扩大,但与邻居的祖坟有矛盾,我们通过工作,给予邻居坟适当的代价后搬迁。王的祖坟可以增大了,这个消息传到台北后,王即派专人回来,主动提出商讨如何支援家乡社会福利事业等事宜。我们体会到引进要引人,引人先引心。只有扎扎实实地帮助解决一些具体困难,才能使"三胞"信赖,同我们讲真话,交朋友,才会关心对家乡的建设,逐步地给予支援。

3. 海外联谊工作,必须有个长期打算,千万不能有急功近利思想。由于长期"左"的影响,交朋友要有个过程,交真心知心朋友,时间可能会更长一些。从我市实际情况来看,粉碎"四人帮"后至中共十一届三中全会这一阶段,那段时间,每年也接待不少港澳同胞,春节期间也开座谈会,但由于"左"的影响较深,思想距离还是很大的;三中全会以后至去年台北开放大陆探亲前比前个时期好一些。为了使"三胞"亲属先富起来,我们也办了侨属、台属工厂11个,今年预计可完成产值500万,办三胞工厂效果不差。今年有一位台胞回来住在他儿子的家里的四层楼,还有停车场,比较宽敞,他说这个条件我台湾还没有这么好。几年来,三胞也有一点捐赠,一般是送辆汽车、捐钱修桥、铺路、奖学金等。几年来共有捐赠款30余万。二个中学奖学金10万多港币;侨汇700余万。从去年11月2日开始到现在情况又有不同。今年已回来探亲台胞近700人,其中有七人最近第二次回来,而且都有意向投资办厂、经商等,苗头是比较好的。我们不能因此而急于求成,否则事倍功半,甚至一事无成。

4. 广交朋友,联络感情要充分发挥政协委员、台联、侨联等民间群众团体作用。我们全市有30多位政协委员均有台、港澳、华侨等关系,他们分别参加政协的祖国统一工作委员会和华侨工作组,这是一支广交朋友的力量,还有40多位台属、侨属联络员,这是一支联系亲属及港澳台海外亲朋好友的生力军。他们分布在各个乡镇,只要"三胞"要回来探亲,联络员就向我们报告消息,如第一批台胞探亲团132人名单是从台属信中集中起来的,这个名单连台胞至今还迷惑不解,这个名单从何而来?其实我们都是台属联络员中来的。

通过联络活动,广交朋友,香港东阳同乡会副主席以上干部市庆时都回来了,台北东阳同乡会2/3理事以上干部都回来过了。他们百闻不如一见,带回去的资料如东阳交通图,带回台北后《联合报》马上翻印,分发东阳同乡会成员,说明东阳交通四通八达了。东阳台属联谊会送给台北东阳同乡会木雕"东阳风光"挂屏一块。通过这些活动,增进了友谊,加强了联络,为今后进一步开展海外联谊工作打下了良好的基础。

总之,对开展海外统战,加强海外联谊工作,我们仅仅是开始。结识了一些朋友,民间团体之间交换感情加强了,也应该说是一个好的开端,为了四化建设,真正"三引进"还有待我们努力工作,更广泛地广交海外朋友,为四化建设多做贡献。

与时俱进　积极探索
在实践中不断推进政协“三化”建设

（2004年8月，市政协主席康益民在全省政协主席读书班上的交流发言）

近些年来，我们东阳市政协在市委的领导和政府的支持下，十分重视“三化”建设，逐步探索出一些符合本地实际的、有利于政协工作的有效办法，从而促进了政协组织的思想、作风建设，政协的参政议政能力提高了，凝聚力更强了。

一、重视制度的系统化建设，使政协工作有章可循、有据可依

制度化是“三化”的核心。规范和程序要以制度来体现，以制度作保证，规范化、程序化说到底就是制度化。但政协的制度建设，光靠政协一家努力是不够的，我们把政协自己所制订的有关“三化”建设的内容叫“小三化”。政协工作是中国共产党的工作的重要组成部分，党对政协工作的重视和领导以及政府对政协工作的支持也有“三化”的问题。我们把它们叫“大三化”。“大三化”是政协“三化”建设的前提和保证。政协的“三化”建设和政协其他工作一样，只有党委重视、政府支持、政协主动才能做好。我们东阳市委、市政府、市政协按照各自的工作职能，先后制订和完善了关于政协履行职能方面的17项规章制度，使政协工作有章可循、有据可依。

一是市委制定的规章制度。有《中共东阳市委关于进一步加强人民政协工作的若干意见》，中共东阳市委批转《政协东阳市委员会关于政治协商、民主监督、参政议政实施细则》的通知等。市委对政协工作的高度重视，如在“实施细则”中规定：政协政治协商的具体内容有13项，协商的形式有18种。有了制度作保障，政治协商的效果非常明显。十届政协期间，我们提出的22个建议案全部被市委、市政府采纳，并分别列入全市年度重点工作之中。市委把政协工作摆在重要位置，不仅请政协领导参加市委常委会议，有时还在常委会议上专题讨论政协的建议意见；在研究重要问题和重大决策时，请政协主要领导参加书记办公会议，共同研究。

二是市政府制定的规章制度。市政府从工作实际出发，协商制订了政协领导联系各镇乡、机关各部门工作制度，政府部门与市政协专门委员会对口联系制度、提案办理制度等。政协领导经常指导镇乡、部门的工作。有些重要工作还由政协牵头，如近年我市三个镇乡、街道发生群体性事件。我们政协三位在基层工作过、农村工作经验比较丰富的副主席分别和这三个镇乡、街道一起参与矛盾纠纷的调处，使三起事件得到妥善解决。社会上称政协是协助市委、市政府排忧解难的好帮手。我们在对口联系中非常注重提出意见的方式方法，尽量做到忠言不逆耳，良药不苦口，寓监督于服务之中，得到了部门的欢迎。许多部门主动邀请政协去视察指导工作。

三是政协系统的规章制度。包括常委会工作制度、委员届中调整制度、提案工作条例、政协与民主党派定期联系制度、委员接待日和约谈会制度等。在制度建设上，我们是比较

超前的。1995年以前，政协职能一般只提政治协商、民主监督，当时虽然已有增加“参政议政”内容的提法，但尚没有写入规范性文件。1995年1月14日，在我们召开的九届八次常委会议上，协商通过了《政协东阳市委员会关于政治协商、民主监督、参政议政实施细则》的决定，并报市委批转执行。巧的是，这和全国政协召开的八届九次常委会议上通过的《政协全国委员关于政治协商、民主监督、参政议政的规定》是同一天。

二、完善规范化、程序化建设，使政协工作特点和优势更加突出

政协不是权力机关，无钱、无权，不能作指示、下指标。那凭什么做工作？就是凭“人格魅力”去感召人、影响人。而人格力量的产生，最重要的一条就是时时处处都要规范自己的言行，规范每一件事、每一件工作。政协的民主监督相对于法律监督和党纪政纪监督等“刚性”监督的优势在于协商余地大，更具有人情味、亲和力，使人愿意接受和采纳。但作为“软性监督”，它需要一个有效的程序来维护，以保证有一个施展“软监督”的舞台，发挥它的作用。

在规范化建设上。我们主要在规范会议、规范行为、规范形象等方面下功夫。

一是规范会议，提高会议质量。我们提出的目标是要把政协会议开成东阳会风最好的会议。从会前准备到会后总结都有规范的程序。我们特别强调会议纪律，迟到早退少，到会率高。我们经常讲一个观点，一个高明的领导或企业家平时应该是比较超脱的，如果你连参加会议都没有时间，不是迟到就是早退，或人走到哪里手机就响到哪里，这个来请示那个来汇报，这是不懂科学安排工作的瞎忙。现在，我们的政协委员都接受了这个观点，都很自觉地遵守会议纪律。

二是规范行为，摆正位置。在履行职能时，摆正位置，尽职不越位。我们每开展一次重要活动前，都要向市委领导汇报；每开展一次调研，都要事先征求市委、市政府领导的意见。有时，市委领导尊重政协，安排一项重要工作让市委、市人大、市政府、政协领导分别去检查、指导，而且把我们政协领导安排在他们的前面，我们就不在媒体上进行宣传，不喧宾夺主。我们认为，政协工作要处理好有为与无为的关系。党委、政府比较有作为的方面，我们不随便插手，对一些复杂的敏感的问题不要热衷于参与。而要多给党政班子做一些拾遗补阙的工作，多做力所能及的工作，多做党政想干而一时无暇顾及的工作。这样才能摆正位置，尽职不越位。

三是规范形象，增强人格魅力。李金明主席提出，政协工作是“议政不行政、献策不决策、立论不立法、宽松不放松”。这“四个不”，言简意赅，给政协工作的性质、地位、作用做了高度概括，也为政协怎样履行职能做出了精辟的阐述，这不是对政协工作的要求低了，而是更高了。现在有的人认为，政协领导年龄相对大一点，资格老一点，各方面都可以放松一点，要求不要太严。但我们认为，政协是四套领导班子之一，更何况政协领导都是来自党政班子的老同志，资历深、素质好，各方面表现都应好一点，决不能松一点。我们对市委安排给政协的每一项工作，总是认认真真地去做；对自己所提出的意见建议，总是反反复复地推敲讨论；对人民群众的呼声，总是热情、尽心、客观地反映。我们政协的领导没有把到政协

看成是“船到码头车到站”，而是一个新的起点，一个为人民服务的新舞台，以一个老同志的实际行动表达对党的事业和对政协工作的忠诚。

在程序化建设上。我们认为，程序是规定，程序是法律，违反程序就是违反规定，违反法律。我们东阳市委、市政府对政协工作很重视、很支持。市委在《关于进一步加强人民政协工作的若干意见》中指出：“市委、市政府把政治协商纳入决策的必要程序，真正做到重大问题协商在市委决策之前，人大审议通过之前和政府决定实施之前。不以情况通报代替协商，不以征求意见代替协商”。“各镇乡党委、市机关部门对在协商中提出的意见和建议要认真对待，正确的要采纳，不能采纳的要予以说明”等。由于规定比较明确，程序就比较规范。如前年我市进行行政区域调整，在市委决策之前，市委、市政府领导专门与政治协商，听取和吸纳政协的意见和想法。在去年市级班子换届和机关部门人事调整时，也专门听取政协的意见和建议。一些事关全市经济与社会发展大局的政策、举措都在事前以到政协常委会议、主席会议上征求意见，或请政协主要领导参加市委常委会议、书记办公会议等方式和方法让政协参政议政。基本做到了协商在市委决策之前，人大通过之前，政府实施之前。

三、解放思想，大胆实践，使政协工作充满生机活力

我们在严格执行规章制度的同时，大力提倡解放思想，不断创新。把创新当成习惯，把创新当成制度。只要是党纪、政纪、法律、法规和政协章程没有禁止的，只要符合“三个有利于”，即只要有利于大局、有利于群众、有利于政协工作，我们就大胆地干、大胆地试。

如关于政协委员届中调整制度，我们就是按照“三个有利于”原则创新建立起来的。过去，一直来困扰着政协工作的一个问题是有的委员只享受荣誉，不尽责任，对参加政协组织的活动和会议随意性很大，常常人数到的不整齐，全委会到了80%就算不错，常委会议到会率经常只有70%左右，既影响了会议效果，又影响到政协组织的严肃性。我们经过多次研究，于1998年12月，制订了“关于加强常委会自身建设的若干规定”，其中第六条规定：“常委会组成人员连续四次（不管是否请假）不参加常委会议的，今后，不再通知其参加常委会议。”1999年6月又制订了《关于东阳市政协委员届中调整的若干规定》，其第一条第二款规定，凡委员连续两次不参加全会的，不论何种理由与原因，皆予以撤销委员资格。由于此项规定在政协章程中找不到证据，上级也没有指示，兄弟县市又没有先例，于是有人赞同、有人反对、有人疑虑。我们写了信息和报道，报刊也因把握不准不予发表，对此，我们是有压力的，但我们认为看准了的事就要坚持执行下去。根据“届中调整”的有关规定，在上一届政协中我们分两次撤销了6名委员的任职资格，使到会率明显上升。全会的出席率达到99%，常委会议出席率达到96%以上。委员不但不反对该规定，而且非常拥护，都觉得这才是一个有团结力、号召力的组织，委员都以能加入这样一个生机勃勃的组织而自豪。为了严肃地执行规定，对每次全会和常委会议缺席人员的名单，在《东阳政协》上公示，一年一总结；取消委员资格的名单在《东阳日报》上公示，便于公开对照监督。有的委员是企业总经理，因业务关系经常走南闯北，他们交代办公室的一项重要任务就是政协通知的会议必须要告知或提醒本人，以免漏会。

又如招商引资制度。我们突破常规把招商引资作为政协的日常工作,政协机关安排专职人员负责该项工作。前几年,曾在全会秘书处设招商引资组,举行招商引资洽谈会。所有这些在政协章程中找不到依据,政协也没这种惯例,我们做了,而且成效明显。自2002年我市开展"招商引资年"活动以后,我们政协在全市发出了第一份招商引资倡议书,召开了第一次招商引资洽谈会,引进了第一家企业。《东阳日报》发表了社论,称政协在招商中"一马当先"。市委发出了表彰决定,号召全市各机关、部门向政协学习。有的企业老板和群众还以为政协是负责全市招商引资的,经常有人找上门来。自2002年以来,我们政协共引进18家投资在2000万元以上的规模企业,总投资5. 03亿元,其中外资3家,投资750万美元。政协机关已连续二年被评为全市招商引资特殊贡献奖,受到市委通报嘉奖。

这些年来,我们在其他方面也进行了积极探索。如全会预备会报告制度,即在预备会上除了完成章程规定的程序外,都要安排一个主题讲话,内容广泛、宽松,起到学习、培训作用。去年,我们制订了《关于加强亲民政协建设的若干意见》,开展了一系列亲民活动。群众反映很好,社会影响很大。通过这一系列的创新活动,使政协工作亮点纷呈,充满了生机和活力。

搭建"立体履职"平台 推进协商民主广泛多层发展

(2013年7月,市政协主席王正明在全省政协主席读书会上的交流发言)

东阳市政协近年在工作实践中探索搭建"立体履职"平台,充分发挥民主党派、界别、专委会、委员和政协机关的作用,运用专委会视察日、党派调研周、界别活动月、委员履职增效年等丰富多彩的履职载体,推进协商民主广泛、多层发展,使政协工作主题更加突出、层次更加分明、效果更加明显。以下是我们的一些做法和体会,和大家共同探讨。

2007年,东阳市政协开展"拓展委员履职载体,发挥委员主体作用"课题调研,提出从丰富委员履职载体入手,充分发挥民主党派、界别、专委会、委员和政协机关的作用,搭建全方位、多角度、网格式的委员履职平台,打造协商民主广泛、多层发展的渠道。随后,东阳市政协先后设立"委员论坛""界别活动月""党派调研周"等推进协商民主的载体。2009年11月,东阳市政协对"委员论坛""界别活动月"和"党派调研周"进行整合提升,确立了以"专委会视察日、党派调研周、界别活动月、委员履职增效年"为主要内容的立体履职活动,利用立体履职活动使政协的协商民主工作常态化。

一、精准定位,强化"三服务"功能

基层政协组织处于人民政协工作第一线,是党委、政府与老百姓沟通的"连心桥",反映社情民意的"直通车",基层委员参政议政的"大舞台"。根据以上实际,东阳市政协把基层

政协组织的功能定位为“三服务”，即“为党政决策服务，为群众民生服务，为委员履职服务”。其工作目标：每年围绕党政中心开展3至5个重点课题调研，围绕民生热点开展10多次专题视察，组织委员开展惠民活动30多次，向党委、政府提交社情民意50多条，使委员主体作用更容易得到发挥，使基层政协工作更加规范、有序。

二、创新载体，构建“四板块”体系

东阳市政协因地制宜、因时制宜，构建以“四板块”为主的履职活动体系，让政协工作与东阳发展大局、群众需求和谐共振。

一是专委会视察日。东阳市政协设有提案、文史、经济、科技等8个专委会。根据每个专委会的不同特点，从2010年起组织开展专委会视察日活动，每年围绕党政重点和民生热点，组织各类专题视察10多次。截至目前，已组织开展“四边三化”“三改一拆”、食品安全等专委会视察活动38次，每次视察活动都做到有内容，有重点，有见解，既为委员知情参政，履职有力提供平台，又推动政府工作的落实和问题的解决。

二是党派调研周。东阳市目前有农工、民革、民建、民盟四个民主党派和工商联、无党派知识分子联谊会等社会团体，拥有一大批高级知识分子和专业人才。从2009年起，东阳市政协每年都要以党派调研周的形式，组织各民主党派和无党派人士开展课题调研活动。如农工民主党东阳市委会提交《东阳市城市公交现状及发展对策》，得到中共东阳市委、市政府领导和相关部门的高度重视，促成东阳市政府《关于优先发展城市公共交通的实施意见》的出台。民建东阳市总支提交《关于解决我市农村用水安全问题的调查和建议》，在东阳市政府出台的《“农村清洁家园”行动方案》中得到有效体现。民革东阳市总支提交《关于疏缓城市交通压力的调查和思考》，在东阳城区道路顺畅工程建设得到吸收采纳。党派调研周活动的开展，充分调动了各民主党派和无党派人士的参政议政积极性，政协围绕中心、关注民生、开展协商得到充分体现。

三是界别活动月。东阳市政协共有22个界别，从2009年起，坚持每年6月份组织全体政协委员以界别为单位，开展丰富多彩的爱民、帮民、助民、为民活动。每届界别活动月都做到有主题，有特色，有创新，如第二届界别活动月以“下基层、听民声、集民意、办实事”为主题，推出了“我们都是东阳人”系列特色活动，受到社会各界特别是外来务工人员的热烈欢迎；第三届界别活动月以“走进基层、服务群众、共建和谐、促进发展”为主题，邀请列席人员参加界别活动月，扩大了界别活动月的社会参与面；第四届界别活动月以“走进山区，服务三农”为主题，重点关注山区镇乡经济发展，得到山区群众的积极反应。截至目前，东阳市政协已成功举办五届界别活动月，参与委员4500多人次，收集社情民意1700多条，捐款捐物300多万元，受益群众40000多人次，取得良好社会效果。

四是委员履职提效年。委员是政协组织的细胞。为激发每个细胞的活力，推进政协工作创新，从2007年起，东阳市政协先后开展了“东阳经济发展”“百名委员谈科学发展观”“全力加快经济发展、全面改善发展环境”等五届委员论坛，发动委员就事关东阳科学发展的课题深入调研，建言献策，受到东阳市党政领导的重视和欢迎。每次委员论坛，中共东阳市委、市政府主要领导和有关部门负责人都亲自到会,听取吸收委员意见建议,协商效果明显提升。

三、加强保障,建立"三机制"组链

一是建立学习培训机制,提高委员履职能力。2008年,东阳市政协制定下发了《东阳市政协学习培训规定》,明确对政协委员和政协机关的学习培训要求。2009年探索开展"领导带头+机关示范+事实教育"的"三头并进"学习培训引导模式,要求政协班子每月集中学习不少于1次,每年集中学习时间不少于12天;各委室每年至少选择2个重点工作进行调研。每年都要以讲座、培训班、学习会等方式组织开展委员学习培训。仅2011年就邀请市级领导作报告6次,邀请专家作讲座4次,举办委员培训班6期,召开12次学习会、讨论会和民主恳谈会,组织政协委员撰写调研文章10多篇,印发各类学习资料5000多份,使委员的综合素质和履职能力得到明显提升。

二是建立服务联络机制,加强委员履职指导。东阳市政协在工作实践中建立了政协领导联系常委、政协机关工作人员联系委员等服务联络机制。政协领导、政协机关工作人员每年与政协常委、政协委员至少联系沟通2次,了解委员的工作学习情况,为委员履职提供最完善的服务。建立政协委员约谈制度,由政协领导定期约请委员座谈,听取委员对政协工作的意见建议,征求对政协重要工作部署和重要文件起草的意见。

三是建立考核管理机制,规范委员履职行为。东阳市政协建立起委员履职档案,将每位委员出席政协会议、参加活动、撰写提案、报送信息等履职情况集中汇总,作为评价考核委员的奖惩和换届留任的重要依据。2012年,东阳市政协共表彰政协委员63人次,占总数的21.2%,提高了委员履职积极性。建立委员调整机制,明确了政协委员将予以调整的6类情况。对政治表现好、热爱政协工作、岗位业绩突出等符合委员条件的社会各界人士,积极予以吸收。2012年,报经中共东阳市委同意后,东阳市政协撤销了2名不称职的政协委员的委员资格,吸收13名社会各界人士成为政协委员。

四、总结提高,把"立体履职"引向深入

立体履职是东阳市政协的创新品牌,得到社会各界的广泛关注。2011年6月,《人民政协报》在一版显著位置刊发《东阳市政协菜单式立体履职打造"亲民"之路》,对东阳市政协探索开展的立体履职活动进行重点报道。立体履职为基层政协推进协商民主提供了正能量,我们将进一步探索和完善,努力实现参政议政的常态化和科学化。

一是进一步增强基层政协履职为民的工作理念,扩大政协影响力。东阳市政协将通过立体履职,继续推出与民生相关的系列活动,从维护基层群众利益的角度提出意见建议,不断增强基层政协与界别群众的血肉联系,促进与群众利益相关问题的解决,提升人民政协在群众中的影响力。

二是进一步增强基层政协委员的履职主动性,提升政协战斗力。我们将通过继续开展立体履职活动和创新委员履职活动平台,发挥委员在协商民主中的主体作用,使每一名政

协委员都能通过不同形式来履行职能。我们将提出政协委员每年必须至少"提交一个提案，提出一条建议，参加一次活动，开展一项调研，办一件实事"的"五个一"要求，促使委员主动学习，主动调研，主动下基层，增强基层政协战斗力。

三是进一步完善基层政协履职新格局，强化政协创新力。政治协商、民主监督和参政议政是政协的主要职能，通过政协履职推动协商民主开展，是我们东阳市政协研究探索的新课题。我们将继续以"立体履职"为抓手，充分发挥民主党派、专委会、界别、政协机关在协商民主开展中的作用，把会议、调研、视察、委员活动等政协基本履职方式有机结合，形成"党政满意、群众开心、委员高兴"的良好履职格局，不断强化人民政协创新能力。

当前，人民政协事业正经历着创新发展的黄金机遇期。我们东阳市政协要按照乔传秀主席提出的"积极投身创新驱动发展实践"要求，借鉴兄弟县（市、区）政协先进经验，继续探索开展协商民主的创新平台，争取把立体履职打造成展示基层政协组织活力的创新品牌，打造成增强基层政协工作实效性的创新品牌，打造成加强与基层群众血肉联系的创新品牌，为助推东阳科学发展和人民政协事业创新进步做出应有贡献。

四、致敬信、倡议书、决议

东阳县政协一届一次全体会议向毛主席致敬信

亲爱的毛主席：

我们谨向您报告：中国人民政治协商会议浙江省东阳县委员会已经成立，并在3月15日召开第一次全体会议。经过四天的时间，今天胜利地闭幕了。

人民政治协商会议的建立，标志着我县人民民主统一战线的更加巩固和扩大。我们知道今后的任务是繁重的、艰巨的。我们一定要紧密团结全县各界人民，在共产党和人民政府领导下，积极工作，努力学习，来响应您提出的"大约再有三年的时间，社会主义革命就可以在全国范围内基本上完成"的伟大号召。

我们深信，在中国共产党和您的英明领导下，这一伟大的历史任务是一定能够胜利地提前完成的。

此致

敬礼！

中国人民政治协商会议

浙江省东阳县委员会第一次全体会议

1956年3月18日

为迎接第一个教师节给全县教师的倡议书

九月十日是我们教师的光荣节日。东阳县委、县政府、县人大、县政协等有关方面积极倡议和筹备庆祝，并尽力想做一些力所能及的事，以实际行动迎接第一个教师节。我们满怀喜悦期待它的到来。

党中央指出："教育必须为社会主义建设服务，社会主义建设必须依靠教育。"历史事实证明，为了把我国建设成为高度文明、高度民主的社会主义现代化强国，需要有数以亿计的用现代科学知识武装起来的各级各类人才大军。人才是现代化建设成败的关键，教育则是解决人才问题的基础，教育在现代化建设中具有重要的战略地位。要办好教育，很重要的一条，就是要在全社会形成尊师重教的良好风气。中共中央高度重视提高教师的社会地位，为此设立"教师节"。我们感到由衷的欣喜，给我们广大教育工作者以巨大的鼓舞。

建设社会主义教育大厦，要靠全社会齐心协力。而其中最重要的施工者正是我们广大教师。在过去几十年中，我们东阳县的全体教师和全国各地的教育工作者一起，在艰苦的条件下兢兢业业，自强不息，为社会主义培养、输送了各级各类的大量人才。今后，我们要继续为繁荣社会主义教育事业而努力。在第一个教师节即将到来之际，我们谨向全县教师建议：

1. 树立共产主义思想，忠诚党的教育事业，以教为荣，以教为乐，全心全意为人民服务，躬耕桃李育春蕾。

2. 加强学习，认清形势，全面贯彻中国共产党的教育方针，努力改变不适应社会主义现代化建设的教育思想和教学方法，大力发扬实事求是、敢于创新的精神。

3. 加强进修，认真钻研业务，开拓知识面，不断增加自己的知识储备，积极提高教学业务水平，为培养出才华横溢的人才而努力奋斗。

4. 自尊、自重、自爱、自强，热爱学生，关心学生，恪守教师职业道德。以自己的实际行动，做学生的表率，为人师表。

5. 继续发扬艰苦奋斗的好作风，为东阳县尽快尽早实施九年制义务教育献计献策，为多出人才、出好人才，为发展东阳教育事业，建设现代化的社会主义祖国贡献自己的一分力量。

我们正处在振兴中华的伟大时代。中华民族的振兴，有赖于中华民族教育事业的空前繁荣。我们要认清形势，担负起历史赋予我们的重任，为繁荣东阳教育事业竭尽心智和精力。让我们的后代永记我们所立下的平凡而伟大的历史功勋。

出席东阳县政协六届三次会议的教育界全体政协委员

1985年8月22日

关于以实际行动支持红椿巷区域旧城改造的决议

（2009年8月13日东阳市政协十二届十二次常委会议通过）

8月13日，市政协召开十二届常委会第十二次会议，做出了关于以实际行动支持红椿巷旧城改造的决议。

一、中国人民政治协商会议第十二届东阳市委员会常务委员会第十二次会议，认真听取并讨论了市政府关于红椿巷区域旧城改造的情况通报。参加会议的全体政协常委、各民主党派、人民团体和各界人士代表表示：坚决拥护市委、市政府对红椿巷区域实施旧城改造的重大决策；坚决拥护市委、市政府对红椿巷区域实施旧城改造的总体安排和工作步骤；坚决拥护市委、市政府对红椿巷区域实施旧城改造出台的各项政策和规定。

二、会议认为，这些年来，随着城市建设的发展，一座美丽、整洁而充满活力的城市正在东阳江畔崛起，让人感受到了一座新兴中等城市的清新气息。然而，坐拥闹市区中的红椿巷区域却让人们越来越感到尴尬和不安：大量的危房，带来诸多安全的隐患，威胁着居民的生命财产安全；拥挤不堪的道路，带来诸多生活的不便，妨碍了居民的出行；严重缺损的排水排污市政设施，带来诸多环境问题，影响了居民的生活质量。这些现状，不仅落后于时代的步伐，而且影响了居民的生产、生活；不仅有损于东阳"建筑之乡"的美誉度，而且影响了市容、市貌；不仅不利于东阳的发展，而且影响了城市的形象、环境。对红椿巷区域旧城改造，人大代表、政协委员一直呼声很高，历届市委、市政府也做了大量的基础性工作。今年以来，市委、市政府审时度势，本着对历史负责、对人民负责、对东阳长远发展负责的态度，做出了对红椿巷区域实施旧城改造拆迁的重大决策，并迅速付诸实施。这是历史的选择；这是群众的呼声，市民的期盼；这是人心所向，众望所归，大势所趋；这是推动当前东阳经济社会发展的一个突破口，提升政府公信力的一个切入点，增强干部群众发展信心的一个原动力。同时，这又是一项复杂的社会系统工程，面临的困难不少，全市上下必须从大局出发，统一认识，精心组织，迎难而上，合力攻坚，确保拆迁工作目标的实现。

三、会议号召，广大政协委员，不但要做红椿巷区域拆迁的历史见证者和工作亲历者，还要做红椿巷区域拆迁的积极参与者和带头实践者。在红椿巷区域旧城改造这一重大事件中，市政协的各参加单位和全体委员要带头执行市委、市政府的工作部署，自觉与市委、市政府保持高度一致。有房屋拆迁的委员，要识大体、顾大局、讲奉献，带头拆迁；参与拆迁工作的委员，要依法依规，公平公正，有理有节，不怕受苦受累受委屈，耐心细致地做好工作；其他委员也要本着围绕拆迁、为了拆迁、服务拆迁的态度，千方百计做好亲朋好友的思想工作，为拆迁工作创造良好的舆论氛围和社会环境。总之，市政协的各参加单位和全体政协委员都要心往一处想，劲往一处使，多建有利于拆迁之言，多献有利于拆迁之策，多做有利于拆迁之事，拿出一种姿态，献出一种精神，干出一种速度，拆出一片新天地，以实际行动全力支持红椿巷区域旧城改造拆迁工作，为提升东阳城市形象，弘扬东阳人文精神，实现东阳奋力追赶，谱写东阳人民美好生活新篇章而努力奋斗！

政协第十二届东阳市委员会常务委员会
2009年8月13日

投身“五水共治”行动　建设“歌山画水”美景
倡议书

全市广大干部群众：

水是生命之源、生产之要、生态之基。东阳素有“歌山画水”之美誉，而今水环境却不容乐观，治水已迫在眉睫。为此，市委、市政府决定以治污为重点，全面推进治污水、防洪水、排涝水、保供水、抓节水“五水共治”，深入开展重点治污工程建设、重点污染行业治理、城乡垃圾治理等专项整治，争取到2016年底全流域稳定达到Ⅲ类水质，还“两江”清水于东阳人民，留“歌山画水”给子孙后代。实现这样的目标，需要全市上下积极行动、踊跃参与。为此，我们郑重倡议：

一、争当倡导者，宣传“五水共治”。全市人民都要发扬勇于担当的主人翁精神，积极响应市委、市政府的号召，大力倡导生态理念，学习宣传相关法律法规和市委、市政府的治水工作部署，宣传普及治水知识，弘扬“爱水、节水、惜水”的文化，汇聚全社会力量，营造人人关心、人人参与“五水共治”的良好氛围。

二、争当参与者，践行“五水共治”。坚持从我做起，从小事做起，从现在做起，主动参与城乡污水治理，积极投身“护河”行动，为治水工程捐款捐物。同时，坚持做到“五个不”，即：不随意排放污水、不向水体倾倒杂物、不侵占各类水域及岸线、不破坏污水处理设施、不浪费水资源，力所能及地为治水多做贡献。

三、争当监督者，齐推“五水共治”。认真贯彻落实我市水环境整治“十大措施”，积极劝导、监督、检举各种破坏水环境、水资源和水利设施等不文明行为，对发生在身边的破坏水环境现象做到敢说敢管，构建起全民监督机制，合力推进“五水共治”工作。

涓涓细流，汇滴成海；众志成城，“五水”可治。让我们积极行动起来，投身“五水共治”，相信在市委、市政府的正确领导下，在全市人民的共同努力下，我们一定能够打赢“五水共治”攻坚战，东阳的天一定会更蓝、水一定会更清、山一定会更绿，东阳一定会再现“歌山画水”的美丽景象！

东阳市政协十三届三次会议全体政协委员
2014年2月27日

后　记

1991年，东阳市政协曾编纂出版《东阳市政协志》，资料收集时限为1956年3月至1990年4月。时隔15年，第二部《东阳市政协志》完稿付梓，资料收集时限：上溯1949年10月各界人民代表大会召开，下迄2016年8月。

此次编纂工作于2011年8月启动，历时5年有余。从启动之时至2015年10月为收集资料、确定编目阶段；此后至2016年5月为撰写志稿、补充史料阶段；后5个月为征求意见、修改定稿阶段。编纂人员广征博采，去芜存菁，精心修编，数易其稿，力求资料翔实、内容真实，编目科学、条理清晰，文体简洁、文风端正，达到思想性、科学性和资料性的统一。

市政协领导对本志编纂工作高度重视，多次听取汇报，指导工作，并与政协机关干部一起参与审阅修改。市委组织部、市档案馆等部门和社会各界人士给予大力支持，在此一并表示感谢！

本志涉及内容广，时间跨度长，加之编者经验不足，水平有限，疏漏差错在所难免，敬请读者批评指正。

编　者

2016年9月